社科文萃

——中国社会科学网首发栏目论文选集

（一）

周溯源　主编

中国社会科学出版社

图书在版编目（CIP）数据

社科文萃：中国社会科学网首发栏目论文选集/周溯源主编．—北京：
中国社会科学出版社，2013.12
ISBN 978 - 7 - 5161 - 3584 - 6

Ⅰ．①社…　　Ⅱ．①周…　　Ⅲ．①社会科学—文集　　Ⅳ．①C53

中国版本图书馆 CIP 数据核字（2013）第 265712 号

出 版 人	赵剑英
责任编辑	王　茵
责任校对	任晓晓
责任印制	王炳图

出　　版	中国社会科学出版社
社　　址	北京鼓楼西大街甲 158 号（邮编 100720）
网　　址	http：//www.csspw.cn
	中文域名：中国社科网　　010 - 64070619
发 行 部	010 - 84083685
门 市 部	010 - 84029450
经　　销	新华书店及其他书店

印　　刷	北京君升印刷有限公司
装　　订	廊坊市广阳区广增装订厂
版　　次	2013 年 12 月第 1 版
印　　次	2013 年 12 月第 1 次印刷

开　　本	710×1000　1/16
印　　张	33.5
插　　页	2
字　　数	565 千字
定　　价	79.00 元

目　　录

哲　　学

党　　政

经　济

法　律

文　化

教　育

综　合

读　书

序言

把握信息时代脉搏　打造网络学术品牌

中国社会科学网总编辑、编审　周溯源

　　信息时代，内容为王，品质是媒体的生命线，品质是打造品牌的基石。中国社会科学网是中国社会科学院主管主办的大型学术门户网站，是中国社会科学院首批进入哲学社会科学创新工程的试点单位。目前已开设10大板块60多个栏目，二三级子栏目近千个，涵盖了所有的一级学科和主要二级学科，初具大型综合性学术网站规模。还推出了英文、法文频道，打开了面向国外的学术窗口。经过近三年的建设，网站影响力不断提升，2011年被中国新闻史学会和北京大学、清华大学、人民大学、复旦大学等10所新闻与传播学院评为2010—2011年度"中国最具品牌成长性媒体"；2012年被中国传媒大会评为"2011年度金长城创新传媒奖"等奖项。社科网的快速发展被王伟光院长誉为"又一社科院速度"！

　　随着中国社会科学网的迅速发展，我们狠抓内容建设，精心策划选题，严把编辑质量关，决心打造一批政治导向正确、思想理论深刻、学术品位高、社会评价好、特点突出、风格鲜明的学术精品栏目。我们把重点放在繁荣和发展社会科学、满足社科学术界新的发展要求、满足广大社科工作者的切实需要上，推出了本网头条、独家访谈、特别关注、贡院论坛、本网首发、学科频道、学术经典库等一批重点栏目，这些栏目各有特点，具备成长为品牌栏目的潜力。我们着力办好《本网首发》栏目，把它倾力打造成特色栏目、精品栏目，最终成为网上"学术核心期刊"。我们有一个美好的期许：在不久的将来，给中国社会科学网《本网首发》栏目投稿，就等同于给核心期刊投稿，能够成为评职称、评奖励、晋升的依据。

　　这是我们的一个目标，我们正在为实现这个目标而努力。

　　为什么要创办《本网首发》栏目？为什么要树立这样的目标？我想谈一谈我所注意到的目前传媒领域正在发生的两个现象。

　　第一个现象是"弃纸上网"。在过去 20 多年的时间里，互联网技术的日新月异成为推动学界变革的驱动力量。早期的传媒理论家马歇尔·麦克卢汉曾指出："媒介即讯息"，传媒的类型在相当程度上超越了信息本身对一个社会的影响。电子信息技术主导文本高速复制的今天，显然不同于毕昇发明活字印刷术的北宋；可将地球一端的讯息即时分享到另一端的当下，自然也不同于依赖马匹和电报传递的往昔。是的，我们已经进入了"即时分享"的时代。自 20 世纪 90 年代以来，互联网迅速崛起，这场人类文明史的巨大变革已构成描述 21 世纪的关键词。

　　据统计，从 2006 年到 2010 年，互联网每年的综合增速持续超过 20%，而全球报纸的日发行量则从 2009 年开始下降，2010 年已下滑至接近 2006 年的水平。全球多家知名老报纷纷出现"弃纸上网"的现象。美国知识界颇具影响力的《基督教科学箴言报》的发行量从 1970 年的 23 万份下滑至 2008 年底大约 5 万份，但其报纸网站的点击率则大幅上升，比 10 年前增 400 万人次。这促使他们放弃了坚持长达 100 年的日报印刷版，终于在 2009 年 4 月正式停止发行印刷版，改为发行网络版。在期刊方面，美国作为世界电子出版物的"领头羊"，现有 15000 多种杂志拥有电子版，美国国会图书馆将投巨资，把全部馆藏 8830 多万种文献数字化。

　　"弃纸上网"在我国也不例外，据统计，我国民众纸质图书的阅读率连续六年走低，与之对比的是网络阅读率却连续七年增长。二者的比例都在 10% 以上。

　　第二个现象是"一纸难求"。与"弃纸上网"的现象对应的是"一纸难求"，即待发论文数量巨大与期刊版面有限的矛盾。随着我国社科学术的发展，社科工作者生产成果与日俱增，论文产出数量激增，而能够发表的纸质媒体和版面是有限的，这就形成了一个巨大的供求矛盾，甚至到了"一纸难求"的地步。据统计，目前国内学术或准学术类别的人文社科期刊有 3000 余种，每年发文约 51 万篇。其中核心期刊 200 多种，发文量大约为 3—4 万篇。而目前我国有大约 100 万社科工作者，而且每年都在增加。即使以每人每年发文 0.5 篇计算，尚有 50% 以上的社科工作者难以找到发文刊物。可见核心期刊僧多粥少，难以满足广大社科工作者发表论文的需要。在这样的情况下，稿件排队已经习以为常，等待半年、一年、两年是常见的现象。这里就出现了论文的"发表时滞"问题，即是指论文的出版时间与编辑部收到该论文日期之间的时间差。期刊界用"发表时滞"来衡量论文的发表速度。按照1994年国家科委颁布的《学术类科技期刊质量要求及评估标准》中要求"发表时滞"在200天到300天之间，社科类期刊的情况与此类似。

"一纸难求"给社科学术界造成了诸多问题。

一是造成作者一稿多投，学术失范。由于版面有限，等待时间过长，作者往往等不及论文在首选刊物上发表，转而投向别的刊物。这种"一稿多投"的情况经常发生，进而引起发文混乱，矛盾丛生，学术失范。

二是造成文章价值效益递减。科研论文需要及时发表才能解决社会问题，发挥社会效益，特别是一些研究对策性很强的论文尤其如此。倘若观点正确，建议得当，一旦发表了就能马上被决策部门发现采纳。但是如果延迟发表，由于面临的形势发生改变，时过境迁，该论文提出的对策就失效了。在金融危机时期尤其如此。

三是束缚了学术理论发展。科研成果长期得不到发表，容易让科研人员产生厌倦情绪，挫伤了研究人员的积极性。因为论文不能及时发表，很多具有科研能力、创造力的人才，不想写稿或者不想多写，撰写科研论文的能力得不到有效训练，导致科研能力、写作能力和创造能力的萎缩。

四是助长了不正之风。由于发论文涉及评职称、评奖、晋升等切实利益，导致要发文章的很多。但是刊物版面有限，就得花钱买版面，甚至请客送礼，打通关系，滋生不正之风，于是出现了权势稿、关系稿、人情稿。这些因素的介入挤占了优秀论文发表的空间，影响了学术质量的提高。

为了改变"弃纸上网"与"一纸难求"这两种现象，中国社会科学网创办《本网首发》栏目，也就势在必行了。

与纸质期刊相比，互联网"核心期刊"具有版面无限、发表快速、编辑便捷、受众广泛、互动性强等众多优点。

优点一：电子媒介版面的无限性，让发文不受版面约束。由于版面的延伸性与灵活性，可以根据实际需要扩展或增设版面，避免积压那些难以割舍的文稿。

优点二：电子期刊保证了科研成果发表的时效性。网络化的电子期刊从投稿、评审、编辑、出版、发行、订阅、典藏等一系列过程，完全是以电子方式进行的，出版时间可以调控在数小时之内。使学术论文的思想价值得以迅速传播，社会效益得到较好实现。

优点三：电子期刊受众广泛，互动性强。电子期刊改变了思想传播者与输入者之间的传统互动关系，颠覆了纸质学术媒介长期以来形成的"读者—作者—编者"的迟滞模式。此外，互联网的点击率、转载率等指标即可完成对一篇文章的初步评价，并由此淘洗、筛选有价值的学术成果。

优点四：电子期刊编辑、刊发具有灵活性。在电子期刊上刊发的文章无疑是成熟的作品，我们遵循成熟一篇发表一篇的原则，不受传统媒体印刷、制作周期和规模的限制，保证了文章的质量，使刊发具有灵活性的特征。

优点五：网络"核心期刊"解放了学术界的生产力。电子期刊由于能及时发表学术成果，有利于激发学者的创作热情，提高学术产出，增加学术成果，解放了学术界的生产力，最终促进社会的进步。

优点六：电子期刊版面的无限性和刊发的灵活性解决了发文章的难题。从而消除了花钱买版面等不正之风，扫除了学术发展的障碍。能实现论文发表的无纸化，大大节约社会资源、能源、财源。

《本网首发》栏目，是中国社会科学网上线至今着力打造的原创网络学术平台，目前拥有多个一级栏目，包括学术文章、文集等常设栏目以及主题征文等动态板块。《本网首发》具有三个特点：首先，编审人员覆盖各学科，大多是硕士、博士、博士后，研究员、高级记者、资深采编者，具有学历高、资历深的优长；其次，确立了与核心期刊同样严格的编审程序，采取五审制，重点文章还与国家核心期刊建立了联合审稿机制，层层审核，严格把关；最后，在遵守传统学术编辑规范基础上，制定适合网络的学术规范，为阅读者提供更好的服务体验。《本网首发》只刊发有新意，有独到见解，有学术价值、应用价值的优质文章，质量一般的学术文稿，我们不发，宁缺毋滥。我们有信心有能力把这个栏目建成与核心期刊同等水平的名栏目。**在中国社科院 2012 年下发的《中国社会科学院创新单位年度综合评价实施办法》（社科办字〔2012〕28 号）中，《本网首发》的文章已被纳入考核体系，经各所认定后，可以算科研成果，可以算工作量。**

经过不断的努力，《本网首发》栏目分学科创建了《经济研究》、《文化研究》、《社会学》、《争鸣与思考》、《马克思主义》、《中国特色社会主义》、《书评》、《学者访谈》等十几种原创电子刊；结合社科网征文活动，我们分别于 2011 年和 2012 年出版了《纪念中国共产党成立 90 周年优秀征文选集》、《社会主义核心价值观概述语征文选集》两本优秀论文集，今年将出版《求真务实 改进作风学风文风优秀论文选集》。

我们从《本网首发》栏目中分学科精选出 46 篇优秀论文，汇编为《社科文萃——中国社会科学网首发栏目论文选集》结集出版。希望通过对这些文章的二次传播，充分发挥这些研究成果的社会价值，提高社科网《本网首发》栏目的学术影响力。

各位朋友，让我们携起手来，推动社科工作者共建网上社科家园，推动网络学术平台快速发展，为中国和世界的广大网民提供更多有益的信息，提供优质的服务！

2013 年 6 月 10 日

哲　学

"改变世界"哲学与"解释世界"哲学的根本对立

——"问题在于改变世界"新解

张广照*

内容摘要：马克思的论断，指出了新旧哲学的根本区别在于给人们提供顺应世界、服从现状还是改变世界、改革现实的理论，二者的差别是消极、保守与能动、革命的差别而不是知与行、是否知道运用理论于实践的差别。马克思提供了关于人的彻底解放、自由全面发展的真正的科学理论，这是马克思全部哲学的实质。而中外哲学家们的理解都有所不足，在这个问题上的突破，其巨大的理论和实践意义将使我们对马克思哲学的理解产生革命性的变革。

关键词：马克思　解释世界　改造世界　论断

　　马克思《关于费尔巴哈的提纲》的最后一条，"哲学家们只是用不同的方式解释世界，而问题在于改变世界"①，这是马克思指出的新旧哲学的根本区别，是他毕生坚持的重要观点，并成为他的墓志铭。如何理解这个观点，涉及对马克思哲学性质和全部学说的理解，对理论和实践关系的理解，因而中外研究者都非常重视这一观点。然而我觉得人们的理解都并不深刻并不准确，结果把这个深刻丰富的思想变成了十分肤浅甚至错误的东西，进而对马克思整个学说的理解出现了偏差。在这个问题上正本清源，无疑具有重要的意义。

　　＊　张广照，中国社会科学网首席编辑、教授。

　　①　《马克思恩格斯全集》第3卷，人民出版社1960年版，第6页。

一　中外哲学家们的理解

　　马克思的话，原文是德文，我们先看看德国哲学家们的理解。比如被许多人评价很高的德国哲学家海德格尔就对此做过研究，但事实证明他没有理解马克思，海德格尔的批判者同样如此。《哲学研究》曾发王金林先生《历史生产与虚无主义的极致》一文介绍说，海德格尔"首先肯定了马克思主义比现今'哲学'高明，因为现今'哲学'跟在科学后面亦步亦趋，拾科学之牙慧，根本不懂现代的'两重独特现实'，即经济发展与这种发展所需要的架构；马克思主义的高明之处在于它对此两重现实了如指掌。不过它同时认为，从马克思'改变世界'的主张看，其仍然拘泥于理论与实践之间的狭隘关系。海氏追问道：'解释世界与改变世界之间是否存在着真正的对立？难道对世界的每一个解释不都已经是对世界的改变了吗？对世界的每一个解释不都预设了：解释是一种真正的思之事业吗？另一方面，对世界的每一个改变不都把一种理论前见预设为工具吗？海氏认为解释世界与改变世界之间的对立乃是理论与实践的狭隘关系的结果，其实两者之间并不存在真正的对立。因此，马克思所作的区分并不成立，其改变世界的命题是一个似是而非的命题"。王先生介绍另一位深受阿尔都塞影响的巴里巴则说："在马克思看来，尽管哲学家们解释世界可以用诸多不同的形式，但改变世界却只有一途，即革命。改变世界与解释世界的真正对立不在于哲学家们不要求改变世界，而在于哲学家们不懂得唯有革命才能真正改变世界。"而王先生对马克思这段话的理解则是，"马克思不会否认改变世界与解释世界之间存在着某种关联，但马克思要强调的是仅仅解释世界是不足以改变世界的。物质的力量只能由物质的力量来摧毁，批判的武器不能代替武器的批判。解释世界要想真正改变马克思意义上的社会世界，必须经过一系列中介，这就是群众；理论不掌握群众，就不可能变成物质力量。同时还必须具备一个前提条件，即生产力。因此，在马克思处，解释世界与改变世界之间有一重大区别，即掌握不掌握群众，有没有相应的生产力"。① 三人的理解是共同的，差别只在于批判不批判马克思。这里的关键是对于马克思所指出和批评的旧哲学家们

① 王金林：《历史生产与虚无主义的极致》，《哲学研究》2007 年第 12 期。

"解释世界"缺陷的理解，这是正确理解"改变世界"的前提和基础。"解释世界"意义如果像他们所说，被称为千年最伟大思想家的马克思的论断不仅意义不大而且矛盾重重。显然人们都没有理解马克思所说的"解释世界"与"改变世界"，可能多数人没有认真阅读《德意志意识形态》全文而只看了提纲，更没有阅读马克思此前此后的著作，而只是望文生义地演绎发挥。他们都把"解释世界"理解成"认识世界"，进而把"改变世界"敷衍成了与"认识世界"对应的"改造世界"。海德格尔、巴里巴、王金林先生也是这样，而这也与中国绝大多数哲学家们的理解相同。

在中国，毛泽东同志的这段话应该是主要依据之一："认识世界是为了改造世界，人类历史是人类自己造出的。但不认识世界就不能改造世界，'没有革命的理论，就没有革命的运动'，这一方面，我们的老爷是茫然了。必然王国之变为自由王国，是必须经过认识和改造两个过程的。欧洲的旧哲学家已经懂得'自由是必然的认识'这个真理。马克思的贡献，不是否认这个真理，而是在承认这个真理之后补充了它的不足，加上了根据对必然的认识而'改造世界'这个真理。'自由是必然的认识'——这是旧哲学家的命题。'自由是必然的认识和世界的改造'——这是马克思主义的命题。一个马克思主义者如果不懂得从改造世界中去认识世界，又从认识世界中去改造世界，就不是一个好的马克思主义者。一个中国的马克思主义者，如果不懂得从改造中国中去认识中国，又从认识中国去改造中国，就不是一个好的中国的马克思主义者。"①《毛泽东著作选读》的编者指出要参考《反杜林论》和《关于费尔巴哈的提纲》来理解这段话。

《反杜林论》确实提到黑格尔关于"自由是对必然的认识"的说法，至于说在此之后加上"改造世界"的马克思主义自由观，则根本看不到，恩格斯说："黑格尔第一个正确地叙述了自由和必然之间的关系。在他看来，自由是对必然的认识。'必然只是在它没有被了解的时候才是盲目的。'自由不在于幻想中摆脱自然规律而独立，而在于认识这些规律，从而能够有计划地使自然规律为一定的目的服务。这无论对外部自然界的规

---

① 《毛泽东著作选读》，人民出版社1986年版，第485页。

律，或对支配人本身的肉体存在和精神存在的规律来说，都是一样的。"①
恩格斯认为黑格尔已经正确地解决了自由与必然的关系，他的论述不过是
对黑格尔的发挥，并不曾说"自由是对必然的认识"有不足，也没有做
补充。由于对"解释世界"理解错误，因而对"改变世界"的理解也有
误，现在中国的哲学家们依然继承着这样的理解。

比如武汉大学陶德麟教授说：粗心的人们以为，马克思并不重视
"解释世界"，他关心的仅仅是"改变世界"。其实，这里存在着双重的误
解。一方面，马克思在前半句话——"哲学家们只是用不同的方式解释
世界"中使用的"只是"（nur）这个词表明，马克思并不反对哲学家们
"解释世界"，他反对的是哲学家们"只是"满足于"解释世界"的那种
纯粹的理论态度。另一方面，马克思的后半句话——"问题在于改变世
界"也不表明马克思不关注"解释世界"而只重视"改变世界"。不难发
现，马克思的整句话的意图是：哲学家们不但应该从理论上解释世界，而
且应该以实践的方式改变世界，马克思从来没有把"改变世界"与"解
释世界"尖锐地对立起来。事实上，撇开"解释世界"，"改变世界"根
本就是不可能的②。

中国人民大学陈先达教授在回答记者关于您如何理解《关于费尔巴
哈的提纲》说"以往的哲学都只是解释世界，而问题在于改变世界？是
不是解释世界不重要"时说：不是。马克思主义主张改造世界，但并不
否定解释世界或者说认识世界的重要性，它反对的是只解释世界而轻视改
变世界的哲学。马克思的话是新旧哲学本质的对比，而不是认识世界和改
造世界哪个重要哪个不重要的对比。马克思主义哲学同样重视解释世界。
不能正确解释世界，改造世界就没有依据，没有方向。马克思主义之所以
是科学的世界观、历史观和科学的认识方法，就是因为它建立在正确把握
世界和人类历史规律的基础上。脱离革命实践的理论是空洞的理论，没有
革命理论的实践是盲目的实践。决不能把《关于费尔巴哈的提纲》第十
一条中对旧哲学"只是解释世界"的批评，变为马克思主义只重视改造
世界不重视解释世界的误读③。陈先生也是径直把"解释世界"等同于认

---

①　《马克思恩格斯全集》第 20 卷，人民出版社 1971 年版，第 125 页。

②　陶德麟：《对于发展马克思主义哲学的几点看法》，《哲学动态》1999 年第 7 期。

③　吕莎：《访陈先达教授：马克思主义哲学的时代思辨》，《中国社会科学报》2010 年 7 月
9 日。

识世界，把"改变世界"等同于改造世界。

华中科技大学欧阳康教授说：哲学是什么？古往今来，哲学家们见仁见智，歧见颇多。马克思指出："哲学家们只是用不同的方式解释世界，而问题在于改变世界。"这里马克思当然不是说哲学家不应当解释世界，而是说哲学家不能停留于解释世界，还应当以自己的方式参与对于世界的改造。应该说，由仅仅以不同的方式解释世界，到在合理地解释世界的基础上自觉能动地改造世界和在有效地改造世界的目标指导下自觉能动地认识和解释世界，这正是马克思主义者对于哲学和哲学家及其使命的一种全新理解，是对于一种新的哲学观念的自觉建构。马克思和恩格斯不仅强调以彻底的唯物主义的方式理论地解释世界，而且认为应当以彻底的唯物主义方式实践地改变世界①。

中央党校韩庆祥教授说：马克思的唯物史观本质上首先是一种解释世界的理论与方法，而不是一种改变世界的理论。在马克思那里，没有独立的哲学、政治经济学和科学社会主义，三者是融合在一起的，也都是为实现无产阶级解放和人类解放服务的。马克思是运用哲学的理论和方法，来分析经济问题，从而得出科学社会主义的结论，理论（方法）、问题和结论是有机统一的，是同一个研究过程和逻辑过程，是同一个研究过程的三个不同侧面。这三个侧面是独立的，更不能分割；否则，既背离了马克思学说的本性，也不能称其为"马克思的研究"。马克思学说的这种本性，就是他的哲学、政治经济学和科学社会主义是"一整块钢"。当然，为了方便研究，可以相对把它们分开，但只能是"同一块钢"的不同侧面。马克思的哲学和政治经济学实质上是一种解释世界的理论，而他的科学社会主义则是一种改变世界的理论②。

最典型的是吉林大学的贺来教授，他在《论马克思哲学研究中的两个教条及其超越》中说：马克思是以"改造世界"为旨趣的哲学，这一点恐怕无人反对，但问题是，"改造世界"的哲学是否必然与"解释世界"的哲学相对立？没有"解释世界"的哲学作为前提和依据，"改造世界"是否可能？坚持"解释世界"的哲学，是否必然与马克思哲学的精

① 欧阳康：《论马克思的实践论思维方式及其对新世纪我国哲学发展的意义》，《社会科学战线》2001年第1期。

② 韩庆祥：《马克思学说的"本性"与马克思主义研究》，《学习时报》2010年3月23日。

神相悖？"解释世界"的哲学向度，是否可以在"改造世界"的主张下被剔除出去？只要对"改造世界的哲学"这一用语进行语义分析，就可以发现其中实际上包含了两层含义：一方面它意味着，这种哲学的根本目的是要"改造世界"，也就是说，要让思想在实践上变为一种现实力量，在现实世界中实现这种哲学；另一方面，它表明的是，这仍然是一种哲学，一种"理论学说"，而既然是一种"理论学说"，按照奎因的"本体论承诺"的观点，任何一种理论，都内在地包含着关于"何物存在"的指向，也就是说，只要用语言逻辑的方式表达一种学说，就必然对于"世界为何"做出一种承诺，因而不可避免地对"何物存在"已或隐或显地做出一种解释，否则它就不可能以语言系统、以理论学说的形式存在。因此，在"改造世界的哲学"这一用语里，实际上已蕴含了"解释世界"的内容和向度……即使在以"解释世界"著称的哲学里，实际上已内在地蕴含着"改造世界"的强烈冲动。……从来就没有什么纯粹"解释世界"的哲学，在"解释世界"的哲学中，总是内在地包含着"改造世界"的情怀……同样，也从来不存在单纯的"改造世界"的哲学。因为哲学的改变世界，与工程师、技工不同，它没有别的工具，所直接凭借的只能是思想的力量。思想要有力量，需要的是理性的分析和理论的论证，借用德鲁兹的话来说，需要的是"制造概念"，通过概念来描述和展开一个"世界"。因此，从逻辑上讲，一种哲学首先必须是"解释世界"的理论，然后才谈得上是"改造世界"的哲学。……"解释世界"与"改造世界"的双重意向，其实是包括马克思哲学在内的任何一种哲学都具有的特点……马克思通过"解释世界"，发现了现存世界的"非理性"和"非人性"，确认根据历史发展的规律，必须改变现状，以创造一个更好的世界，这时，马克思所强调的是通过革命实践，来实现"善"与"美"的价值，在此意义上，马克思哲学又是一种"改造世界"的哲学，正如人们形象比喻的那样，此时他追求的是"为往圣继绝学，为万世开太平"。真善美，"是"与"应该"、"解释世界"与"改造世界"，完全不可分割地联结在一起，构成马克思哲学一体中的两面。① 贺来不加辨识地把"改变世界"等同于"改造世界"，并依此自由发挥，马克思哲学也成了解释世界的哲学了。

---

① 贺来：《论马克思哲学研究中的两个教条及其超越》，《求是学刊》2004 年第 1 期。

笔者不厌其烦地举了这么多例子，基本代表了中外哲学家们的理解，从他们自己和相互之间的矛盾、疑问、诘难、批判中，本身就说明了理解错误而不是马克思有错误，因而他们共同陷入了不能自圆其说的境地。

二 马克思论断的原意和科学性

那么，马克思究竟要说明什么，其"解释世界"和"改变世界"到底含意若何，深刻何在？

首先我要指出一个人皆忽视的事实，也请大家看看原文，马克思用的是"改变世界"[①]，但是许多人把它换成"改造世界"，而在这里二者是不可替换的。只从字面上语义上说，"改造"与"改变"区别不大，但在马克思和毛泽东及其他人的哲学中，这些范畴都有着确定的含义，不能这样替代，"认识"与"解释"那就更加不能替代。在哲学教科书里，"认识世界"与"改造世界"相对应，前者为获取知识和真理的认识过程，后者为运用知识和真理于行动的实践过程，借用《实践论》的副标题和中国传统哲学的说法，前者指"知"后者指"行"，亦即毛泽东认为马克思说的是旧哲学只知认识世界，而新哲学则（只）知改造世界。然而马克思的"解释世界"与"改变世界"则根本不是此意，简单地说就是马克思认为旧哲学只知消极保守地顺应世界，新哲学则是要积极革命地改革世界。大戏剧家萧伯纳曾有一言比较接近马克思的思想："明智的人使自己适应世界，而不明智的人则坚持要世界适应自己，所以，人类进步靠的是不明智的人。"

按照中外哲学家们的理解，马克思是说过去的哲学家们只知用各种方式认识世界，只知求知，只解决了认识世界的问题，用毛泽东形象的说法，就是只知把箭拿在手里搓来搓去，连声赞说好箭好箭却就是不愿意放出去，这样的人就是古董鉴赏家，几乎和革命不发生关系[②]。而马克思则进了一步，不但求知还会把知运用于行，知道把箭放出去。多年来人们都是这样讲的，并由此衍化出了"理论联系实际"的要求和对理论家、知

---

① 朱光潜先生径直翻译成"改革世界"，这就更加明确，不会引起歧义，《社会科学战线》1980年第3期。

② 《毛泽东选集》第3卷，人民出版社1991年版，第496页。

识分子的嘲弄，然而经过仔细研究我们不禁要问：

（1）旧哲学家是只知求知不知把知识运用于行动吗？很显然，操刀不割、拥楫不渡的"书呆子"就是有也是极少数，古今中外很少有这样不知把自己的理论运用于实际的哲学家，就是在中国哲学史上懂得"行先知后"、"知难行易"、"知易行难"、"知行合一"的哲学家也大有人在。至于自己认为的真理，一切哲学家都是主张把它运用于实践的，为之献身的也不在少数。即使王明那样的教条主义者也是极力推行自己那套盲动主义路线的，说旧哲学家、说任何人只知认识世界而不知用这种知识改造世界于理不通于事无据。

（2）就算旧哲学家如此浅薄愚蠢，只知认识而不知改造世界，那么只在此后加上个"改造世界"的马克思又有何高明之处？人家知道认识世界，你不过知道把这种认识运用于实际而已，其革命性又体现在哪里？单是会"运用理论"是不能说明一个哲学家正确、进步、伟大与否的，更不用说世界上哪有不知运用理论的"书呆子"（其实如果真说前人只知认识世界，那就应该说我们只知改造世界，一个是书呆子，一个是盲干家）！

（3）按照这种理解，旧哲学家似乎已经解决了认识世界的问题，缺陷不过是不知把知识、真理运用于实践，马克思则做到了这一点。如此说来倒益发显得旧哲学家伟大，马克思缺乏独创性了！然而实际上旧哲学根本没有解决"认识世界"的问题，其认识论、其对于世界的认识都不科学。而之所以不科学不在于只"知"不"行"，而在于他们不知改变、否定、推翻旧世界旧社会，他们不理解人的能动性，不知人具有"改变世界"从而不断发展提高自己的本质力量，而只把人看作世界、社会的解释者顺应者，对一切不合理之事都能找个理由给予解释而不知和不敢加以改变，从而成为保守反动的哲学理论。历史上从来没有只知"认识世界"的旧哲学，也就没有在此之后加上个"改造世界"的马克思哲学。马克思哲学是批判、否定、改变世界而不是顺应、解释世界的哲学，这才是新旧哲学区别之处和马克思哲学的革命性能动性之所在。这是《德意志意识形态》中详细论述了的，更贯穿于马克思哲学的全部。

旧哲学的最高成就就是唯物论、辩证法之类，都是世界的解释者，只知用不同的方式"解释"而不知和不敢提出"改变"世界的任务。比如黑格尔就说过，"哲学的任务在于理解存在的东西，因为（！）存在的东

西就是理性","作为哲学著作,它必须避免把国家依其所应然来构成
它"。理性对现实既不热也不冷,"因为在现世中不能盼望有更美满的景
况,所以只好迁就现实,以求苟安,认识所提供的是与现实保持更为温暖
的和平"①。黑格尔以哲学维护王权,还煞有介事地弄出一套逻辑体系来,
他是既"知"又"行"的,不过却是教导人们安分守己听天由命。这就
是"解释世界"哲学的样本。马克思对这种神秘主义保守主义给予了尖
锐的讽刺和深刻的批判,开初就对他十分反感,"先前我读过黑格尔哲学
的一些片断,我不喜欢它那种离奇古怪的调子"②,《博士论文》批判他不
理解"希腊哲学史和整个希腊精神的重大意义"③ 从而不能理解伊壁鸠鲁
能动的唯物主义。马克思一走进社会,更尖锐指出其哲学是维护普鲁士封
建专制的御用哲学和反动理论,"这样一来,一切非理性的形式也就变成
了理性的形式","这种形而上学是反动势力的形而上学的反映,对于反
动势力来说,旧世界就是新世界观的真理"④。《黑格尔法哲学批判》等对
他进行了无情批判和讽刺,笔者从数百例子中选取几个:黑格尔"利用
'由此可见'这几个字造成连贯、演绎和发展的假象。假如追问一下:
'由哪里可见呢?'……注意一下黑格尔在文体上的一个特点,这个特点
是随处都可以见到的,它也是神秘主义的产物"⑤;"为什么黑格尔认为自
己有权做出'这种机体就是政治制度'的结论呢?为什么他无权做出
'这一机体就是太阳系'的结论呢?……'国家的不同的方面就是各种不
同的权力'这一命题是经验的真理,不能冒充哲学上的发现"⑥;"黑格尔
在这点上几乎达到奴颜婢膝的地步。显然,黑格尔周身都染上了普鲁士官
场的那种可怜的妄自尊大的恶习"⑦;《神圣家族》中说,"真理,对鲍威
尔先生来说也像对黑格尔一样,是一具自己论证自己的自动机器"⑧;《资
本论》还幽默辛辣地引用黑格尔的话:"在我们这个富于思考的和论辩的
时代,假如一个人不能对于任何事物,即使是最坏的最无理的事物说出一

---

① 黑格尔:《法哲学原理序言》,商务印书馆 2009 年版,第 12 页。
② 《马克思恩格斯全集》第 40 卷,人民出版社 1982 年版,第 15 页。
③ 同上书,第 189 页。
④ 同上书,第 369 页。
⑤ 《马克思恩格斯全集》第 1 卷,人民出版社 1956 年版,第 256—257 页。
⑥ 同上书,第 258 页。
⑦ 同上书,第 401 页。
⑧ 《马克思恩格斯全集》第 2 卷,人民出版社 1957 年版,第 100 页。

些好理由，那他还不是一个高明的人。世界上一切腐败的事物之所以腐败，无不有其好理由"①；"这种非批判性，这种神秘主义"，"构成了黑格尔哲学、主要是他的法哲学和宗教哲学的秘密"②。黑格尔哲学理论上谬误，政治上反动，马克思认为辩证法的实质是批判的革命的，是"改变世界"的理论武器，"辩证法，在其神秘形式上，成了德国的时髦东西，因为它似乎使现存事物显得光彩"③。黑格尔就是这样做的，推崇者也不例外。马克思说他们是"解释世界"的哲学就是这个意思，这非常准确、深刻、自然、正常，没有什么错误，什么难以理解的。笔者相信要是换成"旧哲学们只是用不同的方式为现状辩护，而新哲学认为问题在于改变现状"，这样马克思哲学的科学性革命性非常清楚，人们的各种疑问和矛盾就全部消失了！

　　新旧哲学的根本区别和马克思对旧哲学家最不满意的，不是唯物主义缺乏辩证法，也不是懂辩证法的唯心主义颠倒了物质和意识的关系，而是他们都没能科学地说明人的能动性，不能说明人"改变世界"的本质，不能为人的彻底解放、自由全面发展提供理论武器。马克思批判了辩证法家，更批判了旧唯物主义者。《关于费尔巴哈的提纲》第一条就指出："从前的一切唯物主义——包括费尔巴哈的唯物主义——的主要缺点是，对事物、现实、感性，只是从客体的或者直观的形式去理解，而不是把它们当作人的感性活动，当作实践去理解，不是从主观方面去理解。"④费尔巴哈像古今一切唯物主义者一样坚持世界的物质性，这没有错但又不够。我们生存的世界、我们周围的事物（现实、感性）固然是一种物质存在，但不是一种与人无关的、像天体一样先于人的物质存在，而是人们实践活动的产物或者将要成为人们实践活动的对象，不能像对天体、对无人参与的自然界那样看成纯粹的客体，只是惊愕地直观它、"解释"它，这种只是从客体和直观方面理解事物的哲学，就把人的创造物当成了与人无关的存在物，颠倒了人和物的关系，使人匍匐在自己的创造物面前从而抹杀了人的能动性。这是一种"外部自然界的优先地位"观点，而"这种先于人类历史而存在的自然界，不是费尔巴哈在其中生活的那个自然

① 《资本论》第 1 卷，人民出版社 1975 年版，第 292 页。
② 《马克思恩格斯全集》第 1 卷，人民出版社 1956 年版，第 348 页。
③ 《资本论》第 1 卷，人民出版社 1975 年版，第 24 页。
④ 《马克思恩格斯全集》第 3 卷，人民出版社 1960 年版，第 3 页。

界，也不是那个除去在澳洲新出现的一些珊瑚岛以外今天在任何地方都不再存在的、因而对于费尔巴哈说来也是不存在的自然界"。① "他没有看到，他周围的感性世界决不是某种开天辟地以来就已存在的、始终如一的东西，而是工业和社会状况的产物，是历史的产物，是世世代代活动的结果。""这种活动、这种连续不断的感性劳动和创造、这种生产，是整个现存感性世界的非常深刻的基础，只要它哪怕只停顿一年，费尔巴哈就会看到，不仅在自然界将发生巨大的变化，而且整个人类世界以及他（费尔巴哈）的直观能力，甚至他本身的存在也就没有了。当然，在这种情况下外部自然界的优先地位仍然保存着，而这一切当然不适用于原始的、通过 generatio aequivoca（自然发生）的途径产生的人们。但是，这种区别只有在人被看作是某种与自然界不同的东西时才有意义。"②

人是物质世界的一部分，具有和万物相同的一面，人之要吃饭和动物吃食、植物吸收养料甚至和发动机加油没有什么不同，人之生老病死和动植物死亡甚至和天体演化也没什么不同，人不能也不可能违背物质世界的一切规律，这是尽人皆知的常识，也是从古至今的唯物主义者看到和论证的问题，但他们"只是坚持了物质的一面"③ 并停留在这个水平上而和唯心主义论战。然而人又是"万物之灵"，是世界上唯一自在而非自为的力量，不是像动物那样只是消极被动地适应而是积极能动地"改变世界"，从而永无止境地发展和提高自己，这同样是人们的常识，但却是一切旧哲学不能理解和说明的问题。这是马克思最为反感和致力解决的问题。当然说明人怎样属于万物又高于万物，具有能动性并不容易，唯心主义也没有解决。马克思的《博士论文》通过考察最早的唯物主义者德谟克利特和伊壁鸠鲁的差别，说明了原子的自为存在，为人的能动性奠定了唯物主义基础。《德意志意识形态》通过对人的本质的分析，解决了这个问题。如果像费尔巴哈那样抽象直观地看问题，不仅不能理解现实事物和现实社会，而且会得出为现实社会辩护的结论而不可能走向革命和共产主义。马克思指出：诚然，费尔巴哈比纯粹的唯物主义者有巨大优越性：他也承认人是"感性的对象"。但是毋庸讳言，他把人只看作是"感性的对象"而

---

① 《马克思恩格斯全集》第 3 卷，人民出版社 1960 年版，第 50 页。
② 同上书，第 48—50 页。
③ 《马克思恩格斯全集》第 40 卷，人民出版社 1982 年版，第 223 页。

不是"感性的活动"，因为他在这里也仍然停留在理论的领域，而没有从人们现有的社会联系，从那些使人们成为现在这种样子的周围生活条件来观察人们；因此毋庸讳言，他从来没有看到真实存在着的、活动的人，而是停留在抽象的"人"上，并且仅仅限于在感情范围内承认"现实的、单独的、肉体的人"，也就是说，除了爱与友情，而且是理想化了的爱与友情之外，他不知道"人与人之间"还有什么其他"人的关系"。他没有批判现在的生活关系，因而他从来没有把感性世界理解为构成这一世界的个人的共同的、活生生的、感性的活动，因此，比方说，当他看到的是大批的患瘰疬病的、积劳成疾的患肺病的贫民而不是健康人的时候，便不得不诉诸"最高的直观"和理想的"类的平等化"，这就是说，正是在共产主义的唯物主义者看到改造工业和社会制度的必要性和条件的地方，他却重新陷入唯心主义。接着马克思说出了他那人们广泛运用但很少理解的名言："当费尔巴哈是一个唯物主义者的时候，历史在他的视野之外；当他去探讨历史的时候，他决不是一个唯物主义者。在他那里，唯物主义和历史是彼此完全脱离的。"①"解释世界"者变成了事物和现实消极保守的辩护者。

　　"改变世界"是马克思哲学的出发点和归宿，也是人类历史的本来面目，马克思哲学的正确性、科学性、真理性也正在于此，也只有从"改变世界"出发才能完成"认识世界"的任务。旧哲学家不懂得人的本质在于人的社会性，看不到事物、现象背后人的关系、社会的原因，因而既不能说明社会现象更不能解决社会问题。所以马克思说，直观的唯物主义，即不是把感性理解为实践活动的唯物主义，至多也只能做到对"市民社会"的单个人的直观②，走向科学走向革命走向共产主义则是根本不可能的。把"解释世界"说成"认识世界"、说明事物的"知"，把"改变世界"说成运用理论于实践"改造世界"的"行"，这是没有研究《德意志意识形态》等马克思的著作而想当然地任意解释新旧哲学的根本差别，离马克思哲学太远了。

　　马克思关于新旧哲学根本区别的思想不仅是丰富深刻的，而且是始终一贯的。《德意志意识形态》中马克思多次表示了这样的思想，还可以再

---

① 《马克思恩格斯全集》第 3 卷，人民出版社 1960 年版，第 51 页。

② 同上书，第 5 页。

举出一些例子。他批判黑格尔派都是在纯粹的思想领域中喧嚣，说他们"这种改变意识的要求，归根到底就是要求用另一种方式来解释现存的东西，也就是说，通过另外的解释来承认现存的东西"。这里我们同样清楚地看到什么叫"解释"世界！马克思说他们尽管满口都是"震撼世界"的词句，而实际上他们是最大的保守分子。他们之中最年轻的人确切地表达了他们的活动，说他们仅仅是为反对"词句"而斗争。而且只是用词句来反对这些词句，而"绝不是反对现实的、现存的世界"①。马克思批判桑乔说，"他们要做的全部事情就是编造新的词句来解释现存的世界。这些人越是自命为高出世界之上，越是把自己同世界对立起来，这些词句就越来越明确地带有滑稽可笑的自我吹嘘的性质"②。马克思批判格律恩时又说，"实际上生产和消费往往处于互相矛盾之中。然而据说只要能正确地解释这种矛盾，只要能够正确理解生产和消费的真正的本质，就足以确立二者的统一和消除任何矛盾。这个德意志意识形态的理论原来是用以迁就现存世界的"；而"这种浮夸的表现方法只能导致为现存条件作辩护"。③ 马克思在批判蒲鲁东时说他，如果社会愿意"排除"使它烦恼的"一切麻烦"，那么只要去掉不好听的词句，改一改说法就可以了④，马克思指出蒲鲁东从解释世界的观点出发"就是和现状妥协"，"为自己并不理解的社会进行辩护"。⑤ 这些就是解释世界的哲学及其产生的原因，它从承认、接受现实出发，必然导致为现状辩护从而成为消极保守的哲学。"解释"与"认识"，"改变"与"改造"，马克思的精确概念与人们的随意理解根本不同。

笔者还要进一步举例说明，"改变世界"的哲学思想贯穿于马克思的一生，是马克思哲学的灵魂和精髓，是马克思哲学的出发点和归宿。马克思在他的中学毕业论文中就考虑了人和动物的区别，发扬人的能动性问题："自然本身给动物规定了它应该遵循的活动范围，动物也就安分地在这个范围内运动，不试图越出这个范围，甚至不考虑有其他什么范围存

---

① 《马克思恩格斯全集》第 3 卷，人民出版社 1960 年版，第 22—23 页。
② 同上书，第 461 页。
③ 同上书，第 611 页。
④ 《马克思恩格斯全集》第 4 卷，人民出版社 1958 年版，第 100 页。
⑤ 同上书，第 105 页。

在。……能这样选择是人比其他生物远为优越的地方。"① 在他最早最重要的哲学著作《博士论文》中，马克思更认为人的能动性即人怎样创造、改变世界的问题是一个根本的问题，"对于伊壁鸠鲁宇宙观的方法来说，具有代表性的是创造世界的问题，——这是一个永远可以用来搞清哲学观点的问题，因为它表明，在这种哲学中精神是如何创造世界的，这种哲学与世界的关系是怎样的，哲学的精神即创造潜力是怎样的"。② 这几乎与他那"问题在于改变世界"的名言一模一样。马克思鄙视人们推崇备至的康德哲学也在于此，"康德派可说是无知的职业祭司，他们每天干的事就是哭诉自己的虚弱和事物的强大"。③ 前人都没有解决人的能动性问题，把人看作和动物一样只会消极被动地适应世界，这是马克思最为反感的："如果一个哲学家不认为把人看作动物是最可耻的，那么他就根本什么都理解不了。"④ 马克思学说是革命的批判的，而这是通过扬弃旧哲学，揭示和高扬人"改变世界"的能动性实现的。

通过以上考察分析，我们看到马克思的论断是清楚明白一以贯之的，然而人们却不约而同地出现了近乎相同的误解而不察，"中国的社会主义跟欧洲的社会主义像中国哲学跟黑格尔哲学一样具有共同之点"⑤，中国和西方的传统哲学并没有多大区别。笔者认为误解的根本原因在于，从马克思方面来说，马克思哲学实现了人类思想史上最伟大的变革，马克思和他崇爱的伊壁鸠鲁两人都"反对整个希腊民族的世界观"⑥，他们的"世界观和理解力"⑦ 与坚持传统哲学人们的世界观和理解力不同。而人们用传统哲学观点不可能理解马克思哲学，遇到与自己既有世界观和理解力不同的马克思哲学，不是改变自己去理解马克思，而是削足适履地改变马克思适应自己，再加上很少有人认真研究马克思的著作，更不用说用马克思的眼光阅读马克思了，因而误解发生并长期存在和发展就不足为奇了。

马克思主义者是信奉马克思哲学的，但只有理解马克思哲学，这种信奉才有意义，不然只能事与愿违。马克思是人类伟大的思想家，必须否弃

---

① 《马克思恩格斯全集》第40卷，人民出版社1982年版，第3页。
② 同上书，第53页。
③ 同上书，第59页。
④ 同上书，第85—86页。
⑤ 《马克思恩格斯全集》第7卷，人民出版社1959年版，第265页。
⑥ 《马克思恩格斯全集》第40卷，人民出版社1982年版，第234页。
⑦ 同上书，第145页。

旧哲学，才能真正理解和运用马克思的世界观和理解力，实现哲学的革命。"意识改革不是靠教条，而是靠分析那神秘的连自己都不清楚的意识，不管这种意识是以宗教的形式或是以政治的形式出现。"① 我们要解放思想独立思考，对许多习以为常的理论重新审视，给人们提供真正科学的马克思学说。

以上谈的是个人的一点看法，与国内外研究者的意见有根本的不同，可能有错误和不足之处，澄清这个问题意义重大，因而笔者也诚挚地欢迎批评讨论，以求深入理解马克思。

---

① 《马克思恩格斯全集》第 1 卷，人民出版社 1956 年版，第 418 页。

"去阶级化"现象下马克思阶级理论再探

李小娜[*]

内容摘要：当代资本主义社会出现了"阶级对立减弱、阶级意识淡薄"等社会现象。一些西方理论家据此认为马克思的阶级理论变得越来越不重要了，主张用新的社会分层理论来取代它，这被称为"去阶级化"。通过对"去阶级化"的含义与成因、马克思阶级理论的主要特征及其在当代社会的表现方式等问题的探讨，揭示了"去阶级化"现象的实质以及与马克思阶级理论的关系，说明马克思阶级理论在当代社会仍具有丰富的理论性和现实感。

关键词：马克思 去阶级化 阶级

一 "去阶级化"现象的形成

20 世纪 80 年代以来，随着新技术革命的发展，西方发达资本主义国家经济结构发生巨变，非物质生产的服务业成为压倒第一和第二产业的最大的产业部门。阶级结构也随之发生变化，蓝领工人减少，白领工人增多，中间阶级壮大。出现了"阶级对立减弱、阶级意识淡薄"等社会现象。高兹、乌尔里希·贝克等一些西方理论家据此认为马克思的阶级理论在当代西方社会变得越来越不重要了，并主张用新的社会分层理论来取代它，这被称为"去阶级化"。整体来讲，"去阶级化"主要聚焦在以下几个方面。

第一，关于无产阶级是否被资产阶级所"同化"的问题。二战后，马尔库塞、哈贝马斯等法兰克福学派理论家认为，随着现代工业机械化和

---

* 李小娜，河南安阳人，西安工程大学思政部讲师，武汉大学马克思主义哲学博士。研究方向：马克思主义哲学。

自动化程度的加深，工人的劳动方式和生活方式发生改变，劳动强度减轻，生活水平提高。他们不再像过去那样激烈反抗资本家的统治，而是积极参与国家管理，追求资本家那样的生活。资本主义制度的"敌对力量"变成了维护这种制度的"肯定力量"。马尔库塞讲："资本主义的发展已经改变了这两个阶级的结构和功能，致使它们不再像是历史变革的动因。一种维护和改善制度现状的凌驾一切的利益，在当代社会最发达的地区把以前的对手联合了起来。"① 即无产阶级已经被资产阶级同化。

第二，关于"中间阶级"阶级属性的争论。通常被称为"中间阶级"的有企业管理人员、科技人员及流通和服务行业中等从事非生产性劳动的人员。波朗查斯认为，在资本主义社会中，只有直接生产剩余价值的体力劳动者，才是工人阶级。"中间阶级"只参与剩余价值的流通和分配，不直接创造剩余价值，因而不属于"工人阶级"，而是"新小资产阶级"。约翰·埃伦莱克提出，阶级的确定除经济外，还有文化因素。他把文化工作者、管理人员和科技人员、工程师等"中间阶级"称为"专业—管理阶级"。埃伦莱克认为，"中间阶级"不占有生产资料，不属于资产阶级。与工人阶级相比，他们实施的又是对其的控制和管理职能，因而也不属于工人阶级。又因为他们受资本的雇佣，属于工薪劳动者，因而也非小资产阶级。最后他得出结论，这个"专业—管理阶级"是一个独立的阶级。

第三，"阶级"话题失去意义了吗？法国新马克思主义者高兹提出了"劳动力碎片化"理论。他认为，在当前以信息为主导的社会，劳动力被分散在世界各个角落，不再具有像在大机器工业下所具有的组织上的延续性，因而也难以再形成共同的阶级意识和阶级使命，劳动力被"碎片化"了。乌尔里希·贝克提出了"人的个体化"理论。他认为，在当代西方社会，由于生产方式和生存方式的变化，人们不再像过去那样注重个人的阶级身份和阶级背景，而转向对个人财富、幸福和自由的追求上来。贝克最后得出结论："福利国家支持的劳动市场推动力调和或消解了资本主义内部的社会阶级，我们逐渐面临没有阶级的资本主义现象。"② 拉克劳和墨菲认为，在当代社会，工人阶级的利益和立场往往被许多力量整合，那种能把工人阶级统一起来的普遍的"阶级利益"实际上并不存在。当代

---

① ［德］马尔库塞：《单向度的人》，上海译文出版社1989年版，第4页。
② ［德］乌尔里希·贝克：《风险社会》，译林出版社2004年版，第107页。

西方社会工人阶级的普遍贫困化并没有发生，因此无产阶级革命也没有现实依据等。通过对以上问题的讨论，这些理论家普遍认为，马克思的阶级理论在当代西方社会变得越来越不重要了，他们主张用新的社会分层理论来取代马克思的阶级理论，从而在理论界掀起了一股"去阶级化"潮流。

"去阶级化"现象的出现有其现实原因。

第一，和平与发展的时代主题是"去阶级化"现象产生的大背景。二战后，西方资本主义国家通过新科技革命，生产力得到发展，生产关系也做了相应调整，从私人垄断资本主义过渡到国家垄断资本主义，一定程度上缓和了阶级矛盾。国内没有直接革命形势，帝国主义进入相对稳定发展时期。第三世界国家民族独立后，主要任务是发展经济和文化，尚不具备进行社会主义革命的条件。总的来讲，社会主义同资本主义在斗争中充满协作，和平与发展成为时代的主题，这成为"去阶级化"现象产生的大背景。

第二，经济结构的变化引起的阶级结构的变化是"去阶级化"现象产生的现实基础。在传统工业社会里，物质资本拥有者占据统治地位。当代资本主义社会，服务业成为最大的产业部门，科学技术成为第一生产力，非物质生产劳动的比重增大了，知识资本作用增强。因为智力是经过教育和培养可以拥有的，这就大大提高了无产阶级进入智力阶层和成为业主的可能性，各阶级阶层之间的流动性增强了，当代资本主义社会形成了"蓝领工人减少、白领工人增多、中间阶级壮大"的阶级结构，这成为"去阶级化"现象产生的现实基础。

第三，全球化运动进一步刺激了"去阶级化"现象的产生。英国学者戴维·赫尔德讲道："全球化是一个体现社会关系和交易的空间组织变革的过程，此过程可以根据其广度、强度、速度以及影响来衡量，并产生了跨大陆或区域间的流动与活动、交往与权力实施的网络。"[①] 在经济全球化过程中，世界上大多数国家都卷入了更深层次的国际分工体系，跨国公司的投资与技术转让活动又把各国的生产经营和销售活动更加紧密地联系在一起，各国经济相互依赖、相互渗透的程度不断加深。经济关系的变化必然引起政治领域和国际关系的变化，协商与对话越来越成为处理国际关系的主要手段。经济与政治关系的变化也对不同民族的文化带来冲击，

---

① ［英］D. 赫尔德：《全球大变革》，社会科学文献出版社2001年版，第37页。

促进了资本主义与社会主义两种制度在文化方面的融合和发展。全球化运动的发展进一步刺激了"去阶级化"现象的产生。

如上所述，既然"去阶级化"现象的产生有其现实原因，那是否就如西方一些理论家所讲，马克思的阶级理论在当代西方社会变得越来越不重要了呢？如何看待马克思的阶级理论与"去阶级化"现象的关系呢？

二 马克思的阶级理论与"去阶级化"现象

值得注意的是，马克思的阶级理论主要是对自由竞争资本主义时期西方社会阶级现象的分析和阐述。自由竞争阶段，在生产和流通领域起支配作用的是自由竞争原则，经济活动主要依靠市场机制调节，政府对其基本上采取"自由放任"的政策。这一方面极大地促进了生产力的发展，另一方面也带来了两极分化、环境污染、资源浪费，甚至在金钱的诱惑下，人的道德沦丧等社会问题。在此背景下，马克思的阶级理论诞生了。

马克思认为，阶级就是因对生产资料的关系不同而划分的社会集团。他讲道："如果我抛开构成人口的阶级，人口就是一个抽象。如果我不知道这些阶级所依据的因素，如雇佣劳动、资本等，阶级又是一句空话。"[①]马克思认为，当时社会与无产阶级贫困化联系在一起的诸多社会弊端的形成，主要是因为资产阶级利用生产资料的控制权对无产阶级进行经济掠夺和政治压迫造成的。他认为，只有无产阶级才是代表生产力发展方向的最先进的阶级，主张通过无产阶级革命消灭资产阶级，改造资本主义社会，实现共产主义。马克思讲道：资本主义社会"在一极是财富的积累，同时在另一极，即在把自己的产品作为资本来生产的阶级方面，是贫困、劳动折磨、受奴役、无知、粗野和道德堕落的积累"[②]。"而随着大工业的发展，资产阶级赖以生产和占有产品的基础也就从它的脚下被挖掉了。它首先生产的是自身的掘墓人。"[③]"在当前同资产阶级对立的一切阶级中，只有无产阶级是真正革命的阶级。其余的阶级都随着大工业的发展而日趋没落和灭亡，无产阶级却是大工业本身的产物。"[④]马克思最后讲道："共产

---

① 《马克思恩格斯选集》第 1 卷，人民出版社 1995 年版，第 273 页。
② 《马克思恩格斯选集》第 2 卷，人民出版社 1995 年版，第 259 页。
③ 《马克思恩格斯选集》第 1 卷，人民出版社 1995 年版，第 282 页。
④ 同上书，第 282 页。

党人不屑于隐瞒自己的观点和意图。他们公开宣布：他们的目的只有用暴力推翻全部现存的社会制度才能达到。"① 恩格斯在晚年改变了《共产党宣言》中关于暴力革命的想法，认为那是旧的策略，在当时已经不能成为主要手段，他希望的是通过工人阶级的合法斗争取得政权，保留资本主义生产方式，和平过渡到社会主义。

　　二战后，资本主义发生了一些新变化，国家资本所有制占主导地位，即国家作为出资人，拥有国有企业的所有权和控制权，国有企业的重要职能是推行政府的社会政策和经济政策，为私人垄断资本的发展提供服务和保障。资本家的地位和作用发生了变化，资本的所有权和经营权发生分离，资本家一般不再直接经营和管理企业，而是靠拥有企业股票等有价证券获得利息收入；职业经理人成为大公司经营活动的实际控制者；知识型和服务型劳动者的数量不断增加，劳动方式发生了新变化。资本主义国家采取了缓和劳资关系的制度，如职工参与政策，终身雇佣，职工持股等。社会福利制度也在一定程度上保证了劳动者的最低生活水平。在此背景下，"去阶级化"现象产生了。实际上，"去阶级化"理论家们忽视了马克思阶级理论形成的时代背景及在当代社会发生作用的方式。

　　马克思的阶级理论在当代西方社会仍具有丰富的理论性和现实感。

　　第一，当代资本主义的新变化与马克思的阶级理论息息相关。其一，马克思的阶级理论揭示了资本主义基本矛盾，从生产力角度预言了资本主义的发展方向。马克思认为，资本主义生产资料私有制与社会化大生产的资本主义社会基本矛盾必将导致资本主义的灭亡。在当代社会，社会化大生产趋势在逐步扩大，如北美自由贸易区，凡签订自由贸易协议的成员国相互彻底取消在商品贸易中的关税和数量限制，商品可以自由流动；欧盟，除取消关税、数量限制，对非成员国征收共同关税外，规定生产要素，如资本、劳动力等，可以自由流动。成员国实施统一的经济政策和社会政策，如财政政策、货币政策、产业政策、区域发展政策等。社会化大生产趋势的发展也必将开启和引领生产关系领域的改革方向。其二，马克思的阶级理论不仅指导和推动了工人阶级的阶级斗争，也给资产阶级以警示作用，促使资产阶级进行了一系列内部改

――――――――――

① 《马克思恩格斯选集》第 1 卷，人民出版社 1995 年版，第 307 页。

革。马恩所预言的资本主义，即自由竞争资本主义在生产力发展与资本主义改革的共同作用下已经消亡。事实证明，马克思阶级理论就像一把利剑悬在资本主义的上空，一旦社会的发展背离了马克思阶级理论所预言的轨道，它就会跌落下来，斩断现存的社会制度，开启新的社会发展方向。

第二，当代社会仍存在很多阶级问题。其一，当代社会仍是阶级社会。虽然资产阶级进行了一系列的内部改革，但并未从根本上改变资本主义社会的性质。资本主义社会的经济基础——资本主义私有制、资本和雇佣劳动的对立仍然存在。在国际范围内，资本主义与社会主义、资产阶级与无产阶级的斗争从未停止过，只是斗争的形式、手段和程度有所改变，从进行经济封锁、军事威胁到采取全面接触的政策。当前，资本主义国家通过发展对社会主义国家的经贸往来来维护自己的经济利益。用美国前总统布什的话来说，就是要"利用经济接触来促进自由"，打一场没有硝烟的世界大战。当代社会仍是阶级社会。其二，中间阶级仍属于工人阶级，工人阶级的数量在增长，并焕发出新的革命意识。马勒认为，资本主义经历了传统手工业、大机器工业和自动化三个时期。传统手工业时期工人通晓整个生产过程的技艺，是生产的主人；大机器工业时期生产资料集中在少数资产阶级手中，工人不再是生产的主人，沦为机器的奴隶，成为"纯粹的工人阶级"；当前属于自动化时期，由于生产过程的自动化，原来在生产线上劳动的工人变成了生产过程的监督者和控制者，是"新工人阶级"，即"中间阶级"。在马勒看来，新工人阶级不占有生产资料，处于受剥削的地位，仍属于工人阶级。发达资本主义国家作为体力劳动者的工人的比重确实在下降，但作为非体力劳动者的"新工人阶级"的比重在上升，因而工人阶级的数量在增长。据国际劳工组织统计，"从50年代初到80年代初的30多年中，美国的工薪劳动者由4930万增至1.01亿，日本从1800万增至4100万，西德从1650万增至2380万，法国从1250万增至1780万，意大利从1126万增至1360万等"[①]。在大机器工业时代，企业主推行泰罗制，对工人严加监管，工人被牢牢地束缚在机器和生产线上，他们的

---

① 段若鹏：《中国现代化进程中的阶层结构变动研究》，人民出版社2002年版，第235页。

反抗往往是以激烈的方式出现的。在自动化时期，企业生产的技术基础以信息技术和脑力劳动为主，劳动者选择和决策的自主性增强了。为了创造更多的利润，企业也推行了一些民主管理的形式，增加了劳动者参与管理的机会。这的确改善了工人与雇主的关系，但并没有改变资本家剥削工人的实质。据国家统计局数据表明，"以最发达的美国为例，它的剩余价值率 1909 年为 130%，1950 年为 236.7%，1987 年已高达 364.7%"①。世界银行发表了一份数据表明，"最高收入的 20% 人口的平均收入和最低收入 20% 人口的平均收入，这两个数字的比在美国是 8.4 倍，俄罗斯是 4.5 倍，印度是 4.9 倍，日本是 3.4 倍等"②。这表明在全球经济增长的同时，世界范围内的贫富差距在扩大。因而，近年来，工人运动也此起彼伏。如 2005 年 12 月 20 日，纽约公交工人工会为提高薪水、福利、养老金待遇等问题进行大罢工；2010 年 2 月 10 日希腊总工会举行大罢工，抗议政府增加燃油税、削减财政赤字、拒绝给公务员加薪等。与以往相比，当代工人阶级往往更富有文化和组织力，能更快、更深刻地认识到资本主义制度固有的矛盾，有时甚至要求从根本上变革生产关系。事实证明，工人阶级的革命意识并没有被消除。随着全球化趋势的加强，未来的国际工人阶级运动也必将走向更加广泛的联合。其三，阶级分析法对于社会和个人来讲仍具有决定性意义。1996 年伦敦马克思主义大会的代表们提到："资产阶级和无产阶级的对立是不容回避的事实，马克思主义的阶级学说仍然是分析当代西方社会阶级关系的正确理论。"③ 英国学者密利本德也认为："阶级仍然是现代社会存在中关键性和决定性因素。对于女工、黑人工人或者同性恋工人来说，可能他（她）们的内心会感觉到他们就是妇女或者黑人或者同性恋者，他们给了他们自己以规定，并且那就是他（她）们所体验过的被剥削、被歧视和被压迫。以妇女、黑人和同性恋者作为剥削、歧视和压迫对象的这种现实，也是由于他们是工人并被固定在生产过程和社会

---

① 董秀云：《试析当代资本主义新变化的根源及发展趋势》，《康定民族师范高等专科学校学报》2002 年第 2 期，第 42 页。

② 高明亮：《关于我国收入分配问题的思考》（http://www.gsei.com.cn/html/jlzc/944_116273.html）。

③ 刘保国：《马克思恩格斯阶级理论与现代社会研究》，知识产权出版社 2005 年版，第 28 页。

结构的一个特殊位置的事实而形成的。"①

综上所述，"去阶级化"现象把马克思在自由竞争资本主义时期的阶级理论对应当代西方社会现实，忽视了当代西方社会马克思阶级理论发生作用的方式和表现，这无疑是"刻舟求剑"的做法。马克思阶级理论在当代西方社会仍具有不可或缺的作用和意义。

---

① 周凡：《后马克思主义：批判与辩护》，中央编译出版社 2007 年版，第 30 页。

论社会对于人的价值

王孝哲[*]

内容摘要：社会是许许多多个人以及各种各样群体密切联系所形成的各种社会关系耦合的系统。社会区别于人而具有相对独立性。社会与人互为主客体，互相作用，互有价值。社会对于人具有多方面的重要价值：第一，社会使原本只具有一般生物属性的生物人，形成社会属性而转变成为真正的"人"。第二，社会使人产生作为人所特有的需要，并使人的需要能在一定程度上得到满足。第三，社会能够为人提供必要的客观条件，让人得以不断发展。这表明人不能须臾离开社会，必须依赖社会发挥出其对于人的价值。因此，人们在筹划、组织社会管理和社会建设时，就应当力求以人为目的，按照人的特点和需要，自觉地做到有利于满足人们不断提高的物质文化需要，有利于实现人们的全面发展。

关键词：社会 人 价值

社会是由人们相互作用而形成的，其存在形式表现为许许多多个人以及各种各样群体密切联系所形成的各种社会关系耦合的系统。马克思说："社会——不管其形式如何——究竟是什么呢？是人们交互作用的产物。"[①] 社会具有其特殊的物质性、精神性、整体关系性和历史性，是一个活的有机体，区别于人而具有相对独立性。人们则是在社会中生存和发展的物质实体和智慧动物。社会与人互为主客体，相互依赖、相互作用。从价值意义即客体满足主体需要、对于主体具有某种有用性的意义上说，人与社会是互有价值的：人对于社会具有价值，社会对于人也有价值。本

---

* 王孝哲，安徽萧县人，安徽大学哲学系教授，安徽大学科学发展观研究中心研究员，主要从事马克思主义哲学和社会发展理论研究。

① 《马克思恩格斯选集》第 4 卷，人民出版社 1995 年版，第 532 页。

文以人为价值主体，主要论述社会对于人的价值。本文意在说明，人在社会中既是工具更是目的，社会对于人具有重要价值。社会的存在和发展归根结底乃是为了人的存在和发展服务的。我们大力进行社会主义改革和社会主义建设，就应是为了更有利于人的存在和发展。我们应当在社会的管理和建设上，自觉地力求较好地实现社会对于人的价值。

那么，社会对于人具有哪些价值呢？笔者认为：

第一，社会使原本只具有一般生物属性的生物人，形成社会属性而转变成为真正的"人"。

真正的"人"是有意识、会劳动并且有德性的智慧动物，从而区别于其他所有的动物而另成一类。地球上原本没有人类，人类是由古猿演化而来的。人类的产生，就是在于高等脊椎动物古猿逐渐学会了说话和劳动，具有了意识和德性，从而实现了人猿揖别，而形成一个新的生物类别——富有智慧的人类。在人类繁衍过程中，一个婴儿出生后，也是由于逐渐学会了说话和劳动、具有了意识和德性，从而由类同于其他生物的没有意识、不会劳动、没有德性的生物人，而转变为真正有意识、会劳动、有德性的智慧人。智慧人诚然仍像其他动物一样还具有多种自然属性（也可以说是物质属性、生理属性），但那些自然属性只是人生存的物质基础。人之成为"人"，主要是在于人有着其他生物所没有而为人所特有的意识、劳动、德性等基本属性。但是，意识、劳动、德性等基本属性却都是人类始祖古猿以及人类的婴儿所原本并不具备的。它们是哪里来的？"人"是怎么形成的？专门的科学研究以及实际生活中的日常观察都表明，人的意识、劳动、德性等基本属性都是在社会中才能产生形成的社会属性。从根本上说，人不只是生物人，更主要的还是社会人，是社会使人成为"人"。这就说明，社会对于人的形成具有重要价值。

意识是人类所特有的基本属性之一。意识是人类区别于其他生物的一种重要属性。人有意识，能够进行抽象思维，所以，人是有理性的智慧动物。虽然，人的意识在物质基础上乃是依赖于人脑的高度复杂和完善化，但是，人的意识并不只是人脑的神经活动的产物，它还是社会的产物。因为，人的意识是依赖于语言才能产生和存在的，语言是思维的物质外壳，而人的语言则是社会的产物。人类当初是在开始具有社会性的生产劳动和相互交往过程中，由于彼此协同动作、交流意愿要求的需要，才产生了语言的——表现为在某个人群共同体内，人们约定俗成地使用特定的声音和其他符号代表特定的含义，彼此进行相互交流。人们还可以利用语言形成抽象概念，进行理性思维，由此产生意识。这就为人的意识打上了社会烙印，使其带有社会属性。而在人类产生之后，某一个婴儿从一降生，也就开始来到了社会环境当中。他的父母教他说话，教他认识东西。他跟着大人学习语言，认识周围的事物。于是，他就逐渐进入到社会联系的网络之中，并逐渐产生形成了语言能力，逐渐产生形成了思维能力，具有了抽象的意识。所以，全面来说，人的意识乃是自然属性和社会属性相结合的产物。人的意识并不是仅仅从属于人的自然属性，而是更主要地从属于人的社会属性。

劳动等实践活动也是人类所特有的基本属性之一。人有智慧，能够进行自觉的生产劳动等创造性活动，它们都是主观见之于客观的实践活动。劳动等实践活动也是人类所独有的、区别于其他生物的一种重要属性。人进行劳动等实践活动固然依赖于有一双手——能进行劳动的肉体器官，但是，手的劳动功能（操作使用劳动工具、按照目的加工劳动对象的功能）并不是与生俱来的，而是在社会中训练形成的。古猿就是在相互协作，共同进行制造和使用工具来谋取食物的过程中，其前肢才逐渐转变成为能够劳动的手的。小孩子也是在社会中经受家人、老师的教导训练，逐渐学会使用工具劳动，其不会劳动的手才逐渐转变成为能够劳动的手。况且，人的劳动更是一种社会性活动。个体人不能像其他的动物那样各自孤独地或者小群体地生存和活动，每一个人都必须从属于和依赖于比较大的集体，跟其他许多人频繁地、密切地、多样性地相互交往，才能形成个体的生产劳动能力（包括掌握有关知识和技能），并且再结成生产组织而形成集体的"合力"，从而方可进行生产劳动和其他实践活动，有效地改造自然界和制作出物质产品。马克思指出："人们在生产中不仅仅影响自然界，而且也相互影响。他们只有以一定的方式共同活动和互相交换其活动，才能进行生产。为了进行生产，人们便发生一定的联系和关系；只有在这些社会联系和关系的范围内，才会有他们对自然界的影响，才会有生产。"①

德性也是人类所特有的基本属性之一。德性也是人类区别于其他生物的一种重要属性。人有德性，在相互交往时能够自觉地按照一定规范彼此

---

① 《马克思恩格斯选集》第 1 卷，人民出版社 1995 年版，第 344 页。

相处，所以人们才能实现彼此关系的融洽并结成各种各样的复杂集合体。人的德性更是在社会中培养形成的。人们为了抵御自然灾害和进行生产劳动，就必须相互联系组成社会群体而使各自的力量得以放大。人们要进行各种集体活动，则必然要求人与人之间维持良好的关系。所以，人们在自觉活动过程中，若有可能对他人和集体发生影响，在客观上就需要有行为准则来规范和约束各自的行为，而不能各行其是任意作为。社会道德规范就是人们反映这种客观要求而建立的。社会要求每个人在处理个人与他人、个人与集体的关系时，应当具有道德意识，自觉地遵循公认的行为准则来指导和约束自己的行为。这便使每个人在社会生活中逐渐形成了德性。回顾历史，人类社会在产生后最早建立的行为规范是什么规范？就是道德规范。历代社会都是人们交互作用的产物，所以都有道德规范。各个时代的人们都生活于社会中，所以都相当重视培养形成一定的德性。

综上所述，人之作为"人"所独具的意识、劳动、德性等基本属性，都是在社会中产生形成的，都是社会属性。人的社会属性成为人之作为"人"的主要属性，相对于自然属性而言的更重要的属性。这就表明，是社会使得原本只具有生物属性的人，再具有专属于人的社会属性而成为真正的"人"。这可以说就是社会对于人之生成、形成（社会属性）的有用性，亦即社会对于人的一种重要价值。

一般地说，任何社会对于任何人，都有使其形成社会属性而成为人的重要价值。具体地说，某个现实社会对于一个人，究竟会使其形成怎样的社会属性，成为怎样的具体人，则有具体的价值。于是，有什么样的社会（社会形态、制度性质、社会生活状况、社会交往状况），就会使具体人形成什么样的社会属性，成为什么样的人。比如，有什么样的社会语言环境和人际交往状况，就会使得具体人形成什么样的语言能力（包括语种、词汇、表达方式等等）；有什么样的社会物质生产环境和相互协作状况，就会使得具体人形成什么样的生产知识、劳动技能；有什么样的社会伦理关系和道德生活状况，就会使得具体人形成什么样的道德意识、道德素质、道德觉悟。所以马克思指出："人的本质不是单个人所固有的抽象物，在其现实性上，它是一切社会关系的总和。"①

第二，社会使人产生作为人所特有的需要，并使人的需要能在一定程

---

① 《马克思恩格斯选集》第1卷，人民出版社1995年版，第56页。

度上得到满足。

人们在现实的物质世界中作为既有血肉之躯又有意识智慧的人而生存和发展，不能不依赖于跟外界不断进行物质的、能量的交换和信息的交流。因此，人们就必然会产生希图对外界事物有目的的摄取欲望和要求。人们的这种对外界事物摄取的欲望和要求就是人的需要。人的需要是人所独有的根本特性。马克思指出："他们的需要即他们的本性。"① 人的需要何以能够成为人的本性？这是因为：一方面，人的需要是人自觉自知的，是主动争取获得满足的，它是人所特有的精神活动的产物和表现；另一方面，人的需要又是人所特有的实践活动的内在动机和表现，表明人们不满足于被动地适应外部世界，而是要通过积极地改造外部世界，获取自己想要的物质生活资料，过上比其他动物更好的生活。需要显然是人所专有的，集中地体现了人之为人而区别于其他动物的根本特性。从价值关系的意义上说，人的需要也就是人对于外界事物的自觉的价值要求。人以自己为价值主体，希图外界事物能够满足自己的需要，成为对于自己有用的价值客体。

人的需要是人在头脑中萌生的，但绝不是纯主观的欲望，而是在现实社会中产生的实实在在的要求。人的需要怎样才能得到满足？这既不能依赖于主观的想象，也不能依赖于自然界的直接赐予，而是依赖于人们自己的努力劳作以及社会提供的客观条件。人的少量需要的满足，可以直接通过自己的劳作而得以实现，这可以说是体现了人的自我价值；但是，人的大部分需要必须依赖于社会提供条件才能得以满足，这便体现了社会对于人的重要价值，即社会对于满足人的需要，让人能够过着人的生活、进行人的活动的有用性。

人有哪些需要呢？人的需要是多层次、多种类的，笔者认为大致包括生理需要、安全需要、归属需要、尊重需要、认知需要、审美需要、自我实现需要。② 人的这些需要的满足，从根本上说，都既是在社会中产生的，又必须依赖于社会才能得以实现。且看：

人的生理需要就是人为了维持生命而对于物质生活资料的需要。人的生理需要不是单纯的自然需要，而是打上了社会的烙印，并且满足需要的

---

① 《马克思恩格斯全集》第 3 卷，人民出版社 1960 年版，第 514 页。
② 参见王孝哲《论人的需要及其社会作用》，《江汉论坛》2008 年第 5 期。

方式也具有社会性，因为人们需要的不是原始的自然物，而是被加工创造出来的衣服、食物、住房等等物质产品。任何人都会有这种生理需要。那么，一个人能否完全依靠自己的技术、工具和原料，来创造出供自己享用的衣服、食物、住房等等物质生活资料？根本不可能！那些物质生活资料说到底都只能主要依靠社会（别人、群体）来提供。人的安全需要则是人希望生活平安、不遭遇危险的需要。这种需要人人皆有，但也不能仅仅依靠自己来满足，而必须依靠别人的帮助、群体的保护和社会制度的保障。人的归属需要即是人要求归属于一定群体而不是孤立地离群索居，并且能融入一定群体生活、能同其他人相交往的需要。人的尊重需要即是人在与他人相处时要求树立自尊也要求受到别人尊重的需要，这两种需要本来都是由人的社会性所决定的，都是人在社会生活过程中、在社会交往关系中产生的，更是必须在社会中，在同其他人和群体的交往过程中，才能得以满足。人的求知需要就是人企求反映与了解外界客观事物的欲望和要求。人的审美需要则是人企求发现美、欣赏美、创造美的欲望和要求，这两种精神需要也是在社会中产生的，也只能在社会中获取某些认识条件（包括相关知识、认知工具、别人协助等）、审美条件（包括相关知识、物质技术条件等）才可得以实现。人的自我实现需要就是人对于发挥自我才能和实现自我价值的欲望和要求，这种需要无疑更是只能在社会生活过程中，在与其他个人和群体交往过程中产生，并且只能在社会中得到必要的社会条件（职位、工具、环境等）方可实现，获得用武之地。

　　一般地说，人的各种需要的产生及其满足，主要依靠社会所具备、所提供的客观条件，所以，人必然地只能是社会人，是靠社会过着"人"的生活，进行"人"的活动，离开了社会便不可能有"人"的生成、生存、活动。具体地说，不同的现实社会（社会形态、制度性质、发展水平）对于社会中人们现实需要的产生及其满足，则会分别提供不同的条件；同一社会对于该社会中不同个人的需要之产生和满足，也可能会分别提供不同的条件。这就会使社会对于人的需要的产生及其满足之价值，表现出相当复杂的情况。就历史上、世界上不同的社会对于社会中人们现实需要的产生及其满足必会提供不同的条件来说，具体社会的物质生产力愈发达，社会经济发展水平愈高，社会政治制度愈民主，社会管理愈完善，便可对于当时当地人们提供愈优越的条件，愈能让人们产生更多样、更高层次的需要并且能更充分地满足人们的各种需要。再就同一社会对于该社会中不同个人的需要之产生和满足也可能会分别提供不同的条件来说，这既跟不同人的社会职业、生活地区、自身能力有关，也跟社会管理的公正状况有关。社会管理的公正，就是要力求实现对于不同个人尽可能提供基本相同的条件，来平等地看待和满足他们的各种合理需要。

第三，社会能够为人提供必要的客观条件，让人得以不断发展。

人类社会在存在过程中是不断发展进步的。人类在生存繁衍过程中也是不断发展的。人类社会的发展进步固然依赖于人们发挥能动性而推动，但人的自身发展却不能仅仅依靠人们自己发挥能动性，而是主要依赖于社会提供必要的客观条件。从人为价值主体、社会为价值客体的价值关系上说，社会对于人的有用性也表现在：社会能够为人提供必要的客观条件，让人得以不断发展。

何谓人的发展？"人"既可指人类，也可指个人，乃是二者的辩证统一。人的发展是一个具有丰富的自然、社会内涵的辩证历史过程。笔者认为，人的发展主要体现为人的个体特征的发展（侧重于人的发展的自然内涵）和人的社会特征的发展（侧重于人的发展的社会内涵）这两个方面的发展。人的这两个方面的发展都主要依靠社会提供必要条件才能实现。

"人的个体特征的发展，主要包括人的身体的发展、实践活动的发展和精神活动的发展。"[①] 人的身体的发展表现为人的身体的正常发育完善，身体生理机能的增强，器官活动能力的增强等。人的实践活动的发展表现为人的实践能力的增强，实践范围的扩大，实践效率的提高，实践成果的增多。人的精神活动的发展表现为人的思维能力的提高，认识能力的增强，认识范围的扩大，精神产品的增多。在人类世代繁衍的历史上，人的个体特征的确是不断发展的，尤其是在实践活动的发展和精神活动的发展方面表现得相当明显。在一个人成长成熟的历程中，其个体特征也是不断发展的。人的个体特征的发展当然与人自己发挥能动性有某些联系，依赖人们锻炼身体、勤奋学习语言和知识、积极提高思维能力和实践能力。但是，人的个体特征的发展更要依赖于人们在社会中能够获得必要的锻炼身体的条件、学习语言和知识的条件、提高思维能力和实践能力的条件以及

---

① 王孝哲：《论人的发展及其动力》，《安徽大学学报》2008 年第 1 期。

进行实际工作的条件。若没有必要的社会条件，人们希图实现个体特征发展的愿望就往往会落空。这就表明，社会对于人的身体的发展、实践活动的发展和精神活动的发展起着重要作用，即有着重要价值。这就要求社会重视发挥对于人的个体特征发展的这种价值。

"人的社会特征的发展，主要包括以下四个基本方面的发展：人的社会素质的发展，人的需要的发展，人的社会关系的发展，人的个性的发展。"① 人的社会特征的发展当然更是只有在必要的社会条件下才能实现。这在客观上就要求社会能够发挥出推动人的社会特征发展的作用。

社会对于人的社会特征发展的价值，主要表现在：

（1）社会在客观上要求并能实际地推进人们社会素质的发展。人的社会素质包括思想政治素质、伦理道德素质、科学文化素质、专业技术素质、审美素质和实践素质。人的这些方面的素质乃是人为了适应社会生活、进行社会活动而须具备的修养、能力和才干，所以称为社会素质，它们乃是人的社会特征的重要方面。人的社会素质不是先天带来的，而是在后天的社会环境中逐渐培养形成的，也可以说是适应于社会的客观要求并利用了社会的实际条件而形成的。具体的人生活在特定的社会条件下，那些现实的社会条件影响他、熏陶他、培养他，就使他形成一定的社会素质。他也只有具备了一定的社会素质，才能融入那个具体社会。不同的社会条件（比如不同国家、不同时代、不同民族、不同地区、不同行业、不同家庭等等）就会造就出具有不同社会素质的人。人的社会素质又不是一经形成就永不改变的，而是会变化发展的，这便是人的社会特征发展的重要方面。促使人的社会素质变化发展的根源，就是人们生活于其中的社会环境和条件的变化，在客观上要求人的社会素质变化发展，也提供条件使人的社会素质能够变化发展。人类的历史上，人们的社会素质确实不断提高，主要根源于社会条件越来越优化。原始社会人们的社会素质之所以十分低下，主要是由原始社会极其低下的社会条件（语言条件、交往条件、劳动条件等）决定的。后来人们社会素质逐渐提高，则主要是由社会条件（经济条件、政治条件、文化条件等）的逐渐优化决定的。在社会发展过程中物质文明、政治文明、精神文明逐渐进步，为人们提供了越来越良好的社会环境和生存、活动条件，就使得人们的社会素质必然逐

---

① 王孝哲：《论人的发展及其动力》，《安徽大学学报》2008 年第 1 期。

渐提高。在每一个人出生后的成长过程中，其社会素质也都是在现实的社会生活状况下逐渐形成的，并且在深入社会生活、扩大实践范围、享受更多物质条件、文化条件的过程中，其社会素质也会日益丰富、不断提高。假若某一个人的社会条件发生改变，也必会促使他的某些具体的社会素质发生改变；而他的具体的社会素质发生了改变，才能使他适应改变了的社会环境。总之，人的社会素质的形成和变化发展，以及人与人之间在社会素质上的差异，都有着深刻的社会根源。这表明社会对于人们社会素质的发展起着重要作用，具有重要价值。

（2）社会的变化以及社会所造成的人自身的变化能促使人的需要变化发展。人的需要的发展包括人的生理需要、安全需要、归属需要、尊重需要、认知需要、审美需要、自我实现需要的发展。人的需要是人在具体的社会生活中产生形成并有可能得到满足的，必会随着社会时代的变化、社会条件的变化以及人自身的社会地位和能力的变化而变化。人的需要的发展也是人的发展的重要表现：表明人能够提出并有能力满足更多的、更高层次的需要，体现了人具有更高素质和更高价值。人的需要的发展不是人自己纯主观希望的发展，不是人自己头脑臆想而提出的对于外界事物新的摄取欲望和要求。人的需要的发展虽有自己意识的参与，但主要是客观的社会条件的变化以及社会所造成的人自身的变化，刺激了人的神经，促使人萌生新的需要，并利用现实的社会条件力求满足新的需要。在现实生活中，人们必会由于社会条件的变化（包括社会制度的变革、社会体制的更新、社会政策的改变、社会经济的变化、社会文化的变化等等）和自身条件的变化（包括自己在社会中地位的改变、占有社会资源的变化、享有社会经济政治文化条件的变化、自身能力的变化等等），在新的社会条件和自身条件下产生新的需要并力求满足这些需要。人们新的需要表现为人在原有需要得以满足的基础上萌生更多方面的需要和更高层次的需要（所谓"人心不足"是也）。这正如马克思指出的："已经得到满足的第一个需要本身、满足需要的活动和已经获得的为满足而用的工具又引起新的需要……"① 不仅在人类世代繁衍的历史上，人们的需要是不断发展的；而且在每一个人的生命过程中，其各方面的需要也是不断发展的。人们在社会生活中，在社会不断发展过程中，不断满足原有的需要，又不断遇到

---

① 《马克思恩格斯选集》第 1 卷，人民出版社 1995 年版，第 79 页。

新的社会环境和经济条件、政治条件、文化条件，而产生新的需要、更高层次的需要，并致力于争取满足这些新的需要。这就实现了人的需要的不断发展。这也显示了社会对于促使人的需要变化发展的价值。在这里顺便说一下，也恰是人的需要的不断发展，激发了人的能动性、创造性，成为人的实践活动的内在动因，反过来从根本上推动了社会的不断发展进步。

（3）整体社会关系的发展能推进个人的社会关系的发展。"社会不是由个人构成，而是表示这些个人彼此发生的那些联系和关系的总和。"[①]人类社会的实质乃是各种社会关系（包括经济关系、政治关系、文化关系以及社会阶层关系、群体关系等等）相耦合的关系统一体（比如一个国家就是一个具体社会，这个社会就是一定地域内各种社会关系相耦合的关系统一体），而不是个人相加的实物统一体。各种社会关系相互依赖、相互配合、相互联动而形成人类社会。所以，人类社会的发展在实质上也就是整体社会关系的发展。而人们都是生活于社会关系中，每个人都是与其他人相互联系着，相互交往，这又形成了每个人的社会关系。一个人的社会关系是以个人为核心向外"辐射"其影响的微观社会关系，当然要依赖于以社会整体为依托的宏观的社会关系而存在，但又区别于宏观的社会关系。一个人的社会关系的发展是个人的社会交往活动发展的直接产物，体现了具体人的社会交往活动之新的广度和深度以及彼此协调的更高程度和水平，所以它是人的发展的重要方面和重要标志。每个人的社会关系的发展通常表现为个人之间由简单的血缘关系、伦理关系、劳动协作关系向越来越多样的、密切的、广泛的人际关系、个人与群体关系以及经济关系、政治关系、文化关系等等社会关系发展，以及由狭隘、排斥、对抗关系而逐渐向着平等、和睦、民主、协调关系发展。每个人的社会关系的发展毫无疑问更是根源于社会的发展。整体社会关系的发展能推进个人的社会关系的发展。有整体社会的新的社会关系，才可能有许多个人的新的社会关系。有整体社会关系的和睦、协调，才可能有许多个人的社会关系的和睦、协调。在人类社会发展史上，社会中的人群集合体在氏族组织的基础上，在生产发展的过程中，陆续又产生了生产合作社、企业、国家、政党等社会组织，许多个人的社会关系才会增加越来越多样的经济关系、政治关系。社会中不同地区、不同行业、不同阶层、不同职业人们的相互

---

① 《马克思恩格斯全集》第46卷上，人民出版社1979年版，第220页。

联系越来越密切，许多个人的社会关系才会由狭隘、排斥、对抗关系而逐渐向着平等、和睦、民主、协调关系发展。这些都是整体社会关系的发展推进了个人的社会关系发展的实际表现，显示了社会对于人的发展的重要价值。

（4）社会的发展能为人的个性的发展开辟更大的发展空间。人的个性包括个体人所特有的心理特点、知识结构、实践能力和品格、性格、兴趣、爱好等等方面的特点属性。人与人之间的区别，除了生理上的区别，就是个性上的区别。人的个性主要属于人的社会特征。人的个性虽然跟遗传因素有关（比如人的性格就跟遗传因素有着明显的关系），但也跟自己的自觉选择有关，在后天的社会生活过程中，受到种种外在因素的影响，逐渐形成并表现出来。稍微具体点说，个体人在现实生活中，由于受到本民族、本地区风俗习惯的影响，家人、亲友、老师的影响，社会制度的影响，社会媒体的影响，职业活动的影响，便会逐渐形成自己所特有的心理特点、知识结构、实践能力和品格、性格、兴趣、爱好等等，从而与其他人的个性相区别。人的个性既然是紧密地"依附"于个体人的，所以，现实的人的发展必然又会体现为每一个人的个性的发展。具有主体性的人天性是追求行动自主和个性自由的，是希望提高并实现自己的社会价值的，不会甘愿完全被动地屈服于什么自然力量的压迫和束缚，屈服于什么社会力量的压迫和奴役，也不会甘愿压抑自己的自主性、能动性和创造性，而是必然希望拥有自己自主的个性并自由地不断发展自己的个性。于是，人的发展也包括并体现为人的个性的发展。一个人的个性的丰富、多样化过程，就是这个人个性的发展过程。一个人的某种个性在形成后，也可能会发生改变，这也是此人的个性发展的表现。上述这些情况，都不是个体人独自孤立地完成的，而是在社会中，在与其他人和群体的交互作用过程中形成的，并会随着社会生活的变化而变化。人们良好个性的形成和发展，依赖于社会生活的不断优化，外在影响因素的不断优化，个性发展空间的不断扩大。这就表明，社会的发展能够为人的个性的发展开辟更大的发展空间。这也是社会对于人的发展的重要价值。

综上所述，社会对于人有着多方面的极其重要的价值。这也表明了人不能须臾离开社会，必须依赖于社会发挥出其对于人的价值，才能使得人们可以作为"人"而生存和发展。因此，人们在客观上就会有求于社会高度重视并且充分发挥其对于人的价值。人们要求社会作为价值客体，能为人们提供尽可能好的生活环境，尽量满足人们的各种合理需要，积极地为有利于人们的发展创设各种社会条件。

但是，社会毕竟又是由人们相互作用而构成的社会关系统一体，并且是在人们的推动下不断发展的。若要使社会发挥出对于人的价值尤其是满足人的需要、促进人的发展的价值，在客观上又须依赖于人们管理好社会、建设好社会，促进社会的发展。而人们妥善地管理社会、积极地建设社会，这其实也就是反过来为了人们自己，即让社会更好地发挥对于人的各种价值。因此，人们（尤其是社会管理者）在筹划、组织社会管理和社会建设时，就应当以人为目的，要按照人的特点和需要来搞好社会管理和社会建设，而不能是仅仅以社会为目的，不能是仅仅以增加社会 GDP 数量和维护社会稳定为目的。我们今天大力进行社会主义改革和社会主义建设，就应当在社会的管理和建设上，力求自觉做到有利于满足人们日益增长的物质文化需要，有利于实现人的全面发展。

论意识形态研究中的一个重大问题

沈江平[*]

内容摘要：一个历史时代的思想活动，总会表现为诸多方面，但我们往往又发现某种或某些总的趋势或倾向，成为主流或主导。历史既是人类活动的历史，也是思想的记载，在中国这样一个社会转型的大背景下，是肯定马克思主义的意识形态指导地位，还是肯定意识形态多元论，这样一个话题有人还在争论不休。从"元"溯源，剖析我们不能允许意识形态多元论的原因，在马克思主义视域中，解读多元论的价值取向。为诊断我国时下意识形态思想领域的争议提供疏通"管道"，建构符合现实发展需要的思想灵魂根基。

关键词：马克思主义　意识形态　多元论　一元指导

当今世界，全球范围内的社会主义与资本主义、无产阶级与资产阶级的斗争远没有结束。而作为两种制度表征的意识形态的斗争同样存在。意识形态领域的争夺看似风平浪静，但意识形态终结论、非意识形态化、躲避崇高、告别革命、用孔孟之道代替马列主义、意识形态多元论等主张其实暗流涌动。尤以意识形态多元论意图明显，危害性大。多元论认为世界有多个本原。依照这样的世界观和价值观，对社会进行剖析，从而得出马克思主义意识形态的指导地位已无存在必要的结论。意识形态多元论的唯心主义立场和固有的反马克思主义的性质，使其必然成为资产阶级的理论武器，被其用来否定马克思主义理论和社会主义实践。历史唯物主义要求我们在分析社会形态和社会制度问题上坚持唯物主义一元论的原则，从既定的经济关系和经济矛盾的运动特征来确定特定社会形态和制度体系的性质和方向，从经济生活中寻找政治生活和精神文化的正确解读。

---

[*] 沈江平，中国人民大学哲学院博士。

一

什么是"意识形态多元论"？可谓见仁见智，没人明确定义。有人把"多元论"当作考量社会问题的普遍观点、方法。他们认为，"多元化的概念对于实现民主化这一目标是极为重要的"，"承认多元——包括经济利益、社会利益、政治利益和意识形态诸方面的多元——是题中应有之义，是现代社会的重要标志"。主张放弃所谓"迂腐的"、"正统"及"一元化"观念，"以现代文明所遵循的一般规范为准则，超越意识形态的各种羁绊"。也有人出于消解、废除"国家意识形态"或"国家哲学"的目的，批判社会主义国家的政治制度，特别指出"马克思主义只是诸多学说中的一种"，马克思主义不应独领风骚。还有人把马克思主义一分为二，即科学的马克思主义和意识形态的马克思主义。"马克思主义，作为一种文化、思想方法和社会科学有它的地位"，但马克思主义不是意识形态，列宁主义才是意识形态，而且是科学的意识形态。基于反对把马克思主义强加于国家和社会，变成国家哲学的初衷，有人认为马克思主义只是党的世界观。马克思主义的基本原理、理论往往被从马克思主义科学体系中"肢解"出去。例如，历史唯物主义、国家和无产阶级专政理论、党与国家、军队的理论、民主集中制思想理论等不断被诘难。

意识形态多元论认为坚持马克思主义指导地位会妨碍发展民主，把西方国家的民主、宪政观念鼓吹为所谓"普世价值"。意识形态多元论以"多元"之名，谋资产阶级"一元"之实，其实质就是否定马克思主义意识形态的指导思想地位，从而否定社会主义的合法性。其价值立场和终极指向与意识形态终结论、普世价值论、新自由主义、历史虚无主义等资产阶级自由化思潮如出一辙，换汤不换药。不可否认，改革开放以来，经济上利益主体的多样性复杂性，也引发了社会主体对于政治权利、思想自由等领域的诉求，质言之，其出现有着深刻的时代境遇。

首先，经济成分的多样化必然带来思想的多样化。市场经济的确立，反映了不同所有制关系、不同利益主体的出现和滋长所带来的结果。在不同所有制基础上，出现不同的思想意识，是规律现象。马克思指出："在不同的占有形式上，在社会生存条件上，耸立着由各种不同的、表现独特的情感、幻想、思想方式和人生观构成的整个上层建筑。"① 社会生活方式多样化，社会组织形式多样化，群众中思想状况日趋复杂。非理性主义思潮，如极端个人主义、拜金主义、享乐主义、追求碎片化的后现代思潮、虚无主义、以"'和合'、'中庸'、'多元共生'"为理念的合文化思潮，所谓道德滑坡，所谓信仰、信念危机，无疑是多元论的温床。

其次，文化样态的多样性。中国传统文化、西方文化、以马克思主义为指导的社会主义文化，文化形态多样并存。中国传统文化与马克思主义的融合问题，当下国内国学、儒学复兴思潮的兴起，在一定程度上迎合了社会发展的需要，但是"儒学救国论"借复兴传统文化之机意图取代马克思主义的思想指导地位同样是这股思潮的产物。西方外来文化，特别是披着普世性外衣的西方民主价值理念、意识形态终结论等文化思潮的涌入和侵蚀无疑推波助澜，催发了意识形态多元论。

再次，"外来文化论"的影响。它是被用来反对马克思主义在中国的指导地位的思想工具。有人认为马克思主义是一种外来文化，不是中国本土文化，不能用一种外来文化指导中国的实践。在关于中国近现代史和关于文化问题的争论中都有其影子。有人说，五四运动后马克思列宁主义传入中国，导致了中国传统文化的断裂和民族精神根基的缺失。有人攻击马列主义这种"异族文化"、"使中华民族近百年来生命无处安立、精神彻底丧失的局面发展到了极点"。当中国人民在半殖民地半封建的时代探寻救国救民之路时，就曾有人宣称"马克思主义不适合中国国情"。"外来文化论"是这种论调在新的历史条件下的重弹。它一面以刺耳的声调喊出尖锐的"去指导论"，一面又以学术的面容出现在文化理论和思想文化史领域，有其遮蔽性，需要认真对待。

复次，马克思主义自身的原因。马克思主义大众化无疑是要把政治性和广大人民群众的日常生活结合起来，为人民群众接受、认可。在现实生活中，马克思主义在大众话语中被边缘化，这其中有西方价值理念的冲击和影响，但我们必须看到，依靠行政命令、长官意志来抓意识形态管理的陈旧办法，脱离生活现实、曲高和寡式的马克思主义大众化传播教育方式，苏东剧变、新思维所带来的冲击，在国家意识形态层面和日常生活层面为意识形态多元论的兴起负有责任。

---

① 《马克思恩格斯选集》第1卷，人民出版社1995年版，第611页。

最后，马克思主义多元化的理解。有人说，有多少个研究者，就有多少个马克思。这就导致了"弗洛伊德的马克思主义"、"结构主义的马克思主义"、"存在主义的马克思主义"、"人本主义的马克思主义"、"生态学的马克思主义"等等所谓近乎肢解马克思主义的"马克思主义"。而国内近些年所谓的"回到马克思"、"走进马克思"、"走近马克思"、"重读马克思"等等思潮兴起，深化理解马克思思想的同时，也带来了对马克思主义理解的混乱。在一定程度上消解了马克思主义的整体性、客观性、权威性，从而和国外肢解、曲解马克思主义的思潮一起弱化了马克思主义的一元化指导地位，衍生出多元化"真理"、多元化的意识形态。

意识形态多元论极具迷惑性和欺骗性。"多元论可以看作是权力精英理论和古典民主理论的中间道路。"① 因而，多元论"事实上深深地植根于一种意识形态，这种意识形态基于一种复杂的对大多数普通男女的不信任，依赖业已形成的精英来保持文明价值和民主的'游戏规则'"。② 进一步说，多元论也可以被看作是迪尔凯姆所描述的意识形态的一个例子：这是一个没有封建历史的社会的"公民的宗教"，在这样的社会中，没有阶级的存在，用托克维尔的话说就是"生而自由"的社会。什么是意识形态"多元论"，似乎理论界没有人给其明确的定义。但从隐性话语或显性言论中，我们可以这样来描述意识形态"多元论"：用它来指导社会发展、解决问题，认为在政治、经济、思想领域的"多元化"，放弃"国家哲学"，宣扬马克思主义只是诸多意识形态中的一种样式。这种言论似乎吻合了达尔"内在社会一致而不同利益群体之间表面竞争"这一模式。"多元论"者把自己解释为一种描述性观点，认为因为权力，正如人们将它概念化那样，只有在实际的冲突中才能显现出来，所以实际的冲突（政治、经济、意识形态诸领域）对于权力来说是必要的。他们试图模糊各种冲突间的界限来达到彼此的认同，这无疑是饮鸩止渴，最终导致国家秩序、意识的混乱与"翻转"。一种思想状况如果与它所处的现实状况不一致，则这种思想状况就是一种想象。从此意义上讲，意识形态"多元论"就是典型的、彻头彻尾的乌托邦，虽然这里与卡尔讲的乌托邦有着

---

① ［英］大卫·麦克里兰：《意识形态》，孔兆政、蒋龙翔译，人民出版社 2005 年版，第78 页。

② P. Bachrach, The Theory of Decomcratic Elitism, University Press of America, Washington DC, 1980, pp. 83f.

价值意向的区别，卡尔把乌托邦定位为：只能是那样一些超越现实的取向，当它们转化为行动时，倾向于局部或全部地打破当时占优势的事物的秩序。意识形态"多元论"充其量是卡尔否定意义上的"乌托邦"，并不具备革命的功能，直白地说就是一种纯粹的破坏性的、无建构性的超越"现实"、僭越社会规律的虚伪性的资产阶级意识形态。卡尔·曼海姆指出："每一种具体地'发挥作用的生活秩序'，都要通过它建立其上的特殊的经济和政治结构来最清楚地构想和表示其特征。"① 意识形态"多元论"者试图借助那些"超验的"、或"非真实的"的观念来显示他们的"存在"，这种"存在"就永远不是现实"存在本身"，一言以蔽之，最终的结果只能是行动的"海市蜃楼"。

意识形态"多元论"者所讲的意识形态"多元"，意识形态的多样化不是其唯一指向，其主要用意和目的，是说既然意识形态是多元的，那我们的国家就不应当将马克思主义规定为国家的指导思想，否则就是意识形态的"垄断"，就是"迂腐"的"一元论"，就是"不平等"、"不自由"。理论上，意识形态"多元论"者大力提倡意识形态的"多元化"，认为各种思想意识应该是"平等"的。表面上看，满足了各种意识形态的发展需要。实质上，是在否定马克思主义的前提下，倡导资产阶级自由主义的变种。必须指出，意识形态"多元"或各意识形态之间的"平等"并非事实。用意识形态"多元论"来取消意识形态的"一元论"指导地位是违背意识形态的发展规律的，它是一种虚假的意识，说到底是违背上层建筑（包括意识形态）一定要适应经济基础的客观规律的。

二

意识形态没有真空。历史和现实的教训向我们清晰地显现了意识形态多元论对无产阶级革命事业和社会主义建设事业的危害性。正确认识和妥善处理指导思想一元化与多种思想并存的问题，不仅是关系意识形态导向、关系中国特色社会主义文化建设的问题，而且是关系社会主义改革前途和命运的具有全局性战略性意义的问题。坚持马克思主义在意识形态领域的指导地位，实际上并不排斥思想样态的多样性。反之，也正是由于存

---

① ［德］卡尔·曼海姆：《意识形态与乌托邦》，商务印书馆2000年版，第198页。

在着思想样态的多样性，才有必要强调马克思主义在意识形态领域的指导地位。社会思想的多样性和意识形态指导思想的一元化，是不同层次的问题，前者是指社会思想文化的表现形态，后者是指占有指导地位的思想的统一性问题。① 唯此，我们坚持马克思主义指导思想的一元化，反对意识形态多元化，是基于深刻的现实和历史考量。

纵观历史，古今中外，任何国家和社会，不论社会形态如何不同，不管社会思想多么复杂，都有一个占主导地位的符合统治阶级利益的思想体系作为整个社会上层建筑的思想基础。在意识形态领域，占支配地位的思想总是统治阶级的思想。比如，在欧洲中世纪，天主教、基督教思想是处于统治地位的一元化的指导思想地位，法律甚至暴力手段往往成为其统治手段。中世纪欧洲宗教裁判所的存在不就是血淋淋的罪证吗？而封建社会的中国，"罢黜百家，独尊儒术"，孔孟学说、宋明理学的"正统"思想不是奴役统治了国人几千年的心性吗？我们知道，当下资本主义在始终把持全球化霸权的同时，总是将自己的所谓民主价值理念上升为普世价值，占据了精神生产的制高点，向国内其他阶级和其他国家输送其意识形态产品。在资本主义社会，指导思想一元化的立场并没有改变，而是假借所谓自由主义的外衣，倡导所谓思想言论自由，是前资本主义社会不能比拟的。但是，任何反对私有制、主张社会变革的思想，决不允许上升为资本主义社会的意识形态指导地位。质言之，资本主义社会自由的幻象根本不会改变资本主义社会的指导思想一元化的本质。可见，"一元"思想指导、支配和影响下的思想文化的多样性才是阶级社会中每一个国家及整个人类社会意识形态的真实景象。我国是社会主义国家，坚持马克思主义指导思想一元化，是对这一社会发展普遍规律的自觉应用，更是符合普遍规律的具体体现。

社会主义事业发展的启示。东欧剧变、苏联解体、中国的改革开放三十多年的实践，正反两方面的经验也都证明了这一点。苏联学者认为意识形态衰落是苏联解体的最重要原因，P. A. 麦德维杰夫认为："在苏联的国土上，失去免疫力的意识形态，没有了理论的保护，而只是依靠政权的力量，因此只实行了两三年便遭受了失败，按照已经衰老的思想纲领建立

---

① 徐蓉：《在多样性条件下坚持指导思想一元化》，《思想理论教育》2010 年第 1 期，第 32 页。

起来的经济和政治体系也就随之倒塌了。"① 正如尼·伊·雷日科夫在
《大国悲剧——苏联解体的前因后果》中指出："公开性宣布了，书刊检
查制度放松了，后来还完全取消了。'意见多元化'首先立即造成政治和
意识形态出版物的大量出现"，淡化党的传统意识形态提法，向西方价值
转变，总书记"梦想着要把共产主义埋葬"。"当敌人向苏联和社会主义
发起实实在在的进攻时，党的意识形态'机器'竟完全丧失了行动的能
力。"② 西方资本主义国家从来没有真正"淡化"过他们自己的意识形态，
和平演变的图谋本质也未曾消减，事实上，在思想领域的阵地，非马克思
主义和反马克思主义一直存在，列宁高屋建瓴指出："对社会主义思想体
系的任何轻视和任何脱离，都意味着资产阶级体系的加强。"③ 苏东剧变
恰恰彰显了坚持马克思主义指导思想地位的重要性，其失败是意识形态搞
多元化的必然结局。

马克思主义的指导地位是由中国革命和建设实践决定的。判断一种思
想、一种理论是否具有价值合理性，能否指导人们前进和使之为它付出，
关键是要看它所追求和代表的是多数人的利益还是少数人的利益。马克思
主义代表了最广大人民的根本利益，从根本上与资本主义意识形态的利己
主义截然不同。回顾社会主义事业的发展，列宁曾指出："俄国在半个多
世纪里，经受了闻所未闻的痛苦与牺牲，表现了空前未有的革命英雄气
概，以难以置信的毅力和舍身忘我的精神去探索、学习和实验……真是饱
经苦难才找到了马克思主义这个唯一正确的革命理论。"④ 胡锦涛指出：
"中国特色社会主义理论体系，坚持和发展了马克思列宁主义、毛泽东思
想，凝结了几代中国共产党人带领人民不懈探索实践的智慧和心血。"⑤
思想是观念形态的，但判断文化价值的合法性却不是主观任意的。那么，
判断一种思想存在合法性与价值性的根据则不是对某种思想的情感眷恋与
过度诠释，而是取决于它满足于时代需要、社会发展和民生的改善与提升
程度。归根结底在于其是否可以进而多大程度可以解决时代、生活、人类

　　① 李慎明主编：《历史的风——俄罗斯学者论苏联解体和对苏联历史的评价》，人民出版社
2009 年版，第 282 页。
　　② ［俄］尼·伊·雷日科夫：《大国悲剧——苏联解体的前因后果》，徐昌翰译，新华出版
社 2008 年版，第 12—16 页。
　　③ 《列宁全集》第 6 卷，人民出版社 1986 年版，第 38 页。
　　④ 《列宁全集》第 39 卷，人民出版社 1986 年版，第 5—6 页。
　　⑤ 《人民日报》2007 年 10 月 25 日第 1 版。

生存发展所遭遇的问题。理论在一个国家的实现程度，从根本上取决于它对现实矛盾解决的需要程度。如果无力解释现实，无法解决现实矛盾与时代问题，那只能是华丽的文学语言，糟糕的实践语言。中国的历史发展充分证明了马克思主义在中国思想意识形态领域的指导地位是其历史和现实的选择。

在关于改革开放坚持用什么理论指导的问题上仍然存在着分歧，纠缠着不同的声音，彰显着不同的政治诉求与价值论立场。这表明关于马克思主义的现实性及其地位的评价实际成了一个意识形态斗争的问题。"国学热"中的"儒学救国论"就是其代言之一。揭示不了社会生产方式矛盾运动的内在规律，也不了解社会形态更替的客观逻辑的"儒学救国论"无疑担当不了指导思想的重任。处于这样转型时期的中国社会，思想多样态无法回避。但社会的指导思想和主导价值只能是一个。因为根本指导思想是关系我们走什么样的发展道路、举什么样的旗帜问题，关系我国理想信念的根本价值取向问题，马克思主义是指导我们思想的理论基础，正如邓小平认为："对马克思主义的信仰，是中国革命胜利的一种精神动力。"[①] 因此，必须坚持一元化的指导思想不动摇。只有坚持"主导一元"，才能为实现"多样和谐"创造必要的前提。而实现"多样和谐"，也才能真正保证"主导一元"。

三

马克思主义"它完整而严密，它给人们提供了决不同任何迷信、任何反动势力、任何为资产阶级压迫所作的辩护相妥协的完整地世界观"。[②] 社会主义中国坚持马克思主义指导思想地位，有其深厚的社会历史依据与时代逻辑。这是由当代中国的社会性质与马克思主义的真理性决定的。有什么样的社会存在就会衍生出相应的社会意识，可以说，各种政治力量和利益集团从自身利益出发，所选取的价值观念存有不小差异，是一点也不奇怪的。由此必须站在现实和超越现实的理论实践的视域，解读生活立场，揭示原初生活核心或主导性立场，唯此，马克思主义意识形态一元化

---

① 《邓小平文选》第3卷，人民出版社1993年版，第63页。
② 《卢森堡文选》上卷，人民出版社1984年版，第483页。

地位才得以彰显，马克思主义在意识形态中的指导地位才能本真存在。

首先，将意识形态的成长根植于社会发展进程中，从社会生活整体的关系变迁来规定意识形态的历史特征，从而为马克思主义国家意识形态地位的生成与整个社会生活、历史的变迁保持高度的融合性和一体性。在中国，作为国家意识形态，马克思主义经历了 60 多年的价值认知和内涵确认。它既是对以往事实本身的扬弃，也孕育了未来的向往。它是"第一次自觉地把一切自发形成的前提看作是前人的创造，消除这些前提的自发性，使它们受联合起来的个人的支配"①。并且"代替那些存在着阶级和阶级对立的资产阶级旧社会的，将是这样一个联合体，在那里，每个人的自由发展是一切人的自由发展的条件"②。在这里，马克思主义揭示了人类社会生存发展同过去最彻底的"决裂"性，同样也是对社会发展的未来性判断，深刻地体现出马克思主义国家学说所蕴含的历史理性原则，反观出社会的最终走向，集伦理性尺度、主体性思维、动态性逻辑于发展一体，批判性地认为社会存在是社会发展的"纽带"，并不存在"断裂"层，是由"现有的前提条件产生的"。而在建设有中国特色社会主义伟大事业进程中，彰显出马克思主义意识形态担当国家意识形态学说正是中国革命和改革开放的必然选择。

其次，揭示出意识形态的利益本质以及社会意识变革发展的经济动因。意识形态说到底是无法超越阶级立场桎梏的，是"根源于生产力和交往形式之间的矛盾"。而意识形态"多元论"者往往打着"悬壶救世"的旗号，西化理论界的视听，弱化马克思主义的指导地位。片面地认为物质决定意识，当前社会经济利益主体的多样差异性存在，就以为必然要导致主体思想意识的变革甚至彻底消解。一个社会处于支配地位的思想并不取决于所有制关系的多种构成，而是取决于社会形态的性质和处于统治地位的所有制关系。市场经济并不是一种独立的经济形态，而是社会化生产的资源和劳动力的一种配置方式，与一定的社会基本经济制度相结合。他们认为自由主义才能推进市场经济的意识形态，却忽视了人的"道德意识性"、"意识形态倾向性"，天真地把人臆断为抽象的假定的"经济人"。马克思主义正是以社会实践为社会意识的载体，置换了意识形态的内核，

---

① 《马克思恩格斯选集》第 1 卷，人民出版社 1995 年版，第 122 页。
② 同上书，第 294 页。

充分肯定了社会意识发展的经济动因，认为"用来消除已经发现的弊端的手段，也必然以或多或少发展了的形式存在于已经发生了变化的生产关系本身中。这些手段不应当从头脑中发明出来，而应当通过头脑从生产的现成物质事实中发现出来"①。马克思主义经典作家不仅强调意识与经济的直接关系，而且指出一定历史阶段、社会制度、经济形态等因素紧密相连。这就揭示出了意识形态并不是悬置在空中的楼阁而是与社会显示息息相关的真实"映象"。毫无疑问，马克思主义意识形态的主导性地位是与中国共产党的执政党地位、代表最广大人民根本利益息息相关的，这一点也是意识形态自身的发展逻辑确认。

再次，正确处理指导思想的一元化和思想多样性的关系。不能因为坚持马克思主义的指导地位，而否定思想的多样化；也不能因为思想的多样化，而反对以马克思主义为指导。否认社会思想存在多样性，坚持指导思想的一元化就失去理论依据和事实依据，加强党的思想政治工作也会成为无的放矢的空洞口号；如果否认指导思想的一元化，多种社会思想并存的状态就会因为失去灵魂和主心骨而陷入相互论争甚至激烈斗争的无序混乱之中，将成为社会不稳定的思想根源。全球化下的中国，坚持指导思想只有一个而不搞多元化，这是由马克思主义的性质和历史地位决定的，也是由我们党执政兴邦的历史责任和伟大使命所决定。国之为国，不仅具有领土和主权的完整性、制度和政策的同一性，更应有核心价值与指导思想的一元化。指导思想的一元化体现了在社会思想观念多样性条件下对秩序的整体性、社会的稳定与和谐的追求，如果否认指导思想的一元化，国家的整体性只是空谈，多种思想并存的状态就会演变为消解主流意识形态的思想斗争甚至是激烈的斗争。这就是指导思想只有一个且只能有一个的基本理由。在坚持指导思想一元化的前提下兼容并蓄，既需要我们尊重社会成员的主体地位及其个性发展，尊重其多样的价值选择，更需要我们能把握好理论解释与宣传的尺度，切实寻找一元主导与多元并存的途径，使主导价值既能有效地引导个体的思想价值取向，又能对多元价值形成良好的影响力和控制力。因此，积极推进马克思主义大众化，使马克思主义在不断中国化的过程中教育大众、影响大众，使马克思主义理论体系在中国化的过程中不断增强吸引力、凝聚力和向心力。

---

① 《马克思恩格斯选集》第 3 卷，人民出版社 1995 年版，第 617—618 页。

最后，马克思主义与优秀传统文化的和谐共处。这也是马克思主义中国化进程中必须面对的问题。我们既要反对马克思主义"一支独大"扼杀传统文化，又要认清借复兴传统文化之机妄图取代马克思主义的思想指导地位的"儒学救国论"。这是公然向马克思主义指导地位的挑战。这种挑战与真心追求中华民族文化复兴、继承中华民族文化传统无关，而是企图恢复儒学在社会主义社会的支配地位，从而使中国文化倒退为封建社会的文化。① 生成于封建经济基础上的儒家意识形态不是现代化的产物，而是前现代传统文化，它本身还面临着如何适应现代化的问题，更无法作为指引中国现代化实践的理论先导。文化观同时也是一种历史观，几千年的封建儒家思想独尊的地位是中国封建社会的必然产物，而马克思主义思想文化的指导地位则是近现代中国寻觅种种社会道路后的必然产物，是社会主义中国的历史性抉择，是中国共产党领导中国人民浴血奋战实践证明着的，是不以单个人或某些人的意志为转移的。马克思主义与传统文化在社会主义中国可以共存，以马克思主义为指导，以儒学为代表的优秀传统文化正走出国门，走向世界，让世人见证中国的悠久历史和文化传统的继承和发扬。只有这样，才能确保我国社会主义意识形态和文化的战斗力和生命力，才能在国际文化交流和意识形态的竞争和交流中占据主动地位。

---

① 陈先达：《当代中国文化研究中的一个重大问题》，《中国人民大学学报》2009 年第 6 期，第 6 页。

党　政

井冈梦与中国梦[*]

李 捷[**]

内容摘要：习近平同志指出实现中国梦，必须弘扬中国精神，凝聚中国力量，坚定不移地走中国道路。在当前全面深入贯彻落实党的十八大精神，为实现中国梦而奋斗的关键时刻，重温当年毛泽东在开创中国革命正确道路时所追求的井冈梦，探讨弘扬井冈山精神，对今天实现中国梦具有十分重要的意义。

关键词：十八大 中国梦 井冈山精神

党的十八大以后，习近平同志在多次讲话中，提出并系统阐明了实现中华民族伟大复兴中国梦的科学理念，阐明实现中国梦，必须弘扬中国精神，凝聚中国力量，坚定不移地走中国道路。这对于全面深入地贯彻落实十八大精神具有十分重要的指导意义。在为实现中国梦而奋斗的关键时刻，重温当年毛泽东在开创中国革命正确道路时所追求的井冈梦，探讨弘扬井冈山精神对于今天实现中国梦的重要意义，十分必要。

一 从井冈梦到中国梦是伟大的历史跨越

当年毛泽东上井冈山，为的是独立自主探索中国革命道路。论证了中国红色政权存在发展的客观规律，总结了井冈山斗争经验，针对"红旗到底打得多久"的疑问，提出"星星之火，可以燎原"的著名论断。从此，坚定不移地走井冈山开辟的以农村包围城市、最后夺取全国胜利的道

---

　　* 本文是笔者 2013 年 4 月 25 日在中国井冈山干部学院的演讲，略有修改。

　　** 李捷，山东平阴人。中国社会科学院副院长、党组成员、当代中国研究所所长，研究员，博士生导师。

路，创建人民当家做主的新中国，就成为中国共产党人和全中国人民的伟大理想。这就是井冈梦。

在实现井冈梦的征程上，毛泽东开辟了中国革命道路，开创了马克思主义中国化，创建了新中国，相继实现了从半殖民地半封建社会到民族独立、人民当家做主新社会的历史性转变，从新民主主义革命到社会主义革命和建设的历史性转变，开启了在社会主义条件下实现现代化的新征程，并为党的十一届三中全会后开创中国特色社会主义提供了宝贵经验、理论准备和物质基础。

党的十一届三中全会的伟大历史性转折，实现从高度集中的计划经济体制到充满活力的社会主义市场经济体制、从封闭半封闭到全方位开放的历史性转变，为实现中华民族伟大复兴的中国梦提供了新起点、新时期、新境界。

坚定不移地坚持中国特色社会主义道路、理论、制度，实现全面建成小康社会、建成富强民主文明和谐的社会主义现代化国家的奋斗目标，实现国家富强、民族振兴、人民幸福，这就是实现中华民族伟大复兴的中国梦。

经过以邓小平同志为核心的党的第二代中央领导集体成功开创中国特色社会主义，以江泽民同志为核心的党的第三代中央领导集体成功把中国特色社会主义推向 21 世纪，以胡锦涛同志为总书记的党中央成功在新的历史起点上坚持和发展中国特色社会主义，我们完全有理由坚定道路自信、理论自信、制度自信。

中华民族的昨天，可以说是"雄关漫道真如铁"。中华民族的今天，正可谓"人间正道是沧桑"。中华民族的明天，可以说是"长风破浪会有时"。我们比历史上任何时期都更接近中华民族伟大复兴的目标，比历史上任何时期都更有信心、有能力实现这个目标。

由此可见，从井冈梦到中国梦，代表了中国共产党领导和依靠中国人民为实现民族独立、人民解放和国家繁荣富强、人民共同富裕走过的奋斗历程；代表了中国共产党在中国革命、建设、改革各个历史时期，把马克思主义基本原理同中国实际相结合，不断推进马克思主义中国化，不断推进实践创新基础上的理论创新的探索过程；代表了中国共产党立足基本国情、时代特征和人民实践，发动人民、依靠人民、造福人民，为人民利益坚持真理、修正错误，从开辟中国革命道路到探索具有中国特点的社会主义改造道路，再到开创中国特色社会主义道路、理论体系、制度的接续发展进程。

二　井冈梦对实现中国梦有哪些重要启示

第一，实现伟大梦想，离不开伟大创造。

先看井冈梦。毛泽东为实现井冈梦所做的关于中国革命道路的探索，创造性地回答了在一个半殖民地、半封建的东方大国里实现什么样的革命、怎样夺取革命胜利这个根本问题，形成了中国共产党领导、武装斗争、统一战线这三件克敌制胜的法宝。

再看中国梦。我们党为实现中国梦所做的中国特色社会主义道路的成功探索，从理论和实践结合上系统回答了在中国这样人口多底子薄的东方大国建设什么样的社会主义、怎样建设社会主义这个根本问题，使我们国家快速发展起来，使我国人民生活水平快速提高起来。

第二，实现伟大梦想，离不开解放思想。

要做到解放思想，就必须破除迷信，一切从实际出发，实事求是，大胆探索，大胆实践，在实践中检验、坚持和发展真理。

在为实现井冈梦所做的探索中，破除了照搬照抄十月革命经验、把共产国际指示神圣化的迷信，提出了"反对本本主义"划时代命题，在马克思主义中国化的指引下，走出了一条革命新道路。

在为实现中国梦所做的探索中，破除了对社会主义的传统认识，又划清同民主社会主义、新自由主义的界限，提出"走自己的道路，建设有中国特色的社会主义"的划时代命题，在新的时代和历史条件下继续推进马克思主义中国化，走出了改革开放和现代化建设的新道路。

第三，实现伟大梦想，离不开伟大精神。

当年为了实现井冈梦，毛泽东和他的战友们坚持革命理想高于天，坚信"英特纳雄耐尔"一定要实现，坚信"星星之火，可以燎原"，并把阶级使命和民族使命集于一身，甘愿历尽困苦和艰险，不惜牺牲个人的一切。

如今为了实现中国梦，必须弘扬以爱国主义为核心的民族精神，以改革创新为核心的时代精神。这种精神是凝心聚力的兴国之魂、强国之魂。在这一征程中，中国共产党人同样不谋私利，而以人民的根本利益作为自己的出发点和归宿。如同习近平同志所说："人民对美好生活的向往，就是我们的奋斗目标。"

第四，实现伟大梦想，离不开优良作风。

当年，毛泽东和他的战友们为了实现井冈梦，艰苦奋斗，敢于牺牲，扎根人民，最终为中国共产党培育出三大优良传统作风：理论联系实际，密切联系群众，批评和自我批评。

如今，为了实现中国梦，必须坚持"空谈误国，实干兴邦"，坚决反对形式主义、官僚主义，坚决反对享乐主义、奢靡之风，努力实现"干部清正、政府清廉、政治清明"，在新的历史条件下弘扬党的光荣传统和优良作风。如同习近平同志所说："我们一定要始终与人民心心相印、与人民同甘共苦、与人民团结奋斗，夙夜在公，勤勉工作，努力向历史、向人民交一份合格的答卷。"

三 弘扬井冈山精神，努力实现中国梦

第一，道路自信是中国梦的实现途径。

当年，在极端险恶的环境下，连生存都受到威胁，毛泽东始终坚信井冈山之路一定会成功，始终坚信"星星之火，可以燎原"。今天，我们更要坚持道路自信。

实现中国梦必须走中国道路，这就是中国特色社会主义道路。

在当代中国，只有坚定不移走中国特色社会主义道路，才能实现全面建设小康社会决定性胜利，才能实现社会主义现代化，才能为世界上广大发展中国家探索出一条非资本主义前途的现代化之路。

第二，理论自信是实现中国梦的思想基础。

当年，在革命低潮面前，连党中央都接连三次出现"左"倾错误，毛泽东始终坚信"没有调查研究就没有发言权"，坚信"中国革命斗争的胜利要靠中国同志了解中国情况"。今天，我们更要坚持理论自信。

实现中国梦必须坚持科学理论，这就是中国特色社会主义理论体系。

理论自信的基础，是密切联系实际。一定要以我国改革开放和现代化建设的实际问题、以我们正在做的事情为中心，着眼于马克思主义理论的运用，着眼于对实际问题的理论思考，着眼于新的实践和新的发展。

坚持理论自信，就必须做到既不迷信西方的学说理念，也不拒绝学习

借鉴中外优秀文明成果。

第三，制度自信是实现中国梦的制度保障。

当年，在党的建设、人民军队建设、革命政权建设的初创时期，毛泽东始终坚持"党指挥枪"、"支部建在连上"，始终坚持党的建设、武装斗争、政权建设三位一体，颁布了"三大纪律、六项注意"，最终完整形成"古田会议决议"。今天，我们更要坚持制度自信。

实现中国梦必须坚持中国制度，这就是中国特色社会主义制度。

坚持制度自信，就必须做到既不照搬照抄西方的制度模式，也不拒绝学习借鉴一切成功经验和有效举措。

第四，化精神力量为物质力量是实现中国梦的力量源泉。

中国梦归根到底是人民的梦，必须紧紧依靠人民来实现，必须不断为人民造福。中华民族是具有非凡创造力的民族，我们创造了伟大的中华文明，我们也能够继续拓展和走好适合中国国情的发展道路。

实现中国梦，必须把个人奋斗的梦想、集体奋斗的努力与民族奋斗目标紧密结合起来，汇小溪为大川，汇江河为大海。

实现中国梦，必须凝聚中国力量。要营造一种氛围，形成一种机制，不断凝聚推动改革发展稳定、实现中华民族伟大复兴的正能量。

第五，深入开展党的群众路线教育实践活动，需要重温井冈山历程和井冈山精神。

2013 年 4 月 19 日，中共中央政治局会议决定，从下半年开始，用一年左右时间，在全党自上而下分批开展党的群众路线教育实践活动。

当前突出问题是，形式主义、官僚主义、享乐主义突出，奢靡之风严重。主要表现在：理想信念动摇，宗旨意识淡薄，精神懈怠；贪图名利，弄虚作假，不务实效；脱离群众，脱离实际，不负责任；铺张浪费，奢靡享乐，甚至以权谋私、腐化堕落。这些问题，严重损害党在人民群众中的形象，严重损害党群干群关系，必须认真加以解决。

教育实践活动要达到的目的，就是要贯穿"照镜子、正衣冠、洗洗澡、治治病"的总要求，努力在解决作风不实、不正、不廉上取得实效，在提高群众工作能力、密切党群干群关系、全心全意为人民服务上取得实际成效。

第六，站在世界发展新起点上实现中国梦，更需要弘扬井冈山精神。

当前国际形势，可以用两句话概括：世界处在新的大变化、大调整、大转型的时期；在原有矛盾的基础上，增加了新的问题和挑战。

从世界处在新的大变化、大调整、大转型的时期来看，有以下几个特点。

经济上——已由国际金融危机前的快速发展期进入深度转型调整期。经济全球化在继续向纵深发展的同时，受到世界经济低速增长态势仍将延续、各种形式保护主义兴起的挑战。

政治上——随着新兴国家的崛起，国际经济政治格局及其秩序进入了深度调整期。围绕各国发展战略和国际战略的角逐和竞争日趋激烈。

科学技术上——随着互联网发展进入物联网、微信息、多平台融合的时代，3D 打印技术、大数据、量子反常霍尔效应被证明、"页岩气革命"等，预示着新一轮科技革命迟早会到来。

全球战略格局上——首先是亚太地区和南亚次大陆地区的崛起和迅速发展，其次是美国全球战略的调整，使这两个地区的战略地区迅速上升，战略博弈悄然开始。

总之，从国际发展趋势看，有利于我的发展战略机遇期依然存在。但是，这种机遇，不再是传统的客观存在的机遇，而是要从应对挑战中、从倒逼机制中，甚至是从逆势发展中转化而来、创造而来、博弈而来的新机遇。

从这个意义上说，应对国际挑战，把握战略机遇，灵活运用"底线思维"，增强战略定力，需要弘扬井冈山精神。

从当前国际上面临的共同问题来说，主要有三个方面：一是发展中的不公平、不公正问题；二是发展中的精神文化快餐化、庸俗化乃至于沙漠化的问题；三是发展中的执政危机的问题。对于广大发展中国家来说，不一定经济发展到最好的时候，执政地位就最巩固。对于发达国家来说，则表现为难以产生富有远见、心胸博大的合格政治家。

现代化是广大发展中国家面临的共同课题。目前，摆在各国面前的现代化道路只有一条，就是欧美式的资本主义现代化道路。

将来，中国特色社会主义道路的成功，中国梦的实现，会为人类社会实现现代化提供另一条可供选择的道路，这就是从本国实际出发，通过社会主义实现现代化。

历史经验，值得借鉴。当年，毛泽东在井冈山开始探索中国革命道路的时候，摆在广大被压迫民族、被压迫人民面前的民主革命成功先例只有一种，那就是欧美式的资本主义前途的民主革命。毛泽东的伟大功绩在于，从实践和理论的结合上论证了民主革命由无产阶级及其政党领导、实现非资本主义前途的可能性。这条路果然走通了，并为广大亚非拉美国家的民族独立和民族解放运动树立了榜样，指明了方向。

人类社会发展中的过去时、现在时、将来时，是紧密联系，前后贯通的。正确地重温历史，才能更好地把握现在，更好地开辟未来。

中国梦必定能实现，一定会实现！

始终把人民放在心中最高位置

——十八大的"人民观"、"群众观"

黄长著[*]

内容摘要： 中共十八大报告围绕建设中国特色社会主义提出了许多重要思想和奋斗目标。报告反复强调了群众观和人民观，充分体现了中央对广大人民群众的重视及人民至上的思想。我们要坚持十八大提出的群众观、人民观，改善党群关系、干群关系，加强党同广大人民群众的血肉联系。全国人民团结一致，以"实干兴邦"的精神去实现中华民族的伟大复兴。

关键词： 十八大　人民观　群众观

十八大在全党全国人民的关注与热切期待中胜利闭幕了。这次会议完成了新老中央领导集体的顺利交替，为未来发展奠定了基础，同时还围绕建设中国特色社会主义问题提出了许多重要思想和奋斗目标，诸如两个"百年的梦想"、实现"中华民族的伟大复兴"、坚定三个"自信"等等。除此之外，还有一个非常重要的方面就是十八大报告中反复强调的群众观和人民观，十八大闭幕后中央领导集体的一系列规定、讲话及实践，进一步诠释了这一重要思想，使其更加具体化、明确化，体现了新一届中央领导集体严于律己、亲民务实的作风。

十八大报告中明确提到"人民"的地方有120处之多，此外还有多处提到"群众"、"全民"、"国民"及"以人为本"、"执政为民"等。报告在阐述全党必须增强忧患意识、创新意识、宗旨意识及使命意识等四个意识的时候，特别指出："必须增强宗旨意识，相信群众，依靠群众，始终把人民放在心中最高位置"，这是一个有着丰富内涵的表述，充分体现

---

* 黄长著，中国社会科学院学部委员，语言学家。

了中央对广大人民群众的重视及人民至上的思想。贯穿于十八大报告始终的这一重要思想，与马克思主义的群众观点是一脉相承的。

群众观点是马克思主义的基本观点，群众观、人民观是马克思主义唯物史观的重要内容。这一观点的核心就是：人民群众是历史的创造者，必须全心全意为人民服务，倾听人民群众的呼声，关心人民群众的疾苦，坚持"以人为本"的方针，努力让人民过上更好的生活。党的几代中央领导集体都十分重视党同人民群众的血肉联系，坚持与继承了马克思主义群众观、人民观，在中国革命和建设的实践中，进一步丰富和发展了这一重要的唯物史观。党的群众路线始终是党工作的核心和基本路线。在中国革命的历史上，无论是国内革命战争时期还是抗日战争时期，无论是在敌占区还是解放区，我们党领导的武装斗争由小到大，由弱变强，直至夺取政权，取得解放战争的全面胜利并建立新中国，无不是因为得到了广大人民群众多方面、多种形式的支持。新中国成立前后，毛泽东同志和中央其他领导同志根据中国共产党成为执政党这一新情况，多次告诫全党要警惕糖衣炮弹的侵袭，不要滋生官僚主义，不要脱离群众，反复强调群众路线的极端重要性。单是十一届三中全会以来，中央就多次提出加强群众观点的问题，如1990年召开的十三届六中全会专门通过的《中共中央关于加强党同人民群众联系的决定》指出："人民群众始终是我们党的力量源泉和胜利之本。能否始终保持和发展同人民群众的血肉联系，直接关系到党和国家盛衰兴亡。""……一切为了群众，一切依靠群众，从群众中来，到群众中去的群众路线，是实现党的思想路线、政治路线和组织路线的根本工作路线。"中央的有关文件，以及几代中央领导集体在多次讲话中都反复强调党和人民群众的关系问题，意在使全党特别是各级领导干部警醒，充分认识到这一问题的极端重要性。虽然党在改善党群、干群关系方面做出了很大努力，但仍有些人淡漠了马克思主义群众观、人民观，高高在上、形式主义、官僚主义猖獗，热衷于特权，严重脱离群众，甚至贪污腐败，恶化干群关系。

十八大报告把党同人民群众的关系问题提到了前所未有的新高度，强调指出："党同人民保持血肉联系，国家就繁荣稳定，人民就幸福安康……""只有植根人民、造福人民，党才能始终立于不败之地。"在谈到反腐败和廉洁从政的时候，十八大报告尖锐指出："反对腐败、建设廉洁政治……是人民关注的重大政治问题。这个问题解决不好，就会对党造成致命伤害，甚至亡党亡国。""始终保持惩治腐败高压态势，坚决查处大案要案，着力解决发生在群众身边的腐败问题。"中央把群众深恶痛绝的腐败问题与亡党亡国联系在一起，值得全党警醒。这些警告，正是因为党中央想群众之所想，急群众之所急，看到了某些党的领导干部为所欲为，严重损害党的声誉的严峻事实后而发出的，是党中央号召全党增强忧患意识，采取切实措施加强党同人民群众血肉联系和反对官僚主义、形式主义，反对腐败的庄严号令，意义十分重大。

十八大闭幕仅一个月的时间，以习近平总书记为首的党中央领导集体率先垂范，通过讲话或出台各项相应规定，从自身做起，努力践行十八大精神，新气象迭出，社会反响很好。2012 年 12 月 4 日，中共中央政治局审议通过了关于改进工作作风、密切联系群众的八项规定。这八项规定与十八大报告关于加强群众观的精神相互呼应，具体明确，操作性强，没有套话，矛头直指一切官僚主义、形式主义和奢靡腐败的风气，让人民群众感到耳目一新。习总书记和其他中央领导同志通过一系列讲话和行动，释放出进一步深化改革、切实改进工作作风、密切联系群众的强烈信号，受到广大人民群众的欢迎，也受到国际社会的关注，国外媒体把 2012 年称作中国的"政治元年"。12 月上旬，中共中央总书记、中共中央军委主席习近平到南方视察，低调出行、轻车简从，不封路，不清场，与公交车、出租车和私家车等社会车辆并行，甚至没有拉上汽车窗帘，没有迎来送往的队列，没有红地毯，也没有鲜花、彩旗和横幅，住宾馆普通套间，吃自助餐等等。总书记和其他中央领导同志身体力行八项规定的一系列做法，不仅展示了中央领导集体的亲民务实的新风，体现了"把人民放在心中最高位置"的思想，同时也收获了公众的信任和广泛赞誉。中央八项新规的意义远不止于是否清道封路等具体事项本身，而是以实际行动贯彻十八大提出的"为人民服务是党的根本宗旨，以人为本，执政为民是检验党一切执政活动的最高标准。任何时候都要把人民利益放在第一位，始终与人民心连心、同呼吸、共命运……在全党深入开展以为民务实清廉为主要内容的群众路线教育活动，着力解决人民群众反映强烈的突出问题……坚持问政于民、问需于民、问计于民……"最近，关于中央领导同志出行不封路已持续引发媒体的普遍关注和群众热议。这么一件看似简单的事情，引发了那么广泛的关注和热议，正是因为官僚主义、形式主义、讲排场等官场不良风气损害了人民群众的利益，败坏了党的风气，引起广大人民群众的不满。十八大和随后的八项规定，体现了党决心纠正那些与人民群众利益相悖的不良风气，让人民群众感到清风拂面，定会得到全党和全国人民的坚决拥护和支持，同时还会举一反三，推及其他，为建设廉洁政治扫清障碍。

笔者查看了最近各大网站上对中央领导集体这些改革措施报道的网民留言，发现一向挑剔的网民们，这次竟不吝赞美之词，对中央新规和中央领导集体为彻底改变不良风气所做出的努力及表率作用给予了广泛赞誉，留给我们许多思考和新的期待。正如有的网民所说的："新一届政治局，开新政，顺民心，合民意，有作为。""民在你心，你在民心。"

十八大后，我们已经有了一个很好的开端，当然也应该看到，这毕竟只是一个开端，要真正实现十八大提出的"保障人民知情权、参与权、表达权、监督权，是权力正确运行的重要保证。""……让人民监督权力，让权力在阳光下运行"等等，我们还有很长的路要走，必须做出许多切实的努力，要有具体的制度保障，而不只是停留在口号上。我们正处在改革的攻坚期，还面临不少困难，各种社会矛盾突出，有些问题的彻底解决不是一朝一夕的事情。这就更加要求党的各级领导干部转变工作作风和思想作风，深入到群众中去，进行艰苦细致的调查研究，倾听群众的呼声和诉求，关心他们的疾苦，解决实际问题。既要听顺耳的和表扬的话，更要听刺耳的和批评的意见；要大力提倡讲真话，为政策的制定奠定可靠的基础。跟革命战争时期一样，今天党的事业仍然需要亿万人民群众的参与和支持，两个百年梦想的实现，更是少不了全国人民的共同努力和顽强拼搏。坚持十八大提出的群众观、人民观，就会进一步改善党群关系、干群关系，加强党同广大人民群众的血肉联系，促进政治清明的建设。

战斗正未有穷期。反对腐败，全面深化改革是一场攻坚战，需要全党和全国人民团结一致，以"实干兴邦"的精神去实现中华民族的伟大复兴。

论中国特色社会主义理论体系的基本范畴

黄　刚[*]

内容摘要：中国特色社会主义理论体系基本范畴是反映中国特色社会主义本质的整体性范畴，它们不是专属于某一特定理论形态，而是统摄理论体系中的各个组成部分并贯穿于理论体系形成和发展始终的范畴。中国特色社会主义理论体系基本范畴并不直接在中国特色社会主义实践和特定思想文本中表现出来，我们需要根据一定的科学思维方法对其进行把握。中国特色社会主义理论体系基本范畴表现为十对对偶性范畴，即马克思主义基本原理与马克思主义中国化，四项基本原则与改革开放，人民主体与党的领导，社会主义基本制度与市场经济体制，政治体制改革与经济体制改革，物质文明与精神文明，公平与效率，独立自主与对外开放，改革、发展与稳定，中国特色社会主义事业与党的建设。

关键词：中国特色社会主义理论体系基本范畴方法

　　理论体系中的基本范畴是反映理论研究对象最本质的范畴，它融合并统摄理论体系中的各个组成部分，贯穿于理论体系形成和发展的始终，是理论体系中最具整体性的范畴，如马克思主义政治经济学体系中的"剩余价值"范畴，唯物辩证法体系中的"矛盾"范畴等等。因此，基本范畴是一种理论区别于其他理论的重要标志，也是确定理论性质和发展方向的基础，在理论体系中具有重要作用。中国特色社会主义理论体系的基本范畴是反映中国特色社会主义本质的整体性范畴，它们不是专属于某一特定理论形态而是统摄理论体系中的各个组成部分并贯穿于理论体系形成和发展始终的范畴，准确把握这些基本范畴对于科学理解和研究中国特色社

---

　　* 黄刚，中央财经大学马克思主义学院，湖北郧西人，博士，讲师，主要研究马克思主义基本理论和中国特色社会主义理论与实践。

会主义理论体系具有重要意义。

一 学术界关于中国特色社会主义理论 体系基本范畴的不同观点

对于特定理论体系来讲，范畴总是以纽结和中介的身份而渗透于理论之中。因此，在思想文本的中国特色社会主义理论体系中，是很难一眼看出哪些范畴是其基本范畴，这需要理论研究者根据一定的原则和方法，对其进行归纳和概括。那么，中国特色社会主义理论体系的基本范畴到底有哪些呢？目前国内学术界大体有以下三种代表性观点。

第一，"改革"和"发展"是中国特色社会主义理论体系的基本范畴。这是因为"改革"是建设中国特色社会主义的起点和标志，而"改革"又与"发展"范畴紧密相连，没有"改革"，就没有"发展"；"改革"推动了"发展"，"发展"又促进了"改革"；"改革"是手段，"发展"是目的。[①] 关于中国特色社会主义的起点，学术界也有不同看法，社会主义初级阶段、解放思想、改革、以人为本、社会主义本质以及"什么是社会主义、怎样建设社会主义"都曾被不同学者视为中国特色社会主义理论体系的起点范畴。依据理论"起点范畴"的本质规定和基本特征，社会主义初级阶段这一范畴更符合中国特色社会主义理论体系的逻辑起点。尽管起点范畴对于理论体系的形成和发展具有重要的基础性作用，但起点范畴并不能完全代替或代表特定理论体系的基本范畴，改革和发展并不能全面反映中国特色社会主义的普遍联系、整体性质和根本矛盾。

第二，中国特色社会主义理论体系的基本范畴包括解放思想、实事求是、社会主义初级阶段、社会主义本质、社会主义市场经济、社会主义改革开放、社会主义科学发展[②]。与此类似，还有学者认为"解放思想、改革开放、以人为本、科学发展、党的领导和党的建设"是贯串于中国特色社会主义理论体系的五大范畴，集中反映了中国特色社会主义理论体系

---

① 赵智奎：《马克思主义范畴体系与中国特色社会主义理论体系的重要范畴》，《马克思主义研究》1998 年第 2 期。

② 杨谦、牛得清：《马克思主义中国化最新范畴体系研究》，《南开学报（哲学社会科学版）》2009 年第 5 期。

的世界观和方法论。① 中国特色社会主义理论体系的基本范畴不仅要能够反映其世界观和方法论，还应该能够体现中国特色社会主义的根本"特色"所在并反映中国特色社会主义的全局内容，同时这些范畴还能够随着中国特色社会主义实践的发展而发展。中国特色社会主义最根本的"特色"就在于它能够不断地将马克思主义基本原理与马克思主义中国化结合起来，而解放思想和实事求是是成功实现这种结合的根本要求和思想精髓，是中国特色社会主义理论体系的"活的灵魂"，具有永恒性。

第三，中国特色社会主义理论体系的基本范畴有五对：马克思主义基本原理与马克思主义中国化、四项基本原则与改革开放、计划与市场、人民民主与依法治国、独立自主与对外开放②。作为由中国特色社会主义理论体系的基本范畴所构成的范畴体系必须能够全面反映中国特色社会主义的整体内容，这里的五对范畴尽管揭示了中国特色社会主义事业的基本内容，但仍不够全面，仅就中国特色社会主义事业的总体布局来讲，社会主义文化建设和社会主义社会建设是其不可或缺基本内容，但在这里并没有相应的基本范畴来反映这两个基本领域的内涵及其在中国特色社会主义事业中的位置。

总之，目前国内学术界对于中国特色社会主义理论体系基本范畴这一问题仍处于讨论和探索之中，不同学者根据各自所采取的不同原则和方法对中国特色社会主义理论体系基本范畴有着不同的认识。对这一问题的研究，首先应该明确的是确立特定理论体系基本范畴的方法和原则问题，只有这样，对于中国特色社会主义理论体系基本范畴的研究才有可靠的依据并最终确立一个相对稳定的基本范畴体系。

二　确立特定理论体系基本范畴的方法问题

那么，对于中国特色社会主义理论体系基本范畴的研究，应该依据什么样的原则和方法呢？

这里首先需要指出的是，概括和确立一定理论体系的基本范畴与分析

---

① 常宗耀、陈永胜：《论贯串中国特色社会主义理论体系的五大范畴》，《中国井冈山干部学院学报》2008 年第 6 期。

② 代金平、闵绪国：《论中国特色社会主义理论体系的基本范畴》，《山东社会科学》2009 年第 7 期。

这一理论体系范畴的起源与发展是不同的。对于范畴起源与发展的分析，只能从客观现象和事实根据出发，从实实在在的社会实践中去说明范畴的起源与发展，这是因为"客观主义：思维的范畴不是人的工具，而是自然的和人的规律性的表述"①。而对于特定理论体系的范畴认识和研究，由于确定的理论体系的思想文本已经存在，其基本原理也是明确的，这时就可以通过一定的逻辑思维来把握其范畴，通过判断、推理、命题等思维形式来概括出范畴，"一般的思维范畴，或通常的逻辑材料，概念，判断，和推论的种类，均不能只是从事实的观察取得，或只是根据经验去处理，而必须从思维自身推演出来"②。也就是说，作为认识的高级形式，范畴是"自然界在人的认识中的反映形式"③，它产生于客观事实和实践经验之中，但又不是直接从客观事实和实践经验中表现出来的，而通过一定的判断、命题和推理等理论形式来体现，"经济范畴只不过是生产的社会关系的理论表现，即其抽象"④。因此，对于特定理论的范畴或基本范畴的选取和提炼必须在客观实践的基础上依靠判断、命题和推理等思维形式进行分析和概括。

在哲学史上，有很多哲学家都是通过这种方式来确认其理论体系的范畴的，既然在事物的特性中，有的表现本质，有的并不表现本质，那么，就可以把特性区分为上述两个部分，把表现本质的那个部分称为定义，把剩下的部分按照通常所用的术语叫作特性。根据上述，因此很明显，按现在的区分，一共出现有四个要素，即特性、定义、属和偶性⑤。此外，亚里士多德在《范畴篇》中论述的十个范畴（实体、性质、数量、关系、时间、地点、姿态、状况、活动、遭受），也是通过对命题的分析而概括出来的。康德也主张这样的方法，他从自己所提出的判断表中概括出范畴表，因为范畴这些"纯粹理智概念不过是本身由这一个或那一个判断环节所规定的，从而是必然的、普遍有效的一般直观的概念"⑥。黑格尔认为："康德有一个很方便的法门可以发现那些范畴……在普通逻辑学里，

① 《列宁全集》第 55 卷，人民出版社 1990 年版，第 75 页。
② ［德］黑格尔：《小逻辑》，商务印书馆 1980 年版，第 151 页。
③ 《列宁全集》第 55 卷，人民出版社 1990 年版，第 152 页。
④ 《马克思恩格斯选集》第 1 卷，人民出版社 1995 年版，第 141 页。
⑤ 《亚里士多德全集》第 1 卷，中国人民出版社 1990 年版，第 356 页。
⑥ ［德］康德：《未来形而上学导论》，商务印书馆 1982 年版，第 69 页。

已经根据经验揭示出各种不同的判断了。但判断即是对于一个特定对象的思维，那已经列举出来的各种判断的形式因此也就是同时把思维的各种范畴告诉了我们。"① 在这里，经验、判断与范畴之间就建立起了严密而科学的内在联系，从实践中形成的经验是形成具有规律性意义的判断的前提，而判断这一思维形式中又内在地包含着必要的范畴。判断、命题等思维形式本身就是对于特定对象的认识，它们反映着特定对象的本质属性、普遍联系和根本矛盾，而这些矛盾又总是蕴含在一定的范畴之中。因此，通过对命题、判断等思维形式的分析可以提炼出一定理论体系的基本范畴，这一提炼过程却是建立在一定的实践经验基础之上的。

但是，在任何一个理论体系中，都有大量的命题和判断。要确定一定理论体系的基本范畴，应该从哪些命题和判断中去分析和概括出其基本范畴呢？

概括和确立理论体系的基本范畴就应该将目光放在理论体系中的那些最具规律性意义的命题和判断上，这些命题和判断是贯穿于整个理论体系之中的结论，具有整体性。具体到中国特色社会主义理论体系中，就是这些命题和判断在中国特色社会主义理论体系中必须是一以贯之的命题和判断，具有稳定性；必须是体现中国特色社会主义理论体系精神实质的命题和判断，能够反映中国特色社会主义理论体系的世界观和方法论，具有决定性；必须是能够反映中国特色社会主义理论体系的整体性，具有全局性；必须是能够随着中国特色社会主义实践的发展而发展的命题和判断，具有开放性和创造性。在中国特色社会主义理论体系中，符合这些要求的命题和判断，就可以进一步归结到中国特色社会主义事业发展的基本规律（即从实践中总结的基本经验）上来。因为，一方面，规律本身就是一种命题和判断，或者说，命题和判断是规律的表现形式，而规律所表示的是事物发展的本质的、固有的、稳定的联系。另一方面，规律也是范畴的结合，这里的规范和法则即为事物发展的规律。规律与范畴之间存在着密切的关系：第一，无论是规律还是范畴，都是从客观事物中抽象概括出来以反映其本质的思维形式；第二，范畴本身所反映的就是客观世界中合乎规律的联系，而规律所反映的又是范畴与范畴之间的关系，规律的内容就是由范畴及其相互关系来构成。经验体现着规律性的认识，基本经验概括起

---

① ［德］黑格尔：《小逻辑》，商务印书馆 1980 年版，第 121 页。

来就是基本规律。我们可以从中国特色社会主义事业发展的基本规律（在具体表述上，通常被称为中国特色社会主义事业发展的基本经验）中分析、概括出中国特色社会主义理论体系的基本范畴。

三　中国特色社会主义理论体系的基本范畴

关于中国特色社会主义事业发展的基本规律或基本经验，党的历代领导人对此进行了孜孜探求。在有关中国社会主义建设的文献中，毛泽东、邓小平、江泽民和胡锦涛都曾从不同角度论述过中国社会主义建设的规律和经验。毛泽东于 1956 年在《论十大关系》中，初步总结了我国社会主义建设的经验并开始摸索与中国国情相适应的社会主义建设规律；邓小平于 1982 年在会见利比里亚国家元首多伊时谈到了中国经济建设的基本经验，1992 年春天在南方谈话中提出一系列重要关系是对中国特色社会主义建设经验的重要总结；江泽民于 1989 年在庆祝中华人民共和国成立 40 周年大会上所总结的四个方面的基本结论，1995 年在《正确处理社会主义现代化建设中的若干重大关系》中提出的十二大关系，1998 年在纪念中共十一届三中全会召开 20 周年大会上总结了党在领导改革开放和社会主义现代化建设中积累的 11 个方面基本经验，2001 年在庆祝中国共产党成立 80 周年大会上总结了党在 80 年奋斗历程中所积累的基本经验，2002 年在中国共产党第十六次全国代表大会上对党的十五大以来，特别是 1989 年十三届四中全会以来所积累的关于"什么是社会主义、怎样建设社会主义"，"建设什么样的党、怎样建设党"的宝贵经验概括为 10 个方面，这些都是对党领导人民建设中国特色社会主义在不同发展阶段上的经验总结，揭示了中国特色社会主义事业发展的基本规律，反映了中国特色社会主义理论的核心内容。以上这些对改革开放和中国特色社会主义事业发展所做的重要阐述和经验总结，对指导改革开放发挥了重大作用，对推动中国特色社会主义事业的健康发展具有重要意义。

胡锦涛总书记在党的十七大报告中指出："在改革开放的历史进程中，我们党把坚持马克思主义基本原理同推进马克思主义中国化结合起来，把坚持四项基本原则同坚持改革开放结合起来，把尊重人民首创精神同加强和改善党的领导结合起来，把坚持社会主义基本制度同发展市场经济结合起来，把推动经济基础变革同推动上层建筑改革结合起来，把发展社会生产力同提高全民族文明素质结合起来，把提高效率同促进社会公平结合起来，把坚持独立自主同参与经济全球化结合起来，把促进改革发展同保持社会稳定结合起来，把推进中国特色社会主义伟大事业同推进党的建设新的伟大工程结合起来，取得了我们这样一个十几亿人口的发展中大国摆脱贫困、加快实现现代化、巩固和发展社会主义的宝贵经验。"① 胡锦涛总书记所总结的这 10 个以"结合"为主要内容的发展中国特色社会主义事业的基本经验，是在毛泽东、邓小平和江泽民等同志论述中国社会主义建设经验的基础上，结合中国特色社会主义事业发展的新情况和新形势而提出的，是对中国特色社会主义事业发展经验和规律的新的集中概括、反映和总结，对于提高对发展中国特色社会主义的规律性认识，增强工作的原则性、系统性、预见性、创造性具有重要意义。此外，胡锦涛总书记于 2007 年 12 月 17 日在新进中央委员会的委员、候补委员学习贯彻党的十七大精神研讨班开班仪式上指出："党的十七大把这'十个结合'定性为我们这样一个十几亿人口的发展中大国摆脱贫困、加快实现现代化、巩固和发展社会主义的宝贵经验。这是很有政治分量和理论内涵的。"② 胡锦涛总书记在纪念党的十一届三中全会召开 30 周年大会上再次强调并详细论述了这些宝贵经验并指出，30 年来所积累的这些宝贵经验闪耀着马克思主义的真理光芒，是辩证唯物主义和历史唯物主义的胜利。

胡锦涛总书记在论述中国改革开放以来所形成的十条宝贵经验时，还明确提出了这样一个科学论断，那就是："改革开放以来我们取得一切成绩和进步的根本原因，归结起来就是：开辟了中国特色社会主义道路，形成了中国特色社会主义理论体系。"③ 这一论断明确地告诉我们以"十个结合"为主要内容的基本经验与中国特色社会主义理论体系之间的关系，对于我们理解中国特色社会主义理论体系与改革开放以来我们所取得的宝贵经验之间的关系有着重要意义，也有利于我们进一步分析中国特色社会主义理论体系的基本范畴。

从这一论断中我们可以看出，中国在改革开放以来所取得的一切成绩

① 胡锦涛：《高举中国特色社会主义伟大旗帜，为夺取全面建设小康社会新胜利而奋斗——在中国共产党第十七次全国代表大会上的报告》，《人民日报》2007 年 10 月 25 日。
② 胡锦涛：《继续把改革开放伟大事业推向前进》，《求是》2008 年第 1 期。
③ 胡锦涛：《高举中国特色社会主义伟大旗帜，为夺取全面建设小康社会新胜利而奋斗——在中国共产党第十七次全国代表大会上的报告》，《人民日报》2007 年 10 月 25 日。

和进步的根本原因在于我们开辟了中国特色社会主义道路，形成了中国特色社会主义理论体系，而以"十个结合"为主要内容的宝贵经验是这一根本原因的具体展开形式，或者说，中国特色社会主义理论体系是对以"十个结合"为主要内容的宝贵经验的进一步抽象和总结，"十个结合"的宝贵经验生动阐明了党在改革开放实践中是如何坚持和发展马克思主义、如何坚持和发展社会主义、如何全面推进中国特色社会主义事业、如何统筹国内国际两个大局、如何加强和改善党的领导的，体现了中国特色社会主义理论的本质内涵。胡锦涛的这一科学论断为我们概括和归纳中国特色社会主义理论体系的基本范畴提供了科学依据和指导原则。

胡锦涛总书记所讲的这十条基本经验是通过概念、判断和推理等思维形式对中国特色社会主义事业发展基本规律的概括、抽象和总结。这些规律以判断、命题的形式表述出来，而判断和命题作为一种思维形式，其本身就是对特定对象的反映，而任何特定对象都包含着各种各样的矛盾，这些矛盾又需要通过范畴来得到反映和体现，任何一个命题中都包含着个别与一般、现象与本质、必然和偶然的矛盾，这些矛盾同时也是范畴。胡锦涛总书记所总结的基本经验也是通过逻辑范畴的相互联系和辩证发展来反映和体现的。因此，通过对这些经验、规律的分析，可以概括出中国特色社会主义理论体系的基本范畴，即马克思主义基本原理与马克思主义中国化，四项基本原则与改革开放，人民主体与党的领导，社会主义基本制度与市场经济体制，政治体制改革与经济体制改革，物质文明与精神文明，公平与效率，独立自主与对外开放，改革、发展与稳定，中国特色社会主义事业与党的建设。这十对基本范畴就构成了中国特色社会主义理论体系范畴体系的基础，它们构成一个主题鲜明、彼此关联而又层次分明的基本范畴体系。

在这十对中国特色社会主义理论体系基本范畴中，"马克思主义基本原理与马克思主义中国化"、"四项基本原则与改革开放"、"人民主体与党的领导"这三对范畴是对党领导中国特色社会主义事业建设的思想路线、基本路线和群众路线的概括和抽象，指明了中国特色社会主义道路的前进路线和方向。因此，这三个范畴在整个理论体系中处于基础层次的最为根本的范畴，也是最能统摄整个理论体系全局的范畴，揭示了我国改革开放和中国特色社会主义事业取得成功的关键和根本，阐明了中国特色社会主义理论体系的理论根据和现实依据，为中国特色社会主义道路提供了理论基础和路线保证。①

　　"社会主义基本制度与市场经济体制"、"政治体制改革与经济体制改革"、"物质文明与精神文明"、"公平与效率"这四对基本范畴则从社会结构的角度分别揭示了中国特色社会主义经济建设、政治建设、文化建设、社会建设的真谛。研究中国特色社会主义理论体系，必须深入中国特色社会主义的社会结构内部去探讨其总体布局，"物质生活的生产方式制约着整个社会生活、政治生活和精神生活的过程"②。这一论断阐明了社会结构的内涵并揭示了社会结构各要素之间的相互关系。在中国特色社会主义事业中，理论上的社会结构问题在实践中就直接地表现为社会主义布局问题，中国特色社会主义事业的总体布局是社会主义经济建设、政治建设、文化建设和社会建设的四位一体。"社会主义基本制度与市场经济体制"、"政治体制改革与经济体制改革"、"物质文明与精神文明"、"公平与效率"这四对范畴是从社会结构的视角对中国特色社会主义的本质反映，共同构成了中国特色社会主义事业的总体布局。③

　　"独立自主与对外开放"、"改革、发展与稳定"、"中国特色社会主义事业与党的建设"这三个基本范畴强调了营造良好国际环境、保持国内社会政治稳定、坚持党的领导核心地位对改革发展的保证作用。建设中国特色社会主义事业是一项系统工程，既需要内部结构各要素的全面协调发展，也离不开一定的外部环境与条件的保障和支撑。"独立自主与对外开放"、"改革、发展与稳定"、"中国特色社会主义事业与党的建设"这三对范畴为中国特色社会主义事业构筑起一道牢固的防线，构成中国特色社会主义理论体系不可或缺的三对基本范畴。

　　中国特色社会主义理论体系的基本范畴紧紧围绕着"什么是社会主义，怎样建设社会主义"、"建设什么样的党，怎样建党"、"实现什么样的发展，怎样发展"这三大主题，集中反映了中国特色社会主义的本质规律和普遍联系。这些范畴是中国特色社会主义理论体系及其基本原理得以形成的基石，不仅搭建起了中国特色社会主义理论体系的基本

① 参见《毛泽东文集》第7卷，人民出版社1999年版。
② 《马克思恩格斯选集》第2卷，人民出版社1995年版，第37页。
③ 《马克思恩格斯选集》第1卷，人民出版社1995年版，第页。

框架，而且显示了中国特色社会主义理论体系的丰富内容。但是，仍然需要指出的是，中国特色社会主义理论体系的基本范畴是相对的，而不是绝对的。中国特色社会主义事业是一个长期发展的历史过程，中国特色社会主义理论体系的基本范畴也应该随着中国特色社会主义事业的发展而发展，只有这样，中国特色社会主义理论体系才能始终保持其生机与活力。

深化对党的十八大创新理论的研究

邸乘光[*]

内容摘要：党的十八大报告是一篇马克思主义中国化理论创新的纲领性文献。它集中反映了全党意志、体现了人民意愿，是全党集体智慧的结晶，是党的十六大以来创新理论的集大成之作。它既描绘了夺取中国特色社会主义事业新胜利、实现中华民族伟大复兴的宏伟蓝图，也创造性地提出了一系列新思想、新观点、新论断、新要求、新举措。在深刻理解的基础上深化对十八大创新理论的研究，一是要紧密结合马克思主义中国化历史进程及其理论成果深化研究；二是要紧密联系全面建成小康社会和全面深化改革开放的伟大实践深化研究；三是紧紧抓住十八大创新理论所留下的空间深化研究；四是要通过对新形势下继续推进伟大事业面临时代课题的深刻把握深化研究。

关键词：党的十八大报告　创新理论　中国特色社会主义　理论研究

党的十八大是在我国进入全面建成小康社会决定性阶段召开的一次十分重要的大会。胡锦涛同志代表第十七届中央委员会向大会所做的报告（以下简称"党的十八大报告"），以马克思列宁主义、毛泽东思想、邓小平理论、"三个代表"重要思想、科学发展观为指导，科学回答了党在改革发展关键阶段举什么旗帜、走什么道路、保持什么样的精神状态、朝着什么样的目标继续前进等重大理论和实践问题，创造性地提出了一系列新思想、新观点、新论断、新要求、新举措，具有极强的思想性、理论性、政治性、战略性和可操作性，既是我们党在新的历史起点上坚持和发展中国特色社会主义的政治宣言和行动纲领，也是一篇马克思主义中国化理论

* 邸乘光，安徽省社会科学院马克思主义研究所所长、研究员，主要从事中国特色社会主义研究。

创新的纲领性文献。认真学习、深刻理解、准确把握党的十八大报告的理论创新，并在此基础上不断深化对党的十八大创新理论的研究，是当前和今后一个相当时期内哲学社会科学工作者最重要的政治责任和政治任务。

一 党的十六大以来创新理论的集大成之作

党的十八大报告，站在历史与时代的高度，运用马克思主义的立场、观点和方法，全面审视当今世界和当代中国发展大势，全面把握我国发展新要求和人民群众新期待，深刻总结了党的十七大以来的工作和党的十六大以来的奋斗历程，系统阐述了坚持和发展中国特色社会主义的一系列重大理论和实践问题，是新的历史条件下夺取中国特色社会主义新胜利的政治纲领，是全面建成小康社会的行动指南。党的十八大报告之所以具有如此重要的历史地位及理论和实践意义，从根本上说，就是因为党的十八大报告集中反映了全党意志、体现了人民意愿，是中国共产党集体智慧的结晶，是党的十六大以来创新理论的集大成之作。

从党的十八大报告的形成过程来看，它是充分发扬民主、集中全党智慧的产物。对此，新华社记者采写的《夺取中国特色社会主义新胜利的政治宣言和行动纲领——党的十八大报告诞生记》中有具体的记述。概括地说就是：一方面，十八大报告起草工作自始至终都在中央政治局常委会直接领导下进行。10个多月来，胡锦涛同志先后主持召开四次中央政治局常委会会议、两次中央政治局会议，听取报告起草工作的情况报告，审议修改报告稿。习近平同志八次主持召开起草组全体会议，研究部署报告起草工作。党的十七届中央政治局常委对报告起草工作提出许多重要的意见。政治局其他委员也做了认真的修改。另一方面，党的十八大报告的形成过程也是一个充分发扬民主、集中全党智慧的过程。调查、起草，再调查、再起草，把调查研究工作贯穿起草工作始终，是党的十八大报告起草工作的一个重要特点。报告起草工作启动伊始，中央即向有关方面发出《关于对党的十八大报告议题征求意见的通知》，广泛征求意见。报告征求意见稿形成后，中办又向有关方面发出《关于对党的十八大报告稿征求意见的通知》，在党内一定范围组织讨论、征求意见。胡锦涛同志主持先后召开七次座谈会，当面征求各方面对党的十八大报告征求意见稿的意见和建议。截至9月5日，各地区各部门各方面统计征求意见人数共

4511 人，各方面共提出修改意见和建议 2400 条，扣除重复意见后，原则性修改意见 208 条，具体修改意见 1674 条。此后，在党的十七届七中全会上及党的十八大召开期间，又反馈了数百条修改意见。这表明，报告是充分发扬民主、集中全党智慧的结晶，是反映全党意志、体现人民意愿的报告。①

从党的十八大报告的内容来看，它集中地展现了党的十六大以来理论创新成果。党的十八大报告为我们描绘了夺取中国特色社会主义事业新胜利、实现中华民族伟大复兴的宏伟蓝图。贯穿和体现在这一宏伟蓝图中的根本指导思想和重大战略思想，既包括改革开放以来马克思主义中国化第二次历史性飞跃过程中先后形成的中国特色社会主义理论体系的两大成果——邓小平理论和"三个代表"重要思想，同时也包括党的十六大以来形成的中国特色社会主义理论体系的最新成果——科学发展观，包括以科学发展观为统领的一系列重要战略思想。众所周知，党的十六大以后，以胡锦涛同志为总书记的党中央，坚持以邓小平理论和"三个代表"重要思想为指导，积极推进实践基础上的理论创新，围绕坚持和发展中国特色社会主义，提出了一系列重大战略思想，包括坚持以人为本、实现科学发展，构建社会主义和谐社会，建设社会主义新农村，建设创新型国家，建设资源节约型、环境友好型社会，建设生态文明，建设社会主义核心价值体系，推动建设和谐世界，以及加强党的执政能力建设、先进性建设和纯洁性建设等重大战略思想。这些重大战略思想，都是科学发展观的重要内容。这些重大战略思想，贯穿于党的十八大报告全篇，体现在报告的各个方面。因此说，党的十八大报告是党的十六大以来创新理论的集大成之作。

二　党的十八大报告的新思想、新观点、新论断

党的十八大报告作为新的历史条件下夺取中国特色社会主义新胜利的政治纲领和全面建成小康社会的行动指南，不仅是因为贯穿和体现了党的十六大以来创新理论成果，为我们描绘了夺取中国特色社会主义事业新胜

---

① 徐京跃、吴晶、赵超：《夺取中国特色社会主义新胜利的政治宣言和行动纲领——党的十八大报告诞生记》，《人民日报》2012 年 11 月 21 日。

利、实现中华民族伟大复兴的宏伟蓝图，同时还因为它创造性地提出了一系列新思想、新观点、新论断、新要求、新举措，是一篇马克思主义中国化理论创新的纲领性文献。党的十八大报告的理论创新突出地体现在以下六个重要方面。

第一，关于科学发展观的新阐述和新定位。我们党是一个注重总结经验、善于理论创新和重视理论指导的党。在60多年的执政实践中，特别是在改革开放以来，在每一个阶段，我们党都会进行一次系统的经验总结，并且总是通过总结经验来不断推进马克思主义中国化，形成中国化马克思主义新成果，实现指导思想的与时俱进，用发展着的马克思主义指导和推动新的实践。这本身已成为我们党执政的一条极为重要的经验。党的十五大在总结党的十一届三中全会以来近20年实践经验的基础上，系统阐述和高度评价了邓小平理论，并将其确立为党的指导思想，实现了党的指导思想的与时俱进。党的十六大在总结党的十三届四中全会以来13年实践经验的基础上，系统阐述和高度评价了"三个代表"重要思想，并将其确立为党的指导思想，实现了党的指导思想的又一次与时俱进。这次，党的十八大报告又在总结党的十六大以来10年实践经验的基础上，系统阐述和高度评价了科学发展观，明确指出："科学发展观是中国特色社会主义理论体系最新成果，是中国共产党集体智慧的结晶，是指导党和国家全部工作的强大思想武器。科学发展观同马克思列宁主义、毛泽东思想、邓小平理论、'三个代表'重要思想一道，是党必须长期坚持的指导思想。"① 这就郑重确立了科学发展观的指导地位，实现了党的指导思想的再一次与时俱进。这既是党的十八大报告最大的理论亮点和历史贡献，也是党的十八大最重要的历史性贡献。党的十八大必将因此而载入史册。同时，党的十八大报告还进一步提出了贯彻落实科学发展观的新要求，并首次阐明了科学发展观的精神实质。

第二，关于中国特色社会主义内涵的新阐释。党的十八大报告在党的十七大报告和胡锦涛同志"7.1"重要讲话的基础上，不仅对中国特色社会主义道路、理论体系和制度的内涵做了新概括，而且对三者的功能及内在关系做了新概括。明确指出："中国特色社会主义道路是实现途径，中国特色社会主义理论体系是行动指南，中国特色社会主义制度是根本保

① 《中国共产党第十八次全国代表大会文件汇编》，人民出版社2012年版，第7页。

障，三者统一于中国特色社会主义伟大实践，这是党领导人民在建设社会主义长期实践中形成的最鲜明特色。"① 这就深刻揭示了中国特色社会主义道路、理论体系和制度三者的辩证统一的关系。正如习近平总书记 11月 17 日在党的十八届中央政治局第一次集体学习时的讲话中所指出的："这个概括告诉我们：中国特色社会主义是实践、理论、制度紧密结合的，既把成功的实践上升为理论，又以正确的理论指导新的实践，还把实践中已见成效的方针政策及时上升为党和国家的制度。所以，中国特色社会主义特就特在其道路、理论体系、制度上，特就特在其实现途径、行动指南、根本保障的内在联系上，特就特在这三者统一于中国特色社会主义伟大实践上。"②

第三，关于中国特色社会主义总部署的新谋划。党的十八大报告明确指出："建设中国特色社会主义，总依据是社会主义初级阶段，总布局是五位一体，总任务是实现社会主义现代化和中华民族伟大复兴。"③ 这"三个总"的概括，可以说是对中国特色社会主义总部署的新谋划。简单地说，就是立足于社会主义初级阶段这个最大国情和最大实际，通过全面推进经济建设、政治建设、文化建设、社会建设和生态文明建设，努力实现社会主义现代化和中华民族伟大复兴。如果说强调"总依据"和"总任务"在某种意义上还只是重申的话，那么，明确提出"五位一体"，则是对中国特色社会主义总体布局的新拓展。坚持"五位一体"总布局，必须坚持发展是硬道理的战略思想，全面深化经济体制改革，加快完善社会主义市场经济体制，推进经济结构战略性调整，全面提高开放型经济水平，加快转变经济发展方式；必须坚持走中国特色社会主义政治发展道路，坚持党的领导、人民当家做主、依法治国有机统一，积极稳妥推进政治体制改革，扩大社会主义民主，加快建设社会主义法治国家；必须扎实推进社会主义文化强国建设，提高国家文化软实力，加强社会主义核心价值体系建设，积极培育和践行社会主义核心价值观；必须加快健全基本公共服务体系，加强和创新社会管理，切实保障和改善民生，努力让人民过上更好生活；必须大力推进生态文明建设，着力推进绿色发展、循环发

---

① 《中国共产党第十八次全国代表大会文件汇编》，人民出版社 2012 年版，第 12 页。
② 习近平：《紧紧围绕坚持和发展中国特色社会主义学习宣传贯彻党的十八大精神》，《人民日报》2012 年 11 月 19 日。
③ 《中国共产党第十八次全国代表大会文件汇编》，人民出版社 2012 年版，第 12 页。

展、低碳发展，努力建设美丽中国，实现中华民族永续发展。其中都包含了一些突出的亮点。

第四，关于中国特色社会主义基本要求的新概括。党的十八大报告指出：发展中国特色社会主义是一项长期的艰巨的历史任务。在新的历史条件下夺取中国特色社会主义新胜利，必须牢牢把握"八项基本要求"，并使之成为全党全国各族人民的共同信念。[①]"八项基本要求"是：坚持人民主体地位，坚持解放和发展社会生产力，坚持推进改革开放，坚持维护社会公平正义，坚持走共同富裕道路，坚持促进社会和谐，坚持和平发展，坚持党的领导。这"八项基本要求"是在新的历史条件下夺取中国特色社会主义新胜利的基本条件，是发展中国特色社会主义必须坚持的基本原则，实际上也就是中国特色社会主义的基本要求。这"八项基本要求"虽然都不是党的十八大报告第一次提出的，而是改革开放以来我们党所一贯强调和坚持的，但是根据坚持和发展中国特色社会主义的需要，把它们集中起来阐述，就像改革开放之初邓小平同志明确提出"四项基本原则"一样，确是具有重要意义的。这些基本要求是根据党的基本理论、基本路线、基本纲领、基本经验，深刻总结60多年来我国社会主义建设特别是中国特色社会主义建设实践提出的，是最本质的东西，是体现共产党执政规律、社会主义建设规律、人类社会发展规律的东西，进一步回答了在新的历史征程上怎样才能夺取中国特色社会主义新胜利的基本问题，表明我们党对中国特色社会主义规律的认识达到了新水平。

第五，关于全面建成小康社会和深化改革的新要求。党的十六大明确提出了"全面建设小康社会"的目标和任务。党的十七大根据形势发展提出了实现全面建设小康社会奋斗目标的新要求。经过10年的努力，全面建设小康社会取得重大成就。在此基础上，党的十八大提出"为全面建成小康社会而奋斗"。从"全面建设小康社会"到"全面建成小康社会"，虽只有一字之改，但却反映了我国发展阶段的新飞跃，它把全面小康社会的美好图景更具体更生动地呈现在全国人民面前，也把我们党对发展中国特色社会主义的坚强决心和信心展现出来。不仅如此，党的十八大还根据我国经济社会发展实际，从"经济持续健康发展"、"人民民主不断扩大"、"文化软实力显著增强"、"人民生活水平全面提高"和"资源

---

① 《中国共产党第十八次全国代表大会文件汇编》，人民出版社2012年版，第11、12页。

节约型、环境友好型社会建设取得重大进展"等五个方面提出了全面建成小康社会的新的目标要求。特别是报告提出"实现国内生产总值和城乡居民人均收入比2010年翻一番"的"两个翻番",使小康社会目标更加明确,同时标准也更高。为了全面建成小康社会,必须深化经济、政治、文化、社会、生态等重要领域改革,破除一切妨碍科学发展的思想观念和体制机制弊端,构建系统完备、科学规范、运行有效的制度体系,使各方面制度更加成熟更加定型,为全面建成小康社会提供可靠的制度保障。

第六,关于全面提高党的建设科学化水平的新部署。我们党担负着团结带领人民全面建成小康社会、推进社会主义现代化、实现中华民族伟大复兴的重任。形势的发展、事业的开拓、人民的期待,都要求我们以改革创新精神全面推进党的建设新的伟大工程,全面提高党的建设科学化水平。为此,党的十八大报告对新形势下全面提高党的建设科学化水平提出了新要求,做出了新部署。一是明确要求全党"牢牢把握加强党的执政能力建设、先进性和纯洁性建设这条主线",这就把党的纯洁性建设纳入党的建设的主线中来,从而使党的执政能力建设和先进性建设有了更坚实的保证。二是明确提出建设学习型、服务型、创新型的马克思主义执政党,确保党始终成为领导中国特色社会主义事业的坚强领导核心,这对于加强执政党建设、实现执政方式现代化具有重大意义。三是提出要增强党自我净化、自我完善、自我革新、自我提高能力,这是保持党的先进性和纯洁性的关键,反映了党在新的历史方位下对自身建设规律性的认识,体现了党对自身建设的高度自觉。四是明确提出加强党的建设要坚持解放思想、改革创新,并把"解放思想、改革创新"置于"党要管党、从严治党"前面与之并列,既突出了解放思想、改革创新对于党的建设的重要性,也明确了加强党的建设的基本方针。五是将坚持党管人才原则,把各方面优秀人才集聚到党和国家事业中来作为党的建设的一项重大任务,丰富的党的建设的内容,对于保持党的先进性和党的蓬勃活力、巩固党的执政地位、完成党的执政使命具有重大意义。六是明确提出了"干部清正、政府清廉、政治清明"的要求,这既是科学发展和民主政治的必然要求,也是党中央对人民群众的庄严承诺和对不正之风、腐败行为的强势宣战。

总之,党的十八大确立了科学发展观的指导思想地位,实现了党在指导思想上的再一次与时俱进;深刻阐述了中国特色社会主义的科学内涵,把对于中国特色社会主义的认识提到了新高度；科学谋划了中国特色社会主义的总部署，拓展了中国特色社会主义的总体布局；提出了中国特色社会主义的基本要求，明确了在新的历史条件下夺取中国特色社会主义新胜利的基本原则；提出了全面建成小康社会的新要求，规划了全面深化改革开放的新目标；提出了全面提高党的建设科学化水平的新要求，做出了全面加强党的建设的新部署。十八大在马克思主义发展史、中国特色社会主义发展史、中国共产党建设史上，都具有十分重要的地位，必将以其理论上的新建树新贡献而载入史册。

三　在深刻理解的基础上深化创新理论研究

认真学习宣传贯彻党的十八大精神，关系党和国家工作全局，关系中国特色社会主义事业长远发展，对动员全党全国各族人民在以习近平同志为总书记的党中央领导下，高举中国特色社会主义伟大旗帜，满怀信心为全面建成小康社会、夺取中国特色社会主义新胜利而奋斗，具有重大现实意义和深远历史意义。党的十八大精神主要集中在党的十八大报告中。学习宣传贯彻党的十八大精神，首先要认真研读党的十八大文件，最根本的是要认真研读党的十八大报告。作为哲学社会科学理论工作者，更要在认真学习、深刻理解、准确把握党的十八大精神的基础上，不断深化对党的十八精神特别是蕴含其中的创新理论的研究，既通过自己的深入研究和科学阐释，帮助广大干部群众加深对党的十八大精神的理解，也为实现党的十八大创新理论向创新实践的转化以及中国特色社会主义理论体系的进一步丰富发展，做出自己积极的贡献。

一是要紧密结合对马克思主义中国化历史进程及其理论成果的研究，深化对党的十八大创新理论的研究。我们党是一个勇于和善于在实践基础上推进理论创新的党。党的十八大报告所蕴含的创新理论，是党的十六大以来以胡锦涛同志为总书记的党中央理论创新成果的重要组成部分，不仅同党的十一届三中全会以来以邓小平同志为核心的第二代中央领导集体和以江泽民同志为核心的第三代中央领导集体的理论创新成果具有不可分割的内在联系，就是与改革开放之前以毛泽东同志为核心的第一代中央领导集体的理论创新成果乃至马克思列宁主义也是一脉相承的。因此，如果没有对马克思列宁主义、毛泽东思想、邓小平理论、

"三个代表"重要思想和科学发展观的基本理解和把握，也就不可能真正深入理解和把握党的十八大报告的理论创新。只有紧密结合对马克思主义中国化历史进程及其理论成果的研究，才能深化对党的十八大创新理论的研究，才能进一步深刻阐明其科学内涵、理论基础、历史根据、重要地位及理论意义。

二是要紧密联系全面建成小康社会和全面深化改革开放的伟大实践，深化对党的十八大创新理论的研究。首先，创新理论的源泉和基础是实践。党的十八大的理论创新，绝不是党的十八大报告起草者闭门造车式的理论空想，而是在深入实践进行大量调查研究的基础上集中全党的智慧形成的，是实践基础上的理论创新。因此，只有深入全面建成小康社会和全面深化改革开放的伟大实践，才能正确理解和把握党的十八大的理论创新成果，从而也才能深化对它的研究。其次，创新理论的目的在于指导实践。党的十八大报告全面审视当今世界和当代中国发展大势，全面把握我国发展新要求和人民群众新期待，创造性地提出了一系列新思想、新观点、新论断、新要求、新举措，为我们描绘了全面建成小康社会、夺取中国特色社会主义事业新胜利、实现中华民族伟大复兴的宏伟蓝图，其根本目的就在于指导我们通过不懈努力把这一宏伟蓝图变成为现实。而要做到这些，就必然要求我们通过深入的研究，把党的十八大所提出的新思想、新观点、新论断、新要求、新举措，同本地区、本部门、本单位的具体实际紧密结合起来，使之进一步具体化——具体化为推进经济、政治、文化、社会、生态建设及党的建设的具体思路、发展战略、政策措施和工作部署，并进而转化为实践，转化为改革发展的成果。再次，创新理论在实践中检验和发展。深化党的十八大创新理论研究，就要自觉坚持以其为指导，既不断总结全面建成小康社会和全面深化改革开放实践的新经验，并将其升华为理论，同时也通过深入观察和正确把握全面建成小康社会和全面深化改革开放实践中出现的新形势新情况新矛盾新问题，并积极探索适应新形势新情况、解决新矛盾新问题的思路和对策，提出新的思想和观点，从而进一步丰富和发展党的创新理论。

三是紧紧抓住党的十八大创新理论留下的空间，从理论与实践结合上深化对党的十八大创新理论的研究。党的十八大报告虽然创造性地提出了一系列新思想、新观点、新论断、新要求、新举措，但是，它并没有也根本不可能把我们在全面建成小康社会和深化改革开放实践中与实现中华民族伟大复兴进程中的所有问题全部解决。深入研读党的十八大报告就会发现，报告不仅在创新理论如何进一步具体化方面为我们留下了广阔的空间，就是在对一些重大问题的归纳概括方面，也我们留下了进一步研究和探索的空间。比如，党的十八大报告明确提出了建设中国特色社会主义"五位一体"的总布局，这是其重要的创新之处。但是，在提到中国特色社会主义的总目标时，却仍然沿用了党的十七大所概括的"四位一体"的总目标，即"建设富强民主文明和谐的社会主义现代化国家"。按理说，总布局与总目标应该是一一对应、完全统一的。而报告中"五位一体"的总布局与"四位一体"的总目标之间显然是没有一一对应的，即总布局中的生态文明建设的目标在总目标中缺位。这就留下了进一步研究和探索的空间。我们都注意到了，党的十八大报告是提出了生态文明建设的目标，这就是"努力建设美丽中国"。那么，能否将"美丽"列于"富强民主文明和谐"之后，使之成为"五位一体"的总目标之一呢？再比如，党的十八大报告对社会主义核心价值观的表述是："倡导富强、民主、文明、和谐，倡导自由、平等、公正、法治，倡导爱国、敬业、诚信、友善，积极培育和践行社会主义核心价值观。"在学习党的十八大报告时，我们都会认为这"三个倡导"、"24 个字"的内容就是报告所概括的社会主义核心价值观。但是报告却没有明确说这就是"社会主义核心价值观"，这样也就又给我们进一步研究和概括社会主义核心价值观留下了空间。因此，有的专家在解读十八大报告时说："24 个字"就是社会主义核心价值观；"三个倡导"分属于国家、社会和个人（公民）三个层面。一些专家则明确表示不认同，有人认为，我们党和国家一再强调坚持依法治国、建设社会主义法治国家，怎么能说"法治"是社会层面而不是国家层面的呢?! 有人认为："'富强'当然是值得追求的美好的价值观，但应不应该成为'核心价值观'，值得认真考虑。"还有人认为："爱国当然要爱，但没必要把这当成核心价值观。把爱国作为公民的基本道德要求就可以了。"[①] 等等。这表明，社会主义核心价值观还需要在实践中继续凝练。

四是要通过对新形势下继续推进伟大事业面临时代课题的深刻把握，深化对党的十八大创新理论的研究。马克思主义具有与时俱进的理论品

---

① 张贺：《价值观进步推动中国进步——专家学者谈如何扎实推进社会主义核心价值体系建设》，《光明日报》2012 年 11 月 30 日。

质。马克思主义中国化的重大理论创新，总是随着时代、实践和科学的发展而推进的，总是通过科学解决和回答时代和实践提出的重大课题而实现的。党的十一届三中全会以来，以邓小平同志为核心的第二代中央领导集体紧紧围绕建设什么样的社会主义、怎样建设社会主义的时代课题，进行了深入探索并做出了科学回答，创立了邓小平理论；党的十三届四中全会以来，以江泽民同志为核心的第三代中央领导集体紧紧围绕建设什么样的党、怎样建设党的时代课题，进行了深入探索并做出了科学回答，创立了"三个代表"重要思想；党的十六大以来，以胡锦涛同志为总书记的党中央领导集体紧紧围绕实现什么样的发展、怎样发展的时代课题，进行了深入探索并做出了科学回答，创立了科学发展观。党的十八大报告明确指出："实践发展永无止境，认识真理永无止境，理论创新永无止境。"[①] 并由此强调，在新的历史条件下，要继续推进中国特色社会主义，就一定要勇于实践、勇于变革、勇于创新，把握时代发展要求，顺应人民共同愿望，不懈探索和把握中国特色社会主义规律，并不断丰富中国特色社会主义的实践特色、理论特色、民族特色、时代特色。这就为接下来适应中国特色社会主义实践新发展，不断推进理论创新及党的指导思想与时俱进留下了广阔的发展空间。党的十八大以后，在新的历史起点上坚持和发展中国特色社会主义，摆在全党面前的一个最重要、最紧迫的课题就是：保持什么样的纯洁性、怎样保持党的纯洁性的问题。围绕这个时代课题进行探索，有可能成为以习近平同志为总书记的党中央进行理论创新的一个重要着力点和中国特色社会主义理论体系新的理论增长点。

总之，党的十八大报告既是一篇马克思主义中国化理论创新的纲领性文献，也是一部哲学社会科学研究的课题指南。党的十八大报告所确立的新的指导思想——科学发展观，是哲学社会科学研究的根本指导思想；党的十八大报告所明确的主线——坚持和发展中国特色社会主义，是哲学社会科学研究的根本目的；党的十八大报告所提出的中国特色社会主义总体布局的各项改革发展任务，是哲学社会科学研究的主攻方向；党的十八大报告所提出的奋斗目标——在中国共产党成立 100 年时全面建成小康社会、在新中国成立 100 年时建成富强民主文明和谐的社会主义现代化国家，是哲学社会科学研究为之服务和奋斗的根本目标。我们哲学社会科学

---

① 《中国共产党第十八次全国代表大会文件汇编》，人民出版社 2012 年版，第 9 页。

工作者应该明确理论使命，坚定理论自信，坚持解放思想、实事求是、与时俱进、求真务实，潜心研究、勇于创新，以自己丰硕的理论成果，为在新的历史起点上发展中国特色社会主义贡献自己智慧和力量。

社会主义核心价值体系对马克思主义大众化的引领和推动

——学习党的十七届六中全会精神体会

梁晓宇 *

内容摘要：党的十七届六中全会着重阐述了社会主义核心价值体系在新时期文化大发展大繁荣中的作用，指出了社会主义核心价值体系是国之魂，是社会主义先进文化的精髓，决定着中国特色社会主义发展方向。全会中所强调的关于马克思主义在社会主义核心价值体系中的指导地位，与大众化有着直接联系。在实践中推进马克思主义大众化，关键要把社会主义核心价值体系建设与推动马克思主义大众化紧密结合起来，充分认识社会主义核心价值体系与马克思主义大众化的关系，用社会主义核心价值体系引领和推动马克思主义中国化的进程。

关键词：社会主义核心价值体系　马克思主义大众化　引领　推动

一　宽领域认知社会主义核心价值体系建设的重要性和紧迫性

第一，高度重视和加强核心价值体系建设是我党的优良传统。

历史是一个价值体系演进的过程，整个人类的历史，在一定程度上就是一部价值观、核心价值体系的变迁史，是一部不断有新的价值观占据核心地位并对其他价值观进行整合的历史，而在整合的过程中必然有占据核心地位的价值观，这是因为"统治阶级的思想在每一时代都是占统治地位的思想。这就是说，一个阶级是社会上占统治地位的物质力量，同时也

---

* 梁晓宇，陕西蒲城人。中共重庆市涪陵区委党校科研处讲师，涪陵区情研究中心研究人员。研究方向：统战理论与执政党建设。

是社会上占统治地位的精神力量"①。古往今来，任何一个相对稳定有序的政治秩序，不仅需要雄厚的经济基础和国家强制力量来维持，同时也需要全社会范围内统一的思想作为支撑。中国共产党历来重视核心价值体系的建设。毛泽东同志说过："主义譬如一面旗子，旗子立起来了，大家才有所指望，才知所趋赴。"② 以毛泽东为核心的第一代领导集体，在中国革命和建设的实践中，大力培育中国共产党人的核心价值观，所创立和形成的时代精神，包括井冈山精神、长征精神、苏区精神、延安精神、红岩精神、西柏坡精神、雷锋精神、铁人精神、红旗渠精神和焦裕禄精神等，都是共产党人核心价值观的具体体现。邓小平同志多次强调："我们过去几十年艰苦奋斗，就是靠用坚定的信念把人民团结起来，为人民自己的利益而奋斗。没有这样的信念，就没有凝聚力；没有这样的信念，就没有一切。"③ 过去我们党无论怎样弱小，无论遇到什么困难，一直有强大的战斗力，因为我们有马克思主义和共产主义的信念。有了共同理想，也就有了铁的纪律。无论过去、现在和将来，这都是我们的真正优势。江泽民同志强调，一个民族，一个国家，如果没有自己的精神支柱，就等于没有灵魂，就会失去凝聚力和生命力。胡锦涛同志指出，在我们党 90 多年的历程中，艰苦奋斗作为强大的精神力量，始终激励着我们顽强进取、百折不挠，在各种困难和考验面前巍然屹立、敢于胜利。我们党也历来重视精神的培育：革命时期，我们形成了井冈山精神、长征精神、延安精神、西柏坡精神。新中国成立后，工人阶级成为国家的领导阶级，广大人民群众翻身做了主人，我们先后形成了以"五爱"、"五讲四美三热爱"、"八荣八耻"为主要内容的社会主义核心价值观。改革时期，我们形成了改革创新精神、抗洪抢险精神、载人航天精神、抗震救灾精神。我们党之所以能够领导中国人民取得革命、建设和改革开放事业的成功，就在于我们有这些伟大精神的支撑，就是因为我们党在不同时期都把精神文明建设、核心价值体系的建设摆在突出位置。

第二，高度重视和建设社会主义核心价值体系是我党的政治优势，是引领当代中国社会进步和发展，提高国家文化软实力，巩固各族人民团结

---

① 《马克思恩格斯选集》第 1 卷，人民出版社 1995 年版，第 98 页。
② 《毛泽东早期文稿》，湖南出版社 1990 年版，第 554 页。
③ 《邓小平文选》第 3 卷，人民出版社 1993 年版，第 190 页。

奋斗共同理想的有效途径。

核心价值体系是社会主义意识形态的本质体现，是引领当代中国社会和谐发展的旗帜和灵魂。马克思主义作为无产阶级的科学世界观，是武装无产阶级和广大人民群众推翻反动阶级的强大思想武器。只有以先进理论为指南的政党，才能实现先进的领导作用。在旧中国，中国共产党之所以能够在极端困难的条件下领导广大人民群众取得革命的胜利，一个最根本的原因就在于我们党运用和发挥好了社会主义的核心价值优势。"核心价值体系是一个内涵外延极为丰富的价值体系，是社会主义意识形态的本质体现。"① 而核心价值体系四个方面的内容是一个相互联系、相互贯通、相互促进的有机统一体。马克思主义指导思想是核心价值体系的灵魂，是中国共产党立党治国的根本思想，更是社会主义意识形态的旗帜，马克思主义作为我们党和国家的根本指导思想，是全党全国各族人民的共同精神支柱，是我们战胜艰难险阻、抵御错误思想干扰的强大思想武器。中国特色社会主义共同理想是核心价值体系的主题，中国特色社会主义是当代中国发展进步的旗帜。以爱国主义为核心的民族精神和以改革创新为核心的时代精神是核心价值体系的精髓，爱国主义一直是中华民族数千年历史长河中高昂不息的主旋律。中国近代意义上的民族国家，是一个民众拥有权利的主权国家，而国家是国民的国家，国民应该热爱自己的国家。爱国主义是指一个国家的人民在千百年来的社会实践中形成的一种对自己祖国极其忠诚和热爱的浓厚情感，它是民族凝聚力的体现。以"八荣八耻"为主要内容的社会主义荣辱观则构成了核心价值体系的基础。它作为马克思主义道德观与我国社会主义道德建设实践相结合的重要成果，是对社会主义合格公民应该遵守的基本思想道德规范和应该养成的健康文明生活方式的具体概括。

第三，高度重视和建设社会主义核心价值体系是中国共产党对国际共产主义运动经验和教训的总结。

在十七届四中全会上，中国共产党再次强调，要开展社会主义核心价值体系学习教育活动。这表明在我国经济体制深刻变革、社会结构深刻变动、利益格局深刻调整、思想观念深刻变化的新形势下，在各种思想文化

① 丁军、刘爱军：《以核心价值体系推动当代中国马克思主义大众化的若干思考》，《科学社会主义》2010年第3期，第80页。

相互交织激荡的形势下，建设和践行社会主义核心价值体系是中国共产党对马克思主义理论与国内外政党执政经验与教训做出的自觉回应。

"如果从观念上来考察，那么一定的意识形态形式的解体足以使整个时代覆灭。"① 淡化或者终结意识形态只会造成自己话语的流失，被某些西方国家所谓的"普世价值"所迷惑。社会主义核心价值体系是当代中国人民的主心骨，西方敌对势力想方设法用西方的民主、自由、人权和多党制等所谓的"普世价值"来取代社会主义核心价值体系。苏联的解体，为社会主义国家做出了重大警示，那就是在和平与发展成为主题的21世纪，要特别注意社会主义核心价值理念的培育，不断增强抵御西方意识形态的渗透和错误思想的干扰能力。赫鲁晓夫开始执政后，苏联在意识形态领域粗暴地否定斯大林，斩断了苏共意识形态的传统。苏联解体的原因是多方面的，但根本原因是苏共放弃了马克思主义指导思想，放弃了意识形态领域的重要阵地，抛弃了马克思主义的指导地位，另起炉灶搬来西方资产阶级的价值观，必然反映在经济和其他方面。"对历史斗争的进程发生影响并且在许多情况下主要是决定着这一斗争形式的，还有上层建筑的各种因素。"② 苏联社会核心价值的迷失，是从赫鲁晓夫在苏共二十大上全盘否定斯大林开始的，赫鲁晓夫的秘密报告一方面使人们从对斯大林的个人崇拜中解放出来，另一方面也使整个社会陷入思想混乱。而"直接导致苏联核心价值迷失的，是戈尔巴乔夫推行的'新思维'即'人道的民主的社会主义'"。③ 戈尔巴乔夫倡导的"民主化"、"公开性"、"多元化"试图在意识形态领域做大幅调整和改革以摆脱意识形态僵化的困境，但是这种变革沿袭了赫鲁晓夫否定斯大林的错误，使得各种非马克思主义思潮任意滋长，形形色色的反马克思主义思潮汇成一股强大的否定列宁、否定苏共和苏联社会主义建设历史的洪流，最终冲垮了苏联人民对马克思主义和社会主义的理想信仰。正如曾任苏联部长会议主席、苏中中央政治局委员雷日科夫在他的回忆录《大国悲剧——苏联解体二十年反思》中所总结的那样："对于'民主派'针对领导了这个国家整整70年的苏共展开污蔑性的攻击时，苏共几乎没有做出任何回应。当敌人向苏联和社会主义

① 《马克思恩格斯全集》第46卷下，人民出版社1980年版，第35页。
② 《马克思恩格斯选集》第4卷，人民出版社1995年版，第695页。
③ 周玉：《论社会主义核心价值体系的大众化》，《科学社会主义》2010年第3期，第85页。

发起实实在在的进攻时，党的意识形态'机器'竟完全丧失了行动能力。"①

与此相反，中国共产党一直重视意识形态和核心价值观的建设，全国人民同心同德建设社会主义，新中国成立后，我们在马克思主义指导下，全国各族人民统一思想、统一意志，相继取得了抗美援朝、战胜三年自然灾害、原子弹爆炸成功、第一颗人造卫星上天、抗洪救灾、神州七号飞行、抗震救灾等伟大胜利，先后形成了雷锋精神、大庆精神、大寨精神、"两弹一星"精神；改革时期，我们形成了改革创新精神、抗洪抢险精神、载人航天精神、抗震救灾精神。"我们党之所以能够领导中国人民取得革命、建设和改革开放事业的成功，就在于我们有这些伟大精神的支撑，就是因为我们党在不同时期都把精神文明建设、核心价值体系的建设摆在突出位置。"② 中国共产党在改革开放后也适时地调整了意识形态，但并没有放弃社会主义意识形态的核心价值观。在处理指导思想问题上，是十分谨慎的，以苏为鉴，注意吸收苏联全盘否定斯大林的历史教训。《关于建国以来党的若干历史问题决议》客观公正地评价了毛泽东，维护了毛泽东思想的指导地位。高度重视和自觉践行社会主义核心价值体系，研究和分析社会主义核心价值体系建设规律，对于把握意识形态工作的主导权，巩固党的执政的思想基础至关重要。

二　高起点把握社会主义核心价值体系与马克思主义大众化的内在联系

推动中国马克思主义大众化，在内容上要抓住社会主义核心价值体系这个重点进行统筹规划。社会主义核心价值体系是社会主义意识形态的最本质体现，在整个社会价值体系中居核心地位，只有使社会主义核心价值体系深入人心，才能进一步巩固马克思主义在意识形态领域的指导地位，才能进一步端正人们的思想观念，提升人们的精神境界，形成有效地引领社会思潮和群众意识的良好氛围，达到用马克思主义中国化最新成果武装全党、教育人民的目标。

---

① ［俄］雷日科夫：《大国悲剧——苏联解体二十年反思》，《新华文摘》2009 年第 24 期。
② 张传开：《社会主义核心价值体系是当代中国人民的主心骨》，《求是》2009 年第 15 期。

推动当代中国马克思主义的大众化，就是在构建社会主义核心价值体系，实践社会主义核心价值体系的过程中，将中国特色的马克思主义理论，由抽象到具体、由理论到实践、由少数人的学术研究转化为全国公民的理论诉求。同时，也是当代中国的马克思主义理论在大众化的过程中，将社会主义核心价值体系的相关内容，转化为人民大众乐于接受、喜闻乐见的自觉追求，最终达到个人在社会的全面而自由的发展。

"推动当代中国马克思主义大众化"和"建设社会主义核心价值体系"是全面推进中国特色社会主义伟大事业的必然要求。二者紧密相关，相互影响和相互促进，共同致力于中国特色社会主义伟大事业的全面推进和中华民族的伟大复兴。在新的历史条件下，推动当代中国马克思主义大众化和建设社会主义核心价值体系要扣准两者的契合点，充分把握两者的内在关联，科学实施，创新举措，把建设有中国特色社会主义的伟大事业不断推向前进。

三 多视角认知社会主义核心价值体系主要内容对马克思主义大众化的推动

第一，马克思主义指导思想为推动马克思主义大众化提供了基本立场、观点和方法。马克思主义坚持主观世界与客观世界的辩证统一，坚持人类自觉地认识社会和自然的发展规律，并根据规律来改造客观世界，它是一种被实践证明了的科学的理论，是能够回答时代课题和指导中国实践的理论。这可以从两个层面去理解：一是马克思主义关于人类社会发展和经济发展规律的基本原理，仍然是我们观察世界、认识世界的有力武器。恩格斯指出："正像达尔文发现有机界的发展规律一样，马克思发现了人类历史的发展规律"，"不仅如此，马克思还发现了现代资本主义生产方式和它所产生的资产阶级社会的特殊的运动规律"①。恩格斯的话实际上指出马克思关于人类历史发展规律，特别是资本主义社会发展规律的思想是科学。马克思主义的基本观点和方法论是我们自觉运用辩证唯物主义和历史唯物主义改造客观世界和主观世界的有力武器，是中国共产党获得发展的理论基础。中国革命、建设和改革的实践已经反复证明了马克思主义

---

① 《马克思恩格斯选集》第3卷，人民出版社1995年版，第776页。

是科学的真理，它具有鲜明的真理性和时代性，是我们认识世界和改造世界的强大思想武器。二是马克思主义关于人类发展和经济发展规律的基本原理，仍然指导着中国特色社会主义的伟大实践。马克思主义虽然产生于西方国家，但其眼光却具有世界性，它不是针对某一个国家的学说，而是对世界历史发展规律和趋势的科学把握。"马克思主义观点是马克思主义关于自然、社会和人类思维规律的科学认识，是对自然规律和人类社会实践经验的科学总结。"① 马克思主义的真理性决定了马克思主义能被中国化，并成为中华民族的精神支柱。人类社会迄今为止的发展仍然没有超出马克思主义所揭示的基本规律。在马克思主义的指导下，中国共产党带领中国人民建立了新中国，开创了中国历史的新纪元，改革开放以后，又在马克思主义的指导下，把中国特色社会主义伟大事业不断向前推进。正如邓小平在1992年苏东剧变后不久，高瞻远瞩地指出："我坚信，世界上赞成马克思主义的人会多起来的，因为马克思主义是科学。"② 马克思和恩格斯在批判地继承和吸收几千年人类历史思想与文化发展的基础上创立了博大精深的马克思主义理论体系，这一逻辑严谨的科学体系致力于对客观事物进行实事求是的分析和探讨，力求反映事物的真面目，揭示事物发展的客观规律，力求使自己的理论成为人们认识世界与改造世界的行动指南。

马克思主义指导思想，决定了社会主义核心价值体系的根本性质和基本方向，同时为马克思主义大众化的推动提供了基本立场、观点和方法。我们必须坚持和巩固马克思主义在意识形态领域的指导地位，牢牢掌握社会主义意识形态领域的领导权、主动权和话语权，为不断推进马克思主义大众化增强意识形态领域的凝聚力和吸引力。

第二，中国特色社会主义理论作为马克思主义中国化的最新成果，为推动马克思主义大众化提供了主体内容和现实需要。党的十七大报告指出："改革开放以来我们取得一切成绩和进步的根本原因，归结起来就是：开辟了中国特色社会主义道路，形成了中国特色社会主义理论体系。高举中国特色社会主义伟大旗帜，最根本的就是要坚持这条道路和这个理

---

① 习近平：《深入学习中国特色社会主义理论体系，努力掌握马克思主义立场观点方法》，《求是》2010年第7期。

② 《邓小平文选》第3卷，人民出版社1993年版，第382页。

论体系。"① "统治阶级的思想在每一时代都是占统治地位的思想。这就是说，一个阶级是社会上占统治地位的物质力量，同时也是社会上占统治地位的精神力量。"② 每一个社会都有自己占统治地位的意识形态。苏东剧变之后，西方国家"反华"势力更加强劲地对我国进行各种西化和分化策略，不断地在意识形态方面进行侵蚀，以"民主"、"人权"、"自由"为武器来攻击我国的社会主义制度。目前，全社会对中国特色的政党制度还缺乏统一的认同和深刻的了解，而中国特色的社会主义共同理想能够使我们更加主动地应对西方政治思潮的挑战，赢得引领各种社会思潮的主动权。

"政策是革命政党一切实际行动的出发点，并且表现于行动的过程和归宿。一个革命政党的任何行动都是实行政策。不是实行正确的政策，就是实行错误的政策；不是自觉地，就是盲目地实行某种政策。"③ 中国特色社会主义理论体系是马克思主义中国化的理论成果，只有这一理论成果转化为社会改革和建设的物质力量，让人民群众从理论和政策中获益，让群众切实感受到马克思主义是为大众服务的理论，这样的理论群众才会接受，才会向着从内心认同社会主义核心价观的方向思考，进而确立中国特色社会主义理想和共产主义必然实现的信仰。

中国特色社会主义理论体系的形成历程证明，所谓理论精英创立的思想，只有上升为统治阶级的思想，并为大众所接受，才能对社会进行有目标的治理，这就成了马克思主义要大众化的客观要求。

第三，以改革创新为核心的时代精神和以爱国主义为核心的民族精神为推动马克思主义大众化补充了富有时代气息的思想元素，加入和继承了中国传统价值观和社会主义价值传统。

江泽民同志指出："一个民族只有在努力发展经济的同时，保持和发扬自己的民族文化特色，才能真正自立于世界民族之林。我们能不能继承和发扬中华民族的优秀传统文化，吸收世界各国的优秀文化成果，建设有中国特色社会主义文化，这是事关中华民族振兴的大问题，事关建设有中

---

① 胡锦涛：《高举中国特色社会主义伟大旗帜，为夺取全面建设小康社会新胜利而奋斗》，《人民日报》2007 年 10 月 26 日。

② 《马克思恩格斯选集》第 1 卷，第 98 页。

③ 《毛泽东选集》第 4 卷，人民出版社 1991 年版，第 1284 页。

国特色社会主义事业，取得全面胜利的大问题。"① 民族文化将一个民族共有的精神与性格凝结在一起，是民族发展的天然纽带。马克思主义在中国传播的过程中，一定要充分尊重中华民族的民族感情，从话语表述到理论内容都是中国气派、中国作风和中国风格，只有这样，马克思主义作为一种科学理论才能被人民群众所接受和认同，才能在价值观念上自觉认知、在行动上自觉践行。"今天的中国是历史的中国的一个发展；我们是马克思主义的历史主义者，我们不应当割断历史。从孔夫子到孙中山，我们应当给以总结，承接这一份珍贵的遗产。这对于指导当前的伟大运动，是有重要帮助的。"② 中华民族五千多年的文明和共同的记忆使人们获得了生活的意义和希望的源泉。从形式上来讲，马克思主义大众化就是要使马克思主义有中国作风和中国气派，而中国传统文化经典不仅体现了中国传统文化的基本精神，而且在语言上也彰显了鲜明的中国民族特色，这就为推进马克思主义大众化提供了一种有效的社会化路径。

第四，社会主义荣辱观反映的是个人、集体和国家之间的相互关系，充分体现了马克思主义世界观、价值观和人生观，是马克思主义大众化的价值取向。

随着改革开放的推进，人们的思想文化层面和精神层面也出现了一些错误的观点和思潮。由于思想观点模糊，政治意识淡薄，一些党员领导干部抵挡不住腐朽生活方式的诱惑，不求上进，不是追求真善美，而是以假恶丑为追逐的目标，逐渐丧失了一个党员领导干部应有的格调和操守，与社会主义荣辱观背道而驰。"八荣八耻"涵盖了爱国主义、集体主义、社会主义思想，体现了中华民族传统美德和时代要求，反映了社会主义的世界观、人生观、价值观，明确了当代中国最基本的价值取向和行为准则，是马克思主义道德观的精辟概括，是新时期社会主义道德的系统总结，是新形势下社会主义思想道德建设的重要指导方针。

---

① 中共中央文献研究室：《十四大以来重要文献选编》中，人民出版社 1997 年版，第 1678 页。

② 《毛泽东选集》第 2 卷，人民出版社 1991 年版，第 534 页。

我国面临的世纪性挑战及应对

张顺洪[*]

内容摘要：北约的挑战是我国面临的世纪性挑战，整个 21 世纪北约的扩张战略主要是针对中国。近年，北约对我军事围堵呈加强之势。面对这种危及中华民族生存的挑战，我国该怎么办？在国内，一要提高全民族的危机意识和备战意识；二要尽力制造尖端武器，尽快提高军事实力；三要切实巩固和加强公有制经济主体地位；四要切实缩小贫富差距，扭转两极分化趋势；五要切实打压腐败势力，遏止颓废奢靡腐朽之风。在国际上，一要力保朝鲜和伊朗，使其不被北约控制；二要动员国际力量，构建国际统一战线；三要加强与俄罗斯的联系与合作，尽力延缓其倒向西方的步伐；四要尽力分化北约国家，削弱国际敌对势力；五要保持与北约周旋，力求软化其对我敌视态度，避免或至少延迟其与我军事摊牌。

关键词：北约 美—约 挑战 应对策略

一 我国面临的世纪性挑战

新中国成立 60 多年来，我国已由一穷二白的半殖民地半封建社会，发展成为屹立于世界东方的社会主义大国，各项事业全面飞跃，取得了震惊世界的成就，昂首阔步走向中华民族的伟大复兴。2010 年，我国在生产总值上已超过日本，成为世界第二大经济体。但是，我国在经历前所未有的繁荣发展的同时，也面临着严峻的挑战；在国际国内，在经济、政治、社会、文化和党的建设等各个方面，都面临着世所罕见的挑战。而在诸多挑战中，最大的、长期存在的莫过于不断扩大的北约的挑战。可以说

---

* 张顺洪，中国社会科学院世界历史研究所所长、研究员、历史学博士。研究方向：英帝国史、新殖民主义史。

北约的挑战是我们面临的世纪性挑战。在整个 21 世纪，中国都将面临北约的严峻威胁。这是笔者长期学习和研究世界史所产生的挥之不去的真切体会。撰写这篇文章决不是为了提出什么危言耸听的观点，只是想以科学的态度揭示历史发展的某种趋势和可能性。那么，面对这种世纪性挑战，我们将如何应对呢？本文将从一个世界历史研究工作者的视角进行初步的探讨。

（一）当今世界格局及其发展趋势

今天的世界格局是旧的世界格局的延续。在 15 世纪以前，世界各地处于相对分离状态。旧大陆的人们甚至还不知道美洲大陆的存在，旧大陆有些部分相互联系也很少，中国与欧洲没有什么直接的接触。从这种意义上讲，可以说那时还不存在一个整体的世界格局。1492 年哥伦布远航美洲，是整体的世界格局形成的一个起点，也是西方在全球范围内开始殖民扩张、殖民统治的标志性事件。从此，在世界格局中，西方一直处于某种程度的霸主地位：不管是一国作为霸主或几国同时称霸，西方在世界格局中始终处于某种程度的主导地位，始终拥有波及全球一定范围的世界性霸权。从 15 世纪末叶起，西方的殖民扩张、殖民统治不断向世界各地蔓延，西方列强在世界范围内一步步地建立起各自的殖民帝国。到 19 世纪末 20 世纪初，世界地图上布满了大大小小的不同颜色的帝国版图。这种格局在第一次世界大战后发生了重大变化。1917 年，俄国爆发了十月革命，老牌的殖民帝国沙皇俄国成为人类历史上第一个社会主义国家。俄国革命的胜利改变了世界格局，在帝国主义链条中，打开了一个大缺口。新生的社会主义苏联不断发展壮大，推动着国际共产主义运动和世界范围内民族解放运动的发展。二战期间，苏联为打败法西斯帝国主义做出了不可磨灭的贡献。而反法西斯战争的胜利，又进一步改变了世界格局。第二次世界大战后初期，世界上出现了一系列新生的社会主义国家，中国革命取得了胜利，世界范围内的民族解放运动掀起了前所未有的高潮。在战后短短的几十年间，西方殖民帝国纷纷解体；广大殖民地半殖民地摆脱了殖民统治，获得了民族独立，成为新生的发展中国家。100 多个新生的发展中国家登上了国际舞台，这是战后世界格局发生的最深刻、最具历史性意义的变化。但是，在世界格局中，西方国家仍然处于主导地位，西方的霸权只是削弱了，并没有消失。苏东剧变后，美国主导的西方霸权得到了一定的恢复和加强，霸权主义变得更为活跃。

世界形势是复杂的，但同时也是明朗的。说复杂，是因为在世界格局中存在着各种各样的矛盾和斗争：有双边矛盾、多边矛盾，有全局矛盾、局部矛盾，有政治矛盾、经济矛盾、文化矛盾、军事矛盾，还有种族矛盾、宗教矛盾，等等。这些矛盾及其斗争形式也是不断发展变化的。说明朗，是因为从宏观上讲，世界格局中的力量较量有若晨星。最大的力量较量不是别的，而是"单极化"与"多极化"的较量。美国及其盟友是"单极化"力量，中国和广大发展中国家是"多极化"力量。美国是"单极化"力量的代表，中国是"多极化"力量的代表。这一点是非常清楚的，体现在世界格局中主要就是中美较量。中美较量的结果决定着 21 世纪世界格局发展变化的态势。

"单极化"与"多极化"的较量将要经历一个长期的过程。这里有必要先讨论一下什么是"单极化"和"多极化"。本文所讲的"单极化"，不是指美国实现"一超独霸"。"单极"也不是指美国一国这个"极"，而是指以美国为首的西方发达资本主义国家集团形成的"极"。"单极化"就是指以美国为首的西方国家集团在全球范围内不断强化其霸权体系的一种趋势。这一集团通过推进单极化，加强西方霸权，阻止任何发展中国家或国家集团强大起来，突破其霸权体系，颠覆其霸主地位，从而使自己始终处于"发达的"状态，使广大发展中国家始终处于"发展中"的状态。

那么，什么又是"多极化"呢？这里所讲的"多极"不是指过去学术界常常强调的美、俄、中、英、德、法、日、意等大国形成的若干个"极"。这些大国除中国外，主要是西方发达资本主义国家。日本虽然是东方国家，但长期以来是西方资本主义大国集团的成员。今天的俄罗斯背离了苏联的社会主义道路，演变成为资本主义国家，存在着加入资本主义大国俱乐部的可能性。这些国家即使形成各自单独的"极"，还不能说是真正意义上的"世界多极化"。真正的多极化应该是广大发展中国家如中国、印度、巴西、南非、伊朗、埃及、阿根廷、东盟国家等不断强大，逐渐形成一系列"极"；同时，西方霸权体系相应地不断削弱，美国这个超级大国在世界格局中的地位也随之下降，以美国为首的西方联盟也相应减弱或渐趋解体。

这种"单极化"与"多极化"的较量，体现了当今世界两大矛盾，即发展中国家与发达资本主义国家之间的矛盾，社会主义国家与资本主义国家之间的矛盾。这两大矛盾是当今世界最为突出的矛盾，也是相互交错的。在这两大矛盾中，中国都与西方大国处于对立面。在 21 世纪，总体上讲，占主导地位的是南北矛盾。但是，社会主义国家与资本主义国家之间的矛盾也可能在一定条件下转化为占主导地位的矛盾，可能出现西方发达资本主义国家集团加上一些发展中国家共同对付社会主义国家特别是中国的局面。

这一较量在今后一个历史时期仍然存在着两种可能性："单极化"取胜或"多极化"取胜。"单极化"取胜，那么几百年来的西方霸权将会得到进一步加强；"多极化"取胜，则殖民主义帝国主义时代形成的不平等不公正的旧的世界秩序将被根本改变，社会主义力量在世界格局中将会更加强大。在现阶段，一方面，"多极化"是一种时代发展大趋势；另一方面，"单极化"还有可能得到进一步加强。尽管美国和其他发达资本主义大国在世界格局中呈相对下降趋势，但为了维持共同利益，这些国家将会进一步凝聚力量，以保持在世界格局中的整体优势地位，继续扮演主导角色。这两种相互对抗的发展趋势同时存在，就恰好预示着"单极化"与"多极化"将会出现日益激烈的碰撞。今天，西方对中国、对广大发展中国家保持着巨大优势；不仅在综合实力方面，而且在科学技术创新能力方面都保持着巨大优势。国际垄断资本还很强大。这就意味着西方国家将长期在世界格局中占主导地位。不能排除"单极化"取胜的可能性。西方主导的"单极化"取胜就意味着世界历史发展将经历新的曲折。

分析当今世界形势，不应把美国与北约分割开来。美国对中国的挑战和北约对中国的挑战是一个整体，是美国—北约挑战。为了准确反映客观实际，也为了引起人们的重视，同时为了叙述简便，有必要形成一个新概念，即将美国—北约简化为"美—约"，译成英文新词是："Amenato"。美国和北约的挑战则可称为"美—约挑战"。"美—约挑战"是中华民族在 21 世纪面临的世纪性挑战。这个挑战是对中华民族生存的威胁。这种危险性将存在于整个 21 世纪，甚至更长的时间。今天，我国舆论界往往忽视北约的活动，也往往把欧盟与美国区别甚至对立起来看待，而无视美国与欧盟中的主要国家同是北约成员，是军事盟国。实际上，北约的东扩与欧盟的扩大是同一种力量、同一种历史发展趋势的体现。

苏东剧变，"冷战"结束后，与北约相对应的华约解散，而美国主导的全球最大军事集团北约却不断东扩，从"冷战"结束时的 16 国扩大到目前的 28 国。"北约东扩"是当今世界事务中，一个无法屏蔽的"关键词"。

（二）北约的历史、现状与走向

1. 历史

第二次世界大战后初年，美国为了推行遏制苏联、称霸世界的战略计划，联合西方国家成立了北大西洋条约组织，简称"北约"（NATO）。1949 年 4 月 4 日，美国、加拿大、比利时、法国、卢森堡、荷兰、英国、丹麦、挪威、冰岛、葡萄牙、意大利等 12 国外长在华盛顿签订了《北大西洋公约》，8 月 24 日公约正式生效。① 北约成立后，其成员国不断增多。1952 年，土耳其、希腊加入北约；1955 年，联邦德国加入；1982 年，西班牙加入。苏东剧变后，北约大量获取"冷战"胜利果实，积极吸收原苏东地区国家。1999 年 3 月，波兰、匈牙利、捷克加入北约；2004 年 3 月，拉脱维亚、爱沙尼亚、立陶宛、斯洛伐克、保加利亚、罗马尼亚、斯洛文尼亚加入；2009 年 4 月，阿尔巴尼亚、克罗地亚加入。至此，北约成员国已达 28 个。北约是当今世界最大的军事联盟。在今后一个时期，它还将进一步消化"冷战"胜利果实，继续东扩。

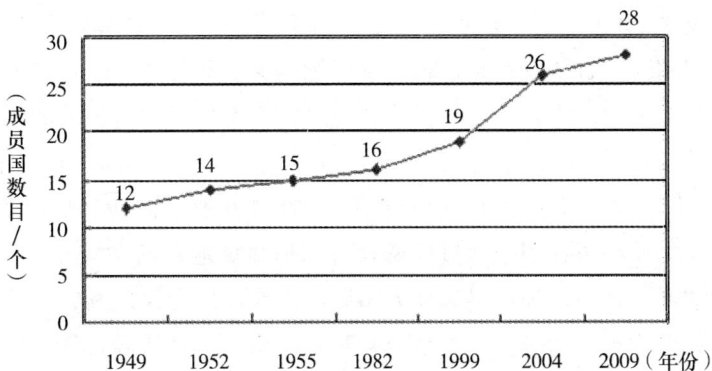

图 1　北约扩充趋势

---

① 中国现代国际关系研究院美欧研究中心编：《北约的命运》，时事出版社 2004 年版，第 5 页。

2. 现状

北约经过 60 多年的发展，已经从原初的 12 个国家扩大到 28 个国家。此外，北约今天还有 22 个"和平伙伴关系国"，它们是：亚美尼亚、奥地利、阿塞拜疆、白俄罗斯、波黑共和国、芬兰、前南斯拉夫马其顿共和国、格鲁吉亚、爱尔兰、哈萨克斯坦、吉尔吉斯斯坦、马耳他、摩尔多瓦、蒙特内哥罗、俄罗斯、塞尔维亚、瑞典、瑞士、塔吉克斯坦、土库曼斯坦、乌克兰、乌兹别克斯坦。在这 22 个"和平伙伴关系国"中，北约已同意其申请加入的有：奥地利、格鲁吉亚、乌克兰。同时，北约在东方还有 4 个"联系国"，它们是：澳大利亚、日本、韩国、新西兰。

近些年来，北约在世界事务中极为活跃，但我国媒体对北约的活动关注得很不够，介绍得不多。这里让我们仅仅看看北约 2010 年的一些活动。北约网站对北约 2010 年的活动发表了述评。① 从这些公开的信息中，我们对北约 2010 年的活动亦可略见一斑。

1 月份：北约多国战略空运力量（NATO's Multinational Strategic Air-lift Capability）向遭受地震灾害的海地运送紧急救援物质。28 日，北约在伦敦召开阿富汗问题会议，重申"国际伙伴"有责任将"和平与稳定"带给阿富汗。会议支持促进阿富汗和解与统一的政治倡议。

2 月份：北约秘书长拉斯穆森（Rasmussen）出席慕尼黑安全政策会议，鼓励"朝气蓬勃的北约"扩大影响范围。中旬，在非洲联盟高层领导人访问期间，首要议程是增加国际组织间的实际合作，北约将向非盟提供海空运输能力。本月还见证了北约与巴基斯坦之间政治关系的强化，双方关系的强化于 2010 年 6 月巴基斯坦总理吉拉尼访问期间达到高潮。

3 月份：24 日是"海洋之盾行动"（北约在亚丁湾地区反海盗行动）的一周年。北约正在积极通过反海盗行动加强该地区的"安全"。在北美与欧洲政界、社团、知识界领导人出席的一次高层会议期间，北约秘书长提出了如下构想：通过建立综合导弹防御体系，构建从温哥华到符拉迪沃斯托克（海参崴）的"同一安全顶"（one security roof）。

4 月份：在爱沙尼亚的塔林，北约国家外交部长们对"一项雄心勃勃的议程"进行了讨论，包括新的战略概念、北约核政策、导弹防御合作

---

① 北约网站：《2010：北约年度评论》（http://www.nato.int/cps/en/SID－FA3FF20—55191A5B/natolive/news_ 69444. htm）。

前景。同时，外交部长们还一致同意帮助阿富汗政府为阿富汗事务承担更大的责任。在塔林会议上，波斯尼亚和黑塞哥维那（波黑共和国）受邀加入成员资格行动计划。

5月份：10—11日，北约卓越网络防卫合作中心（NATO Cooperative Cyber Defence Centre of Excellence）和几家瑞典政府机构开展了波罗的海网络之盾训练（Exercise Baltic Cyber Shield）。玛德琳·奥尔布赖特（Madeleine K. Albright）主持的专家小组分析了北约新战略概念并提出建议。17日，北约报告《北约2020年：有保障的安全，有活力的接触》正式提交给北约秘书长和北约成员国。

6月份：在达成协议后，国际安全救援部队（ISAF）的"非杀伤性物质"首批实现了由铁路从拉脱维亚的里加，经白俄罗斯、俄罗斯、乌克兰、哈萨克斯坦和乌兹别克斯坦，于6月9日运送到阿富汗。这一协议极大地方便了北约向阿富汗运送物质，比空运要节省得多。本月的北约国防部长会议讨论了改革和资源问题。面对金融危机带来的压力，国防部长们寻求使联盟变得更精干、更有力、更节俭的其他方式。24日，在马德里举行签字仪式，成立了一家卓越反自制爆炸装置中心。

7月份：北约战术导弹防卫项目负责人宣布北约的第一个战术导弹防卫能力通过了关键实验。20日，北约秘书长出席喀布尔阿富汗问题国际会议，阿富汗政府和包括北约的"国际社会"支持向阿富汗安全主导转移的一个联合框架。

8月份：4日，北约国际参谋部（NATO International Staff）成立了一个新的分部，称作新生安全挑战分部。这个分部集中应对恐怖主义、大规模杀伤性武器扩散、网络防卫、能源安全的挑战。欧洲—大西洋灾害应急协调中心（EADRCC）在布鲁塞尔北约总部动员向巴基斯坦提供防洪救援物资。

9月份：北约秘书长在意大利阿斯平研究所发表演说，称赞北约与俄罗斯的关系在2010年得到了稳步的改善。他说，盟国与俄罗斯已达成一致意见，以民主、合作、各国安全不可分的原则，实现在欧洲大西洋地区"建立持久和平的愿望"。21—22日，北约秘书长在联合国大会会见世界领导人，他强调需要向阿富汗转移安全和发展领域的责任。22日，北约—俄罗斯委员会在纽约举行会谈，外交部长们表达了共同看法：促进关系与探讨可以加强实际合作领域的时间已经来临，以应对共同面临的挑战，如阿富汗问题、海盗活动、恐怖主义。

10月份：北约秘书长在德国马歇尔基金会举办的活动上，公开描绘了北约新战略概念的方向："积极接触，现代防卫。"14日，在布鲁塞尔，北约国家外交部长和国防部长联席会议给即将在里斯本召开的北约峰会准备工作提供了最后的"政治指导"。29日，北约决定逐渐缩减"科索沃维和部队"（KFOR），大约减少到5000人。这意味着"科索沃维和部队"向威慑性存在的转变又迈进了一步。

11月份：19—20日，北约峰会在葡萄牙首都里斯本举行。28个成员国领导人讨论并通过了北约战略新概念，指引北约今后10年的发展。同时，欧洲导弹防卫系统、阿富汗战争、北约与俄罗斯关系也是本次峰会的焦点。①

北约战略新概念的正式名称为《北约成员国防卫和安全战略概念》。其要点是：一是重申北约成员国相互防卫的盟约，包括防御对北约成员国公民的新威胁；二是要求联盟负责承担防止危机、处理危机和稳定危机后局势的责任，包括与其国际伙伴更加紧密合作；三是给全球范围内北约的伙伴提供更多的政治接触，并让其在确定北约主导的军事行动中发挥实质性的作用；四是要求北约致力于为没有核武器的世界创造条件这一目标，但只要世界上有核武器，北约仍将是一个核联盟；五是重申北约的坚定承诺：对能满足成员国资格标准的欧洲民主国家敞开大门；六是要求北约朝着"更加有力、更加高效、更加灵活的联盟"的目标继续改革。

《北约成员国防卫和安全战略概念》强调："我们国家的公民依靠北约保卫联盟的民族，随时随地为我们的安全需要部署坚强的军事力量，并帮助全球范围内我们的伙伴促进共同安全。世界在不断地发生变化，但北约的根本使命始终如一：确保联盟始终是一个自由、和平、安全与共同价值的无与伦比的共同体。"关于北约与俄罗斯的关系，北约战略新概念认为："北约对俄罗斯不构成任何威胁。相反，我们希望看到北约与俄罗斯之间真正的战略伙伴关系，并将根据来自俄罗斯的互惠愿望采取相应的行动。"②

---

① 关于北约此次峰会有关内容，请访问北约网站：http：//www. nato. int/cps/en/natolive/e-vents_ 66529. htm。

② 《北约成员国防卫和安全战略概念》（*Strategic Concept For the Defence and Security of The Members of the North Atlantic Treaty Organisation*）（http：//www. nato. int/lisbon2010/strategic-concept – 2010 – eng. pdf）。

北约网站对 2010 年北约活动的简评以及北约战略新概念的简要内容，足以表明北约是一个极为活跃的军事集团。进入 2011 年，北约针对西亚北非出现的变局，大打出手，对利比亚进行军事打击，武力干涉利比亚内政；同时，也试图武力干涉中东他国内政。

北约是当今世界上最强大的军事同盟，拥有世界上最庞大的军队。据 2004 年出版的一部著作，北约当时 26 个成员国总兵力约为 450 万，一体化部队约 70 个陆军师、350 艘军舰和 120 个空军作战飞行中队，配备着世界上最先进的现代化武器。① 美国是北约的主导者，仅其一国的军事力量也是全球第一。

不仅如此，进入 21 世纪，美国军费持续上升，在全球军费开支中占很大的比重。2001 年，美国军费预算为 3105 亿美元，约占全球军费开支的 34%。2005 年，全球军费开支达 11180 亿美元，美国占其中的 48%。2007 年，全球军费开支总和超过了 1.3 万亿美元，美国的军费约占其中的一半。2011 年，美国的军费预算是 7082 亿美元，预算总额再创历史新高。② 加上北约盟国的军费开支，美—约的军费开支对世界任何一国都占有压倒性优势。以美国为首的北约不断试验新式武器，如激光武器；不断上演不同形式和规模的军事演习。

北约发展的特点体现出两个字："稳"和"实"。北约 60 多年来稳步发展，成员国不断增多；内部机制的一体化程度不断加深；其机构组织和全球活动是实实在在的。北约不愧为一个"朝气蓬勃的"的军事联盟。

这就是我们看到的北约。关于北约的性质，西班牙《起义报》2009 年 4 月 3 日上的《解散北约的 10 个理由》做了极好的评论。③ 文章指出：一是北约是最具攻击性和最好斗的世界军事组织，加大了爆发新战争的危险；二是北约是一个不民主的组织；三是北约是对民主的威胁；四是北约以反对"国际恐怖主义"为借口，参与了伊拉克战争和阿富汗战争；五是北约推动了新一轮军备竞赛，是全球军事化的代表；六是北约是军费开支大幅度增加和世界军工企业与武器交易日盛的罪魁祸首；七是北约推动了核扩散，增加了核战争危险；八是北约将失控的移民看作威胁，一个军

---

① 中国现代国际关系研究院美欧研究中心编：《北约的命运》，时事出版社 2004 年版。
② 刘琳：《亚太地区军事安全形势综述》，《外国军事学术》2011 年第 1 期，第 9—10 页。
③ http：//news. xinhuanet. com/world/2009—04/08/content_ 11147845. htm。

事组织来处理移民问题才是最令人担忧的；九是北约使美国对欧洲政策的控制长期存在；十是北约的主要职能是捍卫世界上最富有国家的特权和利益。这篇文章充分揭露了北约的真实面目，尤其是第十点极为精辟地阐明了北约的本质。

3. 走向

在可预见的将来，北约还会继续扩大。北约扩大的方向包括欧洲内部尚未加入的国家，如奥地利、瑞典等；也可能向南扩张，将马耳他、塞浦路斯等纳入；甚至可能跨过地中海，南扩到非洲北部。但是，北约扩大将会以东扩为主，首要目标是前苏东地区的国家，近期主要会是马其顿、乌克兰、格鲁吉亚等国。前苏东地区国家仍是今后一个时期北约东扩的重点。同时，北约也可能试图将一些受其扶植或控制的亚非拉国家纳入。

整个 21 世纪北约的扩张战略主要是针对中国，目标是挤压中国的战略空间，遏制中国的发展，扰乱中国的现代化进程，以阻止中国崛起，甚至瓦解中国。为了针对中国，北约也必将加强在我国东边的扩张活动。所以，在今后一个时期内，北约将会加强与澳大利亚、新西兰、日本、韩国的联系与合作，主要由美国出面。这一扩张可能采取两种形式，一是将这些国家直接纳入北约；二是以美国为主导，形成事实上的亚太地区"小北约"。

在今后若干年内，从北约扩张趋势和世界形势看，北约用兵的重点在亚洲。在非洲、拉丁美洲和大洋洲的局部地区也有可能用兵，主要是阻止出现类似伊朗这样的反对霸权主义不愿屈从西方的国家或新生的社会主义国家，或打击甚至颠覆左翼政府。北约不大可能在欧洲动武。在亚洲，北约将会继续保持在伊拉克和阿富汗某种程度的军事存在。2011 年 3 月，北约国家对利比亚发动了侵略战争，目前仍在进行中；近期北约也有可能武装干涉叙利亚内政。但是，北约下一步最大的侵略目标是伊朗。而在对伊朗动武之前，北约将会采取一系列削弱伊朗的措施，加强对伊朗的包围。为了做到这一点，北约很可能着力切断伊朗与中国的陆上通道。巴基斯坦处于中伊之间，东连中国，西接伊朗。所以，今后数年北约很可能用兵的地方是巴基斯坦，将巴基斯坦纳入其控制之下。这可能采取两种方式。一是在巴基斯坦扶植亲西方政权，以协助维持国内局势为借口出兵巴基斯坦；二是在巴基斯坦制造动乱，然后或以反恐名义出兵控制巴基斯坦。北约控制巴基斯坦可以达到两个目的：切断中伊之间的战略通道，并直接缩紧对中国的包围圈。当然，北约也有可能在不控制巴基斯坦之前就对伊朗发动大规模侵略战争。但西方国家会担心伊朗经巴基斯坦从他国获得军事援助，从而使西方付出更大的代价，甚至无法成功攻占伊朗。因而，从稳妥起见，北约近期不大可能贸然进攻伊朗，而会进一步采取迂回遏制战略。

（三）美—约与中国的关系走势

近年，美—约对我军事围堵呈加强之势。关于美—约与中国的关系的走势，本文有以下几点思考和判断。

第一，不能排除美—约与中国军事摊牌的可能性。历史的经验教训揭示这种可能性是存在的。从 15 世纪末哥伦布远航美洲起，西方列强就从来没有停止过发动侵略战争。就是在第二次世界大战后，苏联作为超级大国存在期间，西方大国特别是美国在世界各地也发动了一系列战争。苏东剧变后，以美国为首的西方国家更是赤裸裸发动了几场侵略战争。20 世纪 90 年代对南斯拉夫地区发动两次侵略战争；接着在亚洲地区先后发动了入侵阿富汗和伊拉克的战争。最近，北约国家又展开了对利比亚的军事打击。没有任何理由相信西方国家从此就不会发动新的侵略战争。西方发达资本主义国家不会愿意看到世界其他任何地区和国家，更不用说社会主义中国，在实力上超越西方，从而从根本上终结西方几百年的霸权。在促使苏东剧变、苏联解体中，西方国家并没有发动战争。如果西方不能通过和平的方法达到演变和瓦解中国的目的，则战争就是可能的选择。

第二，美—约将试图进一步缩紧对中国的包围圈，在中国外围取势。美—约将长期驻军阿富汗，并且从长远看还会试图扩大在中亚、西亚的军事存在；同时，将加大对巴基斯坦的军事渗透，从西边加强对中国的包围。在我国东边，北约的领头羊美国将会加强美、日、韩、澳军事合作，不断挤压我国战略空间。在朝鲜半岛等地制造紧张局势，破坏我国的和平发展环境，强化对中国的包围和干扰。在南面，美—约将会加强与南亚、东南亚国家的合作，拉拢并鼓动这些国家与中国对抗；将会进一步加强与泰国、缅甸、印度等国的合作。很有可能的是，将在缅甸扶植亲西方政权；如果这个目标达不到，或会寻找借口出兵缅甸，控制中国通往印度洋的陆上通道。在我们的北边，也有可能进一步加强与蒙古的合作。近年，美国与蒙古加强了军事交流，美军还参加了在蒙古的军事演习。此外，美—约将会进一步发展与俄罗斯的关系，拉俄罗斯倒向西方。

第三，美—约可能采取试探中国兵力的行动。例如，设计代理人战争，在东部鼓动日本以钓鱼岛等问题为借口挑起与中国的武装冲突；在南海，有可能挑动东南亚有关国家与中国军事对抗；在东北亚，可能怂恿韩国与中国发生军事冲突；在西南亚，可能鼓动印度挑起与中国的军事争端。同时，美—约也有可能对中国直接发动小规模的试探性战争。例如，在台海地区或在新疆西部，直接发动小规模试探性战争；在局部地区采取长期的侵略行动，拖住中国，消磨中国实力，破坏中国的稳定和发展。

第四，等待时机，发动大规模侵略战争——军事摊牌！由于中国是一个大国，国力日益加强，在军事技术领域正在追赶世界先进水平，且我国是一个拥有核武器的国家，美—约不会轻率对我国发动大规模战争，而会长期"潜伏"在中国周边，等待时机。一旦中国因地区之间、贫富之间差距拉大，社会矛盾加深，出现叛乱或动乱，美—约就会趁机对中国发动大规模侵略战争，以图一举分化瓦解中国。北约对利比亚采取的行动就很有启发。从事件发展的进程看，一是长期挤压其发展空间；二是培植反政府势力；三是制造动乱或内战；四是武装干涉；五是（很可能）分裂该国。

如何避免与美—约的军事摊牌？美—约与我国关系如何发展，主动权并不掌握在我们手中。我国并不希望冲突和对抗，但美—约要遏制打压我国。我国处于守势，美—约处于攻势。在这种条件下要做到避战，关键是我国要持之以恒地做好充分的准备，不给美—约以可乘之机。孙子兵法云："故用兵之法，无恃其不来，恃吾有以待也；无恃其不攻，恃吾有所不可攻也。"（《孙子兵法·九变篇》）

北约对中国动武不仅仅会破坏亚洲的和平与稳定，也会破坏整个世界的和平与稳定。中国是一个大国，中国在军事上具有强大的力量，而且拥有核武器，一旦美—约悍然对中国发动大规模战争，这就意味着是一场世界性的战争，甚至可能使用核武器，必将给世界人民带来深重的灾难。为了维护世界和平，为了中华民族和世界人民的福祉，中国必须尽力避免与西方的军事摊牌。怎样才能做到"恃吾有以待也"和"恃吾有所不可攻也"？

二 如何应对？

挑战是客观存在，无视是自我麻痹。那么，面对这种危及中华民族生存的挑战，我们该怎么办？如何应对这样的世纪性挑战，是一项系统工程，要有正确的国家战略和世界战略。本文试图从宏观层面，从国内国际两个方面，简要地阐述一些久久萦怀的体会和想法。

（一）国内方面

我国在坚持基本国策的同时，为了成功应对美—约的挑战，从宏观层面和根本上讲，做好以下几点是极为重要的。

1. 提高全民族的危机意识和备战意识

我们要始终保持高度的忧患意识。新中国成立 60 多年来，没有经历反抗大规模入侵的战争，也没有经历真正意义上的内战，可以说承平日久。随着经济社会的不断发展，国家呈现出和平、宁静、繁华的盛世局面。但是，国际形势也在发生着深刻变化，其中出现了对我极为不利的发展潜势。战争正在向我们逼近。我国将长期处于强敌威胁之下。在这种形势下，我们必须加强"世情"教育。特别是要对北约的动向及时准确地报道，让广大青少年了解国际形势，了解我们面临的危险。在 19 世纪和 20 世纪上半叶，列强曾经不断入侵中国，有时是一国将战争强加给我们，有时是联合起来。而今天的世界形势发生了很大的变化，除俄罗斯外，昔日列强即今天的几个发达资本主义大国，实际上联合起来了，组成了军事联盟，形成共同对付我国之势。北约是当今世界最大的军事集团，而且还在不断扩大。以美国为首的西方大国开动各种舆论机器，包括学术界，长期地、系统地、不断翻新地对中国进行妖魔化，为对付中国打下舆论基础。我们要让全民族意识到这样的威胁，增强全民族的危机意识和备战意识，绝不可自我麻痹，放松警惕，陶醉于眼前的和平乐章之中。我国发展日新月异，国力不断增强，但与此同时，我们的对手也在积聚力量。我国媒体要有意识地不断揭示我们面临的这种威胁和挑战，要将美—约的扩张之势和在世界各地的侵略行径充分地公之于世。我国从小学到大学都要加强危机意识教育，都要着力揭示美—约对我生存的威胁，培养广大青少年正视危机的思想意识和敢于应对挑战的意志和决心。

2. 尽力制造尖端武器，尽快提高军事实力

北约是强大的，而且还会变得更为强大。以美国为首的北约拥有数百万大军，装备着世界上最先进的武器，在军事上对我有巨大优势；其军事基地遍布全球，扼守战略要道。我国在加强经济建设的同时，必须尽力发展军事工业，尽力制造尖端武器，提高我国军事实力。在军事实力上，决不能拉大与美—约的差距，而要不断缩小差距。要加强军事建设，我们就必须巩固和加强独立自主的军事工业体系，在尖端武器的制造方面绝不能受制于人。我国必须要有独立自主制造尖端武器的能力，不能受制于任何外国公司，不能依赖进口。西方国家决不会将先进武器出售给中国，在战争时期就更不可能了。平时，进口武器只能是辅助手段。中国与西方每一个单独的国家不一样，我国必须要有自成一体的军事工业体系。西方国家如英、法、美、德，单独一国并不需要完整的军事工业体系；它们是盟国，各国军事工业可以互补，共同构成完整的军事工业体系。这一点我国是做不到的。从国际格局看，如果我国与美—约处于交战状态，俄罗斯保持武装中立的话，我国则难以从外部获得先进武器，对外渠道甚至可能完全被切断。在这种情势下，如果没有独立自主的、完整的军事工业体系，我们将无法长期坚持大规模反侵略战争。这与抗日战争和抗美援朝战争是完全不一样的。建立和保持独立自主的、完整的军事工业体系，要有比较完整的国民经济体系做保证。这就要求我国社会主义经济基础中的战略行业和骨干产业不能受制于人，也就是说不能被国际垄断资本所控制，不能被西方跨国公司所控制。

3. 切实巩固和加强公有制经济主体地位

为了长期应对美—约的军事挑战，我国必须拥有强大的具有大规模反侵略战争能力的经济基础。建立这样的经济基础，关键是要巩固公有制经济主体地位，巩固和加强国有骨干企业。国有骨干企业是社会主义经济大厦的基石和台柱子。经济大厦即使外表很漂亮，殿堂金碧辉煌、琳琅满目，但如果没有坚强的基石和台柱，就经不起风暴。没有台柱和基石，大厦就弱不禁风，一遇风暴就会倒塌。一旦国家处于战争状态，外资企业将纷纷撤离；一些私有企业，国家难以掌控，也有可能为了规避风险、保护自身利益而逃离。这样，如果没有公有制经济主体的存在，没有国有骨干企业的支撑，整个经济基础就将崩溃，就无法进行大规模反侵略战争。所以，公有制经济的主体地位绝不简单的是一个经济比例问题，而关系到中

华民族的生死存亡。在北约不断扩大的情况下，作为社会主义国家和发展中国家，我国必须考虑这个问题，要让全党和全国人民深刻认识到保持公有制经济主体地位的极端重要性和伟大的历史意义。任何否定公有制经济主体地位而主张私有化的言论和做法都是极其错误和极端危险的。决不能搞土地私有化。阻止私有化，加强公有制经济主体地位，必须要有实实在在的举措。理论上要讲清楚，在全党形成广泛共识；舆论上要加强宣传，理顺人心；制度上要加强创新，为公有制经济主体地位的巩固和加强提供制度保障；干部队伍建设上，要大量培养和起用具有坚定的中国特色社会主义信念的人才。

只有巩固和加强公有制经济主体地位，才能确保我国的经济基础的社会主义性质。我国经济基础的性质是由公有制经济的地位如何来决定的。确保了公有制经济的主体地位，我国的经济基础才是社会主义的。这时，其他经济成分，如私营企业、外资企业，就可以说是我国社会主义经济的一部分。如果公有制经济丧失了主体地位，我国经济基础的性质就发生了变化。这个时候非公有制经济就不是社会主义经济基础的一部分了。为了巩固和加强公有制经济的主体地位，在保持现有的国有骨干企业的同时，我们还须采取切实步骤，不断建立符合社会主义市场经济规律的新型国有企业。建立大批这样的国有企业，既有利于巩固和加强公有制经济的主体地位，又能有力地解决就业问题，解放生产力，发展生产力。同时，还要探索将私营企业、外资企业实行国有化的科学的、合理的途径和办法。这样才能巩固和加强我国以公有制经济为主体的社会主义经济基础，才能始终保持和发展能够经得起大规模反侵略战争考验的经济基础。

4. 切实缩小贫富差距，扭转两极分化趋势

改革开放以来，随着社会主义市场经济的不断发展，居民之间收入差距也在扩大。一方面出现了大批亿万富翁，另一方面出现了庞大的低收入群体。许多人包括大量农民工每月工资仅 1000 元左右。受过高等教育的研究生、大学生就业压力增大，收入低，出现了"蚁族"、"漂族"①。在这些低收入群体和弱势群体中，不满情绪正在积淀。这种趋势若不加以扭

---

① 蚁族：近年网络流行词之一，一般指"80 后"一个鲜为人知的庞大群体——大学毕业生低收入或毕业后无法找到工作的聚居群体；漂族：近年网络流行语之一，指背井离乡的人群，国内主要集中在直辖市和副省级城市，北京、上海等地居多，故有"北漂族"、"海漂族"之说。

转，任其发展下去，必将给社会稳定带来巨大冲击。两极分化趋势发展到一定程度将难以遏制，有可能出现失控局面，酿成社会动乱。我国是一个多民族大国，居民收入差距拉大趋势若继续发展下去，民族矛盾和阶级矛盾必将尖锐。如果内部出现大动乱，外敌就会趁机干涉我国内政，达到分化、瓦解中华民族的目的。古今中外，由于社会两极分化而出现动乱甚至改朝换代、江山易主，是屡见不鲜的事。我们不需要实践再证明一次！中国历史上许多朝代的灭亡都是因为社会两极分化导致农民起义。就是在今天的世界，巨大的贫富差距引起社会动乱导致政府垮台的现象也屡见不鲜。2011 年 1 月，突尼斯出现动乱，根本原因就是失业和贫困。结果总统外逃，政府更替。随即埃及出现连绵数日的大规模示威游行和动乱，执政 30 年的穆巴拉克被迫黯然下台。其他阿拉伯国家也出现了反政府示威游行。利比亚则爆发了内战，西方国家趁机武装干涉利比亚，进行军事打击。

那么如何才能扭转当前我国居民收入拉大趋势呢？关键也是要巩固和加强公有制经济主体地位，确保政府对国民经济的有效调控能力，保证国民经济持续稳定发展。为了长治久安，我国要从根本上解决好人民群众的基本需求问题。例如，住房、教育、医疗这三大民生之本，要由国家提供基本保障。也就是说，解决教育、住房、医疗不能靠市场化，而是要以国家保障为主，市场调节为辅。国家要采取切实措施，搬走压在广大低收入群体头上的"新三座大山"，排除社会动乱之源。

中国在国情上不同于美国等西方国家。在现阶段不平等的国际经济关系中，中国和广大发展中国家是受损害的一方，西方是得益的一方。当前的世界经济体系是帝国主义殖民主义时代遗留下来的，仍然是一种不公平不公正的经济体系。西方国家处于"发达"状态，而广大发展中国家则处于"欠发达"的"发展中"状态，处于国际分工的低端。例如，有数据显示，"第三世界国家劳动力的成本只相当于西方发达国家劳动力的3%，发达国家每小时平均工资 18 美元，第三世界国家 0.5 美元"①。一个法国人的劳动力成本等于 47 个越南人的；一个美国机械工人相当于 60 个中国机械工人的价值；受雇于美国公司的印度具有大学学历的工程师每

①《全球化与第三世界》第 1 卷，第 172 页。

人年工资不足 1 万美元，而美国典型的同类人员年工资为 6 万—8 万美元。① 在这种国际经济体系下，在相当长的一个历史时期内，西方国家愈来愈富，殖民地半殖民地或发展中国家则相对地越来越穷。资料显示，"第一世界"和"第三世界"人均收入差距，1500 年为 3∶1，1850 年是 5∶1，1900 年为 6∶1，1960 年为 10∶1，1970 年为 14∶1。② 今天我国是世界第二大经济体，但中国人均国内生产总值尚不及美国的 1/10。中国生产 8 亿件衬衫，才能换来西方生产的一架大飞机。③ 这种状况是与世界经济关系的不公正性密不可分的。在这样的经济关系当中，中国面临的压力必然大于美国面临的压力。西方处于施压的地位，中国处于受压的地位。作为受压方，中国时刻受到这种压力的撕扯，社会矛盾容易激化，甚至演变为动乱。美国由于整体生活水平较高，虽然居民收入差距也很大，但社会矛盾不会像受压方中国那么激烈。所以，美国社会就会相对稳定得多。至少暂时（在今后一个时期）会这样。中国作为一个发展中大国，地区之间的发展很不平衡。地区之间的发展不平衡，如果发生在一个多民族的国家，就可能导致民族矛盾激化。这个问题是许多发展中国家面临的问题。在广大发展中国家，民族矛盾的加剧是出现内乱的重要原因。出现内乱又为外来的干涉提供了机会。而西方国家正是利用发展中国家的这一弱势，不断干涉发展中国家内政，包括武装干涉，制造社会动乱，从而使发展中国家的稳定和发展受到极大损害，使发展中国家长期处于甚至始终处于受制于人的"发展中"地位。西方国家通过发射导弹的方式，就可以打乱一个发展中国家的现代化进程；西方国家在哪个发展中国家制造一场动乱，就可以使这个国家积累的财富大量流失到西方（"稳定的国家和地区"）。

5. 切实打压腐败势力，遏止颓废奢靡腐朽之风

在经济繁荣发展的同时，我国社会的腐败因素也在增长。社会腐败可分为两大方面：一是社会上的颓废奢靡腐朽之风，二是党政官员的贪污腐化现象。党政官员中的腐败，容易为人们所关注，而社会上的颓废奢靡腐朽之风却不易"觉察"，一些低俗腐朽的东西甚至被许多人加以模仿和推

---

① 《全球化与第三世界》第 1 卷，第 179 页。

② 《全球化与第三世界》第 3 卷，第 962 页。

③ 参见中国网（http：//www.china.com.cn/chinese/zhuanti/yw/861813.htm）。

崇。社会上的这种颓废腐败奢靡之风与党政官员的腐败相互激荡，使社会腐败形成浪潮。

这些年来，党中央加大了惩治党政官员腐败的力度，但是官员贪污腐化现象还没有根本好转。遏制官员贪污腐化现象，除了加强制度建设、加强管理监督外，重在治理人心，关键是要使广大干部队伍坚定中国特色社会主义信念。一个人如果相信中国将会走资本主义道路，就有可能铤而走险去攫取第一桶金，使自己日后成为资本主义社会的亿万富翁。那些动辄贪污数千万、数亿元的人决不是仅仅为了个人的吃喝玩乐。坚定中国特色社会主义信念，是防止党政干部贪污腐化的一个关键。

社会上的颓废奢靡腐朽之风，这些年来呈愈演愈烈之势。从电视到网络，迷漫着一种崇尚奢侈、追求低俗、及时行乐的风气。社会腐败危害国家的发展，阻止国家的强盛。任何一个社会，腐败达到一定程度，必然出现衰落。中国历史上的许多朝代在末期都出现过严重的社会腐败问题；罗马帝国的灭亡也是与社会腐败分不开的；今天西方发达资本主义国家呈现出相对衰落的征兆也是与其社会腐败问题分不开的。在现代社会，国家的衰落一般不是绝对的，而是相对的。美国与不少发展中国家相比，就处于相对衰落之中。社会腐败是社会动乱的主要原因之一。如果我们不克服当前不断蔓延的社会腐败问题，就可能出现社会动乱。为了防止社会腐败，我们必须加大力度惩治党政部门中的腐败分子；同时，要阻遏社会上的颓废奢靡腐朽之风。要努力确立社会主义核心价值观，让社会主义核心价值观深入人心，使人民的精神风貌始终昂扬向上。

（二）国际方面

应对美—约挑战，首先是要把国内的事情做好。只要始终保持国内的稳定和发展大局，美—约就不大可能冒险对我军事摊牌，发动大规模的侵略战争。但同时，在国际上，我们要有更大的作为，要有长远的、整体的战略。以下几点应成为我国国际战略的长期思路。

1. 力保朝鲜和伊朗，使其不被美—约控制

今天，中国与美—约较量的两个焦点是伊朗和朝鲜。在整个 21 世纪，美—约的国际战略重点将是针对中国。为了对付中国，美—约将进一步削弱中国的战略屏障，而今天中国的战略屏障东边只有朝鲜，西边则主要是巴基斯坦、伊朗等国。从目前形势看，伊朗是我国西边的最重要的战略屏

障。当然，从技术上讲，美—约可以越过朝鲜、伊朗，对我进行军事打击。但是，美—约为稳步推进新的霸权体系，尽量削弱或消除中国的潜在战略盟友，以便与中国军事摊牌时付出更小的代价，甚至做到"不战而屈人之兵"，则将会先排除朝鲜、伊朗的这两道侵华障碍。可以说，从战略上、军事上讲，朝鲜和伊朗是我国的"必救之国"。朝鲜是我国东边唯一战略屏障；韩国和日本实是美国的军事盟国，相互关系十分紧密。如果朝鲜也被美国控制，则我国东北门户洞开，东北的形势将会急转直下。东北地区的少数民族问题也会马上突显出来。外部势力就会借机制造事端，干涉中国内政，甚至武装入侵。美—约如果控制了伊朗，则其东扩势力极大加强，进一步打通了通往中国的陆上通道。所以，美—约在向中国军事摊牌之前，将会攻打伊朗和朝鲜，很可能首先攻打伊朗。今天的伊朗反对霸权主义，不屈服西方国家的压力。伊朗在伊斯兰世界会得到广泛的支持，同时也会得到许多其他发展中国家的支持。如果美—约不拔掉伊朗这个钉子，就发动对中国的大规模侵略战争，则其"后方"可能起火，已构建的霸权体系可能发生动摇，甚至崩溃。所以，从发展趋势看，美—约在对中国动武之前，还会尽量扫除中国周边的屏障。在这些屏障当中，最重要的就是伊朗和朝鲜。一旦伊朗和朝鲜完全受西方控制或倒向西方，则美—约对中国军事摊牌的时间就不会长了。

在殖民主义帝国主义时代，西方列强曾经在世界各地进行过数世纪的殖民扩张和殖民统治，构建起西方列强主导的世界霸权体系，积累了丰富的经验。考察西方的扩张手法和策略，可以看出这样一种现象：从扩张对象讲，一般是先弱后强，由近及远；从扩张方式讲，是徐图渐进，待机而动。例如，西方在殖民扩张时代，总的讲，扩张对象先是反抗能力较弱的美洲地区。西方殖民主义者通过屠杀和驱赶印第安人的方式，征服了美洲，占领了印第安人的家园，建立起大片白人移民殖民地。在西方列强征服美洲的时候，东方大国如中国、莫卧尔帝国却昧于世界形势，无视世界格局的变化。在英国对中国发动鸦片战争之前的明清之际300多年间，我国总体上掌握着处理与西方国家关系的主动权，掌握着制定外交和贸易"游戏规则"的权力，在与西方殖民主义者大大小小的军事冲突中最终都取得了胜利结局。但在这300多年间，中国封建朝廷对世界格局的发展变化缺乏了解，对不断逼近的严峻挑战缺乏充分的意识，没有世界眼光和世界战略，也就没有寻找到正确的应对之策。明清封建朝廷的历史性失误导致了 19 世纪直到今天中国在世界格局中的被动局面。

　　征服美洲后，西方殖民国家的扩张锋芒转向反抗殖民扩张力量较强的亚洲和非洲的地区。在亚洲地区扩张过程中，英国东印度公司从 17 世纪初就开始在印度沿海地区进行殖民活动，逐渐从沿海向内地渗透；从 18 世纪中叶起，发动大规模侵略战争，到 19 世纪中叶完成对整个印度的征服。英国向中国发动第一次鸦片战争之前，其扩张势力在亚洲不断加强，总体讲是自西向东逐渐逼近中国。1840 年之前，英国已占领锡兰（斯里兰卡）；已基本完成了对印度的征服；控制了马六甲海峡和马来亚部分地区，占领了新加坡；发动了第一次侵略缅甸的战争，迫使缅甸签订不平等条约，割地赔款；并对中国进行过外交和军事试探，最后才向中国发动鸦片战争。苏东剧变后，美国和北约在世界各地的扩张实际上也采取了类似的策略。西方国家要加强其世界霸权体系，必须打压俄罗斯和中国。俄罗斯和中国成了西方打压的首要目标，但西方并没有直接对俄罗斯和中国动武，而是采取逐步削弱俄罗斯和扫除中国战略屏障的策略。20 世纪 90 年代，美—约发动了两次针对南斯拉夫地区的战争。21 世纪头 10 年，在亚洲发动了两场战争，入侵阿富汗和伊拉克。现阶段，西方对俄罗斯采取的是弱化和西化的策略，一方面削弱俄罗斯，另一方面要把相对削弱了的俄罗斯拉入西方阵线。而对中国采取的是西化分化的策略，用西方的意识形态和制度来改变中国，但同时要瓦解中华民族。随着中国的不断发展壮大，从长远来讲，美—约将把中国作为遏制和对付的首要对象。整个 21 世纪，美—约在世界范围内的扩张将围绕如何对付中国展开，也有可能采取徐图渐进、待机而动的策略。甚至可能较长时间制造迷惑中国的和平、友好、合作的假象。在世界近现代，英国从 17 世纪初到印度沿海地区开展殖民活动到 19 世纪中叶完全征服印度，总共花了两个半世纪的时间；西方列强从 16 世纪下半叶西班牙人谋划武力征服中国到 1840 年英国发动鸦片战争，陷中国于半殖民地，超过了两个半世纪。今天，面对世纪性挑战，我们必须始终保持高度警惕，决不能为眼前的、暂时的和平景象和友好气氛所迷惑。

　　2. 加强与亚非拉广大发展中国家的合作，同时加强与西方国家的共产党和亲华左翼政党的合作，动员国际力量，构建国际统一战线

　　在可预见的将来，北约东扩之势难以遏制，北约和美国决不会自动停止扩张步伐。美—约在世界范围内扩张到一定程度，一旦有了时机，就可

能与中国摊牌。那么，我们在与美一约的对抗中，在世界范围内从哪里能够获得支持呢？有两个方面，我们能得到支持。一是广大发展中国家；二是是西方发达资本主义国家中爱好和平、反对战争的力量。在反对西方霸权主义和强权政治当中，在争取建立公平公正的国际新秩序的过程中，中国与广大发展中国家在根本利益上是一致的，需要相互支持，相互援助。中国坚持反对霸权主义和强权政治，坚持在国际事务中主持公道，我们就能赢得广大发展中国家的理解和支持。从长远讲，我们要致力于加强与广大发展中国家的合作，而不能够因为与发达资本主义大国发展关系，忽略和损害与发展中国家的关系，从而使我们失去真正的朋友。举办"中非论坛"和"亚洲论坛"，就是加强我国与发展中国家合作与交流的很好的途径；举行"金砖国家"领导人会晤，也有利于加强中国与发展中国家和俄罗斯的合作。在世界格局中，广大发展中国家是我们真正的朋友。虽然我们也需要与美国等西方大国发展关系，但它们是我国的"敌国"，是图谋分化瓦解而且有能力分化瓦解我国的国际敌对势力。对这一点我们要有十分清醒的认识。

在与广大发展中国家的关系中，与印度的关系极为重要。中国一定要努力发展好与印度的关系。中印两国是两个最大的发展中国家，在近现代都遭受了帝国主义殖民主义侵略，有着相似的屈辱史；今天都需要改变帝国主义殖民主义时代延续下来的旧的世界秩序。然而，美国等西方国家积极利用中印之间的矛盾，拉拢印度，围堵中国，阻止中国崛起。西方打印度牌对付中国，就像20世纪60年代、70年代打中国牌对付苏联一样。西方国家利用印度对中国实施分化西化战略，从一定意义上讲是在企图重演对付苏联的战略。我们要防止西方国家挑拨中印关系，离间中印两国。当然，我们也要警惕印度。印度毕竟是资本主义国家，掌控国家政权的垄断资产阶级与国际垄断资产阶级也有利益上的共同性。

我国在争取广大发展中国家支持的同时，还要努力争取西方一切爱好和平、反对战争的人们。这就要求我们加强与代表中下层人民群众利益的政党的联系与合作，主要是与西方国家的共产党和其他左翼亲华政党的联系与合作，要赢得这些政党的理解和支持，以削弱西方敌对势力的力量。今天，西方国家的执政党，绝大多数都是代表中上层资产阶级利益和国际垄断资产阶级利益的政党。我国一方面要保持和发展与这些政党的良好关系，以便发展正常的国家间关系，但同时我们要用适当的方式，积极加强与西方国家的共产党和其他左翼亲华政党的联系和合作。我国是社会主义国家，我们要向全世界广泛宣传人民当家做主的国家性质，以争取全世界广大工人阶级及其政党的理解和支持。以各种方式凝聚国际力量，对捍卫我国社会主义制度、捍卫社会主义建设成果是非常重要的。

3. 加强与俄罗斯的联系与合作，尽力延缓其倒向西方的步伐

俄罗斯是当今世界格局中的最大变数。俄罗斯仍然是一个世界大国，在军事方面，在一定程度上可以与美国抗衡。俄罗斯在世界格局中的走向，将会对世界格局产生重大影响。西方一方面要削弱俄罗斯，另一方面也在拉俄罗斯倒向西方，甚至加入北约。俄罗斯已成为北约的"和平伙伴国"。在地理位置上，在政治、经济、文化等方面，俄罗斯重心都在欧洲，受西方影响大。在世界近代史上，俄罗斯曾是西方列强之一，推行过殖民主义帝国主义。苏联时期，俄罗斯与西方资本主义国家处于对立状态，但苏东剧变后，俄罗斯作为一个资本主义国家已显露出"回归"西方的势头。从发展的眼光看，不能排除俄罗斯倒向西方甚至加入北约的可能性。稳住俄罗斯不让其倒向西方并加入北约，应是我国21世纪的长期战略。中国要加强与俄罗斯的合作。例如，要通过上合组织和"金砖四国"等合作机制，来加强与俄罗斯在军事、经济等各个方面的交流。俄罗斯与西方也存在着多种矛盾和分歧。当俄罗斯与西方发生矛盾分歧甚至对抗时，我们要尽量站在俄罗斯一边，支持俄罗斯。在世界事务中，重大事情要力争与其协调关系，采取一致步骤。与此同时，我们要长期力求保持与俄罗斯的友好合作关系，努力劝阻俄罗斯加入北约。对俄罗斯倒向西方的倾向，我们绝不能忽视，一定要有所作为，采取预防措施。

4. 尽力分化北约国家，分化美、日、韩、澳，削弱国际敌对势力

21世纪，我国在与美—约对抗中，一定要努力分化北约国家，分化美、日、韩、澳，以松懈其军事同盟，并从中争取支持我国的力量。首先是要分化欧盟与美国，要利用美欧之间的矛盾。应该更多地致力于与欧盟搞好关系，努力拉开欧美之间的距离。欧盟内部诸国之间也会存在各种各样的分歧和矛盾。我们要做好工作，与欧盟的一些大国搞好关系，拉近他们与中国的距离，削弱欧盟一致对付我国的基础。在东方，则要努力分化美、日、韩、澳等国，尤其要松懈日、韩与美国的关系。日、韩是亚洲国家，是中国的近邻，文化上与中国同源。我们要利用这种传统文化和地缘关系的亲近，拉近与日、韩的距离，削弱美国对日、韩的影响。日本从

19世纪末期实行了"脱亚入欧"的策略，那么今天随着中国的不断发展壮大，随着亚洲国家整体实力的提高，中国要引导日本"脱欧返亚"。

5. 保持与美—约周旋，力求软化其对我敌视态度，避免或至少延迟其与我军事摊牌

作为社会主义国家，中国始终如一地坚持和平发展道路，致力于维护世界和平，促进世界发展和人类共同进步。中国既不会也没有必要主动挑战美—约，与其展开军事对抗。但是，我们必须始终防范美—约对我军事进攻。实现中华民族的伟大复兴，势必改变世界格局，这就要打破西方几百年的霸权。这种可能的现实，西方难以接受。中国实现改变世界格局这一目标，无疑要通过和平的方式。而要以和平的方式改变世界格局、终结西方霸权，就要做到两点：一是始终保持对美—约的威慑力量，使其不敢对我动武；二是与世界爱好和平的力量一起迫使美—约接受逐渐丧失霸主地位的现实。以此，逐渐实现"和平演变"世界秩序。我国要坚持不懈地与美—约周旋。在坚持原则的基础上，加强合作交流，持续软化其对我敌视态度。要采取灵活弹性的策略，尽力避免与其激化矛盾，避免军事摊牌。但美—约可能铤而走险，图穷匕见。如果这样，我们也要尽量推迟摊牌的时间，以便缩小双方军事力量上的差距，争取赢得军事较量的胜利。

"中国模式":听听小平怎么说!

宋泽滨　　齐爱兰[*]

内容摘要：文章在对邓小平"中国的模式"及相关概念文本分析的基础上，从缘由、内涵、特点及展望四个方面对邓小平的中国模式论进行了全方位探讨。邓小平的中国模式论包括新民主主义革命"中国的模式"、社会主义改造"中国的社会主义道路"和中国特色社会主义建设"中国自己的模式"三个方面。邓小平的中国模式论是在批评苏联体制中深入反思、对国际国内发展经验进行概括和总结的结果，其精髓是坚持马克思主义基本原理与中国实际相结合。

关键词：模式　苏联模式　中国的模式　中国的社会主义道路　中国自己的模式

当前国内外学术界对"中国模式"问题讨论得如火如荼，观点交锋莫衷一是。有人认为中国模式是国人的一厢情愿，有人认为中国模式是西方人的发明创造，有人明确否认中国模式的存在，有人坚决主张中国模式要慎提。笔者认为，这个问题不仅是一个理论问题，而且是一个事关中国发展的实践问题。对这些问题的深入讨论，不仅有利于中国特色社会主义理论体系建设，而且对科学发展和现代化建设意义重大。到底有没有中国模式？什么是中国模式？如何对待中国模式？中国模式将会如何发展？且听小平怎么说！

---

　　* 宋泽滨,解放军装备学院领导科学教研室教授;齐爱兰,中国农业大学思想政治教育学院教授。

一 引言：从概念文本考察中把握"中国模式"

邓小平在构建他的理论体系时，特别注重对基本概念的分析和提炼。在对什么是社会主义、如何建设社会主义的思考中，赋予了"中国模式"这一概念重要地位，阐释了它的重要意义。需要说明的是，邓小平并不是一个在书斋里构造体系的玄学家，他表达思想观点时，从不拘泥于某一概念的皮相之见，更注重挖掘概念的深刻内涵，有时使用学术性较强的专业术语，使之更富学理性。但更多地使用大白话，口语特点鲜明。这后一特点在他探讨中国模式问题时得到了充分体现，这是在讨论之前必须首先明确的一个问题。

（一）大量使用过"模式"一词，明确提出过"中国的模式"概念

改革开放之初，邓小平反思我们过去在照搬苏联革命和建设经验及做法，总结中国经验教训时曾使用过"苏联模式"、"苏联的模式"、"俄国的模式"、"十月革命的模式"和"苏联搞社会主义的模式"等提法；在谈到如何对待别国经验时使用过"外国模式"、"别国模式"、"别国的模式"和"别的国家的模式"等提法；在面对压力阐释中国的立场时使用过"美、英、法的模式"、"一个模式"、"固定的模式"等；也提出过"我们的观点、模式"，特别明确使用过"中国的模式"和"中国自己的模式"等概念，并对此做过深刻阐发。此外，还大量使用过"中国式"这一概念，如"中国式的四个现代化"、"中国式的现代化"等。

中国词汇含义丰富，表达同一思想往往可以使用不同概念。一旦把握了邓小平表述"模式"概念的丰富词汇及内在含义后，我们对邓小平的模式论会有更加深刻的认识。

具体而言，邓小平使用过"方式"、"方法"、"做法"、"形式"等概念。如"苏联的方式"、"僵化的方式"、"不同的方式"、"走这条道路的方式"，以及"建设社会主义的方法"、"西方资本主义国家的做法"、"社会主义国家的做法"和"南斯拉夫工人自治的形式"等。显然，这里的"方式"、"方法"、"做法"和"形式"，都具有模式的意思。

邓小平也使用过"公式"、"方案"、"样板"、"样子"等概念。如"固定的公式"、"已有的公式"、"定型的方案"、"外国的样板"、"社会

主义究竟是个什么样子"等，这里的"公式"、"方案"、"样板"和"样子"等也具有模式的含义。还使用过"本本"、"框框"等概念。如"实事求是是马克思主义的精髓。要提倡这个，不要提倡本本"，"不要固守一成不变的框框"。

邓小平还用日常口语来表达过模式的意思。如用"一套"和"东西"来指代模式，像"西方的那一套"、"旧的那一套"、"外国的东西"等，分别表达的是"西方的模式"、"旧的模式"和"外国的模式"等含义。这一点在完整句子中更加明显，如"中国如果照搬你们的多党竞选、三权鼎立那一套，肯定是动乱局面"；"你们西方民主已有几百年的历史，我们不能照搬你们的东西"。

由于邓小平的大量文献是谈话记录，在上下文中，有使用定语而省略相关主词的情况，孤立地看不出有模式的含义，如"苏联的"、"西方的"，但把它还原到原来完整的句子中，就能看出它的内在含义。如"我们以前是学苏联的"，"在改革中，不能照搬西方的，不能搞自由化"，显然，这里"苏联的"是指"苏联的模式"，而"西方的"就是"西方的模式"的省称。

（二）更多使用"经验"和"道路"来表达"模式"的含义

在文本分析中，笔者也发现了一个非常有趣的现象：邓小平除了使用模式概念外，还大量使用"经验"和"道路"来表达同一个意义，而且使用次数远远多于前者。这也是为什么学术界有人不赞成使用邓小平"中国模式"论而主张采用"中国经验"论或"中国道路"论的一个文本依据。

邓小平特别注重总结经验，"经验"一词在邓小平公开文献中出现约有几百次，通过分析发现，其中许多是用来表达模式含义的。如"别人的经验"、"别国经验"、"外国经验"、"外国的经验"、"苏联的经验"、"社会主义国家之间的经验"、"中国的经验"、"适用的经验"、"最根本的经验"、"我们主要的经验"等，都包含着模式的意义。

邓小平更强调使用"道路"等概念来表达他的模式思想。如"走自己的路"、"走自己的道路"、"自己应该走的道路"、"适合中国实际情况的发展道路"、"自己选择的社会主义道路"、"中国的发展路线"等。这里所说的道路，也是以模式的意义来使用的。

总体来说，上述诸多概念，除模式本身以外，用来表达模式含义时，有的意思非常明确，有的则是较为隐晦，有的需要放到当时语境中去把握，有的还要从更深的层次去挖掘。但这些语汇一旦与一个词或句子组合起来后，它的模式含义就分外明朗，这个词就是"搬"，这个句子就是"不能搬"。"搬"字在邓小平公开文献中出现了几十次之多，最多的是"不能搬用"、"不能照搬"、"不可照搬"、"绝对不能照搬"。其后跟的大多是"模式"二字，有时也使用"经验"等。

（三）邓小平对模式及相关概念使用的几个鲜明特点

根据对邓小平用词和阐释的分析，笔者注意到，邓小平模式论的内涵是相当丰富的，除了上面分析的内容外，尚有这样几个特点。

一是他在使用模式概念和相关概念时，有贬义和褒义之分，也有否定和肯定两种态度。例如，说某某模式"落后"、"僵化"、"封闭"，某某模式"成功"、"正确"、"有效"等等。介绍中国革命和建设的经验时指出："经验是两方面的，一种是好的、成功的经验，另一种是不好的、失败的经验。"邓小平对外国的模式、苏联的模式，大多持贬义和否定态度，对中国模式则持褒义和肯定态度。如说苏联模式"也并不那么成熟"，"是一种僵化的方式"，说赫鲁晓夫"大话吹破了"；说"中国有中国自己的模式，莫桑比克也应该有莫桑比克自己的模式"。肯定中国"七年多的时间证明，根据自己的特点制定的一系列政策对我们来说是正确的，有效的"。邓小平对中国过去的模式大多持否定态度，对改革开放后的模式大多持肯定态度。例如，说"文革"前："我们过去多年搞的是苏联的方式，这是一种僵化的方式，实际上是把整个社会和人民的手脚都捆起来了。在国际上是闭关自守。所以，经济虽有发展，但速度很不理想，绝大多数人仍然处于贫困状态。"说改革开放后："在这短短的十几年内，我们国家发展得这么快，使人民高兴，世界瞩目，这就足以证明三中全会以来路线、方针、政策的正确性。"这里的"路线、方针、政策"其实也具有模式的含义。

二是邓小平进行褒贬、肯定和否定时把握标准和尺度，主要看是否符合客观实际和客观规律。邓小平对苏联模式也没有全盘否定，对中国模式也并不是全部肯定，他是有好说好，有坏说坏。如说"苏联的经验也有好的，很多并不好"，而我们也犯过许多错误，"主要是我们自己搞得太急了，违背了事物的客观规律"。他总结说："一条最根本的经验就是，

119

当我们完全根据自己的实际，遵照毛泽东主席实事求是的精神制定政策时，我们就会成功，否则就会受到挫折。"

三是充分肯定中国经验的"适用性"，但坚决反对"照搬"模式。邓小平说："如果说中国有什么适用的经验，恐怕就是按照自己国家的实际情况制定自己的政策和计划，在前进过程中及时总结经验。好的坚持，贯彻下去，不好的或不大对头的就及时纠正，恐怕这一经验比较普遍适用。"认为国情不一，问题也不尽相同，解决的方法也不能照搬。他说："经验教训，包括成功的经验和失败的教训，要自己去总结，都是一个模式不行。"关键是不能"照搬"。"照搬是任何时候都不会成功的"，不管是谁的模式都不能照搬，"既不能照搬西方资本主义国家的做法，也不能照搬其他社会主义国家的做法"，"外国经验不可照搬"，"中国的经验不能照搬"。

最后，邓小平思考模式问题的落脚点是探索和回答"什么是社会主义、如何建设社会主义"这个根本问题。他紧密联系中国的改革开放和现代化建设来思考模式问题，在探索如何走出一条中国特色社会主义道路中来把握模式问题。因此可以在一定意义上说，邓小平的中国模式论，就是对中国特色社会主义的一种深刻解答。

二　在批评苏联体制中反思"中国模式"

学术界对邓小平批评苏联模式的论述关注较多，但有些论述或是把关注点放到揭示苏联模式的弊端上，或是讨论对我国建设的影响，或是分析历史教训，虽观点正确，但深度挖掘不够。有些论述从邓小平创立中国特色社会主义理论角度立论，无疑抓住了问题的实质，但没有从中国模式的角度切入，未从中国模式的意义上阐述。而邓小平的中国模式观，在批评苏联模式中开始酝酿、发酵，在反思苏联模式中不断系统、升华。

（一）我们过去有些东西是学苏联的，那些东西看来是落后了

邓小平谈到苏联模式时，并不是就苏联本身来谈的，而是结合中国探索社会主义历程来思考。"文革"结束后的一个较长时间内，邓小平集中对苏联模式进行了分析批判。早在1977年10月23日就说过："建国初期

接受了苏联的经验，苏联的经验也有好的，很多并不好。"① 这反映了他
对苏联经验一分为二的科学态度，同时也可看出侧重点放在"不好"的
一面。1978 年 11 月 27 日在会见美国专栏作家罗伯特·诺瓦克时指出：
"我们过去有些东西是学苏联的，那些东西看来是落后了。"② 1988 年 5 月
18 日会见莫桑比克领导人若阿金·希萨诺时说："我们过去照搬苏联搞社
会主义的模式，带来很多问题。"③ 那么，苏联经验中"不好"的东西是
什么？"学苏联"究竟学来了什么？带来的"很多问题"有哪些？

　　一是搬用了苏联的企业管理方法。1980 年 4 月 10 日邓小平在会见日
本客人时说："中国过去学习苏联的企业管理方法，许多企业追求大而
全。"④ 后来还说过："我们有些经济制度，特别是企业的管理、企业的组
织这些方面，受苏联影响比较大。"⑤ 这种做法严重束缚了企业的积极性，
阻碍了生产力的发展。二是照抄了苏联的军工体制。1986 年 6 月 3 日与
中央领导同志谈话时指出："我们的军工体制基本上还是苏联的模式。苏
联体制的突出问题是军事工业孤立地一马当先，带动不了民用工业，带动
不了整个经济和技术。"⑥ 他认为军工力量不纳入整个经济发展范围，是
极大的浪费。三是因袭了高度集中的计划经济体制。1987 年 2 月 6 日邓
小平同中央领导谈话时指出："好像一谈计划就是社会主义，这也是不对
的，日本就有一个企划厅嘛，美国也有计划嘛。我们以前是学苏联的，搞
计划经济。"计划和市场都是方法，不是区分社会主义和资本主义的标
志，他明确指出"现在不要再讲这个了"⑦。四是仿效了苏联"不是很成
功"的政治体制。1978 年 9 月 15 日邓小平视察东北时说："我们国家的
体制，包括机构体制等，基本上是从苏联来的，人浮于事，机构重叠，官
僚主义发展。文化大革命以前就这样。办一件事，人多了，转圈子。"⑧
把苏联政治体制的弊端分析得比较充分。1986 年 9 月 29 日在与波兰领导
人雅鲁泽尔斯基谈话时深刻指出："我们两国原来的政治体制都是从苏联

① 《邓小平年谱（1975—1997）》，中央文献出版社 2004 年版，第 228 页。
② 同上书，第 438 页。
③ 同上书，第 1232 页。
④ 同上书，第 617 页。
⑤ 《邓小平文选》第 2 卷，人民出版社 1993 年版，第 235 页。
⑥ 《邓小平年谱（1975—1997）》，中央文献出版社 2004 年版，第 1119 页。
⑦ 同上书，第 1168 页。
⑧ 同上书，第 376 页。

模式来的。看来这个模式在苏联也不是很成功的。"① 因此，必须根据自己国家的实际情况，进行政治体制改革。

邓小平一针见血地指出了苏联模式的本质：形式主义和僵化。1977年11月3日，在会见美籍华人王浩教授时说："苏联从斯大林时期开始，他们的思想方法实际上是形而上学，认为一切都是苏联的最好，其实很多并不是这样，结果自己把自己封锁起来，变成思想僵化。这妨碍了他们科学技术的发展，他们落后了。"② 邓小平分析苏联模式的弊端，并不是简单的就事论事，而是从思想方法入手，从认识论的根子上找原因。1985年9月14日会见奥地利总统鲁道夫·基希施莱格时谈道："我们过去多年搞的是苏联的方式，这是一种僵化的方式，实际上是把整个社会和人民的手脚都捆起来了。"③ 历史一再证明，"僵化"和"捆住手脚"必然导致封闭，封闭造成落后，落后就要挨打。问题并不是落后本身，而是明知落后却又不愿承认自己落后。早在1978年11月中邓小平就指出："苏联就吃这样的亏，自以为什么都是自己的好，其实农业、技术都很落后，结果是自己骗自己。"④ 不容否认，苏联后来的逐渐衰落乃至最终解体，都与苏联故步自封、不思进取、自欺欺人这样一种精神状态和社会心理直接相关。邓小平的分析站位高、立意深，对我们认识苏联模式的弊端，探索中国模式提供了重要的方法论启示。

（二）列宁搞了个新经济政策，但是后来苏联的模式僵化了

邓小平的模式思考与探索，从来没有脱离他的理论主题，而是紧紧围绕"什么是社会主义、如何建设社会主义"这一根本来谈问题。1985年8月28日邓小平在会见津巴布韦政府总理罗伯特·穆加贝时指出："社会主义是什么，马克思主义是什么，过去我们并没有完全搞清楚。"不仅中国的社会主义者没有完全搞清楚，就连搞了几十年社会主义的苏联也是如此。他联系刚刚通过的《关于经济体制改革的决定》展开他的思考："社会主义究竟是个什么样子，苏联搞了很多年，也并没有完全搞清楚。可能

---

① 《邓小平文选》第3卷，人民出版社1993年版，第178页。
② 《邓小平年谱（1975—1997）》，中央文献出版社2004年版，第235页。
③ 同上书，第1077页。
④ 同上书，第429页。

列宁的思路比较好,搞了个新经济政策,但是后来苏联的模式僵化了。"①邓小平说几十年来人们对社会主义"没有完全搞清楚",是完全符合国际国内社会主义建设者的认识水平和实践水平的。赞赏列宁时代的"新经济政策",认为它是一个"比较好"的"思路",是对中国当时改革开放决策所做的一种理论溯源。说后来"苏联的模式僵化了",是告诫人们不要迷信苏联模式,要从苏联模式中吸取教训。

从公开文献中我们看到,邓小平最早谈及列宁"新经济政策"的时间是1985年,但实际上,早在20年代邓小平在苏联工作时,就已经亲身感受过它,在改革开放之初才又把目光投向了它。邓小平在1979年元旦访美的晚餐会上,同美国著名实业家、时任美国西方石油公司董事长的哈默谈话时,谈到了"新经济政策"。据这个曾经在20年代与列宁进行过经济交往的哈默后来回忆,邓小平和他谈得非常愉快,给他留下了深刻的印象。他说:"邓一直通过翻译同我谈话。他想知道我同列宁会面的一切情况,以及我对列宁的新经济政策的感受。"② 为什么邓小平对列宁的新经济政策那么感兴趣?因为新经济政策的实质就是发展商品经济,是对人们心目中社会主义模式的一种突破,也是最早的一种经济改革思路。邓小平对此高度关注,并且把它的思想精髓在中国改革开放中加以运用。与哈默见面一年之后的1979年11月26日,邓小平在与加拿大麦吉尔大学东亚研究所主任林达光的谈话中,客人提出一个问题:"您是不是认为过去中国犯了一个错误,过早地限制了非资本主义的市场经济,这方面限制得太快,现在就需要在社会主义计划经济的指引之下,扩大非资本主义的市场经济作用?"邓小平回答时,将列宁的新经济政策思想引入中国,第一次提出了社会主义也可以搞市场经济的思想:"说市场经济只存在于资本主义社会,只有资本主义的市场经济,这肯定是不正确的。"③ 以后,又在不同场合强调社会主义市场经济达10多次,为我们突破传统苏联模式,建立社会主义市场经济体制奠定了理论基础,由此才有1992年党的十四大最终确立社会主义市场经济改革的目标模式。

① 《邓小平年谱(1975—1997)》,中央文献出版社2004年版,第1070页。

② 〔美〕哈默:《邓小平总是什么都知道》,载齐欣等译编《世界著名政治家、学者论邓小平》,上海人民出版社1999年版,第134页。

③ 《邓小平年谱(1975—1997)》,中央文献出版社2004年版,第580—581页。

（三）固定的模式是没有的，墨守成规只能导致失败

邓小平对苏联社会主义模式多次提出批评，但在如何看待戈尔巴乔夫的改革问题上，则是比较寡言和谨慎。邓小平在公开讲话和谈话中涉及戈尔巴乔夫个人的并不算多，笔者这里主要讨论与本话题直接相关的四次。一次是两人面对面持续 3 个多小时的谈话，两次是与外宾谈话中表达他的态度，一次是在南方谈话时涉及。几次谈话的一个中心思想就是：固定的模式是没有的，墨守成规只能导致失败。

20 世纪 80 年代中期，戈尔巴乔夫上台伊始，便开始了大刀阔斧的改革，一时间人们纷纷把苏联改革的希望寄托在了戈尔巴乔夫身上。但中国领导人并不这样简单化。1987 年 3 月 19 日邓小平会见加拿大总督让娜·索维，当客人问到如何看待苏联改革问题时，他说："戈尔巴乔夫的改革究竟怎么样，我们还要看一看。"① 为什么要"看一看"？因为苏联的改革与中国的改革不一样，它把重点放在政治领域，而较少触动整个模式的基础——经济体制，这与马克思主义的社会形态与社会改革理论是不一致的，所以要"看一看"。"看一看"过后的结果如何？两年后的 1989 年 5 月 16 日，邓小平与苏共总书记戈尔巴乔夫在北京见面。在这被称作中苏两国最高领导人之间的会谈中，邓小平指出："多年来，存在一个对马克思主义、社会主义的理解问题。"这个问题不仅中国存在，苏联也没有真正解决。马克思去世以后 100 多年时间，世界形势日新月异，特别是现代科学技术发展很快，在变化了的条件下，如何认识和发展马克思主义，是一个非常重要的问题。"真正的马克思列宁主义者必须根据现在的情况，认识、继承和发展马克思列宁主义。"② 恰恰在如何看待马克思主义和社会主义这个根本问题上，戈尔巴乔夫直言不讳地说："过去我们认为，社会主义只有一种模式，现实证明并不是这么一回事。"③ 应当说，戈尔巴乔夫还算坦白，但并不诚实。他在苏联大肆散布什么"人道的、民主的社会主义"，在他骨子里，对马克思主义和社会主义并没有真正认同过，他不是一个真正的马克思主义者。对此，中国的马克思主义者心中是有数

---

① 《邓小平年谱（1975—1997）》，中央文献出版社 2004 年版，第 1173 页。

② 同上书，第 1176 页。

③ 《邓小平与外国首脑及记者会谈录》，台海出版社 2011 年版，第 152 页。

的。邓小平接过戈尔巴乔夫的话题阐发道："在革命成功后，各国必须根据自己的条件建设社会主义。固定的模式是没有的，也不可能有。墨守成规的观点只能导致落后，甚至失败。"① 苏联人的逻辑就是这样展开的：开始唯我独尊，认为"只有一种模式"，这就是他自己的模式，并且要别人照此办理。后来在世界发生了变化的条件下没有前进，反而"墨守成规"，不愿改革。其结局自然"只能导致落后"，最终"甚至失败"。邓小平这席话，是在1991年12月苏联正式解体的两年前发出的，以他敏锐的政治鉴别力和判断力对苏联后来的"失败"做出了科学预见，这是因为他早就看到了苏联僵化的模式已经没有生机与活力了，是注定要失败的。

戈尔巴乔夫上台不久就大肆兜售所谓"新思维"，搞乱了苏共全党和全社会的思想。改革先从政治体制入手，社会动荡不已，苏联改革举步维艰。1990年3月3日，邓小平在回答阿曼德·哈默博士怎样看待苏联国内问题时指出："对戈尔巴乔夫这个时期的所作所为，我们是有不同看法的。"② 这个"不同看法"，在上述会面中，已经深入地阐发过了。只不过是双方面对面的交谈，表达还是比较婉转的，但到了1992年1月20日南方谈话时，邓小平就显得毫不客气了，他径直说："苏联这么强的国家，几个月一下子就垮了。"指出"如果中国不接受这个教训，在苗头出现时不注意，就如戈尔巴乔夫那样的'新思维'出来以后没注意那样，就会出事"③。邓小平关于如果中国不接受这个教训"就会出事"这个说法，被中国的1989年"政治风波"部分证实，也为苏东巨变、苏联解体完全证实。

分析、解剖、批评甚至批判苏联模式，是因为我们曾经受苏联模式影响较大，给我们带来了沉痛的教训，还因为从这里我们可以总结很多经验。邓小平在1982年9月1日党的十二大开幕词中说："无论是革命还是建设，都要注意学习和借鉴外国经验。但是，照抄照搬别国经验、别国模式，从来不能得到成功。这方面我们有过不少教训。"④ 1985年9月14日会见奥地利总统鲁道夫·基希施莱格时说：由于学习苏联模式，束缚了整

---

① 《邓小平年谱（1975—1997）》，中央文献出版社2004年版，第1176页。
② 同上书，第1311页。
③ 吴松营：《邓小平南方谈话真情实录》，《东方早报》2012年1月18日第A06版：邓小平南方谈话20周年特别报道。
④ 《邓小平文选》第3卷，人民出版社1993年版，第2页。

个社会和人民的手脚，这就造成在国际上闭关自守，因此，"经济虽有发展，但速度很不理想，绝大多数人仍然处于贫困状态"①。1985 年 9 月 18 日会见加纳国家元首杰里·约翰·罗林斯时还说："过去我们照搬苏联模式，也有发展，但不顺当。我们正在探索一条适合中国实际情况的发展道路。"② 造成我们发展"不理想"、"不顺当"的一个重要原因，是苏联模式在作怪。抛开苏联模式，"探索一条适合中国实际情况的发展道路"，就成为我们的必然选择。

三　在研究中外历史中提炼"中国模式"

中国模式是什么？中国模式什么样？邓小平对中国模式的概括提炼是从中外历史对比中，从中国革命和建设的历史经验中寻找智慧之源的。邓小平认为，建设社会主义没有固定的模式，"中国的模式"与其他社会主义国家不同，有自己的特点。总结起来，邓小平使用中国模式这个概念主要有三种含义：一是指在新民主主义革命时期，我们党把马克思主义与中国实际相结合，走出了一条不同于十月革命的道路，邓小平称之为"中国的模式"；二是指中国的社会主义革命道路也有自己的特色，邓小平称之为"中国的社会主义改造道路"；三是在改革开放和现代化时期，我们党实现了马克思主义与中国实际相结合的第二次飞跃，找到有中国特色的社会主义建设道路，邓小平称之为"中国自己的模式"。

（一）根据中国的实际，寻求自己革命的道路，包括方式

中国的模式与其他国家有什么不同，有哪些自己的特点？1980 年邓小平在总结中国革命经验并同"俄国的模式"对比分析时，提出了"中国的模式"概念，把它总结为"中国是根据自己的实践与马列主义结合取得胜利"。翻检邓小平公开文献，直接使用"中国的模式"提法有两篇：一篇是 1980 年 5 月 31 日同胡乔木、邓力群谈话，以"处理兄弟党关系的一条重要原则"为题收入《邓小平文选》第 2 卷；另一篇是 1980 年 11 月 24 日见圣地亚哥·卡里略率领的西班牙共产党代表团时的讲话，摘

---

① 《邓小平年谱（1975—1997）》，中央文献出版社 2004 年版，第 1077 页。

② 同上书，第 1080 页。

要收入了《邓小平年谱》。① 两次讲话相隔近 6 个月，都是在论述如何处理党与党的关系时涉及中国模式问题的，表述内容、用语分量有些不同，其基本思想观点完全一致，只是个别提法有些变化发展。笔者主要讨论第二篇文献。

邓小平在谈到党与党的关系时说："有两条原则一定要坚持。第一条原则是，党与党之间的关系是兄弟党关系，不是父子党关系；第二条原则是任何国家的事情只能由那个国家的马列主义者和共产主义者自己去判断，犯错误也是他们自己犯，他们自己去纠正，不要拿我们的观点、模式强加于人。"谈话中总结中国革命的经验，谈到毛泽东思想的科学内涵时指出："什么叫毛泽东思想？毛泽东思想就是把马列主义普遍真理同中国的具体实践相结合，根据中国的实际，运用马列主义原理，寻求自己革命的道路，包括方式。毛泽东同志最伟大的功绩就是这一条。他根据中国的实际情况，提出了农村包围城市的战略方针，通过长期武装斗争，夺取了全国革命的胜利。"这就是邓小平关于"中国的模式"基本内容的表述。那么，中国模式有没有普遍意义，其他国家如何对待中国模式？邓小平认为："既然中国是根据自己的实践与马列主义结合取得胜利，那么其他国家为什么就不能这样做？中国并不是按照十月革命的模式建立无产阶级专政、建立共产党领导的国家的。如果这个经验总结得好，我们就不应该要求其他国家包括落后国家，也按照中国的模式去取得革命胜利，更不能要求发达的欧洲国家采取中国的模式，当然也不能要求采取俄国的模式。"

邓小平在这里明确地告诉我们：第一，模式是客观存在的，不能否认，在世界各国的革命进程中，既有"十月革命的模式"亦即"俄国的模式"，也有"中国的模式"。第二，中国模式的精髓是"自己的实践与马列主义的结合"。第三，既然中国按照这个思想取得了革命的胜利，那么，其他国家也可以走出自己的独特道路。第四，将"中国模式"的这一精髓领会透彻，那就会有各种不同的模式出现了。

这是邓小平关于中国模式第一个方面科学内涵的揭示，即中国共产党人"把马列主义普遍真理同中国的具体实践相结合"，形成了中国的新民主主义革命模式。

---

① 《邓小平年谱（1975—1997）》，中央文献出版社 2004 年版，第 692—693 页。

（二）中国的社会主义道路与苏联不完全一样，一开始就有区别

关于中国社会主义革命问题，人们一直有模糊看法。邓小平在回答西方有人断言中国"完全模仿和学习了苏联社会主义的道路，而不是采取一种中国式的社会主义道路"的问题时，对中国社会主义改造道路进行了分析，做出了"中国建国以来就有自己的特点"的论断。

1979 年 11 月 26 日，邓小平会见美国不列颠百科全书出版公司副总裁弗兰克·吉布尼。谈话中吉布尼认为：在对待中国问题上，"美国犯了一个很大的错误，就是看社会主义中国的时候，把它看成和苏联的社会主义是一模一样的"。他向邓小平提出了一个心中的疑问："那么中国开始的时候是否确实也有这方面的思想混乱，即完全模仿和学习了苏联社会主义的道路，而不是采取一种中国式的社会主义道路？"[①] 吉布尼的疑问，反映了当时西方世界对中国的看法，美国总是把中国看成和苏联一模一样的社会主义国家，这一点，吉布尼是讲对了。但他坚持认为，中国开始时也"完全模仿和学习了苏联"，没有走出中国式道路，表明他对中国还很不了解，也代表了西方相当一部分人的观点，因此，有必要阐述一下中国发展道路。邓小平肯定地说："中国的社会主义道路与苏联不完全一样，一开始就有区别，中国建国以来就有自己的特点。我们对资本家的社会主义改造，是采取赎买的政策，不是剥夺的政策。所以中国消灭资产阶级，搞社会主义改造，非常顺利，整个国民经济没有受任何影响。毛泽东主席提出的中国要形成既有集中又有民主，既有纪律又有自由，既有统一意志又有个人心情舒畅、生动活泼的政治局面，也与苏联不同。"[②] 邓小平从"三大改造"的经济政策和民主集中制等方面，对我国社会主义改造道路及其取得的成就给予了充分肯定，深刻阐释了中国与苏联道路的不同，向世人展示了中国社会主义发展道路的独特性。后来他还多次说过："在搞社会主义方面，毛泽东主席的最大功劳是将马克思列宁主义的普遍原理同中国革命的具体实践结合起来。我们最成功的是社会主义改造。"[③] "我们的社会主义改造是搞得成功的，很了不起。这是毛泽东同志对马克思列宁

---

① 《邓小平文选》第 2 卷，人民出版社 1993 年版，第 234 页。

② 同上书，第 235 页。

③ 《邓小平年谱（1975—1997）》，中央文献出版社 2004 年版，第 629 页。

主义的一个重大贡献。今天我们也还需要从理论上加以阐述。"① 邓小平对社会主义改造的评价是实事求是、符合实际的，充分肯定了"中国建国以来就有自己的特点"，突出强调了中国发展道路的独特性，对我们坚持独立自主，坚定走中国自己的发展道路有重要意义。

这是邓小平关于中国模式第二个方面科学内涵的揭示，即中国共产党人"将马克思列宁主义的普遍原理同中国革命的具体实践结合起来"，走出了独特的中国社会主义改造道路。

（三）要紧紧抓住合乎自己的实际情况这一条，中国有中国自己的模式

党的十一届三中全会后，中国开始走上改革开放道路，经过近十年的探索和反复思考、研究，邓小平终于在 1988 年做出了"中国有中国自己的模式"的著名论断。这一论断的内涵，显然要比 10 年前丰富多了。

这一著名论断，出自 1988 年 5 月 18 日邓小平在会见莫桑比克总统若阿金·希萨诺的谈话中。② 这篇谈话收录在《邓小平年谱》和《邓小平文选》之中，通篇贯穿着马克思主义的思想路线，闪耀着辩证唯物主义和历史唯物主义思想的光辉，是我们讨论邓小平中国模式论的重要文献。邓小平在谈话中说："我们党的十一届三中全会的基本精神是解放思想，独立思考，从自己的实际出发来制定政策。因为在中国建设社会主义这样的事，马克思的本本上找不出来，列宁的本本上也找不出来，每个国家都有自己的情况，各自的经历也不同，所以要独立思考。""解放思想，独立思考，从自己的实际出发来制定政策"，不仅是党的十一届三中全会的精神，也是马克思主义的精髓，只有按照实事求是的思想，从自己的实际出发，而不是从"本本"上寻找建设答案，才能取得实效。

邓小平的讲话紧密联系中国实际，深入总结中国建设经验，指出：建设一个国家，不要把自己置于封闭状态和孤立地位。"不要固守一成不变的框框。过去我们满脑袋框框，现在就突破了。""什么叫社会主义的问题，我们现在才解决。坦率地说，我们过去照搬苏联搞社会主义的模式，带来很多问题。我们很早就发现了，但没有解决好。我们现在要解决好这

① 《邓小平年谱（1975—1997）》，中央文献出版社 2004 年版，第 721 页。
② 《邓小平文选》第 3 卷，人民出版社 1993 年版，第 260—261 页。

个问题，我们要建设的是具有中国自己特色的社会主义。"如果说"从本本出发"还是指一切按照马克思主义经典著作去规划我们建设蓝图的话，那么，"固守框框"则是把他人的经验作为模式来照搬了，关键是要"解决""什么叫社会主义"的问题。邓小平坦率地说，我们过去发生很多问题，主要是"没有解决好"这个问题。经过改革开放突破框框，这个问题"现在才解决"；只有"解决好这个问题"，才能建设中国特色社会主义。

邓小平在向客人提出"不要急于搞社会主义"的建议时，系统阐述他的中国模式观。他说："你们根据自己的条件，可否考虑现在不要急于搞社会主义。"他认为，确定走社会主义道路是可以的，但是要讲社会主义，也只能是讲符合莫桑比克实际情况的社会主义。"总之，要紧紧抓住合乎自己的实际情况这一条。所有别人的东西都可以参考，但也只是参考。世界上的问题不可能都用一个模式解决。中国有中国自己的模式，莫桑比克也应该有莫桑比克自己的模式。""世界上的问题不可能都用一个模式解决。中国有中国自己的模式"是这篇讲话的核心思想，是对马克思主义最基本原理的坚守和运用，是对马克思主义发展史和国际共运史的深刻总结，也是对中国社会主义建设经验的系统概括。有材料介绍说，听了邓小平这一席话后，若阿金·希萨诺表示："邓小平的思想是科学的、正确的，不仅对建设中国社会主义具有巨大指导作用，而且也为莫桑比克的发展道路提供了借鉴。"[①]

这是邓小平关于中国模式第三个方面科学内涵的揭示，即中国共产党人"解放思想，独立思考，从自己的实际出发来制定政策"，建设具有中国自己特色的社会主义。

四　在总结发展经验中回应"中国模式"

明确提出"中国式的现代化，必须从中国的特点出发"[②]。这是邓小平中国模式论的一个重要思想观点。1979年3月30日，邓小平在党的理论工作务虚会上发表讲话说："能否实现四个现代化，决定着我们国家的

① 《邓小平与外国首脑及记者会谈录》，台海出版社2011年版，第254页。
② 《邓小平年谱（1975—1997）》，中央文献出版社2004年版，第502页。

命运、民族的命运。社会主义现代化建设是我们当前最大的政治。现在搞建设，也要适合中国情况，走出一条中国式的现代化道路。"邓小平在总结我国改革开放和社会主义现代化建设实践经验中回应中国模式。

（一）要承认落后，想出好方针、政策和办法来干

中国是一个发展中国家，经济基础比较落后，最初又搞计划经济，走过不少弯路，在这样的条件下推进社会主义现代化，会遇到许多困难。正视自己的问题，对自己有一个"清醒的估计"，"从中国的特点出发"，既是邓小平中国模式论的突出特点，又是它的逻辑前提。

要具备"清醒的头脑"，并做出"清醒的估计"。早在1975年9月15日的全国农业学大寨会议上，邓小平就指出："我们应该有清醒的头脑，尽管有了这个基础，但我们还很穷、很落后，不管是工业、农业，要赶上世界先进水平还要几十年的时间。所以，我们说形势好，有希望，大有希望，但是，头脑要清醒，要鼓干劲，不仅路线要正确，而且要政策正确，方法正确。"①　1975年10月7日他在会见英国客人谈到国内情况时指出："中国有中国的问题，中国自己有自己的条件。说赶上西方，就是比较接近，至少还要五十年。这不是客气话，这是一种清醒的估计。"②　只有具备了"清醒的头脑"，才能做出"清醒的估计"，才能使"政策正确"和"方法正确"。正是邓小平这"清醒的头脑"要求和"清醒的估计"决策，才使国人头脑变得更加清醒，主动正视自己存在的问题，才找到了中国现代化的基础，才把中国模式的出发点落到实处。

要承认落后，不要怕丑，要找到"具体政策"、"具体措施"。1977年9月29日邓小平在会见华侨时说："我们要承认落后，不要怕丑。最近我跟外国人谈话都是讲这些话，有些外国朋友觉得惊奇。这有什么惊奇？承认落后就有希望，道理很简单，起码有个好的愿望，就是要干，想出好方针、政策和办法来干。"还说："搞建设，单有雄心壮志不够，没有具体政策、具体措施，就像氢气球一样，一吹就破了。"③　1978年11月14日他在出国访问途中向我使馆工作人员说："在日本访问时，我们到处讲

① 《邓小平年谱（1975—1997）》，中央文献出版社2004年版，第98页。
② 同上书，第113—114页。
③ 同上书，第211页。

穷，日本人说这是有信心的表现。他们说得有道理。我在日本说，本来长得很丑，为什么要装美人呢？大家要开动脑筋，有的人总认为自己好。要比就要跟国际上比，不要与国内的比。"① 勇于承认落后是一种实事求是精神，不怕出丑是一种积极心态，只有承认落后、不怕出丑，才能不断进取、唤起信心，也才会带来希望。"雄心壮志"固然令人起敬，但还要有"具体政策"才能在实践中实施，因此，要紧的是寻找"好方针、政策和办法"。

不弄虚作假，空喊口号，"要有一套科学的办法"。1975 年 7 月 9 日邓小平在阅读并讨论毛泽东《论十大关系》讲话整理稿时说："党的基本路线一定要有一套具体路线和具体政策，不然路线就是空的。路线不是空喊。"② 1979 年 10 月 4 日在各省、市、自治区第一书记座谈会上的讲话中又指出："四个现代化这个目标，讲空话是达不到的。经济工作要按经济规律办事，不能弄虚作假，不能空喊口号，要有一套科学的办法。"③ 路线不是空喊，搞现代化不能只讲空话，必须要有"具体路线和具体政策"，要按规律办事，有科学办法。

（二）要适合中国情况，走出一条中国式的现代化道路

正是由于对中国现实国情的正确认识，立足中国实际，才走出了"中国式的现代化道路"。"中国式的现代化"一词，是邓小平在 1979 年 3 月 21 日会见英国客人马尔科姆·麦克唐纳时首次提出的，"我们定的目标是在本世纪末实现四个现代化。我们的概念与西方不同，我姑且用个新说法，叫做中国式的四个现代化"④。此后，"中国式的现代化"一词不胫而走。"中国式"可视为邓小平"中国模式"的一个简称，"中国式的现代化道路"也就成为邓小平中国模式论的核心内容。一个最初本来是"姑且用之"的"新说法"，随着实践和认识的不断深化，历史不断赋予它新的科学内涵。

第一，"中国式的现代化"就是把标准放低一点。1979 年 10 月 4 日邓小平出席省、市、自治区第一书记座谈会讲话时指出："我们开了大

① 《邓小平年谱（1975—1997）》，中央文献出版社 2004 年版，第 429 页。
② 同上书，第 66 页。
③ 同上书，第 564 页。
④ 同上书，第 496 页。

口,本世纪末实现四个现代化。后来改了个口,叫中国式的现代化,就是把标准放低一点。特别是国民生产总值,按人口平均来说不会很高。我们到本世纪末国民生产总值能不能达到人均上千美元?等到人均达到上千美元的时候,我们的日子可能就比较好过了。"① 这段话讲出了最初的"开了大口"现代化要求,到后来"改了个口"放低标准的一种考虑,反映了一种实事求是的态度和精神。这也就是 1980 年 6 月 5 日会见外国客人时所明确表达的一个意思:中国式四个现代化的"目标不能定得太高,定得太高了办不到"②。

第二,"中国式的现代化"就是"小康之家"。1979 年 12 月 6 日邓小平在回答大平首相关于中国将来会是什么样的情况,整个现代化的蓝图是如何构思的问题时,首次提出了"小康"概念:"我们要实现的四个现代化,是中国式的四个现代化。我们的四个现代化的概念,不是像你们那样的现代化的概念,而是'小康之家'。"③ 此后,1980 年 10 月 15 日邓小平在军队的一次会议上说:"现在我们搞四个现代化,提的目标就是争取二十年翻两番。到本世纪末人均国民生产总值达到八百至一千美元,进入小康社会。"④ 自此,"小康"概念逐渐深入人心,"小康之家"成为中国人民心中可亲可爱的理想,"小康社会"成为全党全社会奋斗的阶段目标,成为描述中国人民追求现代化的一个必经过程。

第三,"中国式的现代化"就是要老老实实地创业。1980 年 1 月 1 日邓小平在全国政协新年茶话会的讲话中说:"要有艰苦奋斗的创业精神。我们要搞中国式的现代化,我们还很穷,就是要老老实实地创业,就是要吃点苦,否则不可能有今后的甜。"⑤ 1980 年 4 月 29 日邓小平会见外国客人时说:"中国是一个大国,又是一个穷国。我们提出实现四个现代化的时候,必须看到这两个基本特点。"⑥ 我们的现代化建设必须立足于国内,立足于自力更生这个基本原则。

---

① 《邓小平年谱(1975—1997)》,中央文献出版社 2004 年版,第 563 页。
② 同上书,第 644 页。
③ 同上书,第 582 页。
④ 同上书,第 681 页。
⑤ 同上书,第 588 页。
⑥ 同上书,第 626 页。

（三）中国式的现代化，是搞社会主义的四个现代化

坚持社会主义，是中国一个很重要的问题。中国式的现代化，是搞社会主义的四个现代化，而不是其他。在这个问题上，邓小平一以贯之，非常执着，从改革开放始，到终其一生，从未放弃。

1986年9月2日，邓小平在会见美国记者迈克·华莱士时说："我们搞四个现代化建设，人们常常忘记是什么样的四个现代化，是社会主义的四个现代化。"① 他还说："只讲四化，不讲社会主义。这就忘记了事物的本质，也就离开了中国的发展道路。"② 他认为，这样关系就大了，忘记了事物本质的现代化，离开了中国发展道路的现代化，不是我们要的现代化。不管世界风云如何变幻，西方国家怎样制裁；也不管社会主义低潮高潮，东欧国家如何动荡，中国的改革开放一定会继续下去，中国的社会主义一定会继续下去。1989年9月16日邓小平在会见美籍华人李政道教授时指出："别国的事情我们管不了，中国的事情我们就得管。中国不搞社会主义不行，不坚持社会主义不行。如果没有共产党的领导，不搞社会主义，不搞改革开放，就呜呼哀哉了，哪里能有现在的中国？"③ 走社会主义道路是中国人民的选择，是历史的选择，是实现中国社会现代化的必由之路；中国的社会主义是中国人民的创造，中国的未来在中国人民手中。在中国，不搞社会主义不行，不坚持社会主义不行。

面对西方制裁的严峻形势、人们的不知所措，邓小平却镇定自若，以一位伟大的无产阶级革命和战略家的眼光和胆识，阐述了他坚持中国特色社会主义道路的重要观点。1989年6月16日邓小平同江泽民等中央同志谈话时说："整个帝国主义西方世界企图使社会主义各国都放弃社会主义道路，最终纳入国际垄断资本的统治，纳入资本主义的轨道。现在我们要顶住这股逆流，旗帜要鲜明。因为如果我们不坚持社会主义，最终发展起来也不过成为一个附庸国，而且就连想要发展起来也不容易。"因此，最根本的就是坚持和发展社会主义，"只有社会主义才能救中国，只有社会主义才能发展中国"，在这样一个国际大环境下，不走社会主义道路中国

---

① 《邓小平文选》第3卷，人民出版社1993年版，第173页。
② 《邓小平年谱（1975—1997）》，中央文献出版社2004年版，第1169页。
③ 同上书，第1289页。

就没有前途。本来，邓小平对世人所谓"大三角"的说法并不十分赞同，他在 1985 年 6 月 4 日军委扩大会议上曾说："世界上都在说苏、美、中'大三角'。我们不讲这个话。"① 可在这次讲话中，他却说："中国本来是个穷国，为什么有中美苏'大三角'的说法？就是因为中国是独立自主的国家。为什么说我们是独立自主的？就是因为我们坚持有中国特色的社会主义道路。"② 但今天他却对此予以肯定，突出中国当今的国际地位和作用，让人感受到作为一个中国人的自豪与骄傲。

五　在推动改革实践中坚定"中国模式"

邓小平说：现在的世界是开放的世界，中国的发展离不开世界，中国已经成为世界的一个有机组成部分，中国社会主义现代化建设取得的伟大成就，无疑直接得益于中国的开放政策。从中国与世界的联系中总结经验，是邓小平的一大贡献。1989 年 3 月 23 日邓小平在会见乌干达总统约韦里·卡古塔·穆塞韦尼时说过："我们最大的经验就是不要脱离世界，否则就会信息不灵，睡大觉，而世界技术革命却在蓬勃发展。"③ 同时，中国模式也是中国人民基于几千年传统文化的积淀，是几十年坚持社会主义道路并进行不断探索的创新成果。

（一）要保持自己的优势，避免资本主义社会的毛病和弊端

社会主义是一种全新的人类社会制度，在长期的历史发展中历经挫折，但毕竟顽强地生存下来，保持了应有的生机与活力。由于它自身存在着这样那样的问题，客观上需要改革。但决不是要改掉社会主义本身，改革中必须坚持和发挥社会主义固有的优势。1987 年 6 月 12 日邓小平会见南斯拉夫领导人时说："我们要根据社会主义国家自己的实践、自己的情况来决定改革的内容和步骤。每一个社会主义国家的改革又都是不同的，历史不同，经验不同，现在所处的情况不同，各国的改革不可能一样。但是，共同的一点是要保持自己的优势，避免资本主义社会的毛病和弊

---

① 《邓小平文选》第 3 卷，人民出版社 1993 年版，第 128 页。

② 同上书，第 311 页。

③ 《邓小平年谱（1975—1997）》，中央文献出版社 2004 年版，第 1270 页。

端。"① 要充分看到，社会主义制度有着巨大的优势，这是社会主义最终战胜资本主义的法宝。

中国的政治制度与资本主义政治制度相比较，其优势体现在做起事来更便利，更有效率。1978 年 11 月 27 日会见美国专栏作家罗伯特·诺瓦克，在回答中国现在是否正在考虑对政治制度进行某些改革，比如采用西方那种竞选制度、干部通过选举产生等问题时，邓小平指出："整个制度我们同西方不一样，你们叫议会制，我们是人民代表大会制，这个制度不会改变。我相信，现在的制度如果搞得好，在某些方面加以适当改革，我们这个制度比你们那个制度做起事来要便利得多。"② 邓小平明确地说，决不能搬西方的政治制度，不能改变人民代表大会制度。中国的制度也会有它的不足，但经过改革，中国的社会主义制度要"便利得多"，即它的决策效率和集中能力更强。

社会主义的优越性在于能够集中力量办大事，一味强调制约可能会有问题。1982 年 7 月 26 日谈规划问题时指出："社会主义同资本主义比较，它的优越性就在于能做到全国一盘棋，集中力量，保证重点。"③ 1986 年 9 月 13 日在讨论经济体制改革方案时说："在改革中，不能照搬西方的，不能搞自由化。过去我们那种领导体制也有一些好处，决定问题快。如果过分强调搞互相制约的体制，可能也有问题。"④ 社会主义的这个优势，是资本主义政治制度所不能比拟的，不仅在过去是这样，今天同样如此，西方政府面对金融危机的缓慢决策从反面给予了说明。1987 年 6 月 12 日会见南斯拉夫客人时说："社会主义国家有个最大的优越性，就是干一件事情，一下决心，一做出决议，就立即执行，不受牵扯。"⑤ 虽然我们的政治体制需要改革，但总的目的，不是要取消党的领导，改掉社会主义制度，而是要有利于巩固社会主义制度，有利于巩固党的领导，有利于在党的领导和社会主义制度下发展生产力。

社会主义制度的优越性，具体表现在很多方面。1987 年 10 月 13 日会见匈牙利社会主义工人党总书记卡达尔·亚诺时对此做了较为系统的说

---

① 《邓小平年谱（1975—1997）》，中央文献出版社 2004 年版，第 1195 页。

② 同上书，第 438 页。

③ 同上书，第 832 页。

④ 同上书，第 1137—1138 页。

⑤ 同上书，第 1195 页。

明:"我们既不能照搬西方资本主义国家的做法,也不能照搬其他社会主义国家的做法,更不能丢掉我们制度的优越性。比如共产党的领导就是我们的优越性。我们要坚持共产党的领导,当然也要有监督,有制约。再如民主集中制也是我们的优越性。这种制度更利于团结人民,比西方的民主好得多。我们做某一项决定,可以立即实施。又如解决民族问题,中国采取的不是民族共和国联邦的制度,而是民族区域自治的制度。我们认为这个制度比较好,适合中国的情况。我们有很多优越的东西,这是我们社会制度的优势,不能放弃。"[1] 邓小平的这些论断,为我们科学认识社会主义优越性和坚持社会主义制度的优势,为我们深刻理解和把握中国模式论中的制度内涵,提供了一个基本遵循,在今天仍然具有重要的理论意义和实践意义。

(二) 中国只要旗帜不倒,就会有很大影响

在国际大气候和国内小气候的作用下,1989 年中国发生了严重的"政治风波"。如何看待风波过后的国际国内政治形势,如何把握中国的政治走向,是一个重大的战略问题。9 月 4 日,邓小平在同江泽民等中央领导同志谈话时指出:"现在的问题不是苏联的旗帜倒不倒,苏联肯定要乱,而是中国的旗帜倒不倒。因此,首先中国自己不要乱,认真地真正地把改革开放搞下去。中国只要这样搞下去,旗帜不倒,就会有很大影响。"[2] 只要中国坚持既定的改革开放方针走下去,把发展作为根本任务,保持社会稳定,自己不乱,中国的旗帜就不会倒,中国也就垮不了。这既是实践和历史的证明,也是中国人民的选择,更是中国对人类社会的一大贡献。

1989 年 10 月 26 日邓小平在评论西方"政治风波"后的做法时还指出,他们对中国有两个特点认识不清:"第一,中华人民共和国是打了二十二年仗建立起来的,建国后又进行了三年抗美援朝战争。第二,世界上最不怕孤立、最不怕封锁、最不怕制裁的就是中国。"第一点表示不是轻易就能被打倒,表达的是中国的辉煌历史和传统;第二点反映的是中国人民的国格和风骨,这是中国精神力量的一个支撑。邓小平最后又补充说:

---

① 《邓小平年谱 (1975—1997)》,中央文献出版社 2004 年版,第 1210 页。

② 同上书,第 1287 页。

"还可以加上一点，外国的侵略、威胁，会激发起中国人民团结、爱国、爱社会主义、爱共产党的热情，同时也使我们更清醒。"① 这是对中华民族精神的进一步挖掘和深刻把握。有了这三点，中国的旗帜就不会倒，中国人民就不会垮。

　　随着西方对中国制裁的加剧，邓小平越来越强调中国的国格、民族自尊心这些精神因素。1989 年 10 月 31 日邓小平会见尼克松时指出："西方有一些人要推翻中国的社会主义制度，这只能激起中国人民的反感，使中国人奋发图强。""没有民族自尊心，不珍惜自己民族的独立，国家是立不起来的。要中国来乞求，办不到。哪怕拖一百年，中国人也不会乞求取消制裁。如果中国不尊重自己，中国就站不住，国格没有了，关系太大了。"② 这既是对美国人观察中国时的错误思维的微妙批评，也是中国坚定立场的一种高调宣示，更是对中华民族精神的一种重申和张扬。面对西方的制裁，面对国内的严峻形势，面对好心朋友对中国前途和未来的担心，邓小平给予坚定的回答。1990 年 4 月 7 日会见泰国正大集团董事长谢国民等时说：西方一些国家对中国的制裁是不管用的，"中国是垮不了的，而且还要更加发展起来。这是民族的要求，人民的要求，时代的要求"。③ 这既表达了中国共产党的既定方针，又阐释了中国人民的坚定信心，更展示了中国人民的深切愿望。

（三）社会主义市场经济优越性在哪里？就在四个坚持

　　1985 年 11 月 11 日，邓小平与美国前国务卿亨利·基辛格关于中国改革问题有一次对话，对我们理解邓小平的模式论很有意义，我们不妨对此进行一番解读。基辛格说："像中国这样大规模的改革是任何人都没有尝试过的，世界上还没有别的国家尝试过把计划经济和市场经济结合起来。这是一个有历史意义的事件，因为你们的尝试是一个全新的试验。如果你们成功了，就将从哲学上同时向计划经济国家和市场经济国家提出问题。"邓小平接过话头说："不说是个伟大的试验，但确实是个重大的试验。我们的经验是，要发展社会主义社会生产力，必须改革，这是唯一的

①　《邓小平年谱（1975—1997）》，中央文献出版社 2004 年版，第 1293 页。
②　同上书，第 1293—1294 页。
③　同上书，第 1312 页。

道路。中华民族不是低能的民族，这一点是肯定的。但最终证明中国人行不行，还要看这十亿人口怎么做。中国落后许多年了，近几年可以看到一些兴旺的气象。"① 邓小平所说的"试验"，是人民在革命和建设实践中的一种实践、探索和改革，是中国人民不屈不挠的精神和努力奋斗。中华民族不是一个低能的民族，全国人民万众一心，循着改革的道路坚定地走下去，中国模式就会透露出它的"兴旺的气象"。

邓小平南方谈话之后的 1992 年 6 月 9 日，江泽民在中共中央党校省部级干部进修班上做了《深刻领会和全面落实邓小平同志的重要谈话精神，把经济建设和改革开放搞得更快更好》的讲话，他倾向使用"社会主义市场经济体制"这一提法。对此，邓小平表示赞成。6 月 12 日在同江泽民谈话时说："实际上我们是在这样做，深圳就是社会主义市场经济。不搞市场经济，没有竞争，没有比较，连科学技术都发展不起来。"还说："在党校的讲话可以先发内部文件，反映好的话，就可以讲。这样十四大也就有了一个主题了。"② 把建立社会主义市场经济体制作为十四大的重要主题，表明邓小平对这个问题的高度重视。1992 年 7 月 23 日、24 日邓小平审阅中共十四大报告稿，表示同意报告的框架。③ 党的十四大报告正式提出，我国经济体制改革的目标模式是建立社会主义市场经济体制，首次尝试将社会主义与市场经济进行伟大结合，充分表达了中国共产党人的伟大创造力。

1993 年 9 月 16 日邓小平同弟弟邓垦的一席谈话，是继南方谈话后的又一次思想性、政治性、理论性极强的思想观点的展开，对于我们把握邓小平的中国模式观很有帮助。他说："我们在改革开放初期就提出'四个坚持'。没有这'四个坚持'，特别是党的领导，什么事情也搞不好，会出问题。出问题就不是小问题。社会主义市场经济优越性在哪里？就在四个坚持。四个坚持集中表现在党的领导。""现在经济发展这么快，没有四个坚持，究竟会是个什么局面？"还说："党的领导是个优越性。没有人民民主专政，党的领导怎么实现啊？四个坚持是'成套设备'。"④ 讲话中提出的"社会主义市场经济优越性"在于四个坚持的思想观点，特别

① 《邓小平年谱（1975—1997）》，中央文献出版社 2004 年版，第 1094 页。
② 同上书，第 1347—1348 页。
③ 同上书，第 1349 页。
④ 同上书，第 1363 页。

应当引起我们的深思，对于我们认识把握社会主义市场经济的本质特征、正确认识并科学解决改革发展中的问题有极大帮助。同样，对于我们全面理解认识和完整把握中国模式，对于我们反思当今西方世界发生的金融危机及其后果也有极大帮助。

综上，在邓小平心目中，中国模式就是长期形成的一个国家革命、建设的方式、方法，是从历史中总结出来的相对成功的经验、做法，是需要长期坚持的社会发展道路，其本质是对革命和建设规律性的一种揭示。因此可以总结说，邓小平讲的模式就是经验，是根据实际情况进行的自我创造和自我选择；模式就是道路，是自己在长期的革命和建设中走出的成功之路。走自己的道路，建设有中国特色的社会主义，这就是邓小平模式论最重要的含义和全部理论归结。中国模式并不是固定不变的样板，也不是包医百病的药方，它只是一种创造、一种奋斗，是人们在革命和建设实践中的一种探索和改革。中国模式并不是一种教条，也不是对先验理性的膜拜，它只是一种信仰、一种选择，是人们对在历史和文化熏陶下成长的民族精神的守护和弘扬。我们以邓小平 1989 年 9 月 4 日同江泽民等中央领导谈话中讲的一段话作为本文的结尾："别人的事我们管不了，只讲一个道理：中国的社会主义是变不了的。中国肯定要沿着自己选择的社会主义道路走到底。谁也压不垮我们。只要中国不垮，世界上就有五分之一的人口在坚持社会主义。我们对社会主义的前途充满信心。"[1] 这既是对中国模式的一种坚守，也是对中国模式的一种自信，还是对中国模式的一种礼赞！

---

① 《邓小平年谱（1975—1997）》，中央文献出版社 2004 年版，第 1287 页。

伊朗伊斯兰共和国：教义
与民意之间的政治桥梁
——比较政治学视角下伊朗政治制度

房　宁　吴冰冰*

内容摘要：伊朗是世界公认的文明古国。研究探讨伊朗伊斯兰革命的来龙去脉、伊朗政体的特点及其社会文化原因，对于认识世界文化与政体的多样性具有重要的作用，对于我国的现代化建设，也有借鉴与警示的作用。

关键词：伊朗　白色革命　伊斯兰革命　伊斯兰政体

　　尽管自 20 世纪六七十年代以来，伊朗就时常引起世界的关注，"白色革命"、"伊斯兰革命"、"两伊战争"以及伊朗与以美国为首的西方世界的对抗和由此导致的西方对伊朗的制裁与封锁，每每把伊朗推上世界政治的风口浪尖，但在中国人的心目中伊朗仍然是一个多少有些神秘的国度。

　　2008 年以来，为了给中国的现代化建设提供可资参考借鉴的国际经验，笔者从亚洲开始展开了国外政治发展比较研究，选择不同类型的国家，系统考察研究它们的工业化、现代化及其政治发展进程，总结经验、寻找规律。五年来笔者的研究主要集中于亚洲，特别是东亚。随着研究工作的进展，包括伊朗在内的西亚地区也进入了笔者视野，排上了研究的日程。几年来，课题组成员多次赴伊朗考察调研，2011 年在伊朗方面的热情邀请和安排下，课题组组织了一次对伊朗政治体制的专题调研。几年来，研究在原有基础上取得了一定的进展，对伊朗以及伊朗独特的伊斯兰共和国政体的认识更加全面和深入了。

---

　　* 房宁，中国社会科学院政治学研究所所长，研究员；吴冰冰，北京大学外国语学院阿拉伯语系副教授。

一　从白色革命到伊斯兰革命

人类历史是持续的社会进程，社会的昨天、今天和明天是联系在一起的，有人说：阳光下面无新事。社会发展、国家成长要受过去历史的制约与影响。在这个意义上，人们的主观选择与建构十分有限。但漫漫历史长河中，也有一些特殊情形。16 世纪后期，诞生于独立战争的美国，在很大程度上割断了宗主国与旧大陆的羁绊，在一片新大陆上建立起了一个新的国家。在构建新国家过程中，一个新生民族获得了很大的自由，少的是历史传统与既定结构的束缚，多的是按照理想与理性建构制度的可能。从民族解放和人民革命的战火烽烟中走来的中华人民共和国，也曾有过与美国建国时相似的建构制度的自由空间。当然，自由地建构新制度要以打烂旧制度、老传统为代价，这种代价昂贵而痛苦。伊朗伊斯兰共和国的建立有着与美国、中国建国相似的历史背景，她也诞生于一场革命——伊朗伊斯兰革命。

伊朗伊斯兰革命是以伊斯兰信仰与准则为意识形态，以什叶派穆斯林的宗教组织为社会基础，以富有牺牲精神和组织能力的伊斯兰教士为先锋骨干的广泛的社会革命。这场发生于 1979 年的革命，推翻了巴列维王朝的统治，终止了巴列维王朝后期效仿西方工业化、现代化的发展道路，建立起了一个全新的现代伊斯兰政体，改变了伊朗发展的方向和道路。

伊朗伊斯兰革命是对巴列维王朝为实现伊朗工业化、现代化而发动的"白色革命"的否定和反动。从白色革命到伊斯兰革命反映了伊朗社会发展两条道路之间的斗争和选择。

实现工业化、现代化是 19 世纪以来非西方世界面临的一个根本性问题，是 19 世纪以来非西方世界一切重大历史进程的基本动因，它像一只"看不见的手"拨弄着 19 世纪以来非西方世界的历史时钟。伊朗也是如此。

第二次世界大战结束后，在英美等西方势力的扶助下巴列维王朝重归伊朗王座。20 世纪 60 年代初，年轻的沙阿穆罕默德·礼萨·巴列维发动了一场雄心勃勃的工业化、现代化运动——以王室颜色命名的"白色革命"。白色革命是一项目标宏大、内容庞杂、行动草率的社会改革运动，它像是一场飞来的革命，充斥着对西方社会的向往和对本国历史、国情的忽视甚至蔑视，以强制性的、一揽子的手段推行一切被认为是"好东西"的改革。

1962 年国王拟定了 19 项重大改革措施，准备在 15 年内实施。1963 年 1 月 26 日举行过公民投票后白色革命拉开了序幕。白色革命的主要措施有：

——土地改革、废除封建土地制度：政府从封建地主手中收购土地并以低于市场价 30% 的折扣售给佃农，用于购买土地的贷款可以较低利率在 25 年内付清。这项改革一度使 150 万个佃农家庭拥有了自己的土地，涉及人口占伊朗人口的 40%。

——森林与牧场的国有化：颁布众多法令，保护国有森林与牧场资源。在干旱的伊朗推行植树计划，创建了环抱城市和主要高速路的 7 万英亩的"绿带"。今天你在首都德黑兰的街道上可以走在当年播下的树荫里。

——国有企业的私有化：将企业按股份出售给地主，进而创造一个新的工厂主阶层。

——分红制：给予私有企业员工本企业净利润 20% 的股份，并保障奖金发放。

——妇女选举权：给予妇女选举权。这项措施在当时引起了极大争议，受到伊斯兰教职人员严厉批评。但这项改革措施却作为白色革命为数不多的遗产被保留了下来。

——开展扫盲运动：成立识字军团，规定有高中文凭并需要服义务兵役的人员，可以选择在山村从事扫盲以代替兵役。

——推进国民卫生健康运动：成立健康军团，在三年中，成立约 4500 个医疗小组，支援山区和农村地区的卫生工作。

——推广现代农牧技术：成立复兴与建设军团教授现代耕作方式和畜牧技术。从 1964 年到 1970 年伊朗农业产值提高了 67%。

——发展水利，保护水资源：白色革命时期伊朗广兴水利，建筑大批水坝等水利设施。伊朗农田灌溉面积从 1968 年的 200 万英亩增长到 1977 年的 560 万英亩。

——发展基层民主自治制度：成立民间公平议事厅，由人民选举产生的仲裁组织调解民间矛盾。到 1977 年在伊朗全境分布着 1 万多个公平议事厅，为超过 1000 万民众服务。

——实行免费义务教育：免费义务教育覆盖从幼儿园至 14 岁的所有儿童青少年。1978 年，有 25% 的伊朗人在公共学校登记就读。

——建立社会保障和国家保险制度：为所有伊朗人提供社会保障，实行退休制度全民覆盖。

依今天中国的观点看来，巴列维国王的白色革命真可谓：充分吸收了人类文明的优秀成果。它将东西方现代制度中的各种有益的制度与政策都吸收和应用于伊朗的工业化和现代化进程中。为期不到 20 年的白色革命，在推动伊朗工业化、城市化方面起到了显著的作用。在伊朗调研的途中，从首都德黑兰到中部重要城市伊斯法罕，依然可以感受到白色革命期间伊朗建设和发展的成就。

但是，这样一场自上而下的工业化、城市化运动却搞得天怒人怨，激发了广泛的社会抗议，最终引发了另外一场革命——伊斯兰革命。

白色革命在经济上取得了一定成功，但在社会意义上则完全失败了。白色革命最终引发伊斯兰革命的原因以及相关因素很多，但从今天看，最主要的有四个方面的背景因素。

第一，社会改革未能建立起支持其生存的新的社会结构。

任何一个社会的权力结构以及政治法律体制都需要有相应社会结构作为支撑，抑或说，一个国家的法律制度和政治权力需要有特定社会群体的认可和支持。白色革命源于社会最上层的统治集团，而在改革和发展进程中却没有建立和培育起支持改革的新社会阶层，同时又深深地伤害了原来居于主导地位的社会阶层和既得利益集团。

白色革命最为重要的改革措施之一是土地改革。土地改革以及带来的对传统社会结构的打碎与重建是普遍存在于亚洲工业化、现代化进程中的关键措施，是日本、中国大陆以及台湾地区工业化、城市化快速发展成功的基础性因素。但这一关键举措却在伊朗完全没有收到相应的效果。白色革命匆忙的、武断的土地改革，把土地转到佃农手中，但并未立竿见影地带来农业生产进步，相反干旱地区传统农业的命脉——坎儿井，因地主集团的退出而遭到了损坏，导致了部分农业地区和农业的衰落，进而土地又很快从佃农那里流失到高利贷者和生产出口经济作物的跨国公司手中。白色革命的土地改革计划被批评使"地主和农工都失去了工作"。过分仿效他国的改革计划没有充分考虑到伊朗自身独特地理、气候条件，也忽视了伊朗农业中传统的佃农与地主之间家族式的工作契约关系。传统的生产关系被斩断，新的生产关系并未发育起来。土改的失败使白色革命以及巴列维政权始终没有得到一个因改革而发育起来的新的社会基础的支持。

第二，经济与民生的脱节导致社会对立。

在中国改革开放之初，实际上还没有民生的概念。那时候，经济发展就是民生，社会的共识是发展经济优先，经济发展了生活自然改善，人们为经济发展甚至不大在乎其他方面的牺牲，那个时候几乎所有社会阶层都满怀希望。改革和发展30年后，民生问题凸显了，人们更加关注民生问题，这其中至少包含着两个意味：一是经济发展的成果是否转化为社会实际生活水平的提高；二是经济发展的成果是否能够为社会各阶层所分享。当年伊朗在白色革命进程中也遇到了这个问题。

白色革命给伊朗经济发展带来的变化不可谓不大，应当说白色革命开启了伊朗工业化、城市化快速发展的进程。从1968—1978年伊朗经济以年均16%—17%的速度增长，人均国民产值从1960—1961年度的160美元跃增为1977—1978年度的2250美元。1973年伊朗从西方石油财团手中收回主权，恰逢国际石油价格暴涨，国家每年石油收入从40亿美元猛增至200多亿美元，从债务国突变为债权国。经过十多年的快速发展伊朗初步建立起了比较完整的轻重工业体系，并进一步开始发展原子能、电子工业。快速工业化带来大规模城市化和社会结构的变化。白色革命前的1960年伊朗城市化率为30%，到伊斯兰革命前的1978年伊朗城市化率已达52%。从这个重要指标看，伊朗已经是一个初步实现了工业化的国家。

但是，快速的经济发展带来的却是急剧的社会分化。工业化带来的财富积累，特别是石油出口带来的巨额收入，在伊朗迅速制造了一个暴富阶层，当年人们曾经用"从荷兰买鲜花，法国买矿泉水，东地中海买野味，非洲买水果"来形容伊朗上流社会的奢侈生活。而与此形成鲜明对照的是普通工人、农民的贫困生活。特别是1975年之后，由于过度投资导致城市土地价格飞涨，国际方面经济波动致使石油价格下降，导致了伊朗国内出现严重通货膨胀，城市居民生活受到很大冲击。伊朗是一个伊斯兰社会，传统的伊斯兰平等精神渗透于社会生活的方方面面。严重的社会分化严重地冲击了伊朗社会内部各阶层关系，损害了维系社会团结的道德纽带。

第三，白色革命导致了尖锐的文化冲突。

伊斯兰是伊朗的文明底蕴。伊斯兰与伊朗人的精神世界融于一体，伊斯兰准则规范和调节着伊朗民间的社会关系，什叶派穆斯林具有自己独特的社会组织形式。伊斯兰使伊朗具有自身独特的社会性质和精神气质。然而，当年伊朗的领袖，发动白色革命的巴列维国王，居然完全漠视伊朗的伊斯兰文化甚至视为落后，试图用仿效西方的世俗化来推进伊朗的改革和发展。霍梅尼就曾批评：在巴列维治下的伊朗"正如对东西方文化所显示的狂热崇拜，对伊朗旅游者来讲，去英国、法国、美国和莫斯科是一件值得骄傲的事；而到圣地去朝拜则显得落后。对宗教及与之有关主题和精神漠不关心，这被认为是理智的行为；而献身于这些事业则象征着落后和保守主义。"

在伊朗访问和考察的日子里，笔者所见的伊朗妇女永远是佩戴头巾，常常身披一袭轻柔飘逸的黑色长袍，尽显波斯女性的矜持隽永气质。然而，在白色革命的日子里，一心崇拜向往西方的国王，竟然视伊朗妇女的头巾为陋习，要求禁止。为此，闹得民怨沸腾。一国之君如此不了解自己的人民，管制人民到如此地步，令人感叹不已。

白色革命带来的文化冲突激起了伊朗社会内部激烈的意识形态对立，激起了历来在伊朗社会中占居思想文化精英地位的伊斯兰教士阶层的强烈不满和坚决反抗。如果说，某些改革措施的失败带给人民的还是一些物质利益上的损失，造成人民生活中的失望，而世俗化、西方化则给人民带来了精神痛苦，激起了人民对于白色革命所蕴含价值观的强烈质疑和反感。

第四，西方经济渗透激起了波斯民族的抵抗意识。

伊朗是古老的波斯民族的故乡。灿烂的古代文明和辉煌的历史文化遗产给了现代伊朗人引以为傲的文化记忆，给予伊朗人深厚的民族自豪感。以开放和效仿西方为前提的白色革命计划和未经深思熟虑的鲁莽拙劣行动，使伊朗经济，特别是农业受到了巨大的外来冲击。虽然石油国有化带来了美元，但大量西方工农业产品冲入了刚刚处于工业化起步阶段的伊朗，造成了伊朗经济一定程度上的依附性发展。

如果说白色革命带来的文化冲突激起了伊朗社会内部意识形态对立，得罪的主要还是教士阶层，来自西方的经济影响和冲击则在更大范围内引发了波斯民族情绪的抵抗。被白色革命视为偶像和模板的西方，在许多普通伊朗人眼里却成为丑恶、贪婪的象征。霍梅尼曾激烈地抨击："这个被如此美妙地称为'白色革命'的东西，不外乎是一项美国的计划，其用心良苦，旨在毁灭我们的农业，把我们整个国家变成倾销美国生活用品和消费品的市场，并把我们的农民变成廉价劳动力。今天，所有生活用品不得不一律进口，这就是'白色革命'的罪过。"他严厉指责巴列维王朝："巴列维王朝是殖民主义者强加给伊朗人民的。这个王朝掠夺伊朗的自然资源和财富，并向外国人开放。它破坏了伊朗的政治、社会、经济和文化设施的基础。50年来它一直压迫着伊朗人民。"

年轻的巴列维国王当年发动白色革命的时候，曾志得意满地描述说："导致这场革命的根本思想是：权利应归全民，而不得为少数人所垄断。""我们需要进行一场深刻的、根本性的革命，一举结束一切社会对立和导致不公正、压迫和剥削的因素，消除一切妨碍前进、助长落后的反动势力，指出建设新社会行之有效的方法。而这些方法也要与伊朗人民的精神、道德，国家的自然气候、地理条件，其民族特点、民族精神和历史传统相适应，并能尽快地使我们达到和赶上当代世界最先进社会前进步伐的目标。"巴列维国王的理想不可谓不崇高，他的态度或许也是真诚和认真的，但白色革命的实践与其初衷南辕北辙，一个从良好愿望出发，设计得完美无缺，无所不用其极的社会改造和发展计划最终走到了自己的反面，一个伟大的理想化的目标与伊朗社会现实完全脱节，终于演变成了一场剧烈社会冲突。它留给后世的是一幅令人尴尬的历史讽刺画。

二 独特的伊斯兰政体

"伊斯兰革命"结束了"白色革命"，它建立起了一个全新的独特的现代伊斯兰政体。从政治以及政治学的角度看，伊朗的现代伊斯兰政体是"伊斯兰革命"产生的最重要的、最具历史意义的成果。

革命，扫荡旧制度，打碎旧的社会结构，给替代的新制度以极大的历史空间与自由。伊朗伊斯兰政体就是享有这样的历史自由的为数不多的幸运者。

伊朗伊斯兰革命成功后，霍梅尼喊出了一个令世界印象深刻的政治口号"不要东方，不要西方，只要伊斯兰"。无论如何，伊朗至少在建立全新的政治体制上做到这一点，现代伊朗政体既不同于东方源于苏联体制的社会主义政体，也不同于以美国为代表的西方资本主义政体。有意思的是，伊朗伊斯兰政体既有东方社会主义的某些制度规则，也有西方资本主义政体中的制度形式，但却绝不能说，伊朗伊斯兰政体是东西方政治制度的混合物。现代伊斯兰政体绝对是完整的、独特的，是一种新型的政治体制。

　　1979 年 3 月 30 日及 31 日，刚刚通过伊斯兰革命推翻巴列维王朝的伊朗举行全民公决，就成立新的国家、以伊斯兰共和国取代君主政体进行公投，新国家的国名为：伊朗伊斯兰共和国。全民公决的结果是：参加公投的 98.2% 的伊朗人赞同建立以伊朗伊斯兰共和国为国名的新国家。"伊斯兰"—"共和国"，从此成为伊朗现代伊斯兰政体的两个"政极"，即现代伊斯兰政体生成的两个原点。

　　伊斯兰，即伊斯兰教，代表了伊朗国家和民族的基本价值，是伊朗社会及全体人民必须遵循的基本原则，是伊朗处理和判断一切社会事务的根本准绳，是伊朗国家建设和社会发展的方向和目标。在现实中，伊斯兰是由伊斯兰教士直至大阿亚图拉及最高领袖为载体和代表的。什叶派各级教士霍贾特伊斯兰、阿亚图拉、大阿亚图拉等是伊斯兰教、古兰经的研习者、传授者、解释者、阐发者，是人格化的伊斯兰教。根据经过大阿亚图拉霍梅尼阐发的伊斯兰什叶派第十二伊玛目教派教义，在伊玛姆目隐遁时期，法基赫（教法学家）作为穆斯林乌玛的领袖代行伊玛目的一切权力。以最高领袖为首的法基赫集团代表隐遁的伊玛目，根据古兰经领导伊朗社会，这是现代伊朗伊斯兰政体的一个基本方面，是国家权力合法性来源之一。

　　伊朗政体乃至伊朗社会的另一极、另一个原点，是人民选举。霍梅尼曾说过：不要说民主，那是一个西方的概念。从另一方面看，伊朗政体的合法性、伊朗一切法律与政策，直接来源于人民选举和公决。现代伊朗伊斯兰政体下，一切宗教的、世俗的权力机构、领导人都必须经过选举产生，宪法、重大决定要经全民公决。现行伊朗伊斯兰共和国宪法就是于 1980 年首先经全民选举组成 73 位宪法专家委员会负责起草，后经全民公投通过的。最高领袖是经全民选举产生的伊斯兰教法学家组成的"专家委员会"在大阿亚图拉中选举产生，伊朗总统和议会都是经过竞争性的直接选举产生的。

　　伊斯兰教义和人民选举是伊朗政体的两个逻辑的起点和现实基础。在此之上生成了伊朗伊斯兰共和国的全部政体。

　　从这个政体结构图中可以看出，伊朗伊斯兰共和国政体结构，一方面实现了代表伊斯兰教价值的伊斯兰教法学家及其最高领袖对国家的领导；

另一方面又实现了由全民选出、直接代表反映人民意愿的政府和议会对国家的领导。伊朗政体、伊朗政治权力，由伊斯兰教和人民选举两极而生，经过对接、合并、融合最终形成和运行。

伊斯兰教规定了伊朗社会最高的价值准则、社会理想和基本的社会规范。与基督教和佛教的经典不同，《古兰经》在一定程度上是一部理想化和道德化的社会律令，《古兰经》以神圣化的教义赋予世俗社会以规范和理性。由于这种宗教原则与社会准则的互通性，伊朗伊斯兰政体可以将伊斯兰教规奉为社会的基本原则和核心价值，要求以伊斯兰教义作为衡量一切社会活动的准绳。在政体形式上，则将这种抽象的价值原则化身为终生研习和践行伊斯兰教义的伊斯兰教法学家，负责将社会准则在现实政治和社会生活中付诸实施并监督执行。

20世纪70年代，现代伊斯兰思想和政体的创立者霍梅尼首次出版了他的论述现代伊斯兰思想和制度代表性著作《伊斯兰政府：法学家的统治》（Hokumat-e Islami：Velayat-e faqih）。从现实角度看，霍梅尼政治思想最重要的内容之一是对"伊斯兰政府的形式"的设计和论述。他提出，伊斯兰政府不同于现存任何形式的"立宪"政府。伊斯兰政体的"立宪"含义不是指基于公民权利对政府权力及其运作进行限定和规范，而是指统治者服从《古兰经》和《圣训》。"因此，伊斯兰政府可以被界定为依据神法对人进行统治。"伊斯兰政府同君主立宪制和世俗共和制的根本区别在于，在后两种政体中，君主和人民的代表参加立法，而伊斯兰立法权专属真主。立法、立宪来自真主和基本教义保障了社会基本准则和核心价值的稳定性，排斥了来自现实社会的功利考量，防止准则与价值的变异。而一定程度上超越于世俗的伊斯兰教法学家作为社会准则和核心价值的监护人，又进一步维护和巩固了社会准则和核心价值的稳定性，并在很大程度上保证了社会准则和核心价值的实践性。在伊朗伊斯兰政体下，准则与价值的制度体现是具有最高伊斯兰教义学养和最高道德典范者被选为最高领袖掌握国家最高权力，拥有国家事务最终裁决权和最高监护权。这是伊朗伊斯兰政体的一个逻辑起点和建构基点。这一点颇有中国古代"贤人政治"和古希腊的"哲学王"的意味。

最高领袖是一种政治体制，是一种权力结构，在这个"哲学王"的对面，在伊斯兰政体的另一端，是经人民选举产生的世俗的、普通的政权机构——总统和议会。即使在伊朗，全民选举、党派竞争在很大程度上是

149

世俗政治，它的出发点不是理想和道德而是社会现实，它的本质是集团利益。抽象地说，伊朗伊斯兰政体中人民选举这一极包含了另一种价值，即世俗的、现实的利益诉求。

伊朗伊斯兰政体是建立在伊斯兰教义和人民选举这两个逻辑起点和建构基点之上的，伊朗的政体与法律、政策分别来自两极的输入和支持。

从伊斯兰教义原点出发，最高领袖执掌伊朗伊斯兰政体最高权力的体制与方式，主要体现在：最高领袖对于伊朗五大政权机构——总统与政府、议会、司法总监、国家利益委员会、宪法监护委员会的人事权力和政策建议权与否决权等两大方面。

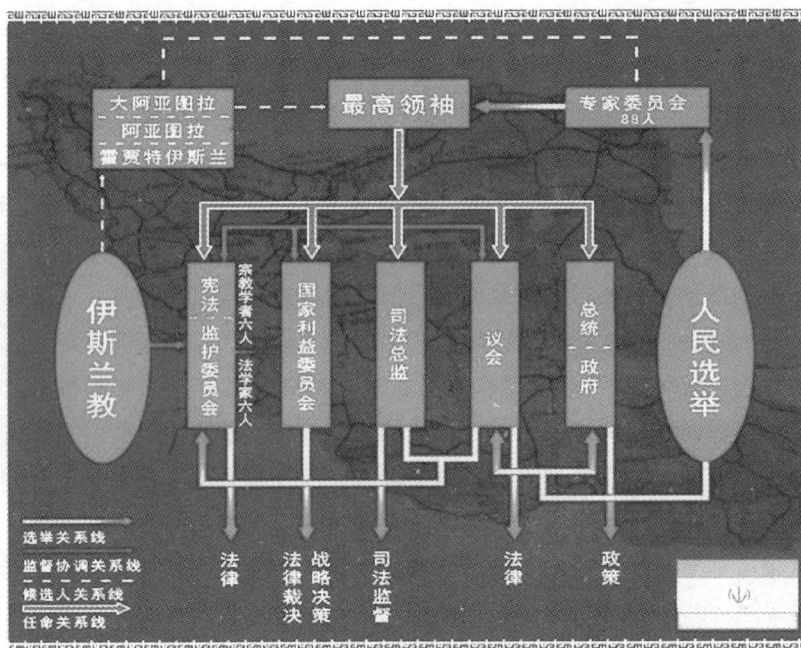

图1　伊朗伊斯兰政体结构

伊朗总统由全民选举产生，但要经过最高领袖的任命。总统是行政部门首脑，掌管国家行政权力，是仅次于最高领袖的职务。伊朗议会的正式名称是"伊斯兰协商议会"，议员由直接选举产生，兼有根据宪法制定法律和政治协商职能。伊朗司法总监是司法最高长官，依据宪法、法律监督总统和议会，司法总监由最高领袖直接任命。宪法监护委员会是监督和制约议会以及议会立法活动的主要机构，议会立法须经宪法监护委员会审议通过否则无效，宪法监护委员会共 12 名成员，其中 6 名为宗教学者由最高领袖推荐产生，6 名为法学专家由议会选举产生。总统、政府、议会、司法总监、国家利益委员会、宪法监护委员会等所有重要国家政权机构作出一切重大决定、制定的各种法律，都要向最高领袖负责。最高领袖拥有人事和政策上的最终否决权。

总统、政府和议会等国家政权机构在向最高领袖负责的同时，又要向人民负责，其制定的政策和一切重要决策，在原则上符合伊斯兰教义的前提下，要从社会需求、人民利益和现实条件出发，要接受人民的评判、舆论的监督和选举的考验。

伊朗的民选机构，总统、议会等也具有某种影响和制约最高领袖的方式和渠道，其中最主要的是"选举领袖委员会"。伊朗伊斯兰的两极政体的重要表现之一是，两极中的一极——人民选举，同样要体现在掌握最高权力的最高领袖身上——最高领袖也要经一定选举程序产生。《伊朗伊斯兰共和国宪法》辟有《领袖和选举领袖委员会》一章。宪法规定最高领袖根据一定条件由选举领袖委员会协商指定，由 88 名伊斯兰教法学家组成的领袖选举委员会则要由全民选举产生。领袖选举委员会内部章程和相关规则由宪法监护委员会制定和投票通过。

国家利益委员会，是伊朗伊斯兰政体两极之间最重要的连接器。社会的理想与现实之间总会存在矛盾，当伊斯兰崇高的社会理想、社会准则与人民群众眼前的实际利益、现实愿望发生矛盾时，如何协调、如何取舍、如何平衡？如何使法律与政策做到统筹兼顾？伊朗政体中的主要协调机制和负责机构就是这个国家利益委员会。国家利益委员会确切名称为：确定国家利益委员会，是伊朗政体中最高协调机构。国家利益委员会成员涵盖了伊朗政体中主要权力机构的首长，由总统、议长、司法总监以及国家安全委员会成员组成，并最终向最高领袖负责。国家利益委员会成员来自和代表分别产生于伊朗政体两极的不同权力机构，他们组成具有权威性机构负责协调处理依据两种价值和诉求的法律与政策方案。伊斯兰政体的两极在这里会接。

三　伊斯兰政体社会文化原因探讨

伊朗伊斯兰政体是当今世界十分独特的政体，它兼有东西方政体的元素，又从根本上不同于东西方政体。伊朗政体形成有其特殊的历史、国情、文化等方面的原因和条件。根据笔者的观察与研究，特别是从政治学角度分析认识，笔者认为除去国际学术界经常提到的一些因素外，什叶派特殊的组织方式和伊斯兰教在什叶派穆斯林中形成的人生观、价值观，是伊朗伊斯兰政体形成和赖以生存的两个最为重要的特别值得关注的因素。

伊朗伊斯兰政体的一个关键因素是最高领袖。伊朗最高领袖从个人条件和素质上，在很大程度上是一个杰出的、取得最高学术成就的伊斯兰学者和道德楷模。从这个意义上看，什叶派的大阿亚图拉以及在高级伊斯兰教法学家当中产生的最高领袖就是现实生活中的"哲学王"。可以说是2000多年前柏拉图设想的"哲学王"第一次现身人间。单纯的学术与道德权威成为国家与社会最高的政治领导人的现象在人类历史上是极其罕见的，也许伊朗伊斯兰政体是唯一的。古来政治实践中的权力者本质是依靠经济、军事及组织资源而获取权力地位，所谓"力取天下"。有德而无力，充其量只能充当思想领袖、意见分子。因此，在各个历史阶段及各种政体中都难以出现"德者为王"即"哲学王"现象。

伊朗伊斯兰政体中的"哲学王"现象，在笔者看来，首先与什叶派特殊的宗教学说和组织形式具有一定关系。与逊尼派不同，什叶派穆斯林实行教士等级学衔制和导师追随制度。什叶派将教士分为：霍贾特伊斯兰、阿亚图拉、大阿亚图拉等三大级别，三个递进的级别要经过长期和严格的宗教研习和学术研究，根据所达到的学术水平和研究成果，经过极其严格的筛选制度逐步晋升。由于伊斯兰经典甚多，熟悉伊斯兰经典并要有所阐发和创新，需要非常刻苦和聪慧之人终身废寝忘食苦读苦修才有可能沿着教阶逐级而上，而其中造诣最为深厚、道德最为高尚者修成正果达到大阿亚图拉者更是凤毛麟角。当今全球什叶派穆斯林中的大阿亚图拉不足十人。

笔者在访问伊朗时，有幸在圣城库姆拜见大阿亚图拉马卡雷姆·设拉子。年过八旬的大阿亚图拉马卡雷姆·设拉子可谓德高望重，他自幼研习《古兰经》，熟读上千部伊斯兰教经典，著述等身、成果粲然，他已撰写

《古兰经》研究著作逾百部，被誉为当今最权威的《古兰经》学者。

像大阿亚图拉马卡雷姆·设拉子这样的学者，在什叶派穆斯林中自然享有极其崇高的威望，而什叶派穆斯林具有追随导师的习俗。每个什叶派穆斯林都会在清真寺里跟随一位阿訇，即霍贾特伊斯兰。每位霍贾特伊斯兰又会追随一位阿亚图拉，每一位阿亚图拉又会以一位大阿亚图拉为导师。这样的追随，除去崇拜其学问、研习其著作以外还通过清真寺实行捐献制度，什叶派穆斯林根据教义要按一定比例捐出自己收入增加的部分给清真寺，而这样的捐献要通过一层层导师形成捐献和救助体系。这样的体系使什叶派穆斯林的教士实际上具有组织和财务能力。这样的体系使什叶派教士，尤其是高级教士，具有一定社会组织系统，当他们发挥政治作用的时候，什叶派的组织系统就起到了重要的社会动员和组织作用。抑或可以这样说，当今数千万什叶派穆斯林可以根据在世的当代八位大阿亚图拉而分成八路大军。

造就伊朗伊斯兰政体中"哲学王"现象还有很重要的社会心理方面的原因，这就是伊朗社会中根深蒂固的伊斯兰信仰。德者之所以可以为"王"，背后的条件是道德学问在民众心中的社会价值。伊斯兰崇尚朴素简单的世俗生活，崇尚忠诚，向往来世。当代的伊朗社会中大众还保持着浓郁的简朴单纯、重义轻利、重信仰轻生死的价值观、人生观。笔者认为，正是这样的原因，正是在这样的一种社会文化氛围里，伊朗社会才可能长期保持较高的道德水平。伊朗人将来世视为理想，视为终极美好世界，才有可能对当世的贤者心向往之，把他们视为通向理想世界的引路人。正是由于伊朗什叶派穆斯林中有巩固而深厚的宗教信仰并化为深刻的人生观、价值观，导致了伊朗社会对宗教和道德权威的信奉。而对于宗教和道德权威的信奉进而成为产生"哲学王"社会心理基础。进一步讲，民众的宗教信仰水平是维系伊朗伊斯兰政体的重要思想文化条件。

四　政体价值：伊斯兰政体引发的思考

依据现代西方主流政治学的知识，民主与专制是划分政体类型的基本标准。民主，意味着国家的治权来自民众；专制，意味着国家治权来自某种权威而非民众。在伊朗伊斯兰政体面前，人们如何认定它的政体属性呢？是民主抑或专制？是兼而有之还是二者皆非？伊朗政体生于伊斯兰教义和人民选举。根据西方的标准，伊朗政体中的最高权力属于宗教权威，这当然与民主无关。但伊朗政体中行政和立法机关是通过自由选举产生的，这又是典型的民主形式。显然，用民主与专制的概念是无法定义伊朗政体的。

伊朗政体具有双重价值："教义"与"民意"，伊朗政体具有双重权力结构：伊斯兰教法学家和世俗政治家。伊朗政体中的双重权力结构是双重价值的载体，两种权力分别代表不同价值，表达和实现不同价值，协调统合不同的价值。

对伊朗伊斯兰政体结构和功能分析，使我们意识到了一个理论性的问题：政体的价值。政体的社会功能是什么？评判一个政体优劣的标准是什么？

伊朗政体中，最高领袖及宪监会代表着伊斯兰，体现着伊朗国家与社会信奉的核心价值。最高领袖及宪监会的职责是监督和评判伊朗一切法律和政策是否符合伊斯兰教义，是否与伊朗信奉的核心价值保持一致。按照我们熟悉的话语，最高领袖及宪监会对伊朗国家与社会的根本利益、长远利益和整体利益负责，负责把握社会发展的方向。

在伊朗政体的另一端，是总统和议会。他们经过人民选举产生，体现着经选举和公决表达出来的"民意"，即伊朗各阶层人民的现实的愿望和诉求。这代表了伊朗的另一种价值。同样按我们熟悉的话语，直接来自民间、来自选举和公决的民意更多地反映的是人民群众的个别利益、眼前利益和局部利益。总统、政府、议会的行为更多地表现出务实的一面，他们肩负着人民现实的愿望和诉求，并受到选举的约束。

伊朗政体的二重性要求伊朗的政治实践及国家的法律、政策既要符合教义又要符合民意。然而，问题是在实践中教义与民意、理想与现实之间总会有差距，总会有矛盾。当教义与民意发生冲突的时候，是教义高于民意，还是民意高于教义？试想，如果教义高于民意，理想优于现实，以教义衡量一切、要求一切，为社会理想可以牺牲和排斥现实利益。"水至清则无鱼"，这样的社会恐怕是难以维持的。反过来，如果民意高于教义，只顾现实，没有理想、没有目标、不考虑未来，民众个别利益、眼前利益、局部利益高于一切，结果必然是竭泽而渔、吃光花净，这样的社会同样是难以为继的。

事实上，在人类社会发展的实践中，上述两种偏差都曾出现过。一个政体如果不能调节两种价值，适应两方面的需要，便一定会遇到严重的危机。中国"文化大革命"的理论与实践，从逻辑上分析，其实质便是国家政策脱离了社会现实和人民切身利益，试图用"穷过渡"的办法达至理想社会，强行要求中国社会为整体牺牲局部、为集体牺牲个体、为明天而牺牲今天。理想排斥现实的结果是社会理想脱离实际、脱离人民的现实利益，而脱离实际的理想终将失去社会的认同，导致"教义"空洞化、虚伪化，甚至遭到人们唾弃。

在当今欧美政体下，似乎出现了一种与当年中国"文化大革命"相反的倾向。在当代西方政体下，国家权力分散而政权不稳定。频繁的选举使依靠选票上台的执政党与政客必须迁就选民利益，国家政策只能顾及当下，必须满足利益集团与选民的现实诉求，由此导致国家的政策短视化、功利化，选民的短期利益、局部利益成为一切政策、法律的出发点和落脚点，而国家与社会的整体利益、长远利益则无暇顾及。在这种政体中，民意压倒教义，今天排斥明天。其结果是寅吃卯粮，同样闹得危机重重。

伊朗政体中权力结构的二重性保障了伊朗政体双重价值的平衡与协调。从本质上看，伊朗政体的根本功能在于通过双重权力——教法学家和世俗政治家，实现和保持双重价值——教义与民意的平衡与协调。传统的观点认为，政体的功能在于维护法制与秩序，进行社会管理。然而，透过伊朗伊斯兰政体，可以从更深的层面看到：政体的价值还在于将"教义"与"民意"结合起来，即把社会的根本利益、长远利益和整体利益与人民的个别利益、眼前利益和局部利益结合起来。好的政体是那些能够协调"教义"与"民意"，兼顾理想与现实、整体与局部的政体。

也许我们不应该再按照西方政治学说的流行观点，用所谓专制和民主作为区分不同政体类型的标准。也许民主只是一个政治哲学的概念，而不是一个可以按其定义在现实中找到纯粹对应物的政治科学概念。至少对于伊朗这样的具有明显双重价值以及双重权力结构的政体来说，民主或专制的概念似乎都不适合指称伊朗政体，都难以概括出伊朗政体的性质。伊朗政体是教义与民意的综合体，而不是单一价值的构筑物。如果权力结构的二重性具有普遍性，那么就不能用权力单一性质的假设来定性权力，更不能以此为标准把政体区分为民主与专制。如果权力的功能在于协调与处理任何一个国家与社会内部都具有的"教义"与"民意"、理想目标与现实需求之间的矛盾与关系的话，不同政体间的区别就只能存在于权力集中程度上的区别，即权力比较分散的政体和权力比较集中的政体。

　　权力结构决定体制功能。根据笔者的观察，如果用权力集中度的标准分析和定性不同政体，在多国的比较中可以发现：一个权力集中程度较高的政体更易于倾向教义而忽视民意，甚至"力排众议"、"一意孤行"，优先推进社会理想目标的实现。而一个分散程度较高的政体则更倾向于民意，更顾及民众的现实利益诉求，相对缺乏对于教义、对于社会发展的理想目标的追求。从对于多国工业化进程的观察与比较中，还可以看到，处于工业化进程中的国家与社会更易于选择集中程度比较高的政体，权力集中程度高的政体似乎更适合于发展中国家。完成工业化的西方发达国家则更多采用的是权力比较分散政体，分权政体似乎更适合于完成工业化的发达国家。

经　济

西方金融危机三诫示

宗　寒[*]

内容摘要：美国金融危机是虚拟资本天马行空式的发展与实体经济严重脱离的必然结果。虚拟资本的发展表现了资本主义寄生性腐朽性的发展。虚拟资本成为控制和主导整个资本主义制度的灵魂和主体，表明腐朽性达到新的高度。发展虚拟经济一定要坚持以人为本，以促进生产力发展为本。虚拟经济的发展量要与实体经济的规模相适应。虚拟资本不能为复制自己服务。资本主义市场经济所谓的"平等交换"是带引号的，公平平等旗号后面是巨大的不公平不平等，违背社会生产力发展的要求，资本主义市场经济道路不可走。

关键词：美国金融危机　虚拟资本　平等交换

2008 年美国爆发金融危机，至今已三年有余，危机不仅给西方国家带来严重困难，而且迅速影响到全世界。2009 年全球经济下跌 0.6%，西方国家下跌 3.4%，国际贸易萎缩 23%，国际直接投资下降 37%，失业人数增加 3000 多万。2010 年经济虽然有所复苏，但增长乏力，美欧经济仅增长了 2.8% 和 1.7%，全球经济增长 5% 主要是由于发展中国家经济增长带动的。疲势依旧，西方国家赤字增加，债台高筑，失业人数居高不下，劳动群众示威此起彼伏，表达自己的不满。西方金融危机是资本主义基本矛盾的反映，它周期性地出现，隔七八年必来一次，不自今日始，也不会至此结束。但这次金融危机有其特点，告诉我们很多值得深思的东西，值得加以研究。这里仅提出几个与我国社会发展与时代进步有关的问题，谈一点看法。

---

* 宗寒，《求是》杂志社编审，研究员。

一　虚拟经济的两重性

美国这次金融危机是由次贷泡沫破裂引发的，是虚拟资本天马行空式的发展与实体经济严重脱离的必然结果。虚拟资本与实体经济严重背离，暴露出资本逐利的本质，逐利达到反常的程度，不仅使资本与劳动的矛盾激化，而且使借贷资本与实体资本矛盾激化，借贷资本之间的矛盾激化，危机必然爆发。

虚拟资本是资本主义发展到一定阶段的产物。以股票、有价证券、国债为代表的虚拟资本，自身没有价值，它所代表的资本的货币价值也是虚拟的，只是代表有权取得未来剩余价值的资本所有权证书。股份制和债券制可以使资本与资本持有者分离，使资本持有者的资本在保持资本所有权并索取一定剩余价值权的基础上与实有资本相结合，使闲散资本通过买卖流通集中集聚和重新组合，在很大程度上反映了社会化大生产的客观需要。这是非股份制经济所不能完成的。它这种可以分离买卖组合，所有权及剩余索取权含量会随着其市场价值变化而变化波动的特点，使之既具有集聚资本、促进社会化大生产发展作用的一面，又具有风险、投机和欺诈、破坏生产力的一面。由于股票价格会受供求关系、舆论、政治形势等多种因素的影响，与预期股息收益成正比，而与银行利息成反比，可以脱离实体资本实际运行状况，这就不可避免地会产生投机和欺诈，成为资本榨取剩余价值的一种手段。马克思指出：股份制"再生产出了一种新的金融贵族，一种新的寄生虫——发起人、创业人和徒有其名的董事；并在创立公司、发行股票和进行股票交易方面再生产出了一整套投机和欺诈活动"①。"因为财产在这里是以股票的形式存在的，所以它的运动和转移就纯粹变成了交易所赌博的结果。"恩格斯说：证券交易所"是资本主义赢利的顶峰，在那里所有权完全直接变成了盗窃"②。

100年后的今天，资本主义由自由竞争阶段发展到垄断阶段，再发展到金融资本垄断阶段。资本主义的寄生性与腐朽性进一步发展，资本主义虚拟资本及其投机、欺诈性也有了新的更大发展。其生产职能下降，投

---

① 《资本论》第3卷，人民出版社2004年版，第497页。
② 《马克思恩格斯〈资本论〉书信集》，人民出版社1976年版，第408页。

机、欺诈职能上升为主体地位；聚集资本的职能下降，利用资本运动逐利的职能上升为主体地位；虚拟体规模无比增大，实体资本规模下降，虚拟资本规模上升为主体地位。2006 年美国金融衍生品总量达 518 万亿美元，是 GDP 的 40 倍，其中各种债券和资产券是 GDP 的 6.8 倍；现在金融衍生品总量则发展到高达 GDP 的 418 倍。美国制造业的产值占 GDP 的比例由 1960 年的 29.7%，下降为 1980 年的 23.5%，1987 年的 20%，2007 年的不到 12%，虚拟经济和服务业的产值占 GDP 的比例则从 1950 年的 11% 上升为 80%，而金融、房地产、服务业的利润则占到总利润的 70%。美国本来是世界上最大的物质生产基地，能源、钢铁、汽车、制造业都居世界第一位，这些年来这些产业都逐步衰落了。制造业不断"空洞化"，证券业、军事工业以及与军事有关的高科技研究却疯狂发展。美国每年军事开支高达 5000 多亿美元，军事开支占世界军事开支的 40%，债台高筑。2010 年，美国公债达到 11 万亿美元，占 GDP 的 54% 和税收的 674%，每年借款占税收的 248%。美国财政部必须每年再支付其债务的一半以上，国债债券利息占到债务负担的 34%。不仅国家负债，老百姓也负债。美国家庭私人负债由 1979 年占 GDP 的 46%，上升为 2007 年的 98%，负债比自有资金高 50 多倍。1974—2008 年，美国家庭负债由 6800 亿美元增至 14 万亿美元，[1] 平均每个家庭负债 21.7 万美元。

其他西方国家的情况也是这样。二战以来，西方国家 GDP 年平均增长不到 4%，全球贸易年平均增长 6%，但货币则以年 15% 以上的速度增长。2010 年全球经济增长 4%，股市市值年增长达到 14.8%。2010 年全球货币交易额超过 1000 万亿美元，其中与物质生产有关的仅占 1%，货币存量比 GDP 高 16 倍。2007 年，世界外汇资本和金融衍生品交易量为 3259 万亿美元，是当年世界 GDP 的 67 倍；2009 年，全球外汇市场日均成交量 4.2 万亿美元，是商品和服务量日交易量的 90 倍；金融衍生品场内交易日成交量 10 万亿美元，达到产品和服务日交易量的 200 多倍。2010 年全球债券市场 109 万亿美元，是全球 GDP 的 1.9 倍。[2] 2010 年，欧洲的公债相当于 GDP 的 80%，其中英国为 100%，日本为 204%，加拿大为 100%，法国为 77%，希腊为 135%，其中 2/3 是欠国外的。

---

① ［法］雅克·阿塔利：《国家的破产》，北京联合出版公司 2011 年版，第 7、66、80 页。
② 商务部研究院：《变革中的世界经济》，中国商务出版社 2011 年版，第 32、35 页。

　　西方国家虚拟资本如此疯狂地发展，是资本主义制度发展的必然结果，是资本本性的必然反映，是资本主义寄生性、腐朽性、垂死性发展的集中表现。

　　虚拟资本恶性发展，脱离实体资本的运动链拉长是形式，实质和目的在于追求更大的剩余价值。之所以用这样的形式追求更大剩余价值，是由于采取这样的形式比在实体经济过程中榨取剩余价值更方便、更随意，而资本主义上层建筑、经济制度及科学技术的发展又为虚拟资本的发展提供了相应的条件、保障和动力。它拉长虚拟链，设定让人眼花瞭乱、看上去无限光明却设下巨大陷阱的游戏规则，让人们遵守。有时是单项抛出，有时则打包出售，支配经济过程，以无化有，用少套多，用符号换真实的财富，把巨额利润纳入自己囊中，让善良的人们上钩上当。它以"兼并重组"的名义收购企业，低价进，高价出，转手获得巨额利润。买卖企业不是目的，只是他们获利的中介。它用举债的方式经营，用别人的钱赚钱。借债、扩股是有风险的，他们可以设定规则避险。一旦经营恶化，损失是别人的，他们注定获利。"今天赚了是我的，明天赔了是你的。"它用微薄的手续费经营大量商品。规模巨大，即使很小的差价也能获得巨额利润。它通过开动印刷机印刷票子、票据、票券制造泡沫，从泡沫中获利，泡沫破裂，制造新泡沫，把泡沫吹得更大；再破裂，再制造。他们玩弄泡沫，热衷于制造泡沫，并不是不知道泡沫的风险和巨大危害性，而是一来因为已形成格局，为维持自己的利益，必须不间断维持，否则就会露馅；更主要的是，这样能够更方便更容易地攫取掠夺。印刷机一开动，玩一个新花样，巨额财富就收入自己囊中，比辛辛苦苦地从事物质生产谋利方便得多。

　　它也经营物质产品，比如原油、玉米、大豆以及房产、军火等等。不过这些产品只是他们从政治上控制世界，从经济上榨取世界的手段。控制世界必须控制战略资源，占领世界必须占领战略资源，争夺世界必须争夺战略资源。他们从这种控制、占领、争夺中控制了世界，又从控制、占领、争夺中取得巨额利润。原油、玉米、大豆、房产、期货、期权，以及由美元计价引起的价格变动，成为金融资本获利的主要手段之一。

　　金融资本与西方国家和政治完全结成为一体。金融资本在前台，国家机器立法设制，出人、出资、出政策、造舆论，给以支撑。不要看西方国家有时会对少数几个玩弄骗术玩得太离谱的金融大家动手术，那是做给人看的，不得已而为之。实际上所有金融规则都是西方国家制定的。金融泡沫是由国家玩的，一切金融投机手段都得到法律保障，依靠国家的支持运行。美联储是美国金融资本的总后台，也是最大的金融泡沫玩家，金融资本运动规则的决定者和操纵者。金融资本家通常也是国家政策的操纵者制定者。他们主宰国家的政治、经济、文化和舆论。总统、总理、议员不过是他们的代理人和传声筒。谁得不到资本的支持，谁就站不住脚；谁触犯了资本的利益，谁就要下台。实际上，美国财政部门的历届领导人都是过去的大投资家。官员下台当资本家，资本家上台成为政治家，是西方国家通常的现象。

西方金融资本和金融政治集中表现为美元霸权。美国利用美元作为世界结算货币和储存手段的特殊地位，成为掏空国际劳动者特别是发展中国家财富的手段。自美元与黄金脱钩以来，美国可以随意开动印刷机印刷美元。它可以用一张张的纸取得别国的物质财富，别国向美国输出物质产品，却只能得到一张张的纸。双赤字也罢，单赤字也罢，外贸逆差即使达到天文数字，它毫不在乎，通过印刷机就能取得"平衡"。它在开动印刷机和操纵美元币值、汇率中，让对方的资产在不知不觉中缩水；通过贮藏手段，使全球资本的 2/3 注入自己囊中；通过发行国债，回收资本，再转为资本输出，获取高额利润。而当危机发生的时候，又可以通过操纵美元，把危机向外转嫁，使自己受益。这种利用货币霸权榨取财富的手段表现出了资本的毒辣、恶劣、掠夺、投机、贪得无厌、不择手段的本性，说明资本主义制度的腐朽没落性达到了何等程度。以至于曾两任法国总统顾问的雅克·阿塔利说："奇怪的情形是，富人生活在穷人的接济之下。赚着每月连 1000 欧元都差得很多的中国人，却把每年一半的收入用于支付有着他们 10 倍以上收入的美国公务员、军队和研究人员的工资！"①

虚拟资本的发展表现了资本主义寄生性的发展。越来越多的人口从实体资本中脱离出来，从事虚拟资本经营，寄生人口大量增加，依靠剪息票、取红利、赚取投机利润和举债集中财富，进行不劳而获的高消费、高挥霍。美国有 7000 多家保险公司，2000 多家对冲基金，从事保险业的 230 万人，从事证券业的超过百万人。他们不仅寄生在本国人民身上，更寄生在世界劳动人民身上，主要是发展中国家身上，成为全世界的寄生

---

① ［法］雅克·阿塔利：《国家的破产》，北京联合出版公司 2011 年版，第 8 页。

虫、寄生国、寄生垄断资产阶级。

虚拟资本的发展表现了资本主义腐朽性的发展。资本主义产生初期是生气勃勃的，发明创造带来先进生产力，曾经"在它的不到一百年的阶级统治中所创造的生产力，比过去一切时代创造的全部生产力还要多、还要大"①。现在这种情况不见了。它促进生产力发展的一面下降，阻碍生产力发展的一面上升；推进技术进步的一面下降，阻挠技术进步的一面上升。大量生产资本转化为金融资本，实体资本转化为虚拟资本，直接阻碍生产力发展和技术进步。实体资本部分能取得更大利润，才用于实体经济和科学技术，否则必从实体资本中退出，采取虚拟形式。科学研究大部分用于军事武器和侵略战争，因为这样才能维持霸权地位，占领更多的物质资源和剥削对象。虚拟资本成为控制和主导整个资本主义制度的灵魂和主体，表明腐朽性成为资本主义制度的灵魂和主体。它的进取性丧失了。

资本主义制度的寄生性、腐朽性与虚拟经济的发展相辅相成。资本主义的寄生性、腐朽性促进虚拟资本发展，虚拟资本发展又使资本主义寄生性、腐朽性进一步深化，达到新的高度。

需要看到，股份制、债券制这些虚拟资本作为资本集聚利用的一种形式，本身没有阶级性，资本主义可以用，社会主义也可以用。虚拟资本恶性膨胀不是由于虚拟资本可以与实体资本运动脱离的形式，而在于资本逐利的本性利用了这种形式。我们不能因为资本主义虚拟资本恶性发展而排斥股份制、债券制，退避三舍，避而不用。金融资本是现代经济的核心，虚拟经济是现代化经济的重要组成部分。我们要大胆积极利用，但要看到它的两重性，研究它的两重性，防止它脱离实体经济任意发展，防止其投机欺骗虚拟的一面恶性发展，警惕西方资本势力用虚拟资本杀人不见血的"合法"手法掠夺我们国家。我们应在研究借鉴资本主义虚拟资本形式，认识其本质的基础上，创造适合自己特点的社会主义货币金融体系和运行方式。

发展虚拟经济要着重抓好四点：第一，虚拟资本是为实际经济和生产力发展，为维护和发展人民的根本利益服务的。发展虚拟经济一定要坚持以人为本，以维护人民的利益为本，以促进生产力发展为本。它的发展不能背离这一原则，否则就会走偏方向，走向自己的反面。第二，虚拟经济

---

① 《共产党宣言》，载《马克思恩格斯选集》第 2 卷，第 277 页。

的发展量要与实体经济的规模相适应。虚拟资本形式应为适应社会发展要求而不断创新，但总规模不应超过实体经济发展的客观要求。虚拟资本不能为复制自己服务。其发展规模界限是：虚拟经济规模 = （实体经济规模—实体经济自我积累规模）×实体经济周转速度。超过这一界限，虚拟资本就会产生泡沫，是多余的，必起破坏作用。第三，虚拟资本运行方式具有投机、欺骗的漏洞。选择时机操作不是投机。但单纯投机谋利是与发展虚拟经济的目的相违背的。股份制是为生产力发展服务的，不能成为圈钱的工具。债券是用别人的钱为自己服务，但借债是要还的。新创造的物质财富足以还债并有所盈余，举债才是合理的。因此，必须建立一套完整严密的运行制度和监管体系，加强对虚拟经济的监管。放松监管就会助长虚拟经济恶性发展，滋长犯罪。第四，在对外开放不断扩大的条件下，我国经济与世界虚拟资本运动的关系日益密切。西方的投机资本会通过各种形式进入中国，谋取暴利。我们要利用外资，但必须十分警惕其逐利本性和投机手法，而不能视而不见，任其用自己制定的规则和不断变换的手法敛财。这方面的经验教训需总结汲取。

二 国际价值规律怎样在国际贸易和全球化中起作用

金融危机使我们对国际价值规律在国际贸易和经济全球化中的作用特点有了新的认识。

一个国家经济规模越大、越开放，对外贸易必然越发达，对外关系越密切。经济全球化是随着世界各国的生产力发展程度而发展的。经济全球化将世界各国的经济发展、技术进步和生产力配置联系在一起，取长补短，分工合作，对生产力发展起促进作用。而由于社会制度不同，生产力水平不同，供求结构和水平不同，全球化对不同国家所起的作用是不同的，能起促进作用，也会起阻碍破坏作用。

对外贸易和经济全球化中起作用的因素很多，包括自然条件、地理位置、生产力发展水平、消费结构以及社会制度等，但在一般情况下，起决定性作用的因素是国际价值规律。

商品是由社会必要劳动时间决定的。等量社会劳动的商品相交换，即价值规律。国际价值规律是一般价值规律在国际商品生产和交换中的延伸。国内商品交换的商品价值由国内生产这种商品的社会必要劳动时间决定，转化为在国际交换中由生产这些商品的世界社会必要劳动时间决定，国内社会必要劳动的商品相交换，转化为世界社会必要劳动相交换，就是国际价值规律。国际贸易是受国际价值规律支配的。商品的国际价值是衡量国际商品交换的客观标准，并决定一个国家商品生产在国际商品交换中的地位。马克思说："国家不同，劳动中的强度也就不同；有的国家高些，有的国家低些。""因此，强度较大的国民劳动比强度较小的国民劳动，会在同一时间内生产出更多的价值，而这又表现为更多的货币。"①

我国是发展中社会主义国家，劳动生产率比发达国家低。但我国劳动力多，素质高，生产组织程度高，生产劳动密集产品具有优势。技术水平低，劳动生产率低，我国商品生产所消耗的劳动时间高于国际同类产品的平均必要劳动时间，在国际贸易中处于不利地位；但劳动力多，劳动力素质高，生产组织化程度高的优势，使一部分优势产业特别是劳动密集产业产品所消耗的社会平均劳动时间低于国际同类商品的平均必要劳动时间，在国际贸易中处于有利地位。国际贸易是不同使用价值的交换。互通有无，以自己具有生产优势的使用价值，交换自己短缺或不具优势的使用价值，可以满足需要，节约社会劳动，促进社会发展。我国不缺乏劳动力，缺乏的是先进技术，自然资源丰度不均，按人口平均拥有的自然资源蕴藏量比世界平均水平低。充分发挥劳动力多，素质高的优势，以优势产业和劳动密集产品换技术、换资源，有利于由低技术向高技术、劳动密集生产向技术密集生产转化；也有利于扩大就业，充分利用劳动时间。虽然这种交换在国际价值规律作用下处于不利地位，但这是改变落后状态、实现工业现代化的必经过程。国际价值规律的作用不仅应从单个商品的必要劳动消耗量理解，还应把它与单个商品有关的商品必要劳动消耗量联系起来从总体上理解；不仅应从一个时间的商品必要劳动消耗量理解，还应放宽视野把时间放长一些理解。从落后到先进转化需要一个过程。从单个商品看，社会必要劳动时间处于不利地位，将它与有关商品生产联系起来，单个商品生产带动一系列相关商品生产，使劳动时间得到充分利用，劳动生产率提高，整个商品生产的社会必要劳动时间就可能转化为有利地位。技术落后条件下商品价值实现处于不利地位，引进先进技术，改变技术落后

---

① 《马克思恩格斯全集》第 23 卷，第 613—614 页。

状态，价值实现就转化为有利地位。国际价值规律同国内价值规律一样，不仅在微观上起作用，在宏观上也起作用，即社会劳动应按照社会生产各部门客观需要的比例在各部门、产业间进行分配。国际商品的价值是由生产个别商品消耗的国际社会平均必要劳动时间及国际社会总劳动量中应当分配给该部门的劳动量共同决定的。按国际商品市场要求的比例进行生产，发挥优势，提高劳动生产率，可以用同样的时间生产更多的使用价值，实现更大的价值。

1978年以来，我国通过改革开放，积极引进先进技术，发展对外贸易与对外经济技术合作，改造落后产业，发展优势产业，促进产业结构升级，对外经济贸易大幅度上升，促进了我国生产力的发展和社会主义现代化进程。现在，我国成为全球第一出口大国，第二进口大国。增长是惊人的。1978年出口商品中农副产品占27.6%，农副产品加工品占35%，工矿产品仅占37%；2010年，初级产品占5%，工业制成品上升为占95%。进口商品中1978年生产资料占81.4%，消费品占18.6%；2007年进口商品中初级产品占25%，其中矿物质燃料及有关材料占10.9%；工业品占74.5%，其中机械设备及运输设备占59.2%。这是遵循"平等互利共赢"原则，运用国际价值规律，发挥我国比较优势，扩大对外经济贸易往来的结果。它促进了我国经济社会发展，也使我国对世界经济发展做出了重要贡献。

但是，不能不看到，在对外经济贸易往来中，名义上的平等交换中包含着许多实际的不平等交换。

一是西方国家凭借资本优势，谋取超额利润。我国劳动力价格仅相当于西方发达国家的1/20—1/10。外资企业产品以自己制定的垄断价格在国际市场和我国市场上出售，而工资成本远低于劳动力价值，因而取得超出价值的垄断价格利润及使用我国廉价劳动力的双重超额利润，而我国要遭受垄断价格高于通常市场价格和劳动力价格低于价值的双重剥削和双重损失。

二是西方资本凭借技术优势，通过垄断技术垄断产业链，垄断品牌，垄断商品价格，获取超额利润。资本对拥有的技术可以随意定价，价格可以超出其价值和研究付出的几百倍、上千倍，使用其冠以专利的技术每一项都没完没了地收专利费，专利费按每件产品产量计算，产量越大，收的越多；可连续收几十年。凭品牌收费，同样的产品贴上它的牌子价格要高十倍几十倍。符号成为榨取超额剩余价值的手段。广东东莞一家台商生产的耐克鞋占全球的 1/3，收入 40% 归耐克，50% 归台商，中国工人收入占其中的不到 5%。

三是凭借美元地位用印票子的办法换实物商品。开动印刷机印票子，就可取得物质产品。通过发行国债，使出口国所得外汇回购美国国债，供美国无限期使用。美国由于经常项目赤字增加，每天从外部流入 30 亿美元以上才能维持经济运行。加上美元贬值，形成一种更加不平等的不等价交换。这种恶性循环给我国造成了重大损失。

四是以侵犯知识产权、违背世贸规则、提高进口标准等办法，设置不平等竞争条件，提高进口关税税率，压低商品进口价格，限制进口；以"军事机密"、"稀缺资源"等名义限制出口。通过行业垄断、制造虚假舆论抬高出口价格，使出口商品价格远高于价值。这些年来中国进口什么商品，什么商品涨价，时常涨得出奇；出口什么商品，什么商品降价，价格低到利润率等于零以至亏损的程度。每年我国这方面的损失高达数千亿美元。

摆脱这种不平等交换，真正按国际价值交换，才能改善对外经济贸易往来，使我国走向更加繁荣强大。

第一，我们要努力转变经济发展方式，提高技术水平，增强技术实力。坚持技术创新，创造发明拥有自己的先进技术。提高自己的核心经济竞争力，掌握国际水平的技术话语权，才能掌握国际市场话语权，消除资本技术垄断和技术价格垄断；也才能提高劳动生产率和产品档次，降低消耗，降低成本，提高自己在国际交换中的地位，促进我国发展，同时为世界发展做更大贡献。

第二，调整发展战略和产业结构、投资结构、内需与外需结构，使外需为内需服务。我们要坚持对外开放，不断扩大对外经济贸易往来，扩大融入经济全球化的进程。经济全球化是社会生产力发展的必然趋势和客观要求。扩大对外开放，才能吸收、借鉴、学习和利用人类文明创造的优秀成果，促进我国发展。但出口是为我国更快发展服务的。也不能单纯为引进而引进。实践表明，"两头在外"难以为继，50% 的外贸依存度也太高了。外需占的比重太大，靠出卖廉价劳动力和以环境污染、自然环境破坏为代价的对外经济发展方式，受到西方市场设置的严重不平等规则和经常剧烈波动的制约，不利于我国现代化事业的发展。调整发展战略，正确处理内需与外需的关系，使外需为内需服务，刻不容缓。我国市场广阔，潜力巨大。开辟这个市场，进一步提高 13 亿多人口的物质生活和文化生活水平，将给我国发展注入新的巨大动力，也会给世界经济发展注入新的巨大动力。内外需并重，以内需为主，也有利于改变国际不平等交换的状态，真正实现"平等、互利、共赢"。

第三，改变美元霸权地位，提高人民币的地位，建立人民币结算运行体系，对外经济贸易往来尽量用人民币结算。这不是一天半天能办到的。但只有实现这一目标，才能改变用物质换纸币的被动状态。

三 资本主义市场上的"平等"、"自由"是带引号的

西方金融危机还告诉我们，资本主义市场经济与社会主义市场经济有根本区别。资本主义市场经济有些东西我们可以学习借鉴，但它所谓的"平等交换"是带引号的，公平平等旗号后面是巨大的不公平不平等。资本主义市场经济与广大劳动群众和社会化大生产存在无法解决的对抗性矛盾，根本上违背社会生产力发展的要求，资本主义市场经济道路不可走。

资本主义自由市场标榜"自由"、"平等"和让"市场配置资源"。可是，这种"自由"、"平等"建立在生产资料私有制基础上。资产者拥有资本，拥有凭借资本"创造"各种金融衍生物的权力。他们在"自由市场"上是很"自由"的，在国内有剥削劳动力的"自由"，在全球有盘剥经济力量较弱、在世界市场上缺乏主导权的发展中国家的"自由"，另一方却只有出卖廉价劳动力、被盘剥的"自由"。99%的劳动者在 1%的华尔街金融大亨面前有什么"自由"、"平等"呢？正是这种 1%虚假的"自由"和"平等"，剥夺了 99%的人的自由和平等，才出现 99%反对 1%。其实，不是一个 99%反对 1%，而是两个（本国和世界）99%反对 1%。

西方资产阶级一直宣传一种"人性自私论"，把它作为资本主义市场经济发展的出发点和立足点，并把它说成是资本主义制度永世长存的理论依据。他们说："每个人生来首先是主要关心自己"[①]，"利己心是人类一

---

① ［英］亚当·斯密：《道德情操论》，第 15 页。

切经济行为的推动力"①；"个人利益是唯一现实利益"②，利己才能利他。说"自私自利是人的本性。利己主义和自由企业制度符合人性"③；"人类所能够知道的只是整个社会中的极小部分，因此能给他们以鼓励的，只是他们所了解的领域内活动的即期效应"。④ 资本主义市场经济的一切都是围绕着这种世界观展开的：利己，自私，贪欲，无穷无尽地追求剩余价值，而把这种追求建立在生产资料私有制和对劳动者剩余劳动的占有上。有人还想把它作为社会主义市场经济的指导思想，真是荒唐。其实斯密等所说的人性，是资产阶级本性；所说的人生来只"关心自己"，是资产阶级只"关心自己"。他们抽象掉人的阶级性和社会性，把资产阶级本性说成是人类的本质和发展要求，并把它看作"一切经济行为的动力"，不过是资产阶级的偏见。用它来构筑市场经济大厦，符合资产阶级的"人性"，却违背广大劳动者的"人性"。它促进了社会生产力发展，却又与之相矛盾。这是"它必将被炸毁"，而为社会主义市场经济所取代的原因。

　　与此相联系，资本主义市场经济还有一个信条，就是断定买和卖始终是一致的，供给会创造需求；市场能够自动进行调节，一个完全竞争的市场，无须任何外部干预，交换双方通过自由竞争，必然达到完美的均衡。这就是所谓"看不见的手"可以调节一切，决定一切。他们说，"让人的天性本身自然发展"吧，"一切留待事物的自然进程来完成"。⑤ 其实这是一厢情愿。需求创造供给，供给满足需求。但供给不等于需求，需求不等于供给。供给与需求始终是矛盾对立的统一体，在资本主义社会是对抗性的统一体。劳动与资本的矛盾，表现为生产与消费的矛盾，资本主义制度是不可能解决的。"个人的自然利害关系与倾向，恰好符合公众的利害关系"⑥，在资本主义制度下是永远做不到的，一个完全竞争的市场通过竞争必然达到完善的均衡，也只能是一种空中楼阁。

　　资本主义宣传标榜的这种所谓"自由"、"平等"和"人性自私论"

　　① 《国富论》，中译本导言，第 1 页。

　　② 《资本论辞典》，第 831 页。

　　③ 《反对资本主义》，第 10 页。

　　④ ［英］哈耶克：《个人主义与经济秩序》，第 14 页。

　　⑤ ［英］W. R. 斯考特：《亚当·斯密——大学生兼教授》，格拉斯哥 1937 年版，第 53—54 页。

　　⑥ 《国富论》下卷，第 199 页。

等等在残酷的实际面前早已破产了，金融危机更使之体无完肤。西方政客和思想家们也日益看到和承认资本主义市场的这种虚伪性及资本主义制度的前途。曾经长期在华尔街工作的日本人神谷秀树说："华尔街是一个恐怖的地方"，"人们为金钱变得贪得无厌与冷酷无情"，"被金钱迷住，连人格也变了"。"次贷问题的本质是贪婪资本主义从穷人身上攫取金钱而产生的一种体系"，"这种贪婪体系正在走向坍塌"。① 西班牙坎塔拉彼得拉说："一个为少数人服务的制度是没有前途的。""世界正在去西方化。"② 美国的福山说："这场危机凸现了资本主义制度内在的不稳定性。资本主义美国版本即使没有完全丧失信誉，最起码也不再占主导地位。""它经常产生失去工作或生计受到威胁的无辜受害者"，"美国资本主义已经从神坛上跌下来"③。

　　社会主义市场经济是在从根本上否定资本主义制度的基础上建立起来的。社会主义制度才能真正实现劳动者的自由与平等。市场经济与公有制为主体相结合，是社会主义市场经济的本质和根本特征。公有制为主体是广大劳动人民当家做主的根本标志。建立社会主义公有制，表明主要生产资料与劳动者分离的状态已经结束，劳动者已经成为生产资料的主人，社会和国家的主人，可以掌握自己命运而不再受任人摆布和宰割的主人。公有制为主体的性质，决定我国社会人们之间占主体地位关系的性质，这就是主要生产资料由劳动者共同占有，劳动者在生产过程中分工合作，共同劳动，按劳分配，消灭剥削，共同致富。社会主义市场经济是将个人利益与共同利益相结合的经济。肯定个人利益，尊重个人利益，调动每个人的积极性，同时尊重共同利益，发挥共同利益的优势，在正确处理个人、集体、国家关系，局部与全局关系中，满足每个人的需要。这是一种新型的社会主义性质的人与人之间的关系。这既是社会主义制度建立的标志，也是社会主义事业繁荣发展的源泉。公有制为主体解决了个别生产有计划与社会生产无政府状态的矛盾，也原则上消除了经济危机产生的根源。当然，社会主义市场经济也有矛盾，但不是对抗性的；矛盾能够通过不断巩固社会主义制度，健全完善社会主义市场经济体系加以解决。

---

① ［日］神谷秀树：《贪婪的资本主义》，经济科学出版社，第15、13、95页。
② ［西班牙］坎塔拉彼得拉：《世界往何处去》，西班牙《起义报》2011年11月24日。
③ ［美］福山、南希·伯索尔：《华盛顿危机》，《经济与社会比较》2011年第2期。

　　过去备受侵略掠夺的落后的中国为什么能在短短 60 多年中出现这么大的变化呢？为什么中国能欣欣向荣、朝气蓬勃地大踏步前进呢？就是因为消灭了"三座大山"，建立了社会主义制度，有以全心全意为人民服务为宗旨的中国共产党的坚强正确领导，人民当家做主，劳动者成为生产资料的主人、国家和社会的主人，从根本上解决了生产资料私有制与社会化大生产的矛盾。劳动者是为自己劳动，而不是为资本劳动；不是资本控制劳动，而是劳动控制资本。生产关系适应生产力发展的要求，上层建筑适应经济基础的要求，生产关系和上层建筑充分表现出了社会主义制度的优越性，就必定促进中国兴旺发展、社会生产力迅速发展和社会全面进步。

十一届三中全会前后经济政策调整的民生视角

内容摘要：党的十一届三中全会前后，党和政府高度重视民生问题，及时有力地调整各方面的经济政策，主要有产业结构政策、就业和工资政策、个体经济和城乡集市贸易政策等。这些政策的调整，方便和丰富了人民生活，缓和了当时紧张的社会经济形势，使国民经济得到了迅速发展。这些政策的调整为改革开放的顺利进行准备了条件，凝聚了人心。

关键词：十一届三中全会　民生　政策调整　视角

党的十一届三中全会前后，由于十年"文革"所造成的严重困难局面，加上中国人口增长太快，使社会总供给与总需求的矛盾相当突出，由此带来一系列需要解决的社会问题。这主要是农村生活普遍比较差，有些地方农民还没有解决温饱问题；城市待业人数多，职工工资、住房等问题长期没有得到解决；经济所有制形式单一，经济缺乏活力，商业流通渠道狭窄等。这些问题与人民生活密切相关，如不能得到妥善解决，势必影响社会的稳定。对此陈云警告说："建国快三十年了，现在还有讨饭的，怎么行呢？要放松一头，不能让农民喘不过气来。如果老是不解决这个问题，恐怕农民就会造反，支部书记会带队进城要饭。"[①] 他十分严厉地指出，"不建设，经济搞不上去，就可能会像小平同志讲的，我们在台上的人都要下台"[②]。李先念也表达了类似的看法："当前社会上和政治上存在的许多问题，都和经济问题分不开，只有各项经济事业得到进一步发展，这些问题才能得到更好的解决。"[③] 因此，党和政府及时进行了政策调整，

---

* 姜长青，中国社会科学院经济研究所中国现代经济史研究室研究人员。

① 《陈云文选》第 3 卷，人民出版社 1995 年版，第 236 页。
② 中共中央文献研究室编：《陈云年谱》（下），中央文献出版社 2000 年版，第 280 页。
③ 《李先念论财政金融贸易》下卷，中国财政经济出版社 1992 年版，第 479 页。

把加快经济发展、解决与民生有关的问题放到了重要位置。

一　调整产业政策，着力发展与人民
生活密切相关的农业和轻纺工业

新中国成立初期，中国实行了重工业优先发展的赶超战略，在国家财力有限的情况下，资本积累比例过大，势必挤压人民的消费。经过新中国成立以后近 30 年的发展，中国虽然初步建立了独立完整的工业体系，但与人民生活密切相关的农业和轻工业仍然发展缓慢。国家及时调整了产业政策，把农业和轻工业的发展放到突出的位置。

（一）通过实施各种惠农政策，加快农业的发展

农业是国民经济发展的基础，其在中国四个现代化中有着重要的地位。但长期以来农业一直是薄弱环节，成为制约整个国民经济发展的瓶颈。"一九七八年全国平均每人占有的粮食大体上还只相当于一九五七年，全国农业人口平均每人全年的收入只有七十多元，有近四分之一的生产队社员收入在五十元以下，平均每个生产大队的集体积累不到一万元，有的地方甚至不能维持简单的再生产。农业发展速度不加快，工业和其他各项建设事业就上不去，四个现代化就化不了。"① 经济发展的一个首要任务是加强农业，理顺农业与工业的关系。

党的十一届三中全会以调整农村工作政策为突破口，在农业生产形势好转的情况下，提出"让农民休养生息"的方针，制定和实行了一系列正确的政策。十一届三中全会后，中共中央迅速把《关于农业发展若干问题的决定（草案）》和《农村人民公社工作条例（试行草案）》发到各地农村社队试行，以清除左的影响。后来经过修改，在 1979 年 9 月中共十一届四中全会通过了《中共中央关于加快农业发展若干问题的决定》。《决定》强调，农业要上去，国家要从各方面加强对农业的支援，适当增加对农业的投资。今后三五年内，国家对农业的投资在整个基建投资中的比重，要逐步提高到 18% 左右；在国家总支出中，农业事业费和支援社

---

① 中共中央文献研究室编：《三中全会以来重要文献选编》（上），人民出版社 1982 年版，第 178 页。

队的支出比重，要逐步提高到 8% 左右；对农业的贷款，从现在起到 1985 年，要比过去增加 1 倍以上；发展多种经营，减轻农民负担，同时大幅度提高农产品收购价格等。①

从 1979 年 3 月起，国家陆续提高了 18 种农副产品的收购价格，其中粮食从夏粮上市起，全国粮食统购价格平均提高 20%，超购部分在这个基础上再加价 50%；棉花从新棉收购之日起，全国棉花统购价格平均提高 15%，北方另加 5% 的补贴，超购部分再加价 30%；食用植物油统购价格全国平均提高 27%，超购部分加价 50%；生猪收购价格平均提高 24.6%；其他产品也分别提高 20%—50%。1980 年又先后提高了棉花、羊皮、黄红麻、木材、生漆、桐油等农副产品的收购价格。全国农副产品收购价格总指数在 1979 年提高了 22.1%，1980 年又提高了 71%。同时，国家对农业生产资料的销售价格却有计划地下降了 15%。这样 1979 年、1980 年两年国家每年用于调价的开支达 80 亿—90 亿元，国家财政收入可以正常增长的部分基本都用于农业了，这是国民收入和国家财政分配的重大调整，也是工农关系和国家、集体、个人关系的重大调整。1979 年和 1980 年，农民仅从出售农副产品收入中就增加了 258 亿元，从国家减免农业税收和社队企业税收中得益约 45 亿元，这两项加在一起，农民得益约 300 亿元。

政府还采取切实措施保障农村社队生产经营和分配的自主权，实行并逐步完善多种形式联产计酬的责任制，认真贯彻按劳分配原则，鼓励社员在搞好集体经济的前提下，种好自留地、自留林、自留山，发展家庭副业，有领导地开放农贸市场。减少并稳定粮食征购，每年进口约 1300 万吨粮食，保证城镇及经济作物集中区人民对粮食日益增长的需要，减轻农民粮食生产的负担。在此基础上农村开始改变片面发展粮食生产的做法，因地制宜地发展多种经营。1979—1981 年，减少粮食播种面积 5000 万亩，有计划地扩大了经济作物的种植面积，在有条件的地方还开始逐步退耕还林、还牧。陈云当时就指出，"进口粮食是要赔钱的，就是按照粮食的卖价，我们市场还要贴钱。但是，粮食赔钱换得了市场稳定，有肉吃，有菜吃，给我们时间搞体制改革，否则，没有手段搞体制改革。粮食虽然

---

① 中共中央文献研究室编：《三中全会以来重要文献选编》（上），人民出版社 1982 年版，第 177—203 页。

赔钱，但是我们的经济作物发展了"①。政府还鼓励农村在经济合理原则下举办社队企业，并根据不同情况实行低税或免税政策，使社队企业迅速发展。1981 年全国农村人民公社社队企业单位数共有 133.8 万个，从业人员 2969.6 万人，总收入 670.4 亿元。②

通过上述措施，农业发展缓慢的状况开始有所改善。1979 年中国农业生产取得了新中国成立以来少有的大丰收，粮食产量创造了历史最高纪录。1980 年虽遭受几十年少有的南涝北旱的自然灾害，农业生产仍然获得了较好的收成。时任国务院副总理的万里曾就当时农村调整出现的令人意想不到的变化说了如下一段话："长期以来，我们的农业是单一结构，'以粮为纲'。由于'左'的思想和政策，虽然费尽心机，粮食、棉花紧缺的问题一直没有得到解决。十一届三中全会以后，党把指导农村工作的路线、方针、政策端正过来了。中央认识到，农业结构的调整和农民的休养生息，必须有粮食这个基础。因此，下决心每年进口一些粮食，并在国内适当提高粮棉油等农产品的收购价格。谁也没有料到，政策的力量、联产承包制的作用这么大，农业发展得这么快，粮油增加得这么多。"③ 农业政策的调整，激发了广大农民的积极性，农业发展缓慢的状况开始发生变化。

1978—1982 年五年间，中国农业总产值增长指数（以 1952 年为 100）从 1979 年的 229.6 增加到 1982 年的 306.61④，由于主要农副产品的产量大幅度增长，市场供应发生了根本性改观，从而一举改变了中国农产品供给长期短缺的被动局面，具有中国特色的粮票、米票、布票、油票等各种票证也随之逐步取消。1982 年全国人均年生活消费粮食从 1978 年的 391 斤增加到 451 斤；人均年生活消费猪肉从 1978 年的 15.3 斤增加到 23.5 斤；人均日用消费品年生活消费从 28.8 元增加到 51.1 元。⑤ 农业生产连续大幅度增长，农民收入不断提高，生活得到明显改善，"1984 年全国农民人均收入达到 363.3 元，比 1978 年增长 1.4 倍（已扣除物价上涨因素）；农民人均生活消费支出达到 273.8 元，增长 1.4 倍，平均每年递

① 《陈云文集》第 3 卷，中央文献出版社 2005 年版，第 495—496 页。
② 国家统计局编：《中国统计年鉴》（1983），中国统计出版社 1983 年版，第 206 页。
③ 《万里文选》，人民出版社 1995 年版，第 376 页。
④ 国家统计局编：《中国统计年鉴》（1983），中国统计出版社 1983 年版，第 483 页。
⑤ 同上。

增 15.4% "①。

（二） 加快和人民生活密切相关的轻纺工业的发展

轻纺工业是投资少、见效快、上缴税利较多、就业容量大的部门，且与人民生活水平的提高密切相关。发展轻纺工业也是增加财政收入的重要渠道，有利于消灭财政赤字，实现财政收支平衡。生产物美价廉、花色品种多样的轻纺产品，特别是中高档适销对路的产品，对于解决当时社会购买力和商品供需之间的不平衡，回笼货币，抑制物价上涨具有重要的作用。正如万里当时所说，"改革使农民收入大幅度提高，仅冀鲁豫三省，光收购棉花，就投放货币将近三十七亿元。农民拿了这么多钱干什么，就是要买东西嘛！首先就是消费品，如果我们的轻工业不能提供足够的消费品，农民就不满意，那就真正形势不好了。我们要抓住农村这个市场，大力发展轻工业，以此来带动重工业发展，这样，现在进行的经济调整才能够成功"②。尽快发展轻纺工业还可提供更多的劳动就业的机会，"从就业来看，每百万元固定资产，轻工业可吸收劳动力二百五十七人，重工业可吸收九十四人。多年来，由于过分强调重工业，特别是过分强调钢铁工业，结果轻工业和商业、服务业等技术构成低、劳动较为密集的行业相当落后。这种状况，不仅影响了国民经济的发展，妨碍了人民生活的改善，而且加剧了劳动就业问题的严重性"③。从国家长远发展来看，对于轻纺工业的生产，要放在战略地位上来考虑。1979 年 4 月的中央工作会议提出，要调整重工业和轻工业的投资比例，适当提高轻纺工业的投资比重，增加轻纺工业生产所需外汇。同年 6 月，全国人大五届二次会议确定，优先保证轻纺工业所需燃料动力和原材料的供应，适当增加轻纺工业所需贷款和原材料的进口。

1979 年国家经委发出加快发展轻纺工业的通知，要求各地和有关部门把保证轻纺工业完成生产计划和增产任务所需的燃料、动力、原材料和运输条件，摆在首位安排落实，坚决把轻纺工业搞上去。1980 年 1 月，国务院决定对轻纺工业实行"六个优先"原则，即能源、原材料的供应

---

① 《中国农村家庭承包制的形成与发展》，《中国经济史研究》1994 年第 2 期，第 36 页。
② 《万里文选》，人民出版社 1995 年版，第 170 页。
③ 同上书，第 160 页。

优先；挖潜、革新、改造措施优先；银行贷款优先；基本建设优先；利用外资和引进技术优先；交通运输优先。与此同时，国家开始放慢重工业的发展速度，在燃料动力方面为轻工业让路，并采取"重转轻"、"军转民"等形式，调整重工业的发展方向，转产一些适应社会需要的日用工业品。"在加快轻工业发展的同时，国家和地方对重工业生产进行了调整，利用调整出来的技术力量、厂房、设备，转产市场需要的轻工产品，有些重工企业还同轻工企业开展多种形式的经济联合，发展轻工业生产。"① 国家在外汇紧缺的情况下，拨出 25 亿美元进口轻纺原料，还增加 3 亿美元的外汇贷款，支持轻工业挖潜革新。此外，发展社队企业对农副产品的加工，积极恢复和发展城镇手工业生产，广开轻工业生产的门路。1979 年至 1983 年，轻工业总产值从 1979 年 2045 亿元增加到 1983 年的 3135 亿元，增长 53.3%；而同期重工业总产值仅从 1979 年的 2636 亿元增加到 1983 年的 3326 亿元仅增长 26.2%。②

二　解决知识青年回城就业与提高城市工人生活水平

就业是民生之本，"文革"结束后，上山下乡知识青年要求回城就业，连同其他需要解决就业问题的人一起，大约有 2000 万人，这成为当时一个非常突出而又要迫切需要解决的问题，政府及时调整了就业政策，广开就业门路，基本解决了就业问题；同时国家在城市中还采取提高城市工人工资和补贴、改善城市居民的居住和生活条件等政策。

（一）解决知识青年回城就业

由于"文革"期间大批知识青年上山下乡，造成 1979 年开始的约 1500 万知识青年大返城，加上城市新生劳动力，使城市失业率一度超过 5%，影响社会的稳定。按照原来的经济发展思路，优先发展重工业，压缩人民的消费水平，这些问题就无法得到切实的解决。李先念在中央工作会议上描述城市就业形势时说："大批人口要就业，这已经成为一个突出

---

① 《人民日报》1981 年 1 月 4 日第 1 版。
② 国家统计局国民经济综合统计司编：《中国五十年统计资料汇编》，中国统计出版社 1999 年版，第 38 页。

的社会问题，如果处理不当，就会一触即发，严重影响安定团结。"① 据当时在上海工作的陈锦华回忆："从 1977 年春节开始到 1979 年，上海几十万上山下乡的知识青年趁回家过年的机会，到市政府上访请愿，要求回上海。1979 年春节后，由于连年上访得不到妥善解决，便在两三天内先后聚集 10 多万知青，围住外滩市政府办公楼不肯散去，造成交通瘫痪，市里动用全市警察仍难以维持秩序，最后不得不调动消防警察保卫外滩的市政府机关。"②

社会上已经开始有人利用人们的不满情绪，借机散布否定社会主义制度的论调。对于这些问题的解决，邓小平认为归根结底要从经济方面寻求出路，他指出："政治工作要落实到经济上面，政治问题要从经济的角度来解决。比如落实政策问题，就业问题，上山下乡知识青年回城市问题，这些都是社会、政治问题，主要还是从经济角度来解决。经济不发展，这些问题永远不能解决。所谓政策，也主要是经济方面的政策。现在北京、天津、上海搞集体所有制，解决就业问题，还不是经济的办法？这是用经济政策来解决政治问题。解决这类问题，要想得宽一点，政策上应该灵活一点。总之，要用经济办法解决政治问题、社会问题。要广开门路，多想办法，千方百计，解决问题。"③

城市就业问题的初步解决是城市稳定的一个重要前提，国家为此调整了各项经济政策，采取各种措施，广开就业门路，扩大就业渠道，积极安置待业人员，增加城市居民收入。在劳动就业问题上，中国政府改变了计划经济体制下多年形成的对劳动力统包统配、动员城镇待业青年上山下乡的做法，制定了"解放思想，放宽政策，发展生产，广开就业门路"的方针，调整所有制结构和产业结构，扶持集体经济，允许个体经营，创办劳动服务公司，拓宽就业渠道。据《人民日报》报道，1979 年全国已经安置待业人员 700 多万。这次安置就业人员的办法，其特点可概括为：广开门路，大办集体企业。过去，就业只有国家招工一个门路。1979 年通过兴办集体企业安排的人数，占 48%。北京、天津、西安、哈尔滨、石

---

① 中共中央文献研究室编：《三中全会以来重要文献选编》（上），人民出版社 1982 年版，第 115 页。

② 陈锦华：《国事忆述》，中共党史出版社 2005 年版，第 389 页。

③ 《邓小平文选》第 2 卷，人民出版社 1994 年版，第 196 页。

家庄等城市，由集体企业安排的比例在 70% 以上。① 从而初步解决了多年积累的知识青年就业问题，也为进一步改善所有制结构、形成新的就业制度奠定了良好的基础。自 1979 年起逐步安排了 1978 年提出的约 2000 万待业人员的就业任务。1979 年国家通过各种途径安排 903 万人，1980 年安排 700 万人，在以后的各年中都有适当安排，从而稳定了待业人员的思想情绪，调动了他们生产和工作的积极性，基本上消除了庞大的待业人口给社会带来的不安定因素。

1980 年，中共中央提出在国家统筹规划和指导下，实行劳动部门介绍就业、自愿组织起来就业和自谋职业相结合的"三结合"就业方针，打开了就业的"三扇门"。在中央一系列就业方针、政策推动下，城镇就业工作取得突破性的进展。根据国家劳动总局的消息，在国民经济全面调整的情况下，国家近三年来安置了各类人员 1930 多万，其中 1979 年一年就安置了 900 万人。大批待业青年和社会劳动力就业以后，促进了经济的发展，在一定程度上解决了人民生活的多种需要，还促进了安定团结。群众编成了"四个子"的顺口溜，"安排了孩子，解放了老子，增加了票子，减少了乱子"②。就业问题的基本解决，使城市职工赡养人数明显减少，负担减轻。1977 年赡养系数为 2.06 人，1980 年为 1.8 人。

国家在 1977 年恢复了高考制度，使大批青年有了新的人生选择，也为国家未来的发展奠定了根基。"文革"后的第一次高考从 1977 年 11 月 28 日开始，到 12 月 25 日结束，录取新生 27.3 万人。③ 高考改变了当时很多青年的人生命运，使他们看到了国家和民族未来的希望，也使自己的人生有了新的奋斗目标。"文革"结束后的首批大学生，现在大部分已经成为各个领域的骨干和栋梁，为中国社会的发展发挥了巨大的、承前启后的推动作用。

（二）提高城市工人工资补贴，改善城市居民生活条件

国家在大力安排就业的情况下，还提高了一部分城市职工的工资水平，普遍恢复奖励与计件工资，以增加城市居民的收入。当时城市职工工资水平非常低，"我国从 1958 年起，由于'大跃进'和'文化大革命'，国民经济受

---

① 《人民日报》1979 年 12 月 30 日第 1 版。

② 《人民日报》1980 年 6 月 28 日第 1 版。

③ 方晓东、李玉非等主编：《中华人民共和国教育史纲》，海南出版社 2002 年版，第 286 页。

到严重破坏，所以有 20 年时间，除了少部分职工以外，没有增加工资，职工平均工资不但没有上升，反而略有下降"①。针对当时职工工资低，生活水平长期没有得到提高的现象，国家通过提高职工工资，改善职工的收入水平。调整工资是从 1979 年 10 月开始的，40% 的职工提升了工资级别，部分工资区类别也得到调整，加上奖励和计件工资的恢复，全国职工的年平均工资在大量增加新职工的情况下，仍有很大提高。据统计，全国全民所有制企业职工的年平均工资，1978 年为 644 元，1979 年增加到 705 元，1980 年为 803 元，1983 年为 865 元，1984 年则达到 1034 元，比 1978 年增长了约 60.6%，扣除物价上涨因素，则增长 33% 多。②

国家还通过粮食补贴粮食购销差价，补贴农业，稳定城市消费。1980 年国家财政的粮油价差补贴，超购粮油价格补贴，粮食企业亏损补贴等三项支出共计 108.01 亿元，比 1979 年增加 47.3%；1982 年为 147.21 亿元，又比 1980 年增加 36.29%。这种补贴为国家从各个方面支持城市工商业，增加城市职工的收入，提高他们的生活水平提供了保障。国家还坚决纠正了过去那种盲目搞基本建设投资，而忽视改善人民物质生活的错误倾向，积极组织资金，加大住宅建设投入，以改善居民的住房条件。国家还从基本建设投资中拨出专款，结合地方和企业的机动财力用于居民住宅建设。在不长的时间内就使全国城镇居民的住房条件有了显著改善。从 1978 年起每年都有几千万平方米的住宅楼交付使用，并且条件规格不断提高。据统计，1978 年，全国职工住宅竣工面积为 3752 万平方米，1979 年增加到 6256 万平方米，1980 年增加到 8230 万平方米，1981 年为 7904 万平方米，1982 年为 9020 万平方米，1983 年为 8125 万平方米。③ 国家用于住宅建设方面的投资额，从 1978 年的 39.21 亿元增加到 1983 年的 125.07 亿元，增长了两倍多。④

三 支持个体经济，恢复和发展城乡集市贸易，方便人民生活

个体经济和集市贸易目标直接指向市场，与人民的生活息息相关。国

---

① 《薛暮桥晚年文稿》，生活·读书·新知三联书店 1999 年版，第 154 页。
② 国家统计局编：《中国统计年鉴》（1985），中国统计出版社 1985 年版，第 556 页。
③ 同上书，第 448 页。
④ 同上书，第 420 页。

家放宽和调整了对个体经济和集市贸易的政策，方便了人民生活，活跃了城乡市场。

（一）支持个体经济发展

新中国成立初期，个体经济的数量相当大，1949 年，全国城镇个体劳动者有 724 万人；1953 年，全国城镇个体工商业户有 838 万人，占当时城镇人口的 10.8%。农村的个体手工业者、个体商贩，可能有 2000 万—3000 万人。经过农业、手工业和资本主义工商业的社会主义改造，城镇个体工商业剩下 16 万人左右。此后，个体经济逐步有所恢复，到"文化大革命"开始前，城镇个体经济已有 121 万人，占当时城市人口的 1.1%。受"文化大革命"期间的"割资本上义尾巴"、搞所有制升级等等政策和措施的影响，全国 1976 年仅留下 14 万户个体小手工业和商业经营者。

中共十一届三中全会后，总结了在所有制问题上正反两方面的经验，从 1979 年起，中共中央、国务院决定采取支持城乡个体经济发展的方针。1980 年 9 月，中共中央下发的《关于进一步加强和完善农业生产责任制的几个问题》的文件中指出，要充分发挥各类手工业者、小商小贩和各行各业能手的专长，组织他们参加社队企业和各种集体副业生产；少数要求从事个体经营的，可以经过有关部门批准，与生产队签订合同，持证外出劳动和经营。1981 年 3 月，中共中央、国务院转发《国家农委关于积极发展农村多种经营的报告的通知》，通知指出："开展多种经营，要发挥集体和个人两个积极性。生产队要根据当地自然资源、劳动力资源的状况和生产习惯，推行在统一经营的前提下，按专业承包、联产计酬的生产责任制，组织各种形式的专业队、专业组、专业户、专业工。同时要通过订立合同和其他形式，积极鼓励和支持社员个人或合伙经营服务业、手工业、养殖业、运销业等。凡是适宜社员个人经营的项目，尽量由农户自己去搞，生产队加以组织和扶助。"① 社会上严重存在的就业问题，也要求改变高度集中的就业体制和产业结构，允许"三结合"就业方式和新的能容纳大量劳动力的经济组织形式的出现，这就客观上为发展个体经济和

---

① 中共中央文献研究室编：《三中全会以来重要文献选编》（下），人民出版社 1982 年版，第 743 页。

集体经济创造了条件，提供了契机。

1979 年，薛暮桥针对当时全国城镇待业人员已经达到 2000 多万人，影响社会安定的实际情况，提出发展多种经济成分、广开就业门路的建议。他明确提出："在目前，留一点个体经济和资本主义的尾巴，可能利多害少。……我们现在还不能使资本主义绝种，有一点也没有什么可怕。"① 他这个观点得到胡耀邦的支持，在中央党校内部刊物《理论动态》上发表。有关部门于 1980 年召开全国劳动就业会议，会后发表的文件《关于进一步做好劳动就业》中指出：解决城镇就业问题，必须实行劳动部门介绍就业、自愿组织起来就业和自谋职业相结合的方针。为此就必须大力扶植兴办各种类型的自负盈亏的合作经济，鼓励和扶植城镇个体经济的发展。

1980 年 8 月，中共中央转发关于全国劳动就业会议文件的通知明确提出，不剥削他人劳动的个体经济是社会主义公有制经济的不可缺少的补充，在今后一个相当长的历史时期内都将发挥积极作用，应当适当发展。由于指导方针明确，所以个体工商业发展较快。1981 年 6 月和 7 月，有关政府部门又对发展个体经济做出进一步的规定，总的原则是放松条件、鼓励发展。中共十二大报告对个体经济的地位和作用又做了进一步的阐述，指出 "在农村和城市，都要鼓励劳动者个体经济在国家规定的范围内和工商行政管理下适当发展，作为公有制经济的必要的、有益的补充。只有多种经济形式的合理配置和发展，才能繁荣城乡经济，方便人民生活"②。

（二）恢复和发展城乡集市贸易

集市贸易是中国传统的商品交换形式，也是中国农民最容易接受的农副产品自由交易形式，对方便城乡人民生活有着重要的作用。但长期以来，为保证计划经济体制所必需的调拨渠道，集市贸易被当作产生资本主义的温床而受到种种限制。1978 年下半年，过去强行关闭的集市在一些省市陆续恢复，但对上市商品范围仍然控制得较死。这种状况在中共十一

---

① 《薛暮桥回忆录》，天津人民出版社 1996 年版，第 349 页。
② 中共中央文献研究室编：《十二大以来重要文献选编》（上），人民出版社 1986 年版，第 20—21 页。

届三中全会前后有了较大的改变。中共十一届三中全会公报指出："社员自留地、家庭副业和集市贸易是社会主义经济的必要补充部分，任何人不得乱加干涉。"①

中共十一届三中全会后，集市贸易的发展，已经打破了过去单纯在农民间互通有无、调剂余缺的狭小范围，出现了提供日用工业品、农副产品、修理、服务配套成龙的商品一条街形式；交易环境、经济条件大为改善，初步呈现出繁荣景象。恢复和发展城乡集市贸易，不仅增加了农民收入，增强了他们的商品意识和市场意识，同时也促进了农副业生产的发展，活跃了城乡物资交流，满足了人们的多方面需要。农村集市上市的各类商品成交额全面增长。集市价格基本稳定，与牌价的差距一直在40%上下，其中粮食、食油价格稳中有降，水产品、蔬菜、干鲜果价格稳中有升。

城市集市贸易在此期间也开始恢复和发展起来。恢复农村集市贸易的同时，有些大中城市因势利导，逐步开放了一些农副产品市场，结果使农民满意，市民高兴。1979年3月召开的全国工商行政管理局长会议，就开放城市农副产品市场问题，进行了反复讨论，认为原则上应该开放。1979年1月10日，沈阳市皇姑区北行正式挂出"北行集贸市场"的牌子，成为我国改革开放以来城市中第一个开放的集贸市场。到1979年底，全国28个城市已放开2200多个。上市品种，由开放初期的五六十种，增加到一二百种。1980年5月，经国务院批准，工商行政管理总局发出通知，允许在城市内适当地点建立农副产品市场，并且要求各地政府把它作为整个城市商业网点的组成部分，纳入城市规划，逐步修建一些永久性的室内场所或半永久性的棚顶市场。对于上市物资和参加交易的人员也逐步放宽，与农村集市管理办法一致起来。城市集市的开放，沟通了城乡物资交流，方便了人民生活。

正如李先念1979年12月在全国计划会议上讲话时指出：由于林彪、"四人帮"横行时期人民生活长久没有改善，并且遭受很大痛苦，问题堆积如山，所以这三年党和政府下这样大的决心来安排人民生活，是完全必

---

① 中共中央文献研究室编：《三中全会以来重要文献选编》（上），人民出版社1982年版，第8页。

要的，正确的。[①] 政府通过这一系列惠及民生政策的制定和实施，使普通群众的生活短短几年时间得到很大的改善，改革开放政策得到来自群众的大力支持，为其顺利推进提供了坚实的群众基础。今天，我们的改革开放进入了深水区，民生问题凸显，就业、医疗和住房等问题成为普通民众最关心的话题，如处理不当将成为约束中国进一步发展的瓶颈。胡锦涛强调，要高度重视解决人民群众最关心、最直接、最现实的利益问题，让人民群众不断得到看得见、摸得着的实际利益。实践中怎么通过政策调整，使得进一步改革开放措施成为最优的选择，仍然是一个值得探索和关注的课题。十一届三中全会前后通过政策调整，把解决民生问题放在突出的位置上，为改革开放的推进奠定了坚实的民众基础。在新的形势下，如何借鉴历史的经验，制定符合时代要求和大众意愿的政策，是对中国共产党执政能力的一个考验。

---

① 《李先念文选》，人民出版社 1989 年版，第 402 页。

跨越中等收入陷阱：从中等收入国家迈向高收入国家

——中国政治经济学论坛第十四届年会学术观点综述

中国政治经济学论坛组委会

2012 年 4 月 23 日到 24 日，由中国社会科学院经济研究所主办、山西大学承办的中国政治经济学论坛第十四届年会在山西大学隆重召开，来自中国社会科学院、清华大学、中国人民大学、南开大学、武汉大学、辽宁大学、吉林大学和四川大学等全国科研院所和高等院校，以及《人民日报》、《求是》、《经济学动态》、社会科学文献出版社、中国社会科学网等新闻出版单位的 100 多位专家学者参加了论坛年会。此次论坛年会的主题是"跨越中等收入陷阱：从中等收入国家迈向高收入国家"，共收到应征论文 90 多篇，入选会议交流 70 篇。专家学者就中国经济社会发展的阶段性特征、转换经济发展方式、缩小收入分配差距和公平发展、政府职能转换、构建和谐劳资关系、资源型经济转型以及跨越中等收入陷阱的国际经验等议题展开了广泛深入探讨，下面对入选论文和会议发言的学术观点进行综述。

一 关于"中等收入陷阱"的一般理论探讨

自世界银行 2006 年提出"中等收入陷阱"以来，它便成为分析发展中国家在达到中等收入水平以后经济能否持续增长的一个重要概念，会议代表对这一概念进行了热烈的讨论。

（一）关于"中等收入陷阱"概念的适用性

中国人民大学卫兴华教授出席论坛开幕式并祝贺论坛顺利召开，他指出：不仅存在"中等收入陷阱"，还存在"低收入陷阱"和"高收入陷阱"，要科学对待"中等收入陷阱"这一概念。

山西大学杨军教授对世界上 100 多个国家战后经济发展路径进行分析，认为"中等收入陷阱"是当一个国家人均收入达到中等水平后，由于经济发展方式转变缓慢，持续增长动力不足，而出现经济增长回落或停滞，不能进一步向高收入国家迈进的现象。不过，这并不是每个经济体都必须经历的。是否拥有独立自主的经济体系、能否改变已形成的发展模式、国家能否对经济运行和增长实施良好的控制力，以及经济增长的动力机制是否发挥作用，是一个经济体能否跨越"中等收入陷阱"的决定因素。

郑州大学杜书云教授认为，"中等收入陷阱"的本质是经济增长问题，是经济发展特定阶段的一种可能的动态"均衡"状态或"胶着"状态，具有相对性。一个经济体跨越"中等收入陷阱"可以通过增加经济发展动力和减小经济发展阻力两方面来实现。

武汉大学龙斧教授和王今朝副教授认为，"中等收入陷阱"概念是用资本主义市场经济理论研究发展中国家经济发展模式和特征的产物，也是纯经济方法论、唯 GDP 论、唯增长论支配下的理论产物。如果中国能够制订科学的经济发展计划与发展战略，国家、企业和个人的利益关系能够不断得到动态调整，就不会出现由于经济的自发性发展所产生的拐点，更不会进入"中等收入陷阱"。不过，中国经济发展可能会面临唯 GDP、经济发展不计成本和实际效益、经济结构、政府单纯经济行为、极端私有化等十个方面的陷阱，而非世界银行所提出的"中等收入陷阱"。

天津商业大学王树春教授在分析相关历史数据的基础上，认为"中等收入陷阱"并不具有普遍性。一个国家落入"中等收入陷阱"，是由于它在向高收入国家转变的瓶颈期内未完成好经济转型的任务，导致经济发展缺乏有效的制度匹配，经济发展模式不可持续。

湖南商学院陆远如教授认为，"中等收入陷阱"不是存在与否的问题，而是能否勇于面对的问题，它能够给决策者以警醒。导致"中等收入陷阱"的重要因素是资源与环境的退化，而以人为本、统筹生态发展的重要性更加凸显。

（二）"中等收入陷阱"诱因

吉林大学纪玉山教授认为，一个经济体的持续运行是由其实施的战略、经济运行的动力机制和平衡机制相互作用的结果。产业结构特征、收入结构特征、城市化水平以及人口红利的消失都使我国面临"中等收入陷阱"的风险。

浙江财经学院周冰教授认为，世界近代以来的历史表明，各国经济发展道路上的陷阱和障碍，几乎都是与对市场经济体制的错误认识和排斥联系在一起的。其中，特权因素会直接导致两方面的社会经济后果：一是社会和经济机会的不平等，二是收入分配不公平和社会贫富悬殊。"中等收入陷阱"正是由于不进行彻底和根本性的改革，在特权基础上形成的病态市场经济结果。

长江大学韦鸿教授认为，应从经济运行机理来认识收入增长过程中出现"中等收入陷阱"的原因，以政府需求和外国需求为主导的收入增长，在低收入向中等收入过渡阶段非常有效，但到中等收入阶段后，收入差距容易扩大，收入增长与收入的终极意义会偏离，从而出现"中等收入陷阱"。

二 动力转换、结构变迁与跨越"中等收入陷阱"

经过 30 多年的快速增长，我国经济社会发展面临新的台阶，需要重构经济发展的动力和变革经济结构，其中居民消费主导、创新、人力资本、人口城市化、现代服务业发展将成为经济增长的重要引擎，会议代表对此进行了热烈讨论。

（一）优化分配结构，推进消费主导

上海财经大学包亚钧副教授分析了社会主义初级阶段的消费特征和社会主义市场经济条件下的消费目标，认为扩大消费基础，构建消费主导型经济发展模式对跨越"中等收入陷阱"有重要意义。

辽宁省委党校胡亚莲教授认为，我国要在经济发展方式转变上迈出实质性的步伐，消费需求必须成为拉动经济增长的主要引擎，但收入分配结构失衡已成为导致居民消费需求乃至内需不足的主要原因。所以，调整收入分配结构既是转变经济发展方式、提升消费对经济拉动作用的内在要求，也是跨越"中等收入陷阱"的重要途径。

南京审计学院杨淑华教授认为，跨过"中等收入陷阱"，必须强化经

济发展的内在动力，扩大内需特别是消费需求，同时鼓励企业自主创新，加快社会保障制度建设，改革税收，增强经济发展的外在推动力。

（二）效率驱动和技术创新

中国社会科学院经济研究所博士后武鹏基于中国 1978—2010 年的省级样本数据，综合利用 SFA 和 DEA 方法计算了改革以来中国经济增长的动力来源，认为资本投入是中国经济增长的持续稳定的最主要来源，TFP 提高对中国经济增长的贡献逐渐减低，2002 年以后持续呈现负值。中国经济增长的动力由改革最初的资本、劳动和 TFP 三驾马车式的平衡拉动转换成现阶段的资本投入与 TFP 反向角力态势。中国要想成功跨越"中等收入陷阱"，必须加快实现经济增长动力机制由投资拉动向效率驱动转变。

扬州大学胡学勤教授认为，要实现经济发展方式的转变，应做到由物本经济转向人本经济，由私人物品转向公共物品，由高碳经济转向低碳经济，由投资驱动转向创新驱动，由以扩大再生产为中心转向以扩大消费为中心，由经济高速增长转向民生工程建设，由非均衡发展转向均衡发展，由依靠低级要素转向依靠高级要素，由技术引进转向自主创新。

山西大学张波博士通过建立修正的 C–P 模型分析资源型地区实现内生增长的机制，认为资源型地区的发展要转到内生经济增长的轨道上来，重点是要培育研发力量、扩大贸易自由度、改造升级制造业以及壮大知识创造部门等。

南开大学博士研究生余泳泽认为，我国经济增长过分依赖生产要素投入和外向型经济，节能减排的压力会逐渐增大。人均收入与节能减排效率之间存在 U 型关系，一个地区的人均 GDP 必须超过一定的"门槛值"，同时政府的激励约束机制也只有超过一定的"门槛值"，技术进步对节能减排的技术效应以及产业结构调整升级对节能减排的结构效应才能够显著体现。

南开大学博士研究生邸玉娜等对 110 个国家的产品密度指标进行了计算，对 43 个国家的面板数据进行了建模分析，认为高技术产品的密度能够影响一国跨越"中等收入陷阱"所需的时间，面临"中等收入陷阱"的国家可以通过提高基础教育、工业增加值、贸易开放度、居民消费等来提升出口结构转换的能力。

山西大学博士研究生米嘉从经济发展史角度分析审视了巴西和韩国面临"中等收入陷阱"时因在技术创新上选择不同政策和道路,最终导致经济发展差异的经验教训,同时结合中国现实情况认为,国家的科技战略、研发投入以及合理引导民间资金投入技术创新,增强自主创新能力等是跨越"中等收入陷阱"的基础和核心途径。

(三) 调整经济结构,转变经济发展方式

辽宁大学张桂文教授认为,中国已进入刘易斯转折区间,促进二元经济转型的关键是实现发展方式的转变,政府制度创新与职能转变是实现发展方式转变的重要制度条件,而促进梯度产业升级,促进农业现代化发展,构建和谐劳资关系是促进二元经济转型的有力措施。

山东财经大学于凤芹副教授认为,中国跨越"中等收入陷阱",从产业经济学角度看,必须加快发展低碳经济,调整产业结构,提升加工贸易档次,大力发展服务业。

南京陆军指挥学院王仕军副教授认为,加快转变经济发展方式是我国跨越"中等收入陷阱"的必由之路。在这条道路上,需要加快经济增长动力的转换,确保经济持续增长,同时营造经济发展方式转变的社会环境,以稳定促转变,并着力扎实推进政治体制改革,夯实转变经济发展方式的体制机制保障。

台州学院张明龙教授认为,以产业链式化转移与承接取代掏空式转移,是实现现阶段区域合作的一种可行模式。链式化转移与承接主要有三种形式:价值链转移与承接、供应链转移与承接以及生产链转移与承接。

中国社会科学网综合编辑室主任孟育建认为,我国积极参与国际区域经济合作,尤其是建设自贸区,会带来贸易增长,促成市场多元化,摆脱对传统市场的依赖,有助于减少消费者的开支,增加消费者的选择,还有利于吸引外资,承接产业转移,带动相关产业的发展,创造新的就业机会。这对我国转换经济增长方式,跨越"中等收入陷阱"具有重要意义。

三　缩小收入差距与跨越"中等收入陷阱"

过大的收入差距是导致"中等收入陷阱"的重要原因之一。会议代表认为,中国目前收入差距过大,不利于维持长期稳定和健康的经济增

长，需要采取强有力措施加以转扭，并进一步分析了造成收入差距过大和收入调节政策没有起到明显效果的基本原因，提出了缩小收入差距的应对措施。

（一）收入分配差距是"中等收入陷阱"的核心问题之一

四川省社会科学院郭正模研究员认为，曾经和现在仍陷入"中等收入陷阱"的国家，都存在着共性，即没有解决好缓解收入差距扩大、贫富不均的制度安排和机制设计的问题。推动公平分配是我国跨越"中等收入陷阱"的当务之急，应该通过完善劳动者和企业之间的分配机制与制度，合理约束财政税收增长和完善财政支出结构，加强对国有垄断性企业收入分配的制度建设和监督调控机制，大力推行政府部门财政支出公开和接受人民代表大会审批、监督，通过公民权利和公共福利的均等化等制度创新来跨越陷阱。

武汉大学曾国安教授对20世纪50年代以来发展中国家居民收入差距的历史变迁及现状进行了系统分析，认为收入差距存在于世界各国，与发达国家相比，发展中国家居民收入差距问题非常突出。中国目前的收入差距尚处于中等偏下水平，但不能期待其自动转为下降，应采取累进所得税、社会保障等相关措施，缩小居民收入差距。

江苏省委党校孔陆泉教授认为，要跨越"中等收入陷阱"，应该在改革上寻求新突破，而着力点应放在收入分配和利益关系调整上。收入分配改革已成为影响中国经济体制改革整体进程的一个重要环节，也是中国能否摆脱"中等收入陷阱"的关键。

南开大学经济学院张俊山教授认为，"中等收入群体"总是与一定类型的职业相联系的，从目前情况来看，构成"中等收入者群体"或"中产阶级"的职业大多属于非生产性劳动，这些职业的收入来自于生产性职业劳动者的创造。因此，要改变当前不合理的收入分配格局，不能简单地通过扩大当前职业意义上的"中等收入群体"或"中产阶级"来实现，必须提高普通劳动者的收入水平，使普通劳动者能够通过勤劳努力达到中等收入水平。

江西财经大学廖卫东教授提出，收入分配差距加大是导致"中等收入陷阱"的重要因素，我国应采用提高职工劳动报酬、降低失业率、增加居民财产性收入、完善税收制度等手段跨越"中等收入陷阱"。

盐城师范学院贾后明教授认为，跨过"中等收入陷阱"的一项重要任务是解决收入分配差距不断扩大问题。应该通过增加经济总量、对存量收入分配差距进行行政调整、对流量收入差距进行税收调整、对收入分配差距进行道德慈善调整、对利益冲突下的市场进行博弈调整以及对地下经济收入进行法律调整等手段，使收入分配差距处于人们可以接受的程度。

（二）缩小城乡收入差距

东北财经大学王询教授认为，扭转贫富分化的趋势，遏制收入分配差距过大直至最终缩小收入分配差距，是我国避免"中等收入陷阱"的首要选择。要通过设立农产品价格保护机制，推动农业产业化，完善劳动力市场，加快户籍制度改革，促进分配机制正向调节，使公共资源分配合理化以及加大对农村的金融支持等来缩小城乡收入差距。

东北师范大学支大林教授利用中国农村1978年至2008年的数据，建立了两个独立的模型，提出"一个国家的经济发展倾向于选择既能有利于缩小收入分配差距又能有利于增加农村居民收入"的政策措施或政策变量，而推动城市化进程是既能促进经济效率又能维护社会公平的双优变量。提高农民收入，实现多数农民财富的公平增长，促进农村经济的快速增长，是调整农村居民收入差距的物质基础。

中国社会科学院杨新铭副研究员认为，中国金融发展客观上起着拉大城乡收入差距的作用，原因在于当前城乡之间的产业差异以及各种制度性障碍使得非农化与城镇化进程相脱节，农村居民越来越不适应城镇非农产业发展的需要，农村第一产业生产效率难以得到提高。城乡收入差距的缩小需要各方面政策的落实，也需要城镇化、非农化以及城乡一体化的协同发展，在逐渐消除城乡二元经济与社会结构的基础上，城乡收入差距才能逐渐缩小，并最终保持在一个合理的水平。

河南财经政法大学崔朝栋教授认为，根据马克思的分配理论，生产要素本身的分配决定收入分配。中国城乡收入分配差距过大，主要是长期以来城乡之间公共生产要素分配不合理造成的。要缩小城乡收入分配差距，关键是要加大力度实现公共生产要素在城乡之间的合理分配，真正实现城乡一体化，使社会主义公有制及其按劳分配的主体地位真正得到落实。

江西财经大学邵国华副教授提出，我国居民收入的城乡差距、地区差距和行业差距在不断扩大，经济结构的因素、经济发展的因素和市场机制的因素共同导致了这一结果。缩小国民收入差距，应该发展农村经济，破除二元结构，同时优化国民收入分配制度，健全社会保障制度，强化垄断监管，完善市场机制。

（三）财税制度与收入差距

清华大学高宏和熊柴博士基于 VAR 模型对我国 1990—2010 年财政分权、城市化与城乡收入差距之间的动态关系进行了系统研究，认为财政分权在短期内会导致城乡收入差距的扩大，而在长期内能够缩小城乡收入差距，城市化水平的提高会导致城乡收入差距的扩大。我国的经济发展在一定程度上印证了库兹涅茨倒 U 形假说，而且城市化水平与城乡收入差距之间的关系仍处于倒 U 形的前半部分。

上海行政学院潘文轩博士提出，现行的消费税、个人所得税和房产税等税种设计存在着缺陷，税收调节贫富差距的微观能力薄弱。税系结构与税种结构的双重失衡导致税收调节贫富差距的结构能力弱化。税收征管不健全，尤其是直接税征管体系薄弱致使税收调节贫富差距的征管能力被削弱。应当通过改进税种设计、调整税制结构和完善税收征管来增强税收调节贫富差距的能力。

四 制度建设与跨越"中等收入陷阱"

完善现代市场经济的支持性制度对于维持中国长期稳定增长至关重要，包括切实转换政府职能，进一步改革产权制度特别是土地制度，抑制利益集团的影响，深化分配制度改革，扎实推进金融制度改革等，会议代表对制度建设进行了热烈的讨论。

（一）构建有效的体制机制

武汉大学邹薇教授等通过构建多层次模型考察了"群体效应"影响个体生活水平和区域间收入不平等的动态变化进而导致我国农村区域性贫困陷阱的路径，认为在经济发展水平较低的地区或时期，采用普适性的扶贫政策，通过"群体效应"达到减贫效果，随着经济发展的推进，则更多地采用瞄准性的扶贫开发政策，以促进个体能力开发和人力资本积累。

河南大学李晓敏副教授分析了我国企业家"不务正业"的制度根源，

认为制度安排及其内生的"游戏规则"决定了企业家的行为选择。在当前的制度环境下，企业家寻租、投机和投资移民既是一种无奈的选择，也是一种理性的选择。改变这种现状的关键在于改善企业家的生产、创新和投资实业的制度环境。

重庆大学刘年康博士提出，正确认识政府职能是成功实现经济增长方式转变的关键因素。应提高政府财政支出中科教文卫支出比重，优化财政支出结构，同时需要避免财政支出规模过快增长，通过相关创新政策和措施促进经济增长方式转变。

华南师范大学冯巨章教授认为，我国经济治理机制演化表现出渐进性、利益集团导向性、反复性和收敛性的总体特征。未来我国经济治理机制的演化方向是政府治理的边界不断收缩，但在市场失灵的领域仍是主导的经济治理机制；而市场、企业和商会治理的边界将不断扩展，且会成为主导的经济治理机制。

湖南科技大学唐志军博士认为，国家的权力结构决定着国家的治理类型，中国几千年的权力结构变化和社会形态变迁证明了权力结构对一国社会形态的深刻影响。中国要走向一个规则型社会，就需要改变中国的权力结构，依靠分权和制衡来抑制关系型合约的滥用和促进规则型合约治理的发展。

广西大学莫亚琳博士基于一个包含制度变迁的内生经济增长模型，研究了制度变迁促进经济内生增长的机制，认为科技进步、人力资本增加和人口增长能够促进经济的增长。同时，国家政治制度与经济制度的协同发展才能更好地促进经济增长。跨越"中等收入陷阱"需要加强以产权制度为核心的市场经济制度建设，也需要加快推进政治体制改革。

江西财经大学肖文海教授认为，发展循环经济的关键在于构建资源环境价格支持可持续发展的体制机制。循环经济的价格支持可以体现在资源投入、产品制造、污染物排放、消费和回收等环节，要结合我国国情，选择重点环节与路径，构建"政府调节市场、价格支持循环"的体制机制。

（二）土地制度及土地收益分配

清华大学蔡继明教授认为，中国的城市化与逆城市化都是在政府主导下进行的，这使得被征地农民不能分享城市化带来的土地增值。在不改变土地集体所有性质的前提下，由农民自主开发土地的模式可以保护集体土地权益和农民当家做主地位。应允许集体建设用地进入市场，与国有土地同地、同权、同价。要深化土地产权改革，赋予农民完整的土地产权。

中国社会科学院经济研究所胡家勇研究员通过对地方政府土地财政的调研，认为土地收益分配制度改革的重点不是将土地升值收益收归上一级政府，而是应尽快将土地出让收入纳入正规的地方政府预算管理，提高土地出让收入及其使用的透明度和规范性。而解决地方政府与原土地使用者的利益矛盾，一是要真正确立农民作为土地长期使用者的地位，并真正赋予他们"准所有者"的资格；二是以"资本"看待土地，改变目前的耕地补偿费形成机制；三是更清晰地界定征地过程中的"公共利益"，不能让商业利益侵害农民利益。

清华大学博士研究生李艺铭对我国三种集体用地流转模式进行了分析，认为在现有的法律和制度框架下，集体建设用地流转的不同模式会带来不同程度的土地资本化，但由于《宪法》和《土地管理法》的限制，这种土地资本化是不完善的。土地的有限资本化对村集体的自主城市化进程有着实质性阻碍作用。

五　跨越"中等收入陷阱"的国际经验比较

跨越"中等收入陷阱"有国际经验可以借鉴。会议代表分析了拉美、韩国、巴西等国经济长期增长的路径，总结出了当一个国家迈入中等收入国家行列以后，继续维持经济稳定较快增长的一些成功做法及经验。

中国社会科学院经济研究所杨春学研究员通过分析美国近百年的经济发展历程，认为收入分配的变化并不完全是市场力量自发作用的结果，在讨论收入公平分配问题时，必须为自己的价值观而战斗，而且这种战斗不能依赖于道德观的激愤，思想只有通过影响政治家的决策才能改变现实。

河南师范大学乔俊峰副教授认为，社会不均等会严重威胁社会稳定，进而影响经济的持续增长。韩国在跨越"中等收入陷阱"时，充分发挥了就业、教育、税收和社会保障等一系列与经济发展相适应的社会均等化政策，从而实现了高速增长同时的社会均等化发展。借鉴韩国的经验，中国也应着力从创造社会流动性、合理分配教育资源、发挥税收和社会保障制度的再分配效应等方面入手，制定社会均等化政策。

中国社会科学院经济研究所陆梦龙副研究员比较了东亚、东南亚国家同拉美国家截然不同的经济结构演进途径，认为考察期内所有样本国家都具有城镇化以及相伴的制成品出口占比上升两个结构演进特征。工业化对于后发国家实施赶超战略是不可或缺的，但仅靠工业化不足以实现经济赶超。而南欧国家过早的去工业化和人为推动第三产业的发展则拖累了整个经济的持续发展。

山西大学博士研究生田井泉通过对索洛模型的理论分析和日韩模式的检验比较，认为技术进步在经济增长中地位的提高是转变经济增长方式的主要标志，而且内生于经济发展过程中。只有高效的政府、健全的法律、完善的基础设施等配合技术创新才是迈过"中等收入陷阱"的关键。

扬州大学时磊博士利用经济史数据证实了民粹主义的"福利赶超"是拉美经济社会发展陷入困境的核心教训，制度改革迟滞或缺失导致的社会冲突是公共支出"福利赶超"偏向产生的原因。要想摆脱经济社会发展"拉美化"困境，缓解阶层和部门对抗的有效制度改革势在必行，只有有效的制度改革才能从根本上纠正公共支出"福利赶超"偏向，重启增长引擎。

发展循环经济是加快转变发展方式的有效途径

彭晓春*

内容摘要：发展循环经济是加快转变经济发展方式的有效途径，是顺应发展潮流的必然选择，大力发展绿色、生态、低碳的循环经济，是现阶段我国可持续发展的必然选择。我国西部地区通过大力发展生态农业、生态服务业，加强区域经济合作，推进新型城镇化建设，推动经济的良性发展。

关键词：可持续发展　循环经济　西部地区

党的十七届五中全会提出要以加快转变发展方式为主线，从国内外发展实践来看，发展循环经济是加快转变发展方式的有效途径。欠发达地区应紧紧抓住加快转变经济发展方式这条主线，抢占循环经济发展先机，发挥后发优势，推进科学发展、跨越发展，促进经济与生态双赢，走出一条后发崛起的新路。

一　发展循环经济的必要性与紧迫性

发展循环经济是顺应发展潮流的必然选择。后国际金融危机时代，全球经济迈入低碳时代，大力发展绿色、生态、低碳的循环经济，已成为全球经济发展潮流和许多国家地区克服金融危机、抢占未来发展制高点的重要战略举措。无论是从国际社会发展趋势还是从我国工业化面临的资源环境瓶颈来看，高投入、高能耗、高污染、低效率的传统发展模式已难以为继。加快转变发展方式，走循环经济发展之路是现阶段我国可持续发展的必然选择。

---

*　彭晓春，中共贺州市委书记、市人大常委会主任。

发展循环经济是缓解我国环境资源瓶颈的基本要求。我国目前资源消耗量高、利用效率低、环境污染严重，经济增长方式粗放，经济发展具有明显的"高投入、高消耗、高污染、低效益"的特征，环境问题与资源问题已成为制约我国经济持续发展的瓶颈。尽管我国资源总量较大，但人均资源量小。目前我国可开发利用水资源居世界第一，矿产资源居世界第三，国土面积居世界第三，森林面积居世界第三，但人均水资源、矿产、耕地、森林、石油、天然气占有量分别不足世界平均水平的32%、50%、40%、20%、12%和5%。与此同时，资源消耗量高，资源利用效率低，2009年我国GDP占世界GDP总量的8.5%，但能源消耗占世界能源消耗的19.5%，我国单位产值能耗量是世界平均水平的2.3倍，是日本的4.84倍、德国的5.13倍。随着经济快速发展，我国面临的资源瓶颈制约也日益突出。尽管近年来国家加大了节能减排力度，并取得了一定的成效。但从总体上看，我国生态环境恶化的趋势尚未得到根本扭转，环境污染状况日益严重，水环境每况愈下，烟尘排放远远超出环境容量，固体废物污染日益突出。日益枯竭的资源和不断恶化的环境现状表明传统线性发展模式难以为继，需要转变发展方式，大力发展循环经济。

发展循环经济是发挥后发优势的必由之路。与东部先进地区相比较，西部欠发达地区具有独特的后发优势。一是交通优势，随着国家对交通基础设施投入不断加大，西部地区交通路网日益完善，前所未有地与粤港澳、长三角等东部区域发展紧密联系在一起，为开放合作提供了广阔平台。二是资源环境优势，西部欠发达地区长期处于封闭状态，矿产资源丰富、生态保持良好，为后发崛起提供了资源环境基础。三是政策优势，随着西部大开发发展战略的深入实施，国家在税收、土地使用等方面对西部地区给予政策倾斜，为欠发达地区提供了良好的政策支持。四是借发优势，西部欠发达地区可以借鉴发达地区的经验教训，引进它们先进的技术、人才和发展成果，少走弯路，借势发展。但后发优势只是一种潜在的可能性，并不等于发展的胜势。欠发达地区实现后发优势转为发展胜势的关键在于转变发展观念，找到合适的发展路径。循环经济通过大量运用替代化技术、减量化技术、再利用技术、资源化技术，将生产活动组织成"资源—产品—再生资源—再生产品"的反馈式流程和"低开采—高利用—低排放"的循环利用模式。相比传统线性经济发展模式，循环经济在生产过程中具有资源消耗量小、对环境破坏小的优点。目前，我国循环经济刚刚起步，各地处于同一起跑线，西部欠发达地区以转变发展方式为契机，大力发展循环经济既可以发挥自身的生态优势和后发优势，又可以避免资源环境瓶颈，实现经济发展与环境保护的双赢。

二　发展循环经济的主要思路

西部欠发达地区在发展循环经济过程中，应重点抓好产业规划与布局，围绕提高资源利用效率和减少废弃物排放目标，构建"一二三四"循环经济产业格局，为后发崛起提供强大支撑。

全力打造一个循环经济产业示范区。依托西部欠发达地区资源禀赋特点，以循环经济园区为载体，重点培育以水电、新型建筑材料和食品加工为核心的循环产业链，带动形成电子、再生资源、现代农业、物流等循环产业链，推动企业内循环和园区企业间循环。以循环经济产业示范园区作为龙头和核心，指导和推动电力、林产、矿产、电子、新材料等重点行业构建循环经济产业链，形成综合涵盖矿产资源开发、林产品加工、电子制造、新能源新材料利用等领域的循环工业体系。

精心构建以循环农业和服务业为两翼的循环产业体系。依托农业产业优势，壮大农产品加工业，精心打造循环农业产业链，推广农作物种植—农产品加工业—规模化养殖—沼气池—有机肥的农产品循环产业链，把西部欠发达地区建成东部地区乃至全国绿色食品基地。精心培育生态友好型现代循环服务产业体系。依托自然山水、民俗风情、历史文化与区位等优势，大力发展生态旅游、金融、现代商贸物流等新兴循环服务产业体系。形成以循环工业为核心、以循环农业和循环服务业为两翼，覆盖三大产业的完整循环产业体系。

大力推动企业小循环—园区中循环—社会大循环三层次循环体系建立。充分发挥示范区核心带动作用，搞好清洁生产试点工程，构建企业内部小循环。大力加强工业园区改造与建设，对现有的工业园区按照工业生态学原理进行改造，对新建的工业园区进行科学规划，合理布局，使生态技术关联企业进入园区，构建园区中循环。在全社会建立废弃物再利用体系和绿色消费体系，构建社会大循环。

努力抓好循环经济四大关键环节。发展循环经济必须抓好资源消耗、废物产生、资源再生、社会消费四大关键环节。在资源消耗环节，构建重点企业清洁生产和区域内组团式水、热、能综合利用网络。在废弃物产生环节，强化污染预防和全过程控制，加强对废物的循环利用。在资源再生环节，培育社会"静脉"产业，推进实施废物回收循环利用工程，建立垃圾分类收集和分选系统，建立专业化的再生资源市场和废弃物质电子信息交易平台，推动企业间废弃物质相互交易利用。在社会消费环节，倡导绿色消费，大力提倡有利于节约资源和保护环境的消费方式，建立"绿色学校"、"绿色机关"、"绿色宾馆"、"绿色商场"、"绿色社区"，政府机构实行绿色采购。

三　发展循环经济的关键环节

西部欠发达地区各自资源禀赋不同，自然条件和产业基础也存在着差异，发展循环经济具体措施也不可能完全一致，但从总体看，西部欠发达地区发展循环经济应抓好以下六大关键环节。

第一，重点建设循环工业体系。工业是国民经济的主导，是富民之源。欠发达地区要坚定不移地走新型工业化道路，抓好工业发展，发挥自身资源优势全力打造一批支柱产业，做大、做强、做优工业经济。一是以转变发展方式为契机，以重点企业为依托，瞄准产业高端，通过科学规划，合理布局，精心组织和打造电力、林产、电子、稀土新材料、矿产等核心循环工业链和支柱循环工业产业。二是全力打造一批循环工业园区，使之成为经济发展的重要载体和强大引擎。形成多点支撑的循环产业大格局。

第二，大力发展生态农业，打造东部乃至全国绿色菜篮子产业基地。一是大力推广清洁生产技术。加大科研投入开发生物农药，通过调控补贴措施，鼓励农民在农产品生产过程中控制农药、化肥等有毒、有害化学物质的施用量，用生物农药、有机肥料代替传统的化学农药和化学肥料。二是推行循环农业标准化生产，从源头上防控污染。推动有益物质资源的循环利用，使有害物质在综合循环利用过程中得到降解、优化分配和合理疏通，变废为宝。三是坚持发展农业产业化。形成一批以先进科学技术为支撑，以市场为导向，具有区域特色和自身品牌的绿色食品加工企业，使农业企业数量、规模、实力有较大提高。

第三，努力抓好生态服务业。大力发展生态服务业，提高服务业在三大产业中的比重，对于促进发展方式转变，建设资源节约型和环境友好型社会具有十分重要的意义。欠发达地区应依托丰富的旅游资源将发展生态旅游业作为发展生态服务业重要切入点，整合旅游资源，大力培育绿色生态游、人文景观游、民俗风情游、养生保健游等旅游品牌。大力发展具有西部风情的餐饮、交通、酒店、旅游商店、休闲产业，延伸旅游产业链，构建融"吃、住、行、游、购、娱"于一体的旅游产业体系。明确重点，合理规划，大力发展现代物流、金融、商贸流通等新型服务业。优化投资环境，利用各种对外经济交流与合作平台，引进东部发达地区与国外资金发展高效节约型现代物流、会展、商贸、信息、金融、社区服务、社会中介等新型服务业。

第四，大力发展交通基础设施。西部欠发达地区普遍存在路网规模小、密度低、布局不科学、结构不合理、通道不畅、功能不完善等问题。交通基础设施薄弱，难以适应国民经济和社会发展的需要，交通运输"瓶颈"制约因素尚未完全消除，结构性矛盾仍然突出。当今区域经济的竞争首先是交通的竞争。欠发达地区要全力构建机场、铁路、航运和高速公路立体交通框架，加快铁路、公路客货运站场和水运码头建设，加快建设大型综合物流园区，加快推进形成"点"、"轴"、"片"有机结合的"通道经济"发展格局，打造欠发达地区对接东部先进生产力交通平台。

第五，全力推进新型城镇化建设。欠发达地区应充分发挥生态优势，合理规划，建设宜居城镇。抓好城镇规划工作，以建设功能齐全、设施完备的现代化新型城镇为目标，按照高标准、高起点要求进行城镇规划，根据工业区、商业服务区、行政文教区各自功能、特点，结合地理气候特点进行合理分区布局。加大城市绿化投入，大力开展城乡绿色工程，提高城镇绿化率，形成乔、灌、花、草结合，点、线、面衔接的比较完善的绿化系统。严格城镇化过程中的节地、节能、排污和综合利用管理，建立与绿色城镇化相适应的城市管理新模式。

第六，积极深化区域经济合作。欠发达地区应拓展对外开放领域，扩大循环经济国内外交流与合作。围绕发展循环经济，积极开展国际交流合作，在资金、技术、人才、管理等方面积极开展国际交流与合作，积极利用各种国际组织的资金支持，积极引进、吸收发达国家先进的能源资源循环利用技术。建立国内区域循环经济合作交流长效机制。积极与珠三角、长三角地区经济对接，向先进生产力靠拢；加强和深化西部后发展欠发达

地区与东部发达地区的合作，通过打造各种循环经济交流合作平台，探索
建立东西部循环经济合作，加强双方在环保、节能、资源综合利用等方面
的技术、人才和信息交流与合作。

发展低碳农业与建设两型社会的战略思考

杨中柱[*]

内容摘要：低碳农业即生物多样性农业，它具有低耗性、持续性、高优性、协调性、系统性的特征，发展低碳农业是实现"两型社会"的重要途径。因此，要以推动低碳农业发展引领"两型社会"建设：一是制定相关政策；二是依靠科技支撑；三是注重资源节约；四是实施清洁工程；五是建设乡村新镇。

关键词：低碳农业　"两型社会"

一　低碳农业的含义与特点

"低碳"是近期最热的词之一。但现在人们一谈到低碳经济，讲工业的多，讲城市的多，讲农业的少，讲乡村的少。事实上，联合国粮农组织新近指出，耕地释放出大量的温室气体，超过全球人为温室气体排放总量的30%，相当于150亿吨的二氧化碳。同时，联合国粮农组织估计，生态农业系统可以抵消掉80%的因农业导致的全球温室气体排放量，无须生产工业化肥每年可为世界节省1%的石油能源，不再把这些化肥用在土地上还能降低30%的农业排放。所以，低碳经济在农业上大有可为。

低碳农业就是生物多样性农业。农业的发展经历了刀耕火种农业阶段、传统农业阶段和工业化农业阶段。工业化农业过程对生物多样性构成威胁：农田开垦和连片种植引起自然植被减少，以及自然物种和天敌的减少；农药的使用破坏了物种多样性；化肥造成了环境污染，进而也引起生物多样性的减少；品种选育过程的遗传背景单一化及其大面积推广，造成

---

[*] 杨中柱，湖南望城人，湖南望城县农业局工作。研究方向：农业经济及企业管理。

了对其他品种的排斥……如果用碳经济的概念衡量，这种农业可以说是一种"高碳农业"。改变高碳农业的方法就是发展生物多样性农业。生物多样性农业由于可以避免使用农药、化肥等，某种意义上真正属于低碳农业。

低碳农业是指以减少大气温室气体含量为目标，以减少碳排放、增加碳汇和适应气候变化技术为手段，通过加强基础设施建设、产业结构调整、提高土壤有机质、做好病虫害防治、发展农村可再生能源等农业生产和农民生活方式转变，实现高效率、低能耗、低排放、高碳汇的农业。低碳农业首先是一种理念，是农业转变发展方式的一个发展方向，它更注重整体农业能耗和碳排放的降低。不仅要像生态农业那样提倡少用化肥农药、进行高效的农业生产，而且在农业能源消耗越来越多，种植、运输、加工等过程中，电力、石油和煤气等能源的使用都在增加的情况下，要更注重整体农业能耗和排放的降低。但这是不是就意味着低碳农业只是一个离我们比较遥远空洞的概念呢？绝对不是，最简易、最有效的例子就是植树造林，据科学测定，一亩茂密的森林，一般每天可吸收二氧化碳 67 公斤，放出氧气 49 公斤，可供 65 人一天的需要。一亩玉米地产出的秸秆就可以压制出半吨秸秆炭，1.3 吨秸秆炭即可满足一户农民全年的取暖做饭。低碳农业具备五大特点：一是低耗性。低碳农业体系是科学地安排不同生物在系统内部的循环利用或再利用，最大限度地利用农业环境条件，以尽可能少的投入得到更多更好的产品。二是持续性。低碳农业的转型，不仅意味着农业经济形态的转变，更意味着一场深刻的农业革命，它涉及农业资源与环境保护、农业生产技术转型、食品安全、国民健康、城乡关系，以及农村发展、农业增效和农民增收等多方面的问题。低碳农业并不意味着产出剧烈下降，生产停滞不前，而是要求农业可持续发展。三是高优性。低碳农业是生产绿色产品的过程，既要收获优质产品，又要保护生态环境，实现生产生态双安全。四是协调性。低碳农业运作与发展涉及多领域，尤其是生产与生态的协调。资源与环境是农业生产的自然基础，资源贫乏、环境保护、生态建设等现实困惑都要求人们必须发展低碳农业。低碳农业的本质是生态农业经济，建立循环经济发展模式，有利于缓解资源贫乏的压力；而通过保护农业生态环境和强化生态建设来提高农业生态环境质量，更是保障农业生产可持续发展的基本前提。五是系统性。发展低碳农业，要有统筹的思维，即要考虑如何从技术、制度、管理等方面避免农业生产对环境的破坏作用，实现农业环境友好；提高农业生态环境质量，实现农用资源的节约和可持续利用，保障食品安全和人民健康，这无疑是发展低碳农业、建设"两型社会"的重要条件。

二 发展低碳农业是实现"两型社会"的重要途径

"两型社会"，即"资源节约型、环境友好型社会"，非常通俗易懂。建设"两型社会"必须发展低碳农业，发展了低碳农业不一定就建设好了"两型社会"，发展低碳农业是建设"两型社会"的必要条件，而不是充分条件，这就是二者的关系所在。笔者认为，"两型社会"是个大概念，可以说是一些描述性的、无所不包的大外壳，是对可持续发展的一种描述。具体讲，"两型社会"包括整个社会的生产过程、流通过程、建设过程、消费过程等，它的覆盖面是全社会的经济社会活动，甚至包括每一个单位、每一个家庭。而"低碳农业"说的是农业可持续发展的本质、核心、灵魂，是一个抓手，是可以量化的核心的指标，可以用于比较评估之中。比如在生态评估中，对于都是发展"两型社会"的不同地区，谁做得最好呢？这时就可以用到"碳"来衡量。谁更低碳，谁就更好；谁的低碳农业效益好，谁的农业可持续发展也就更好。很明显，低碳农业是"两型社会"的重要组成部分。低碳农业有利于农业资源节约，更有利于农业环境友好。反过来，"两型社会"建设本身也包含着发展低碳农业。

（一） 发展低碳农业，有利于践行科学发展观

发展是硬道理，农业面临的问题是如何科学发展，建设低碳农业与建设资源节约型和环境友好型社会的本质一致，是贯彻和落实科学发展观的具体体现，科学发展观所蕴含的关于发展的科学思想和解决发展问题的根本方法，又为我国低碳农业发展提供了方法论指导，拓宽了低碳农业发展的思路，提高了低碳农业发展的质量和效益，促进了农民的增收和生活质量的改善，推动了农村经济的持续发展。以低碳农业为载体推进发展观念的变革，将会在更广范围内、更大程度上树立"两型社会"的发展理念。

（二） 发展低碳农业，有利于拓展"两型社会"建设的发展空间

由于低碳农业的可操作性，因而在未来的农业国际交往中必将成为一

种重要的手段。将低碳农业融入"两型社会"建设的框架当中，利用国际社会对低碳农业的运行，能有效地促进农业"两型"品牌在国际范围内的传播和认可，打造我国农业品牌，有利于利用全球范围内的资金和人才，换言之，有利于更好地实现我国农业与国际接轨。同时，发展低碳农业能实现农业的可持续发展，从而为"两型社会"建设创造更加广阔的发展空间。

（三）　发展低碳农业，有利于调整产业结构

发展低碳农业是转变农业经济增长方式、调整产业结构、减轻农业资源与环境压力、解决面源[①]污染的一场革命，是我国实现农业可持续发展的最佳途径。在传统农业向现代农业、从计划经济向市场经济、从卖方市场向买方市场、以及与国际市场接轨的进程中，农业经济增长方式、农产品的安全性正面临着严峻的挑战，要从粗放经营到集约化生产、从大量使用农药到生产源头和全过程控制污染、从农业有机废弃物乱堆乱放到无废物、从难以为继到可持续发展，就必须大力推进低碳农业。通过发展低碳农业，提高资源的利用效率，构建"两型社会"，降低农业经济的碳强度，促进我国经济结构和农业结构的优化升级。

（四）　发展低碳农业，有利于实现跨越式发展

我国农业科技水平参差不齐，研发和创新能力有限，这是我们不得不面对的现实，也是我国由高碳农业向低碳农业转型的最大挑战。近年来，我国新农村建设步伐加快，乡村清洁工程稳步推进，再生资源开发利用产业呈快速增加之势，如果加大投入，加快"两型社会"建设步伐，大力发展低碳农业，就可实现农业跨越式发展。

（五）　发展低碳农业，有利于资源的开发利用和保护

发展低碳农业，可以避免对自然资源掠夺式经营和滥用，对农业的可更新资源注意增殖，对不可更新资源注意保护和利用，使自然资源能得到持续的利用，促进生态良性循环，节约农业资源，为农业经济发展创造良

---

① 杨中柱：《和谐生产力与两型社会建设的战略思考》，《湖南信息职业技术学院学报》2008 年第 4 期，第 24—26 页。

好的生态环境。

（六）发展低碳农业，有利于提高生产的综合效益

低碳农业既能大大提高劳动生产率、土地利用率、土地生产率和资源利用率，从而大大提高经济效益，又能充分合理地利用、保护、节约和增殖自然资源，加速物质循环和能量转化，具有显著的生态效益。它能为社会创造数量多、质量好的多种多样的农产品，满足人们对农产品不断增长的需求。因此，低碳农业的发展，必将加快"两型社会"建设进程，促进整个国民经济全面发展。

三 以推动低碳农业发展引领"两型社会"建设

发展低碳农业，建设"两型社会"，任重道远。因此，要大力推进低碳农业的发展，以低碳农业发展引领"两型社会"建设，积极实施低碳农业发展战略，制定相关政策，依靠科技支撑，注重资源节约，实施清洁工程，振兴低碳产业，倡导低碳生活，不断赢得低碳农业发展的先机，开创"两型社会"建设的新机制新模式。

（一）制定相关政策

要建立和完善相关政策，形成低碳农业发展的长效机制。一是制定法律法规。10多年来，我国相继出台了《基本农田保护条例》，修订了《土地管理法》等一系列有关农业生态环境保护的法律法规。但是，随着改革开放和经济的发展，我国的农业生态环境状况发生了巨大的变化，也出现了许多新的问题，为此，可以借鉴美国做法，结合我国实际，有针对性地出台法律法规，尽快制定并完善农业投入对生态环境影响等相关标准，加强农产品标准的制定，控制过量的化学品的投入引起的食品安全和环境安全的问题，规范低碳农业发展。二是建立财政支持政策。对农村购买太阳能灶给予适当的财政补贴。同时，大力扶持乡镇低碳生产企业，在税收上予以优惠，帮助企业提高产量、质量和科技含量。三是完善投融资体系。推进农村集约化经营，全力打造低碳、可持续的现代化大农业，为"两型社会"建设奠定坚实基础。

（二）依靠科技支撑

要按照"两型社会"综改总体方案的要求，加快农村低碳技术的研发和推广力度。一是要提升粮食核心产区的低碳农业基础建设。加大整合力度，重点建设现代设施农业示范园区、生态畜牧业、粮食（叶菜）功能区等项目，为加快现代农业发展打好基础。二是要加强培育适应低碳环境的优良品种。要大力推动农作制度创新，推广一批稳粮高效、农牧循环、水旱轮作等发展模式。三是要大幅度地减少化肥和农药使用量，减轻农业发展中的碳含量，实现农业环境友好。如用粪肥、堆肥或有机肥替代化肥，通过秸秆还田增加土壤养分等。四是对农产品进行深度加工。借科技之力，将各类农产品加工后的副产品及有机废弃物化害为利，变废为宝，进行系列开发、深度加工，将原本是负担的废菌包，一经科技"魔术之手"，转身变为吃香的有机肥，进而又延伸出一条新的产业链。如此，既降低了生产成本，又具有显著的农业环境效应；既节约了能源资源，又解决了对生态环境的污染，有效地控制温室气体排放，发展了优质高效低耗低碳的农业经济。

（三）注重资源节约

"强本而节用，则天不能贫。"要以"两型社会"建设为目标，大力发展资源节约型农业。一是发展节水农业。目前，我国农业年用水量约为4000亿吨，占全国总用水量的68%，是最大的用水户。其中灌溉用水量为3600亿—3800亿吨，占农业用水量的90%以上。据水利部农水司测算，全国灌溉水利用系数仅为0.46，即从水源到田间，约有一半以上的灌溉水因渗漏、蒸发和管理不善等原因没有被作物直接利用。灌溉后农田水的利用效率也很低，每吨水生产的粮食约1公斤，仅为发达国家的一半。因此，要以实用技术与先进设施的集成推广，大力发展节水型农业，采取有效的工程措施，加强水利基础设施建设，改革灌溉制度，调整种植结构，推行抗旱耕作。农作物布局要以水资源的分配为依据，提高用水的经济效益和生态效益，积极发展砼防渗渠道和管道输水，可以减少和避免水的渗漏与蒸发；改造落后的机电排灌设施，推广水稻节水灌溉技术和农作物喷灌、微喷灌、滴灌等技术，可以较大限度地提高水资源的利用率。二是发展节投农业。其实质是有害投入品减量。实施有效替代化肥、农药、农用薄膜的使用，这是工业革命成果在农业上的应用，对农业的增产作用显著，但其负面作用也不可忽视，既有可能带来农产品的残毒，又有可能带来农业面源[①]污染和土壤退化，影响农业的可持续发展。为此，要在以往成功研发的基础上积极探索化肥、农药、农用薄膜的减量与替代的配套技术，如用农家肥替代化肥，用生物农药、生物治虫替代化学农药，用可降解农膜替代不可降解农膜。要集成推广测土配方与精准施肥技术，集成推广生物农药与综合防治技术，使之用得少、用得好，少残留、少污染，真正实现肥药的合理利用，以求达到丰产治污双赢的目的。三是发展节地农业。其核心是实施优化与合理的立体种养，构建循环利用体系。立体种植、养殖旨在充分利用土地、阳光、空气、水，可以拓展生物生长空间，增加农产品产量，提高产出效益。在南方的江海冲积平原，常见的有农作物合理间种、套种的立体种植模式，如桑田秋冬套种蔬菜、桑田夹种玉米的农桑结合；苗木合理夹种的花卉林花结合；稻鱼共生、菱蟹共生、藕鳖共生、藕鳝共生的农渔结合；以及水网地区的林草渔牧结合等。这些地区已经积累了一田多用与一地共用的丰富经验。因此，我们要进一步探讨多因素共生的生态系统内物质循环利用合理途径与能量转变效率，完善各项有利于资源节约的措施，并据此建立标准化生产规程，配套相应的设施，实现传统农业向标准农业的产业化转变与跨越，提高资源利用效率。

（四）实施清洁工程，大力发展环境友好型农业

一是实施清洁能源。要利用农村丰富的资源发展清洁能源，推进集约化养殖场大中型沼气工程，推进人畜分离养殖小区的沼气集中供气工程建设。努力提高农村清洁能源利用率，目前农村主要有：风力发电、秸秆发电、秸秆气化、沼气、太阳能利用等。特别值得一提的是，近几年各地积极实施"一池（沼气池）三改（改厕、改厨、改圈）"生态富民工程，既净化了环境又获取了能源，还增加了收益，深受农民群众的普遍好评。二是实施清洁生产。优化农村能源结构推进农业清洁生产，要推广节肥节药技术，进一步调整优化用肥结构，提倡增施有机肥，提高肥料利用率；推广应用高效、低毒、低残留农药新品种，淘汰"跑、冒、滴、漏"的

---

① 杨中柱：《发展我国低碳农业的思考》，《农业部管理干部学院学报》2010年第1期，第29—32页。

生产器械，推广低容量喷雾技术，减少农药用量。要在现代农业的大框架之中，依照规模化、标准化、绿色化、高优化的要求，因地制宜地规划与建设"三品"基地。"三品"即指无公害农产品、绿色食品、有机食品。这三种农产品因其品质好、无农药残留或微农药残留，深受消费者欢迎。为此，各地要在过去成功探索的基础上，大力推广"三品"基地的规范化与标准化建设，着力加强资源节约和环境保护，努力实现人口、资源、环境相协调，努力建设"两型社会"。三是实施清洁家园。要科学规划，建设乡村配套基础设施，优化景观布局；实现统一处置生活垃圾，有效转化废弃资源，使之成为宜居胜地，绿色家园，亮丽景观。

（五）建设乡村新镇

一是推行以低碳农业发展为理念的乡村新集镇规划。以低碳农业的理念进行乡村新集镇的规划、改造和建筑设计，搞好乡村新集镇居住、公共服务和商业设施的合理配置。完成低碳农业理念指导下的现有乡村新集镇公交系统，建成融入城市交通主干线的快捷公共交通网络。二是大力推进生态乡村新集镇建设。大力植树造林，重视培育林地，特别是营造生物能源林，在吸碳排污、改善生态的同时，创造更多的社会效益。以最大限度保护蓝天碧水为目标，加快清洁能源替代项目建设，大力推进乡村新集镇污水达标排放，加快绿化步伐。三是积极推行建筑节能。加强节能管理，把建筑节能监管工作纳入工程基本建设管理程序。鼓励新建居住建筑应用太阳能热水系统，扩大太阳能、地热能等可再生能源利用。加快节能改造，研究政策措施，打造一批低能耗、绿色建筑、建筑节能改造、可再生能源在建筑中规模化利用的示范工程。四是大力营造以低碳农业为主流的社会环境。加大"两型社会"建设的宣传力度，大力营造低碳化生活消费、公共管理与服务体系的良好氛围，加快对村级办公大楼低碳化运行改造，更换节能灯、安装太阳能照明系统、推广电子政务、控制夜间照明和空调使用。启动农村低碳化社区示范工程，积极推广面向低碳化农村社区的规划手段、建筑技术和社区管理方式。

法律

俄罗斯的财产申报与公开制度

徐海燕[*]

内容摘要：俄罗斯官员财产申报与公开制度出台以前，防止官员腐败的规定散见于总统令和国家颁布的各类法律法规中。奠定俄罗斯官员财产公开制度的法律基础是《反腐败法》，该法详细规定财产申报的主体、内容、时间、原则、期限、程序等方面内容，形成了俄罗斯财产申报和公开制度的基本框架，并在此后做了多次的修订和补充。尽管近几年来，俄罗斯当局实施了包括制度建设在内的多种策略、多重举措，但从实际效果看依然是乏善可陈。

关键词：申报主体　财产申报　财产公开

腐败是俄罗斯司空见惯的社会现象之一。在众多类型的腐败中，高层官员的腐败是俄罗斯腐败的重要特征。俄罗斯反腐败专家认为："如果说基层腐败（日常生活的事务性的）是在腐蚀国家机关和社会，其主要后果只是增加了对民众的非法税收，哄抬了社会服务的价格；那么上层的腐败，则会改变社会发展的优先次序，扭曲国家的真正利益，最终阻碍国家的发展，破坏社会的稳定。"[①]

作为"上层腐败"的重要组成部分，行政腐败笼罩着俄罗斯权力机关的各个部门，严重阻碍了俄投资环境的改善、新经济方式的推动、新产业结构的调整，尤其阻碍了政府资金的分配，使政府不能集中精力推动产业结构的调整和创新经济的发展，它已成为"俄罗斯发展道路上的一个重大障碍"。[②] 近几年来，官员财产公开作为反腐败的第一道防线，已经

---

[*] 徐海燕，中国社科院政治学研究所，法学博士，副研究员。

① Т. А. Сахаров, *политикаанти-коррупции*, стр. 268。

② Сноска, "посланиепрезидентаПутинакФедеральному", *Собраниюоположениистраны*, Кремль. 10. 5. 2006。

成为俄罗斯国家反腐败战略的重要组成部分，被俄罗斯政府提到了重要议事日程上。

一　财产公开制度的法律沿革

（一）财产公开制度建立前的法律沿革与实践

俄罗斯官员财产公开制度的建立不是一蹴而就的。在该制度出台以前，防止官员腐败的规定散见于总统令和国家颁布的各类法律法规中。其中，1992 年 4 月 4 日由叶利钦签署的《有关反对国家行政体系内腐败行为》的总统令，《俄罗斯联邦国家公务条例》（1995 年），以及《俄罗斯刑法法典》（1996 年）和《俄罗斯联邦行政违法法典》（2001 年）等法律文件，都多次规定和强调保持行政官员的廉洁性问题。在 1997 年生效的《俄罗斯联邦政府法》中，有了政府总理、副总理和各联邦部长每年向俄罗斯税务机关申报个人财产的规定。

这一时期，为了防止官员的腐败，俄罗斯当局还借鉴国际经验推出一系列现实举措，主要有两个方面。

（1）从 2004 年起大幅度提高公务员的工资，以期达到 "高薪养廉" 的效果。据俄罗斯有关资料统计，2004 年，俄罗斯 35 万联邦一级官员，部长级官员工资上涨了近 4 倍，副部长和司长级工资上涨了 4—11 倍，而低级别的官员工资上调幅度则在 3 倍以下；2006 年 5 月起，俄公务员工资又提高了 15％；2006 年 10 月继续提高 11％；2007 年 9 月又提高 15％；从 2008 年 12 月 1 日起，列入国家预算的公职人员工资再提高 30％。

（2）2006 年俄罗斯加入了《联合国反腐败公约》缔约国行列，成为世界上第 52 个批准该公约的国家，一方面以昭示俄罗斯政府打击腐败的决心，另一方面也试图借助国际力量和国际经验帮助俄罗斯反腐败。

在建立专门制度以前，旨在推动官员财产公开的政策、法律是作为俄罗斯当局反腐败 "组合拳" 中的一项，但尚未形成一个规范的财产申报专门的法律文本。

（二）现行官员财产公开制度的法律基础

奠定俄罗斯官员财产公开制度的法律基础主要是 2008 年 12 月 25 日，俄罗斯时任总统梅德韦杰夫签署的《反腐败法》（第 273 号联邦法）和

2009 年 5 月 18 日签署的五项总统令。

《反腐败法》是一部具有原则性指导意义的预防和打击腐败的法律。该法首先界定了腐败的基本概念，确立了预防和打击腐败的主要原则，指明了国家机关提高反腐败工作效率的主要方向，规定了公务员及其配偶、未成年子女提交收入和财产信息的义务等。

《反腐败法》出台后，《俄罗斯联邦政府法》的第 10 条进行相应的修订，将财产公开制度扩大到"俄罗斯总理、副总理和部长"等高级行政官员，他们有责任向税务机关提供本人及其配偶和未成年子女的收入、有价证券及其他财产。

2009 年 5 月总统签署的第 558 号总统令中，对规定官员公布自己及其家属的收入和财产信息，做出了具体的规定。

（1）界定了需要进行财产公开的三大主体，即在联邦担任公职的高级官员（政府成员、国家杜马和联邦委员会主席、省长等），在国家服务机构工作的人员，国有企业的负责人、国有基金会和其他组织的领导。

（2）界定财产公开内容，包括：年收入总额，不动产的土地面积、房产、公寓等国内所有不动产，以及运输工具的数量和型号。

（3）规定了财产公开的形式，规定联邦级别的大众传媒可以要求检查机构提供官员收入的信息。国家公职人员如果拒绝提供上述信息，或者提供虚假信息的话，会被解雇。领导人员违背上述条款会受到纪律处分直至离职。①

此外，法案还涉及官员财产"任前公示"部分。根据《反腐败法》第 8 条第 1 款规定，希望充任已被列入俄罗斯联邦规范性法律文件目录中的联邦或市政机关职位的公民，以及已充任俄罗斯联邦规范性法律文件目录中的联邦或市政机关职位的公民，有义务向其主管申报收入、财产和财产性债务的资料，并申报其配偶和未成年子女的收入、财产和财产性债务的资料。第 7 款规定，公民在进入联邦或市政机关时不向其主管申报本人及其配偶和未成年子女的收入、财产和财产性债务资料的，或者申报明显不可信或不完全的资料的，将被拒绝接收进入联邦政府或市政机关。②

---

① Пакетомпокоррупции18 мая 2009 г. http：//www.s-pravdoy.ru/allnews/113-protiv-korrupcii/2077—2009—05—18—15—09—42.html.

② Ibid..

为了更好地落实上述条款，当时的俄罗斯总统梅德韦杰夫和总理普京身先士卒给俄罗斯权力机构做出表率。2009 年 4 月 6 日和 4 月 7 日梅德韦杰夫总统和普京总理相继公开了个人收入及家庭财产情况，此后俄罗斯副总理和 11 位部长也公开了个人收入和家庭财产。2010 年 4 月，继总统和总理公布后，俄罗斯政府所有官员以及国有公司、基金会等领导人的相关信息亦被公布在网站和媒体。

与此同时，俄罗斯司法和检察部门也加大对贪腐行为的监督和惩处的力度。2011 年 1 月 13 日，梅德韦杰夫总统要求俄罗斯联邦税务署和总检察院在三个月内查清国家公务员财产申报单的可信度和完整性。并提出不实申报的惩罚措施：对贪污分子加以数倍的罚款，最高可达行贿数额的100 倍的罚款。[①]

2010 年 4 月 11 日，梅德韦杰夫总统又签署了《2011—2012 年国家反腐败的国家战略和国家计划》，规定国家反腐败计划每两年更新一次，以保证国家反腐败计划的有效性和连续性。[②]

此后，俄联邦出台的一系列反腐败律令、方针和政策在联邦主体层面得到了响应和落实，俄罗斯的各州、市、共和国和自治区也纷纷制定了适合本地区特点的反腐败法规、政策和实施机制。

（三）官员财产公开制度的完善和发展

2012 年 3 月 13 日，梅德韦杰夫总统签署了《2012—2013 年国家反腐败计划》，进一步强化在行政领域的反腐败措施。与以往相比，有以下新内容。

（1）对官员的收入和财产的"实时监控"。官员在接受质询时，如果对"来路不明"财产不能够解释其来源，即被认为具有犯罪嫌疑，可被解雇，并剥夺财产。改变了法律中原有的"无罪推定"的原则。

（2）与上述规定相对应，规定担任公职的公务员、市政官员、国家所属机构的合作单位的工作人员及其家庭成员（配偶和未成年子女），有义务提供购买房地产、证券、股票、车辆等国家规定的应上报财产的凭

---

① Медведевпоручилпроверитьдекларацииодоходахчиновников， http：//news. bcm. ru/russia/2011/1/13/20129/1.

② историяборьбыскоррупциейвсовременнойРоссии，РИАНовости, http：//ria. ru/spravka/20120404/615122656. html#ixzz2JNXoRJqb.

证。此外，还需要提供大额收入的款项来源等。①

（3）整合政府各部门已有的数据库。建立综合性的电子数据库，以加强对官员个人资产情况的分析和掌握，发现申报收入与实际收入之间的出入，以及实际资产与合法收入之间是否相符，从而对国家公务人员实行大范围的财产监督，为反腐败提供线索和信息。②

2012 年 12 月 21 日，俄罗斯一项禁止公务员、国家官员及其配偶和未成年子女拥有海外资产的法律草案，在议会杜马一审获得通过。根据上述法律草案，俄罗斯各级公务员、国会议员、现役军人以及内务部、联邦司法系统、联邦毒品控制部门、调查委员会、检察官办公室和海关的雇员都将受新法约束，这些公务人员及其配偶和未成年子女均不得在海外拥有不动产、银行账户和证券，除非证明海外账户的资金是用于公务活动、医疗或学术研究目的，方可按例外论处。而且规定，已经拥有海外资产的俄罗斯公务员，必须在 2013 年 6 月 1 日前清理自己的海外资产；未来即使是通过继承获得海外资产，也必须在产权生效一年内出售或转让有关财产，并将所得款项存入俄罗斯银行。除此之外，那些离开国家岗位的人员在正式离职三年之内，也不能拥有海外资产。违反规定者，或公务员在海外藏匿资产，将被处以 15 万—30 万美元罚款或者 5 年以下有期徒刑。③

2012 年 12 月 12 日，普京总统发表国情咨文，再次重申对政府官员和国有公司高管的开支进行监督，他指出："监督政府官员收入和财产的同时，将开始监督政府官员和国有公司领导以及他们家属的开支和获得大笔财产的交易，并不得在海外拥有资产。检察院现在有权向法院申请没收非法所得财产。"④

2012 年 12 月 4 日，俄罗斯国家杜马确定，俄罗斯国家机构采购进口货物的优先级别，规定俄罗斯官员禁止驾驶本国以外生产的车，只能驾驶

---

① ЗаседаниеСоветапопротиводействиюкоррупции，Март 13，2012 в 19：15，http：//astra-novosti. ru.

② Медведеврешилборотьсяскоррупцией，контролируярасходычиновников，http：//www. mr7. ru/articles/51157/13 марта 2012 г. 15：45 МРисторияборьбыскоррупциейвсовременной России，РИАНовости http：//ria. ru/spravka/20120404/615122656. html#ixzz2JNY134qQ.

③ Российскимчиновникамзапретятиметьнедвижимостьзаграницей，1 августа 2012 г. 13：18 МР，http：//www. mr7. ru/articles/57690/.

④ Продолжениеследует，http：//президент. рф，http：//www. amic. ru/news/202063.

国产车，应该给俄罗斯本国的汽车生产商提供更多的消费支持。①

2012 年 12 月 5 日，最终获得国会通过和总统批准后，俄罗斯公布了新的反腐败修正案《审查公务员消费占收入比例法》。规定政府官员及配偶、未成年子女的一次性支出如果超过此前三年内收入总额时将面临法律调查，相关财务信息将在政府网站公布并交给媒体，怀疑非法购置的财产将被法院冻结，在申报财产中弄虚作假的官员则可能被开除甚至面临刑事指控。

据此，如果俄罗斯政府成员及其配偶一次性消费额超过前三年的总收入，需要提交本人、配偶和未成年子女的收入信息，包括每笔购买土地、其他不动产、交通工具、有价证券及股份的交易。该修正案已于 2013 年 1 月 1 日起生效。②

二　俄罗斯现行财产公开制度的内容

俄罗斯现行财产申报内容主要包含以下几个方面的内容。

（一）财产申报的主体

目前俄罗斯公务人员在进行财产申报时，不仅本人需要申报，公务人员配偶和未成年子女，也需进行申报。国家在职人员分为三部分。

（1）联邦国家领导职位的人员，包括总统、政府总理和副总理、总统办公厅主任、政府办公厅主任、列入政府成员的联邦部长、各联邦主体领导人、中央选举委员会主席、杜马议员、联邦委员会主席以及宪法法院、最高法院及最高仲裁法院正副院长及法官等等。这些人员要在每年 4 月 1 日前按规定提交上一年度所需申报信息。

（2）联邦国家公务人员及其配偶和未成年子女。

（3）非营利性质的国有公司负责人，即国有企业的负责人，国有基金会和其他组织的领导，及其配偶和未成年子女。

---

① Чиновникибудутездитьнаотечественныхмашинах, 04 декабря 2012 г, http：//sibautomag. ru/news/201419/.

② Федеральныйзаконот 3 декабря 2012 г. N 230—ФЗ "Оконтролезасоответствиемрасходовлиц, замещающихгосударственныедолжности, иныхлицдоходам" 5 декабря 2012 г. в "РГ"-Федеральныйвыпуск№5953, http：//www. rg. ru/2012/12/04/rashody-site-dok. html.

（4）准公务人员的"任前申报"，即对竞聘国家集团公司、国家基金会，以及联邦或市政机关职位的公民先要对收入和财产进行申报，接受审核。

（二）公开申报内容

2009年5月18日的《反腐败法》以附件形式提供了几十张申报表，这些申报表把需要申报的信息细分为八类。

第一类收入信息。包括主要工作收入、教学活动收入、学术活动收入、其他创作活动收入、银行和其他信贷机构存款收入、有价证券及商业组织参股收入、其他收入。

第二类财产信息。包括不动产和交通工具。不动产项下细分为地块、住宅楼、住宅、别墅、车库和其他不动产等类别。交通工具项下有小型汽车、载重汽车、拖车、摩托车、农用机械、水上交通工具、空中交通工具和其他交通工具。

第三类银行和其他信贷机构账户的货币资金信息。

第四类有价证券信息。包括股票和其他股份，还包括债券、票据等。

第五类财产性债权债务信息。包括正在使用的不动产，并按规定要求申报不动产的属性（如地块、住宅楼、别墅等）以及不动产的使用形式（如租赁、无偿使用等）和期限等内容。

第六类债权债务。要求申报超过最低工资额100倍定期金融性债权债务，并指明债的内容（贷款或借款）、借款人或贷款人以及债的发生根据、数额。

第七类国外财产的价值和交易资金来源。

第八类超过三年收入总和的一次性消费（投资）明细。

（三）财产公开的原则和时间

按照相关法律，财产公开要按照年度公开的原则，每年进行一次。具体规定为：

（1）联邦国家担任领导职位的人员要在每年4月1日前按规定提交上一年度所需申报信息。

（2）联邦国家公务人员及其配偶和未成年子女每年4月30日前提交上一年度所需申报信息。

(3) 非营利性质的国有公司负责人、配偶及其未成年子女的申报参照上述相关规定执行。

三　申报程序和管理

俄罗斯《反腐败法》第8条第5款规定：根据俄罗斯联邦规范性法律文件规定的程序，可将国家和市政公务人员申报的收入、财产和财产性债务的资料，提供给媒体公布。人事部门在受理申报后，可以将当事人申报的不动产、交通工具和年收入信息在各自的官方网站公布或提供给俄罗斯境内的有关大众媒体。

法案还规定了财产公开的范围和比例。公开信息包括：不动产、交通工具和年收入。禁止公布信息包括：可公开信息以外的收入；公务员配偶、子女和其他家庭成员的个人信息；可能判定公务员及其家庭成员居住地、通讯地址、电话号码以及其他通讯信息以及不动产所在地的信息；属于国家秘密或个人隐私的信息；根据反腐败法律规定，相关人员未经允许私自公开需承担相应的法律责任。①

四　责任追究

需要公开申报的信息必须保证其完整性、可靠性，由各机构中负责申报的人事部门有选择地进行核实。如果国家公职人员不提供或故意提供虚假信息，就将面临失去公务人员身份的风险，或者依法追究其他纪律责任。具体为：

(1) 希望获得国家公职职位的公民不提供个人及其配偶和未成年子女收入、财产和财产性债权债务的信息或者故意提供不真实信息，将失去获得相应职位的机会。

(2) 国家公职人员如果不提供或故意提供虚假申报信息，将被解除国家或地方公职，或者依联邦法律承担其他法律责任。

(3) 各机构人事部门公务人员如果泄露国家秘密或个人隐私，将依

①　Пакетомпокоррупции18 мая 2009 г.，http：//www. s-pravdoy. ru/allnews/113-protiv-korrupcii/2077—2009—05—18—15—09—42. html.

联邦法律追究其责任。同样，政府机构负责受理申报信息的工作人员，如果泄露国家秘密或个人隐私，将依法追究其法律责任。

五　俄罗斯财产申报与公开制度的效果及评价

俄罗斯近年来把治理腐败列入国家战略和优先任务并采取了一系列治理腐败的措施，特别是普京和梅德韦杰夫两位总统近 10 年来一直高调倡廉，铁腕反腐，在法律、行政、教育、舆论等多个层面采取强力措施打击腐败，显示了俄罗斯高层对此问题的重视。俄罗斯公务人员的财产申报和公开制度，可以看作是俄罗斯反腐败斗争从行动层面向制度层面转型升级的一个标志，也是俄罗斯 2008 年以来实施的最引人注目的一项法律举措。其可贵之处在于，除了对腐败分子和腐败行为进行惩处之外，还以制度化的方式建立起抑制腐败的机制。

但即便如此，俄罗斯的腐败问题因历史、文化和发展阶段等多种原因，依然持续，依然严重。俄罗斯的腐败问题盘根错节，积重难返。俄罗斯媒体根据国际清廉组织"透明国际"发布的相关数据，对 1996—2011 年俄罗斯清廉指数进行的汇总（见图 1）可看出，尽管近几年来，俄罗斯当局实施了包括制度建设在内的多种策略、多重举措，但从实际效果看依然是乏善可陈。

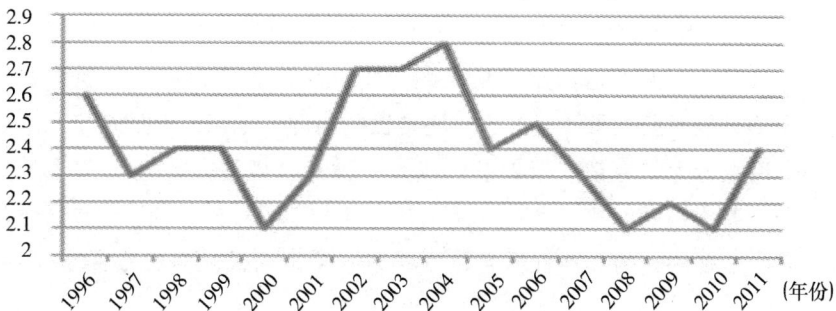

图 1　1996—2011 年俄罗斯清廉指数走势图

材料来源：Основнаястатья：КоррупциявРоссии # Оценки Transparency International ДинамикаиндексавосприятиякоррупциивРоссиив 1996—2010 годах.

221

从走势图可以看出，俄罗斯的清廉指数从未达到3，最高水平是2.8，最低水平是2.1。而根据"透明国际"的评价标准，清廉指数满分为10，分数越低，表明清廉度越差，腐败情况越严重。2008年俄罗斯颁布反腐败法案后，数值仅在2.1—2.5之间徘徊，甚至低于2001—2005年的水平。

从"透明国际"2001—2012年清廉指数排名（见表1）来看，俄罗斯在全球的排名情况也不容乐观。

表1　　　　　　　　2001—2012年俄罗斯清廉指数在国际的排名

年份	2001	2002	2003	2004	2005	2006
俄罗斯/全部国家	79/90	71/91	86/102	90/133	126/146	121/159
年份	2007	2008	2009	2010	2011	2012
俄罗斯/全部国家	143/163	147/179	146/180	154/178	143/183	133/173

资料来源：2001—2011年数据参见 Матеиал из Викицедии—свободной энциклопедии，http：//ru. wikipedia. org/wiki；2012年数据参见 Евгения Кузнецова：Россия на 133—м месте в новом Индексе восприятия коррутшии，（ "Руссакая служба 'Голоса Амернки'"，США），06/12/2012。

数据显示，2001—2012年，俄罗斯国家排名介于71—154位之间，但并不能说明进入新世纪以来，俄罗斯腐败现象出现了大幅度缓解。由于每年被"透明国际"纳入评估的国家数量不同，俄罗斯在纳入统计国家中的排名一直徘徊在队尾，属于严重腐败国家。梅德韦杰夫总理甚至认为，由于腐败的隐蔽性，俄罗斯腐败的实际规模甚至要比公布的数据更为严峻。[1]

在俄罗斯，无论是行贿还是受贿，腐败现象非常普遍。一项调查表明，大部分俄罗斯人承认，为了解决自己的问题，他们都有过贿赂别人的经历。腐败行为"在俄罗斯俨然已成为一种社会生活方式"。[2] 整个俄罗斯社会"都在用贿赂来克服行政障碍"，但"障碍越大，行贿数额就越大，收受贿赂的人的级别就越高"[3]。另外，俄罗斯民众对腐败深恶痛绝，

---

① ДмитрийМедведевначинаеткомплекснуюборьбускоррупцией，времяпубликации：19 мая 2008 г.，13：52，http：//www. newsru. com/russia/19may2008/corrupt. html.

② ДмитрийМедведеввмирекоррупции，　http：//www. kapi-talrus. ru/index. php/articles/article/175405.

③ Сноска，　посланиепрезидентаПутинакФедеральному　Собраниюоположениистраны，Кремль，18. 04. 2002.

反腐败的必要性认识已是全民共识。但是多数俄罗斯民众对腐败成因和反腐败的方式方法观点各异，并且信心不足。据俄罗斯两个著名的民调机构——全俄社会意见调查中心和列瓦达调查分析中心对腐败问题进行全俄范围的民意调查显示，绝大多数的俄罗斯人认为，腐败具有反道德的和违法的性质，对此加以谴责；有40%的俄罗斯人认为，腐败的主要原因是由于官僚的贪欲和商人的不法行为引起的；而认为是由国家机关的无效率和法律的不完善引起的占37%；认为是大部分居民维权意识差，法律素养低的观点占18%。而在莫斯科和圣彼得堡两个地区，57%的居民则认为，腐败现象的蔓延是国家低效率和立法基础薄弱的后果。根据俄罗斯民意调查委员会的调查结果，57% 的俄罗斯人认为俄罗斯的腐败不可能根除，而认为可以根除的只占34%。[①]

正如梅德韦杰夫总理所说：腐败在俄罗斯是一个系统性的问题。[②] 腐败与官僚化和低效率形成恶性循环，使国家财产受到严重侵蚀；整个俄罗斯社会的官僚化和低效率迫使人们行贿，损害了法律公信力和政府公信力；腐败增加企业经营成本，抑制科技创新，恶化市场秩序和经营环境，抑制了企业活力、生产效率和竞争力，成为俄罗斯实现现代化强国梦的重大障碍。更为值得警惕的是，腐败还是俄罗斯国内亲西方势力攻击现政权的借口，严重威胁着国家的政治稳定。

当前，俄罗斯在根除腐败方面存在着悖论，一方面出于维护政治稳定的需要，国家领导人必须利用强有力的国家机构和行政手段来推动国家的发展与进步。但另一方面，又要适时调控强化力度，加强对政权机构和人员的限制与监控，防止对行政权力的滥用和"溢出效应"。普遍而严重的腐败问题，是对转型中的俄罗斯社会的一个前所未有的挑战。是最终战胜这个顽疾，还是腐败最终侵蚀甚至毁掉俄罗斯的未来，人们还需拭目以待。

---

① КоррупциявРоссии，www. bd. fom. ru ／report.

② ДмитрийМедведевначинаеткомплекснуюборьбускоррупцией，времяпубликации：19 мая 2008 г. ，13：52，http：//www. newsru. com/russia/19may2008/corrupt. html.

英国社会救助立法的嬗变及其启示

杨思斌[*]

内容摘要：英国社会救助立法经历了传统的社会救济立法和现代社会救助立法两大阶段，其立法体现了以下规律：立法先行是社会救助制度建立的必要条件；国家责任是社会救助制度的基本原则；立法理念经历了从道义到权利的转变；法律的调整对象具有综合性。树立先进的立法理念，制定高位阶的法律，明确政府责任，选择专门的立法模式，建立城乡一体化的综合性社会救助制度是我国从英国社会救助立法流变规律中获得的启示。

关键词：社会救助　立法　济贫法　社会救助法

社会救助是世界上最古老的社会保障制度，一般认为，它起源于在原始社会末期出现的基于人类恻隐之心或宗教信仰而对贫困者施以援助的慈善事业。英国是现代社会救助制度的发源地，也是世界上制定社会救助法最早的国家。1601 年英国颁布的《伊丽莎白济贫法》，奠定了英国乃至欧美各国社会救助立法的基础，开创了用立法推进社会保障事业的先例，为世界各国的社会救助立法提供了宝贵的经验。梳理英国社会救助立法的产生、发展及其流变的基本规律，对我国已经启动的社会救助立法具有重要的借鉴意义。

一　英国社会救助立法嬗变的进程

依据立法的时代背景、立法理念和制度框架，英国社会救助立法可以

---

* 杨思斌，安徽六安人，法学博士，中国劳动关系学院公共管理系教授，主要从事劳动和社会保障法研究。

划分为传统的社会救济立法和现代社会救助立法两大阶段。

（一）传统的社会救助立法

1. 《伊丽沙白济贫法》

1601 年，英国女王伊丽莎白颁布了世界历史上第一部《济贫法》（史称旧《济贫法》）。《济贫法》的主要内容包括：一是建立教区贫民监督官和教区济贫委员会；二是为有劳动能力的人提供劳动场所；三是资助老人、盲人等丧失了劳动能力的人，由贫民救济院收养他们，或者施以院外救济；四是建立贫民教养院、平民习艺所等救助机构，组织穷人和孤儿习艺；五是从比较富裕的地区征税补贴贫困地区；六是提倡父母子女的社会责任。法令还规定："社会救济的基金以每户固定缴纳的税款为主，那些不依法缴纳济贫税者将遭受牢狱之灾。"①《济贫法》颁布后，英国政府又陆续颁布法令，对济贫制度进行了补充，形成比较系统的济贫模式，在17—18 世纪的英国济贫事业中发挥了重要作用。

《济贫法》的颁布具有深远的历史意义：第一，该法通过立法的形式确立了国家采取积极手段对贫民进行救济的责任，国家应该为贫困者提供救助以保障其最基本的生存权利。该部法律的颁布，埋下了未来社会保障制度的种子，也标志着西方社会救助制度的初步形成。第二，该法稳定了社会救助资金的来源，特别是有关"从比较富裕的地区征税补贴贫困地区"的规定可以看作是现代转移支付制度的雏形，反映了国家干预国民收入再分配的经济关系。

《济贫法》产生于一个以农业经济为主体的社会之中，具有明显的时代局限：第一，《济贫法》带有强迫劳动和限制贫民人身自由的特点，贫困者接受救济，往往以失去公民权利为代价。"由于事出被迫，故该法律对穷人有不少歧视政策，如该法规定凡接受济贫法救济的穷人，则同时也失去了公民权利，名为济贫，实则带有惩贫性质。"② 第二，济贫制度具有很强的地方性，经费由地方筹措，接受救济的人只限于当地的居民，甚至有一些规定要求被救济者要在当地居住满三年才能享受待遇。第三，济

---

① 丁建定、杨凤娟：《英国社会保障制度的发展》，中国劳动社会保障出版社 2004 年版，第 5 页。

② 张文：《宋朝社会救济研究》，西南师范大学出版社 2001 年版，第 374 页。

贫官员因为无法掌握贫民的具体情况，无法做到准确救助。

2. 《斯宾汉姆法》

18 世纪下半叶，工业革命的开始使英国再次面临严重的社会问题。1795 年，英国颁布了《斯宾汉姆法》法令，该法令承认，"在目前的状态下，穷人的确需要得到比过去更进一步的补助"。① 该法的核心内容是按照食品这一基本生活资料价格的高低来确定人们的最低生活费用标准。该法颁布后，英国社会救助制度发生了一些变化。第一，该法对《伊丽沙白济贫法》时代片面强调院内救济的做法进行了矫正，它把济贫的范围扩大到有人工作的贫穷家庭，建立了一种更为广泛的院外救济制度，使低收入者可以通过享受补贴的方式领取院外救济，得到最低限度的生活保障。第二，它透露出社会救助的标准——最低生活保障线的思想，开始把社会救助与基本生活费用的高低联系起来。第三，该法案体现了社会救助的普遍性原则，"每个贫穷而勤劳的人"都有权获得救助。

《斯宾汉姆法》的实施，在一定程度上缓解了英国的社会贫困状况，但是，该法案也有它的弊端：一是该法的宗旨和旧《济贫法》相同，都是维持旧的社会秩序，阻止劳动力的流动，只是其手法上采取的不是强制，而是恩赐；二是该法案对济贫范围的扩大导致了济贫税的猛增，使得纳税人难以承受；三是对于那些收入刚刚高于救助标准的人极不公平，他们缴纳济贫税后的实际收入甚至会低于受救助者，不利于提高民众的劳动积极性。

3. 新《济贫法》

面对社会救助制度存在的种种问题，1832 年，英国国王威廉四世下令成立"济贫行政与实施委员会"，负责对全国的济贫状况进行调查。1834 年，英国议会根据调查委员会的报告，通过了《济贫法》修正案（又称《新济贫法》）。新《济贫法》彻底否定了《斯宾汉姆法》的院外救济方法，宣布停止向济贫院以外的穷人发放救济金，强迫他们重新回到习艺所去。院内救济成为新《济贫法》的核心，即贫困者必须进入济贫院中才能获得救济，接受救济的人必须付出代价即不再享有选举权，目的是让每一个平民知晓应该通过个人的努力而不是救济来摆脱贫困。新《济贫法》实施后，英国贫民的悲惨境遇并没有得到改善，他们想要得到

---

① 和春雷主编：《社会保障制度的国际比较》，法律出版社 2001 年版，第 5 页。

救助，就必须以丧失个人声誉、人身自由和政治权利为代价。因此，当时有些贫民宁可饿死，也不肯入院接受救济。[1] 然而，新《济贫法》创立了第一个全国性的行政机构——济贫委员会，将济贫由分散变为集中，克服了地方济贫管理腐败和不称职的局限，为在全国范围内建立统一的社会救助制度奠定了基础。"新《济贫法》奠定了现代社会救助立法的基础，使社会保障脱离了其狭隘性而走上了国家化和社会化的道路，形成了以政府直接管理社会保障事业的传统，并成为以后欧美各国社会救助立法的典范。"[2]

从本质上说，英国新旧《济贫法》所奠定的社会救济制度是建立在慈善、施舍、恩赐并且与强迫劳动相结合的基础上的，属于传统的社会救济方式。尽管如此，《济贫法》毕竟是通过立法确定济贫事业为政府职责的开端。联合国国际劳工组织在评价《济贫法》时中肯地指出："中世纪的行会，在它们的会员和家庭生活处于逆境时提供帮助。为此目的，在这些国家确立了使用公共基金的原则，并且在它们各自范围内建立全面性原则的同时，这些济贫法律还保留着承认公共济贫责任的历史功绩。然而，正如某些人所说的，其宗旨在于对实际的饥饿问题作出反映，把社会动乱缩小到最低限度，从而使问题的尖锐性得到缓和。"[3]

（二）现代社会救助立法

随着英国贫困问题的加剧和社会问题的复杂化，新《济贫法》规定的院内救济的办法根本无法解决越来越多的社会问题。随着社会贫困观的出现，废除济贫法，建立更科学、更人道的社会救助制度已经成为一种趋势。1908 年，英国颁布了《老年年金法》，规定政府有责任为年满 70 周岁且收入低于一定水平的老年人提供生活保障。1909 年，英国皇家济贫法和救济事业调查委员会的报告最早提出了"公共援助"这一新概念，主张彻底废除以惩戒穷人为主要目的的《济贫法》，代之以合乎人道主义精神的公共援助（"公共援助"一词以后又衍生出"社会救助"一词，两

---

① 刘波：《当代英国社会保障制度的系统分析与理论思考》，学林出版社 2006 年版，第 31页。

② 参见刘继同《英国社会救助制度的历史变迁与核心争论》，《国外社会科学》2003 年 3月。

③ 联合国劳工组织：《社会保障基础》，吉林大学出版社 1989 年版，第 2 页。

者基本可以相互代用）。1911 年，英国颁布了《失业保险与健康保险法》，对健康保险和失业保险做了法律规定。1925 年颁布了《寡妇孤儿及老年年金法》，对因经济危机而造成的失业人口和其所赡养的人口的生活保障进行规定。1933 年，英国成立了失业保险法定委员会和失业救济管理局，分别负责失业保险和失业救济。1934 年，英国通过新的《失业法》，该法令将长期失业的情况从社会保险计划中分离出来单独给予救济。这些法律规定，已经突破了济贫法时代院内救济的局限，体现了保障公民生存权的国家责任特点。

　　第二次世界大战后，随着以社会保险为核心的新型社会保障制度在英国的逐步建立，英国的社会救助法律开始被纳入社会保障法的整体框架中。被称为"福利国家之父"的贝弗里奇教授，提出了一整套对英国公民均适用的福利国家指导原则，提出国家对于每个公民"从摇篮到坟墓"的一切生活与危险都给予安全保障，建立全面广泛的福利计划。英国政府以贝弗里奇报告为理论依据，建立了更为全面、完整的社会保障制度。1919 年，英国通过了《健康保障部法》，成立健康部作为中央管理机构来统一管理英国的济贫事务；1945 年通过了《家庭津贴法》，倡导设立一种由税收统一支付的非缴费型、普惠性津贴，旨在解决由战争所造成的贫困；1946 年通过了《国民保险法》，确保提供给每个公民以失业、生育、死亡、孤寡、退休方面的保障。同年，还颁布了《国民工伤保险法》和《国民健康服务法》。这样，以社会保险为核心的新型社会保障制度逐渐在英国形成。然而，社会保险制度的建立并不能取代社会救助制度。因为，社会救助制度可以弥补社会保险制度的不足，它能够覆盖社会保险制度所未能解决的各种社会问题的受害者。于是，1948 年英国颁布了《国民救助法》。《国民救助法》对济贫制度有了重大发展，主要是：一是确定隶属于国民保险部的国民救济局为各类社会救济事务管理机构，将无能力参加社会保险者，不具备领取社会保险津贴资格者，以及已经失去了继续领取社会保险津贴资格者界定为救济对象，并确定了国民救济的具体标准。二是对贫穷的个人所提供的救济支出、地方政府为贫穷人所提供的住所和其他服务、与国民救济制度相关的各种支出，均有立法机构——议会批准的拨款承担。三是国民救济在实施过程中需要对申请者进行家庭收入状况调查。《国民救助法》正式确立了由国民救济制度取代原有的济贫制度，在英国社会保障法制史上具有里程碑的意义。它标志着在英国实施了

350多年的《济贫法》退出历史舞台和现代社会救助制度在英国的诞生。自此，英国的社会救助制度被纳入现代社会保障的制度框架。

20世纪70年代以来，英国对社会救助法制进行了一系列改革，其基本理念是把福利分配给最需要的人，引入目标瞄准的要素，更有效地甄别贫困者，提高社会救助的资格条件，发挥社会救助促进就业的功能，以减轻政府压力，调动人们工作的积极性。另外，英国社会救助的目标已经不完全是生存权保障，而是兼有提高救助者生活质量，满足人们发展需要的目标。

二 英国社会救助立法嬗变的基本规律

英国社会救助立法历经300多年的变迁，最终与社会保险法等共同形成了非常完备的社会保障制度，对保障国民的基本人权，调节收入分配，缓和社会矛盾，维护社会秩序，实现社会的公平正义起到了重要的作用。透视英国社会救助立法的历史，可以看出英国社会救助立法的基本规律。

（一）立法先行是社会救助制度建立的必要条件

英国社会救助制度的建立、发展和完善无一不是以立法的先行为前提的。英国的每一项社会救济都是有法可依的，社会救助制度建立的过程就是一个不断完善法律的过程，而英国公民的社会救助权利的实现正是社会救助法律实施的结果。先立法、后实施，是英国社会救助法律制度演变的基本轨迹。英国的社会救助史，实质上就是一部社会救助法制史。社会救助实质上是国家凭借公权力干预收入分配关系的制度，必须通过国家的立法才能得到有效的实施，法律在社会救助制度的建立过程中具有无法替代的功能。

（二）国家责任是社会救助制度的基本原则

《济贫法》的颁布标志着国家济贫制度的产生，即由国家通过立法直接管理或兴办慈善事业，承担救贫济困的责任，社会救助个人责任开始向国家责任转变。新《济贫法》创立了第一个全国性的济贫委员会，在全国范围内统一实施社会救助制度，国家被推到了承担社会保障责任的历史阶段。1948年《国民救助法》的实施则标志着英国现代社会救助制度的正式确立，自此，国家一直全面承担对社会贫困者的社会救助的责任包括财政责任、实施责任和管理监督责任等，国家责任成为社会救助制度的基本原则而不再发生反复与摇摆，社会救助成为政府的重要职能和政府存在合法性的基础，国家对社会救助承担责任成为社会救助制度的基本原则。

（三）立法理念经历了从道义到权利的转变

英国新旧《济贫法》时期的主流社会思潮认为贫困是由于个人原因造成的，是一种罪恶，相应的社会救济立法是出于一种道义，更多的是出于惩戒与矫治的性质。新《济贫法》甚至明确规定，接受救济的贫民必须以丧失个人尊严、自由与政治权利为代价。新旧《济贫法》虽然有"法"之名，却没有现代法律所蕴含的人权保障与公平正义等价值。随着工业社会的发展，人们对贫困的看法发生了根本转变，贫困不再被认为是一种罪恶，而是一种不幸，这种不幸的后果应该由社会承担，包括社会救助在内的社会保障由此上升为一项基本人权。英国公共援助概念的出现已经表明社会救济法的立法理念的嬗变，《国民救助法》的颁布更是表明获取社会救助已经成为公民权利。从传统的济贫到现代社会救助的演变不是简单的文字游戏，而是一种立法理念上巨大飞跃，其真正意义在于通过新的权利立法，公开承认贫困现象主要是由于社会原因造成的。由此，一方面国家和社会必须对克服贫困承担责任；另一方面贫困者从国家和社会获得救助是自己的权利，不带有任何附加条件。

（四）社会救助法的调整对象具有综合性

英国的社会救助是一种包括生活救济、疾病救助、住房救助、就业扶助等方面的综合性救助。英国的《济贫法》规定的社会救济的内容既包括对穷人、残疾人、病人和老年人进行的生活救济，也包括地方政府对有劳动能力的贫困者提供就业方面的便利，还包括对流浪儿童进行旨在提高就业能力的职业培训。《国民救助法》规定的救助内容则更为丰富，包括对贫困者进行住房救助、家庭收入补贴及其他相关服务。社会救助内容的综合性意味着政府对贫困群体承担全面的责任，社会救助不单纯是解决生存权问题的低层次生活救助，而是包含了发展权考量的几乎包括贫困群体基本需求的社会保障网。

三 英国社会救助立法嬗变对我国的启示

1943 年国民政府颁布了我国历史上第一部社会救助方面的法律即《社会救济法》。但是，在当时的历史条件下，社会救济法并没有得到真正的实施。新中国成立后，我国在解决贫困问题方面做了许多工作，取得了较好的社会效果。然而，从总体上说，中国社会救助的历史，实际上是一段缺乏法律调整的历史，从其一般原则到具体的内容操作，既缺乏法律规定，也缺乏恒定化的程序，带有很大的主观随意性。社会救助法存在效力偏低，覆盖面偏窄，内容残缺，法治化水平与民众对社会救助的需求以及和谐社会、法治国家的建设要求不相适应等问题。在国家已经启动社会救助立法的背景下，考察世界社会救助法发源地的英国的立法经验对于我国制定科学的社会救助法具有重要意义。一般而言，英国社会救助立法的历史流变规律对我国的社会救助法的制定，具有如下重要启示。

（一）树立先进的社会救助法理念

英国社会救助法的理念经历了从道义到权利的转变。中国社会救济的思想虽古已有之，但其思想渊源都是统治者的道义观和仁政观，社会救济行为缺乏规范性、稳定性和约束性，是否救济、救济谁、救济多少、如何救济等都是随意的，其造成的后果是：政府施恩于民，民众感恩戴德。即使在社会保障已成为政府自觉的施政纲领的今天，不把社会救助看作是被救助者权利的思想依然存在，大多数国民对社会救助权颇感陌生和疑虑，对于社会救助是不是权利，是什么性质的权利，对于百姓、政府有什么样效力，都不甚明白。道义性的社会救助理念不利于建立科学、稳定的社会救助制度，这已经成为我国社会救助法制建设的思想障碍，因此，中国的社会救助立法，首先需要树立先进的法理念即社会救助是公民作为国家的成员所享有的不可剥夺的基本权利，是政府的不可推卸的责任；社会救助的宗旨是保障贫困对象的基本人权，政府在提供社会救助的同时，必须维护被救助对象作为人的尊严。

（二）制定高位阶的社会救助法律

先立法、后实施，是英国社会救助法律制度演变的基本轨迹，也是西方发达国家社会保障制度建立的基本规律。社会救助权作为现代国家法权体系的重要组成部分，有赖于法律的明确规范。通过立法，不仅可以为形成统一、科学、规范的社会救助制度奠定法制基础，从根本上保证社会救助制度的权威性、公平性和可持续性，而且由于法律的制定需要通过立法机关（民意机关）的审议，可以避免政府单方面主导社会救助政策而难以兼顾责任主体各方面利益的缺陷，从而确保社会救助制度设计更为公正。我国已经制定了《残疾人保障法》、《防震减灾法》、《城市生活无着的流浪乞讨人员救助管理办法》、《法律援助条例》、《城市居民最低生活保障条例》等法律法规，但是，我国关于社会救助的法律规范还存在层次不高、效力偏低、内容残缺、缺乏系统性和统一性等问题。迄今为止，我国尚没有一部由全国人大或其常委会审议通过的对社会救助问题进行全面、系统调整的法律。因此，加快社会救助立法进度，通过强制性立法建立覆盖城乡、全民共享的社会救助制度已势在必行，迫在眉睫。唯有如此，国民才能免除生存恐惧与生存危机，社会正义的底线才能坚守。

（三）明确政府的社会救助责任

英国社会救助立法的演变过程也是政府责任不断强化的过程。政府全面承担社会救助责任是现代社会救助制度建立的基本标志。尽管由于经济周期等原因，许多国家政府对社会救助进行了包括强调被救助者相关责任的改革，但改革的实质是政府为了更好地承担而不是削弱社会救助责任。政府的社会救助责任包括立法责任、财政责任、实施责任和监管责任等。确定稳定的资金来源是社会救助工作的物质基础，政府作为社会救助的义务主体，责无旁贷地承担社会救助的财政责任。中国的社会救助立法可以借鉴英国在《济贫法》颁布时从发达地区征收专门的社会救济税的做法，这一方面可以增加社会救助资金的来源，另一方面也可以通过税收调节收入分配，缓解社会矛盾，实现社会和谐。政府的责任还包括建立高效而专业的社会救助实施机构、培养社会救助专门人才、加大社会救助监管等方面。

（四）选择专门的立法模式

社会救助立法主要有两种模式：一种是以英国为代表的专门立法模式即制定专门的社会救助法，对社会救助有关的事项进行系统的规定。英国从《济贫法》到《国民救助法》采用的都是这种模式。另一种是以美国为代表的综合立法模式，即把社会救助作为社会保障法的一部分在社会保障法中对社会救助问题予以规定。从社会保障法律体系的视角看，专门的立法模式也就是"多法并行"模式，即社会救助、社会保险、社会福利等方面分别立法，各单行法律并存，互不隶属，共同规范社会保障。综合立法模式也就是"母子法"立法模式，即首先制定一部统一的综合性的法典——社会保障法，再在此基础上制定单行法、实施细则等。我国的社会保障制度尚在构建之中，制度定型的任务远未完成，制定统一的社会保障基本法的条件尚不成熟，而且先于《社会救助法》出台的《社会保险法》采用的是专门立法模式，这些因素决定了我国的社会救助法只能采取"多法并行"的专门立法模式，而不可能采取综合立法模式。

（五）建立城乡一体化的综合性社会救助制度

英国的社会救助制度体现了普遍性原则，只要是个人不能解决其基本生活需要或者个人的收入不足以解决其基本需要都有权获得国民救助。全体国民都享有社会救助这一基本生存保障权利。中国的城镇居民最低生活保障制度所覆盖的对象主要为城市居民，而广大的农村居民长期被排斥在制度之外。2007 年，国家决定在农村实施最低生活保障制度，农村居民的社会救助权才有了制度的保障。中国未来的社会救助立法应该以建立城乡一体化的社会救助制度为目标，消除城乡隔离，使所有的公民都有权利享有社会救助。

经过多年的发展，英国形成了比较健全的社会救助体系，主要包括低收入家庭救助、老年救助、儿童救助、失业救助及疾病救助等内容，"成为满足具有不同实际需求人们需求的一揽子解决方案"。[①] 我国现行的社会救助主要是最低生活保障制度，救助内容局限于生活救助，救助的层次比较低。社会救助立法应该在最低社会保障制度的基础上，对社会救助体系进行完善，建立一个以生活保障救助为基础，以医疗救助、教育救助、住房救助等为补充的完备的社会救助体系。此外，在社会救助制度的程序设计方面，也可以借鉴英国的家庭经济情况调查，规定个人申请、机构受理、立案评估、社区证明、政府批准等程序。

---

① Carol Walker, Managing Poverty, *The Limiit of Social Assistance*, London & New York: Routledge, 1993, p. 77.

大陆法和英美法对我国民法的影响

金玉珍[*]

内容摘要：大陆法系和英美法系各自渊源不同，各项制度亦呈现巨大差异，但两大法系之间并非完全不相容。考察两大法系中民法的部分制度，两者之间既有不同也有交融。我国民事立法自"大清民律草案"开始，不断尝试和汲取国外立法经验，制定与我国发展实际相结合的、具有本国特点的法律，至今，我国虽尚未形成一部统一的"民法典"，但其体系已经基本形成。本文将通过分析大陆法和英美法的概念，在考察两大法系"诚实信用原则"、"禁止权利滥用原则"、物权和债权制度及其他制度的同时，整理出我国民法与两大法系相交叉的部分，对我国民法与两大法系的关系进行一次详细梳理。

关键词：禁止权利滥用　除斥期间　自然债务　干扰侵害

一　大陆法和英美法的概念

美国学者威格摩尔（J. H. Wigmore，1863—1943）在《世界法系概览》中曾指出，除大陆法系和英美法系之外还有埃及法系、美索布达米亚法系、中国法系和希腊法系等 16 个法系。[①] 上述法系中具有宗教性、民族性的法系与特定宗教和民族紧密相关，因此除特定宗教或特定民族外并无跨民族和宗教的适用，即使是属于上述法系的国家，除身份法外其他法律都曾受到大陆法系和英美法系强有力的影响，没有单纯的中国法系或穆斯林法系，大多数国家的本国法因受大陆法或英美法不同程度的影响，

　＊　金玉珍，中国社会科学院法学研究所助理研究员。
　①　［美］约翰·享利·威格摩尔：《世界法系概览》，何勤华、李秀清、郭光东等译，上海人民出版社 2004 年版，第 406—408 页。

最终都会归结于上述两种法系之一。

（一）大陆法系

大陆法系又称民法法系（civil law system）、罗马—日耳曼法系或成文法系，指包括欧洲大陆大部分国家从 19 世纪初以罗马法为基础建立，以1804 年《法国民法典》和 1896 年《德国民法典》为代表的法律制度以及其他国家或地区仿效这种制度而建立的法律制度。它是西方国家中与英美法系并列的，渊源久远和影响较大的法系。① 罗马法一般是指公元前 753年罗马帝国建立到公元 6 世纪罗马皇帝查士丁尼编撰法典这一段时期罗马的法律。罗马在建立帝国后经过几个世纪发展成为以地中海为内海的大国，同时也融合发展了各民族的民法。从公元 3 世纪初开始，罗马帝国开始衰退，分裂为东罗马帝国和西罗马帝国，西罗马帝国在 5 世纪中期灭亡，东罗马帝国则沦落为以巴尔干半岛为领土的地方性国家，这种情况一直持续到 10 世纪中期。6 世纪中期东罗马帝国皇帝查士丁尼二世汇总原有罗马法将其编撰成法典，该法典是人类文化史上第一部法典，汇集了《十二铜表法》到 6 世纪罗马法的精髓，经过 12 世纪意大利注释法学派及 14 世纪后期注释法学派的研究和注释得到了蓬勃发展。17 世纪法国罗马法学者狄奥尼修斯·戈托弗雷杜斯（Dionysius Gothofredus）将查士丁尼法典和注释法学派的注释整理发表，并命名《查士丁尼法典》（*Corpus Juris Civilis*）。《查士丁尼法典法》从中世纪末到近代初期被欧洲各国继受，并对其他发达国家产生重大影响，其具体表现大致有以下几个方面。

1. 法国

在 13 世纪法国南部地区和北部地区适用法律各有不同，南部地区直接适用由注释法学派及后期注释法学派注释的民法大全，南部地区则适用固有的习惯法。近代各国法典的先驱——1804 年的拿破仑《民法典》是将北部成文法地方的罗马法和南部习惯法地方的固有法，以及向两地区发布的各种国王令为素材编撰而成。

2. 德国

德国长期处于割据状态，没有统一立法的中央权力机构，他们认为自己是神圣罗马帝国的继承人，因此《查士丁尼法典》作为先祖法在德国

---

① 百度百科：http：//baike. baidu. com/view/35638. htm。

自然被适用。自 1495 年建立帝国枢密法院以来，在没有特别法（地方法）或相应习惯可适用的情况下，普通法（gemeinies Recht）起到了补充作用。与法国或荷兰不同，德国侧重于研究罗马法的实践和现实应用。德国现行《民法典》（BGB）施行于 1900 年，该部法典既有一定日耳曼法因素也有罗马法因素，但因长久以来的传统使罗马法的色彩更加浓厚，曾经因为民法典的第一草案罗马法色彩太浓，最终才会有了第二草案并最终成为现在的《德国民法典》。

3. 瑞士

瑞士法既受到德国法的决定性影响，也形成了自己独有的特点。以 1911 年 7 月的《债务法》为例，构成瑞士民法的基本法源是 1907 年 12 月 10 日的《瑞士民法》第一编至第四编和 1911 年的《债务法》，形式上《瑞士民法》的一部分成为《债务法》的一个编，但在条文上与《瑞士民法》不同，不仅从第 1 条开始具体适用，且在其内容上更加丰富，其中包括了商法的规定。19 世纪初，欧洲大陆各国纷纷完成统一民商法典的制定，瑞士则在 1898 年制定了统一法典，与其他欧洲国家相比迟了 90 多年。

以上是罗马法对大陆法的影响，但不能忘记日耳曼法对大陆法的影响。日耳曼民族的大迁徙导致罗马帝国灭亡，在日耳曼民族脚印几乎遍及整个欧洲的同时，其法律即日耳曼法也对欧洲大陆（除俄罗斯及其邻国）的法律产生了重要影响，从这一角度来看大陆法应该是罗马法和日耳曼法融合的法律体系。①

（二）英美法系

1. 英美法系的概念

英美法一般是指英美法系（Anglo-American Law），英国法系或普通法法系（Anglican Legal System or Common Law），英美法系国家的学者比较喜欢使用普通法（Common Law）这一称谓。普通法的本来意思是指由英国普通法法院（The Common Law courts）的判例形成的判例法，即普通法是相对于特别法的一般法或普通法，因此成文法、特别法院的判例法或地方习惯法不属于此范围。除成文法以外，将普通法法院以固有习惯为基础形成的判例法包括在普通法之中，是因为成文法是特别而例外的，而判例

---

① ［韩］郭润直:《大陆法》，博英社 1962 年版，第 28 页。

法具有一般的、原则的性质的关系。

与衡平法的概念相对应，在判例法中普通法不包括衡平法的内容。衡平法是衡平法法院（Court of Equity）作为一个独立法院判决形成的判例法，是在国王授权普通法法院之外，行使固有审判权，从而达到弥补普通法缺陷的目的，为此英国产生了与普通法法院相对立的衡平法法院。两大法院相互斗争，直到 1875 年通过制定《最高法院组织法》和《法院组织法》，英国法院才得以统一为一个系统，结束了法院的二元主义，从此衡平法与普通法的形式区别消失，作为法源只剩下判例法和成文法的对立。因此普通法的第一层意思是普通法和衡平法融合在一起的判例法。①

2. 罗马法及日耳曼法对英美法的影响

大陆法和英美法均受到日耳曼法和罗马法的影响，因此两大法系也是日耳曼法和罗马法相融合的法律体系，但日耳曼法和罗马法融合程度有差异。英国曾受过日耳曼民族的一个分支盎格鲁—撒克逊族的统治，从而适用过日耳曼法，即盎格鲁—撒克逊法。从 4 世纪初开始到 8 世纪，英国曾有过日耳曼民族的大迁徙。他们与原住民尤其是凯尔特诸民族（Celtic peoples）和罗马人通婚，在汲取罗马文化精髓后最终脱离罗马帝国统治，维持了日耳曼法的固有法律传统，形成具有日耳曼法特有的政治组织，因此英美法受到日耳曼法的绝对影响。②

二 两大法系对我国民法的影响

（一）诚实信用原则、禁止权利滥用原则

我国《民法通则》（以下简称《通则》）第 4 条规定："民事活动应当遵循自愿、公平、等价有偿、诚实信用的原则。"采用了诚实信用原则。《通则》第 7 条规定："民事活动应当尊重社会公德，不得损害社会公共利益，破坏国家经济计划，扰乱社会经济秩序。"《物权法》第 7 条规定："物权的取得和行使，应当遵守法律，尊重社会公德，不得损害公共利益和他人合法权益。"从而体现了禁止权利滥用的原则。诚实信用原则和禁止权利滥用原则，体现了对于个人主义思想的纠正和向公共福利思

---

① ［韩］徐希源：《英美法讲义》，博英社 2002 年版，第 25 页。
② ［韩］郭润直：《大陆法》，博英社 1962 年版，第 63 页。

想的转换，即从以往追求个人幸福和利益，转向追求社会共同体的幸福和利益。诚实信用原则源于罗马法，但是罗马法没有禁止权利滥用的规定。信用和诚实本是伦理学意义上的词汇，后来罗马法引进法律领域赋予"诚实"和"信用"以法律意义，如根据《罗马法官法》的规定，法官在善意诉讼中可基于一般恶意抗辩和善意衡平进行判断。①

罗马法和日耳曼法对行使权利的规定，不同之处在于所有权的内容和行使上。罗马法将所有权的限制性规定作为一种例外，与此相反，日耳曼法基于权利本质，立足于社会原理思想规定行使权利的界限，由此可以看出诚实信用原则虽源于罗马法，以个人主义思维为背景，但在社会变革过程中为适应社会发展，与日耳曼法发生了融合。

因此《民法通则》第 4 条和第 7 条规定，本质上来源于日耳曼法思想，即两个原则都以大陆法为母法。我国民法受大陆法影响，其具体体现为以下几点。

1. 诚实信用原则在民法中的具体适用

善意相对人对限制民事行为能力人的撤销权（《合同法》第 47 条）；行为人没有代理权、超越代理权或者代理权终止后以被代理人名义订立合同，相对人有理由相信行为人有代理权的，该代理行为有效（第 49 条）；法人或者其他组织的法定代表人、负责人超越权限订立的合同，除相对人知道或者应当知道其超越权限的以外，该代表行为有效（第 50 条）；第 58 条第 1 款（三）：一方以欺诈、胁迫的手段或者乘人之危，使对方在违背真实意思的情况下所为的；第 59 条："下列民事行为，一方有权请求人民法院或者仲裁机关予以变更或者撤销：（一）行为人对行为内容有重大误解的；（二）显失公平的。"《物权法》所有权人对自己的不动产或者动产，依法享有占有、使用、收益和处分的权利；自然流水的利用（第 86 条：不动产权利人应当为相邻权利人用水、排水提供必要的便利）；关于建设用地使用权的规定（《物权法》第 148 条）；禁止流质的规定（《物权法》第 211 条：质权人在债务履行期届满前，不得与出质人约定债务人不履行到期债务时质押财产归债权人所有）。债权通知禁反言的规定（《合同法》第 80 条：债权人转让权利的，应当通知债务人。未经通知，该转让对债务人不发生效力。债权人转让权利的通知不得撤销，但经受让人同意的除外）；受赠人的

---

① ［日］鸠山秀夫：《债权法的诚实信用原则》，第 253—254 页。

忘义行为引起的赠与合同的撤销［《合同法》第192条："受赠人有下列情形之一的，赠与人可以撤销赠与：（一）严重侵害赠与人或者赠与人的近亲属；（二）对赠与人有扶养义务而不履行；（三）不履行赠与合同约定的义务"］；第193条：因受赠人的违法行为致使赠与人死亡或者丧失民事行为能力的，赠与人的继承人或者法定代理人可以撤销赠与；赠与人的继承人或者法定代理人的撤销权，自知道或者应当知道撤销原因之日起6个月内行使；赠与人的财产变更引起的赠与的撤销（《合同法》第195条：赠与人的经济状况显著恶化，严重影响其生产经营或者家庭生活的，可以不再履行赠与义务）；《合同法》第280条：因第三人主张权利，致使承租人不能对租赁物使用、收益的，承租人可以要求减少租金或者不支付租金；第236条：租赁期间届满，承租人继续使用租赁物，出租人没有提出异议的，原租赁合同继续有效，但租赁期限为不定期；法定抵押权（《合同法》第286条）；第93条：没有法定的或者约定的义务，为避免他人利益受损失进行管理或者服务的，有权要求受益人偿付由此而支付的必要费用，但我国没有不当无因管理的规定。《侵权责任法》第25条：损害发生后，当事人可以协商赔偿费用的支付方式，协商不一致的，赔偿费用应当一次性支付；一次性支付确有困难的，可以分期支付，但应当提供相应的担保。《民法通则》第128条因正当防卫造成损害的，不承担民事责任。正当防卫超过必要的限度，造成不应有的损害的，应当承担适当的民事责任；第129条因紧急避险造成损害的，由引起险情发生的人承担民事责任。如果危险是由自然原因引起的，紧急避险人不承担民事责任或者承担适当的民事责任。因紧急避险采取措施不当或者超过必要的限度，造成不应有的损害的，紧急避险人应当承担适当的民事责任。离婚时子女抚养责任的规定。

2. 禁止权利滥用的规定

如本文开头所述，《通则》第7条和《物权法》第7条规定体现了禁止权利滥用的原则，该原则不仅被我国民法采用，参照日耳曼法思想（以集体主义法理为特征）或受其影响的国家，其法典采用禁止权利滥用原则的历史更为久远。如《德国民法典》第226条规定："权利之行使不得专以损害他人为目的"①；《瑞士民法典》第2条第2款"显然之权利滥

_____

① 唐英：《禁止权力滥用原则浅析》，《贵州民族学院学报（哲学社会科学版）》2009年第5期，第107页。

用不受法律保护"①；又如《奥地利民法典》第 1295 条第 2 款，《日本民法》第 2 条等。《法国民法典》虽没有明文禁止权利滥用的规定，但在 1855 年 5 月 2 日法国科尔玛（Calmar）法院针对"专为遮蔽邻舍阳光而修筑烟筒"案的判决认为："所有权……与其他权利相同，其行使应以满足适用之利益为范围，如以恶意或故意所为的行为，对权利人无利益可言，而徒加害于他人时，因有违道德与平衡原则，实不能为法律裁判所允许。"② 判例中承认了禁止权利滥用法理。

英国法未将"权利"和"滥用"这一对矛盾的概念结合在一起，而是通过矫正社会弊害，以达到维持法的安全这一法的本质要求。即英美法对权利行使的限制设个别规定。如英美法一般提及"动机"（motive）或恶意（malice）会涉及"土地所有权人行使权利"，竞争和共谋，毁损名誉，滥用法律程序，引诱违约等。③

美国法与上述英国法几乎相同，有恶意滥用程序（malicious abuse of process），恶意损坏器具（malicious mischief），恶意追诉（malicious prose- cution），恶意行为的惩罚性损害赔偿（exemplary damages for malicious acts），一般或特殊反正或违法行为或其要素中的恶意（malices as affect- ing, or as an element of wrongs and offences generally, or of particular offences or wrongs）等。④

我国《物权法》第 84 条、第 49 条、第 90 条和《通则》第 83 条相邻关系的规定，是对于上述禁止权利滥用法理的个别分析。相邻关系规定在以个人主义为背景的罗马法中并不突出，而在以团体主义为背景的日耳曼法中则比较突出，换言之，我国民法关于相邻关系的规定是受到日耳曼法的影响。此处值得关注的是禁止权利滥用法理中的"权利"并不局限于无权，也应包括债权和身份权以及其他私权整体。

（二）大陆法系关于法人本质观点对我国民法的影响

围绕法人本质，在大陆法中罗马法和日耳曼法的观点各有不同。罗马

---

① 房宇：《论禁止权利滥用原则》，《辽宁行政学院学报》2006 年第 5 期，第 40 页。
② 陈锐熊：《民法总论新论》，台湾三民书局 2007 年版，第 912 页。
③ Salmond. Law of Torts, by Heuston. 11 th ed. p. 31 et seq; F. F Lever, Means, and Interest in the Law of Torts. in Oxford Essays in Jurisprudence, P. 50 et seq.
④ ALR 2nd, digest Vol. p. II 477.

法从个人主义角度出发界定法人本质，采取法人拟制说。在罗马法上
"团体"这一权利主体，除以国君（princeps）为代表的罗马帝国行政区
划外并不存在，即便私法上的"团体"经过元老院和皇帝许可成为权利
主体，其条件也必须是要得到国家的许可（authorization）。因此法人的存
在与其成员增减无关，最后成员只剩下1人也不会影响到法人本身，即便
法人自身成为权利义务主体通过实施法律行为取得所有权、地役权，经过
时效取得孳息，解放奴隶和接受赠予，其人格最终也是由国家法律赋予
的，本质上是对于自然人的拟制。[①] 上述制度由优士丁尼的《市民法大
全》确立，与自然法国家思想共同发展，直到19世纪上半期支配着私法
理论。

　　与古罗马相反，古日耳曼人分为众多小部落，这些小部落偶尔会有宗
教或军事上的集会，但在政治上相互独立，且部落内部又细分为若干小组
织体，个人与社会整体的界限随时代发展才逐渐清晰。简言之，组织体是
日耳曼民族法律思想基本单位和要素，例如以血缘为基础的家庭组合式原
始单位，部落政治团体及其内部团体、城市及其内部团体、地方农民组合
体、教会、寺院等宗教团体的团体作用和成员协助力量形成合力使其社会
关系强度更加牢固，这种集合性和综合意识构成法人这一组织体的实际
存在。[②]

　　如上所述，罗马法和日耳曼法在法人本质上，背景和构成各有不同，
我国民法采用了大陆法中日耳曼法思想，其具体体现在《通则》第36
条，该条立法依据是以法人实际存在为前提。

（三）以除斥期间为中心的大陆法和英美法对我国民法的影响

　　除斥期间是指法律规定某种民事实体权利存在的期间。权利人在此期
间内不行使相应的民事权利，则在该法定期间届满时导致该民事权利的消
灭，即限定行使权利的期间。法国民法典有预定期间或严格期间的规定，
其相当于我国民法中的除斥期间。这是关于实施法律行为或行使权利期间
的规定，经过该期间该法律行为将不能行使或权利失去其效力。在预定期

---

　　① Sherman, *Roman Law in the Modern World*, Vol. Ⅱ. 1917, pp. 117 – 113.
　　② ［日］平野义太郎,ㄴ民法に於けるローマ思想とゲルマン思想,法律学叢書页12
编 ㄱ，有斐閣1924年7月，100页。

间上，不承认其中断或停止，因预定期间的经过当然产生法律上的失权效果，即便没有当事人的援引，法官仍应依职权认定，由此取得利益的人亦不能放弃该项利益。我国民法上无除斥期间中止或不完成的规定。① 司法实务上，不论是各级法院的判例，还是最高人民法院的相关司法解释，更倾向于将除斥期间定性为不变期间，不适用诉讼时效中止、中断或者延长的规定，与法国民法没有实质性区别。

德国法将所有经过期间产生权利变动的制度称为时效，包括法定期间、消灭时效、取得时效、指定期间、除斥期间等，同时也区分消灭时效和除斥期间。即德国民法中的除斥期间，也在经过一定期间后权利消灭，同时原则上也不承认其中断或停止，② 与我国司法实务和司法解释规定相似。

英美法上的除斥期间为确定不变的权利行使期间，因此无中断之说。英国受俸牧师推荐权（advowson），在该权利受到侵害后持续三代在职或经过了 60 年，两个理由中较长期间为出诉期间，其间会因中断而更新，但 100 年为最高限度。③ 英美法上的除斥期间在上述受俸牧师推荐权或土地情形，出诉期间届满后诉权和权利均消灭，在我国出诉期间届满将导致实体法上的权利消灭。我国除斥期间不适用援引，而英美法上的出诉期间作为抗辩手段，被告负有举证责任，如不援引视为放弃。在原告主张的事实中，即使有出诉期间经过的事实，被告未明确援引的，视为放弃。因此进入审理程序后，不允许再举证，但英美法也不承认除斥期间的停止。④

综上所述，我国民法除斥期间与英美法不同，而是受德国民法、法国民法的影响，即受了大陆法的制度。

（四）　以物权法为中心，大陆法对我国民法的影响

日耳曼人对观念化的生活并不感兴趣，而是更将生活基点放在具体生活意识中。因此他们不在意如何管理或支配，而是更关注共同生活。反映这种共同生活的法律为德国中世纪物权法，他们不懂得复杂的债权合同，这一点与罗马法形成对比。即前者的债权理论非常精湛，后者的物权法非

---

① ［韩］郭润直：《民法总则》，博英社 2003 年版，第 443 页。

② ［韩］《注释民法》（5），韩国司法行政协会出版社 2002 年版，第 20—21 页。

③ Limitation Act of 1939，§14.

④ ［韩］《注释民法》（5），韩国司法行政协会出版社 2002 年版，第 21 页。

常有特点。

动产与不动产的区别始于古日耳曼法。罗马法中上述两者区别主要体现在罗马法的后期。罗马法亦可称为动产法、城市法、商人法。罗马法中的土地是国家领土不可分割的一部分（Lands are indestructible parts of the State domain），交易标的主要为谷类、奴隶、海鲜、木材、纺织品、油类等动产。与此相反，日耳曼法的交易标的是森林、耕地、家畜等。尤其是土地，其具有其他物无法相比的价值，不仅具有经济上的优势，其政治和经济上的作用与家畜、农具、家庭财产具有完全不同的意义。不动产和动产在所有权的取得、对抗要件、用益权的设定、家庭财产和继承等上的地位完全不同。虽然因为城市的发展和奴隶解放，人格权与土地分离，动产资本的势力逐渐强大弱化了不动产的地位，但至今动产与不动产的区别仍体现在绝大多数国家民法上，我国也难以例外。我国民法区分动产和不动产的历史均可追溯到日耳曼法或罗马法，源于大陆法的影响。英国将财产权分为实体财产权和人个性财产权，但并不能认定这就是对于不动产和动产的区分。实体财产权和人个性财产权的区别在于其争讼标的是对物诉讼（real action）还是对人诉讼（personal action）。①

日耳曼法重视物与物的结合。日耳曼法不仅重视各个物的独立性，更注重物的一体性。因此物的整体在物权法上成为新的标的物，形成不同的法律关系，我国民法上的从物或集合物的概念就是受日耳曼法影响而来。

日耳曼法物的概念并不局限于有体物，也包括生产关系及封建社会等级关系中的物的各种权利。罗马法在有体物之外也承认无体物（res incoporales）的存在。我国的《民法通则》和《物权法》虽没有对"物"做出明确界定，也没有物的范围的规定，但学术研究中物的界定及其范围始终是物权法不可或缺的一部分，这显然是受罗马法即大陆法的影响。

（五）以债权法为中心，大陆法对我国民法的影响

1. 自然债务

自然债务是指债权人不能依诉强制履行，但是债务人一旦为给付，则构成有效清偿，债务人不得基于非债清偿而请求返还的债务。自然债务概

---

① ［韩］徐希源：《英美法》，博英社 1975 年版，第 158 页。

念始于罗马法。按照古代严格市民法的规定，符合一定严格方式缔结的契约才能受到有效诉权的保护，其他契约则不能受到市民法的保护，这些不能受到保护的债权，其实现只能仰仗于债权人的主动行为或相对人的诚意。罗马法上的自然债务，债务人的履行不构成债权人的不当得利，可以抵消也可以使担保有效成立。①

德国虽没有关于自然债务的规定，但学说一般持肯定自然债务的态度;② 法国第 1235 条规定：支付以债务为前提，非债清偿不得请求返还。自愿支付的债务，其返还请求不予认可，从而承认了自然债务的概念。我国虽没有关于自然债务的明文规定，但《通则》第 138 条规定："超过诉讼时效期间，当事人自愿履行的，不受诉讼时效期间限制。"因此间接认可了自然债务的概念。

2. 以风险负担为中心

在双务合同中因不可归责于债务人的原因使一方债务的全部或一部分无法履行而消灭的，另一方的债务将受到非常大的影响。如买卖等双务合同，由谁负担债务各国立法各有不同，可分为债务人主义、债权人主义、所有人（物权人）主义、分担主义等。大陆法系国家作为风险负担原则，一般采取债务人主义。即德国民法第 323 条、瑞士债务法第 119 条第 2 款等，法国民法除给付债务上采取债权人主义（第 138 条）外，一般不规定危险负担。但学说一般倾向于债权人主义的解释。③

罗马法在买卖关系上采取债权人主义，瑞士债务法（第 185 条）也同样采取债权人主义。德国民法采取债权人主义中的交付主义，源于日耳曼法中移转占有风险当然转移的理论。④

英国在 1893 年的《动产买卖法》（Sale goods of Act）第 20 条中规定，风险随所有权当然移转于买受人，从而采取所有权主义。

我国《合同法》第 142 条至第 145 条规定了合同的履行，既有体现债权人主义的条款也有债务人主义的条款。我国没有明确规定是否随所有权的移转而转移风险负担，因此属于上述立法例中的大陆法系。

---

① ［韩］《注释民法》（下），韩国司法行政学会出版社 2002 年版，第 274 页。

② ［日］末川博：《民事法学词典》（上），有斐阁 1960 年版，第 752 页。

③ 王轶：《论买卖合同标的物毁损、灭失的风险负担》，《北京科技大学学报》1999 年，第 65 页。

④ ［日］浅井济信：《债权法的物权负担研究》，新青出版社 1957 年版，第 338 页。

3. 侵权行为类型

我国在《通则》第六章第三节侵权的民事责任及 2009 年的《侵权责任法》就侵权行为设专门规定。从《通则》的规定来看，侵权民事责任设在"民事责任"章下"违约责任"节之后，是考虑到侵权行为可能会发生损害赔偿，成为债权发生原因而采取此编排模式。这是仿效了大陆法系尤其是《德国民法典》的做法。在英美法中侵权行为法（Law of torts）是与契约法（Law of contracts）相对应的另一领域的法律。英美法中的侵权行为法几乎是由判例法构成，成文法只是就部分特殊问题做出的特殊规定。《法国民法典》的侵权部分只设 5 个条文（第 1382 条至第 1386 条），《德国民法典》设 31 条（第 823 条至第 853 条）规定，《瑞士债务法》设 21 条（第 41 条至第 21 条），我国在《通则》设 17 条（第 117 条至第 133 条）规定，2009 年的《侵权责任法》设 92 条规定，从法条数目或精细程度来看无疑我国的侵权责任法是比较先进的，但与以判例法为中心的美国①相比，明显我国仍属于大陆法系之列。

4. 以妨害生活和物上请求权为中心

妨害生活一般表现为持续性侵害，会涉及侵权责任法上的侵权行为和物权法上的物上请求权。我国《物权法》第 89 条和第 90 条继承了《通则》第 89 条规定，继续采用了有利生产、方便生活、团结互助、公平合理的原则处理用水、排水、通行、通风、采光等产生的相邻关系。我国《物权法》第 89 条和第 90 条移植了德国民法（第 906 条）、瑞士民法（第 684 条）等的规定，称为干扰侵害。干扰侵害是大陆法系所有权效力范围的延伸在相邻关系领域的体现，作为其效果可能产生物上请求权、损害赔偿请求权及停止妨害请求权。与上述相对应，英美法中与大陆法的干扰侵害相对应的是妨害（nuisance），对于一般公众的公益妨害（public nuisance）构成轻罪，对于特定人的私益妨害（private nuisance）则视为一种侵权行为。② 英美法在审判上对妨害的救济起初只有普通法上的损害赔偿制度，但妨害具有持续侵害的特点，鉴于这一特殊性仅依靠损害赔偿制度显然并不充分，作为一种新的救济方法衡平法终于推出了停止侵害请

---

① 美国法律协会（American Law Institute）的侵权行为法重述（Restatement of the Law of Torts）共由 951 个条文组成。

② 竺效：《作为立法术语的"环境侵权"之辨析》，《政法论坛》2008 年第 2 期，第 77 页。

求权。上述两种救济方法短期内共存了一段时间，其后随近代工业的发展，衡平法上的停止侵害请求权理论发生了动摇。即具有高度社会利益和公共性的领域面临侵害，从而出现了代替衡平法停止侵害的制度——补偿。目前英美法中对于妨害的救济方法，原则上有普通法上的损害赔偿、衡平法上的停止侵害及补偿三种。

综上所述，大陆法系干扰侵害作为相邻关系属于物权法的范畴，英美法上的妨害是对于生活的一种侵害属于侵权法的范畴。从我国物权法的规定来看属于大陆法系，但以上两个制度的效果相似，无论是相邻关系中的生活妨害抑或普通大众的生活妨害（英美法上的 public nuisance），其法律救济方式几乎相同。

网络媒体在群体性事件中的影响与思考

——学习《胡锦涛在省部级主要领导干部社会管理及其创新专题研讨班开班式上的讲话》

谭扬芳*

内容摘要：突发性的群体事件是当前我国人民内部矛盾的集中表现，也是我国社会存在不和谐因素的重要原因，如何发挥网络媒体在解决群体性事件中的作用是值得研究的一项课题。本文重点研究了当前我国群体性事件爆发的特点，网络媒体在群体性事件中的作用以及有可能带来的负面效应，最后重点研究了如何提高对于虚拟社会的管理水平，以健全网上舆论引导机制。

关键词：群体性事件　网络媒体　社会管理　网络舆情

2011 年 2 月 19 日，胡锦涛在省部级主要领导干部社会管理及其创新专题研讨班开班式上发表题为"扎扎实实提高社会管理科学化水平，建设中国特色社会主义社会管理体系"的重要讲话。就当前要重点抓好的工作提出八点意见。[①] 其中第二条强调："进一步加强和完善党和政府主

---

* 谭扬芳，法学博士，政治学博士后，中国社科院马克思主义研究院西方马克思主义研究室主任，副研究员。

[①] 第一，进一步加强和完善社会管理格局，切实加强党的领导，强化政府社会管理职能，强化各类企事业单位社会管理和服务职责，引导各类社会组织加强自身建设、增强服务社会能力，支持人民团体参与社会管理和公共服务，发挥群众参与社会管理的基础作用。第二，进一步加强和完善党和政府主导的维护群众权益机制，形成科学有效的利益协调机制、诉求表达机制、矛盾调处机制、权益保障机制，统筹协调各方面利益关系，加强社会矛盾源头治理，妥善处理人民内部矛盾，坚决纠正损害群众利益的不正之风，切实维护群众合法权益。第三，进一步加强和完善流动人口和特殊人群管理和服务，建立覆盖全国人口的国家人口基础信息库，建立健全实有人口动态管理机制，完善特殊人群管理和服务政策。第四，进一步加强和完善基层社会管理和服务体系，把人力、财力、物力更多投到基层，努力夯实基层组织、壮大基层力量、整合基层资源、强化基础工作，强化城乡社区自治和服务功能，健全新型社区管理和服务体制。第五，进一步加强和完善公共安全体系，健全食品药品安全监管机制，建立健全安全生产监管体（转下页）

导的维护群众权益机制，形成科学有效的利益协调机制、诉求表达机制、矛盾调处机制、权益保障机制，统筹协调各方面利益关系，加强社会矛盾源头治理，妥善处理人民内部矛盾，坚决纠正损害群众利益的不正之风，切实维护群众合法权益。"构建社会主义和谐社会是贯穿中国特色社会主义事业全过程的长期历史任务，是在发展的基础上正确处理各种社会矛盾的历史过程和社会结果。近些年突发的群体性事件，是当前人民内部矛盾的集中表现，也是当前我国社会存在不和谐因素的重要原因。群体性事件频发的原因众说纷纭，但普遍认为，民意表达不畅通是重要原因之一。网络正在成为信息传输最重要的渠道和舆论媒介，其影响力日益广泛和深远。中国互联网络信息中心发布的统计报告显示，截至 2010 年 6 月底，中国网民规模达到了 4.2 亿，互联网普及率攀升至 31.8%；手机网民规模为 2.77 亿。网络在作为处理群体性事件中社会矛盾的重要传播手段的同时，也容易带来负面效应。我们必须采取有效措施，利用网络传播为正确处理新时期人民内部矛盾服务，构建和谐社会。

一　群体性事件：人民内部矛盾的集中表现

近些年突发的群体性事件，是当前人民内部矛盾的集中表现，也是当前我国社会存在不和谐因素的重要原因。新时期群体性事件呈现如下特点。

一是数量增多，规模扩大。2000 年以来，中国频繁发生因人民内部矛盾引发的上访、集会、请愿、游行、示威、罢工等群体性事件，数量多、人数多、规模大。统计资料显示，从 1993 年到 2003 年间，我国群体性事件数量由 1 万起增加到 6 万，参与人数也由约 73 万人增加到约 307 万人。2007 年已经超过 8 万起。2008—2009 年更是群体性事件频发时期，

（接上页）制，完善社会治安防控体系，完善应急管理体制。第六，进一步加强和完善非公有制经济组织、社会组织管理，明确非公有制经济组织管理和服务员工的社会责任，推动社会组织健康有序发展。第七，进一步加强和完善信息网络管理，提高对虚拟社会的管理水平，健全网上舆论引导机制。第八，进一步加强和完善思想道德建设，持之以恒加强社会主义精神文明建设，加强社会主义核心价值体系建设，增强全社会的法制意识，深入开展精神文明创建活动，增强社会诚信。见《省部级领导社会研讨班开班胡锦涛提出 8 点意见》（http：//news.xinhuanet.com/politics/2011—02/19/c_ 121100198.htm）．

有学者把这个时期称为"群体性事件发生及引人关注的第一个浪尖"。[①]
中国不同地区接连发生严重的警民冲突与群体性事件，而且，涉及面越来
越广。2008 年最突出的例子是"3·14"拉萨打砸抢烧事件；"6·28"
贵州瓮安事件；"7·19"云南孟连事件；"11·3"重庆出租车罢运事件；
"11·17"甘肃陇南事件；"12·25"广东东莞劳资纠纷事件等。2009 年
最突出的是"3·28"海南东方事件；"6·15"江西南康事件；"6·17"
湖北石首事件；"7·24"吉林通钢事件；"7·30"湖南浏阳事件；"8·
3"福建泉州事件；"10·30"甘肃兰州事件；"11·4"重庆罢工事件；
"11·27"贵阳暴力拆迁事件等。这些群体性事件规模都较大，有的一次
参与人数达万人以上，严重影响社会稳定，有的冲击、围攻县级以上党政
军机关和要害部门，打、砸、抢、烧乡镇以上党、政、军机关。

二是群体性事件的参与者身份多样化。参与人员比较复杂、广泛，扩
大到多行业、多系统、多地区。有国有企业的下岗失业职工、私营企业和
外资企业的权益受损职工、失地农民、农民工、房屋被拆迁居民、库区移
民、下岗的军转干部、出租车司机、环境污染受害者等等。参与者不止有
老工人、老教师、老战士、老干部，甚至连青年学生也卷入其中。例如，
在"6·28"瓮安事件中，其导火索是一名 14 岁女生的落水死亡，为其
申冤的队伍最初成员主要也是学生，参与打砸抢烧行动中更不乏众多青少
年，其中涉案学生达 110 名之多。

三是群体性事件的破坏性加剧。近年来暴力性、破坏性群体性事件逐
渐增长，出现激化现象，对抗程度加剧。群体性事件的组织者和参加者出
于"大闹大解决，小闹小解决"的心理，希望通过扩大事态，引起上级
党委、政府的重视而达到解决问题的目的，越来越多地采取各种极端或违
法行为发泄不满情绪，围攻冲击基层党政机关、阻断交通、扣押人质，个
别地方发生破坏公共设施、打砸乡镇政府和县政府的局部骚乱。参与人员
对抗性特征突出，有的甚至已发生大规模的打、砸、抢、烧等违法犯罪行
为。瓮安、石首事件作为新世纪群体性事件中的两个标志事件，就在于它
们的破坏性大大加剧。

四是利用互联网组织的群体性事件增加，群体性事件的社会影响日益

① 周忠伟：《2008—2009 年中国群体性事件分析》，《中国人民公安大学学报》（社会科学
版）2010 年第 3 期。

扩大。随着信息传播渠道的多样化和便捷化，单个群体性事件的社会影响日益扩大，具体群体性事件的示范效应引发连锁反应的可能越来越大。除了以广场街头的聚众上访闹事的形式出现，在现实世界里持械聚斗酿成严重后果的群体性事件之外，在互联网这个虚拟的无边世界里，还有另一种形式的群体性事件值得关注。就拿 2009 年来的"云南躲猫猫事件"、"习水嫖宿幼女案"、"邓玉娇案"等案例来说，其所引发的网络舆情旋涡已经将相关部门悉数卷入，网民的激愤表达和群起攻击让当地政府部门深陷公信力危机。

五是原因复杂。群体性事件产生的原因是复杂的，多方面的，其中既有社会环境和社会政策等宏观方面的原因，也有个体与群体心理等微观方面的因素。群体性事件的产生是社会变迁过程中多种因素综合作用的结果，是各种社会矛盾的综合反映，是各种利益冲突的集中体现。其深层次原因是某些方面的改革失度，导致了社会分配不公，贫富差距拉大，失业严重，腐败现象蔓延以及不同社会群体和阶层的利益意识不断被唤醒和强化与部分群众法制观念淡薄并存。利益诉求表达机制不畅通是其体制原因。其导火索往往是人民群众的切身利益被侵害，诸如由于土地征用补偿、征地后劳动力的就业和安置等相关政策不落实、不配套，或者房屋被拆迁的征用补偿太低，影响了村民的切身利益。境内外"反共"、"反社会主义"的敌对势力同"民运"、"法轮功"、"东突"、"藏独"、"疆独"、"台独"等敌对势力进一步勾结合流为群体性事件的恶化推波助澜。

二　网络媒体在群体性事件中的作为

根据创新与普及理论，新事物的普及一旦超过 20% 即表示其已经由新事物变为主流。我国网民的总数已经达到人口总数的 31.8%。网络的发展已经明显表现出主流应用的特点，正深入到我国人民生活的各个部分。网络媒体是理想的新闻传播工具，网络媒体具有即时性、互动性、自由开放性、信息海量等优势。正是网络媒体的这些特点决定了它可以在处理群体性事件中有所作为。

一是网络媒体传播的即时性为预警群体性事件提供了便利。互联网的信息传播具有即时性的特点，这就使得互联网在处理突发事件中具有得天独厚的优势。这里的时效性主要体现在预警突发事件和减少危机灾害等方

面具有重要作用。群体性事件虽然具有突发性，但其背后的矛盾往往有一
个酝酿、发酵的过程。如果能通过网络媒体及时发现、疏导、解决，很可
能避免群体性事件带来的巨大灾难。例如，2008年"11·4"重庆罢工事
件，事实上，早在此前近一星期，"11月3日要罢运"的消息，就已通过
传单、网络、短信等形式，在各个出租车公司的承包车主和司机之间迅速
传开。网络已经非常及时地把罢工的"苗头"反映出来，为事件恶化前
政府积极处理问题、引导舆论赢得了宝贵的时间。① 网络媒体的预警作用
使我们可以及时发现社会问题，主动预防群体性事件。毛泽东指出：
"'凡事预则立，不预则废'，没有事先的计划和准备，就不能获得战争的
胜利。"② 其中的道理对于预警群体性事件依然适用。

二是网络媒体传播的自由开放性、信息海量等特点为满足民众了解事
实真相的信息需求提供了便利。互联网为人们自由地上网、开展各种活动
提供了前所未有的空间与自由度。随着电脑的普及和技术的发展，"网
民"可以迅速充分地了解群体性事件的产生与进展，不受印刷、运输、
发行等因素限制的互联网，利用文字、声音和图像的有效结合，加强了信
息传播的速度与广度。例如，在"6·17"湖北石首事件中，据不完全统
计，事件发生后约80个小时内，百度贴吧的"石首吧"中出现了近500
个与此案有关的主帖；在用手机发布和浏览信息的"微博客"网站上，
仅一名网友"实时直播"的石首事件消息约140条；在一些播客网站，
出现了不止一段网友用手机拍摄的酒店起火和警民冲突的视频。③ 美国传
播学家梅尔文·德弗勒提出著名的媒介依赖论，他指出："当社会环境出
现情况不明、有威胁性或迅速变化时，个人和群体的媒介依赖关系便更为
强烈。"④ 群体性事件的不确定性与威胁性，容易引发民众的恐慌。在群
体性事件发生的过程中，公众对信息的需求往往更加迫切，急于知道事件
的真相、事态的发展和解决过程。网络媒介的自由开放性、信息海量等特
点，契合了群体性事件中受众迫切希望获取大量信息的心理需求。

三是网络媒体传播的互动性为政府及时引导舆论提供了便利。在网络

---

① 张志恒：《网络在群体性事件中的积极作用》，《新闻爱好者》2009年第7期（下半月）。
② 《毛泽东选集》第2卷，人民出版社1991年版，第495页。
③ 孙珠峰：《互联网时代妥善处理群体性事件研究——以石首事件为例》，《辽宁行政学院
学报》2010年第3期。
④ ［美］梅尔文·德弗勒等：《大众传播学绪论》，新华出版社1990年版，第353页。

媒体中，信息交往主体的互动性和自由性进一步增强。网络信息的交流，往往不是单维线性的，网民之间交流的途径和目的都是双向、多向、多维的，这就为政府及时引导舆论提供了便利。群体性事件发生后，政府通过网络引导舆论所达到的效果是其他媒体无法替代的，除了网络社区、博客和各种聊天工具在草根阶层中的广泛影响力，网络新闻将会有更加积极有效的表现。据《中国互联网络发展状况统计报告》中的调查结果，截至2010年6月底，有78.5%的网民使用网络新闻。可见，网络新闻是网民获取信息的主渠道，同时网络新闻与传统媒体新闻相比有多向互动的特点，每条新闻都会有网友的跟帖，可以很客观地反映舆论走向。在群体性事件中，网络新闻在尊重一般新闻规律的基础上根据舆论走向适时介入引导，以推动正面舆论，引导中间舆论，化解负面舆论，这就给网络新闻的"议程设置"功能提供了很大的发挥空间。而"议程设置"虽然不能决定人们对群体性事件的具体看法，但可以通过提供给信息和安排相关的议题来有效地左右人们关注哪些事实和意见及他们谈论的先后顺序。政府通过网络引导舆论可能无法影响人们怎么想，却可以影响人们去想什么。

三　网络媒体在群体性事件中可能带来的负面效应

网络传播的相关信息和鼓噪行为何以引发联动型的群体性事件？互联网以最简单、最便捷的方式，就能够轻而易举地组织聚集起广大群众。网络在组织80%零散的个体方面的强大力量被称为"长尾理论"，在互联网时代，那些常常容易被忽视的"小人物"、非主流人群，开始被发动、组织起来。近些年来，通过手机短信、e - mail、QQ、Facebook、博客等各种互联网工具，网络媒体吸引着庞大的非主流人群。网络媒体对群体性事件的负面影响表现在网络媒体容易成为群体性事件事态蔓延的"助燃剂"；利用网络制造矛盾，网络媒体成了事件的"导火索"；网络信息同步交流，密集互动，会迅速产生"蝴蝶效应"。网络媒体在成为舆论的集散地的同时，很可能成为群体性事件的策源地，群体性事件一旦在网上恶意传播，很可能使事态恶化，难于控制。

一是网络媒体传播的虚拟性、隐蔽性等特点，使得网民很容易突破地域限制聚集起来，不需要传统媒体的审查和批准就可以毫无顾忌地"畅所欲言"，有的甚至是"胡说八道"散布谣言，形成群体性事件的网上策源地。例如，在厦门反 PX（对二甲苯）项目游行活动中，厦门市民通过手机短信、网络呼吁民众关注厦门海沧 PX 化工项目，号召市民反对 PX 项目，并组织集体行动，甚至还采用短信与网络相结合的方式，在博客上进行了游行活动的全程现场报道。① 再如，2009 年 6 月 26 日广东省韶关市一家玩具厂部分新疆籍员工与该厂其他员工发生冲突，数百人参与斗殴，致 120 人受伤，其中新疆籍员工 89 人，两名新疆籍员工经抢救无效死亡。可就在韶关群体事件发生前的 6 月 16 日，韶关家园网《市民心声》栏目有网民发了题为"旭日真垃圾"的帖子称：在韶关旭日玩具厂里"6 个新疆的男孩强奸了 2 个无辜少女"。此帖文在短时间内被转载到了许多网站，造成恶劣的社会影响。正是这则后来查为虚假的网络消息，引发了韶关群体事件。

二是网络媒体传播的速度快、范围广、影响大，增加了群体性事件的控制难度。传播学的奠基人之一，美国社会心理学家库尔特·卢因认为，在群体传播过程中存在着一些"把关人"，只有符合群体规范或把关人价值标准的信息内容才能进入传播的管道。与传统媒体相比，网络媒体传播的速度快、范围广、影响大与缺乏"把关人"直接相关。由于没有人"把关"，网络传播很难遵循新闻信息的客观属性、专业标准和市场标准以及某一媒介组织的立场和方针。在冲突萌芽和聚集的初期，一些地方的基层党委政府对社会矛盾普遍表现出"体制性迟钝"——反应迟钝，判断失误，处理失当，导致"小事拖大，大事拖炸"。面对网络媒体传播的速度快、范围广、影响大，这种紧要关头的"失语"必然丧失引导舆论的主动权，看似避免承担责任的风险，实际却陷入被动，增加了平息事态的难度。

三是网络媒体传播群体性事件的扩散性、渗透性、非理性等特点，易于推动群体性事件恶性发展。网民之间交流传播极为便利，并瞬间影响现实生活，一旦形成风暴舆情，影响的面积将十分宽广，甚至产生国际影响，使群体性事件恶性发展。当前的群体性事件已由自发松散型向组织型方向发展，事件的聚散进退直接受指挥者和骨干分子的控制和影响。尤其是一些参与人数多、持续时间长、规模较大的群体性事件往往事先经过周密策划、目的明确、行动统一，组织程度明显提高，甚至出现跨地区、跨

---

① 彭知辉：《论群体性事件与网络舆情》，《上海公安高等专科学校学报》2008 年第 2 期。

行业的串联活动。由于网络信息没有空间障碍，各种信息得到迅速的扩散，在网络上，一个普通人就可能做到一呼百万应。任何一件事只要在网络上公布，立刻就可以传遍全球。某些一般性的群体性事件，被中外敌对势力利用网络进行插手，制造谣言，混淆视听，就可能成为关注焦点，产生传播加速度，形成网络蝴蝶效应，使群体性事件发展成为带有政治色彩的、反社会性的活动。又由于网民身份构成的复杂，不同职业的群体在相关问题上的立场和感受会有差异，从而使得一些网上对群体性事件的评价往往不能正确地反映民意，甚至演化为一种"多数人暴力"，在群体网民激扬的场域中丧失基本的理性。网络蝴蝶效应使群体性事件朝着规模更大、危害更加严重的方向发生变异。① 例如，在"6·28"贵州瓮安事件中，事件发生后不到 1 小时，现场的视频、照片就出现在互联网上，随即大量小道消息、谣言在论坛、博客里传播，为事态恶化推波助澜。

四　提高对虚拟社会的管理水平，健全网上舆论引导机制

胡锦涛在省部级干部开班式讲话中强调指出："进一步加强和完善信息网络管理，提高对虚拟社会的管理水平，健全网上舆论引导机制。"② 网络传播在群体性事件中是把"双刃剑"，有积极作用，但处理不当，又容易产生负面效应。我们应采取有力措施克服不利因素，利用网络媒体为预防、化解群体性事件服务，构建和谐社会。

（一）弘扬主旋律、加强马克思主义网上阵地建设

马克思主义理论也需要传播途径，毛泽东曾指出传播的重要性，他说："一个新的社会制度的诞生，总是要伴随一场大喊大叫的，这就是宣传新制度的优越性，批判旧制度的落后性。"③ 他还指出："报纸的作用和力量，就在它能使党的纲领路线、方针政策、工作任务和工作方法，最迅

---

① 徐乃龙：《群体性事件中网络媒体的负面影响及其对策》，《江苏警官学院学报》2003 年第 6 期。

② 《省部级领导社会研讨班开班胡锦涛提出 8 点意见》（http：//news. xinhuanet. com/politics/2011—02/19/c_ 121100198. htm）.

③ 《毛泽东文集》第 6 卷，人民出版社 1999 年版，第 460 页。

速最广泛地同群众见面。"① 鉴于媒介的极端重要性，新中国成立后不久，在党的领导下，很快就在全国形成了以《人民日报》、新华通讯社、中央人民广播电台为核心的、全国规模的、集中统一的思想理论传播网络。这一传播网络在日后的社会主义建设和改革开放历程中，承担着宣传群众、教育群众、动员群众和组织群众的职能，为马克思主义理论走向民间、成为劳动人民改造世界的思想武器等发挥了不可替代的作用。随着时代的发展，互联网络技术兴起后，由于其独特的优势，已成为世界各国政府和执政党主流意识形态传播的主阵地，成为意识形态争夺战的新战场。从总体上讲，我国无论在技术手段还是传播规模上还落后于西方发达国家。

第一，建设马克思主义传播的网络平台，壮大马克思主义宣传的网络阵地。进一步加强马克思主义网站的建设和宣传，增强把网络作为马克思主义传播的新渠道、新手段的机遇意识和主动意识，使更多的人了解并关注马克思主义网站。加强网络的思想理论资源建设。现有国内许多新闻和理论网站，如人民网、新华网、中国共产党新闻网、党建研究网等都设置有"经典文献"、"党的文件汇编"等网页，为人们随时查阅大量理论文献提供了极为便利的条件，很受欢迎。但是一般性的理论宣传和理论分析越来越难以满足他们的愿望，迫切要求我们的思想宣传阵地在"新、精、深"上下功夫。例如，人民网强国论坛就设置了一些国内著名专家、知名学者的个人网页，将他们的理论观点录入其中，定期不定期让他们在网上同网民"见面"，回答大家普遍关心的问题；他们也可以随时进入网页，将自己的所思所想及时在网上发表。再如，胶东在线网站是烟台市也是北方地市级唯一一家经过国务院办公室批准从事互联网信息服务的网站。2003 年，网站创办的《网上民声》栏目，在推进阳光政务建设、密切党群干群关系，化解社会矛盾，维护社会稳定等方面发挥了积极作用。《网上民声》开创了网络媒体协调社会功能的新模式，是党的执政能力在互联网上的具体体现，是中国互联网一道亮丽的景观，值得全社会关注与推广。又如，新华网的新华评论栏目，针对社会上存在的容易诱导人们思想误区的思想理论热点问题，设置专门的辩驳性网页，邀请理论专家、学者到网站做客，从学理上予以透彻阐释，分析其要害所在，为大家释疑

① 《毛泽东选集》第 4 卷，人民出版社 1991 年版，第 1318 页。

解惑。

　　第二，抵御文化入侵和意识形态渗透，维护马克思主义在意识形态领域的主导地位。当前，全球顶级域名服务器只有 13 台，而其中 10 台就在美国；互联网上 90% 的信息是英语信息，中文信息仅占 1%。这种网络霸权同时也意味着文化霸权，文化交流也演变成单向渗透。社会主义国家必须大力发展网络信息化的关键技术，发展各具民族特色的网络文化，有效抵御西方国家意识形态的渗透。江泽民同志曾强调指出："互联网已经成为思想政治工作一个新的重要阵地。国内外敌对势力正竭力利用它同我们党和政府争夺群众、争夺青年。我们要研究其特点，采取有力措施应对这种挑战。"① 中国互联网络信息中心发布的统计报告显示，截至 2010 年 6 月底，学生群体在整体网民中的占比仍远远高于其他群体，接近 1/3 的网民为学生。人均周上网时长达到 19.8 个小时。加强马克思主义主流意识形态网上阵地建设显得尤其重要。

（二）综合治理，从法律、道德、技术方面采取可行办法

　　首先，推进相关网络法规的建立。网络是一个公开的，又被人称作虚拟的社会，但它是通过一个个网站来传播的，使用者也是通过一台台计算机来浏览的，那么使用人和上传人都是社会人，并不是虚拟的，而人的行为是肯定要受到法律的保护和制约的。一个成熟的法治国家，群体性事件总能通过法律的途径圆满解决，而真正实现以法律的途径有效而公正地化解群体性事件。网络立法是净化网络空间、减少网络情绪型负面舆论的有效保障。

　　完善法律制度，做到有法可依。2000 年以来，我国相继颁布了《全国人民代表大会常务委员会关于维护互联网安全的决定》、《互联网信息服务管理办法》、《互联网站从事登载新闻业务管理暂行规定》、《互联网电子公告服务管理规定》、《关于审理涉及计算机网络著作权纠纷案件适用法律若干问题的解释》等一系列法律、法规和规章。2002 年 8 月 1 日，我国正式实施《互联网出版管理暂行规定》，以进一步加强互联网出版的监督管理，规范互联网出版工作，明确互联网出版机构的权利和义务，促进我国互联网出版事业健康、有序地发展。这一系列法规使我国的互联网

---

　　① 《江泽民文选》第 3 卷，人民出版社 2006 年版，第 94 页。

信息传播有法可依、有章可循，也为网络政治舆论传播的监督管理提供了法律依据。但是仍然需要完善法律法规，特别是需要尽快出台《社会保险法》。社会保险有利于解决人们的后顾之忧，减少群体性事件发生的群众基础。修订1989年出台的《集会游行示威法》，明确规定公民行使相关权利的程序，彻底根治规则、程序缺失之痛。

国外的做法给了我们很好的启示，美国参议院于1995年6月通过了《传播净化法案》。新加坡网络管理严格而务实。根据新加坡广播法的相关要求，新加坡三大电信服务供应商负有屏蔽特定网站的义务。政府有权要求供应商删除网站中宣扬色情、暴力及种族仇视等内容的言论。若供应商不能履行义务，将会被罚款或被暂时吊销营业执照。此外，政府还鼓励供应商开发推广"家庭上网系统"，帮助用户过滤掉不合适的内容。英国力争疏而不漏，英国在网络管理方面的主要做法是立法保障和行业自律，并辅之以政府指导。这样看似不严，但在博客、BBS等网络空间尽情畅游的网民如果利用网络干违法的事情，一定会受到查处。韩国通过实名制培养网民自律意识，韩国政府于2005年10月决定逐步推行网络实名制，并发布和修改《促进信息化基本法》、《信息通信基本保护法》等法规，为网络实名制提供法律依据。[①]

加强法律宣传，增强法治意识。现阶段，公民法治意识的欠缺，使其遇到矛盾冲突时更易选择以群体性事件的方式解决。因此，加强法律宣传，增强法治意识，至关重要。要掌握宣传技巧，向群众宣传和其切身利益密切相关的法律法规，要加强对弱势群体的宣传，力求催醒公民意识和公民权利的觉醒。注重培养公民自身的法治意识，提高法律素养，真正理解法律，用法律武器维护自身权利，也通过法律途径尊重他人、尊重社会。例如，2000年颁布的《互联网信息服务管理办法》第15条就规定："互联网信息服务提供者不得制作、复制、发布、传播含有下列内容的信息：（一）反对宪法所确定的基本原则的；（二）危害国家安全，泄露国家秘密，颠覆国家政权，破坏国家统一的；（三）损害国家荣誉和利益的；（四）煽动民族仇恨、民族歧视，破坏民族团结的；（五）破坏国家宗教政策，宣扬邪教和封建迷信的；（六）散布谣言，扰乱社会秩序，破

---

① 徐晓明、徐从卫：《网络舆情应对及引导机制的反思与重构》（http://www.yfzs.gov.cn/gb/info/QXFZ/LHFZ/lltt/2010—05/31/1038465112.html）。

坏社会稳定的。"要是这些法规深入人心，在决定参与群体性事件时，群众就有所畏惧。

其次，网络环境中的道德自律。由于网络传播的特点，运用法律规范时会遇到一系列的难题。对于属于超链接范围的国外网站以及属于人际传播范畴的电子邮件、私人聊天室及聊天工具来说，法律规范就存在一定的困难。例如，由于传播过程中的匿名性、高度自由和自主等造成的取证难，跨地域甚至是跨国传播带来的适用法律、起诉地点确定、判断标准等难题。从目前来讲法律规范在互联网的监管过程中效率不是很高，因此有必要加强互联网的伦理道德教育。

提高网民的媒介素养教育。一般来说，网络接入单位或用户在享有网络通信权、隐私权、裁决权和访问权的同时，在政治性信息的传播中应承担以下义务：应遵守国家法律、法规，严格执行国家保密制度，并对所提供的信息内容负责；不利用互联网从事危害国家安全、泄露国家秘密等犯罪活动；不利用互联网查阅、复制、制造和传播危害国家安全的信息；不散布政治谣言、反动言论；发现政治舆论传播活动中有违反国家法律法规的行为，应向相关网站或主管机关报告等。再者，从目前网民的构成特点上看，相当一部分是青少年，他们的可塑性非常强。在当前的学校教育中应该展开网络伦理道德教育，内容包括网络行为应该坚持社会主义原则、无害善良原则、公正原则等，使网民在互联网上能够像在现实社会中那样有基本的行为准则，把接受腐朽落后的思想观念、政治观点的可能性降到最低。①

加强网络媒体的道德自律。一方面，要强化网络媒体的社会责任感。网络作为第四媒体同样承担着很多社会责任和使命，而随着网络普及面的迅速扩大，可以说它的责任也变得更大更艰巨。其中在 2003 年 12 月 8 日由新浪、搜狐、网易等国内主要商业网站与 30 多家互联网新闻信息服务单位所共同签署的《互联网新闻信息服务自律公约》在整个网络世界中做出了表率。另一方面，要提高网络媒体从业人员的素质。网络从业人员应该以谦逊、负责的心态来处理群体事件。我们必须摒弃那些为了商业利益、点击量而去故意制造社会话题的丑陋行为，同时，面对各种互联网言论、信息，我们需要做到谨慎监管、积极应对、还原真实。作为担负整个

---

① 陈潮杰：《国内网络政治舆论传播的特征与引导研究》，《中国期刊网》2005 年第 4 期。

国家和社会责任的职业传媒人，必须要有扎实的新闻传播知识，要有高度的新闻敏感，要注重新闻价值的挖掘，要讲求报道原则，要注重传播效果，还要有一颗时刻保持清醒的政治头脑。[①]

再次，大力依托技术手段进行调控。网络的发展与技术的更新密不可分。网络间信息的传输就好比电流一般，需要从一端传送到另一端。为了更好地传送信息我们可以从源头上进行技术控制，这样就可以达到"一夫当关，万夫莫开"的效果。常用的网络技术手段包括对 IP 地址的监测、跟踪、封杀；网管的全天候值班监测，对负面消息进行及时清除；运用智能型软件进行敏感词组的自动过滤；对论坛发帖的延时审查及发布；对国外敏感网站浏览限制；部分重要论坛实行实名认证制度等。目前网络上通用的是信息过滤手段。即先制定一个包含有害信息或诽谤、侮辱他人词汇的"黑名单"，如若网民的发言中出现一个或几个黑名单中的词汇，帖子就会被拒绝，无法在网页上出现。另外论坛中还会采取人工过滤的方式，那就是前面所提到的论坛管理员或版主对不良帖子的删除。通常情况下单机会采用过滤软件进行信息过滤，比如护花使者、网络爸爸等，还可以申请由网络运营商所提供的绿色上网服务。网络之间通常是通过防火墙来进行安全维护，在局域网和广域网之间竖起一道屏障，除了按规则进行屏蔽外，还阻断来自外部网络的入侵和攻击，比如说电脑黑客和病毒的入侵，同时还可以对上网的详细情况进行监控和记录，有利于控制、加强网络的过滤和安全。依托网络舆论监测机构跟踪监测，任何事情的产生、发展都要有一个过程，只要我们留心观察一定会发现种种迹象，再加以认真的分析总结，相信可以制定出相应的应对策略，这样就可以达到防患于未然的目的。在网上进行舆论调查是非常有必要的，这要依托网络舆论监测机构。建立一个敏感字词高频监测统计分析系统，由系统自动搜取网站或论坛中的高频敏感词，再提取这些敏感词出现的记录，从而获取高频率发言者的 ID。再由专业人员对这些高频词和使用用户资源进行分析，以此发现问题，对舆论进行预测并制定出相应的调控策略。与此同时，可以将高频词和用户的资源建立档案保存，以便日后的查证分析，总结规律。[②]

---

① 赵淑岩：《网络暴力现象及其引导和调控研究》，《中国期刊网》2009 年第 5 期。

② 同上。

（三）是实事求是、走群众路线，发挥群众参与虚拟社会管理的基础作用

胡锦涛在省部级干部开班式讲话中强调指出，"引导各类社会组织加强自身建设、增强服务社会能力，支持人民团体参与社会管理和公共服务，发挥群众参与社会管理的基础作用"[①]。显然，这里的参与社会管理也包括参与虚拟社会的管理。胡锦涛指出，社会管理要搞好，必须加快推进以保障和改善民生为重点的社会建设。要把保障和改善民生作为加快转变经济发展方式的根本出发点和落脚点，使发展成果更好惠及全体人民。

群体性事件大多涉及的是人民内部矛盾。毛泽东多次讲过，怎样正确解决人民内部矛盾？就是要坚持实事求是和走群众路线。归根到底就是群众路线四个字。我们的领导干部只有站在人民群众的立场上，深入实际，走群众路线，想群众之所想，急群众之所急，才能找到正确解决人民内部矛盾的方法和对策。那么，什么是人民群众最关心、最直接、最现实的利益问题？干部群众最关心的热点，比如"一大二难三高"。即收入分配差距大，说真话难、反腐败难，教育收费高、看病收费高、买房价格高等问题，就属于这方面的问题，只有解决了这些问题，给人民群众以感受真切的权益，才能从根本上减少群体性事件的发生。[②] 一些人民内部矛盾之所以久拖而不能解决，以至发展到对抗、冲突，最根本的是领导脱离实际、脱离群众，不关心群众的利益，有的严重地损害群众利益，甚至不顾群众的死活。例如，在"7·19"云南孟连事件中，胶农利益诉求长期得不到解决，增收致富的美好愿望被一些坏人利用，导致胶农长期以来对橡胶公司的积怨逐步转化为对基层干部、基层党委政府的积怨，最终集中爆发引起冲突。群众利益诉求反应机制不健全，群众没有地方讲话，反映的情况得不到处理，是这起冲突事件带给广大领导干部的一个重要教训。正确处理群体性事件中的人民内部矛盾，建设和谐社会，关键在各级领导真正做到立党为公，执政为民，实事求是，走群众路线。

---

① 《省部级领导社会研讨班开班胡锦涛提出 8 点意见》（http：//news. xinhuanet. com/politics/2011—02/19/c_ 121100198. htm）。

② 李慎明：《构建社会主义和谐社会需要深入学习研究的十个问题》，《前线》2007 年第 1 期。

（四） 提高党员干部处理群体性事件的能力

干部需要以容忍、务实的态度来面对网络群体性事件。我们不妨把网络当作民意"堰塞湖"的泄洪区，即便是网络带给群体性事件的负面影响也并非什么洪水猛兽，它只是民众在现实生活中焦虑情绪无法得到有效消解的产物，如果我们处理得好，反而可以通过网络这一泄洪区，让网络成为社会矛盾的"减压阀"。当然仅有态度还远远不够，我们必须提高党员干部处理群体性事件的能力。

第一，通过关注网络舆情，敏锐发现群体性事件苗头的能力。《第26次中国互联网络发展状况统计报告》显示，我国网民年龄结构继续向成熟化发展，30岁以上各年龄段网民占比攀升至41%。同时，网民学历结构呈低端化变动趋势。初中和小学以下学历网民增速超过整体网民。这种情况说明网络舆情反映的大多是基层老百姓的心声。在实际工作中，我们通过网络及时了解群众关注的热点问题、难点问题，了解群众想什么、盼什么，急需解决什么。及时分析和预测可能发生的问题和纠纷，只有这样才能有的放矢，保持掌握反映群众问题的敏感性，做到及早发现苗头，准确掌握动向，及时将事态处置在萌芽状态。

第二，引导网络舆情，提高掌握处理群体性事件主动权的能力。在处理群体性事件过程中，一些干部常抱着"隐瞒事实真相，能拖则拖"的态度，任由事态扩大激化，最后陷于被动。为此，我们要发挥网络媒体的阐释功能，及时公开信息，正确引导舆论。江泽民同志曾说过："舆论导向正确，是党和人民之福；舆论导向错误，是党和人民之祸。"① 舆论引导被认为是社会控制的重要利器，在社会稳定和发展上发挥着重要作用。在各种舆论里，群体性事件舆论表现最强烈、对社会冲击危害最大，容易引起社会的普遍关注。政府和媒体都要建立起信息公开机制，保持信息渠道的畅通，及时、公开、透明地向公众公布有关于群体性事件的真实信息。有真相才有信任。近年发生的"瓮安事件"、"石首事件"等群体性事件几乎都与信息的发布、传递、接受的方式有关。网络媒体应做到动静结合、快速出击、随机应变等。随着突发事件的延续，网络媒体应尽快主动地提供全面的事件进展情况。面对突发群体性事件，政府和主流新闻媒

---

① 《江泽民文选》第1卷，人民出版社2006年版，第564页。

体仅仅发布信息还不够，还必须迅速了解和把握网上各种新型信息载体的脉搏，迅速回应公众疑问，如果在突发事件和敏感问题上缺席、失语、妄语，甚至想要遏制网上的"众声喧哗"，则既不能缓和事态、化解矛盾，也不符合十七大提出的保障人民知情权、参与权、表达权、监督权的精神。反面例子是，在"6·17"湖北石首事件中，表面上是由于群众"不明真相"所致，实质上是因为地方政府没有及时公开真相，使其公信力降低。中间的数十个小时，是决定事态发展的黄金时间。然而，地方政府却在处理时缺席、失语、妄语，甚至想要遏制网上的"众声喧哗"，导致一起简单的案件经过一两天的"发酵"之后，引发了一连串的多米诺骨牌效应，最终引发了一场群体性事件。① 信息公开滞后教训深刻！

第三，区分不同性质的矛盾，提高有针对性处理群体性事件的能力。群体性事件所反映的矛盾主要是：城乡、区域、经济社会发展很不平衡，人口资源环境压力加大；就业、社会保障、收入分配、教育、医疗、住房、安全生产、社会治安等方面关系群众切身利益的问题比较突出；体制机制尚不完善，民主法制还不健全；一些社会成员诚信缺失、道德失范，一些领导干部的素质、能力和作风与新形势新任务的要求还不适应；一些领域的腐败现象仍然比较严重；敌对势力的渗透破坏活动危及国家安全和社会稳定。上述六个矛盾和问题中，前四个矛盾是人民内部矛盾，第五个问题是人民内部矛盾与敌我矛盾的交叉，而第六个矛盾是敌我矛盾。构建社会主义和谐社会的总题目是正确处理人民内部矛盾，但也不可忽视敌我矛盾；在处理群体性事件的过程中，要特别注意正确区分与处理两类不同性质的矛盾，② 提高有针对性处理群体性事件的能力。反面例子是，在"瓮安事件"中，基层党委政府匆忙将事件定性为"有组织、有预谋"，是黑恶势力煽动群众围攻政府，并在当地媒体大规模刊播"瓮安群众愤怒谴责不法分子"等新闻，严重混淆两类不同性质的矛盾，引起了更多群众的反感和猜疑。

总之，群体性事件的发生有复杂的社会背景，它的解决不是单凭网络媒体能够彻底解决的。就网络媒体而言，很有必要建立畅通有效的长效协

---

① 袁浩：《近年来群体性事件典型案例扫描》（http://www.12371.gov.cn/show.aspx? id = 33832&cid = 468）。

② 李慎明：《构建社会主义和谐社会需要深入学习研究的十个问题》，《前线》2007 年第 1 期。

商机制，上情下达，减少民众和官方之间在信息上的堵塞和误解。要根本
解决人民群众最关心、最直接、最现实的利益问题，必须毫不动摇地坚持
党的"以经济建设为中心、坚持四项基本原则和改革开放"这一基本路
线，就是要坚决贯彻科学发展观等一系列重大战略思想，在党的领导下，
搞好社会主义经济、政治、文化、社会、生态等五位一体的建设。在党的
建设领域，始终坚持党的性质、宗旨、指导思想和纲领不动摇，切实加强
党的先进性建设。在经济领域，坚持公有制为主体、多种所有制经济共同
发展的社会主义初级阶段的基本经济制度；坚持按劳分配为主体、多种分
配方式并存的基本分配制度。在政治领域，真正实现坚持党的领导、人民
当家做主与依法治国相统一。在文化领域，坚持马克思主义在意识形态领
域里的指导地位，反对各种腐朽思想文化，繁荣和发展社会主义先进文
化。在社会领域，真正落实民主法治、公平正义、诚信友爱、充满活力、
安定有序、人与自然和谐相处的要求，构建和谐社会。

文　化

提高我国文化软实力的机遇与挑战

李慎明[*]

内容摘要：经济全球化的时代，维护自身文明、反对霸权已经成为大多数国家的共识。世界众多优秀文明和优秀文化给我们发展文化软实力提供了很好的借鉴。中国文化软实力发展在国际上面临着难得的发展机遇，但也面临着严峻的挑战。主要表现在以美国为首的政治文化团体每时每刻都在以文化软实力的形态对我国进行经济、政治、文化及意识形态的渗透。这是在研究、建设中国文化软实力过程中需要提高警惕的主要方面。

关键词：文化软实力　机遇挑战

胡锦涛同志在党的十七大报告中明确指出："当今时代，文化越来越成为民族凝聚力和创造力的重要源泉，越来越成为综合国力竞争的重要因素"，并强调，"要坚持社会主义先进文化前进方向，兴起社会主义文化建设新高潮，激发全民族文化创造活力，提高国家文化软实力"，"加强对外文化交流，吸收各国优秀文明成果，增强中华文化国际影响力"。

十七大报告提出的关于"提高国家文化软实力"的时代命题，揭示了文化的深刻内涵及其对国家民族事业发展的重大意义，从而确定了文化在整个国家发展战略中的核心地位。提高国家文化软实力，对于一个国家民族核心价值观的形成和维持，对于一个国家民族的凝聚与团结，对于一个国家民族的存在与发展都起着十分重要的作用。加紧对国家文化软实力的研究是一项十分紧迫的战略任务。

下面，着重就文化软实力的内涵、实质与发展和当前提高我国文化软实力所面临的机遇与挑战谈点体会。

---

* 李慎明，中国社会科学院原副院长、原党组副书记，研究员。

一　我国文化软实力的内涵、实质与发展

　　"软实力"（Soft Power）一词是 20 世纪 90 年代初，美国哈佛大学教授约瑟夫·奈在一篇题为"衰落的误导性隐喻"的论文里提出的。按照他的观点，软实力是一种能力，它能通过吸引力而非威逼或利诱达到目的，是一国综合实力中除传统的、基于军事和经济实力的硬实力之外的另一组成部分。这一概念的提出，提高了软实力的重要价值，从此启动了软实力研究与应用的潮流。

　　所谓"软实力"，是相对于硬实力而言的，作为国家综合国力的重要组成部分，软实力是指一国的文化、价值观念、社会制度、发展模式的国际影响力与感召力，特指一个国家政治制度的吸引力、文化价值的感召力和国民形象的亲和力等释放出来的无形影响力。软实力与硬实力紧密联系，相辅相成。硬实力是软实力的有形载体、物化，而软实力是硬实力的无形延伸和反映。

　　我们可以这样来定义文化软实力：文化软实力是综合国力和国际竞争力的重要组成部分，主要是指在社会文化领域中具有精神感召力、社会凝聚力、价值吸引力、思想影响力等的文化资源。国家文化软实力，带有鲜明的国家意识形态属性，它是我们国家政体的文化显现，是我们国家利益的独特呈现方式，体现了我国国家利益与国家意识形态。

　　中国是具有悠久历史的文明大国，有着深厚的传统文化底蕴，我国的文化软实力不仅依靠我国硬实力的不断提升和快速发展，而且也源于我国丰富的古代文化资源。从古代起，我们先贤的思想中就体现了对文化软实力的重视。老子的《道德经》中有云："天下之至柔，驰骋天下之至坚，无有入无间。"又说："天下莫柔弱于水，而攻坚强者莫之能胜。"古代的明君贤臣认为要实现国家意志和赢得他国的尊重，应当行"王道"而弃"霸道"，取得他国的认同和理解，处理国家的矛盾主张"以和为贵"、"亲仁善邻"、"协和万邦"，反对以强凌弱；解决与他国的冲突强调"以德服人"，"攻心为上"，反对穷兵黩武，反对侵略战争，维护国家统一。中华民族在充分认识战争是人类深重灾难的同时，又把战争分为"不义"和"义"两种战争。"不义"之战即侵略战争，为中华优秀文化传统所不齿。即使在硬实力对撞的战争中，也强调"得道者多助，失道者寡助。

寡助之至，亲戚畔之；多助之至，天下顺之"，认为战争的最高境界是
"不战而屈人之兵"。如此注重文化和文化力，注重文化内化于人的作用，
所以中国古代曾几度经历文化的大繁荣，为我们留下了宝贵的精神遗产。
应当指出，中华传统文化也有一定的局限性，甚至有糟粕，我们要吸收其
精华，剔除其糟粕。虽然古代没有"文化软实力"这个概念，但是中国
古代就体现了对文化力量的重视。中国历史文化博大精深，很多领域都蕴
含宝贵的文化资源，所以我们要注重汲取传统文化的营养，加快文化资源
的开发与利用。重视文化，发展文化，增强文化软实力与竞争力，进而增
强国家的综合实力和国际竞争力。

中国共产党带领广大人民着力发展的作为软实力的文化，源于我国古
代优秀的传统文化，源于马克思主义的科学理论，源于党的革命传统。我
们党历来高度重视作为软实力的文化和精神力量的重要作用。毛泽东同志
曾明确指出："一定的文化（当作观念形态的文化）是一定社会的政治和
经济的反映，又给予伟大影响和作用于一定社会的政治和经济。"① 邓小
平同志强调："为什么我们过去能在非常困难的情况下奋斗出来，战胜千
难万险使革命胜利呢？就是因为我们有理想，有马克思主义的信念，有共
产主义信念。"② 江泽民同志强调："有中国特色社会主义的文化，是凝聚
和激励全国各族人民的重要力量，是综合国力的重要标志。"③ 胡锦涛同
志在十七大报告中明确提出了"文化软实力"的概念，明确要求"提高
国家文化软实力"。

中国革命和建设在极端困难的情况下，能够创造一个又一个人间奇
迹，不断从胜利走向胜利，一个重要的原因就是中国共产党人重视源于中
国优秀传统的文化、马克思主义的指导和中国革命传统的伟大精神力量。
随着近些年来中国的快速发展，我国文化软实力不断提高，日益受到世界
和国人的关注。近期国外学界对"中国道路"、"中国模式"的研究热，
也反映了我国文化软实力的影响力在不断增强。

2008 年 8 月，笔者在欧洲访问时，与英国国家战略研究所跨国威胁
和政治风险事务的负责人交谈。笔者曾请教说，能否用简洁的语言告诉我

---

① 《毛泽东选集》第 2 卷，人民出版社 1991 年版，第 663 页。
② 《邓小平文选》第 3 卷，人民出版社 1993 年版，第 110 页。
③ 《十五大以来重要文献选编》上册，人民出版社 2006 年版，第 36 页。

们，美国对中国的战略是什么？他本不愿回答，后来在笔者执意追问下，他说，可以用这样简洁的语言表述：中国若"硬实力"崛起，美国则十分欢迎；中国若"软实力"崛起，美中之间将可能发生直接全面的激烈冲突。他的回答意味深长，值得我们认真思考。他所说的"软实力"，主要是指思想理论、路线方针、政治制度、价值观念和发展模式等。这从另一个侧面充分反映出文化软实力建设的重要性。

二　中国文化软实力面临难得的发展机遇

从国内国际两方面看中国文化软实力有哪些难得的发展机遇呢？

（1）我们党带领全国各族人民把坚持马克思主义基本原理同推进马克思主义中国化结合起来，经过艰辛的探索，实现了马克思主义中国化的伟大飞跃，形成了毛泽东思想和中国特色社会主义理论体系——邓小平理论、"三个代表"重要思想、科学发展观。这是全国各族人民团结奋斗的共同思想基础，也是推进党和国家伟大事业的根本指导思想和行动指南。为我们发展和提高我国文化软实力，指明了前进方向，建立了牢固基础。

新中国成立 60 多年来尤其是改革开放 30 多年来，我国文化建设事业取得了巨大成就。马克思主义指导地位进一步巩固，社会主义核心价值体系深入人心，社会主义意识形态的吸引力和凝聚力不断增强。爱国主义、集体主义、社会主义思想大力弘扬。新闻出版、广播影视、文学艺术等文化事业蓬勃发展。增强了文化发展活力，社会文化生活更加丰富多彩，人民精神风貌更加昂扬向上。激发了全民族文化创造活力，提高了国家文化软实力，增强了中华文化的国际影响力和竞争力。这为发展和提高我国文化软实力创造了良好条件。

（2）世界上有众多优秀文明和优秀文化可供我们借鉴。在人类历史上，出现过 26 个文明形态。现在，全世界约有 190 多个国家、2000 多个民族、6700 多种语言。世界上各种优秀的文明和文化，其中包括优秀的战略文化思想，是世界各国人民世世代代、辛辛苦苦建立并传承下来的。这是全人类所共有的不可多得的财富，我们一定要十分珍惜，并敢于和善于大胆借鉴。

（3）经济全球化趋势的深入发展与我国加入 WTO。经济全球化实质上包括三个层面：一是生产力层次的，即商品、技术、资本、人员等生产要素的全球流动；二是生产关系层次的，如西方国家领导或主导下制定的不平等的国际经济秩序，以及反映并服务于这种经济秩序的国际政治秩序；三是意识形态层次的，西方国家推行的文化价值观念是为西方国家全球化服务的，是为建立有利于它们的世界经济政治秩序服务的。因此，我们必须清楚地看到，经济全球化与我国加入 WTO 对我们发展来说是柄双刃剑，我们既要注意抵御经济全球化的弊端，又要利用好两种资源、两个市场，向世界传播优秀的中国文化，并积极借鉴国外优秀文化成果，为我所用，不断增强我国文化软实力。

（4）维护文明多样性、反对文化霸权已成为大多数国家的共识。2005 年 9 月 15 日，国家主席胡锦涛在联合国成立 60 周年首脑会议上发表的重要讲话中指出："文明多样性是人类社会的基本特征，也是人类文明进步的重要动力"，"应该以平等开放的精神，维护文明的多样性"。这些重要论述，指明了世界文化、文明发展的历史趋势。以个别强国为主导的国际垄断资本主义的生产关系在全球范围的扩张，已经产生和加剧了这样一个基本的经济现象：富国、富人越来越富，穷国、穷人越来越穷。正因为如此，世界社会主义和左翼思潮在全球范围内开始复兴。就连欧洲的不少有见识的政治家和学者对个别超级大国强行推行其文化和价值观念也极为不满。比如，法国、德国、加拿大等国兴起抵制个别超级大国"文化入侵"的浪潮。又如，2005 年 10 月 20 日，联合国教科文组织第三十三届大会 154 个参与投票的国家和地区，以 148 票赞成，4 票弃权，2 票反对，通过了由法国和加拿大倡议的《文化多样性公约》。德国、日本、澳大利亚等发达国家都投了赞成票。应该说，这是反对文化单边主义的一个很好的例证。这也说明，由毛泽东同志提出，邓小平、江泽民和胡锦涛同志坚持的三个世界划分的理论依然正确。

三　我国文化软实力面临的国际挑战

在 20 世纪 90 年代冷战结束后，人类历史上出现了少有的"一国独大"的格局。从经济上说，美国经济占世界经济总量的近 1/3。从军事上说，2004 年美国军费达 4550 亿美元，占全球军费总开支的 47%。但据美国乔治亚州奥古斯塔大学经济学教授布劳尔研究，由于美国的核武器预算编在能源部，2004 年，美国实际军费达 7600 亿美元，占全球军费总开支的 70% 以上。美国的投资历来是讲究收益的。从文化上说，在全球的信息流动中，90% 以上的新闻是以美国为首的西方控制的；美国的电影、电视生产仅占世界总量的 6%—7% 左右，但电影却占了世界市场的 50% 以上，电视占了 70% 以上。在全世界的互联网中，美国提供的一般信息占 80%，服务信息占 95%，而中文信息只有 4%，这 4% 还包括新加坡等国和中国的台湾地区。按照牛顿力学定律和爱因斯坦广义相对论的观点，物体的质量越大，则引力越大；质量足够大的物体，甚至可以引得光都可以发生弯曲。物理学由此得出这样一个结论：质量就是方向。人类社会是广义自然界的有机组成。因此，人类社会中，也处处可见自然界"质量就是方向"的这种引力现象。美国无疑是当今人类社会中最大的经济、政治、文化以及科技、军事实体，在经济全球化进程急剧加快的今天，从整体上说，美国这种内诱力和外张力，不仅在主导着我们这个星球经济政治的固有秩序，其思想文化同样从整体上左右着他们眼中小小的"地球村"。

马克思、恩格斯在《德意志意识形态》中提出了一个十分重要的观点，这就是："统治阶级的思想在每一个时代都是占统治地位的思想。"这又如恩格斯所说，"资产阶级的力量全部取决于金钱"，"资产者真像是真正的民主主义者"，但"只是为了用金钱的特权代替以往的一切个人特权和世袭特权"①。马克思说："刺刀尖碰上了尖锐的'经济'问题会变得像软绵绵的灯芯一样。"意识形态载体的背后是大量的金钱在支撑。谁有钱，谁就能办电视、广播、报刊、因特网等大量新闻媒体。从这种意义上讲，谁有钱，谁就有"嘴巴"，即"话语霸权"，谁就能在一定范围和一段时日里统治全球舆论。

以个别大国为首的西方世界在思想和文化上对我国进行以下五个方面的重点渗透，企图削弱和摧毁我国文化软实力。

（一）在社会意识形态上，他们首先攻击的对象是马克思主义

也可以说，他们的最低纲领是打倒马克思主义。在我国，无疑仍然存在着一种倾向：一切从本本出发，把马克思主义理论当作一成不变的教条，忽视对马克思主义基本原理的创造性应用。我们必须继续下大力气努

---

① 《马克思恩格斯全集》第 2 卷，人民出版社 1991 年版，第 647 页。

力克服。但我们也要清醒地看到，由于受国内外敌对势力攻击的影响，马克思主义"过时论"、"空想论"、"失败论"和马克思主义就是"违反人性"的"左祸论"；以及社会主义与资本主义正在相互学习，取长补短，已经不存在"社会主义取代资本主义"的"趋同论"；马克思主义"只是一个学派"，"没有谁指导谁的问题"，必须废除马克思主义这一"国家意识形态"的"废除论"等仍有很大市场。

他们的最高纲领是摧毁爱国主义思想，也就是用所谓"全人类价值观"取代爱国主义。当前，我国正经历从社会主义计划经济意识到社会主义市场经济意识的历史性转变。市场经济意识中人际关系的平等自由原则，所谓个人的全面发展和个性解放的观念、普世人权观念等，都逐渐浸漫社会。这既是历史的进步，又导致一些涉世不深的人思想混乱。这种思想观念和意识形态上的变化，已经引起西方国家及其对外宣传机构的关注。他们用拜金主义、享乐主义、极端个人主义瓦解人们特别是青年的爱国主义和集体主义思想，甚至对一些热血爱国青年进行打压。他们妄图摧毁我们的爱国主义思想的根本目的，说到底是为了把我国变成附庸国或事实上的殖民地。

（二）在经济上宣扬自由市场经济和私有化

经济利益已经日益成为当今国际关系和国外政策的主导。美国哥伦比亚大学教授琼·斯佩罗在《国际经济关系的政治学》中提出"国际经济关系就是政治关系"，这一论断得到了西方个别大国对外宣传主管部门的赞同与高度关注。西方主要传媒长期将经济宣传列为对外宣传的主要内容，20世纪90年代以来这种情况表现得更为突出。

一是宣传本国的经济利益高于其他国家利益。将本国经济利益宣传为国际经济发展的根本动力，宣传为其他国家利益之所在。

二是维护以资本主义主要国家利益为基础的国际经济秩序。在历史否定了宗主国与殖民地势力范围结合而成的地域性经济秩序后，世界市场现在基本按照美、英、法、德、日等西方七国的意志，重建"自由贸易"的国际贸易机制。维护这种有利于西方主要大国，尤其是有利于美国的国际经济运行机制和市场分配机制，是西方传媒新闻报道、述评的主要内容之一。

三是宣扬资本主义经济制度。科学技术的进步，使美国等西方主要国家的比较成本优势获得了巨大的发展机遇。因此,它们一改从社会福利制度入手宣传私有制的做法,转为宣传其经济制度的所谓优越,结果是掩盖了其通过国家间不平等竞争赢得暴利的真相,这对发展中国家的受众具有相当大的欺骗性。

四是宣扬资本主义国家对发展中国家的经济援助。当今世界,西方发达国家对发展中国家的"援助"仍然主要表现在资本输出和技术输出上。所不同的是,国家已取代垄断财团成为最大的资本输出者。国家巨额资本投放到具有巨大开发潜力而对私人投资不安全或无大利的国家和地区,从而形成对其有利的政治或经济局面,进而帮助本国的私人资本占领市场。这样的援助,看似"无偿"和"无私",实则往往一本万利。他们还利用经济援助和技术转让,诱使社会主义国家在政治上实行多元化,经济上实行私有化。

(三)　在政治上颠覆国家政体与政党制度

政治上鼓吹"总统制"、"两院制"、"三权分立"和西方的多党制。社会主义国家政党制度是社会主义政治制度的重要组成部分,决定着国家政权的性质和方向。现代国际传媒舆论斗争中,社会主义国家是西方国家官方传媒的重点宣传对象,而集中攻击、诋毁和歪曲的,主要是社会主义国家国家政体和政党制度。他们否定社会主义国家政体和政党制度,否定执政的无产阶级政党按照阶级统治的需要设立国家权力机构、规定权力关系和公务员产生方法的合法性,否定国家最基本的政治制度——如我国的人民代表大会制度——的民主性,否定国家政权机构的决策独立性,否定工人阶级的领导地位和人民群众的管理权等。

在专政柱石上一是宣扬军队国家化,取消党对军队的绝对领导;二是宣扬高科技战争无往不胜的唯武器论;三是宣扬部队私有化。

在法制领域鼓吹所谓"普世"的法理观念、理论体系和法律制度。

(四)　在历史问题上否定和丑化中国共产党的领袖。歪曲中国近代革命史,他们攻击的重点是社会主义国家的领袖

要搞垮一个国家,首先就要攻击这个国家的执政党;要搞垮这个国家的执政党,首先就要丑化这个党的主要领袖。这是国内外敌对势力企图西化、分化我们的最有效、最便捷的伎俩。苏联解体、苏共垮台,其内外敌

人就是从诬蔑、攻击斯大林甚至是列宁入手的。以美国中央情报局为背景所抛出的李志绥的《毛泽东的私人医生回忆》和高文谦的《晚年周恩来》同样具有很大的欺骗性和特有的危害性。海内外可能有人读过这两本书，不明真相的人容易信以为真，书中竭尽造谣、污蔑、攻击、歪曲、诽谤之能事。当然我们并不否认毛主席犯有错误，但毛主席和周总理功劳之巨大、品质之高尚和特有的人格魅力，是常人很难企及的。建议读过上述两本书的同志能够读一读林克、吴旭君和徐涛所写的《历史的真实》和中央文献研究室编写的《毛泽东传》、《周恩来传》等。现居住在英国的张戎与其英籍丈夫出版合著《毛泽东：鲜为人知的故事》。该书为了迎合西方"反华"势力并骗取稿费，妄图制造颠覆历史的轰动效应，信口雌黄，恶毒污蔑毛泽东，甚至连飞夺大渡河泸定桥一事都被她说成是"完全子虚乌有"，妄图否定举世公认的事实——毛泽东在军事上的雄才大略。

这说明，"颜色革命"正在向我们走来，我们在意识形态领域的工作仍十分繁重。但是毛主席、周总理、小平同志以及以江泽民同志为核心的党中央、以胡锦涛同志为总书记的党中央是攻不倒的。

（五）在国际关系理论上否认国家主权

鼓吹文明冲突和普世文化价值观念，否认国家主权是国家的根本属性，否认国家独立自主处理内部事务，管理自己国家的权利。国家主权反映了民族国家的基本特征，具有不可分割与不可让与性。坚持与反对国家主权的斗争，是资本主义国家与社会主义国家在国际传媒舆论斗争中的核心问题。

以否定国家主权为基点，在新闻舆论中否定构成国家主权的四个基本要素，即各国有选择其政治、社会、经济及文化制度的权利；国家在国内事务中的最高决策权利；国家在处理国际关系中的独立权利；国家防范和抵御侵犯的自卫权利。他们利用所谓的西藏问题、香港问题、台湾问题以及经贸问题、军售问题，挑起事端，歪曲攻击，或隐或现地否定我国国家主权的意图十分明显。邓小平针对资本主义的企图，曾精辟地论述说："国权比人权重要得多。"他又说："国家主权、国家安全要始终如一放在第一位。"这是中国人民近百年被侵略、被压迫的屈辱历史证明了的真理。

四　抓住发展机遇，正确应对挑战

进一步推进国家软实力建设，我们要以马克思列宁主义、毛泽东思想、邓小平理论、"三个代表"重要思想为指导，全面贯彻落实科学发展观，切实加强国家软实力建设。

第一，要切实增强国家文化安全的忧患意识，自觉捍卫文化安全。要坚持以马克思列宁主义、毛泽东思想、邓小平理论、"三个代表"重要思想为指导，深入贯彻落实科学发展观，坚持马克思主义在我国意识形态领域的指导地位。针对当前我国文化领域面临的挑战和压力，我们要审时度势，居安思危，正确应对，真正筑起抵御各种腐朽思想文化侵蚀、确保国家文化安全的思想防线。我们应该记住：一个国家被消灭了，只要这个国家的文化依然存在，这个国家迟早要复兴；但一个国家和这个国家的文化被同时消灭了，这个国家也就永远被消灭了。

第二，坚持公有制为主体、多种所有制经济共同发展的基本经济制度，为借鉴世界各类文明、抵御西方腐朽文化和提高我国文化软实力提供了牢固的经济基础。唯物史观认为，生产力决定生产关系，经济基础决定上层建筑。上层建筑一经产生，便具有相对的独立性，并对经济基础具有一定的反作用。社会主义文化属于上层建筑范畴，它由社会主义的经济基础所决定，不仅具有相对的独立性，同时又极大地反作用于社会主义的经济基础。我国宪法规定："中华人民共和国的社会主义经济制度的基础是生产资料的社会主义公有制"，"在社会主义初级阶段，坚持公有制为主体、多种所有制经济共同发展的基本经济制度"。我国经济基础的社会主义性质，决定了我国必须大力提倡社会主义文化，并通过社会主义文化上层建筑的反作用，来维护我国的经济基础不受侵害和保障最广大人民群众的根本利益。因此，我们绝不能搞"一大二公"单一公有制，也绝不能搞全盘私有。只有坚持公有制为主体、多种所有制经济共同发展的基本经济制度，才能从根本上保证我国文化软实力的不断提高，才能在与世界文化的交流与对话中，牢牢掌握主动权。

第三，高度重视党的理论和意识形态工作，为借鉴世界各类文明、抵御西方腐朽文化提供理论支撑。理论正确，党就坚强，政策就正确，思想就统一，经济就发展，社会就稳定。苏联解体、苏共垮台的根本原因是在党内，而且发端于思想理论，是其逐渐脱离、背离马克思主义所导致的。马克思主义是中国先进文化的核心、灵魂和旗帜。坚持和发展马克思主义，是繁荣发展中国先进文化的关键，也是提高我国文化软实力的根本。只有加强和巩固马克思主义在我国意识形态领域的指导地位，才能真正在国内外各种思想、理论、思潮的相互激荡中不迷失方向，在与世界不同文化的交融与碰撞中学习、借鉴、扬弃、升华，丰富和发展我国文化软实力。

第四，紧紧依靠广大人民群众。全国各族人民是建设中国特色社会主义事业的主体，人民群众积极性、创造性的充分发挥是我们事业成功的保证。借鉴世界各类文明，抵御西方腐朽文化，提高我国文化软实力，必须紧紧依靠广大人民群众。我们要始终不渝地坚持全心全意为人民服务和立党为公、执政为民的价值观，始终不渝地坚持人民群众才是创造历史的真正动力的主体观，并把这一思想统一和落实到提高党的执政能力、为人民执好政的全过程，统一于我国文化软实力丰富发展的实践中。

第五，正确处理继承我国优秀文化传统与积极借鉴世界各类文明包括西方文明的关系。在人类社会发展过程中，不同国家和不同民族文明的存在，使世界文化丰富多彩。每一个国家和民族的文明都有其长处，这是其存在和发展的基础。不同国家和民族的文明都是世界文明不可缺少的组成部分。我们应以宽广的眼界和博大的胸怀，在尊重差异中扩大认同，在包容多样性中达成共识，积极借鉴世界各国的文明成果，博采众长，使其熔铸于我国文化软实力的发展中。但所有国家和民族，尤其是处于经济弱势状态的国家和人民，必须首先对本国的文明做到自尊、自爱、自信、自立，维护和弘扬本民族的优秀文化和文明。因为文化和文明有着十分丰富而深刻的内涵，绝不能仅仅把科技和物质发展水平作为衡量文化先进与落后、文明高下与优劣的尺度。否则，就会把西方个别超级大国所刻意构建的意识形态作为所谓的普世文化和文明去顶礼膜拜，把西方个别超级大国向全世界进行的文化扩张当作向"未开化"国家和民族传播的"文明"去推行。其实，当今世界那些所谓的普世文明，说到底，是西方霸权主义对全世界实施文化侵略和统治的工具。这种观念的侵蚀，使发展中国家一些人产生了一种"文化自卑感"，有意无意地对西方文化如痴如醉，而对本土文化苛求甚至鄙视。实际上，越是民族的，便越是世界的。我们应该倍加珍惜我国科学的、民族的、大众的文化，并使之发扬光大、生生不息。我们中华民族历来十分注意学习借鉴其他国家和民族的文化与文明。但是，对于那些对我们国家和民族的文化与文明存有敌意甚至妄图摧毁的行为，我们的一贯态度则是"威武不能屈"。

文化软实力的重要指标：话语权

张铭清[*]

内容摘要：话语权成为提升文化软实力的新的战略制高点。加强话语权能力的建设，扭转话语竞争的不利地位，是话语权处于弱势地位的国家面临的、必须解决的一个重要问题。与西方媒体争夺话语权的斗争，是一项长期、艰巨的系统工程，必须站在提高国家的软实力、维护国家安全的战略高度认识其现实意义。话语权的取得，不仅仅是个争夺战，还是一个通过相互交流沟通实现双赢的过程。我们提倡以理服人，用事实说话，反对话语霸权。

关键词：文化软实力　话语权

一　提升文化软实力的新的战略制高点

话语权是传播学概念，指舆论主导力，属于舆论斗争的范畴。国际话语权是指通过话语传播影响舆论，塑造国家形象和主导国际事务的能力。语言是文化的载体。话语权是文化软实力的重要指标。换言之，一个国家是否有话语权，是这个国家文化软实力强弱的反映。

话语权包括理论、思想、价值、理念、议题、政策、主张等。话语传播涉及"说什么"、"谁来说"、"何时说"、"怎么说"等环节。衡量尺度是"说了算不算"。胡锦涛总书记提出的"要把提高舆论引导能力放在突出位置"的要求，实质上是一个掌握、争夺话语权的问题。拥有话语权，就能通过议题设置（设计），占据舆论制高点，引导舆论，使之导向有利于己的方向，从而达到宣传塑造形象的目的。

世界银行在一份年度报告中指出，"贫困不仅意味着低收入、低消

---

* 张铭清，国务院台办海协会副会长。

费，而且意味着缺少受教育的机会、营养不良、健康差，意味着没有发言权和恐惧等"。"没有发言权"即指没有主导能力和影响力的话语权。因此，为塑造国家的良好形象，谋求在国际竞争中的有利地位，各国无不努力创造于己有利的舆论环境。因此，话语权成为提升文化软实力的新的战略制高点。

二　国际话语霸权与反霸权的斗争

当前，世界力量对比开始发生继欧美崛起后的第三次历史性的大变动。新兴大国日益要求在国际事务中享有话语权，从而对拥有国际话语霸权的欧美国家形成挑战。而拥有国际话语霸权的欧美国家，面对新兴国家在国际事务中享有话语权的要求，一方面产生强烈的危机感；另一方面，其种族、体制、文明的优越感又根深蒂固，使他们不愿意放弃国际话语霸权。因此，激化了国际话语霸权与反霸权的矛盾。

当今世界，世界多极化和经济全球化深入发展，国际战略竞争和矛盾也在发展，包括软实力在内的综合国力竞争日趋激烈。一个国家的进步，本质上是文化的进步。第18届哲学大会确认：21世纪是文化的世纪。全球竞争已经进入文化竞争的时代。话语权是文化软实力的重要指标。对话语权处于弱势地位的国家来说，加强话语权能力的建设，扭转话语权竞争的不利地位，是面临的必须解决的一个重要问题。

中国作为新兴国家的代表，由于综合国力的增强，国际地位的提高，特别是发展模式的国际影响力的扩大，对西方世界的价值体系和发展模式构成了独特的挑战。西方的一些政客和媒体不但难以容忍中国的发展模式突破了他们的"规范"，而且企图以他们的价值观"规范"我们，对我们实行"软遏制"。加上意识形态与社会制度不同等因素，西方"反华"势力按照资产阶级的标准，把他们的民主制度和形式以及人权观作为衡量是否民主和有人权的尺度。凡是不符合他们的标准，就扣上"不民主"、"侵犯人权"的帽子。

近年来，围绕人权、民主、台湾、西藏等一些热点问题和突发事件，西方媒体常常率先发难，与我国争夺话语权。他们往往先声夺人，形成强大的话语压制，掌握话语霸权。西方媒体对我国的失实报道，本质上是我国与西方媒体争夺话语权的斗争，是国际话语霸权与反霸权斗争的一个例证。

随着中国综合国力的增强，国际地位的提高，特别是发展模式的国际影响力的扩大，不论从长远看，还是从近来发生的一系列类似事件来看，西方舆论界就中国问题与我国争夺话语权的斗争不但会继续，而且必然会日趋激烈。

三　争取话语权要打主动仗

如何应对西方媒体的话语霸权？与西方媒体争夺话语权的斗争中，我国如何取得主动？这是新闻宣传工作必须面对并亟待认真解决的问题。

对争夺话语权的现状进行实事求是的分析，既要找出客观原因，也要找出主观原因，做到知己知彼，才能正确应对。

西方媒体对我国的失实报道，从内因说，是西方"反华"势力坚持"反华"立场、观点决定的。他们以资产阶级意识形态与社会制度为标准衡量中国，带着对中国的偏见敌视中国、诋毁中国，甚至不惜造谣中伤。因此，毫无客观公正可言。要求这些戴着有色眼镜的西方"反华"势力客观公正是不现实的。

但是，必须把西方"反华"势力与西方媒体区分开来。媒体尽管有立场，并制约其对新闻信息的取舍，但媒体毕竟不能与政客相提并论。同时，西方媒体也绝不是铁板一块，对其也要实事求是地做出分析，加以区别对待。绝不能"一刀切"、"一锅煮"，甚至"一支篙打倒一船人"。事实上，对我国友善、报道相对客观、公正的西方媒体，也不在少数。不管是在过去，还是2008年的汶川地震和奥运会报道，都可以证明。在与西方媒体争夺话语权的时候，他们是我们可以争取的朋友。我们完全可以通过适当的方式，主动加强与他们的交流沟通，取得他们的理解和支持，使之成为为我国澄清谣言、减少误解、争夺话语权的资源，成为为我国营造良好国际舆论环境的伙伴。

在争夺话语权的努力中，不能因为西方媒体做了失实报道，就一股脑把一切责任推给西方媒体，不从自身找原因。事实上，在与西方媒体争夺话语权的博弈中，我们自身有大量工作要做，有不少亟待改进的地方。这就要求我们按新闻传播规律办事，创新观念，创新形式、方法和手段，讲究策略和技巧，善于运用现代化手段，遵循国际传播通则，不断改建宣传方式，使用国外受众易于接受的习惯、方式和语言，这样才有吸引力、亲和力、影响力，从而形成强势主导、权威引领、抢占舆论制高点的舆论引导新格局。

在与西方舆论界争夺话语权的斗争中，我们是具有优势的。首先，凡是涉及中国的事务，我们都拥有丰富的信息资源，占有有利的条件，完全可以抢占先机，先发制人。但是，总结过去的教训，往往由于反应滞后，反而让西方媒体先发制人，大肆进行恶意炒作，致使我们丧失了主动权。这些情况说明我们的反应机制存在问题。这种机制不改变，就没有话语权可言。因此，应尽快整合资源，建立快速反应机制。在第一时间发布新闻，先入为主，争取主动。

话语权以硬实力为基础，是综合国力的集中体现，因为经济与科技实力对舆论工具、宣传手段和传播能力的制约是显而易见的。欧美发达国家拥有国际话语霸权，与其强大的硬实力是分不开的。但是硬实力并不能与话语权画等号。提出"软实力"概念的约瑟夫·奈指出："从常识上讲，拥有最大军事力量的国家将获得实力。但在信息时代，拥有力量的国家也许是得到人们支持而又有说服力的国家。"① 话语权既与硬实力密不可分，又和其他软实力要素的衍生部分有关，如作为软实力的科学理论、先进思想、价值观念、社会制度、管理模式、文化传统、合理政策主张和国际地位、国际影响力等要素，也会直接影响话语权。

一般来说，硬实力转化为话语权需要一个逐步积累发展的过程，但这也绝不意味着在硬实力转化为话语权之前或在转化过程中，就只能消极等待，被动挨打。不能认为，在总体上还没有掌握话语权的一方就完全没有话语权，只有在具备话语权之后才能发声。这里还有发挥主观能动性，抓住机遇，有所作为的问题。在加强硬实力的同时，发挥主观能动性，强占舆论制高点，在总体上不能掌握话语权的时候，在某一方面、某些时间取得话语权也是可以做到的。这就需要创造条件，包括周密的谋划、精心设计、有效的手段、专业的队伍等条件。在这方面我们也有成功的经验。如汶川地震的宣传，改变了过去对突发事件的报道模式，在报道的深度、广度以及及时性上都有所突破。由于抢占先机，报道及时、公开、透明，以

---

① ［美］约瑟夫·奈:《"美国衰退论"并没有切中要害》,《参考消息》2009 年 10 月 18 日。

主流信息占据舆论制高点，才把握了舆论的主动权，从而主导了舆论，赢得了前所未有的话语权。

与西方媒体争夺话语权的斗争，是一项长期、艰巨的系统工程。必须站在提高国家软实力、维护国家安全的战略高度认识其现实意义。研究新情况、新问题，尊重新闻传播规律，采用新媒体，运用新形式，通过合理整合、配置资源，建立机制，转变观念，才能逐步争取更多的话语权。

四　推动跨文化交流，共创话语权的双赢

我们说与西方媒体争夺话语权，旨在反对话语霸权，目的是争取话语的平等权，从而为构建和谐世界创造条件。

我们之所以反对话语霸权，是因为话语霸权不是以理服人，用事实说话，而是以势压人，以强凌弱。一些西方国家以硬实力为依托，有恃无恐，强词夺理，剥夺了弱者的话语权，使弱者沦为安静的倾听者，这就阻碍了多元文化的交流。因为被剥夺了话语权，弱者难免被误解、被怀疑，甚至被看作"威胁者"。这对弱者是极不公平的。

话语霸权实际上是文化霸权的表现。西方一些国家的话语霸权，是以欧洲文化中心论为支撑的。话语霸权者表面上似乎取得了话语权，实质上却无法让人心悦诚服，最终还是以失败而告终。日本殖民主义者霸占台湾的 50 年间，强行推动同化政策，实施皇民化，企图消灭中华文化。但终究以失败而告终。最后，他们也被迫承认："在中国历史上，中国曾被异族征服过，但它最终又以自己固有的文化征服了征服者。在台湾，日本人就像大海中的一个孤岛，被台湾人民包围着，想同化他们，其结果只能归于徒劳。"①

因此，文化交流既需要理解和尊重，也需要超越偏见和误解。这就要求我们对待不同的文化，应该坚持实事求是的态度。不同文化各有所长，也各有所短。对待自己的文化，要有文化自信，但不能妄自尊大；要看到其局限性，但不能妄自菲薄。对待不同文化形态，既不能捧为十全十美，也不能贬低为一无是处。只有这样，才有平等交流的基础。

我们争取话语权，绝不是剥夺别人的话语权，而是要求话语权的平

---

① 柴田廉：《台湾同化策论》，台北：晃文馆 1923 年版。

等。实际上，话语权的取得，也不是此消彼长、你死我活的争夺战，而是一个通过交流沟通，建立互信，从而实现互利互惠双赢的过程。

文化的多样性是人类社会的客观现实，也是当代世界的基本特征。在承认各种不同文化的差异性的同时，也应当看到不同文化中有共性，即相同或相近的价值观。汤一介教授称之为"共通价值"。比如，中国儒家的"仁"，西方基督教的"博爱"、印度佛教的"慈悲"。尽管三者的出发点不同，但存在着共同的价值观——爱。这些"共通价值"正是跨文化交流的思想基础。

文化因交流而丰富，因交流而多彩，因沟通而了解，因了解才互信。应当承认并维护文化的多样性，推动不同文化的对话交流，相互借鉴而不是相互排斥。意识形态、社会制度、发展模式的差异，不应成为跨文化交流的障碍，更不能成为相互对抗的理由。

文化交流是推动人类文明进步与世界和平发展的重要动力，是建设和谐世界的重要途径，也是各国人民的共同愿望。可以说，国际交流都可以归结为人与人之间的交流。表面上看得见、听得到的是跨语言的交流，实质上是跨文化交流。其背后的文化，即价值观、信仰以及与语言文字相关的思维方式等，只有通过双向交流、沟通，才能增进了解，建立互信。

2009年10月13日，俄罗斯总理普京来华访问。他在谈到中俄两国间人文领域的交流与合作时说，他本人"非常重视两国的人文交流与合作。人文交流与合作是俄中关系，包括双方政治、经济合作必不可少的基础。只有在人文合作的基础上，两国才能建立双边关系最重要的'建筑物'——相互信任。没有这个基础，就无从谈起其他领域的合作"。普京的这个看法，对跨文化交流的重要性做了有说服力的诠释，也为我们提高文化软实力打开了更广阔的思路。

我们主张建立和谐世界，就是要通过国际交流，加强不同文化背景下人们心灵的沟通，广交朋友。通过加强理解，减少误解，达到政治上相互尊重、平等协商，经济上相互合作、优势互补，文化上相互借鉴、求同存异，安全上相互信任、加强合作，环保上相互帮助、协力推进，从而建设持久和平、共同繁荣的和谐世界。

有效传播能力：提高文化软实力的重要环节

张书林[*]

内容摘要：对新闻媒体而言，提高信息传播力、文化影响力、舆论引导力，核心在于提高信息的有效传播能力。新闻媒体的有效传播能力如何，直接影响一国的新闻信息、价值理念、文化产品等在国际范围内传播的广度、深度和效果。因此，新闻媒体的有效传播能力是国家文化软实力的重要组成部分。增强新闻媒体的有效传播能力，就成为提高国家文化软实力的一个重要环节。

关键词：传播能力　文化软实力　途径

激发全民族的文化创造力，提高国家文化软实力，是我国实现快速、平稳、持续发展的一项重大战略任务。文化软实力是一个国家综合国力和国际竞争力的重要组成部分。当前，世界范围内各种思想文化的交流、交融、交锋更加频繁，国家间综合国力竞争日趋激烈。形势逼人，不进则退。要在这种激烈竞争中赢得主动，我们国家就必须在壮大经济实力、科技实力和国防实力的同时，大力提高文化软实力。提高国家文化软实力，是一项十分复杂的系统工程，涉及文化建设的方方面面、各个环节。这里，仅从新闻媒体的角度来谈这个问题，即增强有效传播能力是提高国家文化软实力的重要环节。

一　有效传播能力是国家文化软实力的重要组成部分

众所周知，"软实力"这个概念是由美国哈佛大学教授约瑟夫·奈提出来的。在他看来，软实力指的是一个国家在文化和意识形态方面的影响

---

* 张书林，人民日报社原理论部主任、高级编辑。

力量，包括信息传播力、文化影响力、舆论引导力和参与国际机构的程度与能力等。从这一定义不难看出，新闻媒体在提高国家文化软实力的过程中承担着重要职责和使命。新闻媒体是信息传播、舆论引导、文化扩散的重要载体和渠道。它可以通过报道和评述新闻，对受众的思想施加影响，对社会舆论进行引导，对国家的价值理念和文化成果进行传播，这使得它成为体现和提高国家文化软实力的一种重要手段和有效工具。

对新闻媒体而言，提高信息传播力、文化影响力、舆论引导力，核心在于提高信息传播能力，更进一步说，就是提高信息的有效传播能力。新闻媒体的有效传播能力如何，直接影响一国的新闻信息、价值理念、文化产品等在国际范围内传播的广度、深度和效果。一国的新闻媒体传播手段先进、传播能力强，该国的文化理念和价值观念就能广为流传，就能掌握影响世界、影响人心的话语权。因此，新闻媒体的有效传播能力是国家文化软实力的重要组成部分。所谓有效传播，指的是新闻媒体传播给受众的是有效信息。所谓有效信息，又包括两层含义：一是新闻媒体所报道的内容本身具有信息价值；二是新闻媒体提供的信息能够吸引受众并被准确理解。有效传播是双向传播而不是单向传播，它不能仅仅满足新闻媒体单方面发布信息的需要，而应更加注重信息的社会效应和受众的信息反馈。从国家文化软实力的角度来说，如果一国新闻媒体所发布的信息传播不出去，或传播出去很少有人理会，没有产生一定的国际反响，其文化影响力及对国际舆论的引导力就十分有限，其文化软实力也就处于较低水平。因此，增强新闻媒体的有效传播能力，就成为提高国家文化软实力的一个重要环节。

二　我国新闻媒体有效传播能力逐步增强

新中国成立 60 多年特别是改革开放 30 多年来，我国传媒业取得了举世瞩目的发展成就。这主要表现在以下几个方面。

一是新闻媒体的数量、实力以及新闻出版物的发行量等都实现了跨越式增长。以报刊的发展为例：据统计，1977—2008 年，我国报纸总量从193 种增加到 2081 种，报纸年总印数达到 438 亿份，我国已成为全世界报纸发行总量最大的报业市场；我国期刊从 930 种增加到 9821 种，也已步入期刊出版大国行列。到 2008 年，我国已组建了 24 家出版集团公司、

49家报业集团，出版行业上市公司有11家，新闻媒体的整体实力大为增强。

二是新闻媒体"走出去"战略初见成效。在国家实施文化"走出去"战略的大背景下，新闻媒体也纷纷加大了对外宣传的力度。目前，新华社海外用户已达1450多家，并筹备在国外办电视台；中央电视台第4、第9和西班牙语、法语频道覆盖面广，影响不断扩大；中国国际广播电台对外播出的语种和频率不断增加；《中国日报》、《今日北京》、《上海日报》、《深圳日报》、《广州英文早报》等英语报纸，《今日中国》、《北京周刊》、《今日上海》等英文杂志进一步发展；中央六大新闻网站和北京的千龙网、上海的东方网和广州的南方网等开辟了外文频道；《环球时报》英文版创刊并引起良好的国际反响。

三是新媒体发展势头迅猛。统计显示，截至2008年6月底，我国网民数量达到2.53亿，网民规模跃居世界第一位，首次大幅度超过美国。截至2008年5月底，我国手机用户已达5.92亿，每年发送短信在1000亿条以上，手机网民规模达7305万人。随着新媒体受众的飞速增长，手机报、数字报、网络报刊、移动电视等新媒体也得到迅猛发展。截至2008年，我国已有400多种多媒体报纸、150多家新闻网站，新媒体的崛起和媒体的整合与融合，大大提高了我国传媒界的传播力和影响力。

我国新闻媒体发展取得的成就，为进一步提高有效传播能力奠定了较为坚实的基础。但也应清醒地认识到，我国新闻媒体的有效传播能力从总体上说还不强，与我国的国际地位和影响还不相适应。这主要表现在：第一，新闻媒体的整体实力虽然大大增强，但尚未出现能在国际范围内产生重大影响的媒体或媒体集团，我国尚未实现从传媒大国向传媒强国的转变；第二，新闻报道与信息传播的设备、技术以及手段、方式与国际一流媒体相比尚存在较大差距，新闻报道的原创率、首发率、落地率还有待进一步增强；第三，我国新闻媒体对国际舆论的影响力仍然较弱，"西强我弱"的国际舆论格局还没有根本改变；第四，新媒体发展迅猛，但如何利用新媒体来影响国际舆论，需要深入研究；等等。增强我国新闻媒体的有效传播能力，提高我国文化软实力，需要针对这些问题，采取行之有效的对策。这已成为我国新闻媒体尤其是主流媒体需要解决的一个重大问题。

三　加强有效传播能力建设，打造国际一流媒体

大力加强我国新闻媒体的有效传播能力建设，是一项任重道远而又紧要迫切的使命，需要提高和加强的环节很多，这里择其要者，谈几点意见。

第一，推进战略重组，实行强强联手，打造若干国际知名的新闻传媒集团。从国际经验看，打造世界级的大型传媒集团，是提高媒体有效传播能力的基础和重要前提。据统计，目前时代华纳、迪斯尼、贝塔斯曼、维亚康姆、新闻集团、索尼、TCL、环球、日本广播公司这世界九大传媒集团，控制了全球50家传媒公司和95%的世界传媒市场。同时，西方发达国家一些大的传媒集团还根据传媒业发展的新特点，实行了跨国、跨区、跨媒体、跨行业经营，既拥有广播电视，又拥有电影、音像、报刊、出版等系列业务，实现了各种媒体优势互补，信息资源多重开发、多重利用、高度共享。如前所述，我国目前尚未产生这种世界级的新闻传媒集团。要改变这种状况，除了加强国家的资金投入和政策扶持外，我国新闻媒体自身也必须尽快改变"各自为政、互不往来"的运作模式和"条块分割、低水平重复"的局面，按照强强联手、优势互补的原则进行战略重组，逐步实现由国内发展为主、兼顾国际向国内国际并重发展转变，尽快建设若干语种多、受众广、信息量大、影响力强、覆盖全球、在国际范围内有较高知名度和较大话语权的新闻传媒集团。

第二，研究国外受众，改进传播手段，增强对外传播的吸引力、影响力。研究受众，根据受众的实际情况采取相应的传播方式，是新闻媒体做到有的放矢、提高有效传播能力的一个关键手段。目前，我国新闻媒体对受众尤其是国外受众的研究还相对欠缺，新闻信息传播中"我说你听"、"只问播出，不问效果"以及内容和形式简单、生硬、缺乏亲和力的现象还比较突出。为此，需要加强对国外受众阅读心理、接受习惯以及兴趣需求的研究，弄清他们需要了解什么信息，希望得到什么帮助；知道他们喜欢什么，不喜欢什么；对什么感兴趣，对什么不感兴趣。在此基础上创新对外传播的方式方法，运用国外受众听得懂、易接受的方式和语言进行新闻和信息传播，多用事实说话、让专家说话、让当事人说话，把我们的立场和观点融入对事实的客观报道之中，通过事实本身的力量说服人、引导

人，真正使我们的新闻信息能够吸引和影响国外受众。同时，加强和国际一流媒体的交流合作，利用其平台来传播我们的新闻信息。

第三，增强应变能力，抢占发布先机，掌握国际舆论的话语权、主动权。在信息技术高度发达、媒体竞争异常激烈的今天，哪家媒体具有先人一步的快速反应能力，能够在第一时间发布新闻和信息，其实现有效传播的能力就越强，就越能掌握舆论的话语权、主动权。以往，我国新闻媒体在事件报道特别是突发事件的报道中存在反应迟缓、动作犹豫、信息滞后和不透明等问题，这在一定程度上等于把国际舆论的话语权、主动权拱手让给了国外媒体尤其是西方的强势媒体。不过，在2008年四川汶川特大地震灾害、2009年新疆乌鲁木齐"7·5"事件等突发重大事件的报道中，我国新闻媒体反应迅速、行动有力，抢在西方媒体之前向世界发布了相关新闻和信息，保证了信息的及时、公开、透明，掌握了国际舆论的话语权、主动权，也赢得了国际舆论的尊重和好评。这里面的成功经验值得进一步总结，相关规律值得深入研究。

第四，利用新兴媒体，加强管理引导，占领网上信息和舆论高地。网络等新兴媒体具有受众多、传播方便迅捷、覆盖面广、无国界性等特征，是实现新闻信息有效传播、影响国际舆论的重要方式和途径。近年来，我国网上舆论在国际范围内的影响越来越大。例如，因家乐福涉嫌支持"藏独"，我国网民在互联网上发起声势浩大的抵制家乐福运动；因日本不能正确对待历史，世界百万华人网络签名反对日本入常；因CNN在其官方网站肆意裁截图片歪曲报道"西藏事件"，我国留美学子在网上制作有关西藏问题的宣传片向西方民众传播事实真相，制作短片揭露西方主流媒体报道的双重标准；等等。这些活动对于扩大媒体影响力，纠正西方主流媒体对我国的歪曲和不实报道，改变西方民众对我国的偏见等都起到了积极作用。应充分利用我国网民数量已居世界第一、网络技术和网络媒体发展迅猛、部分环节已达世界先进水平等优势，加强网上信息传播，加大网络舆论的管理引导，占领网上信息和舆论高地，通过网络来宣传国家形象，表达国民意愿，影响国际舆论。

第五，开发人才资源，加强队伍建设，提高媒体从业人员的核心竞争力。人力资源是第一资源。提高媒体的有效传播能力，打造国际一流媒体，离不开一大批具有核心竞争力的媒体从业人员。加强传媒业人才队伍建设，主要应大力培养三类人才：一是高级采编人才，即具有较高的人文素质、扎实的专业功底、较强的创新能力、宽广的国际视野，精通外语和网络技术，了解中西方文化的特点及其差异，了解中外受众不同的接受心理和视听习惯，能参与国际竞争的高层次新闻采编人才。二是管理经营策划人才，即既有丰富的经营管理经验又熟悉和掌握现代传媒规律、既具有国际眼光又熟悉国情社情、既有较强的市场意识又有较强的创新意识的管理经营策划人才和市场营销人才。三是熟悉信息技术、数字技术和新闻信息传播技术的专业技术人才。从很大程度上说，这三类人才的核心竞争力如何，将直接决定我国新闻媒体有效传播能力的强弱。

协调文化发展内外关系关乎科学发展大势

刘方喜[*]

内容摘要：中共十八大提出了"五位一体"国家整体发展战略理念，而此前的作为当代中国化马克思主义文化战略的纲领性文件的《中共中央关于深化文化体制改革推动社会主义文化大发展大繁荣若干重大问题的决定》，已初步贯彻了这一战略理念：在外部关系上，强调要"推动文化建设与经济建设、政治建设、社会建设以及生态文明建设协调发展"，而在文化发展的内部关系上，则强调要"推动文化事业和文化产业全面协调可持续发展"，这种内外关系的协调关乎科学发展大势，对于全面建成小康社会、开创中国特色社会主义事业新局面、实现中华民族伟大复兴等至关重要。

关键词：文化发展　文化事业　文化产业　内部关系　外部关系

全面落实科学发展观，科学发展已成为我国社会整体发展的大趋势。在此大势之下，党的十八大一个重要"新提法"是把"建设中国特色社会主义"的"总布局"也即国家整体发展战略格局表述为"五位一体"。此前，十七届六中全会通过了《中共中央关于深化文化体制改革推动社会主义文化大发展大繁荣若干重大问题的决定》（以下简称《决定》）其中"推动文化建设与经济建设、政治建设、社会建设以及生态文明建设协调发展"的提法，就已经体现了这一战略理念，而"五位一体"则是对这一战略理念更为凝练而清晰的概括。《决定》因应和推动我国经济社会转型，把社会主义文化大发展大繁荣、文化强国等提升到了国家整体发展战略的高度，是继《在延安文艺座谈会上的讲话》后，党在文化建设上的又一重要纲领性文件，是中国特色社会主义理论体系尤其科学发展观

---

* 刘方喜，中国社会科学院文学研究所马克思主义文艺与文化批评研究中心。

理论又一重要理论创获。从文化理论的角度来看，《决定》堪称当代中国化马克思主义文化战略学的纲领性文件，其中的一条重要红线，是强调要协调好文化发展内部和外部的各种关系：与"五位一体"相关的是文化建设与政治、经济、社会、生态文明建设的"外部关系"，突出的是要把文化建设置于国家整体发展战略中来加以审视；而《决定》所强调的"推动文化事业和文化产业全面协调可持续发展"涉及的则是文化建设的"内部关系"——这内、外两方面的协调发展，充分体现了科学发展、社会和谐的基本理念，关乎我国社会未来科学发展之大势，对于在未来较长一段历史时期内进一步完善和发展社会主义市场经济体系、推动中华民族的全面振兴等，具有极其重要的指导意义。而这种内外关系的协调，也是我们全面理解《决定》基本精神的重要切入点，应加以深入探讨。

首先，保持"文化事业"与"文化产业"发展的协调、平衡，是体现社会主义先进文化发展方向与完善和发展社会主义市场经济两者相统一的必然要求，对于推动社会主义文化整体发展及人的全面发展至关重要。"发展文化产业是社会主义市场经济条件下满足人民多样化精神文化需求的重要途径"，消费者的需求由物质需求提升到文化需求、生产活动由单纯的物质生产扩展到文化精神生产，乃是现代市场经济走向成熟的重要标志。从国外经验来看，20世纪下半叶以来文化产业的快速发展，正是西方发达国家市场经济更趋成熟的重要标志之一。因此，发展文化产业并使之成为支柱性产业，乃是完善和发展社会主义市场经济体系的题中应有之义。另一方面，文化的社会主义特性，不仅体现在文化产品所传达的观念上，同时也体现在文化的发展方式上，而"文化事业"就是文化发展方式的社会主义特性的重要体现之一。大力发展文化产业的同时高度重视文化事业的发展，乃是坚持社会主义先进文化前进方向的必然要求。

我们在文化事业的发展上具有非常优良的传统，在群众性文化活动方面积累了很多成功的经验，这些都是我们今天推动文化大发展重要的精神财富。《决定》强调要"发挥人民在文化建设中的主体作用"，"发挥人民群众文化创造积极性"，为此，要"广泛开展群众性文化活动，提高社区文化、村镇文化、企业文化、校园文化等建设水平，引导群众在文化建设中自我表现、自我教育、自我服务。积极搭建公益性文化活动平台，依托重大节庆和民族民间文化资源，组织开展群众乐于参与、便于参与的文化活动。支持群众依法兴办文化团体，精心培育植根群众、服务群众的文化载体和文化样式"——这些重要举措皆与在群众性文化活动方面我们已有的优良传统密切相关,其贯彻执行将有利于这方面的优良传统在新的时代条件下不断发扬光大。人民群众的文化需求是多种多样、多层次的,有些文化需求通过商业性的文化消费可以获得满足,有些则应通过公益性、业余性、创造性的"自我表现"活动得到满足;另一方面,文化的功能也是丰富多样的,文化具有娱乐、休闲、消费等功能,同时,文化也是"民族凝聚力和创造力的重要源泉",关乎"人的全面发展"等问题——群众需求与文化功能的多样性、丰富性,要求我们应避免把文化发展完全交给市场的片面、简单化的一刀切做法。协调好文化发展中市场化与非市场化、营利性与公益性等等之间的关系,有助于在促进经济发展的同时,又能"让蕴藏于人民中的文化创造活力得到充分发挥",促进"人的全面发展",激发中华民族创造力更充分而全面地发挥出来。要走出一条既具有中国特色又符合社会主义先进文化前进方向的文化发展之路,必须始终充分重视文化事业和文化产业全面协调可持续发展,而这应成为当代中国马克思主义文化战略的重要研究课题之一。

其次,文化发展战略是"五位一体"的国家整体发展战略的一个有机组成部分,保持文化建设与经济建设、政治建设等等之间的协调、均衡,是全面落实科学发展观和国家整体发展战略的重要要求,对于推动我国社会整体和谐均衡发展至关重要。我们必须从文化与政治、经济之间关系结构的新变化及经济社会的新转型的高度,来理解"五位一体"及《决定》的基本精神,或者说,全面而深刻地理解《决定》有关文化发展战略的基本精神,必须具有非常自觉的转型意识。20 世纪下半叶以来,西方发达国家所经历的新的经济社会转型的重要表现之一,就是文化与经济的日趋交融,这既体现在工业设计、品牌、广告营销等在传统经济活动中所占份额和发挥作用越来越大上,也体现在文化产业的快速发展上,文化在综合国力竞争中的地位和作用越来越凸显。《决定》强调:"按照全面协调可持续的要求,推动文化产业跨越式发展,使之成为新的经济增长点、经济结构战略性调整的重要支点、转变经济发展方式的重要着力点,为推动科学发展提供重要支撑",推动文化产业的发展,乃是推动我国经济社会转型的需要。《决定》还强调:"在坚持以经济建设为中心的同时,自觉把文化繁荣发展作为坚持发展是硬道理、发展是党执政兴国第一要务的重要内容,作为深入贯彻落实科学发展观的一个基本要求。"这些阐述揭示了在今天新的时代条件下，所谓"文化"已不再是经济发展的"外部"因素，而是已日趋融入经济活动之中成为推动经济发展重要的"内部"因素了。历史地看，在革命战争时期直至改革开放初期，文化与经济的直接联系相对而言还不紧密，文化对经济所产生的影响相对而言还是"外部"的，文化还主要与意识形态等紧密联系在一起；而当今时代，文化与经济日趋交融，必然相应地使文化与政治、经济等等之间的传统关系结构发生重大变化——清醒而充分地认识这些新变化，增强转型意识，转变文化建设的发展思路，同时也转变经济建设、政治建设等方面的发展观念，已成为全面贯彻落实科学发展观的新要求，对于保持我国已初步形成的科学发展大势至关重要。

　　一般来说，文化产业只有在物质生产、实体经济发展到一定程度时才能充分发展起来，而文化产业的发展又将促进文化与经济更深层次的交融，并对实体经济及政治建设、社会建设等产生越来越深刻的影响。作为经济问题，文化产业的发展必然带来经济整体结构的变动，而在经济整体结构中，如何处理好作为"符号经济"的文化产业与实体经济之间的关系非常重要：如果两者关系协调，文化产业的发展会带动实体经济的发展，并使经济整体结构更加优化；但如果两者关系协调不好，文化产业的过度片面发展也会对实体经济的发展产生一定负面影响。《决定》强调文化产业的发展是推动产业转型的重要要求，作为一种文化符号经济，文化产业的发展一定程度可以缓解我们当前所面临的实体经济的产能过剩的问题。从整体上来说，增加其中的文化含量，确实是提高国家产业体系整体质量的一个方向和方式，但是，另一重要方向和方式是增加其中的技术含量——以此来看，后者或许更为基本也更为重要，如何协调好两者之间的关系，至关重要。

　　文化产业的发展并非单纯的经济问题，同时也是极其复杂的社会政治问题，而其作为社会政治问题的复杂性，至少体现在两方面：一是文化产业的产品传播与"观念的传播"密切相关。从国内已有的教训来看，一些流行的娱乐文化产品，可能并非出于"政治"目的，而只是出于"经济"或"商业"目的，自觉不自觉地传播错误的价值观，从而对社会主义核心价值体系建设形成负面影响。如何协调好文化的产业化、商业化运作与社会主义核心价值体系建设之间的关系，是包括意识形态工作在内的各方面工作面临的重要时代课题。在这方面，我们已有一些教训，当然也积累了一定的成功经验，不断地总结这些经验教训，趋利避害，对于文化产业的健康发展至关重要。另一方面，第二次世界大战以后，西方发达国家的文化产业获得了高速的发展，同时有关文化发展的理论研究也有大的发展，这些文化实践和理论当然有着极强的意识形态色彩，但同时也涉及在市场经济条件下文化发展的一般性规律。坚持正确的政治立场，以开阔的全球视野，总结和反思西方当代文化产业发展实践中的经验教训，批判性吸收西方当代文化研究中的理论资源，有助于我们在文化产业发展研究方面的理论创新，进而也有助于推动我国文化产业快速健康发展，而理论工作者在这方面大有可为。二是文化产业的发展又与"财富的流转"密切相关。在市场经济条件下，产业结构调整必然会相应地引起社会财富巨量、高速的转移，从而使社会整体利益结构发生变动——从国外已有的教训来看，包括文化产业在内的符号经济的过度发展、社会财富从实体经济中的过多转移，会引发贫富分化等社会政治问题；再者，当代西方发达国家的所谓"过度消费"，很大程度上是指对不再是为了维持基本生存的"文化商品"的过度消费，而在无法割断的产业链中，文化商品的生产和消费，必然促进物质产品的生产和消费，这最终会产生相应的生态后果。我们不能忽视产业结构调整、文化产业发展中财富流转所衍生出的相关社会政治和自然生态后果。再如，西方大量的流行文化产品涌入我国，使财富流转向西方，同时也输入了西方的意识形态和价值观，对我国的文化安全形成挑战——文化产品的全球流通与传播，既非单一的经济问题，也非单纯的文化问题。文化与经济的日趋交融及其对社会政治产生的复杂影响，是文化发展实践及其理论研究以及其他各方面工作都要面对的新挑战，当然同时也是一个新机遇。要保持和推动我国社会整体科学发展之大势，就必须充分重视文化建设与经济建设、政治建设、社会建设、生态文明建设之间的协调发展；而从哲学社会科学的发展的角度来看，只有超越学科分化、增强跨学科研究的自觉性，才有可能为这种全面协调发展提供有益的理论支撑。

以上分别讨论了文化建设的内部关系与外部关系，需要特别强调的是：内部关系与外部关系是紧密联系在一起而相互交叉的。前面已经强调，"文化产业"在"内部关系"上是一种不同于"文化事业"的发展方式，而在"外部关系"上则与经济建设发展密切相关。另一方面，作为文化的一种非市场化的发展方式，"文化事业"同时就是"社会建设"

的重要组成部分，重视文化建设与社会建设的协调，就要具体落实为对"文化事业"发展的重视。由此可见，文化建设内部关系的和谐、均衡，同时关乎外部关系的和谐、均衡，反之亦然。而全面认识和把握文化发展内外关系的协调，特别需要党的十八大提出的"五位一体"的宏观的战略眼光，这对哲学社会科学的相关研究提出了更高的要求，同时也为哲学社会科学的创新发展提供了重要契机。

总之，《决定》是指导我们抓住和用好我国发展的重要战略机遇期、推动我国社会整体和谐均衡可持续发展的重要的纲领性文件，其对社会主义文化大发展及其在社会整体发展中的地位与作用等方面的阐述是全面、系统的，堪称当代中国化马克思主义文化战略学的纲领性文件。中共十八大提出的"五位一体"的战略理念更是对此的进一步深化，当前要深刻理解、全面贯彻"五位一体"的战略理念，就应该充分结合《决定》的基本精神，在理论上应避免理解的片面性，在实践中更应避免只抓住一点而不及其余的片面做法。无论从国内还是从全球范围来看，当今时代新的经济社会转型，都使文化建设与经济建设、政治建设、社会建设以及生态文明建设之间的关系变得更加错综复杂，认清形势，转变观念，因势利导，趋利避害，保持它们之间的整体协调发展，关乎科学发展的大势，对于全面建成小康社会、开创中国特色社会主义事业新局面、实现中华民族伟大复兴等等都至关重要。

论地域文化的民族性

张士魁[*]

内容摘要：地域文化中的民族性表明，无论是历史上的民族文化轨迹，还是当今的民族文化形态，这些相互联系的多民族，在空间分布上具有相对稳定的民族文化区域；在时间发展上又具有一定的同源关系和融合性及其所呈现出来的文化的传统特征。大范围的地域文化，不可能是某一氏族、某一部落或某一民族的文化；但是，某一民族文化却往往从属于某一地域文化。地域文化虽然不能与民族画等号，但不容否认的是具有一定的民族属性，关东地域文化当属此例。关东地域的各民族所构成的民族系统，是一个具有历史联系的民族综合体；而由各民族所构成的民族文化系统，同样是一个具有历史联系的地域文化。

关键词：地域文化　民族性　关东地域文化　民族综合体

关于地域文化的概念和区域性，笔者在《论地域文化的区域性》一文中做了初步探索，现就地域文化的民族性问题略做一"抛砖引玉"的初探。地域文化中的民族性与区域性是相互依存而集合在一起的。我国新石器时代存在的三大考古系统和三大民族系统表明，地域文化的区域性和民族性是按一定的关系形成的一种不可分割的有机联系的整体。

民族的概念是什么？民族并不等同于种族，种族是人类按自然的形体特征来区分的，而民族则是人们最主要的一种社会划分形式。如果再进一步地讲，我国的种族"均属蒙古人种东亚类型，东南和西南部分居民则属于或接近于蒙古人种东亚类型，后一类型在南方某些少数民族中表现较明显。据调查，藏族、彝族、白族等均属东亚类型，傣族属南亚类型，基

---

* 张士魁，吉林省艺术研究院（国家一级作曲）研究员、吉林省政府文史研究馆馆员。

诺族、布朗族、哈尼族、瑶族等则属于这二者之间的过渡类型"①。民族的概念是什么？这是个首要问题，仁者见仁，智者见智，笔者赞成这样的一种论断："民族是人们在历史上形成的一个有共同语言、共同地域、共同经济生活以及表现于共同文化上的共同心理素质的稳定的共同体。"②

中华民族是我国 56 个民族的总称，其中的汉族是我国最主要的民族，其人口数占全民族人口数的 90% 以上，既使在全世界近 2000 个民族中也属于第一大民族。汉族源于古代的华夏族，而华夏族源于新石器时代的"氐羌民族系统"。毛泽东曾经指出："汉族人口多，也是长时期内许多民族混血形成的。"③ 据古文献记载，融合成华夏族的各古代民族和部落，计有古夷人各部、古羌人大部、古戎狄一部、古蛮人一部以及巴人、蜀人、越人等。这些部落同黄帝部落的结盟与融合，日益强大，终于建立起我国历史上第一个奴隶王朝——夏。经过奴隶时代至封建时代初期的 2000 年的发展，经济和文化达到了较高水平，人口近 3000 万；与此同时却出现了方国林立、诸侯争霸、小国寡民的状态。秦始皇顺应历史潮流，完成了统一中国的大业。"他在已往的基础上颁布实行的一系列中央集权制国家的政令，在全国范围内实现了各个领域内的统一，大体上完成了形成民族所必需的语言、地域、经济、文化四个共同化的过程。到汉武帝前后，这一过程最后完成。这样，以华夏各部族为主体，并融合了周边若干其他部落，终于组成了一个统一的民族共同体，这就是汉族。"④

汉族主要聚集区域在黄河、长江、珠江三大流域以及松辽平原并散居于全国各地。语言属汉藏语系。汉语是我国最主要的语言，其使用人数之多是世界上一切其他语言不可比拟的。"汉语源远流长，分布广泛，在漫长的历史进程中，形成了一系列地方变体——方言，这些方言相互区别的特征表现在各自的语音系统、基本词汇和语法构造上，有的差异十分明显，但均保持着汉语一些基本特点。"⑤ 语言学家们认为，汉语所组成的八大方言区中以北京话为代表的"北方方言区、范围最广、人数最多，

---

① 引自中国人类学会编《中国八个民族体质调查报告》1982 年版。
② 引自《斯大林全集》第 2 卷，第 294 页。
③ 引自《毛泽东选集》第 5 卷，第 278 页《论十大关系》一文。
④ 引自《中国人口地理》，第 73 页。
⑤ 同上。

为汉语的主流"①。分布范围除长江以北各地外，还包括镇江到九江的长江南岸地带，湖北省除东南角以外的全省，湖南省西北角，以及四川、贵州、云南三省。1982 年共有 66506 万人操此方言，占汉族总人口 70.8%。此外，尚有以上海话为代表的"吴方言区"、以长沙话为代表的"湘方言区"、以南昌话为代表的"赣方言区"、以广东梅县话为代表的"客家方言区"、以广州话为代表的"粤方言区"以及"闽北方言区"和"闽南方言区"。汉族"农业和手工业素称发达；青铜器、丝织、陶瓷、建筑、绘画早有盛名；有许多伟大的思想家、科学家、发明家、政治家、军事家、文学家和艺术家；有丰富的文化典籍；指南针、造纸法、印刷术、火药等发明最早"②。汉族的政治、经济和文化的发展一般走在各兄弟民族的前面，在国家生活中起着主导作用。

青莲岗考古文化系统的濮越民族。先秦时期在这一地域分布着两大原始民族系统，即百濮和百越系统，总称为濮越民族系统。考古学家们认为，如果说种植粟米和彩陶艺术是氐羌民族系统创造的文化，那么种植水稻和雕塑艺术可以说是濮越民族创造的文化。"我国现代民族中出自濮越民族系统的民族主要是壮、侗语族的各民族，如壮、布依、傣、侗、水、毛难、仫佬、黎族等民族。还有一些属于南亚语系的民族，如高山族、布朗族、佤族等。介于濮越和氐羌两个民族系统之间，还有苗、瑶语系的各民族。"③

北方细石器文化系统的"胡"民族系统。我国古代对于在北方草原地域的各民族，一般泛称为"胡"。其含义是什么呢？有的学者认为，"胡"的读音系由"匈奴"一词的变音或急读而来。《汉书》云："南有大汉，北有强胡。"据《辞海》中有关胡民族的条目，计有：匈奴称为胡或北胡。

乌桓、鲜卑等在匈奴东，故称东胡。西域各族在匈奴之西，故泛称为西胡。柔然源于东胡。林胡，战国时分布在今内蒙古各地。狐胡，分布在今新疆境内。稽胡，源于南匈奴。卢水胡，匈奴的一支。小月氏，有"湟中月氏胡"之称。

---

① 引自《中国人口地理》，第 73 页。
② 引自《辞海》中册，1979 年版，第 2028 页。
③ 引自格勒《中华大地上的三大考古文化系统和民族系统》，《中山大学学报》1987 年第 4 期。

有的学者认为，匈奴是我国北方"胡"民族最大的一支。并考证了匈奴祖先在古籍中所记载的异名有 30 多种。如鬼方、鬼戎、隗国、混夷等，此外，传说中的北狄、白狄即春秋时代泛指匈奴的总称。经济生活以养马、牛、羊为主。他们既是马的驯畜者，又是马车的发明者。如果说，氐羌民族和濮越民族创造了农业文化，那么畜牧文化以及马车的发明和使用，则是胡民族的伟大创造和贡献。这些胡民族系统的古代各族的后裔，即今天阿尔泰语系的各民族。他们包括满、蒙、朝鲜、赫哲、锡伯、鄂伦春、达斡尔、鄂温克、东乡、土、保安、维吾尔、哈萨克、柯尔克孜、塔塔尔、撒拉、裕固等民族。

大范围的地域文化，不可能是某一氏族、某一部落或某一民族的文化；但是，某一民族文化却往往从属于某一地域文化。也就是说，地域文化虽然不能与民族画等号，但不容否认的是具有一定的民族属性，关东地域文化当属此例。

自秦汉以来，在关东大地上相继出现了许多王朝。夫余王朝"属""涉"（发畏音）貊族系统。约在西汉初建国①。公元 497 年为"勿吉"（满族族系的一支）所灭。该王朝曾历经汉、魏、两晋、北魏等朝代，长达 700 年之久。吉林省集安境内的"好太王碑"，碑文 1700 余字，字体近似隶书（表明高句丽民族当时尚无本民族的文字与汉族同文），记述高句丽（夫余为该族的一支）的历史及谈德的业绩；位于集安县境内"丸都山城"，工程浩大，对于研究高句丽历史文化具有重要价值；集安县境内的"长川一号墓"中的"舞俑墓"、"角牴墓"以及大型壁画所描绘的"十几人的舞队、舞蹈、猴戏、魔术、马戏"等壮观场面证明，在集安的高句丽民族 700 余年间，汉代的百戏演出极为兴盛。

渤海国，是唐代以靺鞨族粟末部为主体所建立的地方政权。唐玄宗开元元年（713 年）封大祚荣为左骁卫大将军渤海郡王，以其所部为忽汗州，令大祚荣兼都督②。从此去靺鞨号，专称渤海。《新唐书》卷 219《渤海传》载："公元 719 年，大祚荣死，子大武艺立，这就是武王，武艺时向周围发展势力，此后渤海南与新罗以尼河（朝鲜龙兴江）为界，东至日本海，西至契丹，辖有五京、十五府、六十二州。"农业和手工业

① 引自李健才《东北史地考略》，吉林文史出版社 1986 年版，第 17 页。
② 引自《中国古代史》上册，人民出版社 1985 年版，第 742 页。

300

也有显著的发展。显州（今吉林桦甸东北的苏密城）的布，龙州（今黑龙江宁安东京城）的绸，卢城（在显州东）的稻，都是有名的产品。"渤海国建立后，在政治、经济和文化方面都和唐朝发生密切的联系。渤海的使节不断到唐朝来，渤海的王要受唐的册封。渤海的官制完全模仿唐朝，如宣诏省、中台省和政堂省，等于唐的门下、中书和尚书省。政堂省有忠、仁、义、智、礼、信六部，相当于唐的吏、户、礼、兵、刑、工六部。渤海不断派人到唐朝来学习，汉文造诣相当高，出了一些文人。1949年在吉林敦化县近郊发现了《贞惠公主墓碑》，立于渤海宝历七年，即唐德宗建中元年（780年），和内地的碑制及文体完全一样，此外还发现石狮一对，造形浑健有力，据有浓厚的唐代雕刻风格。可见，渤海政权的建立，对于东北地区的开发以及东北少数民族和汉族的融合都有推动作用。"①渤海自大祚荣至大"湮"馔，历传十五代历时200余年，后唐天成元年（926年）始为契丹所灭。

公元907年，当盛唐时代结束与五代兴起的同时，北方的游牧民族契丹建立了辽国，国号契丹。据历史记载，契丹原属东胡族，居于鲜卑故地（今辽西、热河一带），唐代仍为游牧部落，分为八部，部各有"大人"，每三年推选一大人为长，统率八部。其时，由于受到高度发展的唐代封建经济和文化影响，不断打破氏族制的生产关系，促进了契丹社会关系的变化。阿保机任八部大人九年，恃强不肯受代，并合并七部，杀其余大人。阿保机接受汉族文化，起用汉族士大夫，以韩延徽为谋主。又根据汉文造契丹文字，制度法令亦渐渐汉化。公元916年阿保机称帝，兵力强大。926年阿保机死，耶律德光继立。936年，后唐河东节度使石敬瑭引契丹兵灭后唐，割燕云十六州与契丹。946年，耶律德光灭后晋，改服汉族衣冠，继黄帝位②。辽自阿保机至天祚帝，历传九代，历时200多年，1125年为金所灭。"契丹族早期，历来有火葬而且设火葬墓的风俗，但公元10世纪阿保机之后，不仅学习汉人的定居城廓，其上层统治者也学习了汉人的墓葬风俗。例如内蒙古奈曼旗境内的辽墓群，墓道结构、壁室以及银丝罩包裹尸体、随葬品等，都与长沙马王堆汉墓极为相近，岂不又是民族文

---

① 引自《中国历史纲要》，人民出版社1955年版，第185页。
② 同上。

化融合的实例。"① 在辽代的文化遗址中，契丹和汉族的文化融合还表现在城廓建筑方面，如位于内蒙古自治区巴林左旗林东镇南的"辽上京遗址"，始建于辽太祖神册三年（918 年），为辽代早期统治中心。平面长方形，分南北两城；北为皇城，南为汉城。该城布局既受唐代长安城布局影响，同时又具有本民族的特色。此外，尚有"辽中京遗址"，建于辽圣宗统和二十五年（1007 年）。中京城内各类遗迹留存较多，对于研究辽代历史具有重要价值。

　　金代的女真族是唐代渤海国靺鞨族的后裔。自公元 907 年"契丹灭渤海后，西南部直属于契丹的称熟女真，东北部不直属于契丹的称生女真"②。宋辽时代，"女真逐渐强盛，并分迁于各地。自此有曷苏馆女真、南女真、北女真、乙典女真、长白山女真、鸭绿江女真、黄龙府女真、生女真……此外，还有回跋、铁骊、兀惹、五国部等。11 世纪末，生女真完颜部在渤海文化基础上，不断受到汉族先进文化的影响，势力逐渐强大。为了摆脱辽的压迫，完颜部于 1114 年开始举兵抗辽，并于次年正式建国称帝。国号金"③。金国"建都会宁（今黑龙江阿城南）。太宗天会三年（1125 年）灭辽，次年灭北宋，先后迁都中都（今北京）、开封等地。……金与南宋对峙，是统治中国北部的一个王国。天兴三年（1234年）在蒙古和南宋联合进攻下灭亡。共历九帝，统治 120 年"④。金代文化遗址中以"金界壕"为最，系"金代为防北方蒙古等部族侵扰而筑的堑壕。新中国成立后曾做过调查，已基本搞清其走向及形制。东北起点在内蒙古自治区莫力达瓦旗尼尔基镇北，沿大兴安岭东麓，经步哈特旗、科古前镇、突泉、锡林郭勒、延阴山西至大清山北部群山。全长约 2500 公里，中途多有分支，北段入今蒙古境内。界壕有主墙与副墙及内壕、上壕。墙高约 4—5 米、隔 80—100 米设一墩台，约 10 公里设 150 米见方边堡，以便于戍守。金界壕工程巨大，为我国古代重要防御设施"⑤。此外，"金上京会宁府遗址"的城址保存较好，地面残高尚存 3—5 米，城墙 3—10 米。

①　引自田子馥《散论关东文化土壤》，《松辽文物》1986 年总第 2 期。
②　引自《中国历史纲要》，第 214 页。
③　同上。
④　同上。
⑤　引自《中国戏曲志·辽宁卷》综述。

13 世纪至 19 世纪的这段历史，其间除由汉族建立的明朝（1368—1644 年）外，元代的蒙古族（1206—1368 年）和清代的满族（1616—1911 年）再次入主中原并统一全国。"自周成王东征以降，秦汉隋唐，中原封建王朝，从未放弃对关东广袤土地的扩大封疆；并不断地用政治手段、经济手段、文化手段，使关东民族'臣服'中原天子。但是，中世纪以后，吸收融合汉唐文化而迅速强大起来的辽、金、蒙、满等关东民族，很快登上了政治舞台，不肯'臣服'中原。多次越过山海关和长城，入主中原，统一全国，并且也不同程度地创造了振兴华夏的新形势。"①

上述历史表明：关东地域的各民族所构成的民族系统，是一个具有历史联系的民族综合体；而由各民族所构成的民族文化系统，同样是一个具有历史联系的地域文化。

我国历史上的民族迁移和融合从未间断过，可以说是贯穿古今。其中规模最大的有三次，前两次发生在春秋战国时期和两晋、南北朝时期，第三次的民族大迁徙、大融合在辽、金、元三代。"这三个王朝均由少数民族建立，统治了我国的部分或全部版图。王朝建立后，为加强对原汉族聚住区的统治，有关少数民族即大批迁入内地。元朝时不仅把蒙古族大量迁入，还从中亚、近东和东欧一带把许多民族的成员，包括农民、工匠、商人、士兵、官员、贵族等迁至内地，这部分人被统称为'色目人'。这时，过去迁入内地的契丹、党项、女真等族也已汉化，故被统称为'汉人'（原南宋统治内的居民统称为'南人'）。元朝灭亡后，上述内迁的蒙古人和色目人基本上都在我国境内留居下来，有的形成了某些少数民族，如回族，有的通过与其他民族的融合，也形成了一些少数民族，如东乡族、裕固族、土族、保安族等。"② 更多的则和汉族逐渐融合了，所有这些迁移和融合对于汉族及其他兄弟民族的形成和发展均产生深远的影响。我国民族分布的特点是地域上交叉穿插，广泛融合。在许多地方达到了你中有我、我中有你的程度。就关东地域的少数民族分布，大致有以下三种类型。

（1）分散型。表现为聚居区不连续，如满族，分散于汉族居住区中。人数最多的辽宁省只占全族人口的 46.3%，其余为吉林省的满族占全族

---

① 引自《辞海》，第 3869 页。

② 同上。

人口的 12%；黑龙江省的满族占全族人口的 21.1%（数据引自 1982 年全国人口普查资料统计）。其余散居各地。

（2）相对集中型。表现为聚居区的连续性，如朝鲜族、蒙古族。前者在吉林省延边朝鲜族自治州境内的人口，占全族人口的 62.6%；黑龙江省境内的人口占全族人口的 24.4%；辽宁省境内的人口占全族人口的 11.2%，其余散居各地；后者的多数人口在内蒙古族自治区，辽宁省境内的人口占全族人口的 12.5%；吉林省境内的人口占全族人口的 7%；黑龙江省境内的人口占全族人口的 2.8%，聚居区相对集中于关东地区的西部地域（数据出处同上）。

（3）分割两地型。这完全是历史上人口迁移的结果，致使共同地域不复存在，但其民族要素上的共同性依然保持，故目前仍属同一民族。属于这种情况的有锡伯族和达斡尔族，它们一部分居住在东北，另一部分却在新疆，成为民族地理中的独特现象。锡伯族的人口在辽宁境内占 59%；在新疆境内占 32.7%；在内蒙境内占 6.3%（数据与出处同上）。

关东地域的民族构成，依据 1982 年全国人口普查资料统计如下：辽宁省 40 个民族中，少数民族的人口比重占 8.14%；吉林省 38 个民族中，少数民族的人口比重占 8.10%；黑龙江省 47 个民族中，少数民族人口的比重占 4.93%.

我国幅员辽阔，历史悠久，人口众多，地理环境复杂，许多民族都历尽沧桑，有的远途迁徙，有的分崩离析，更多的则是交叉杂居，具有广泛的混合性与融合性。关东地区近 200 多年来不断移民，"跑关东"的冀、鲁、晋、豫的农民大量涌入这一地域，在关东现代民族结构中出现了以汉族为主体的格局。他们的语言文化、风俗习惯也相互影响和渗透，甚至是族属差异在某些领域难以区分。以满族文化为例，据《满族大辞典》记载，仅民俗类的条目计有 363 条，如其中的"火炕"、"火墙"、"火地"等习俗遍布关东大地为各民族接受并沿袭至今；饮食文化中的"火锅"、"白肉血肠"以及"萨其马"（糕点）等，已成为各民族的美味佳肴；民间的婚丧嫁娶、居丧禁忌的风俗，在满汉之间盛行不已；在艺术类方面，诸如舞蹈中的"太平鼓"、"五魁舞"、"四裔舞"、"灯舞"、"妃嫔采仗"、"莽式舞"、"秧歌舞"等；在音乐方面，如打击乐器的"钹"、"铙"、"铜鼓"、"云锣"等以及弦乐器的"二弦"、"三弦"、"四胡"、"胡琴"和吹管乐器的"胡茄"等；曲牌音乐的"八角鼓"乃至满族宫廷的各种音乐。明代中叶传入关东地域的汉族戏曲和清代传入的梆子、皮黄以及皮影、周姑子戏等汉族艺术。此外，清代的蒙古族歌舞、说唱艺术的"琴书"；朝鲜族的说唱艺术"潘索里"；由大秧歌衍生的"蹦蹦"（今二人转）及其民间的鼓吹乐等等，可谓交相辉映，成为关东地域文化中的重要组成部分。

地域文化中的民族性表明，无论是历史上的民族文化轨迹还是当今的民族文化形态，这些相互联系的多民族，在空间分布上具有相对稳定的民族文化区域；在时间发展上又具有一定的同源关系和融合性及其所呈现出来的文化的传统特征。

教　育

MBA 教育差异化与中国经济发展

刘迎秋*

内容摘要：MBA 教育的差异化不是教育过程的简单化与培养质量的浅化，而是培养内涵的细化与专业力能力的深化。通过分析当前中国 MBA 教育同质化的现象，指出存在的问题，并指出差异化教育才是中国 MBA 教育发展的趋势与要求。

关键词：MBA　差异化　教育

差异和差异化，是当代经济社会发展过程中的一个普遍现象。如果说过去人们追求的还常常是共同或者说一致性的话，那么，随着时间的推移、时代的发展和技术的进步，差异越来越成为人们的一种选择。几乎没有什么东西不顽强地表现出其存在的差异性。中国发展到今天，回过头去看的时候，同样会发现，很多过去被认同的、表现出某种共同性的东西，现在也都发生了很大的变化，不是变异了，就是异化了，或者是分化了，总之是差异化了。而差异化的广泛存在，反过来又推动了事物的另一面，即认同与发展。从这个角度看，在 MBA 教育上，也同样有一个教育产品差异化的问题。

之所以提出 MBA 教育产品差异化问题，是因为，在中国 MBA 教育中长期存在一种无差异，或者说欠差异、同质化倾向。笔者把这种倾向叫作 MBA 教育中存在的同质性。毫无疑问，不管是差异还是同质，都与标准相关。同质，并不表示没有标准。同样，差异也不表示否定标准。恰恰相反，差异必须是同一标准基础上表现出来的不同。一旦我们坚持在基本标

---

* 刘迎秋，南开大学经济学博士，中国社会科学院研究员、研究生院院长、学位委员会主席兼中国社会科学院学位委员会秘书长、博士生导师，中国社会科学院民营经济研究中心主任，国务院特殊津贴专家和中国社会科学院院级突出贡献专家。

准之上的差异性，产品的竞争性、竞争力以及与此类产品相关的事业的发展力也就形成了。从这个角度看，否定或者忽视同一标准基础上的差异性，就意味着否定竞争，相对于 MBA 教育来说，这种否定或者忽视，最终难免给 MBA 教育事业的未来发展带来较大的负面影响。

一　中国经济的进一步发展需要培养更多更好的 MBA

经过 30 多年的改革开放，到今天，中国经济已经发展到什么程度？从 2010 年第四季度中国的 GDP 超过日本算起，在不发生其他重大变故的前提下，中国将进入一个具有重大世界意义的"赶上和再超越"当今第一经济大国的时代。对于中国何时实现再超越问题，国际上很多机构曾做过研究。美国高盛公司估计中国的 GDP 将于 2027 年超过美国，普华永道会计师事务所则估计认为将在 2020 年超越，IMF 则估计认为中国将在 2016 年实现超越。美国芝加哥大学的诺贝尔经济学奖得主福格尔（Robert William Fogel）教授则分析认为，到 2040 年，中国的 GDP 将占到世界总量的 40%，而到那个时候美国将仅占 14%。

借鉴他们的方法，在一系列假定基础上，笔者也曾对中国 GDP 和人均 GDP 超越美国的时间进行了估计。这些假定包括：中国人口自然增长率继续持续下降，到 3‰左右将可能稳定下来，而美国的人口自然增长率则处于持续缓慢上升状态；到 2020 年前中国经济年均增长率仍然会保持在平均 9% 左右的水平，而美国平均在 3% 的水平上；2020 年后中国和美国的经济增长率都会有所下降，中国大体是每隔 10 年平均下降 1.5 个百分点，美国大体是每隔 10 年平均下降 0.5 个百分点；近 10 年内人民币将因美元的疲弱而继续处于升值通道，年均升值 3% 左右，10 年后可能出现波动但仍将处于上升状态。由此得到的预测结果是，到 2022 年中国的 GDP 将达到 20.61 万亿美元，美国为 19.65 万亿美元，超过了美国；到 2049 年至 2054 年间，中国的人均 GDP 也将超过美国，中国为 9.3 万美元到 9.8 万美元之间，美国为 8.8 万美元到 9.3 万美元之间。

之所以要做上述"赶上和再超越"的预测，目的并不在于判断何时中国能赶上和超越美国，而在于从中探讨在实现上述"赶上和再超越"的过程中中国将面临哪些问题与挑战，以及我们如何应对。

第一是体制机制上的挑战。毫无疑问，我们的体制机制仍未准备好。

中国现行体制还存在众多缺陷。缺陷之一就是，改革开放后中国的国民经济活动效率虽然提高了，但国民经济活动的秩序还不是很好；中国的劳动激励虽然得到弘扬了，但劳动收入受到侵蚀的现象还大量存在；中国的现行体制虽然开始使勤劳的人变得更勤劳了，但它同时还存在着导致好人变坏的弊端。前不久曝光的铁道部腐败案，虽然涉及的是个别领导干部的个别行为，但它的发生却是与现行体制及其弊端高度相关的。因此，还不能说我们已经准备好了赶上和超越美国的体制机制和制度条件。

第二是实现超越的产业和技术基础，我们也尚未完全准备好。虽然中国已经开始建设创新型国家，但从总体上看，到目前为止我国的技术创新能力还仍然很低，以高新技术为基础的高附加价值产业所占比重还很小。

第三是国民文化素质与文明程度。在这些方面我们同样面临众多困难与问题，还尚未达到与大国应有地位相适应的匹配要求。比如，在北京，经常可以看到高级轿车里的人往窗外扔垃圾的现象，或随地吐痰与乱扔纸屑的现象，等等。这些现象从一个侧面表明，中国要真正成为世界第一大国，国民的文化素质和文明程度还亟待大幅度提升。

第四是管理和创新能力。在这些方面我们同样存在差距。例如，同样是一幢楼房的装修，如果由海外人管理，其装修质量通常会很好；反之，如果由国人管理，其装修质量往往不好或者说不够好。虽然在大多数装修工地上实际操作与施工的大都是中国普通劳动者，但干出来的活的质量就是不一样。差别在哪儿？就在管理，在管理的水平和管理者的创新能力。

第五是成功驾驭国际事务的能力，我们也还没有真正准备好。虽然已经有了能够使我国发挥更大核心作用的上海合作组织等参与驾驭国际事务的机制，但仍不能满足我国作为大国发展的需要，因而还需要创造更多的能够有效配合我国经济持续健康较快发展需要的国际组织与机制。这就需要总结过去的经验，进行新的更大创新。而在这方面，我们仍然面临着人才不足的挑战。

上述几个方面的问题与挑战，归结起来主要是两条：一是体制机制仍然存在缺陷；二是人才特别是创新型管理人才仍然严重短缺。体制机制的改进与完善，主要靠改革的深化。人才特别是创新型管理人才的培养与发展，首先要靠教育，特别是创新型管理人才的培养与教育。创新型管理人才的培养与教育，有多条渠道，其中一条重要渠道就是培养更好的 MBA 研究生。到目前为止，我国已经毕业和在读的 MBA 研究生虽然将近 30

万，无论是总量还是质量，都远不能适应我国经济发展的需要。当前，我国 MBA 教育的最大问题是过度同质，缺少个性，不能适应实际发展的需要。

二　当前中国 MBA 教育无差异的原因

当前中国 MBA 教育的一个突出问题是产品无差异。产生 MBA 教育产品无差异现象的原因何在？

第一个原因是现行统考统调的考试录取方式不够科学。当前这种统考统调录取方式，未能从源头上区分考生的特殊能力，客观上起到了压制学生主动进行专业方向选择的自主权。虽然在复试过程中各招生学校均特别重视对考生能力与特长的测评，但到那个阶段再进行这种测评实际上已经晚了。这是因为，由于在初试统考阶段考生无法对最终能够考进哪个或者哪类学校做出预见，从而无法从一开始就将自己所具有的特殊能力定位在哪个或哪类与自身专业兴趣接近的学校，并在入学的学习阶段就把自己的特长和兴趣与学校的专长结合起来、展示出来。结果，难免出现一旦清华北大等 MBA 招生院校不录取，考生就不得不重新选择其他学校，一旦被迫做出选择的学校仍未录取，考生又不得不再次被迫另行选择一个自己原本不曾想进或者与自己专业兴趣完全不相符的学校的现象。这样一来，不仅大批考生所具有的特殊能力和特别兴趣被压制或者扭曲了，而且 MBA 招生院校也很难真正成为学生专业偏好和特殊能力的集合。

第二个原因是现行培养模式的单一性。中国 MBA 的培养方式主要通过模仿美国模式建立起来的，后来有些学校又借鉴了一些欧洲、加拿大或澳大利亚的培养经验，并逐渐形成了一些中国 MBA 教育的特色。但是，到目前为止，在 MBA 教育与培养方式上，我国多数学校还一直在追求得到所谓"国际认证"。这就进一步加剧了中国 MBA 培养模式的单一性和缺少创造性。毫无疑问，我们应该也需要学习与借鉴欧美等国外 MBA 教育和人才培养的经验和方法，但必须坚持从中国国情出发，必须体现中国特色，必须适合于中国本土需要。不顾本国实际照抄照搬外国经验不行，一味追求国际认证更是有问题的。我国改革开放实践已经反复证明了这一点。正是由于我们坚持搞中国特色社会主义，我国才既坚持了国家宏观管理和集中统一办大事的一面，又坚持了市场灵活与资源有效配置促进效率提升的一面。不能说通过建设中国特色社会主义，我们已经成功创造了"中国模式"，但却可以毫不夸张地说我们已经走出了一条"中国道路"，创造出了一个中国奇迹。同样道理，在中国搞 MBA 教育，也必须坚持中国特色。只有有了中国特色，我们的 MBA 教育才有品牌意义，这种教育才可能适应中国成为第二经济大国并开始向第一大国迈进的迫切需要。

第三个原因可能与我们过于重视既定知识的传授、轻视学生智慧与能力的开发有关。很多人有这个判断。笔者也基本赞成这个判断。我们的 MBA 教育确实存在着重课堂教学、轻课外拓展，重知识传授、轻个人智慧与能力开发的倾向。这种倾向的存在，既与我国现有师资队伍在知识结构和技能结构上存在缺陷有关，也与我国 MBA 教育体制机制创新与推动不足有关。因此，必须对现行培养方式和教学模式进行改革，必须大幅度改进与提升 MBA 师资队伍知识结构和技能结构，必须大幅度提升 MBA 研究生分析问题、处理问题、解决问题的能力及成功引领企业发展的能力。

三　实现 MBA 教育差异化的逻辑基础

毫无疑问，MBA 教育产品的差异化并不否定 MBA 教育本身的标准化。恰恰相反，MBA 教育产品的差异化始终是以教育标准化为基础和前提的。但问题是，如果有 MBA 教育的标准，且教育过程也达到了标准的要求，但由此形成的产品没有足够的差异，那么，这种产品就不可能形成品牌效应，从而也就不会形成真正的市场竞争力。在这种情况下，要培养大批能够引领中国企业顺利实现更大发展的高级专门人才，即便不是一句空话，也很难成为现实。因此，必须深入探究 MBA 教育产品差异化的逻辑基础。

研究表明，任何产品的差异化，其基础都是专业化。专业化的历史前提是分工。分工本身就是生产力。对此，经济学鼻祖亚当·斯密曾作过生动的描述。他在其《国富论》中曾举了一个生动的例子，说的是在伦敦郊外的一个小山村里有一个制针厂，厂里共有二十来个工人，在没有分工时，每个工人每天能够制作 20 颗针。后来，由于把整个制针过程分成了18 道工序，分别由 18 个人分别完成，结果每天每个工人平均制作的针竟达 4000 颗之多。仅仅一次分工，就使这个工厂的劳动生产力提高了近200 倍！为什么会发生这么大的变化？归结起来就是两个字："分工。"分工不仅是生产力，同时也是竞争力。

分工的动力来源是市场。市场则是人和人之间的交换关系。人和人之间为什么会发生交换？就是因为我有而你没有。而在交换中最能显示出效率的，便是建立在分工基础上的协作。分工、协作、交换是构成市场的基本元素。"卖比买难"是市场经济与产品经济的主要区别。中国改革开放前曾经是采购员满天飞，改革开放后出现了推销员到处是，而且买者买时还要得到一定的回扣。卖者之所以愿意让出这样一块利益，就是因为市场需求决定着市场供给，因为市场需求的多样性决定了市场供给的多样化。

将上述逻辑拓展到 MBA 教育也是一样。MBA 教育产品的市场需求是多样性的。这种多样性在客观上决定了 MBA 教育产品也必须具有多样性，或者说差异化。MBA 教育产品的差异化，实质上就是各高校 MBA 教育的特色化。如果各高校的 MBA 教育没有自己的特色，千篇一律，那么中国的 MBA 教育产品就不可能是差异化的。MBA 教育产品无差异，它也就不可能形成真正的市场竞争力。因此，必须从市场需求多样性那里寻求 MBA 教育产品差异化的动因。虽然在现代市场经济条件下一个国家或一个企业的产品的竞争力，已经不再主要源于这个国家或企业的绝对优势，而是主要源于比较优势，但是，在中国 MBA 教育的现阶段，其产品特色化和差异化，首先还是来自于各高校 MBA 教育的绝对优势。目前，这种绝对优势主要是通过师资、专业方向和生源三大基本要素表现出来的。三大基本要素的质量和水平决定着 MBA 教育产品的差异化程度及其质量的高低。因此，我们必须分别在这三个方面下大功夫、花大力气，从根本上提高中国 MBA 教育和人才培养的水平与质量。

四　通过 MBA 教育差异化塑造中国 MBA 教育的优质品牌

第一，必须有一个正确的培养目标。我们曾把我院 MBA 教育的培养目标定为"培养具有世界眼光、本土经验、人文素养、社会责任的商界领袖和企业高级经营管理人才"。作为培养目标，其中包含的几个要素缺一不可。我们一直坚持并始终强调，一定要把这样一个四位一体的培养目标贯穿到 MBA 培养与教育的每一个环节（包括每一个课堂）中去，要让我们的学子知道，离开了这样一个培养目标，我们的 MBA 教育就一定是失败性的。

第二，要正确对待和积极借鉴国外 MBA 教育与培养的方式与方法，切实做到"引进、消化吸收和再创新"。这就是说，在 MBA 教育上我们决不能照抄照搬外国经验，必须结合我国实际和我国市场经济发展需要，进行符合本土要求、具有本土特色、始终效劳于中国发展的 MBA 高级专门人才的教育与培养。

第三，必须把 MBA 教育放在国家和国民意识的高度来认识它的重要意义。很多人早已看到或注意到，几乎绝大部分美国人，无论什么时候和走到哪个国家，他们只要看到美国国旗在升起，就会面对国旗驻足并施行他认为能够表达其敬仰之心的重礼。这种表达非常重要。相比之下，我们的国人在这方面做得就不是很好。虽然每天都有很多人去天安门广场观看升旗仪式，但是，他们去那里是为了表达对国旗的敬仰，还是为了观赏升旗班战士迈出的矫健步伐或升旗手的那一甩，实际上并不是十分清楚的。我国国人对国旗的态度为什么与美国国人有那么大差异？一个重要原因，可能就是因为我们的国人缺少国家意识。美国有 100 多个民族，但当你问及某个美国人他到底属于什么民族时，多数情况下你所得到的回答是不清楚。为何如此？因为，在他们看来，更多地知道自己是一个美国人就已经足够了。而我们的国民，其民族意识常常远远超过国家意识。这是需要总结的。因为，大量实践反复证明，中国发展到今天，更需要国家意识和国民意识的支撑。因此，必须抓紧教育我们的 MBA 学生，要让他们知道自己首先是中国国民，然后才是汉族人或其他民族人。强化国家意识和国民意识。对于建设一个强大的国家，具有十分重要的意义。在 MBA 教育中，通过加强这种教育，有助于培养出能够更多更好的为国家服务的 MBA 人才，使他们更具为国家利益不懈努力的进取精神，更具为国民服务的效劳理念和责任意识，更具服务于中华民族伟大复兴的企业领袖精神。

第四，必须着力突出本校特色。我院 MBA 教育与其他高校相比，必然存在很大差异。这是由中国社会科学院的特殊功能及其性质决定的。社科院是中国哲学社会科学最高学术研究机构，是党中央国务院的思想库、智囊团，其研究员、副研究员的学术研究是直接为中国经济社会发展和学科建设服务的。这就决定了以此为基础的研究生导师队伍的特殊性及由其指导的博士生、硕士生所具有的特殊性。这是与其他大学不同的。比如传媒大学，传媒管理可能是它的主要甚至绝对优势，因为它的很多导师所做的大都是与传媒相关的教学与研究，所以传媒大学培养的 MBA 就会在传媒管理上表现出很大的甚至是绝对的优势。再比如清华大学，以工科专长为背景的 MBA 教育，可能更显其绝对优势。同样，我院的特殊功能属性及其师资特点，在客观决定了我们的 MBA 教育一定是与国家经济社会发展和宏观决策有更多联系的，从而一定是有助于使我院培养的 MBA 学生表现出更强的独立分析问题和解决问题的能力以及把握宏观大势的能力。一句话，在 MBA 教育上，我们一定要更多地强调突出本校的绝对优势与特色。

　　第五，要积极探索和改进 MBA 入学考试方式。借鉴科学学位新生准入测评的成功经验，同时注重发挥和发掘各 MBA 招生院校的培养优势，在 MBA 入学考试上，除继续坚持全国统考外语和一般性通会基础知识外，可考虑由各校自主设定一门符合本校 MBA 教育特色和主体方向的专业课考试，以此来引导考生按照学校事先给定的培养目标和方向，先期做好较为充分的应试准备和奠定较为扎实的专业方向基础，再经过报考学校考取后的集中培养，最后塑造出更多的既具有本校专业特色又符合市场要求的 MBA 教育产品。当然，为减轻考生参试负担，适当压缩和简化一般通会基础知识的统考与测评内容和数量，可能也是非常必要的事情。

　　总之，差异化不是 MBA 教育过程的简单化，也不是 MBA 培养质量的浅化，而是 MBA 教育与培养内涵的进一步深细化和 MBA 教育产品专业能力的专深化。差异化既是我们这个时代的一个突出特征，也是中国 MBA 教育不断走向成熟、MBA 教育质量不断提高、MBA 教育品牌得以塑造、中国大国经济得到更大发展以及最终实现中华民族伟大复兴的迫切要求。在标准化基础上实现 MBA 教育的差异化，既是中国 MBA 教育产品具有更大竞争力的客观要求，也是中国的 MBA 教育能够为中国顺利赶上和超过美国做出更大贡献的迫切需要，我们应当为此做出更大努力。

中国特色基层型大学:内涵特征、
办学定位与发展思路

孙泽文*

内容摘要：为适应当前经济社会创新发展需求，应绕开高校分层、分类理论设计中的纷争，基于"使命差异"来确定中国特色基层型大学面向基层，服务地方的办学内涵。在准确把握内涵特征的基础上，还应对其办学目标、服务面向等进行合理定位，逐步形成产学研协同共进、社会化师资培养、领域性学科建设和"双学院"管理等发展思路。在"弯道超越"的拐点上乘势发力，逐步推进中国特色基层型大学由学术取向办学向"社会化"集成办学转型发展。

关键词：中国特色基层型大学　内涵特征　办学定位　发展思路

中国特色基层型大学发展速度之快，影响之大，在世界高等教育发展史上尚不多见，数量占我国高校总体数量的90%以上[1]。其功用日益凸显出来，已成为基层社会知识创造、知识传承和技术转移、成果转化的重要平台。它在被赋予了越来越多社会责任的同时，也存在着诸如方向不明、定位模糊与思路紊乱等问题，严重制约了其健康发展。在当前社会急剧变革的背景下，中国基层型大学要适应外部环境，不迷失发展方向，必须从使命的层面深刻把握自身的内涵特征。从社会实际需求出发合理进行办学定位，以"差异化"办学策略来探索其发展路径，逐步把学校教育事业融入高等教育改革与经济社会建设发展的时代潮流之中[2]。

---

* 孙泽文，湖北沙洋人。荆楚理工学院发展研究中心教授。研究方向：院校发展。

① 李建华：《谈地方大学的内涵发展》，《中国高等教育》2012年第11期，第60—63页。

② 吴麟章：《中国特色基层型大学的理论与实践探索——以荆楚理工学院为例》，《荆楚理工学院学报》2011年第8期。

一　中国特色基层型大学内涵

中国特色基层型大学这一概念是就社会转型期如何更好地促进高等教育协调发展而提出的。它绕开了目前学界关于分层、分类理论设计的纷争，主要基于高校办学的"使命差异"来确定这类大学的内涵。其办学的特殊使命就是要立足基层，融入与服务于基层社会，而不能龟缩在为学术而学术的象牙塔之中。应在实施创新驱动发展战略中，积极探索我国区域社会发展的各种有效形式，解决其现实和长远发展中的各种问题。不仅要服务基层社会的经济增长和物质文明，也要服务其精神文明和政治文明建设。从而推动地方工业化、信息化、城镇化和农业现代化同步发展，促进区域经济结构的战略调整与地方社会的和谐发展。

由于国家之间的社会制度与文化传统不同，解决中国基层社会复杂而深层次的问题，只能依靠中国特色基层型大学的独特优势，采用他国"模式"则行不通。中国特色基层型大学走"基层路线"，直接面对地方经济社会发展需求调整专业布局，培养"立足基层，志在高远"并具有创新精神、创业能力和社会责任感的区域高层次应用型创新人才。聚焦地方经济发展和生产领域中的重大技术问题进行扎实研究，不断输出创新性成果，为促进地方资源开发利用与产业发展提供知识和专业支持。参与区域社会经济、文化和科技发展相关问题的调研和论证，为地方政府提供服务咨询和决策支持。在服务基层社会中积聚优质教育资源，增加发展的正能量，形成不同于其他院校的比较优势和特色品牌。

任何类型的大学都是遗传和环境的产物[①]。作为高等教育大众化背景下大学发展模式的一种"中国式"演绎，中国特色基层型大学没有盲目"克隆"国外模式，也没有照搬我国计划经济条件下的精英教育制度框架，而是从当前我国社会经济成分的多样性，利益主体多元性和区域发展不平衡性的国情出发，对地方高校发展模式所做的系统性、选择性和长远性的创新设计，在它的遗传基因上集结着厚重的"中国元素"。尽管是出生在地方、成长于基层的"草根大学"，其枝叶却要蓬勃向上，伸向天

---

① ［英］阿什比：《科技发达时代的大学教育》，滕大春等译，人民教育出版社 1983 年版，第 7 页。

穹。头顶天，足立地，在服务区域社会中追求卓越发展。其意义堪与 19 世纪英国以培养工商实用人才为目标的"新大学"相媲美。

二　中国特色基层型大学基本特征

"中国特色基层型大学"作为精神的和物质的存在形式，在与社会环境的互动中必然会体现出自身的个性特征。它主要表现在区位条件、人才规格、学科路径、师资类型和办学模式等方面。这些个性特征能否被充分认识，将直接影响其健康发展。

（一）管理体制的"地方性"特征

中国特色基层型大学主要指接受省政府和市政府双重领导（通常称为省市共建）和管理的各类普通高校的总称，与部、省属大学相对应。一般分布在地（市）级城市，财政和人事以地市为主。由于离大城市较远，距离基层最近，加强与地方社会的沟通，处理好与各级政府，尤其是举办者的关系显得更加重要和必要①。地方政府往往依据自身的需求对其发展提出要求，因而它在资源利用、资金投入、人才培养和社会服务等方面均受到地方因素的影响。

受制于"地方性"特征影响，中国特色基层型大学不能脱离地方经济增长方式和产业结构布局以及自身的综合实力去盲目追求办学的高层次，必须利用其地缘、产业和资源优势，对院校规模、学科专业设置门类和科研发展方向做出符合实际的调整，并确定其发展的主要领域。在科学研究上，重点放在技术应用研究和成果转化等方面，增强科技服务能力。在人才培养上，其层次、类型和综合素质等都要满足地方社会经济发展的需求。中国特色基层型大学肩负着为地方传播科学、道德和文化的历史使命，在为区域经济建设发展、推动工业化进程、实施城镇化发展战略中发挥着主导作用。

（二）人才规格的"社会人"特征

中国特色基层型大学把培养信念与知识、能力与人格协调发展，并能

---

① 陈凡：《地方大学章程要素探析》，《大学（学术版）》2011 年第 12 期，第 31—33 页。

适应与服务基层社会的"社会人"作为第一要务。"社会人"不单是某一领域的"知识人"和技术匠人，而且是一种兼有学术教育和职业教育特性，能够将人类积累起来的科学知识与自己对社会的认识、体验结合在一起，从而构成"知行结合"的应用型人才。他们学习知识、技能、规范，形成社会价值观，提高社会属性的丰满度，在复杂社会中找到自己的位置，从而取得社会成员的资格。

与传统的"工具人"和"经济人"比较，"社会人"兼具科学精神与人文情怀，拥有与他人和睦相处的心态。他们专业背景宽厚，集知识的应用能力与知识的创新能力于一身。他们思想解放、进取性强、充满爱心、言行一致、生气沛然、敬业耐劳、能够立足基层，把基层社会当作自己就业创业的人生舞台和志存高远的人生起点①。他们善于把握稍纵即逝的发展机遇，适应社会生活的丰富性和工作岗位的流动性。中国特色基层型大学不是职业训练机构，单纯进行知识与谋生技能的教育，而是一种启迪智慧，促进学生从认知、行为和情感上适应社会，真正与自然、社会融为一体的教育形式。

（三）学科发展的"领域性"特征

经济全球化和世界一体化时代面临一些复杂现实问题，需要综合多学科的知识和方法来研究和解决。中国特色基层型大学的学科建设不能以传统学术发展模式来规划学科建设。应整合校内外各种资源，逐步打造"领域性学科"发展平台，走出经院化的误区，形成一批具有地方特色的领域性学科和专业。

"领域性学科"很难简单地归结为某一个知识性学科，也不是以某一个学科为主而吸收其他学科而形成，而是以某一个现实领域为基础而形成的学科②。这一概念可追溯到著名哲学家卡尔·波普尔的问题理论。该理论认为，学科的发展是一个不断发现问题和解决问题，进而又发现新问题的过程。"领域性学科"就是要突破学科化的思想，以问题领域为中心组织学术研究。它较少受到单一学科的限制，研究者的知识处于碰撞和共鸣

① 吴麟章：《中国特色基层型大学建设的理论与实践》，高等教育出版社2012年版，第141页。

② 谢维和：《谈学科的道理》，《中国大学教学》2012年第7期，第4—6页。

状态,容易促成学科边缘地带迅速生长,形成新的学科增长点有利于创新人才的培养以及社会复杂问题的解决。中国基层型大学必须注重聚合各种资源,改造传统学科,用问题主导来推动"领域性学科"发展,在服务地方经济社会发展中,使自身成为沟通各个生活领域、身兼多种功能的复合型社会组织。

(四)师资队伍的"社会化"特征

中国特色基层型大学要培养合格的"社会人",承担为基层社会经济发展服务的时代使命,教师就不能仅扮演一种"知识人"的角色。应该不断获取新知,提高理论水平,以不同形式介入社会,接触实际领域,开阔视野,在融入社会环境中,提升独立思考、判断和社会交往能力,实现知识与能力的转化。逐步形成独立人格、人文情怀、自律意识、社会适应性和社会责任感,为创造知识和培养社会化人才提供充分的条件。因而,师资队伍必须具备"社会化"特征。

社会化师资包括其他高校名师、行业专家、企业技术人员和优秀社会实践者。中国特色基层型大学应采用"社会化"师资配置模式,杜绝近亲繁殖、学派内斥,以多种形式吸纳社会各行业有造诣的优秀学者专家进入师资队伍,实现来源的多元化。同时,"盘活内部存量",让从事理论研究与教学的教师融入社会,以兼职或转岗等形式到基层一线进行挂职和实践锻炼,从而使教师形成富有个性的知识结构,实现个体认识社会化和社会认识个体化的统一。还应在实现社会资源共享的基础上,建立"优胜劣汰"的机制,消解现有体制问题,激活竞争活力,为社会化师资建设创造良好的内外环境,促进质量与特色上的协调发展。

(五)产学研合作"一体化"特征

产学研一体化教育形式主要有:一是校企合作研发,促进企业技术创新。二是校企联合建立科技创新基地,利用自身的人才、技术和信息资源以及企业的资金、设备和文化等综合优势,建立从事技术创新和企业孵化活动的高科技园,提升企业和高校的科技创新和成果转移能力。三是高校、科研院所和企业建立联合委员会,通过合作形成优势互补,提高人才培养质量,为企业的产品升级与工艺创新提供优质平台。产学研合作旨在形成价值共识、资源共享和优势互补。

中国特色基层型大学的产学研一体化，不是理论教学和实习教学形式上的简单组合，而是在办学理念、学科专业建设、实践教学等方面实现与地方科研院所和企业的深层次合作。在各个层面寻找合作点，把知识的传递、生产和运用等环节有效整合起来，促成学生从外部刺激的被动接受向知识的主动建构转化。而不只是为学生寻求实践、实习和就业的机会，而意在促进资金、技术及人才等有效对接，贴近基层社会实际，开展应用研究与技术开发，解决企业技术体系中的各种难题。推进基层社会科技创新和高技术产业化，努力带动地方经济社会快速发展，不断提升学校与社会"协同发展"的能力。

三 中国特色基层型大学办学定位

中国特色基层型大学应根据高等教育的基本规律、时代发展的迫切要求以及自身的历史传统、现实条件，分清主次，动态定位。这不仅关系到自身的生存和壮大，也关系到高等教育整体的协调发展。

（一）中国特色基层型大学的目标定位

地方高校办学目标的准确定位，既是自身生存与发展的起点，更是与地方经济社会发展有效链接的基础。就中国特色基层型大学而言，由于所在区域经济社会发展水平、现实需求和自身基础条件的不同，其发展目标应在内涵建设上做文章。在办学目标的整体设计上，应秉承"立足基层，志在高远，融入社会，追求卓越"的核心理念。具体定位上，应以"社会人"培养为中心，以协同创新为动力，以社会化办学为发展路径，以领域性学科建设和双学院制为基本特色，立足基层，兼顾院校本身实际，面向区域行业发展，努力为地方经济、社会、科技和文化的协调发展服务。只有科学定位，才能对发展的举措、步骤和方式进行合理选择，强化其特色，提高办学整体水平和社会效益。

（二）中国特色基层型大学的类型定位

我国对高校的分类有多种标准，有学者从纵向上把大学分成研究型、教学研究型、教学型等不同类型。事实上，教学型大学还可以划分为"精英式"教学型和"大众式"教学型。这种定位反映了高校各自的学术贡献、人才培养层次对社会服务方式,以及在高等教育系统中发挥的功能和作用①。潘懋元先生则从横向上把大学划分为学术型、应用型两种。基于上述分类,笔者认为,中国特色基层型大学从纵向上应定位为"大众式"教学型,从横向上定位为"应用类"服务型比较符合实际。中国基层型大学应选择高品质低重心,立足基层、服务地方的发展道路,培养地方需要的应用型人才,产出地方需要的应用性成果,形成为地方全方位服务的体系②,形成社会化的办学特色。

(三) 中国特色基层型大学的服务面向定位

服务面向定位指高校在"三大职能"方面涵盖的地理空间或行业范围。中国特色基层型大学应立足基层,面向行业,以更加开放的视野和品格来服务地方经济社会发展。人才培养上,应办好若干适应社会实际需要的特色专业,源源不断地为基层社会输送大批下得去、留得住和用得上的各类"社会化"应用型人才。科学研究上,应根据地域的文化特质和资源优势,围绕新兴产业发展的关键技术和共性技术,输出具有创新性的知识成果和高质量的科技产品。以需求为牵引,以市场为导向,不断促进创新要素向企业集聚,提高对基层经济建设的支撑力与贡献率。在基层服务上,主要内容包括开展成人教育和继续教育,向社会开放图书馆和实验室、开展技术推广,提供各种咨询服务。

(四) 中国特色基层型大学的人才培养定位

我国地域广大,经济社会发展水平极不平衡,这就决定了中国特色基层型大学必须依据本地区经济社会发展的现实需求确定自己的人才培养规格,为企业行业培养能够解决实际问题的工程技术人员和社会管理人员。这些人员应为信念、知识、能力与人格协调发展并具有创新精神、实践能力、人文情怀和社会责任感的高素质"社会人"。必须达到高等教育本科层次的一般学业标准,符合复合型专业教育的特定要求,应该是一种能够下得去、上手快、能创业的高技能应用人才。他们不仅能创造直接的经济

---

① 王二宝、刘全菊:《高校学科建设要体现优势和特色》,《理工高教研究》2005 年第 2 期,第 47 页。

② 刘献君:《建设教学服务型大学——兼论高等学校分类》,《教育研究》2007 年第 7 期,第 31—35 页。

利益和物质财富，而且能以和谐思维认识社会，以阳光心态适应社会，以有为之心融入社会，以感恩之心回报社会，并在服务基层社会实践中立志高远，成就自己的卓越人生。

四　中国特色基层型大学发展思路

在高等教育多元化发展的趋势下，中国特色基层型大学必须将科学发展观内化为学校发展的精神信念，选择能够实现自己宏伟目标的个性化办学思路，从而挖掘、整合内部资源，追求质的蜕变与办学水平的提高。

（一）以"领域性学科"为支撑，为基层社会提供多样化服务

作为一种跨学科的领域性学科研究，它体现出当代学术研究的活力所在。因此，中国特色基层型大学不能脱离地方行业需求和基层社会经济建设需要，本末倒置地去追逐"高层次"的学科建设目标，而应采用差异化发展策略，以服务基层社会为目标，将"领域性学科"作为提升综合实力的重要支点。

中国特色基层型大学应融入与社会协同发展的"创新体系"之中，跳出传统知识性学科建设思路，瞄准地方经济社会发展重大战略领域，围绕行业或产业发展战略需求，"一体化"地整合学校与社会优质资源，以学科融合为特色，打通不同学科之间的营养通道，不断加强学科之间、学科与社会环境之间的能量流动，形成具有交叉性与相融性并富有生机与活力的"领域性学科"。结合社会、经济、文化和科技的发展与需要，汇聚力量，争取项目，在多学科的链接、渗透、交叉中形成一批拥有自主知识产权和核心技术，且集成度高、关联度大以及产业牵引力强的科技成果和高新技术产品。同时，主动参与地方经济社会发展战略规划体系的制订，逐步提高对地方经济社会发展的参与度和贡献率，成为区域科技创新、经济发展的重要引领力量。从而以"领域性学科"构建对接区域经济发展的战略性发展领域，挣脱"学科孤岛效应"的羁绊，形成"一主多翼"的特色学科雁阵，在多学科集成发展的优势平台上，为各学科指向的基层社会领域提供更加多样化的支撑与服务。

（二）以"四化"为抓手，创新产学研一体化运行机制

中国特色基层型大学的产学研运行机制的内涵可以概括为"四化"。即师资建设社会化、科学研究应用化、人才培养实践化、考核机制企业化。我们应以突破传统的"象牙塔"模式，以"四化"为抓手，形成产学研一体化的技术创新和人才培养新机制。

中国特色基层型大学应尊重合作各方的利益诉求，充分认识合作各方的异质同构性，以高度的自觉和开放的胸襟精诚协作，建立利益双赢导向下相互信任的共享机制。打破制度藩篱，对科研院所、企业的互补性资源进行有效整合与吸纳，采取"四化"同步推进，不断加强与地方政府、中小企业、农业合作社的战略合作，推动产业升级、技术改造和产品创新。以国家、省市项目为支撑，充分发挥学科综合交叉、集成发展的资源配置优势，建立与基层社会及行业紧密对接的"平台＋项目"的运行架构，推进学术组织结构向更具开放性的模式转型。以"社会人"素质为目标，以"多向参与"达成"整合生成"的路径，基于与专业相关的项目开发和研究来一体化地设计专业教育课程体系。在课程实施中，引入企业技术专家开展理论教学，提高设计性、综合性和创新性实践课程的比重，有效地将知识的传授与专业训练以及社会能力的培养紧密地融合在一起，互惠共赢，携手育人，消解大学教育与社会需求脱节的弊端，从根本上实现"社会化"办学的转型。

（三）以"双师"培养为重心，倾力打造社会化师资队伍

"双师"属性要求教师个体具有学术化、专业化的教育能力和社会化的实践能力；要求学校师资队伍在整体结构上涵盖学术化的校本师资和社会化的兼职师资。只有把"双师"培养作为工作重点，才能实现学术型师资向社会化师资转型。

中国特色基层型大学应树立"社会化"师资建设观，形成教育资源与社会资源一体化整合，学术化与社会化教育能力一体化融通的发展思路。采用"开放合作，多元建设"的策略，大力支持专业教师到基层挂职锻炼或顶岗实践，承担现场技术指导和技术培训工作。有计划地安排教师参与企业的项目研究和技术开发活动，承接项目，将自身的知识优势与生产实际需求紧密结合，实现科研成果的"零距离"转化。这样，既能

为企业提供各类信息，解决生产过程中的技术难题，又能对"一线"工作程序有相当了解，便于将教学内容与现实生产中的职业要求统一起来。积极鼓励各教学单位从企事业单位的生产和管理部门聘请高职称、高技能人员到高校兼职授课。按照培养合格"社会人"的要求，制订"项目+团队+基地"一揽子建设规划，形成交流培训、合作讲学、兼职任教等教师培养和使用新机制，创设有利于"双师型"教师脱颖而出、施展才华的制度环境，从而倾力打造一支品德高尚、社会责任感强、专业教育能力和社会实践能力兼备的"社会化"师资队伍。

（四）实行"双学院"管理体制，构建特色学院发展平台

中国特色基层型大学在常规教学学院的基础上建立研究型特色学院，实行"双学院"管理体制，实现由单打独斗式的"作坊"组织向既有效分工又协同合作的"矩阵"组织转型。一般而言，常规教学学院主内，负责学生管理与课程教学的有序运行，工作重心放在教学建设上；特色学院主外，主要功能是拓展社会化教育资源，建设特色学科专业以及开发特色课程。它注重学科资源匹配，达成优势互补，引领常规教学学院的学科专业建设。作为校级常设机构，拥有固定的场所和必需的设备。由固定与流动成员组成，流动成员施行"双聘制"，以科研工作为主，同时在常规教学学院承担一定的教学任务。

特色学院属于跨学科研究单位，注重以领域性学科建设为载体，综合运用多学科、跨学科的理论和方法，构建与地方经济建设和社会发展关系密切且具有一定超前性的应用型专业。同时，合理设计"社会人"培养的知识、能力和素质结构体系。围绕支柱产业、高新技术产业和服务业研究项目构建"模块化"课程体系。强调知识的复合性、能力的操作性和素质的综合性，以适当的知识体系为载体来进行能力培养和素质教育[1]，适应科技发展的综合化、整体化趋势，实现社会需要、个人发展和文化传承创新上的协调统一。特色学院注重做到以项目为纽带，把分散在各个学科或专业的信息、数据、技能和工具等资源整合起来，构筑研究平台，汇聚学术力量，合作攻关，形成不同学科之间的理论借鉴、知识交流和模式

---

[1]　端文新：《工业设计人才培养目标及知识能力素质结构研究》，《中国轻工教育》2011年第1期，第37—39页。

耦合。从而驱动"领域学科"大范围的交叉渗透，消解教师进行跨学科研究与合作育人的体制性障碍，促进多学科之间的协同效应与集群化发展。

中国特色基层型大学是地方高校社会服务功能日趋强化的态势下，由学术性向社会性、职业性和学术性融通的一种大众化高等教育发展的新范式。这种"社会化"办学模式既适应社会经济、科技和文化发展的外部需求，也符合高等教育发展的内部规律，更体现了大学与社会协同发展的时代要求以及高等教育系统中分工与协作的关系。著名教育家潘懋元先生充分肯定了中国基层型大学，"'基层型大学'的提法很对，其实质是"应用型"的具体化、特色化"，"坚持基层型大学特色，就很有发展前途"①。并在《中国特色基层型大学建设的理论与实践》一书的序言中进一步指出："'基层'比'地方'更具现实性"，它的"办学理念、战略与措施都值得地方本科院校参考、借鉴"。

---

① 《坚持基层型大学特色，就很有发展前途——著名教育家潘懋元先生积极评价我校办学思路》，2011 年 7 月 5 日，来源于荆楚理工学院校园网（http：//www.jcut.edu.cn/article.php?articleid＝3817）。

再论幼儿英（外）语教育与国家语言文化安全

曾洪伟*

内容摘要：从外语教育的理论与实践来看，在学前教育阶段不应该推行英（外）语教育。幼儿英（外）语教育会使国家的母语教育付出沉重代价，并会在国家语言文化主体性已被强力削弱和消解的背景下，使国家语言文化安全和政治军事安全遭遇深重危机。文化、学术精英应有高度的社会责任感、清醒的全局意识和博大的民族担当胸怀，在其学术研究、学术观点和政策建议上跳出本学科的视野与圈子，将自身的发展与国家的语言文化安全和民族的兴旺发展结合起来。

关键词：幼儿英（外）语教育　国家母语安全　国家文化安全

在教育部组织的一次关于"语言与国家的安全和发展"的高端论坛上，笔者发表了题为"幼儿英语教育与国家语言文化安全"的演讲[①]，认为在当前中国语言文化严重失语的大背景与形势下，学前教育中的幼儿英语教育会从语言、文化根基上加深当前国家语言文化安全危机，并由此呼吁，在幼儿教育阶段，语言文化教育的主要任务是加强幼儿对民族语言文化的认知和理解，初步建构民族文化身份，铸造文化主体意识，并形成初步的文化认同；从国家语言文化安全角度着眼，在幼儿教育阶段不宜推广和施行英语教育。

此言一出，立即在会场引起了热烈争论。一些专家的反对观点使笔者感到震惊，使笔者发现了幼儿英语教育与国家语言文化安全问题中还未曾发现的问题，更加意识到当前国家语言文化安全形势的严重性和紧迫性。

---

* 曾洪伟，四川三台人，文学博士，西华师范大学外国语学院教授，主要从事外语教育、文化安全研究。

① 该演讲内容发表在《南京社会科学》2008 年第 2 期上。

由于这些专家绝大多数是语言学界的知名学者，他们的观点和意见在学界具有很大的影响力，比一般人的观点更容易导致和加重国家的语言文化安全危机，因此很有必要在此一驳。

专家们反对的理由主要有两点。第一，在学前教育阶段以后再实施英语教育，会使英语教育的（经济、时间、精力）成本提高，英语学习的难度加大，语言学习的效果不理想。诚然，如果单纯从语言习得的角度来讲，英语教育似乎应该是越早越好，尤其是幼儿阶段是个体语言习得和形成的关键期、黄金期，在这一阶段，幼儿的语言模仿能力、记忆能力、接受能力相对较强，此时对他们进行语言教育与训练，更容易达到事半功倍的效果。但是，专家们可能忽视了至关重要的一点，即如果在学前教育阶段施行英语教育，外语教育的成本可能降低了，外语学习的效果可能好了，但是，与此同时，我们的母语教育所付出的代价与成本却更高了：因为随着学前教育阶段外语教育的引入，母语习得的空间和时间被进一步挤占、压缩，全民的母语素质会进一步降低，母语的地位会被进一步贬低。尤其是目前我国从小学三年级开始开设外语课程，社会上已出现"4岁娃英语比母语好"、"近半数学生高考语文不及格"、"博士生的论文表述不过关，母语水平低"、"知名学者论著语言不通、文法不通"等普遍性的、日趋严重的母语危机现象，在这种情况下，这一做法无疑是雪上加霜。母语和外语谁重要？从语言、知识学习和国家经济、文化建设的角度来讲，两者都重要；但从民族身份和国家语言文化安全的角度来讲，母语无疑更为重要，因为语言是民族身份的标志和象征，它标示、承载着一个国家的身份与文化，母语的式微就意味着民族、国家（文化）的衰微，甚至灭亡。这样，国家民族（文化）安全，与提高国民的外语水平的成本相比，孰轻孰重，其答案是不言自明的。也许他们忘记了思考这样一个问题：外语学习的最终目标是什么？答案无疑是为了促进和服务于本国的经济、文化建设与发展，但是，当外语被人为地强调到无以复加的地步，外语本身被作为一种最高目标，危及自身民族（母语、文化）的主体地位与生存安全的时候，这种外语教育是否已与外语学习的初衷相违背了呢？

而从外语教育的理论与实践来看，在学前教育阶段也不应该施行英语教育。一些与会专家认为，受教育者个体学习外语的起始年龄越大，成本就越高。其另一层含义就是在理论上，随着年龄的增长，母语对外语的干扰越大，外语学习的质量与效果也会随之降低。众所周知，民国时期的诸多学者其外语水平是非常高的，但仔细考察他们的外语学习经历，我们则会发现，这些学者实际上都是在幼年时期夯实国学基础之后，在成年时再接受外语教育的，虽然起步较晚，但他们的外语造诣和水平却是当今许多学者难以企及的。外语在中国属于第二语言，根据第二语言习得理论，第二语言的学习是在第一语言（即母语）的基础上进行的，它主要依靠的是一种"迁移"的方法。"所谓'迁移'，是说学习者已经把第一语言与自己的思维和经验联系在一起了，掌握第二语言只需要把第一语言的意义迁移到第二语言的形式上。"这样，第二语言的学习便与第一语言的习得紧密相关，而且"学习第二语言的水准和质量是与第一语言运用能力成正比的"①。因此，要真正学好第二语言，还必须首先学好第一语言；第一语言非但不是第二语言学习的妨碍和干扰，而且还是学好第二语言的必要基础和有力保障。真正对第二语言学习形成干扰和"负迁移"的是水平和能力低下的第一语言习得。因此，无论从语言学习理论还是从语言学习实践来看，都不宜在学前教育阶段推行外语教育，而主要应该加强国民的母语与传统文化教育，加固、加深受教育者的民族语言文化之根，防止鸠占鹊巢式的"自我殖民"语言文化现象出现。在外语教育方面，真正应该做好的是改革外语教学模式，探索高效的外语教学方法，而不是一味试图依靠增加外语教育时长来提高受教育者个体的外语水平与素质。

为什么这些专家要强调在学前教育阶段推行外语教育？是他们不知其负面影响吗？非也。作为学界精英，他们应该是熟谙其道理的。笔者认为，部分专家这样提倡，无疑是有着某种灰色的学科利益考量与算计的。笔者注意到，参会的基本上都是语言学或语言教学方面的专家。外语教育越低龄化，受众面越宽广，其影响越大，无疑越有利于突出本学科的地位和重要性，而随之，学者本身的重要性及从中获取利益的可能性也就越大。在当今学界，学者们谁不愿意看到自己所在的学科兴旺发达呢？谁不希望扩大自己学科的势力范围以多淘一桶金呢？这是典型的维护本学科利益的狭隘学科本位主义思想与行为。在这种自私自利、不负责任、不计后果的学科利益维护与私心膨胀中，更为重大、更具全局意义的国家语言文化安全考量、民族生死存亡问题则被牺牲和搁置了，这不能不令人扼腕痛心！

---

① 　王宁、孙炜：《论母语与母语安全》，《陕西师范大学学报》2005 年第 6 期。

　　当然，学界精英们在这个问题上的集体失语还存在另一个客观原因，即由于长期处于"与世隔绝"的学术象牙塔之中，学者们久而久之便形成了一种象牙塔思维模式，即只从学科内部思考问题，无意识地便把本学科的问题与社会分离开来，而看不到自己的思想、观点、主张对社会可能带来的不良后果。丹麦学者 R. 菲利普森通过把英语教学重置于宏观的社会之中，打破了学界长期存在的英语教学与社会隔离的状况，从而发现了语言以及语言教学领域存在的语言文化帝国主义和后殖民主义，并指出了其严重危害性①。我国学者只简单地着眼于或只看到语言教学与研究如何有利于语言发展、提高国民的外语水平与素质，而忽视或盲视了其中所潜伏的语言、文化帝国主义与意识形态，其观点在无形之中为西方后殖民主义或者说英语帝国主义进入中国、在中国进行语言文化殖民大开了方便之门，并助长了其在中国的蔓延与气焰，加剧了当前中国全社会文化集体失语以及国家语言文化安全危机的状况。应该说，从根本上讲，这是由于学者们在客观上把外语和外语教学与社会分离所导致的恶果。

　　第二，学者们认为，从当前国家的政治、军事、领土安全形势来看，也应该进一步加强外语教学，提高国民的外语水平与素质，而不是减弱。的确，由于长期以来以美国为首的西方国家对中国虎视眈眈，尤其是当前美国将其军事、战略重点转向亚太地区，试图全力遏制中国的时候，中国的政权与领土安全问题更需重视。从文化、军事战争、战略的角度着眼，国家的确应该加强外语教学，提高国民外语水平。而且，从"9·11"之后美国加大对世界各国语言（尤其是小语种）的重视力度，积极培养高端外语人才，以维护和确保国家领土与政治安全的做法中获得教训和启示，我们的确应该未雨绸缪，加大外语教育力度，为国家安全领域输送高级外语人才，特别是在我们现在外语教学水平不太高，教学效果不理想，国民外语素质不太强的形势和背景下，进一步加强外语教学力度，无疑是应该的。但问题是，其一，我们不可能也不应该让所有的受教育者都接受基于为国家军事、政治安全培养人才的外语教育，而应该有目的、有针对性地挑选部分有语言天赋、政治素质较高的受教育者进行低龄化的、长期的外语强化教育，并将其最终输入到国家安全战线（这类似奥运会运动

---

① Robert Phillipson, *Linguistic Imperialism*, Shanghai: Shanghai Foreign Languages Education Press, 2000.

员的遴选培养模式，这样才有可能在国与国的安全较量与战争中取得胜利）。与其搞大而全、重点不突出、群众运动式的全民外语教育（这在本质上是一种政治运动模式），不如搞少而精的、有针对性的外语强化教育，这无疑会更见成效。其二，虽然学前教育阶段的外语教育可以进一步提高受教育者的外语水平，为保证和巩固国家的安全与国防做出贡献，但同时，外语教育的低龄化发展又会从另外一个维度消解甚至瓦解国家为之付出的国防力量与努力，最终危及国家安全，导致事与愿违的意外后果。虽然美国目前不断加强其外语教育以巩固国防，保卫其国家安全，但它这样做却有着一个很重要的前提或保障，即在美国，英语以及其文化作为主导的地位是其他任何语言与文化所无法撼动的，由于美国在各方面在世界上的绝对强势地位，美国民众对于自身的语言文化是充满自信、自豪和高度认同的。因此，美国政府在这样的背景条件下强化外语教育以巩固国防，是无论怎样强调也不为过的，是不用担心外语超过其母语而产生民族母语危机、诱发国家语言文化安全问题甚至国家军事、政治、领土安全问题的。然而，与此相反，在当前中国，正存在着一个令人尴尬、令人不安的畸形文化现象：在外国语言、文化的长期、强力冲击下，国家的主导语言（汉语）、传统文化在与西方语言文化的对比、交锋中处于劣势、弱势地位，在社会、文化生活的诸多方面，民众对于自身的语言文化并不自信，并不自豪，并不认同，并不自觉维护民族语言文化的应有尊严和地位及权利，国家语言文化的主体地位徒有虚名。因此，在这样危急的背景下，如果再盲目推进外语教育的低龄化，国民的外语水平可能会提高，但民众对于自身语言文化的认可度则无疑会进一步降低，国家语言文化安全危机会在原先的基础上变得更加深重。而当整个民族已集体不再认同自己国家的语言文化、不以自身的民族语言文化而自豪，反而高度认可其敌对方、以拥有对方的物质文明和精神文明而感到骄傲或优越之时，国外敌对势力已无须再采用任何军事、武力手段便可在战争中不战而胜，而国家此前所做的外语、军事防御与努力则无任何意义。

　　然而，最令笔者感到诧异、震惊和忧虑的不是学者们提出的反对意见，而是学者们失语本身。文化、学术精英是一个国家的文化灯塔，其在文化层面的权威地位决定着一个民族的文化走向，其对社会大众的文化引领作用是决定性的，而其作为国家政权思想库、智囊团的身份对国家政权进行政策制定与实施也起着十分关键的作用。然而，从该次会议可以看出，作为国家文化引领者、民族思想启蒙人的文化精英们自身迷失了，其对国家、对民族未来发展的误导性、危害性是不言而喻的。鉴于此，笔者认为，知识精英们应该自省、自察、自纠，应有高度的社会责任感、清醒的全局意识和博大的民族担当胸怀，在其学术研究、学术观点和政策建议上跳出本学科的视野与圈子，将自身的发展与社会、与国家的语言文化安全和民族的兴旺发展结合起来，而不是将视域仅仅囿限在学科、个人、圈子利益的谋求和维护上，这是在当前社会政治冷漠病流行、国家民族利益等宏大叙事被消解、个人利益无限膨胀、物质主义盛行、全社会耽于享乐和娱乐而思想被麻痹、文化安全意识淡漠的时代语境下一定要特别注意警惕和防范的。因为，"皮之不存，毛将焉附"，"覆巢之下，岂有完卵"，一旦国家民族的安全出现危机，个人、小集团的利益也将难以存留，一切都将无从谈起。而"生于忧患，死于安乐"的古训在今天也仍然有效，它告诫我们：在安享和平社会的繁荣与稳定之时，也应该时刻警惕可能会危及国家民族安全的因素。

新中国成立初期马克思主义如何走进高校

欧阳雪梅[*]

内容摘要： 新中国成立伊始，党和政府即在高校确立了马克思主义的指导地位。通过开设思想政治理论课建立马克思主义教育平台，加强马克思主义理论课教材建设，培养了一支新型的马克思主义思想理论教育师资队伍，在广大教育工作者中开展以学习为重点的思想改造运动等一系列措施来推动这一工作，从而为新中国培养又红又专、全面发展的新型知识分子奠定了坚实思想基础，也为马克思主义大众化在高校的实践积累了丰富的经验。

关键词： 新中国成立初期　马克思主义指导地位　高等学校

高等学校是国家高层次人才培养、科学研究、文化传承创新的重要基地，高等教育事关国家发展和民族未来。因此，新中国成立伊始，党和政府即在高校进行普遍的马列主义、毛泽东思想教育，确立了马克思主义在高校的指导地位。这是改造旧教育，建设新教育的题中之义，是主流意识形态建设的重要一环，也是马克思主义大众化在高校的实践。当时，党和政府采取一系列措施来推动这一工作，为新中国培养又红又专、全面发展的新型知识分子奠定了坚实思想基础。对这一历史进程进行系统梳理和研究，对当今高校的思想理论建设仍具有重要的启示作用。

一　开设思想政治理论课，建立马克思主义教育的平台

1949 年 9 月 29 日，中国人民政治协商会议第一届全体会议通过并颁布的《共同纲领》提出了新中国教育发展的方向，指出："中华人民共和

---

* 欧阳雪梅，中国社会科学院当代中国研究所文化史研究室副主任、研究员。

国的文化教育为新民主主义的，即民族的、科学的、大众的文化教育。人民政府的文化教育工作，应以提高人民文化水平，培养国家建设人才，肃清封建的、买办的、法西斯主义的思想，发展为人民服务的思想为主要任务。① 为改造旧教育、创建新教育，人民政府在接管、接收公、私立高校时，废除了原有法西斯式的训导制度、特务统治和反动的政治教育，取消了"国民党党义"、"公民"、"军事训练"等反动课程。重视对高校师生的马克思主义思想教育是党的优良传统。早在苏区中央局创办的马克思共产主义学校——延安的抗大、陕北公学均开设了马列主义基本理论与党的基本政策知识课程。新中国初期，在高等学校开设马列主义政治理论课，就成为改造旧大学、建设新大学的重要措施。

1949 年上半年，燕京大学自动添设了"中国新民主主义经济问题"、"马列主义基本问题"、"中国社会史"、"历史哲学"、"共产党宣言"和"联共党史"等新课。1949 年 10 月，华北人民政府高等教育委员会颁布了《各大学、专科学校文法学院各系课程暂行规定》，以"废除反动课程（国民党党义、六法全书等）"、"添设马列主义课程"、"逐步地改造其他课程"为各院系课程的实施原则；同时"规定辩证唯物论与历史唯物论"（包括社会发展简史）、"新民主主义论"（包括近代中国革命运动史）和"政治经济学"为文学院与法学院的共同必修课程，前两门为各大学专科学校各院系共同必修课。这个规定还要求以马克思主义为指导对文法学院的文学、哲学、历史、教育、经济、政治、法律等七个系的课目进行改造，各学科添加不少与学科相关的马克思主义理论与方法的课程，这"是用新民主主义的、科学的、大众的、反帝反封建的文化，用马列主义观点和方法，代替国民党反动统治时充满唯心论、机械论，以及封建、买办、法西斯主义的反动课程的重大措施"②。

1949 年 11 月 17 日，刚成立的中央人民政府教育部在北京召开的华北地区及京津 19 所高等院校负责人会议，讨论高等教育改造的方针，明确指出：当前课程改革的中心环节是加强政治课学习。由此确立了政治理论课在新中国高校教育中的重要地位。

1949 年 12 月和 1950 年 6 月先后召开的第一次全国教育工作会议和第

---

① 《建国以来重要文献选编》第 1 册，中央文献出版社 1992 年版，第 10 页。
② 《认真实施文法学院的新课程》，《人民日报》1949 年 10 月 14 日。

一届全国高等教育会议再次强调，我们的教育应该培养新型知识分子作为我们国家建设的新型骨干，高校要进行革命的政治教育，肃清封建、买办、法西斯主义思想，发展为人民服务的思想。会议通过的并由教育部于1950年8月14日颁布的具有法规性质的文件《高等学校暂行规程》，把对学生进行革命的政治思想教育列为高等学校的首条任务。教会学校亦不例外。1950年8月19日，中共中央在《关于天主教、基督教问题的指示》中明确指出：教会学校应遵守政府法令设政治课为必修课。之前，即5月19日，教育部颁发了经过政务院文教委员会批准的《北京师范大学规程》，规定政治课约占本科各系全部课程的15%。同时强调，在文化业务课中，也应贯彻革命的思想与政治教育，并注重理论联系实际。① 这些规定说明思想政治教育列为高校教育的重要内容，并予以法制化。

1951年6月，教育部召开高校课程改革讨论会，针对当时存在的"把政治课与业务课对立起来"和认为"只有政治课才进行思想政治教育"等错误的或片面的看法，进一步明确政治课与业务课的关系，强调政治课是各系科的基本课程，要着重于系统的理论知识的讲授。9月10日，教育部就政治课问题向华北各高校发出指示："（一）各系拟定教学计划时，应把思想政治课作为业务课的重要组成部分"，取消"政治课"的名称，将"社会发展史"改为"辩证唯物论与历史唯物论"，与"新民主主义论"及"政治经济学"同为独立课目，并"应将上述三课目同其他业务科统一计划"。"（二）将政治课教学委员会改为各该课目的教学研究指导组，由教务长负责计划、组织、督导检查。"从此，在我国各高校，各门马列主义政治理论课目列入整个教学计划，成为各系、各专业学生的公共必修课。

1952年10月7日，教育部在认真总结近三年的马克思主义基本理论课建设经验的基础上，发出了《关于全国高等学校马克思列宁主义、毛泽东思想课程的指示》，具体规定了高校政治理论课课程门数、学时及其讲授的次序。迄今，高校开设的马列主义政治理论课仍大致沿袭这一体系，只是名称有所改变。同年底，教育部制订的中国语言文学、编辑、历史学等三个文科专业的四年制教学计划（草案）中，"马列主义基础"、"新民主主义论"、"政治经济学"、"辩证唯物论与历史唯物论"等四门

---

① 《中华人民共和国重要教育文献（1949—1975）》，海南出版社1998年版，第14页。

政治理论课，为专业主要课程，总课时 480 学时。[①] 1953 年 11 月 27 日，高等教育部制定的《高等学校培养研究生暂行办法（草案）》，把马列主义理论列入教学计划。

上述情况表明，我国高校马列主义政治理论课课程设置主要是依据马克思主义三个组成部分及中国化的马克思主义——毛泽东思想，并结合当时国内外政治经济形势变化的情况而加以调整并发展的。马列主义、毛泽东思想课程作为公共必修课列入教学计划，成为高校"进行经常的系统的政治教育的最基本形式和根本方法"，[②] 使新中国自己培养的知识分子一开始就接受系统的马克思主义理论教育。同时，在旧文科的改造中，以马列主义、毛泽东思想为指导，注意运用辩证唯物论与历史唯物论的观点与方法，构建马克思主义的人文社会科学学科体系，实现"用科学的历史观点，研究和解释历史、经济、政治及国际事务"[③]。

二　加强马克思主义理论课教材建设

教材建设是课程建设的一项基础性工作，思想政治理论课程教材是国家主流意识形态的集中反映，是表达国家意志和民族信念的重要载体。新中国成立初期，高校是在"学习苏联先进经验和中国实际情况相结合"的方针指导下制定教学大纲和编写教材的。

教育部一成立就把政治理论课程建设的重点集中在教学方针、教学计划，并开始教材的建设。办法是，一方面组织自编或委托学校、研究机构、个人编写讲授提纲及教学参考书；另一方面，翻译出版苏联的政治理论课教学大纲、教科书，以供教学急需。从下面的安排上可以看出其重视的程度：主持召开大学政治经济学教学座谈会；召开辩证唯物论和历史唯物论教学座谈会；在第一次部务会议上又研究了大学政治经济学、辩证唯物论和历史唯物论的教学问题。1950 年 2 月初的寒假，在教育部的主持下，由华北大学（中国人民大学的前身）革命问题教研室牵头，组织召开了首次"新民主主义论"教学讨论会，成立了总教学委员会，制定课

---

① 何东昌主编：《中华人民共和国教育史》上卷，海南出版社 2007 年版，第 110 页。

② 《中华人民共和国重要教育文献（1949—1975）》，海南出版社 1998 年版，第 456—457页。

③ 同上书，第 1 页。

程的讲授大纲、教学组织和方法原则以及教学进度表，为这门课程在全国高校的推广奠定了基础。大会拟定的《新民主主义论讲授提纲》共分六讲，第一讲，中国革命的历史特点；第二讲，中国新民主主义革命的历史；第三讲，新民主主义的政治；第四讲，新民主主义的经济；第五讲，新民主主义的文化；第六讲，中国革命的前途。[①] 该提纲体例较为完整，内容简洁明了，既系统阐述了新民主主义理论，又结合了新中国成立后的实践，经教育部审定后，成为京津地区高校讲授该课的重要依据。

为进一步做好这项工作，1950 年 7 月 24 日至 8 月 25 日，教育部主持召开了全国高校暑期政治课教学讨论会，对近一年来高校政治课教学的经验教训进行总结，着重讨论并同意了教育部拟订的社会发展史和新民主主义论两门课的教学重点。其中，社会发展史的教学重点是：一是引论——社会发展史学习的目的、内容和方法；二是劳动创造人类世界；三是五种生产方式——阶级斗争；四是国家与政治；五是社会思想意识。10 月 4 日公布了华北区 1950 年第一学期社会发展史的教学内容和教学组织以及课程进度表以为示范。新民主主义论教学重点基本为京津地区春季教学大纲的内容，只从"中国新民主主义革命史"中分出了"中国革命的主要经验"作为第三讲。[②] 1951 年东北师范大学编写出《新民主主义讲授提纲》。

同年 8 月，《光明日报丛刊》（第二辑）刊登了《新民主主义论讲授提纲》、《辩证唯物论与历史唯物论教学纲目》和《政治经济学讲授提纲》，作为高校 1950 年秋季教学选用的教学大纲，并逐步明确了参考书。如"社会发展史"课以斯大林的《辩证唯物主义和历史唯物主义》和艾思奇的《历史唯物论——社会发展史讲授提纲（修正本）》为基本参考书；"政治经济学"课，以三联书店 1950 年 5 月出版的苏联学者著的《政治经济学讲授提纲》及《政治经济学课程各分册》为参考书；"新民主主义论"课是以毛泽东的《新民主主义论》和胡华的《中国新民主主义革命史》（1950 年 3 月由人民出版社出版）为基本参考书。1951 年，由胡华主编，戴逸、彦奇编辑的《中国新民主主义革命史参考资料》，由

①　刘辉：《中国人民大学与建国初高校"新民主主义论"、"中国革命史"课程的开设》，《教学与研究》2008 年第 11 期。

②　《中华人民共和国重要教育文献（1949—1975）》，海南出版社 1998 年版，第 60 页。

商务印书馆出版。之后，北京大学、河南大学等高校也相继编辑了一批《新民主主义论》的教学参考资料书。东北人民大学（吉林大学前身）教材出版科发行了一套《马克思列宁主义基础参考资料》。东北师范大学在1951 年也已编写出《新民主主义讲授提纲》。

1953 年下半年，高教部决定将"新民主主义论"这门课程扩展为"中国革命史"。为适应教学需要，何干之受高教部委托，负责主编示范性教材，1954 年，《中国现代革命史讲义（初稿）》由高等教育出版社出版。该讲义共分 15 章，叙述了从 1919 年五四运动到 1952 年间的历史，对期间的重大问题均做出较深入的分析，并且每章都设立"结语"，以总结中共领导中国革命的经验教训。此外，较之此前同类著作偏重于政治史、军事史，而忽略经济史的不足，该书特别注意以唯物史观为指导，引用大量丰富的经济资料来分析中国革命每一历史阶段的经济状况以及每一重大事件发生的经济背景，从而丰富了中国革命史的研究内容，增强理论的说服力。因此，这部教材影响很大，截止到 1956 年，累计印行 160 余万册，并先后译成俄、英、越等国文字在国外发行。"其后出版的各类中国革命史、中共党史专著及教科书的基本框架，多可以从它那里找到源头。直到 2002 年中共中央党史研究室编写的《中国共产党历史》第一卷出版时，其中仍然有不少章节的标题与该讲义雷同。"① 堪称奠基之作。

1952 年秋开始，翻译、出版苏联的政治理论课教学大纲、讲义、教科书、政治书籍等成为教材建设的中心工作。"中国革命史"之外的教材译自苏联或者根据苏联专家讲稿编写。其中《"马克思列宁主义基础"课程教学大纲（初稿）》、《辩证唯物主义与历史唯物主义教学大纲（初稿）》译自苏联高等教育部社会科学教学司编的教学大纲。"马列主义基础"课的教本为《苏共党史简明教程》；"政治经济学"课的教材是苏联编的政治经济学教科书；"辩证唯物主义与历史唯物主义"课的内容根据1953 年苏联专家克列在中国人民大学讲稿编写。有的学校采用苏联康斯坦丁诺夫著的《历史唯物主义》。中国人民大学作为我国政府最早确定的学习苏联先进教育经验的一个试点单位，1950 年至 1957 年间，共聘请了98 位苏联专家，这些专家对我国政治理论课程及教材建设的工作起了很大作用。由苏联专家直接编写和在苏联专家指导下编写的讲义、教材共达

---

① 张静如：《何干之对中共历史学科建设的贡献》，《北京党史》2006 年第 5 期。

101 种。^①

三　培养一支新型的马克思主义思想理论教育师资队伍

在马克思主义理论课教学过程中，教师处于主导地位，提高思想教育水平必须有一支政治和业务素质较高的师资队伍。

新中国成立之初，党和政府就把培养合格的政治理论课教师作为大事来抓。教育部经常利用假期组织政治理论课教师进行培训。1950 年、1951 年、1955 年教育部多次举办教学讲习班、讨论会和备课会，提高教师的政治思想和业务水平。为了打造一支高水平的马克思主义理论课教师队伍，中共中央于 1952 年 9 月 1 日发出了《关于培养高等、中等学校马克思列宁主义理论师资的指示》，做出全面部署：第一，由中央教育部负责筹划，在中国人民大学创设马列主义研究班，为全国各高等学校培养一部分政治理论师资。1952 年秋季开始，第一期招收 300 人，研究期限 1 年至 2 年。第二，在高等学校的助教和高等、中等学校高年级学生中选拔优秀的党员、团员在本校担任政治理论课程的助教或助理，把他们逐步培养成为高等、中等学校新的政治理论师资。第三，各大行政区应选择具备适当条件的高等学校，举办马列主义研究班，培养高校的政治理论师资。第四，各中央局、分局及有关的地方党委应加强对该地区培养政治理论师资和学校政治理论教育的领导，指定各级党委的宣传部长或副部长领导这一方面的工作；并应选派政治理论水平较高的干部到马列主义研究班及政治教育系或政治教育专修科教课（专任或兼任），指导政治助教的政治理论学习。并要求大力动员党委、政府、群众团体中政治理论水平较高的干部到学校兼课，或设专题讲座，帮助政治理论课教师备课。^②

为加强师资培养训练，高等教育部拟定的工作计划中，适当增加综合大学文、史、哲系科的招生名额，以增加培养对象的来源，请苏联专家和有经验的教师到各地讲学以及组织教学经验座谈会等方法来提高在职教师的教学水平。1955 年 11 月 7 日高教部专门颁发《关于加强培养哲学干部及哲学系工作的决定》，规定北京大学哲学系扩大招生，中国人民大学、

---

① 毛礼锐、沈灌群主编：《中国教育通史》第 6 卷，山东教育出版社 1989 年版，第 91 页。
② 《建国以来重要文献选编》第 3 册，中央文献出版社 1992 年版，第 318—319 页。

武汉大学增设哲学系。其中，中国人民大学在师资培训方面做出了较大贡献。该校是以华北大学、华北革命大学和政法干校为基础组建的，有马克思主义思想理论教育的传统，并汇集了一批马列主义、毛泽东思想以及中国革命理论问题的权威研究者和阐释者。如校领导吴玉章、成仿吾是著名的马克思主义理论家、教育家，何干之、何思敬等是在 20 世纪 20 年代就开始学习研究马克思主义，具有深厚的马克思主义理论功底和宽阔的学术视野。胡华在解放区的华北联大、华北大学就已讲课出名。此外，还有彭明、麦农、何东、彦奇、王淇、戴鹿鸣、冯拾等一批大将。他们在"新民主主义论"、"中国革命史"理论课程开设中参与组织领导并草拟、确立了教学大纲和编写教材；在京津地区高校进行教学答疑和广播讲座活动，实施早期教学示范，为全国培养了大批教研师资。据统计，到 1957 年全国教中国革命史的教师大约有 1300 多人，这些人大部分都直接或间接地听过何干之讲课。① 在中国人民大学的苏联专家也发挥了很大作用：一是帮助培养教师。主要是先由苏联专家给教师讲课，再由教师去给学生讲课。并以教研室科学辅导员的身份，指导教师从事科学研究工作，提高教师的理论水平。二是给研究生讲课。苏联专家对政治理论和政法财经等专业的研究生进行系统讲课和辅导。七年间，苏联专家曾为中国人民大学研究生 2574 人讲过课（其中四门政治理论课的研究生 2021 人）。② 满足了中国人民大学和全国其他高校对理论课师资的急切需要。

由于采取的措施得力，高校的思想理论教育课教师逐步适应了迅速发展的革命和建设形势的需要，教师队伍从少到多，不断壮大。截至 1957 年，高校政治理论课专任教师达到 5457 人，其中哲学教师 1390 人，政治经济学教师 1341 人，中共党史教师 1348 人，政治学教师 1378 人。③

四　广大教育工作者在思想改造运动中接受思想洗礼

广大教育工作者是推动教育事业科学发展的生力军。通过开设马克思主义基本理论课，使马列主义、毛泽东思想教育进入了高校，但是，马克

---

① 刘辉：《中国人民大学与建国初高校"新民主主义论"、"中国革命史"课程的开设》，《教学与研究》2008 年第 11 期。

② 毛礼锐、沈灌群主编：《中国教育通史》第 6 卷，山东教育出版社 1989 年版，第 91 页。

③ 《中国教育年鉴（1949—1981）》，中国大百科全书出版社 1984 年版，第 425 页。

思主义指导地位的确立，还有赖于全体教育工作者对马克思主义思想的普及。

从旧社会过来的高校知识分子绝大多数是爱国的，欢迎新社会，愿意在新政权下工作。但是，他们大多数出身于剥削阶级家庭，受的是旧式或西式教育，长期受封建主义、资本主义乃至帝国主义的影响熏陶，世界观是旧的，尤其是沐浴欧风美雨的教授们思想深处还存在着崇拜西方的观点、超阶级、超政治的观点。他们对共产党的政策不了解，对高校教育改革不甚理解，很不适应。即使是那些积极参加民主革命的进步分子，马克思主义水平也不高，懂得唯物辩证法和社会发展规律的并不多。清华大学哲学系主任金岳霖在《分析我解放以前的思想》中剖析道："教书是为教书而教书，研究是为研究而研究"，"强调个人兴趣的学风"，存在纯技术观点。高校知识分子中经验主义、个人主义、自由主义和各种唯心主义哲学影响广泛，在精神上与人民大众格格不入，轻视劳动，脱离群众。新中国的建设迫切需要知识分子的参与，担负高层次人才培养使命的教育工作者必须适应时代、环境的变化，实现思想转变。毛泽东早在《论联合政府》中就提出："为着建立新民主主义的国家，需要大批的人民的教育家和教师"，他们是国家和社会的宝贵的财富，对于他们的态度，"是采取适当的方法教育他们，使他们获得新观点、新方法，为人民服务"[1]。1950年6月，毛泽东在第一届二次政协会议上指出："对知识分子，要办各种训练班，办军政大学、革命大学，要使用他们，同时对他们进行教育和改造。要让他们学社会发展史、历史唯物论等几门课程。就是那些唯心论者，我们也有办法使他们不反对我们。"[2]

而知识分子本身也感受到时代的召唤，普遍希望改造自我，以求尽快适应新政权和新社会。北京大学校长马寅初在就职演说中要求大家"认清时代"。他指出："北大以后的工作，慢慢地与以前不同了。以前我们为资产阶级服务，此后要为人民服务，尤其要为工农开门"，"教工农子弟与教资产阶级的子弟，性质不甚相同。我们要晓得工农的情绪、思想、作风习惯，而后方可教得好，否则收效不宏。我们不能再以资产阶级的一

---

① 《毛泽东选集》第3卷，人民出版社1991年版，第1083页。
② 《毛泽东文集》第6卷，人民出版社1999年版，第74—75页。

套原封不动地传给他们"①。他以"教育者必自己先受教育"一语结束就职演说，并很快见诸行动。1951年暑假，马寅初组织部分北大职员进行了40天的政治学习和讨论，收到初步效果。开学后，他决定趁热打铁，在全校教职员工中发动一次有计划有系统的学习运动，以此推动学校的改革。他根据教授们的提议，给中央写信，邀请毛泽东等中央领导人任北大政治学习运动的教师，以提高教职员的政治思想水平。

马寅初的做法得到了党中央的支持。教育部认为这种学习对全国高校的教师都是必要的，决定先从北京、天津试点，取得经验后再向全国推广。1951年9月24日，周恩来总理主持研究了这次学习的目的和内容。29日，周恩来为京津3000多名高校教师做了题为"关于知识分子改造问题"的报告。报告阐明知识分子思想改造的根本问题是世界观问题，是确立革命的立场、观点和方法的问题。他现身说法，就知识分子如何取得革命立场、观点、方法的问题，谈了自己的体会，并勉励一切有民族思想、爱国思想的知识分子努力站到人民的立场，再争取进一步站到工人阶级的立场。这个报告是对参加学习的教师进行的一次很好的思想动员，使大家深感需要进行思想改造，方能获得思想上的进步。

1951年10月，在教育部的组织领导下，成立了包括由主要大学领导人及有关代表参加的京津高等学校教师学习委员会（以下简称学委会）。京津两地20所高校迅速展开以学习马列主义、毛泽东思想为主要内容，联系本人思想与学校实际，通过批评与自我批评，肃清封建买办思想，批评资产阶级和小资产阶级思想的学习运动。根据周恩来的提议，还陆续请彭真讲三大运动，胡乔木讲共产主义，陈伯达讲毛泽东思想，李富春讲经济建设与培养干部，最后由钱俊瑞做总结。中宣部为之选定马、恩、列、斯和毛泽东、刘少奇的14篇著作作为学习文件。各高等学校的负责人马寅初、陆志韦、周培源、陈垣、杨石先等亲自做动员并做自我检查，有力地推动了学习运动的开展。学委会出版《教师学习》小报，用以指导学习，交流经验。

1951年11月2日，北京大学和清华大学分别向教育部学委会介绍学习经验。25日，教育部向全国发出《关于京、津高等学校教师思想改造学习运动进行情况和初步经验的通报》，介绍京、津高校教师的学习情况

---

① 杨勋、徐汤莘、朱正直：《马寅初传》，北京出版社1986年版，第170—171页。

和初步经验。30 日，中共中央发出《关于在学校中进行思想改造和组织清理工作的指示》，要求在学校教职员和高中以上学生中，立即准备有计划、有领导、有步骤地普遍开展这一学习运动，进行初步的思想改造。此后，全国高校、中等学校教师陆续开展了思想改造学习运动。到 1952 年秋，历时一年之久的教师学习运动结束。全国参加这次学习的高校教职员占 91%，大学生占 80%，中等学校教职员占 75%。①

运动取得了显著的成果。从清末以来，中国文化思想界各种思潮泛滥，对于中国应采用何种政治、经济制度，如何提高国民素质，见仁见智，莫衷一是。在思想改造运动过程中，知识分子通过学习了解国内外形势和党的各项政策，举办各种报告会，组织参观土地革命、抗美援朝、镇压反革命的展览会，或参观农村、工厂，廓清了思想迷雾，打破那种以为近代以来的中国可以成为独立自主的资本主义国家的幻想，确立只有社会主义能够救中国的信念；打破资本主义文明就是当代人类文明的幻觉，树立只有社会主义文明才是当代人类文明的真正出路的思想。而建设社会主义，就必须坚持中国共产党的领导，坚持马克思主义的指导，从而使"领导我们事业的核心力量是中国共产党"，"指导我们思想的理论基础是马克思列宁主义"这个核心理念，变成知识分子的共识。在学习基础上，对自己以往的各种旧思想进行了彻底反思与批判，并接受群众的评议，由所在单位的学习委员会提出帮助改进意见。通过思想改造，大多数知识分子抛弃了轻视劳动人民的旧思想，开始学习掌握唯物史观和唯物辩证法，初步接受马克思主义世界观。这些变化可以从当时发表的许多著名学者的思想检查中管窥无遗。特别需要指出的是，在马克思主义确立其主导意识形态地位的过程中，分布于不同学科的马克思主义理论研究和学术骨干队伍的作用不可低估。如哲学界有艾思奇、李达、杨献珍等；历史学界有郭沫若、范文澜、吕振羽、翦伯赞等；经济学界有沈志远、许涤新、王亚南、王学文、骆耕漠、千家驹等；文艺界更有一支颇具规模的马克思主义文艺理论队伍。这些专业队伍在研究、诠释、宣传马克思主义方面更重要的是在应用马克思主义分析专业问题方面起着向导和示范作用。没有这支专业队伍，文化转型就会浮在表面而难以深入、持久和定型。

---

① 《中华人民共和国教育大事记（1949—1982）》，教育科学出版社 1984 年版，第 49 页。

党的领导人充分肯定了知识分子的变化。1954 年 9 月，周恩来在全国人大一届一次会议上所做的《政府工作报告》中总结说："知识分子的思想改造工作是有成效的。"① 在 1956 年 1 月召开的知识分子问题会议上，周恩来再次给予了高度评价。他说："党中央认为，对于旧时代的知识分子必须帮助他们进行自我改造，使他们抛弃地主阶级和资产阶级的思想，接受工人阶级的思想，为了这个目的，党采取了一系列的步骤。他们中间的绝大部分已经成为国家工作人员，已经为社会主义服务，已经成为工人阶级的一部分。"② 毛泽东在 1957 年初曾多次指出："绝大部分的知识分子，占总数的百分之九十以上的人，都是在各种不同的程度上拥护社会主义制度的。"③

五　新中国成立初期的马克思主义教育在高校实践的特点

（一）马克思主义思想教育通过国家意志形式体现

新中国成立初期，具有临时宪法性质的《中国人民政治协商会议共同纲领》明确规定："给青年知识分子和旧知识分子以革命的政治教育，以应革命工作和国家建设工作的广泛需要。"④ 这一规定把"革命的政治教育"确定为新中国的国家意志，以法的形式确立了它的地位。稍后，它具体化为高校的规程："进行革命的政治及思想教育，肃清封建的、买办的、法西斯主义的思想，树立正确的观点和方法，发扬为人民服务的思想。"⑤ 这是部门的法规。党和政府通过高校思想教育，确立马列主义的指导地位，并把它作为实现由新民主主义教育向社会主义教育转变的重要途径，作为建设社会主义新型大学的根本标志；把青年学生正确观点、方法的树立，作为高等学校的首要任务，培养新型知识分子的重要指标，这也就奠定了新中国人民教育育人为本、德育优先的教育方针的基础。

① 《中华人民共和国教育大事记（1949—1982）》，教育科学出版社 1984 年版，第 113 页。
② 《周恩来统一战线文选》，人民出版社 1984 年版，第 277—278 页。
③ 《建国以来毛泽东文稿》第 6 册，中央文献出版社 1992 年版，第 380 页。
④ 《建国以来重要文献选编》第 1 册，中央文献出版社 1992 年版，第 10—11 页。
⑤ 《中华人民共和国重要教育文献（1949—1975）》，海南出版社 1998 年版，第 45 页。

（二）坚持理论和实际相结合的基本原则与方法

在党的领导下，高校师生通过对马列主义、毛泽东思想基本理论的学习，通过对党的文件和有关方针政策的学习，提高了思想理论水平。与此同时，学习不是从书本到书本，或者关起门来苦思冥想，而是与实际相结合，结合党和国家的中心工作，发动师生投入到社会实践中，在各种运动中接受教育，肃清封建的、买办的、法西斯主义的思想，树立阶级观点、劳动观点、群众观点、辩证唯物主义观点和为人民服务的思想。毛泽东关心师生参加土改的问题，说："只要他们愿意去，就要欢迎他们去。不要怕他们去，不要向他们戒备，因为他们不是反动派。好的坏的，都让他们去看，让他们纷纷议论，自由发表意见，只有好处，没有坏处。"① 实践证明这是非常正确的。北京大学法律系教授汪宣说，土改"对于知识分子，实在是理想无比的思想改造的机会，就我个人来说，它将是我思想改造过程中的里程碑"②。费孝通在《我这一年》中说，他真正体会到了群众的力量是最伟大的，他看到了我们党与群众之间的密切关系，因而，对劳动人民的优秀品质，对共产党人的优秀品质发出由衷的赞叹。③ 这夯实了理论学习的效果。

（三）遵循思想发展规律，用民主的、正面引导的方式来解决思想问题

党重视知识分子的作用，把知识分子思想改造作为"我国在各方面彻底实现民主改革和逐步实行工业化的重要条件之一"④。采取的方针政策是慎重的，切合了知识分子的特点。1950 年 6 月，毛泽东在党的七届三中全会上发表的书面报告中指出：必须"有步骤地谨慎地进行旧有学校教育事业和旧有社会文化事业的改革工作，争取一切爱国的知识分子为人民服务。在这个问题上，拖延时间不愿改革的思想是不对的，过于性急、企图用粗暴方法进行改革的思想也是不对的"⑤。并规定，知识分子

---

① 《毛泽东文集》第 6 卷，人民出版社 1999 年版，第 152 页。
② 汪宣：《我在土改工作中的体验》，《光明日报》1950 年 4 月 2 日第 6 版。
③ 费孝通：《我这一年》，《人民日报》1950 年 1 月 3 日。
④ 《建国以来毛泽东文稿》第 2 册，中央文献出版社 1988 年版，第 482—483 页。
⑤ 《毛泽东文集》第 6 卷，人民出版社 1999 年版，第 71 页。

思想改造要采取学习理论、开展批评与自我批评的自我教育的方法，和风细雨，满腔热情，反对简单粗暴、以势压人的做法。运动发动时，周恩来以自己的经历现身说法，说明工人阶级的立场不是从空中掉下来的，也不是自封的，需要长期摸索、学习、锻炼。这个报告还解除了人们对思想改造的疑惑：一是思想改造不仅仅是针对知识分子而言的，思想改造是每个人的事，共产党人包括党的领导干部都需要思想改造，"活到老、学到老、改造到老"是共产党人的座右铭；二是思想改造不是上天入地、高不可攀的，只要人们丢掉包袱，解除顾虑，真心诚意，一步一步朝前走，就一定能够取得明显的效果；三是思想改造不是一场政治斗争，而是通过和风细雨的学习运动来进行。马寅初记录了他的观感，听者莫不感动。"用这样的办法来领导知识分子思想改造，在我看来是最有效的！它不仅启发了知识分子学习政治的要求，而且还巩固了学习者的信心，提高了学习者的情绪，推进了思想改造的过程。"[1] 学习期间，《人民日报》开辟了《用批评与自我批评的方法开展思想运动》专栏，先后刊登了上百篇高校教师谈学习体会的文章，既是示范，也是思想引导。

（四）注意整体协调以形成思想教育的合力

当时，无论是马列主义政治理论课的开设，还是思想改造，都是先行试点，再依据经验示范推广，由点到面，由地区到全国。关于高校马列主义政治理论课，从它在高校教育中所处的地位、课程设置、学时的安排，一直到师资培训和教学组织领导，形成了一个较为完整的体系。思想教育则注意它的协调性。首先将高校马列主义政治理论课作为各系、各专业学生的公共必修课，同时注意政治课与业务课的协调，马列主义、毛泽东思想基本理论是文科专业主要课程。对学生学习的评价标准，是着重于掌握马克思主义的精神实质，运用它的立场、观点、方法和基本原理分析解决实际问题。为了进一步加强政治领导，1952 年 10 月试行政治工作制度，设立政治辅导处。随着选派得力的干部到高校担任领导职务的人数增加，积极建立和健全党委管理学校的工作机构，吸收积极分子入党，扩大党的组织，各高校逐步形成了党委统一领导，学校行政齐抓共管，以政治理论课为主体，青年团、教工会、学生会自上而下分工配合的思想政治教育工

---

① 马寅初：《北京大学教员的政治学习运动》，《人民日报》1951 年 10 月 23 日。

作体系，建立党对高校强有力的领导，保障党对高校的政治思想领导，形成了高校马克思主义思想教育的合力。

当然，初创探索阶段的工作也存在缺点。新中国成立初期，高校马克思主义理论水平不高，知识储备不足，存在机械搬用以苏联经验为蓝本的教学计划和教学大纲的情况。还由于国家处在社会大变革时期，马克思主义思想教育伴随着暴风骤雨的政治运动，尤其是思想改造运动向纵深发展时以群众运动的方式进行，对马克思主义的阐述和应用难免出现教条化、简单化、机械化的缺点。这主要是混淆了学术问题与政治问题的界限，混淆了学术思想与资产阶级思想的界限，甚至将某些合理的、正确的、值得借鉴的学术思想、观点也一概当作资产阶级思想加以批判，特别是用政治批判的方法代替学术研究和学术讨论，不利于学术繁荣，也挫伤了一批知识分子的感情。但总体而言，这一时期的工作是卓有成效的，逐步清除了受帝国主义、封建主义和官僚主义影响的旧思想，高校师生初步树立了马克思主义观点和为人民服务等无产阶级思想。

综上所述，新中国的成立，"有了人民的国家，人民才有可能在全国范围内和全体规模上，用民主的方法，教育自己和改造自己"。[①] 这为马克思主义走进高校提供了便利。马克思主义指导地位在高校的确立是一项系统工程，在党和政府的领导下，由于广大师生的努力，在高校这个思想文化重镇，短短几年，马克思主义的立场、观点和方法已融入高校思想政治理论课中，融入哲学社会科学研究中，融入校园文化建设和大学生思想行为中。育人为本、德育优先的理念在新中国一成立即开始确立。新中国的高等学校践行"培养具有高度文化水平，掌握现代科学技术的成就，全心全意为人民服务的、高级的国家建设人才"[②] 的使命，为国家培养了一代又一代社会主义事业建设者和接班人。

---

① 《毛泽东选集》第 4 卷，人民出版社 1991 年版，第 1476 页。
② 《中华人民共和国重要教育文献（1949—1975）》，海南出版社 1998 年版，第 25 页。

综合

近代著名儒将曾国藩漫议

易竹贤 *

内容摘要：曾国藩是清代咸丰同治年间第一名臣，曾拜相封侯，全国景仰；是湘乡近代最知名的大人物，号称曾湘乡。文章从三个方面阐述了曾国藩学识、谋略与为人。

关键词：曾国藩　湘军

曾国藩（1811—1872），字涤生，作为清代咸丰同治年间"中兴"的第一名臣，拜相封侯，全国景仰；也是湘乡近代最知名的大人物，号称曾湘乡。他自幼熟读经史，道光十八年（1838）中进士，又点翰林，学问相当了得，可以说是一位传统的高级知识分子。正当曾国藩在仕途上不断攀升的时候，太平天国起义势如破竹，攻克南京，改称天京，正式建立起与清王朝相对峙的天国政权。于是，曾国藩以一介书生，办团练，组建统领湘军，与太平军作战，几经反复曲折，艰苦奋战，终于取得镇压太平天国的全面胜利。他可以说是极具典型意义的一名儒将，值得研究。我对本县这位先贤没有专门研究过，却也颇感兴趣，颇为敬仰，或亦有些惋惜。个人有几点粗浅认识，提出来就教于学者方家。

一　保卫传统与学习外洋

太平天国与清朝的斗争，原是农民起义与封建王朝两个对立政权的斗争，而曾国藩却从文化的角度，说他所率领的湘军与太平军的战争，是保卫传统文化（儒家名教）与学习外国文化（拜上帝教）的斗争。在《讨粤匪檄》中明白指出：

---

* 易竹贤，武汉大学文学院教授，博士生导师。

　　自唐虞三代以来，历世圣人，扶持名教，敦叙人伦，君臣父子，上下尊卑，秩然如冠履之不可倒置。粤匪窃外夷之绪，崇天主之教，……士不能诵孔子之经，而别有所谓耶稣之说，《新约》之书。举中国数千年礼仪人伦，诗书典则，一旦扫地荡尽。此岂独我大清之变，乃开辟以来名教之奇变，我孔子、孟子之所痛哭之于九原！凡读书识字者，又乌可袖手安坐，不思为之所也。①

　　曾国藩又揭示太平军"焚彬州之学宫，毁宣圣之木主，十哲两庑，狼藉满地。嗣是所过州县，先毁庙宇。即忠臣义士，如关帝、岳王之凛凛，亦皆污其宫室，残其身首。以至佛寺道院、城隍、社坛，无庙不焚，无像不灭。此又鬼神所共愤怒，欲一雪此憾于冥冥之中者也"。正是从这样的角度，曾国藩号召湘军及军民人等，为保卫中国数千年来的传统文化而战。这样的口号对于官僚士绅和一般读书人，自然都有极强的鼓动与号召力量；即对于长期在儒教和传统思想风俗熏陶下的民众，同样有相当的召唤力。正因为如此，湘军从两万人出征，迅速扩大，虽经不少曲折挫败，还是取得了战胜太平军的巨大胜利。

　　洪秀全所领太平军，学习外国，提倡一种朦胧的平等观念，认为天下民众都是天主的子民，皆以兄弟姊妹相称；又提倡剪辫留长发，故俗称"长毛"；还提倡放脚。这些都有积极的意义。起义之初，能激起长期受压迫受剥削的农民手工业者及下层知识分子的反抗意识。因而队伍迅速扩大，战争进展顺利，势如破竹，先后打败了清王朝由八旗兵和绿营兵组成的江南江北大营，占据南京，改称天京，建立了与清王朝相对峙的天国王朝。

　　应该说，他们学习外洋文化是不错的。但他们只学到了皮毛，并不真正了解基督教（或耶稣教）的本义。而更大的错误在于全盘抹煞传统。"凡民之父母皆称兄弟姊妹"之说，否定了孝顺父母、尊敬师长等传统美德，加上欺神灭道等行径，使所学外国的东西，难以被本国民众所接纳，也就不可能在本国生根。其实早期基督教曾反映被压迫的奴隶阶层对奴隶

---

　　① 《曾国藩全集·诗文》，岳麓书社1986年版，第232页。以下凡引是书，均简称《诗文》、《家书》、《日记》、《信札》、《奏稿》等。

制度的憎恨，但后来也曾为欧洲中世纪封建社会所利用。而洪秀全本身也曾深受孔孟儒家思想的浸染，是多次应考失意的下层小知识分子。进入天京以后，竟完全搬用封建王朝的那一套，他做"天王"，自称"万岁"，其实质等同于做皇帝，奢靡享受，后宫竟选用数十位"姊妹"，供他一人淫乐享用，与众多"妃嫔"无异。天国封了许多王，大多奢侈骄横，争权夺利，民众对这些王稍有不敬，便要遭杀头惩处，并没有什么平等可言。凡此种种，便成为招致天国政权崩溃失败的重要原因。

曾国藩既中进士，又点翰林，是清代道咸以后，正统派一路文人。他崇尚儒学及其后续的程朱理学，传承了我中华优秀传统文化及良好道德风尚。如孝道、宗亲之情；师道、友道；对乡邻的关切，乡间社仓积谷的热心，以及克己奉公，清廉自守等等，都有良好的表现，不必赘述。

曾国藩所尊奉的儒学，确是中国传统优秀文化的重要组成部分，长期适应中国封建主义专制王朝的需要，也曾促成封建社会的安定和谐。然而时移世异，清道咸以后，世界早已进入工业资本主义时代，儒学已不适应近代世界的发展，而且蔽锢思想，阻碍革新，致我堂堂中华日趋衰惫，屡受外敌侵凌，割地赔款之事屡见不鲜。究其根源，从思想文化的角度，儒学便难辞其咎。而曾国藩这时却说："我朝崇儒一道，正学翕兴。"① 大加吹捧，这就显得十分保守，近乎顽固了。

然而，难能可贵的是，曾氏在某些地方也曾突破儒家的藩篱。如他本来是科举出身，官运亨通，却也开始意识到科名进学的道路不合世用，"此中误人终身多矣"。在家书中谓纪泽儿"八股文，试帖诗皆非今日急务，尽可不看不作，至要至要"；"纪鸿儿亦不必读八股文，徒费时日，实无益也"②。又说他"所望于诸弟者，不在科名之有无"，"毋徒汲汲于进学也"。③ 而更重要的是，曾国藩在实践中也开始感受世界潮流，主张向外国学习，成为洋务运动的先行倡导者和最初的实行者。早在咸丰年间，他已经认识到"购买外洋船炮，则为今日救时之第一要务"④，并尝试创办军械所，造小火轮；同治二年（1863）派容闳赴美购办机器，随后即在上海建立并扩充江南制造总局，在国内自己制造兵器和轮船。曾氏

① 《书学案小识后》，见《诗文》，第166页。
② 《家书》，第292页。
③ 同上书，第87页。
④ 《奏稿》三，第1603页。

的这些举措，不仅仅是为"可以剿发逆"，而且为的是"可以勤远略"①，即振本自强的长远谋略。同时为了振本自强，曾国藩曾几次上书朝廷，拟选聪颖子弟，赴泰西各国书院及军政、船政等院，分门学习②；"同治十年"（1871）七月初三日，曾氏又与李鸿章专门合奏《拟选聪颖子弟赴泰西各国肄业折》，并订有章程12条，为具体实施办法③。他们希望把幼童培养成人才，归国以后，"使西人擅长之技中国皆能谙悉，然后可以渐图自强"。凡此种种，不必讳言，也表明了曾国藩思想和行为的某种进步意义。

二　尊崇孔子与帝王专制

作为儒将，曾国藩在根本上是儒家思想的信奉者和践行者。他要保卫的传统文化，也主要是以孔子、孟子为代表的儒家传统。他对孔子的尊崇，是相当真诚的，甚至到了无以复加的程度。

在《书学案小识后》一文中，曾国藩颂赞"孔子，圣之盛也"④。在《圣哲画像记》中，称赞周文王、周公、孔子为"三圣"；又肯定"宋之贤者"以为《孟子》可以配《论语》，即以孟子为"亚圣"的说法。同时，选择"文周孔孟之圣"以下古今圣哲32人（主要是儒家的继承者），命儿子纪泽图其遗像，称赞他们"莫不忧以终身，乐以终身"，"斯文之传，莫大乎是矣"。并谓"此三十二子者，师其一人，读其一书，终身用之，有不能尽"。⑤在孔孟儒学的诸多继承者中，曾国藩特别推重程朱理学。他说："有宋程子、朱子出，绍孔氏之绝学，门徒之繁拟于邹鲁。反之躬行实践，以究群经要旨，博求万物之理，以尊闻而行知，数百千人，粲乎彬彬。故言艺则汉师为勤。言道则宋师为大，其说允已。"⑥清乾嘉之间，"汉学"兴起，有人以实事求是的观点，"薄宋贤为空疏"。曾国藩批评说，"夫所谓事者，非物乎？是者，非理乎？实事求是，非即朱子所

---

① 《奏稿》三，第1603页。
② 《奏稿》十二，第7191页。
③ 同上书，第7331—7335页。
④ 《书学案小识后》，见《诗文》，第165页。
⑤ 参见《圣哲画像记》，《诗文》，第247—252页。
⑥ 《送唐先生南归序》，《诗文》，第167页。

谓即物穷理者乎?"而且责备这些汉学家"名目自高,诋毁日月"。① 其说不无可议,却也可见曾氏对程朱理学的褒爱。在《圣哲画像记》中,也曾有过这样的批评,肯定有宋五子(周敦颐、二程、张轼、朱熹)"上接孔孟之传",并谓"吾观五子立言,其大者多合于洙泗,何可议也"。②

曾国藩所表彰的文周孔孟以下儒家的思想家们,确实承继了儒家"修齐治平"的道路和宏远理想。曾国藩自己也是努力这样做的。他曾说:

> 君子之立志也,有同胞物与之量,有内圣外王之业,而后不忝于父母之生,不愧为天地之完人。故其为忧也,以不如舜不如周公为忧也,以德不修学不讲为忧也。是故顽民梗化则忧之,蛮夷猾夏则忧之,小人在位贤才否闭则忧之,匹夫匹妇不被己泽则忧之,所谓悲天命而悯人穷。此君子之所忧也。③

他是因六弟为"小试不利",有些牢骚,笑"其所忧之不大也",故在家信中发了这番议论,表达的是正统儒家那套"修齐治平",以天下为己任的气概。曾是这样表白,他一生确也是这样做的。按孔子教导的那样克己治家,治军治国,从而与诸多同仁一道实现了所谓"咸同中兴"。

然而,儒家的后继者一直到曾国藩,他们所尊崇的孔子,在自己生活的春秋时代,其实也是很平常普通的儒者;他所代表的儒家,只不过是当年百家争鸣时代较为突出的九家中的一家而已。他后来之所以成为"圣人",有了"大成至圣文宣王"这样阔得可怕的头衔,正如鲁迅所说,"完全是权势者们捧起来的,是那些权势者或想做权势者们的圣人"。④ 从汉武帝时代,董仲舒"推明孔氏,抑黜百家","然后统纪可一,而法度可明,民知所从矣"⑤,从而为促成汉朝大一统帝国的出现提供了思想文化基础。孔子儒家学说是在小生产经济的条件下,总结东周以来的思想意

---

① 《书学案小识后》,《诗文》,第166页。
② 《诗文》,第249页。
③ 《家书》,第39页。
④ 鲁迅:《在现代中国的孔夫子》,《鲁迅全集》(第6卷),人民文学出版社1981年版,第314—316页。
⑤ 《汉书·董仲舒传》。

识形态，成为封建思想的集大成者，故能适应君主专制社会的需要，自汉代"罢黜百家，独尊儒术"以后，能独占中国思想文化的主流，长达两千余年。后继的许多思想家自然也有发展与完善，承传并发展了儒家的优秀成分，故促成贞观之治，开元盛世，及康雍乾等鼎盛时段的出现。然而儒家思想的根本——三纲五常，君主专制，却也一直传承下来，长期适应并服务于封建专制社会，而成为封建专制主义的灵魂。它对人性的压抑，对个人自由的束缚与摧残，对外的闭关锁国，愈到后来愈加发展到极致，以致中国社会的专制主义也特别严酷、残忍和保守。如前所述，近代中国也便愈加落后而衰惫，不断被外敌侵凌欺辱。曾国藩尊孔，正处于这样的时代，也便和帝王专制有不可分割的联系，这是他难以超越的时代局限。

道光二十三年（1843），曾升任翰林院侍讲，感激涕零，说"受君父皇上天恩，蒙祖宗之德荫，将来何以为报，惟当竭力尽忠而已"[1]。他要努力尽忠并维护清王朝。即如他的征讨太平天国所要捍卫的以孔子儒家思想为代表的传统文化，也是为了挽救清王朝的危机。在《讨粤匪檄》中，有明白的表述。曾国藩之所以"卧薪尝胆"，统湘军征讨，"不特纾君父宵旰之勤劳，而且慰孔孟人伦之隐痛"；同时赞颂"今天子忧勤惕厉，敬天恤民，田不加赋，户不抽丁"。[2] 这就把尊崇孔孟与忠于君父、颂赞君主，完全统一起来。咸丰十一年（1861）三月，太平军围逼集贤关，安庆形势紧急，曾国藩在家信中说："此次安庆之得失，关系吾家之气运，即关系天下之安危。"[3] 这位孔丘信徒，已经把自家的命运，与清王朝的安危连成一气，不可分割了。

辩证法告诉人们，任何事物都是一分为二的，都有两面或多面，孔子及儒家思想也不例外。曾国藩也知道孔子最初并不时兴，"仲尼于诸侯不见用，退而讲学于洙泗之间"。[4] 那时诸子各家自由争鸣，到汉武帝以后，孔子儒家思想才一家独尊，终止了自由争鸣的时代。两千余年来，孔丘既有代表中华民族优秀传统文化的一面，也有与封建帝王专制相伴而行，不可分割的一面。正如李大钊所说的，孔子是"历代君主所塑造之偶像"，

---

① 《家书》，第62页。
② 《诗文》，第233页。
③ 《家书》，第673页。
④ 《送唐先生南归序》，《诗文》，第167页。

是"专制政治之灵魂"。① 以史为镜，凡尊孔的时代，多是封建帝王专制的时代。民元以后，实现共和，而袁氏尊孔，接着便上演复辟丑剧；张宗昌尊孔，便是辫子军企图扶溥仪复辟坐龙廷。国民党政府明令规定孔子诞辰为"国定纪念日"，令全国举行"孔诞纪念会"，说如此可以"奋起国民之精神，恢复民族的自信"。胡适批评说，这是"做戏无法，出个菩萨"。② 而紧跟着国民党便提倡所谓"一个国家，一个主义，一个领袖"的法西斯专制。由此可见，既要继承孔子儒学的优秀传统文化一面，又要批判其封建主义灵魂的消极一面；只热加追捧，而不正视并批判其负面，便有思想文化倒退复辟的危险。验之历史，屡试不爽！

三 曾国藩湘军传统的正面与负面

曾国藩及其所统率的湘军，既有优良的传统，对后世有良好的影响，也有其负面的不良的影响。试分述之。

其一，曾氏以儒家"仁者爱人"的传统，统率湘军，而"以爱民为第一义"。在咸丰十年（1860）四月，《致沅弟》信中说：

> 弟在军中，望常以爱民诚恳之意，理学迂阔之语时时与弁兵说及，庶胜则可以立功，败亦不致造孽。当此大乱之世，吾辈立身行间，最易造孽，亦最易积德。吾自三年初招勇时，即以爱民为第一义。历年以来，纵未必行得到，而寸心总不敢忘爱民两个字，尤悔颇寡。③

这是曾国藩的真心话。刚隔一年，又说到同样的意思④；其他地方还多次提到。咸丰十一年（1861）旧历除夕，在军中遇大雪，外间饥民甚

---

① 李大钊：《自然的伦理观与孔子》，载 1917 年 2 月 4 日《甲寅》，后收入《李大钊全集》。
② 胡适：《写在孔子诞辰纪念之后》，载《独立评论》第 117 号，后收入《胡适论学近著》第一集。
③ 《家书》，第 540 页。
④ 同上书，第 548—549 页。

多，故而有放赈的举措；① 皖南亦有设粥厂放赈的事②；对湘军统领营官哨弁的教诫，第一条便是"禁骚扰以安民"，指出"若官兵扰害百姓，则与贼匪无殊矣"③。又说："凡为将帅者，以不骚扰百姓为第一义。"④ 他看到大乱之世，"一片荒凉之景"，凋丧不忍耳闻情境所表示的同情⑤。以上数端，都可见曾国藩戎行之间对百姓的关心。而最集中最典型的表现，则是他所作的《爱民歌》，歌前有"禁扰民之规"的引言，其中说："用兵之道以保民为第一义"；"故兵法千言万语，一言以蔽之曰：爱民"。⑥ 歌词中的扎营不要"取门板"，"莫踹禾苗坏田产"，莫打鸡鸭，"切莫掳人当长夫"，"号令要严明"，"军士与民如一家"，及后作的《解放歌》中优待俘虏的政策等优秀传统⑦，对后世影响更为明显。毛泽东早年崇拜曾国藩，受过曾氏影响。他创建领导红军，制订"三大纪律，八项注意"，便体现出受曾氏影响的痕迹。自然，毛泽东点石成金，其思想境界的高度，表现的完整缜密，影响的广大深远，则与曾国藩所言不可同日而语了。

其二，曾国藩认识到，"制胜之道，在人而不在器"⑧，因此特别重视人才的选拔与使用。他曾说"凡将才有四大端"，第一条便是"知人善用"；再加上"善觇敌情"，"临阵胆识"和"营务整齐"。他自己这样考察人才，也希望弟弟曾国荃于这四大端下功夫，并以此"考察同僚及麾下的人才"。⑨ 他曾告僚属"观人之法，以有操守而无官气、多条理而少大言为主"，"尤以习劳苦为办事之本，引用一班能耐劳苦之正人，日久自有大效"。⑩ 总之，人才是办事之本，也是战争胜利之本。

怎样才能罗致人才？曾氏总结说，"得人不外四事，曰广收，曰慎用，曰勤教，曰严绳"⑪。他的部下多有良将头目，及其幕府，便集有近

① 《日记》，第699—670页。
② 《家书》，第814页。
③ 《诗文》，第437页。
④ 同上书，第456页。
⑤ 《日记》，第632页。
⑥ 《诗文》，第466页。
⑦ 同上书，第429—432页。
⑧ 《家书》，第868—869页。
⑨ 同上书，第352页。
⑩ 同上书，第559页。
⑪ 《日记》，第740页。

百人，多为才士，可谓广收。同时他又认识到"不患无才，患用才者不能器使而适宜也"①，故对手下人才绝大多数能量才使用，相当慎重。至于"勤教"，曾国藩主要是严格要求自己，以身作则，身教重于言教。他"以做官发财为可耻，以宦囊积金遗子孙为可羞可恨。并私心立誓，总不肯做官发财以遗后人"②，强调家中子弟要读书自立。因此曾家后人多不是什么"富二代"或"官二代"，如曾纪泽、曾纪鸿等多人，都有各自的长处。这一点很值得后人学习借鉴。此外，曾国藩有相当严格的生活习惯，坚持早起；对待部下则"欲立立人，欲达达人"，"泰而不骄"，且经常"正其衣冠，尊其瞻视，俨然人望而畏之，威而不猛也。持之以敬，临之以庄，无形无声之际，常有凛然难犯之象，则人知威矣"③。这样，部属也就好治理了。最后的"严绳"，即谓严格地惩罚错误，使趋于正。只要看看《曾国藩全集》中的许多革职查办的奏稿折片，就可明白他在这方面所下的功夫。惩处的例子很多，如咸丰十年（1860）七月，曾氏因战功刚举荐任皖南道员的李元度，（李本是曾的儿女亲家）；事隔月余，却因徽州失陷，"贻误大局，责无可辞"，便又请旨将李"革职拿问，以示惩儆"④，可见其惩处不问亲疏远近，秉公执法。曾对贪腐尤为痛恨。安徽涡阳县知县沈镰，借清查田亩为名，敛钱肥己，"差役四出，鱼肉乡里"。又造言生事，残害善类，诸多劣迹。"非从严参办，不足以示惩儆"，故奏请将沈"即行革职，永不叙用，以为贪劣不职者戒"。⑤

曾国藩以为"宏奖人才，诱人日进"，乃是"君子之乐"⑥。他的知人善用，成绩最显著者，莫若对李鸿章、左宗棠的选拔、培养与支持。李鸿章，安徽合肥人。道光年间进士。原在本籍办团东，后投靠曾国藩充任幕僚。曾对其赏识有加，影响良善。咸丰十一年（1861），李初组淮军，曾国藩便多方关注支持，说"少荃一军……新军远涉，孤立无助，殊足危虑"⑦；曾对九弟说，"少荃欲再向弟处分拨千人，余亦欲许之，不知弟

---

① 《诗文》，第 393 页。
② 《家书》，第 183 页。
③ 《日记》，第 391 页。
④ 《奏稿》二，第 1247 页。
⑤ 《奏稿》九，第 5506—5507 页。
⑥ 《日记》，第 421 页。
⑦ 《家书》，第 814 页。

有何营可拨?"① 一个"再"字,可见支援帮助之多。这是因为曾国藩认为李鸿章"劲气内敛,才大心细",是一个可任封疆大吏的干才。说李研核兵事,于水师尤有心得,故向朝廷奏请派李"前往淮扬,兴办水师,择地开设船厂";又请旨擢授两淮盐运使,"以济舟师之饷",代其筹划周全②。使李鸿章的淮军得以迅速成长,发展壮大,连外国人戈登的"常胜军"对李也不敢怎么样。曾在家书中赞扬说,"此间近事,惟少荃在苏州杀降王八人最快人意";"戈登虽屡称欲与少荃开仗,少荃自度力足制之,并不畏怯。戈登亦无如之何。近日渐就范围矣"。③ 李鸿章后来的建成淮军劲旅,称霸北洋水师,与曾国藩的爱赏、支持和影响是分不开的;李也始终对曾国藩感恩不忘,待以师礼;曾死后,在《曾文正公神道碑》里犹极加颂扬。而左宗棠则有所不同。左系湖南湘阴人。道光十二年(1832)年中举后,几次会试皆不第,便不再去应考。每自比诸葛亮,出语令人感觉狂放。曾为胡林翼所赏识,后入骆秉章幕府,赞助湖南军务。咸丰六年(1856),曾国藩攻克武昌,因左宗棠"济师济饷"有功,曾奏请朝廷升任兵部侍郎,加四品卿衔,入曾营襄办军务。期间,湖广总督官文"为蜚语"攻击左,曾国藩胡林翼等皆奏左无罪得免。曾国藩在后来的奏稿中,对左有分析,还有评价。说他"求才太急,或有听言稍偏之时,措辞过峻,不无令人难堪之处",深中左氏缺点。另又褒扬宗棠"其才可以独当一面",且"思力精专,识量闳远,于军事实属确有心得";又说他"素知大局,勇敢任事,必不肯舍难而就易,避重而就轻",故奏请留左宗棠襄办江皖军务④,优点评论也相当精当。曾在家信中也说,"与左季高同行,则以气概识略过人,故思与之偕,以辅吾之不逮。"⑤ 这些都说明曾国藩对左宗棠的赏识和器重。然而左宗棠自己后来却说有些意气用事,以致八年与曾国藩不通音问。曾国藩却还是从大局出发,在左宗棠任陕甘总督,西征叛回过程中,曾国藩以两江总督之重任,为左筹解饷银,每月以3万两协济左宗棠军营。并强调"甘肃艰险情形,实为各省至苦之区,权衡缓急,不能不先尽甘饷","每月仍筹足三万两,全数解

① 《家书》,第808页。
② 《奏稿》二,第1188—1189页。
③ 《家书》,第1061页。
④ 《奏稿》二,第1181—1182页。
⑤ 《家书》,第585页。

交甘肃"。① 左宗棠之所以能荡平新疆，并取得新疆建行省的历史性胜利，与曾国藩的协助和支持是分不开的。这让左十分感动。最终结果是大家所知道的，左氏终于在赠曾国藩的联语中说："知人之明，谋国之忠，自愧不如元辅"，这样的话从左宗棠这位战功卓著，又睥睨一切的人口中说出来，对曾是极大的安慰，尤其可见左对曾国藩是从心底折服了。

其三，曾氏组建统领湘军另一显著特点，是多用书生领兵。湘军的四大名将，曾自己是道光十八年进士，左宗棠是道光十二年举人，彭玉麟是附生，胡林翼是道光十六年进士。名将李鸿章，道光二十七年进士，江忠源，道光十七年举人。湘乡人罗泽南，诸生，讲学乡里，他的学生李续宾也是诸生，李续宜系文童，王鑫诸生，许多弟子都跟随老师出征；所谓"矫矫学徒，相从征讨，朝出鏖兵，暮归讲学"。② 这是罗泽南师生提兵破贼的特点，也大致可以概括儒将治军的特色。语云，运筹帷幄，决胜千里，虽不一定是所有儒将能够做得到的，但曾国藩提出的将才四大端，则基本上都能具备；特别是"知人善用"，"善觇敌情"，可以说是儒将的长处。曾国藩还因知识丰厚，往往善于总结吸取历史经验教训，能讲求舆地，相度山川脉络，审慎行军；断言兵事，"宜从大处分清界限，不宜从小处剖析微茫"③；又能从大局出发，顾瞻战争全局，如同治《湘乡县志》所说："其治军，则不分畛域，湘、鄂、江、皖、苏、浙诸军，联为一气，而粮台之军火饷糈，以时分应他军，接济邻省"④。这正是曾氏之所以为各地各军将士拥戴，湘军迅疾凝聚扩大，取得胜利的重要原因。

然而，曾氏及湘军虽然有优秀传统，但如前所述，也有极其不良的方面，对当世和后代都有突出的影响。

统领湘军的儒生，曾国藩以下诸人，都是传统的知识分子，饱受"四书""五经"的熏陶，"三纲五常"那一套牢不可破。他们无论领军打仗，治理民众，还是提倡洋务，其最终目的，都是为了巩固清王朝的统治。所谓"咸同中兴"的短暂光焰，其实正敲响了清王朝统治崩溃的丧钟。世界潮流，浩浩荡荡，顺之者存，逆之者亡。任何人也阻挡不住民主共和取代帝王专制的历史潮流。

① 《奏稿》九，第5799—5800页。
② 《诗文》，第307页。
③ 《家书》，第723页。
④ 《湘乡县志》（同治本）《人物志·名宦篇》。

曾国藩标榜"不要钱，不怕死"①，他也曾严惩贪官，这些自然很好，他自己大致也做得不错。但到后期，湘军中腐败现象却也逐渐滋生发展，甚或相当严重。打破天京以后，曾经抢掠数日。洪秀全的天国金库，原来传说金银多多，后来竟无有下落，不仅朝廷怀疑，国人也不无疑问，留下一个大谜团。有些人讽称曾国荃为"老饕"；而湘乡后来流传俗谚云，"打开南京发洋财"，大概都是这谜团中的事例。

湘军最大的负面传统影响，主要还是开启了地方武装势力割据的源头。曾国藩为首的湘军之外，当时还有李鸿章为首的淮军；湘军也兼及楚军，《清史稿》及一般人都以为是左宗棠为首；还有鲍超建川军，朱洪章的黔军，胡林翼的鄂军以及沈葆桢的闽军等等多种说法。到了民国，更是各种军阀割据：奉系、直系、皖系、川军、黔军、滇军、桂系等等，指不胜屈。军阀横行，鱼肉百姓，国家不能统一，且往往被外国帝国主义窥伺侵凌。故中国革命进程中，曾突出"打倒列强，打倒军阀"的口号和实际运动。到共产党领导的中国工农红军，方才统一政令军令，后来称八路军、新四军，再后便是中国人民解放军，不再有畛域之分，真正结束了军阀割据的恶习。我们今后还能去搞什么川军、湘军，再去提什么桂系、皖系，倒退到地方割据的思路上去吗？

四　研究儒将曾国藩需有一定的知识准备

曾国藩一生读书甚多，经史百家，涉猎广泛；后来军旅生涯，仍坚持每日读书数十页，很少间断。应该说他的知识相当广博，而且丰富；生活阅历也十分充裕而多经验。但大半生戎马倥偬，学问成就不突出，不足名家。而要研究他，却需有多方面的知识，否则容易出偏差。湘乡市创办的《曾国藩与湘军文化研究》2012年第1期所刊曾氏手书日记若干篇的文字移译，便有不少的纰漏，大多由于知识准备不足。笔者并未全部接触过曾氏手书日记，更不用说研究，仅就上述若干篇按刊发顺序说点个人意见。

[道光二十一年九月初二日]"温《诗经》《鼓钟》《楚茨》"。三者不能并列，前面是总书名，后者是《诗经》中的两篇。可于《诗经》后用冒号，或不用标点。"伦仙"应是"崙仙"。"《汉书》"后可用冒号或不

---

① 《家书》，第388页。

加标点。"马官传"，应为《马宫传》，为《汉书》中三人合传的末篇。先天读完了前两人传，接着又读下一篇三人合传，这是曾国藩读经史的特点，一篇接一篇点读，基本上不间断，很值得后人学习。可胜"概"哉，应为"慨"。"初虞日"，应是"初度日"，出自《离骚》，后即指称生日。

[道光二十二年十月十一日]大人"寿履"反菲，应是"寿辰"，系指本月初九日，父亲"大人寿辰"，"酒食太菲"。自己生日反而"酒食较丰"，故觉得"颠倒错谬"。下面"应酬"，系"应酬"之误。"天头"以下数语，是国藩的前辈好友，倭仁字艮峰的批语，整句应加括号。他的日记写好后，请师友传看，并求批评指教。艮峰看过后加批语，"自寿诗"是否改为自警诗或自勉诗，如何？故断句应为："寿字，易警、勉等字，如何？""次于自寿诗韵"，"于"应为"予"，《正韵》与"余"同，即"我"。次韵，亦称步韵，即根据我的自寿诗的韵及用韵的次序来作和诗。

[道光二十三年十月十一日]"夜月如画"，似应为"夜月如昼"。繁体畫与晝两字易混。用昼可与夜对照，因夜月如昼光明，可以清楚观览南山雪景、渭水寒流诸美景。"伺"以过此，当是"何"以过此。

[咸丰八年十月十一日]书籍字"面"，是书籍字"画"。"树立于孙"是"树立子孙"。这反映曾国藩不积家财遗留子孙，而要让子孙自立的思想。

[咸丰十年十月十一日]"邕谈"误为"久谈"。邕谈与久谈二者在曾的日记中均多次使用，却有区别。颜师古注《汉书》，谓邕同畅。久谈只表谈话的时间长久；而邕谈则可能表谈话的对象相悦，谈话的内容投机，含感情色彩。两者一般不应混同。

[咸丰十一年十月十一日]"因国割未满百日"，"国割"系"国制"之误。咸丰帝（文宗）于本年七月十七日（癸卯）崩，朝廷规定百日丧制礼，全国遵行，不得娱乐宴请等。因百日丧制未满，故曾的生日也"谢绝请客"。旋改水陆各军克复"无力"运漕等处折一件，"无力"系"无为"之误，地名。又"隋"心泉"朴"安庆府折一件，系"陈""补"之误，手书繁体"補"。本日所改另二片，合计四件，并皆见于《全集·奏稿三》整理本此日均不误。

[同治元年十月十日]《尔雅义奠》，是《尔雅义疏》，书名，为我国古代解释词义名物的专书，后被列为十三经之一。各家注疏颇多，而以清代郝懿行（字恂九，号兰皋）的《尔雅义疏》较为详审。写祭帐四幅，

"帐"系"幛"之误。幛，在较长宽的整幅绸布上题字或词句，用作庆贺或悼唁用。帐则是蚊帐或帐（账）册，《全集·日记》整理本亦错。

后面几日日记文字移译，大多不误，只有几处衍字、漏字及标点不甚妥当处，不赘述。

以上若干篇的纰缪，或者出于对经史不太熟悉，或者由于社会风俗礼制知识欠缺；或由于小学（文字音韵训诂）知识未备，或对古代各种书画文体了解不多，等等。除有些纯粹由于粗心所致外，大多是知识准备不足。这些缺憾对于研究作为著名儒将的曾国藩，应该是有妨碍的。补救的办法，看来还得向曾国藩学习，勤字当头，"总以发愤读书为主，史宜日日看，不可间断"①，"读经必专一经，不可泛骛"，此之谓"专学诀"；又说"读经有一耐字诀，一句不通，不看下句，今日不通，明日再读，今年不精，明年再读。此所谓耐也。"② 自然，还得在实践中学习，充实阅历，丰富社会知识，熟悉风俗习尚等等。说得如此头头是道，在下做得怎么样呢？实未能至，心向往之，愿与诸君共勉。

①　《家书》，第 11 页。
②　同上书，第 55 页。

浅谈方志类论文的撰写与学术规范

王丹林[*]

内容摘要：方志类学术论文撰写要注意选题的意义和价值，注意问题的导向性，发现、解决真问题。选题创新是学术期刊的基本要求。论文创新表现在论点新、论据新、工具新、角度新等方面。好论文观点鲜明，娴熟运用逻辑知识和哲学原理，说理论证得心应手，论述准确。评价一篇论文不仅要注重内容质量，还要在形式上走标准化、规范化之路，尤其要注意论文标题的拟定，提要、关键词、引言的撰写，遵守学术规范和学术道德，做好参考文献和注释的标注，力求撰写形式与内容俱佳的高品位论文。

关键词：选题　逻辑　结构　参考文献　注释

伴随着新方志编修活动的开展，方志理论研究空前活跃，各地修志机构都很注重人才队伍的培养，积极鼓励修志人员开展业务和理论研究，把理论研究与编修实践放在同等重要的位置。方志期刊无疑在理论研究、人才队伍建设中都发挥了重要作用。为推动期刊的不断发展、提高期刊学术质量、促进良好的编作互动，笔者从遴选论文和编辑稿件的实践中，总结当前方志类学术论文存在的问题，探讨方志类论文撰写方法和规范。

一　论文选题要创新立说

方志类论文选题应该说是十分广泛的，如方志名家思想研究、方志学科理论体系构建、志书编修探讨、旧志研究等。《中国地方志》在每年第一期末页刊登当年的选题参考。这些选题都是在方志研究领域中具有代表

---

* 王丹林，中国地方志指导小组办公室《中国地方志》编辑部编辑。

性，或是当前的研究热点，或是学科建设中的理论重点，或是修志实践中的工作难点，对论文写作具有一定的指导作用和参考价值。

创新是永恒的主题，没有创新就意味着落后与陈旧。学术论文要有创新，这是学术期刊的基本要求。论文关键在立论，通过论点、论据、论证，得出别树一帜的结论，提供新的观点和方法，对理论研究有所推进，对实践有指导意义。编辑在筛选文章的时候都希望文章对其所属研究领域能有新的贡献，因此，作者要具有强烈的创新意识，尽可能地确立创新观点。如果仅是从概念出发，谈些工具书上的基本规范，或者老生常谈，炒现饭加些例子，没有新的突破，就不能成为一篇好论文。如有的文章论述方志编纂原则，提出要"突出时代特色"、"科学性"、"地方性"、"横排竖写"、"纵不断线，横不缺项"，"建立一支符合要求的修志队伍"等，在论述的时候仅仅是重复前人观点，毫无创见和理论升华。有的文章谈提高续志质量要做到：一是明确存史是方志的主要功能，二是力求真实准确地记载历史，三是注重志书的整体性和体例的创新。这些都是常规要求，基本原则，老掉牙的话题，如果作为业务辅导材料指导新手上路尚可以，但形不成有创新价值的学术论文。

在学术研究工作中，我们应该将创新意识摆在第一位，注意收集资料、积累资料、分析资料，深入研究已有成果，超越前人认识，写出有自己创见的对学科建设有价值的论文。没有创新，就不可能立说。从操作层面来说，选题创新可以从以下几方面着手：

（一）延伸前人观点深化理论，而不重蹈他人论述形式

对某些公认的理论学说和观点，从更深的层次上或者从更新的研究角度，进行发掘，使人们能够深刻地认识它。这就需要对学科理论的掌握牢固扎实，学术视野要宽广，勤于思考，学会理论之间的融会贯通。如《"六经皆史"的视角：章学诚方志思想新论》① 一文提出"六经皆史"与"志为史体"是章学诚方志思想的两大理论支柱，揭示了章学诚从事方志编纂的学术理论体系及其动力，还分析了章学诚在定位"史义"的基础上提出"志义"的命题，构建经、史、志的学术谱系，探求对经、史、道关系的认识。这些观点，深化了章学诚方志思想研究，从学术史的

---

① 和卫国：《"六经皆史"的视角：章学诚方志思想新论》，《中国地方志》2010 年第 1 期。

角度对方志学的研究有所提升，对新编地方志的价值观也有所启示。

（二）运用辩证思维，写争鸣商榷式论文

争鸣商榷是对前人的理论学说和观点辨别是非、纠正错误的。这类论文是不同学术观点的交锋，仁者见仁，智者见智，但必须言之有据，能够自圆其说，才能令人信服。很多学术期刊非常欢迎争鸣商榷性的稿件，尤其愿意把几篇研究同一问题而观点相左的稿子集中发表，这样能够增强学术影响力。因此，如果作者对某学术期刊上的某篇文章的观点，持有不同的看法，完全可以写成争鸣性的文章并向编辑部投稿。这类文章若写得客观，不断章取义、不蓄意歪曲，坚持学术原则，心平气和，立足学术探讨，以理服人，亦不失为创新之作。方志界自首轮修志以来，对"地理篇"命名问题、方志性质问题、是否按照国民经济行业分类设置篇目等问题，展开了全国范围内的大讨论。各级刊物都刊登了相关文章，是非越辩越明，很多问题都是通过"百家争鸣"，逐步形成共识，并指导修志实践，对方志学科建设产生了推动作用。

此类文章还包括方志批评。书评是一种很重要的文体，以志书为对象，实事求是地分析志书的形式和内容，探求编纂方法，总结理论成果。而当下，很多刊物都不愿意刊登书评类的文章，其原因是很多书评，赞誉有加，批评阙如，鲜有客观评价，学术批评变成学术吹捧。要写好方志评论，应该从"明志观之是非，定志材之真伪，别志法之臧否，别志言之宏鄙，鉴志德之崇庸"① 五方面着手，要评、论兼备，从更高层次上加深认识，起到举一反三的作用。人文社会科学强调思想性，思想需要碰撞才能产生火花，只有好的学术商榷、评论文章，方能把方志学的研究引向深入。

（三）运用新颖的研究方法，视角独特，取得突破

如《志鉴类学术期刊资源及其影响力分析》② 一文，作者以《CNKI中国学术文献网络出版总库》的《中国学术期刊网络出版库》所收录的

---

① 《董一博同志在福建省方志工作者座谈会上的讲话》，《董一博方志论文集》，河南大学出版社 1989 年版。

② 赵峰、顾海英、姚雪桃：《志鉴类学术期刊资源及其影响力分析》，《中国地方志》2009年第 8 期。

志鉴类学术期刊为讨论对象，利用引文分析法，从论文参考文献（即被引用文献、引文）入手，分析文献被引用频次、高被引作者和高被引文献数量、被引用文献选题，探讨方志、年鉴专业贡献突出的作者和文献、研究热点以及期刊学术影响力等问题，选择数字化新视角，采用定量分析方法，揭示了方志、年鉴专业学术研究现状。

（四）通过阅读大量的文献或者反复的实践积累，发现理论上或者现实中的某一选题还存在着一些问题，需要对其完善改进，从而使理论更系统全面，更能适应不断发展的实践要求

难点是理论的生长点。理论联系实际，用已掌握的专业知识，解决工作实践中亟待解决的问题，从现实工作中的难点选题；从理论研究的空白处和边缘领域中选题，填补缺陷和空白；从前人研究的不足和错误中选题，在已有的研究成果中寻找疑点、漏洞或不足，以此作为研究的突破口，修正、补充或丰富已有的结论。目前刊物常见的创新论文，大多属于此类。如对方志基本原则的探讨，从单纯强调"生不入传"到强调"以人为本，以事系人"的人物记述方法，从"横不缺项，纵不断线"到"横不缺要项，纵不断主线"的提出等等，研究的这些发展都影响着我们的修志活动。

（五）学科融合既是学科发展的趋势，也是产生创新成果的重要途径

方志论文也逐渐出现学科间相互渗透、交叉、影响，写作此类论文要注意在承认学科差异、尊重学科属性的基础上，打破学科边界进行科际整合。如有文章从西方史学思想中寻找与编纂地方志的联系，但历史编纂学与方志编纂学是不同层次的编纂学，历史可以纵横捭阖、仗气直书，大论天下之短长，西方历史尤甚，修志则不能。在这类论述中不能只讲学科交流，更要尊重地方志的学科特点。文章提出"我们需要并且有理由期待更多'另一个（地方志）'的出现"只能是空谈而已，从学科属性上说地方志就这一个志，不能出现另一个，如出现就不叫志。

选题创新的同时还要注意选题的价值和意义，学术研究的贡献在于发现、解释、分析或解决真问题，而我们的学术研究，问题导向性不强，很多是无问题、假问题、伪问题、太大的问题、太多的问题、重复研究的问题。有的文章虚拟靶子，胡诌观点，提出"方志入史"，认为方志入史是一个较长的历史过程，其中有几个因素：一是早期方志就潜藏一定的史裁"基因"，而被视为重要的史氏流别；二是章学诚的"六经皆史"思想辨清了经、史、志三者之间的关系，为方志入史打开了通道；三是章学诚确认了方志的史裁特征，并强调了方志的史裁之义；四是近代以来不断刷新的史学思想为方志入史开放了空间；五是新中国修志活动强化了方志的史裁特征。这种文章是矮化方志，强调方志入史，长人家志气，灭自己威风。这样的论文非但不能推进学术进步，反而混淆了视听。本来古代史志是一体，"最古之史，实为方志"。章学诚也提出"志为史裁，全书自有体例。志中文字，俱关史法。则全书中之命辞措字，亦必有规矩准绳，不可忽也。"① 志为史书的体裁，但自有体例。文字俱关史法，至于是不是史书可以不究。现代方志已经具备独立学科的地位，才是方志学研究的任务。

二 论述逻辑影响文章研究水平

好论文应当具有准确性，观点鲜明、论述准确是前提。离开了准确性，文章立论就失去了客观的依据，基础不牢，理论就会产生倾斜。准确性属于逻辑的问题，写论文必须遵守形式逻辑基本规律，这是思维的科学，自觉地将逻辑知识哲学原理运用于写作中，有助于思维缜密，说理论证得心应手。

（一）论文研究客体要明确

省、市、县三级志书记述的篇目、深度是不一样的。作者在写作方志论文的时候要明确研究对象是哪级志书，不能一以概之。如某篇研究志书商业编的文章，提出"编目设置上，如果采用大编方式，切不可再将粮油购销储运单列，而必须将其归入商业编"。作者是县志办的，他所说的肯定是指县志，因为省志不存在大编体，省志商业志是要单独设卷的，记述的深度和广度与县志大相径庭，省志"粮油购销"是单设成卷的。没有明确研究客体，将县志编纂原则推广到所有二轮志书编修，这是不可取的。

---

① 《与石首王明府论志例》，《文史通义》卷八·外篇三。

（二）要有正确的哲学观点

很多稿件经常将有联系的事物之间的关系就称为辩证关系，动不动就探讨两者的辩证关系。如探讨修志与用志的辩证关系、志书著述性与资料性之间的辩证关系、正确处理"昨天"和"今天"的辩证关系。从这些命题可以看出作者不完全懂得什么是辩证关系。辩证关系就是指事物之间、事物内部要素之间以及事物的两重性之间的既对立又统一的关系。把握辩证关系的关键在于用对立统一的方法看问题，客观、全面地揭示事物矛盾双方的相互关系。即所谓的辩证统一的，包括了相互排斥、相互斗争、相互影响、相互依存。区别联系是说不同事物之间的区别联系，对立统一是放在一个矛盾里面来谈的。上述三种关系均属于相互联系承继关系，不是对立统一关系。论述逻辑起点错了，所作的推理论证就不可能正确。

在多篇谈志书总体设计的论文中，常常出现这样一种观点："志书归类的原则通常是共性大于个性宜合，个性大于共性宜分"。从哲学原理上分析这个提法是错误的。共性与个性是对立统一的，共性是一类事物与另一类的区别，而个性是同一类事物中不同个体的区别。共性只能在个性中存在。任何共性只能大致包括个性，任何个性不能完全被包括在共性之中，但不会脱离共性存在。好比一组彩色铅笔，共性是书写绘画工具，都是铅笔，个性是不同颜色。个性不会大于共性，就是这一种不可能是其他种类的笔。志书篇目同样原理，事以类从，不同类的当然不能合，但它不属于个性大于共性的问题。

（三）论文要有主线

论文可以有分论点，但必须有总论点，分论点是围绕总论点进行具体分析论证的。如谈篇目设计，可以分几个分论点谈分志的设计；如谈人物志，可以分几个体裁类型谈人物。可是有的论文出现几个风马牛不相及的问题，一会儿东，一会儿西，有的直接叫"几个问题"，有的属于漫谈，这样的文章没有总论点，没有主线，谈得再好也不算一篇优秀论文。

三　文章结构要规范科学

学术论文从结构分析主要有：文题、作者姓名及单位、摘要、关键词、引言、正文、结论、参考文献及注释。笔者着重对文题、摘要、关键词、引言的写作谈一些规范性要求。这四部分常常是作者最容易忽视的地方，作者习惯着重正文著述，如果说文章写作讲究虎头、豹身、熊腰、凤尾，那么这四部分居文章之首，应为画龙点睛之笔，必须下一番功夫锦上添花。

（一）文题

文题是以最恰当、最简明的词语反映论文中最重要的特定内容的逻辑组合，是一篇论文给出的涉及论文范围与水平的第一个重要信息，也是必须考虑到有助于选定关键词、编制题录和索引等可以提供检索的特定实用信息。论文题目十分重要，必须用心斟酌选定。对论文题目的要求是准确得体、简短精练、新颖醒目，外延和内涵恰如其分。要求论文题目能准确表达论文内容，恰当反映所研究的范围和深度。常见毛病是文题过于笼统，题不扣文，大而无当。论文内容与论文题目要互相匹配、紧扣，即题要扣文，文也要扣题。

方志类论文文题弊端，还在于习惯使用副标题或前缀、后缀词，不仅不符合题名应简明扼要的要求，而且显得多余。常见的有："关于……"式、"试论……"式、"……思考"式、"……刍议"式、"……的几个（若干）问题"式，这些方式单个看并无多大问题，但编辑见多了很乏味，既无新意，也无必要。在拟定论文题目时，应尽量省去此类非特定词和介词结构，简明扼要，避免雷同。此外还有无学术性的口号标题，如《续志质量仍需更上一层楼》，看不见题眼在哪里。

（二）摘要

摘要是以提供文献内容梗概为目的，不加评论和补充解释，简明确切地记述文献重要内容的短文。它是对全文内容的高度概括，是作者观点的提炼，其作用是不阅读论文全文就能获得必要的信息。摘要要明确研究的目的、方法、结果和结论。编写摘要时要求以词条为标准，尽量删去不必要的字眼，直至删无可删，做到文字精练。只讲结论，不讲过程，要求论点明确，结论具体，内容概括，结构严谨。要用第三人称作为陈述的主语，使用规范化的名词术语，不要列举例证，不要使用读者难以理解的缩略语、简称、代号，也不要作自我评价。篇幅大小一般以不超过 300 字为

371

宜。撰写论文摘要的常见毛病，一是照搬论文正文中的小标题，或论文结论部分的文字；二是内容不浓缩、不概括，文字篇幅过长。

（三）关键词

关键词是标示文献关键主题内容的词汇。关键词是为了文献标引工作，不能简单地从文题中抄录，应当从论文中选取，用以表示全文主要内容信息款目的单词或术语。一篇论文可选取 3—5 个词作为关键词。关键词的运用，主要是为了适应计算机检索的需要，以及适应国际计算机联机检索的需要。关键词为该文章提高引用率，增加影响力，开辟了一个新的途径。

（四）引言

又称前言，属于整篇论文的引论部分。其写作内容包括：立题的目的、理论依据、背景、前人的相关成果、地位、作用和意义。引言的文字不可冗长，内容选择不必过于分散、琐碎，措辞要精练，要吸引读者读下去。引言的篇幅大小，并无硬性的统一规定，需视整篇论文篇幅的大小及论文内容的需要来确定。具体写作要求：（1）提出问题，即开门见山地引出文章所设计的问题；（2）突出重点，各项内容只需一语道破；（3）选题依据，对本文参考文献作一说明，要引用前人的工作来衬托说明作者为什么要选这个题目及其必要性和迫切性；（4）客观评价，即实事求是，切忌妄下断言，讲述论文的意义和价值时，要从文章提到的问题出发，以前人的工作和现实需要为前提，客观并留有余地，以便读者了解和判断；（5）少说套话，即一般不要使用"水平有限"等套话，不要等同于文摘，更不能重复讨论的内容。总之，要紧扣题目，反复删改，力求简明。

四　参考文献和注释体现学术规范

评价一篇论文不仅要注重内容质量，还要在形式上走标准化、规范化之路。方志类论文往往在学术规范化上做得不够，也常常为学术界所诟病。当前学术界，在期刊发表论文已经成为科研人员生存及晋升的"硬通货"，作者投递论文经常要选择核心期刊，殊不知核心期刊的文献计量评价主要是通过引文数据库来实现的。目前，国内有六大期刊评价体系，分别是北京大学图书馆的"中文核心期刊"、南京大学中国社会科学研究评价中心的"中文社会科学引文索引（CSSCI）来源期刊"、中国社会科学院文献信息中心的"中国人文社会科学核心期刊"、中国人文社科学报学会的"中国人文社科学报核心期刊"、中国科学院文献情报中心的"中国科学引文数据库（CSCD）来源期刊"和中国科学技术信息研究所的"中国科技论文统计源期刊（中国科技核心期刊)"。[①] 引文数据库对来源期刊的筛选，除了有期刊形式的规范要求，还有对期刊论文内容质量及学术影响方面的要求，尤其对文献著录规范、参考文献量等指标较为重视。因此，期刊编辑在审阅稿件时，都要仔细核对并校正论文的形式特征，包括作者及机构、摘要、关键词及分类号、引文注释及参考文献，看这些文献信息是否标注齐全、准确无误。作者在写作论文时，务必注意遵守学术规范。

学术论文必须有参考文献和注释。参考文献和注释是有区别的。参考文献，主要指引文，一般指的是引用原著的原话，也可以引用原著的观点，按正文出现的次序，用数字加方括号集中列于文末。而注释则是对某一特定内容的诠释和说明，用数字加圆圈标注，注释一般置于该页页脚，每页重新编号。没有参考文献和注释的文章，很难称为学术论文，有的研究生优秀论文评选要求文章参考文献和注释要达到25篇以上，由此可以窥见学术根基是否厚实，阅历是否深广。若一点参考文献和注释都没有，无非是一些工作总结、编纂体会、读后感等自发思维之类的缺乏理论升华的文章。古人云，"观天下书未遍，不得妄下雌黄"[②]，正说明参考文献的重要性。作者得学会广征博引，掌握前沿理论，站在前人的肩膀上发表自己的见解，得出更高更新的结论，这才是一篇学术论文诞生过程和应有的形式。

参考文献和引文是限于那些作者亲自阅读过和论文中引用过，而且在正式刊物上发表过的文献，是反映文稿的科学依据、尊重他人研究成果而向读者提供资料出处，或为了节约篇幅和叙述方便，提供在论文中没有展开的有关内容的详尽文本。文末的参考文献一定要与正文的引语对应，如

---

① 任全娥：《"以刊评文"是"以文评刊"的结果》，《中国社会科学报》2011年11月10日。

② 颜之推：《颜氏家训·勉学》。

果论文中涉及数据，则一定要注明出处并确保其准确性，要做好版权声明等工作。

标注的参考文献不正确也常常令编辑们头疼。在审稿过程中经常遇到这样的情况：文末罗列了二三十条参考文献，有的还是很有分量的学术专著、很有价值的志书，粗略一看很不错，但细致推敲往往发现与正文完全脱节，正文没有一条引文，看不出哪些是参考文献上的原话，哪些是作者自己的观点。这样随心所欲罗列的参考文献，不仅不能增加文章的学术分量，反而会让人怀疑，这篇文章是不是从这几篇参考文献中东抄西摘拼凑出来的。因此不得在参考文献中罗列同正文没有直接相关的作者和文献。同时参考文献与注释切忌过多过滥，没有参考文献不成其为学术论文，但也不是"掉书袋"越多越好。在我们以前接触过的论文中，也有文末参考文献占了整整两页，正文中三分之二以上是引文，某某人这样说，某本书又那样说，通篇都是别人的观点，唯独没有自己的见解。这种文章如果收录各家观点比较全面的话，还可以算得上是综述性的学术总结，具有资料价值，但谈不上是具有创见的学术论文。学术论文主要是阐述自己的观点，因此，切不可引文过多，喧宾夺主，画蛇添足，为作注而作注，什么地方都引用。一般参考文献应该是引用经典著作、理论依据及比较权威的专家、学者的见解，而有的人为了增加参考文献的数量，什么提法都引，这样的引用反而降低了论文的档次。常言道：引经据典，称不上经典的东西就不要引，至少所引用的东西应该对论文起论据作用，而不是滥竽充数、装潢门面。这类现象在乡土文化类的稿件中表现得尤为突出。

总之，无问题无以做研究，无方法无以治学问，无规范无以成文章。论文的选题要有新颖之处，观点要鲜明准确，真正代表着一个学者的科研水准，才存在公开交流的价值与发表的意义。论文的形式要科学，标注规范，才便于读者进一步查阅验证，并展示出作者的研究路径与科学方法，提供开展广泛交流的途径与方式。只有内容质量高、写作规范的论文，才是高品质的论文，才能引起更多的关注，并形成刊物与文章的共生共荣，共同进步，为方志理论研究的不断深化、方志事业的良性发展、方志学科的建立作出贡献。

当精神照进现实

——包豪斯抽象主义绘画与现代主义设计关系释读

张学忠*

内容摘要：1919 年在德国成立的包豪斯设计学校，是现代设计教育和现代主义设计的重要开创者，其中的教员既包括设计师、工匠，也包括部分早期抽象主义画家。由于抽象主义绘画与包豪斯设计在造型语言上的同构性和异质性，以及艺术理想的一致性和社会价值实现方式上的矛盾性，致使包豪斯的抽象主义画家一度成为包豪斯教师的骨干，继而又纷纷离开包豪斯或被边缘化。这一切不仅使抽象主义绘画与现代主义设计之间具有了特殊而复杂的关系，也反映出充满理想主义精神的早期抽象主义画家面对现实的无奈选择。

关键词：包豪斯　抽象主义绘画　现代主义设计

现代主义设计是从建筑设计发展起来的，建筑设计师沃尔特·格罗庇乌斯（Walter Gropius，1883—1969）作为现代主义设计代表设计师之一，他于 1919 年创立的包豪斯（Bauhaus，1919—1933）不仅开创了西方现代设计教育的体系，也奠定了现代主义设计的基础。其中，由于早期抽象主义画家在包豪斯担任教学工作，并在包豪斯的成长发展过程中发挥了不可或缺的作用，使得抽象主义绘画与现代主义设计的发展具有了密切的联系，在卡梅尔·亚瑟著的《包豪斯》中则声称"包豪斯的全体教员几乎囊括了整个现代主义者的《名人录》"[①]。

包豪斯的创建者沃尔特·格罗庇乌斯长期致力于艺术创作与实用设计之间联合的探索，而且在第一次世界大战期间目睹了战争机器屠杀生命的

---

* 张学忠，甘肃敦煌人，西北师范大学美术学院副院长，教授，博士。
① 卡梅尔·亚瑟：《包豪斯》，颜芳译，中国轻工业出版社 2002 年版，第 10 页。

"高效率"，相信艺术家具有将生命注入设计产品的能力，认为由艺术家参与的设计活动可以在审美和道德方面发挥作用，并极力倡导造型艺术的综合和集体主义协作精神。因此，在包豪斯创办以来，除了聘用设计师、工匠之外，也聘用了许多当时的前卫艺术家——主要是早期抽象主义画家，担任包豪斯的教学任务。这些抽象主义画家把抽象主义绘画与包豪斯设计教学结合起来，在包豪斯设计教育的"基础课程"和部分技法、理论课程的建设方面发挥了关键的作用，成为早期包豪斯教师中的明星和骨干。这些画家包括里昂耐尔·费宁格（Lyonel Feininger，1871—1956）、约翰尼斯·伊顿（Johnnes Itten，1888—1967）、乔治·穆希（Georg Muche，1895—?）、奥斯卡·施赖默（Oskar Schlemmer，1888—1943）、罗塔·施赖尔（Lothar Schreyer，1886—1966）、瓦萨利·康定斯基（Wassily Kandinsky，1866—1944）、保罗·克利（Paul Klee，1879—1940）、拉兹洛·莫霍利—纳吉（Laszlo Moholy-Nagy，1895—1946）、赫伯特·拜尔（Herbert Bayer，1900—1987）、约瑟夫·阿尔伯斯（Josef Albers，1888—1976）等人。

　　尽管1919年创建的包豪斯由于德国纳粹的干预于1933年关闭，但在短短的14年间其逐渐发展成为欧洲现代主义设计运动的中心，并影响到全世界现代主义设计的发展。值得关注的是，在这一过程中曾一度作为包豪斯骨干教员的抽象主义画家在包豪斯设计逐渐迈向现代主义设计的过程中，却又纷纷离开了包豪斯或被包豪斯边缘化，产生如此戏剧性变化的原因究竟是什么呢？本文试从包豪斯抽象主义绘画与现代主义设计之间的关系入手，就造型语言和艺术理想与社会价值实现方式这两个方面予以释读。

一　关于造型语言

　　不论是建筑设计还是工业产品设计、视觉传达设计，包豪斯教学所涉及的实践领域都离不开造型形式语言的研究，包豪斯的抽象主义画家与设计师都希望能寻找到一种能够体现时代精神的理想形式，并对现实社会的物质生活和精神生活产生积极的影响，追求艺术创造与设计实践之间的统一。一方面，包豪斯是一所希望以建筑驭领所有造型艺术的设计院校，它力求为普通百姓服务的诚实、经济等设计原则，以及对新材料、新技术的关注，使得包豪斯建筑中的墙体不再发挥承重的作用，其重量主要由钢和混凝土以及木框架承担，逐渐薄化的建筑立面表皮更像画家的画布一样，成为设计师探索空间构成的一个元素。另一方面，包豪斯的抽象主义画家把绘画所实现的自身纯粹性看作是引领其他造型实践领域的视觉样式楷模——包括产品设计和建筑设计领域，相信绘画与建筑之间的结合能够开创一种现代建筑应然的、典型的形式，甚至"可以代表一个风格统一的、未来社会的最高文化成就"①。

在这里，被抽象主义画家赋予精神价值和时代使命的抽象主义绘画，与包豪斯所探寻的能够象征时代精神的现代主义设计在造型形式语言方面具有了一种默契，尤其是格罗庇乌斯领导下的包豪斯，显然把抽象主义画家的抽象造型形式语言与新时代的科学技术联系起来，看作是新时代精神的表现或传达方式。总之，不论是基于设计造型形式的诚实、经济方面的考虑，以及批量化、标准化生产技术条件的限制，还是对时代精神的表达，包豪斯与早期抽象主义画家在造型语言方面具有了外在的相似性，呈现出一种"同构"现象。

关于这种"同构"现象，格式塔心理学在包豪斯的传播以及教员对造型艺术"同形同构"的兴趣，可以说是一个重要原因。在德国，从1910 年开始的格式塔心理学起始于视觉领域的研究，并在实际应用中超越单纯的视觉而涉及整个感觉领域，包括抽象主义绘画和现代主义设计领域，尤其对于旨在"联合所有创造活动为一体——建筑"的包豪斯具有巨大的吸引力。其中，包豪斯于1929 年邀请格式塔理论家科勒（Kohler）举办格式塔心理学讲座［由于时间计划的冲突，最后由他的学生卡尔·邓克（Karl Duncker）代替演讲］。在这次演讲的听众中，除包豪斯的设计师，也包括包豪斯的抽象主义画家保罗·克利。而康定斯基和阿尔伯斯也在 1930—1931 年参加了格式塔理论家（Karlfried von Durckheim）的系列讲座。除了这种讲座的形式之外，格式塔心理学家的理论著作也影响、启迪着包豪斯的抽象主义画家与设计师们积极探索格式塔理论在设计教育中应用的可能性。

格式塔心理学家马克斯·威特海默（Max Wertheimer）1923 年发表的论文"形式理论"（Theory of Form）探讨了视觉格式塔现象中的直觉问题

---

① Michael, White: De Stijl and Dutch Modernism, Manchester Univesity Press, 2003, p. 12.

及其在"完形"或"群集"方面的特点，尽管这篇论文在当时几乎没有人完全理解，但对于保罗·克利来说是个例外，"他从'形式理论'中获得了绘画创作中关于视觉组织的法则，即由于'同时对比'的影响，局部的表征是由整体决定的；对于视觉元素之间相似或接近的判断是相对而言的，并且在这些视觉元素的组织构成复杂性方面，绘画、招贴设计、版式设计是一样的，即每一个局部的目标都与整体的倾向相联系"①。另外，威特海默和苛勒（W. Kohler）的"心物同型论原理"（Principle of Isomorphism）把心理与自然、生活整合起来的观点，与康定斯基试图探寻个体自发性和自然自发性（色彩的共鸣）之间统一性的努力也体现出某种一致性，而莫霍利—纳吉与约瑟夫·阿尔伯斯在包豪斯基础课程中强调让学生创造性地应用普通材料"装配"出某种东西，一方面是继承了伊顿在实践或游戏中学习的教学方法，另一方面也体现出类似于格式塔心理学中的"功能性匹配"（Functional Fixedness）试验。

格式塔心理学不但相信人类视觉认知反应中完成完形的内在心理需求或规定性，也强调平面抽象的图式及其结构的经济性和高效率。包豪斯的设计师由此把当时追求纯净、内在情感需要的抽象主义绘画和简洁高效的功能设计联系起来，并相信"所有的艺术，就像音乐和建筑一样，本质上是抽象的设计"②。由此，不论是包豪斯的设计师还是抽象主义画家都对抽象造型形式语言的特殊价值予以认可，至少他们对于设计创造与抽象主义绘画之间的"同形同构"是抱有期望的。

当然，这种"同构"现象并不代表抽象主义绘画与包豪斯现代主义设计之间内在的一致性或同质性。相反，随着包豪斯在现代主义设计的探索过程中对科学理性和实证主义精神的逐渐强化，设计方法和过程逐渐以机器大生产的批量化、标准化为出发点，以任务或问题的解决为导向，抽象主义绘画与现代主义设计在造型形式语言方面的异质性随之逐渐显露出来。尤其是汉斯·迈耶（Hannes Meyer, 1889—1954）和路德维希·米斯·凡·德·罗（Ludwig Mies van der Rohe, 1886—1969）担任包豪斯校长时期，建筑在包豪斯的地位得到强化，基于功能主义的建筑设计师，对于绘画艺术的认可大多带有功利主义的偏见，而不是出于绘画自身的价

① Mary, Henle: *Vision and Artifact*, New York: Springer, 1976, pp. 131-151.
② Roy, R. Behrens: Art, Design and Gestalt Theory, *Leonardo*, 1998, 31 (4), p. 300.

值，绘画在他们看来仅仅是墙面上附加的、用于装饰的色彩斑点，其本身是无意义的。

这种观念决定了汉斯·迈耶和米斯对抽象主义画家的态度不至于仇视，却显然无足轻重。汉斯·迈耶认为建筑体现的是生活理念，设计师不能耽于不切实际的幻想和理想，与设计教学中的直觉训练不同，科学调查是设计师能够控制、能够丈量和能够利用的现实，因为"地球上的一切都是具有公式的产品（如功能、时间、经济性等）……由艺术家设计的建筑没有权利和理由存在……"。即"设计中不涉及美学因素"，而"造型乃算术之产品"[①]。为此，汉斯·迈耶进行了教学内容上的改革，把数学、物理、化学作为必修课，一切教学活动的展开都以科学技术和工业生产为目的。这种改革不但激起了康定斯基和保罗·克利、约瑟夫·阿尔伯斯的敌意，并与莫霍利·纳吉之间发生了争执，就在汉斯·迈耶上任的同年，莫霍利—纳吉辞职离开了包豪斯。

包豪斯抽象主义绘画的造型形式语言与现代主义设计的造型语言之间异质性的深层原因，实质上是二者造型形式创造所依托的"内在需要"的不同。从抽象主义画家的角度来说，抽象主义绘画的造型语言和形式所依托的"内在需要"是一种经验性的或不可名状的直觉洞察力，是"一种基本的情感，以及所有组成'精神生活'的东西"[②]；而现代主义设计造型形式创造所依托的是功能主义，是形式遵循功能（Forms Follow Function），是由机器生产的技术条件、经济效益和功能效率等"内在需要"决定的。可见，包豪斯抽象主义绘画与现代主义设计在造型形式语言上的"同构性"只是一种表象，从本质上来说，二者是异质性的。

二 关于社会价值的实现方式

包豪斯的创立者沃尔特·格罗庇乌斯希望通过包豪斯实现对传统艺术教育的改革，在如何创造新时代的艺术形式方面，他希望通过艺术和技术

---

① 安娜·莫斯钦卡：《抽象艺术》，黄丽娟译，台北：远流出版事业股份有限公司1999年版，第105页。

② 赫伯特·里德：《现代绘画简史》，刘萍君译，上海人民美术出版社1979年版，第133页。

的结合而创造出"完全艺术的作品"①，希望把设计提高到与传统造型艺术平等的地位，削弱艺术中的等级划分；在培养未来的设计师方面，他认为"艺术创造是独立于并且优于其他所有方法论的"②，把抽象主义画家的教学认为是培养学生"创造性才能"的基础③。因此，包豪斯设计教育理想更多地体现为一种艺术理想，而且把这种艺术理想与社会理想融为一体，即通过包括抽象主义画家在内的艺术家和设计师、工匠之间的联合，把教书育人和改造社会的使命融为一个整体，在改革艺术教育的同时实现艺术的生活化，造福于普通百姓。相对于包豪斯的设计师，在吉利恩·内勒（Gillian Naylor）著的《包豪斯再评价》（*The Bauhaus Reassessed*）中也把伊顿、康定斯基、克利，以及莫霍利—纳吉等人的设计教育思想都归结为一种艺术性的主张，虽然他们积极探索抽象主义绘画在现代主义设计中发挥作用的各种可能性，但他们的工作与先锋派艺术一样，"对于传统的挑战是对艺术变革的努力，而不是要毁灭艺术"④。

　　然而在社会价值的实现方式上，随着包豪斯的发展，抽象主义画家与包豪斯的现代主义设计者的分歧与矛盾却不可避免。

　　设计究竟是一种以基本形式呈现的应用艺术，还是一门由其任务设定，由其使用、制造与技术所规范的学科？进一步的问题是：世界是个别且具体的，还是普遍且抽象的？对于这些问题的回答，隐含了抽象主义画家与现代主义设计师之间关于视觉样式决定论与功能主义之间的矛盾，而这种矛盾在包豪斯的前期也的确不甚明显，只是随着包豪斯的发展而逐渐凸显出来，并最终导致包豪斯的抽象主义画家和现代主义设计者分道扬镳。

　　其中，对于抽象主义画家来说，尽管他们也持守"联合"或"综合"的艺术发展观，但总体而言，这些早期抽象主义画家始终对极端功能主义和纯粹功利性目的保持一定的距离和警惕，或者说，他们对于社会价值的实现有着与现代主义设计师不同的方式。

---

　　① 卡梅尔·亚瑟：《包豪斯》，颜芳译，中国轻工业出版社2002年版，第10页。
　　② 钱竹主编：《包豪斯——大师和学生们》，陈江峰、李晓隽译，艺术与设计杂志社编辑出版，2003年版，第36页。
　　③ 华尔特·格罗比斯：《新建筑与包豪斯》，张似赞译，中国建筑工业出版社1979年版，第27页。
　　④ Gillian, Naylor: The Bauhaus Reassessed, London: The Herbert Press Ltd., 1985, p.102.

与现代主义设计中的功能主义相比，抽象主义绘画是构建一个"新的精神世界"的途径，抽象主义画家实现社会价值的途径也主要是通过视觉形象实现对公众的教育和精神、情感的影响。正如康定斯基在1935年出版的"两个方向"中提出的，所有国家都积极地以实现对于物质财富的堆砌，朝向人类最大限度的福利，"这是一种激情的、英雄似的奋斗，任何方式都是神圣的，只要它能带来人类的'福祉'。这是一个值得感激的、高评价的工作，可惜确有阴影的一面"：其一是"这种奋斗结果几乎是零，没有一个国家有足够的'面包'，'快乐'更罕有，而且有点欺人。另一个阴影面是，人们越来越忘记对'非物质'财富的需要"。这种"'纯粹物质主义'逻辑的结果——物质使精神被遗忘，'实际'的现代人，则为机器、为武器和居住的机器而屈膝，他养成外在的目光，取笑内在的。这种单面性是宿命的。最后人类必然可以被咀嚼器和消化器取代"[1]。康定斯基认为，在包豪斯，现代艺术所要求的以及它试图提供的是那些精神因素，"不是壳，而是果仁"[2]。与此类似的还有保罗·克利和约翰尼斯·伊顿。伊顿认为"对人类的尊重是所有教育的开端和最终目标"，包豪斯教育不应仅仅是对解决实际问题的能力、技巧的培训[3]，克利则称："机器实现功能的方式是不错的，但是，生活的方式不止于此。生命能够繁衍并且养育后代。一架老旧的破机器几时才会生个孩子呢?"[4]

伴随着科技理性观念和功能主义设计原则在包豪斯设计中逐渐得到强化，抽象主义画家实现社会价值的方式日益显现出其浪漫主义或理想主义的色彩，而且也暴露出早期抽象主义画家神秘主义倾向的致命弱点。在包豪斯的许多抽象主义画家都有神秘主义的倾向，除伊顿对于古代波斯"拜火教"和"原始基督教"的执著之外，保罗·克利痴迷于一个德国理想主义玄学，康定斯基对神智学通灵论（或通神论）有着浓厚的兴趣，并坚信基于神智学的新艺术革命将会对改变一个精神的氛围起到直接作

① 康定斯基：《艺术与艺术家论》，吴玛悧译，台北：艺术家出版社1995年版，第161—162页。
② 约翰·拉塞尔：《现代艺术的意义》，常宁生等译，中国人民大学出版社2003年版，第205页。
③ 约翰·伊顿：《包浩斯基础课程及其发展——造型与形式构成》，曾雪梅、周至禹译，天津人民美术出版社1990年版，第10页。
④ 安娜·莫斯钦卡：《抽象艺术》，黄丽娟译，台北：远流出版事业股份有限公司1999年版，第137页。

用，而抽象主义绘画也被看作是训练人们根据非具象形式思考、观看，为迎接即将到来的"千禧年"做准备①。这些抽象主义画家的神秘主义倾向和各自关于抽象主义绘画的超验理论与他们构建一个"超凡世界"的构想是一致的，却与探寻实际功效旨在构建现实世界的现代主义设计方法格格不入。

　　其次，除去抽象主义画家神秘主义的弱点，抽象主义绘画本身能否有效实现对公众的教育和精神、情感的影响呢？作为在包豪斯任教时间最长的抽象主义画家之一，康定斯基认为"当认识到线条、色彩有时具有完全纯粹的艺术意义时，就能够用心灵来体会这条线或色彩的纯粹的内在共鸣。这种内在的共鸣正是抽象主义和现实主义共同目的的依据。所以纯粹的抽象艺术的形式语言与物体的实用性之间并不冲突，关键看这种形式是否合乎艺术家的内在需要。唯有如此，即使是死亡了的物质也会具有精神的活力。"② 康定斯基关于"内在的共鸣"的思考，使他对抽象形式背后的实用性充满信心，并为了实现抽象主义绘画的这种社会价值，在其著作《论艺术的精神》一文中建立了抽象主义画家与欣赏者之间交流的理想模式："灵魂与肉体密切相联，它通过各种感觉的媒介（感受）产生印象，被感受的东西能唤起和振奋感情。因而，感受到的东西是一座桥梁，是非物质的（艺术家的感情）和物质之间的物理联系，它最后导致了一件艺术品的产生。另外，被感受到的东西又是物质（艺术家及其作品）通向非物质（观赏者心灵中的感情）的桥梁。它们之间的程序是：感情（艺术家的）→感受→艺术作品→感受→感情（观赏者的）。这两种感情在成功的艺术作品中是相似的和等同的。在这一点上，一幅画无异于一首歌曲——二者都表达和沟通感情。成功的歌手能引起听众的共鸣，成功的画家丝毫也不比他逊色。"③

　　实际上，这种把观众置于他所希望的状态中的理想化模式，在具体实践中充满了不确定性，因为仅就一个简单的矩形，即使物理性质和外形上来说可能完全相同，不同的画家不同的创作意图便有可能超越矩形本身而

---

　　① 罗伯特·休斯：《新艺术的震撼》，刘萍君、汪晴、张禾译，上海人民美术出版社1989年版，第254页。

　　② 瓦西里·康定斯基：《论艺术的精神》，查立译，中国社会科学出版社1987年版，第89页。

　　③ 同上书，第12页。

具有丰富的含义。例如："新造型主义"者蒙德里安的矩形是完美平衡的象征，是对于混乱世界进行重组的理想载体；"至上主义"者马列维奇的矩形置于当时社会政治革命的背景下就意味着自由和活力甚至是"暴力"，象征的是动态不平衡的英雄主义理想[①]。由此，不同画家、不同时期、不同意图的抽象主义绘画，仅仅由简单的点、线、面，却创造了不同意味的、历史的形式，而且其中没有解读的局限性。画家如此，更何况面对不同的观众。

抽象主义绘画的这种局限性，加之抽象主义画家的神秘主义倾向，致使包豪斯的抽象主义画家与设计师之间在社会价值实现方式上的分歧越来越大。特别是汉斯·迈耶和米斯·凡·德·罗担任包豪斯校长时期，抽象主义画家对精神价值的追求以及神秘主义的创作方式越来越被看作是对社会实际事务的逃避，而科学调查、公式的计算，以及功能至上和最低成本的预算成为设计实现社会价值方式的核心。不仅如此，米斯进行教学内容上的改革，把抽象主义画家在包豪斯教学的主要阵地——基础课程由必修课改为选修课。

1932 年 9 月，米斯告诉康定斯基要限制——如果不是完全取消的话——学校里的艺术课，康定斯基虽然极力反对，但最终与里昂耐尔·费宁格、约瑟夫·阿尔伯斯等人一样在包豪斯被边缘化，几乎无所事事，直到 1933 年包豪斯的结束。此外，在包豪斯结束之前，1923 年约翰尼斯·伊顿、罗塔·施赖尔离职，1927 年乔治·穆希离职，1928 年拉兹洛·莫霍利—纳吉和赫伯特·拜尔离职，1929 年奥斯卡·施赖默离职，1931 年保罗·克利离职。

三　结语

在包豪斯关闭近 17 年后，旨在"继承与批判"包豪斯的德国"乌尔姆造型学院"（Hochschule für Gestaltung Ulm）成立，乌尔姆在继承包豪斯理性主义、功能主义设计原则的同时，也对包豪斯存在的问题展开批判，其中就包括对包豪斯聘用的抽象主义画家的批判。乌尔姆的重要奠基

[①] Joanne, Greenspun: Making Choices—1929—1955, New York: Department of Publications of the Museum of Modern Art, 2000, p. 14.

人欧托·艾歇（Otl Aicher, 1922—1991）认为，追求纯粹的造型艺术是一种"为了将现实交付给统治现实的人的一种托词，是一种资产阶级为了掩饰在日常生活中更能获得权利的假日心态"，认为康定斯基、克利、费宁格等等艺术家实际上是具有贵族精神气质的，他们"都在寻找精神性，寻找超越现实、超越个体的东西"，但对于设计家而言，"世界真正的样子不就是由各个个体、具体的事物构成的吗？心灵的与普遍的事物只是人类概念世界的一部分，目的仅仅是与世界对话。"因此，欧托·艾歇认为"在包豪斯的初期也许没有真正了解这些抽象艺术家的用心"①。

应该说包豪斯的抽象主义画家对现代主义设计的影响，既有其局限性的一面，也包含积极性的一面，而欧托·艾歇对抽象主义画家的批判或许过于苛刻，因为这些抽象主义画家的野心远不止于画布之上，尽管他们的艺术作品和艺术思想不断遭到来自观众和评论家的质疑和批判，但他们与包豪斯的创始人格罗庇乌斯一样，都希望通过艺术改造这个现实社会，而这些抽象主义画家来到包豪斯任教也可以理解为他们在实现这一理想的过程中采取的一种无奈或折衷的选择。正如克利在1924年耶拿（Jena）艺术协会主办的展览会上的讲演所说："……无论什么事都不能鲁莽，事物如不能成长，也就不可能向前。而且，假使伟大作品出现的时代已经来临，那当然是最好不过的事情。但我们无论如何都必须为这个时代的来临而不懈努力。我们虽看出了其中几个方面，但不是全部，我们还欠缺决定性的力量，因为还没有支持我们的文化基础。可我们必须追求一种文化，我们已经从包豪斯开始着手干了。我们把我们的一切都放到这里面，与一个共同体一起开始工作。除此之外，我们别无选择。"②

---

① 赫伯特·林丁格，埃贡·卡迈提司，米切尔·矢饶夫等：《包浩斯的继承与批判——乌尔姆造型学院》，胡佑宗、游晓贞、陈人寿译，台湾：亚太图书出版社2002年版，第134—136页。

② 中川作一：《视觉艺术的社会心理学》，许平、贾晓梅、赵秀侠译，上海人民美术出版社1991年版，第267页。

石头上的艺术宫殿

——记焦山碑林

杨 槐[*]

内容摘要：焦山碑林是民族文化艺术的精髓，是历史用时间的笔锋刻在石头上的辉煌。焦山碑林展现了儒家的滞重、法学的森严、道学的超然，成为世界艺术之林最具特色的东方文化艺术典型。

关键词：焦山碑林 《瘗鹤铭》 书法艺术

焦山碑林是民族文化艺术的精髓，它是一卷穿越时空流传下来的沧桑之书，是历史用时间的笔锋刻在石头上的辉煌，是用最珍贵的丝绸也无法装帧的古书，是经历了世事变迁、汇集名流雅士、坐观风云变幻才写成的一部记录千百年来历史文化精髓的书，一部书写着千年风雨沉浮的历史巨著。千年以来，焦山碑林与儒家的滞重、法学的森严、道学的超然一起，刻画了中华民族真实的精神轨迹，呈现出中国人审美的心灵世界，表现出中华艺术最潇洒灵动的自然风貌，成为世界艺术之林最具特色的东方文化艺术典型。

一 焦山碑林和《瘗鹤铭》

碑刻在焦山东麓，宋庆历八年（1048）曾收集梁、唐书法家的石刻，筑宝墨亭收藏，经元、明、清多次兴废，清道光年间（1821—1850）重建于海云庵内。1958 年将散存在南郊的碑刻集中于焦山，并修缮玉峰庵、香林庵、海云庵等寺庙旧址用作碑刻陈列。现存碑刻近 500 通，其中涉及史料和书法艺术方面的碑刻各 200 余通，其他方面的碑刻约 50 余通。各

---

* 杨槐，中国社会科学院文学研究所副所长。

焦山

类书体俱备，均出自名家手笔。

　　焦山碑林以《瘗鹤铭》最为有名，堪称千古绝唱。虽历经沧桑，却未被漫长的历史岁月尘封而代以相传。署名"华阳真逸"撰，"上皇山樵"书，是一篇哀悼家鹤的纪念文章，无纪年及作者，自宋代即有东晋王羲之说，南朝陶弘景说，多数学者认为《瘗鹤铭》的书法代表了南朝楷书的风格，是探讨南朝书法的一件重要作品。

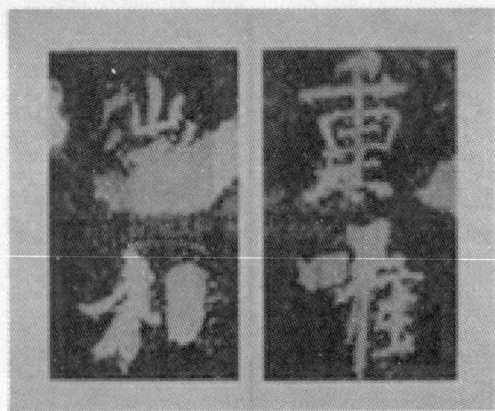

《瘗鹤铭》碑文

《瘞鹤铭》原在焦山西麓瘞鹤岩下，常被水浪冲击，后崩坠江中，清康熙五十二年（1713），曾任江宁府和苏州府知府的陈鹏年从江中获原石5块，置于焦山西南观音庵。全文原有178字，现只剩92字，内中不全者11字。1961年将其移入碑林后院，黏合嵌于壁间，外建歇山顶半亭保护。亭左廊壁上嵌康熙五十二年（1713）陈鹏年书"重立瘞鹤铭碑记"1石，宽0.63米，长1.18米。亭右廊壁嵌康熙四年（1665）《重摩顾修远（宸）家藏瘞鹤铭跋》2石，长各1.6米，宽各0.8米，记述了顾修远家藏摹拓本的流传情况。在东西边的长廊上还镶嵌康熙五十三年《林企忠重摩瘞鹤铭宋拓本石刻》4石，宽0.36米，长1.5—1.72米不等；清高宗据传世本临摹石刻1石，长2.12米，宽0.9米。

二 焦山碑林的书法特点

书法艺术是具有生命力的艺术，其本质的特征则是因为创作主体富有生命感，精神充满活力，能够而且善于将规范的文字按照美的规律进行突破和超越，赋予书法作品以生命感，把人们带进崇高、优美的境界。

有碑必有文，有文必书石，书石必雕刻。自北宋以来，历史上许多的书法大师都在焦山碑石上留有真迹，使焦山碑林成为一座灿烂的艺术宝殿。

焦山碑文瘞鹤诗碣

　　《瘗鹤铭》其字迹刀法，锋棱劲挺，起止有序，与甲骨文刀法如出一辙，非等闲之辈所能为。宋黄庭坚书，米芾临王羲之《兰亭序》楔帖，劲健雄俊，奇正相生，潇洒古朴，变化多端，而又不失清刚豪迈之气。明嘉靖四十年（1561）翻刻元赵孟頫画苏东坡像及《前赤壁赋》小楷结体雄秀端庄，方中见圆，正而不拘，庄而不险，雄强茂密，大气磅礴，多力丰筋，也显示其正直、质朴、倔犟与内美外溢的个人风格。

　　摩岩石刻在镇江焦山西麓沿江一线，崖壁满刻南朝以后历代游人的诗文、题字、留名，现已查清的有 200 处。它们各异的书法笔势，风格不一，或法度森严，或烂熳多姿，或大气横陈，或端严俊逸，秦籀汉隶，真草行楷，无体不备，如同一张张镌刻于岩石之上的中国名片，传递着永不磨灭的信息，映衬着中国灵动的山水，永不失忆。其中米芾的"仲宣、法芝、米芾元祐辛未孟夏观山樵书"，如骤雨旋风，飞动圆转，多变化而饶法度，彰显着中国草书圣手的风骨。陆游"陆务观、何德器、张玉仲、韩无咎隆兴甲申闰月廿九日踏雪观瘗鹤铭，置酒上方，烽火未息。望风樯战舰在烟霭间，慨然尽醉，薄晚泛舟自甘露寺以归"题刻，丰腴跌宕，出神入化，既呈天真烂漫之趣，又不失遒劲古雅，洋洋大观，异彩纷呈。不仅具有重要的历史价值和文学价值，也是研究书法艺术不可多得的实物资料。

焦山碑林乾隆御笔

388

这些不同风格的碑石艺术品，仅凭着一把刻刀和一些简单的工具，就使黑色线条和白色空间的书法艺术，产生出无穷的变化，或清雅圆健、沉雄遒劲，或活泼娟秀、奔放奇逸，或厚拙古朴、严整瑰丽，或江河奔腾、龙凤呈祥，或剑拔弩张、雄鹰逐兔，或秋日初雪、杨柳春风，通过视觉的传递，产生了心灵的沟通和情感的共鸣，酣畅淋漓地表现出人们瑰奇的遐想、怡悦的心境、起伏的意念、飘逸的沉思、高远的志向，古人的高尚精神、宽阔的胸怀、磅礴的思想，其生命的活力，一一展现在我们的面前。

三　石文化的盛宴

作为文明载体，可以说没有哪种能比碑石历史悠久了。碑者，取之于石，它没有改变石的化学结构和顽固不化的禀赋，却能把文化依附在其坚硬的基础上，千秋万代，传之久远。碑这种永久性的标识，正是承传和发展中国文化的重要保证。

人类用碑石作为文明载体的历史可以远溯到上古的石器时代。18000年前山顶洞人的工具及装饰品已有明确的文化意蕴。蔚为大观、形象生动的阴山岩画和昆仑山岩画更透出了中国远古文化观念的信息。秦始皇统一中国后，实行焚书坑儒、化剑为犁政策，人们所使用的龟甲、兽骨、金鼎和竹、木、缣帛等作为文明载体大都被销毁了，就连作为古代诗歌集大成的《诗经》都难以幸免，唯独封神榜、石鼓文等碑石能够保存下来。碑石不再是简单的"以识日影，以知早晚"，而是记载着中国文明的发展，是人类历史的见证，使得中国文化一脉相承的重要保证。

焦山碑林集名人、名文、名刻之大成，洋洋大观，在世界五千年文化史上，可谓璀璨夺目，独领风骚，在这里石头被赋予灵魂，使之成为有生命的艺术品，这不单纯是外形的美化，而是一种本土文化的传承和创造性行为，包含了对文化多样化的思考，从特殊的角度，打开了通往文化、审美、历史的视线，这是一个值得深入研究的课题。

追溯历史，人们在这块土地上，蒙受着大自然的恩赐，用随手采集的石头充当简易的工具，磨制石斧、石刀，以石头堆砌记录信息。石头不仅伴随着人们的日常生活，而且是人类文明形式的最早载体，传达着无限久远的内容和历史记忆。远古人将自己的希望、乞求、思想刻制于石头上面，升华到了精神的层面，这是人类先于文字和绘画出现的一种极具魅力的艺术行为。

石头是自然界赋予人类的瑰宝，石头构成了早期人类和其他一切生物生活的舞台。在人类的发展过程中，石头始终是文化的载体和传播者，工具的使用，在人类文明的发展历程中有着作用，易于加工且随处可见的石头，在人类社会的功用则越来越多元化，石材建筑房屋，作为赏玩、装饰品，把书画雕刻在石头上，内涵丰富的石文化由此开端，人们对石头的创作与感受逐渐升华为审美的层面。正是通过人类对石头的使用，地球进入了最激动人心的进化史。

石头记载着浓厚的来自遥远的、与人类生存息息相关的历史意识，古朴稚拙的外型，具象中抽象出来的符号，以及动植物的形象、日月星辰的律动与天地间大气流动相协调的纹饰，把生活带入耐人寻味的艺术境界。现代人头脑中的各种逻辑、推理、判断的理性思维，已经不可能有原始人那种古朴、稚拙的思想情感了。因此，人们更加珍视几千年来中华民族深厚的文化底蕴，这是人类历史进程留下的足迹。

四 碑林表现方法与认知

焦山碑林中，中国书法与石头相结合，石头由自然状态升华为秩序状态，加上大自然运动和历史因素的作用，极大地丰富了艺术表现形式，不单是对艺术元素的运用，还包含着一代代人的思想情感和对石头的感受，这种沉积的人文关怀，蕴含着独特的宇宙观与以人类为主的地球智能生命的认识，作品折射的欣赏价值，体现着今天我们对这些文化遗产的珍惜。

焦山碑林在艺术与石头材料之间架起了一座桥梁，把我们拉进一种艺术情境之中。它们极具艺术表现和审美价值的语言和人文精神，形成了具有民族精神和传统内涵的个性化艺术语言，扩展我们寻求文化渊源的深度与广度，这再一次告诉我们，艺术对表现方法的研究与应用，同时也是对人文精神表现方法的研究，是一个非常重要的艺术门类。

焦山碑林传达着中华民族独一无二的文化风格与气质，而文化的民族性和本土性是维系民族存在的生命线。中国传统文化具有原发性和广泛性，焦山碑林作为中国文化民族性的一颗璀璨明珠，已不再是单纯的艺术形式，而是一个意味深长的符号，更多的是浓缩的历史记忆，纯朴的民族信仰和情感以及中华民族的内在精神和实质。

　　将观念融入艺术，将历史融入创作，尽管焦山碑林和《瘗鹤铭》是残缺的、不完美的，却塑造出了作品的美和意义，解决了用观念、历史空间处理材料的问题。焦山碑林艺术品呈现出这样的创造和审美趋向，随着时代的不断改变，人们对材料的把握也在不断地深入，将自己的切身体验用艺术的形式表现出来，超越表面的、呆板的石质形式，能够自由地进行艺术创造，构思与想象围绕材料进行，并运用这些材料将构思和想象向现实作品转化，这种独特的构建通常具有了时代的或本土的风格。通过这些材料、形态、符号、肌理、色彩与构建的处理及各种手法的表现、转换，在方法和手段上，就有了基本的设计与表达的语言，这正是焦山碑林成功解决观念和材料引人注目的地方。

　　焦山碑林展现着历史和依附在文化基础上的价值观，它不是孤立的，它提供了文化与人文的意义系统。在艺术创造的对话中，生成了接触世界的新的不同方式。这些方式的尝试和分层处理与创造交织在一起，综合了知识与想象，使形象和主题被多维构建，提供了多渠道来探索新的知识与了解我们的文化。传统文化是我们取之不尽、用之不竭的创作源泉，它充满旺盛的生命力与无限的生机，并将贯穿于我们的艺术创造之中，贯穿于我们的日常生活之中。

梁启超人格运动的拓扑学连锁反应

王金崇*

内容摘要：中国近代思想家、教育家和文化学家梁启超是人格运动的倡导者。他在追求政治的道路上，运用类似于拓扑学连锁反应的逻辑原理推论出社会变迁、文化变迁的原动力是人的内在本质结构，只有对国民原有人格结构采取消解和重建的方式，才能突显人的主体能动性、构建人认识自己和改变社会的最高智慧。由此，梁启超发动了一场近代中国国民的人格运动，把对文化哲学的研究从宏观引向微观，从自发引向自觉，也为近代和当代文化与教育相结合的研究提供了值得借鉴的经验。

关键词：梁启超　人格　拓扑学

拓扑学连锁反应是指在一个动力系统中，在初始条件下，一个微小的变化能够带动整个系统长期巨大的连锁反应，蝴蝶效应是其典型代表。拓扑学连锁反应经常应用于在一定时段内无法预测的复杂系统中，这一效应说明事物发展结尾的"果"对初始条件的"因"具有敏感微妙的依赖性，经过系列的推理和论证，初始条件极小的变化都会带来结果的巨大差异。这说明在一个整体社会系统中，一个不够理想的细微因子，如果不加以正确引导和调节，便会给社会带来极大危害，这种情况被人们称为"风暴"或"龙卷风"；一个良性的微小因子，加上合理引导，经过一段时间的努力，则会产生连锁式的轰动效应，可以被人们称为"革命"性的转变。因此，初始条件"因"的重要性不言而喻。梁启超在探索社会改造时找出了"因"的存在方式，把"因"定格为国民深层心理结构，认为它以人格形式隐秘地存在于国民的生活方式、价值观念、日常习俗中，是人作

---

* 王金崇，汉族，黑龙江哈尔滨人，哈尔滨师范大学政法学院副教授，硕士生导师。黑龙江大学哲学学院博士。从事中国哲学、文化哲学研究。

为类本质活动的深层理论指导。改变国民初始、既定条件的"因",唤醒国民人格意识、建立文化自觉,会带来整个社会文化的改观从而带动社会风貌的变化,最终使近代中国摆脱自身危机,获取不同于今日现状的结果。于是梁启超把改造国民人格作为拓扑学原理中的初始条件。

一 梁启超人格拓扑学运动的前提和原则

梁启超从拓扑学的逻辑推论中得出改造人自身而最终改变社会的事实。人的改造要从人的深层心理结构即人格工作做起,但是改变一个人的人格结构必须具备前提和遵守一定原则。康有为提出"以群为体、以变为用"来阐明言政层面的治国之方,梁启超则继承这一思想来发动一场言教层面的、声势浩大的国民人格改造运动,他把"群"与"变"作为人格运动的前提和原则。

在梁启超的思想中,近代中国国民公德意识淡薄,而公德是一个群体成立的前提,是一个社会的张力。他指出,只会独善其身的人奉行的是狭隘的私德,善于与群体打交道的品德才可以称之为公德,两德兼具,人格才完整。梁启超把西方伦理看作新伦理,把中国传统伦理看作旧伦理,他在《论公德》中对二者加以比较说:"新伦理之分类,曰家族伦理,曰社会(即人群)伦理,曰国家伦理。旧伦理所重者,则一私人对于一私人之事也。新伦理所重者,则一私人对于一团体之事也。……凡人对于社会之义务,决不徒在相知之朋友而已,即绝迹不与人交者,仍于社会上有不可不尽之责任。至国家者,尤非君臣所能专有,若仅言君臣之义,则使以礼,事以忠,全属两个私人感恩效力之事耳,于大体无关也,将所谓逸民不侍王侯者,岂不在此伦范围之外乎?夫人必备此三伦理之义务,然后人格乃成。"① 一个人既要具备家族意识,也要具备社群意识,才会拥有国家思想,完整的人格既包括人际关系的品德,也包括处理社群关系的品德。如此一来,梁启超认为,只有把人格置于此框架之下去构建才会具有新民意义。

梁启超不同于多数维新变法者,把"善群"的意义都专指维护封建帝王一人,而是以逻辑推理的形式来阐明,众多国民能够组成一个国家,

---

① 梁启超:《新民说》,载《梁启超全集》3,北京出版社1999年版,第661页。

众多国家能够组成天下，治理国家和天下的人所凭借的手段就是能群，以能群的方法来治理人群，群体才可以成立；而以维护自身利益为目的来治理群体，这样的群体就会失败，同时也给其他群体提供了可乘之机，中国的积弱正在于此，所以以群术来治国是最佳选择。梁启超认为明智的君主应该善于为自己恰当定位，把自己看作是群体中的一员，既来自群体又以群体为基础，事事以群体的利益来要求自己，才能使群体保持优越性而不涣散。这样，梁启超把群体与个体统一起来。继而，他指出，当下国民个个都知道有自己而不知有天下，个个考虑的都是自己的家、官位、农田、价格，宗在意的是族，族在意的是姓……学者注重的是学问。出现这种情况，假设有四千万国民，就会出现四千万个国家，四分五裂没有统一性，可以说没有国家。所以中国若想强盛，必须走西方的治国之路，不仅统治者善于团结民众，民众个人也应该相互团结、相互扶持。

在梁启超看来，群术也是物质合成或瓦解的关键所在，他说："何谓造物？合群是已。何谓化物？离群是已。"① 所以若要消灭一国，只需击溃该国精诚一致的品德，使其上下不顺通，纵使是极乐之地，也会顷刻土崩瓦解，这就是离群的结果。合群才能顺应进化，梁启超认识到群本身就包含两种矛盾："吸力"和"拒力"，二者相互依存、相互斗争，这就是进化。不论是个人善群，还是群体善群，都会在进化中胜出，梁启超也力求在进化理论的基础上传达给人一种能群者生存、不能群者淘汰的思想。

在善群过程中，还要善变。梁启超说："自地球初有生物以迄今日，物不一种，种不一变。"② 他认为物种从初生之时起便千变万化，宇宙万物无一不是处于变化之中，善变才能适应群体的进化，纷繁复杂才能促进共同发展。梁启超把主变思想置于物种进化与社会发展的普遍规律中。他认为自然之变是天道，是自然规律，人类历史也是自然史的一部分，也必然遵循自然进化的规律，变化是进化的具体表现。因此梁启超把进化论运用到社会历史领域和人格教育中，他认为社会制度当变，人格结构也应伴随着社会历史的变迁而改变。梁启超在《论学术之势力左右世界》中表明了自己的进化论观点，他认为直到达尔文的进化论问世，人们才知道物竞天择、优胜劣汰，不进行自立自强的变化就会在历史发展中被淘汰。他

---

① 梁启超：《新民说》，载《梁启超全集》3，北京出版社1999年版，第718页。
② 同上书，第695页。

看到各国、各民族之间由进化产生的竞争，又由竞争而产生的进化，于是进行一系列变的构想。他说："凡在天地之间者莫不变，昼夜变而成日；寒暑变而成岁；大地肇起，流质炎炎，热熔冰迁，累变而成地球；海草螺蛤，大木大鸟，飞鱼飞鼍，袋鼠脊兽彼生此灭，更代迭变而成世界；紫血红血，流注体内，呼炭吸养，刻刻相续，一日千变而成生人。藉曰不变，则天地人类并时而息矣。故夫变者，古今之公理。"① 变既然是普遍性的自然规律，就应该让国民主动参与到变中来，如此，才能掌控全局，带动国家蒸蒸日上。于是梁启超首先发动的是适应变法的人格之变。

但是变法计划的崩溃使政治性人格改造失去了制度保障，梁启超发现若改变近代中国命运当另辟蹊径，于是经过拓扑学原理式的层层推敲终于寻找到推动社会变革的深层结构和终极力量，走向文化救国之路，对文化进行了深刻反省，并且找出了决定社会变化的深层原因是国民的主体性力量和人生意义，而非单一的政治诉求。只有填充了国民的精神渴求，指引国民的价值观念，整个社会才会焕然一新。

梁启超以善群能力为纲要，为人格的总体格局做出规划，并且认识到人格原则上的"群"观念与现实世界中"变"事实互为依托、交相辉映，这是人格相对之"静"与变化之"动"的结合。这样，在文化救国道路上，梁启超既把主体人格结构看作是精神存在，又看作是超精神的感性存在。这些都说明梁启超在人格与环境转化上、主观与客观的认识上达到一个新的高度。从梁启超倡导的新文化建设和人格培养方面来看，又表明了梁启超是通过文化教育对人的本质、主体性的启发和建构。文化哲学就是"透过文化对象对人的本质和主体性的根本理解和设计，是关于人的自我意识和自我创造的最高智慧。"② 文化哲学的核心问题就是对人的本质的创造性改变。梁启超对国民人格的改变和建构就是对文化哲学核心问题的自觉体悟。

梁启超为建构新民人格所预置的前提和原则，不仅是为全体国民列出的救亡图存之方，也是其自身对自然法则与社会法则的领悟。可以说，群与变思想是人格之变的现实依据。

---

① 梁启超：《变法通议》，载《梁启超全集》1，北京出版社 1999 年版，第 10 页。
② 刘进田：《文化哲学导论》，法律出版社 1999 年版，第 1 页。

二 人格运动中开启主体力量的理论依据

19 世纪的欧洲由启蒙思想时期进入理性时期。在这一时期，一批学者表现出对理性力量的最大信任，因此实用主义思潮泛滥，以"物自体"淹没了人的主体性。但同时，欧洲也出现了新的人文方法论，使人的主体精神、主观力量再度高扬，例如康德的自由意志、法国柏格森的生命哲学、詹姆士人格唯心论、德国直觉主义、道德决定论等都为人的本质的改变与探索提供了新的方法论。这两股不同的思潮渐次传入中国。在同一时期的近代中国，梁启超看到实用主义所提倡的"言技"与"言政"无法带给中国彻底改变，依照拓扑学连锁原理的逻辑推论，他把思想焦点转移到对人本质润色的"言教"上面。为挽救国民的精神饥荒，梁启超极其重视填充人格结构中的精神空虚部分。只有更正国民人格中精神价值的反常，才会带给国民自我解脱和自由创造的维度，促进国民对生命的解读和文化的拯救，社会才会获得进步的深层动力，社会也会由于内在根本的改变而获得新的生机。梁启超这一直抵核心的思想不仅受到国外也受到国内许多高扬主体力量理论的启发。

威廉·詹姆士认为人的精神生活不能完全用生物学概念加以解释，可以透过一些现象来领会"超越性价值"，并强调人格拥有巨大潜能，其本人也因此被称为人格主义者。詹姆士把人格称为是第一性、实在的根本存在，是一切存在的本真状态，世界就是人格的总和。梁启超非常欣赏詹姆士的人格唯心论，认为人类主观创造性精神能够顺应外界而逐渐发达，精神力量和环境互为采补，如此构成人类进化和社会进化。"人格是共通的，社会的人格，是从各个'自己'化合而成，想使社会的人格向上，唯一的方法，就是要自己的人格向上。明白了这个道理，那么所谓个人主义、社会主义、国家主义、世界主义，都可以调和过来。"[①] 梁启超意识到不论中外的人格，只要积极向上都会促成某种主义的形成，因此他决心从最能表现文化主体的人格入手去改造社会风貌。

梁启超对国民进行深层结构的文化教育时，还受到柏格森的生命哲学及其直觉主义的影响。柏格森的生命哲学主要推崇直觉、贬低理性和计

---

① 梁启超：《欧游心影录》，载《饮冰室合集》7，中华书局 1989 年版，第 66 页。

量，认为只有通过直觉才能把握生命的绵延。梁启超采借柏格森的生命哲学、直觉主义和率真情感来净化国民人格。他说："用情感来激发人，好像磁力吸铁一般，有多大分量的磁，便引多大分量的铁，丝毫容不得躲闪，所以情感这东西，可以说是一种催眠术，是人类一切动作的原动力。"① 因此梁启超把情感当作人格的一部分。他所称赞的情感就是直觉，具有本能地排斥分析的特点，属于非理性因素。柏格森认为宇宙是充满生命的洪流，生命冲动造成宇宙进化，梁启超也认为生活就是宇宙，宇宙就是生活。梁启超又根据儒家哲学把生活看作"心"，即宇宙便是吾心，吾心便是宇宙。梁启超指出，生命的意义和人生的价值不在物质生活的丰富而在于道德自我的挺立，这正是儒学所固有而西学所新生的。他说："直至詹姆士、柏格森、楼铿等出，才感觉到非改走别的路不可，很努力的从体验人生上做去……但是果真拿来与我们儒家相比，我可以说仍然幼稚。"② 这些都表明梁启超也赞成用高尚的情感陶冶人格，用符合生命冲动的、率真、非理性的格致思想来建构人格内容，会更加符合人与社会、人与自然关系的需要，同时也说明梁启超并没有与詹姆士、柏格森等人的哲学观点完全一致。

此外，梁启超看到精神力量对国民人格的作用还受到康德自由意志的影响。梁启超吸纳了康德以自由为核心的伦理学作为构建新民道德人格的重要理论依据。梁启超称赞康德学说时说："案康氏哲学，大近佛学。此论即与佛教唯识之义相印证者也。"③ 梁启超也赞同自由是人格的核心结构，是文化的灵魂，是一切原生的可能性，人具有了自由，便具有了主体性、能动性和可创性，可以说人的自由意志无坚不摧、无所不能，这可以解释出梁启超对"心力"巨大能量信赖的原因。而梁启超又极其尊崇佛学，甚至在论证国民主观力量时也多采用佛学观点，他用佛学来比附康德哲学既说明梁启超对康德哲学的重视，也说明其察觉出康德哲学与佛学在思想上有相近之处。康德把生命分为两类，一是属于下等方面的肉体五

---

① 北京大学哲学系美学教研室编：《中国美学史资料选编》下，中华书局 1981 年版，第 417 页。

② 梁启超：《科学精神与东西文化》，载《饮冰室合集》5，中华书局 1989 年版，第 115 页。

③ 梁启超：《近世第一大哲康德之学说》，载《饮冰室合集》2，中华书局 1989 年版，第 51 页。

官，二是属于高等生命的"真我"精神。在梁启超看来，康德提出的"真我"的特点是永恒的主观精神，类似于佛教的阿赖耶识、不灭的精神。梁启超承认一切品格都是由类似于康德的"真我"所创生，因此他利用康德哲学和佛学同时为自己的人格建构而服务。

　　梁启超本人也是中国近代道德决定论者之一。道德决定论是基于意识决定论和社会有机体说的近代中国社会矛盾之上的。梁启超对道德决定论的阐述体现于《新民说》中，他指出新民措施是近代中国当务之急，所有祸国殃民的人都来自民间，因此要从民众的根源处开始改造，防微杜渐，从"新民"开始能够最终改良政府，他说"苟有新民，何患无新制度、无新政府、无新国家"①。梁启超找到了决定社会发展的最终依靠——新民，而新民则应该是具备中西结合的新道德人格者，新道德能够决定一切。如此，在梁启超的思想里，道德是最伟大的力量，由特定道德合成的心力可以与客观境况圆融相契。人格是否具有道德内容可以决定客观现实中的事物成败。梁启超看到了思想和行为之间能够相互转化，他认为改变国民的思想意识和道德现状会准确无误、卓有成效地改变国民的精神面貌和生活状态，改变国民现状即是改变国家现状。梁启超再次运用了类似于拓扑学原理坚定了对初始条件——国民道德人格进行改造，他认为对国民进行启发教育的核心就在于对心灵世界的道德重塑。而这一切又都与梁启超推崇心学具有无法割舍的关系。心学首先突出个体的主观决定力量，梁启超又非常认同主观精神境界的无限创造力、能动性，这样，主体能够进行自由的道德选择，而道德又决定了主体生存状态。因此，梁启超也称赞心学说："晚明士气，冠绝前古者，王学之功不在禹之下也。"② 当然，梁启超在称赞心学之时目的是借鉴心学中主体能动性为国民道德人格构建增强说服力。

　　梁启超还对佛学思想研究造诣颇深，他察觉到西方基督教不能顺应我国民族情感需求，只有借鉴广大、深邃、精微、细致的佛教才能填补国民的精神渴求，若利用宗教的积极引领作用，不仅能与国民政治活动相辅相成，还能为国民提供社会凝聚方式。但梁启超放弃了佛教中轮回、出世、灵魂不灭等观念，而采用"空"角度上的"无我"来推进国民的无畏品

----

① 梁启超：《新民说》，载《饮冰室合集》3，中华书局1989年版，第52页。
② 同上书，第38页。

格。在这里，他从"无我"而进入的无畏是伴随着唯意志论而展露出来，因此梁启超所讲的"心"虽有佛教成分，又受到唯意志论的强化而突显心的主动性和个体性，甚至把佛教所有教义都归属为心理学现象而强调主观精神的科学性、可靠性。"无我"的观念是梁启超"境由心造"的一部分，是强调三千世界皆虚幻、唯有心体意识为真实的理论，是告诫人们肉身不可靠，因此无所谓得、无所谓失，从而无所畏惧。按照梁启超的逻辑，只有认识到肉身必死，现在肉身的"我"早晚要归为如一切假象的、如梦幻泡影一样的虚无，人才会摆脱贪生怕死观念，找到精神永存的不死之方。"无我"的解脱是本体哲学超越自然领域在人生领域内的展开。

这样，不论是自由意志说还是人格唯心论，抑或是佛学思想等中外高扬主体力量的理论，都自然地被梁启超利用起来为开启国民人格中的精神力量添砖加瓦。

三　启发人格觉悟的新气象

梁启超提倡在进行新人格建设之前务必破坏原有人格结构，否则不能纳新。他看到一种文化思潮传输过程中也遵循四个时期："一、启蒙期；二、全盛期；三、蜕分期；四、衰落期。无论何国何时代之思潮，其发展变迁，多循斯轨。启蒙期者，对于旧思潮初起反动之期也。旧思潮经全盛之后，如果之极熟而致烂，如血之凝固而成瘀，则反动不得不起。反动者，凡以求建设新思潮也。然建设必先之以破坏，故此期之重要人物，其精力皆用于破坏"。[①] 物极必反，梁启超从文化由盛至衰、由衰至反动的规律，推论出旧有人格达到宋明的全盛时期后也必然进入颓废期，因此颓废期的人格也面临着反动即全盘推翻问题。由于旧有文化价值观构成的人格内容已不符合近代社会需要，为论证推翻旧有价值观的必要性，梁启超说："前哲不生于今日，安能制定悉合今日之道德？使孔孟复起，其不能不有所损益也亦明矣。"[②] 他强调今日的道德要由今日熟知社会情况的人来创建，他本人便是中国近代破坏与建设的先驱。梁启超的破坏主义主要

---

① 梁启超：《中国近三百年学术史》，载《饮冰室合集》10，中华书局 1989 年版，第 25 页。

② 梁启超：《新民说·论公德》，载《梁启超全集》3，北京出版社 1999 年版，第 662 页。

指向束缚人身自由的现行政体和传统观念双重枷锁。相比之下，梁启超更注重打破传统观念的束缚，诊治人格中时光错位的价值观。梁启超归纳出古代圣贤构建人格的方法：一是抑物质，达成精神圆满；二是树高尚人生观。而他建构当下道德人格的根据和方法则是：（1）宇宙观并不圆满，正在创造之中，待人类去努力，所以天天流动不息，常为未济。人应该不断进取，以满足社会与自然的需求；（2）人不是单独、孤立存在，人要与世界融为一体并与世界共同成长，因此要建构出符合世界潮流发展、适应时势的今日人格。

梁启超认为各国寻求人格自觉的方式各有不同，比如印度通过大乘、小乘佛教教义来压抑人的需求最后形成与世无争的品性；传统的中国是通过儒、道、墨家等各自不同的思想，根据人的接受程度而选取不同的修炼品性方式。而梁启超则力图将精神境界中的崇高追求纳入感性和理性的双重领域，甚至人格结构中的"善"、"美"也需寻出它的规则性依据，例如他希望中国将来有科学化的美术，有美术化的科学。其次，梁启超力图培养人们出自直觉、趣味地生活，他认为趣味是生活的基础，没有趣味不可能有生活。梁启超实际上是把直觉的生活作为人的本真性格来颂扬而决不是鼓励人按照原始本能和冲动来生活，把生活的趣味看作是一个人乐观向上的精神而不是感官物质享受，因此他认为没有趣味的人是麻木的人，没有趣味的民族是麻木的民族。由此，梁启超也希望这种生活中积极进取的精神应该成为人格的一部分。同时，情感是产生趣味的条件之一，由于情感有善有恶，所以梁启超强调要从根本上净化人的心灵，使人的情感趋向于善，人格才会纯净。因此，文化教育在梁启超看来也应该是一种情感教育。

梁启超对于人格教育的范围、重点对象方面的看法也与前人看法有所不同。他首先更正人们在传统社会中教育只针对上层社会精英的观念，论证了英雄的身份、地位和作用，强调英雄来自民众，只是民众中的一员，民众是社会中绝大多数的无名英雄，所有的无名英雄才能构成国家机体。梁启超还格外指出在未来先进的社会里每个人都是精英，因此每个人由于人人平等而又都不能称其为独特的精英，可以说精英也将是众多的无名群众。而在这些无名群众中，梁启超又专门说明女性受教育的重要性，为此他专门阐发过"欲强国必由女学"的思想，认为在家庭中母亲的素质在幼童初始教育中影响极大，把富国强民与女子教育相联系。由此，梁启超运用拓扑学逻辑推理，从精英教育推论至全体国民教育，从全体国民教育又过渡到重点对女性教育之上。在这一点上，梁启超不同于其他维新思想家的英雄史观，他扩大了教育范围，看到了教育对象普及的重要性，并且在普及性中又加入了侧重点，他既看到了个体与群体的辩证统一，又在解决问题时分出了主要矛盾和次要矛盾。

梁启超也利用佛学、心学及自由意志等思想来增强主体的力量。他在论证新道德人格之时，希望众多英雄和无名英雄打破"我执"、看破生死回归永恒的"无"，却又看似矛盾地不是以"无"来回归净土，而是以无畏的精神达成变法目的，以坚毅必胜的信心成就事业。梁启超在"无"中追求"有"，在"有"中灌输"无"，二者本是矛盾的对立面，他却把"无"与"有"在宗教信仰与社会生活中统一起来。他又格外强调说追求事业都将付出代价，天下没有无代价之物，表明梁启超力图把佛学中的"因"、"果"关系植入国民的思想中，有何种付出便会有何种获取，把崇高精神追求与儒家务实精神巧妙地结合在一起，以宗教、主体力量来促成符合社会现实的人格，也清楚地表明梁启超儒佛结合的世界观和人生观。

近代中国文化发展的自觉阶段是言教阶段。在崇尚心力、意志无坚不摧的基础之上，梁启超把国家意识、权利义务、进步、自尊、合群等思想当作是进化了的新人格内容，连同教育范围、教育对象新的界定及教育特殊的关注点等，都成为梁启超不同于他人人格教育的新气象。

四 总结

其实梁启超设计人的主体性构成的思想体现于他的毕生追求中，从公车上书开始到20世纪初对新民的构想，再到20世纪的20年代，梁启超一直在努力奉行其人格建设理想。只是他的建设内容和焦点经常随历史的变迁而变化。梁启超看到近代中国所面临的社会危机都是文化危机，意识到中国近代以来就是一场最广义上的文化冲突。其实这种冲突包括两个方面：一是中西文化冲突，所以梁启超先期大量引入西方自由、平等、民主等观念以改变中国文化风气，后期又重新斟酌西方思想文化的负面效应；二是本土古今文化的冲突，因此梁启超先期猛烈批判和消解中国传统文化的生存价值，旨在接受当时的西方文明，而后期又改变态度承认了传统文化的合理内核。总之，虽成效与方式常有改变，但梁启超一直有针对性地采用文化改造来挽救社会危机，更是采用文化改造来重整近代中国国民人格。梁启超力图通过拓扑学连锁式的逻辑推论使人们意识到中国所面临的问题，不仅仅是由西方传入的技术问题、政务问题，其实还有中国国民自身素质的问题。科学与民主等只是简单的促进国家改革的表象外因，虽然内因要通过外因而起作用，然而内因却决定外因，所以真正能够引起社会"风暴"和"龙卷风"的，只能是国民深层人格结构的认知和价值取向。在这种人格结构中，传统的消极思想占主流地位时，国民的本质无法改变，国民的行为也便无法得到有效调控，社会的存在只会停留在当前和过去，若改变这种人格固定结构模式，就必须首先破坏原有结构，植以新的内容和秩序。新的内容和秩序也必须要经得起拓扑学连锁反应的逻辑推敲。这涉及中国现代化的进程方式和现代化进程中的矛盾，比如人的塑造是单一的还是全面的，是首先发展经济生产还是首先健全人格。这种文化何去何从问题成为思想家关注的核心内容，文化的矛盾和解答构成中国近代思想文化的发展。毫无疑问，梁启超找到了协调文化矛盾的方法，他与人类学家一样，把人作为文化的起点，文化是由人来创造，人类有意识的活动都是文化的创造，对文化的研究其实就是对人的本质生成的研究，对人的本质人格的研究也即是对文化的研究，对文化的研究又是对社会改造的起初因素。因此梁启超也不同于卢梭把人作为政治性的、制造工具的动物，他把人看作是文化的动物。

梁启超反复论证了对人的本质生成改造的必要性和有效性，他把对文化哲学的研究从宏观引向微观，他看到了对人的本质做细微的更改与变动，则会在整个社会中长期地引起一系列拓扑学连锁式效应，于是他把人格的建构作为对社会发展原动力的创造。梁启超站在历史的角度主要传达文化价值体系，既向人们展示人格结构的动态图式，又向人们提供生活信念、人生意义，满足人的终极关怀。可以看出，梁启超触及最深层次文化变迁的精神保障问题，使文化自觉与教育自觉在逻辑上贯通一致，代表着他对文化哲学田野式考察所能达到的独树一帜的高度，也代表其对拓扑学连锁式逻辑原理应用的深化。这种以文化兴国为价值取向、以寻找人的主体性为基点的教育方法论对于当代在主流文化指导下价值观的建构具有极重要的借鉴意义。

论贾平凹小说创作的三种境界

周引莉*

内容摘要：借用中国禅宗思想的三种境界来概括贾平凹小说创作的三个代表性阶段，即见山是山，见水是水；见山不是山，见水不是水；见山还是山，见水还是水。一方面，纵观贾平凹的小说创作轨迹，他对社会、人生的认识由表及里，由浅入深，技巧逐渐从稚嫩走向圆熟，基本呈螺旋上升的态势。虽然在这个上升趋势中，不免有起起落落的回复现象，但大体上和禅宗思想的这三种境界是吻合的。另一方面，具体到贾平凹的每一部重要作品之中，都可能或多或少地同时体现了这三种境界。

关键词：贾平凹　小说　境界

纵观贾平凹三十多年的小说创作，基本上都围绕一个总的思想原则。那就是融传统于现代，这其实正是文化寻根的基本精神。有人总结，从贾平凹小说创作的文化追寻上看，大体经历了文化和谐——文化错位——文化崩溃——文化建构几个大的段落，并且其间相互交叉、渗透。① 按照这样一个思路，贾平凹早期的创作，比如《商州初录》、《天狗》等表现了美好人情的文化和谐，而《古堡》、《浮躁》等则表现了文化错位的危机，到《废都》、《白夜》则达到了文化崩溃的边缘，到《高老庄》则逐渐出现文化建构的希望，而《秦腔》则应该是文化追寻的集大成之作，既表现了文化错位、文化崩溃的危机，又给人以必须文化重建的警示。

这里，不再对贾平凹的创作作全面的论述，而是借用中国禅宗思想的三种境界来概括贾平凹小说创作的三个代表性阶段，即见山是山，见水是水；见山不是山，见水不是水；见山还是山，见水还是水。禅宗的这三种

---

　*　周引莉，华东师范大学博士，商丘师范学院教师。

　①　肖云儒：《贾平凹长篇系列中的〈高老庄〉》，《当代作家评论》1999 年第 2 期。

境界一般是形容人认识大千世界的过程。"见山是山，见水是水"一般看做求实阶段，即对眼前的所见，基本凭着经验直觉去判断。"见山不是山，见水不是水"，可看作求智阶段，是用空灵智慧的心态去观察事物，也可谓透过现象看本质。"见山还是山，见水还是水"，可以说是求自由阶段，类似于哲学上的"否定之否定"，看似回到了起点，但又不只是起点的重复。是对大千世界的大彻大悟，是达到一种高度或深度的"自由"状态。现把这三种境界用在概括贾平凹小说创作上，是出于两方面的考虑。一方面，纵观贾平凹的小说创作轨迹，他对社会、人生的认识由表及里，由浅入深，技巧逐渐从稚嫩走向圆熟，基本呈螺旋上升的态势。虽然在这个上升趋势中，不免有起起落落的回复现象，但大体上和禅宗思想的这三种境界是吻合的。比如，20 世纪 80 年代的《浮躁》及其以前的创作主要是对现实生活的实录；从 20 世纪 80 年代末的《太白山记》到《废都》、《白夜》主要体现了作者的写意式想象；而新世纪的《秦腔》则融会贯通，虚实结合，大有"红楼笔法"的风采。另一方面，具体到贾平凹的每一部重要作品之中，都可能或多或少地同时体现了这三种境界。也就是既有尊重现实的实录精神，又有隐晦的曲笔、隐喻、象征等手法的运用，还可能有在写实、写意基础之上的更高层次的对社会、人生的理解。如《秦腔》熔写实、写意于一炉，既有实录精神，又有曲笔隐喻，展现了复杂丰富的人生境界，体现了作者积累多年创作经验而获得的自由圆熟状态。

一　"见山是山，见水是水"——对现实生活的实录

以《浮躁》为界，贾平凹早期的作品无论怎么虚构，都基本上沿着现实生活的轨迹，或者说是本着对现实生活实录的精神去虚构。《小月前本》、《鸡窝洼人家》、《腊月·正月》基本上是反映改革意识的小说，比较写实。中篇《天狗》表现了民间伦理道德对人性的约束，也展示了商州民间美好的人性人情。小说结构严谨，人物心理刻画得细腻传神，文笔典雅凝练，曾受到台湾作家三毛的高度评价，堪称贾平凹中短篇小说的经典之作。中篇《古堡》主要反映了民间普遍的嫉妒心理，村里人不能看到别人碗里的粥比自己的稠，而是希望别人碗里的粥和自己的一样稀。于是，一幕因嫉妒引发的悲剧上演。小说中略显突兀的是，作者借道士之口

大段引用了古奥的《道德经》及《史记·商鞅列传》，使通俗的小说蒙上了一层明显的传统文化气息，这大概源于作者强烈的文人趣味。

《浮躁》是贾平凹 80 年代具有恢弘气势和总结意味的一部长篇。小说主人公金狗是一个新式农民，他正直善良、勇于开拓、头脑灵活，有参军经历，也有一定的知识积累与文学才华。他身上有一种"舍得一身剐，敢把皇帝拉下马"的正直勇敢气质。他嫉恶如仇，为了扳倒官僚腐败势力，不顾个人得失与安危，与小水、石华、雷大空等人联合演绎了一场民告官的"当代传奇"。金狗经历的遭遇和生活的环境，几乎是 80 年代社会现实的真实写照。金狗身上闪烁的理想主义光芒或许只有 80 年代的小说中才常见，到 90 年代以后，类似的"当代英雄"就大大减少了。而雷大空的形象则为后来很多小说塑造类似形象（如《高老庄》中的蔡老黑、《四十一炮》中的兰老大、《兄弟》中的李光头等）开了先河。《浮躁》集当代社会的风云变幻、商州民间的丰富文化及金狗与小水、英英、石华等人的感情纠葛于一体，还不时穿插测字看相、阴阳八卦、祭文民谣及佛道思想等，是一部内涵丰富、充满民间精神与文人趣味的长篇小说，也是一部严谨的现实主义代表作。但在写完这部作品之后，贾平凹在心灵深处产生了对现实主义表现"真实"可能性的怀疑："这种流行的似乎严格的写实方法（现实主义的表现手法）对我来讲将有些不那么适宜，甚至大有了那么一种束缚。"①于是，80 年代末《太白山记》的发表就实践了这种怀疑。

二 "见山不是山，见水不是水"——写意式的民间想象

80 年代末，贾平凹发表的《太白山记》又是一部"新笔记小说"，但这一部小说与早期"新笔记小说""商州三录"的纪实精神不同，是一部具有"聊斋"意味的文人小说。如果说《浮躁》是贾平凹早期写实精神的总结，那么《太白山记》似乎可以看作贾平凹写意精神的开端。随后，《白朗》、《五魁》、《美穴地》等一系列远离现实、纯属虚构的小说问世。这一类写虚或者说写意式小说的成功，为《废都》的出现奠定了基础，也就是作者把对历史的虚构推演到对现实的虚构。

笔者认为，《废都》基本上是一部写意式小说，也就是它不是现实的

---

① 贾平凹：《〈浮躁〉序言之二》，陕西人民教育出版社 1990 年版，第 3 页。

写实，而是本质的写实，是在表面写实的包装下写人的欲望，既包括形而下的性欲，也包括名利欲及形而上的精神追求等。尽管小说大量涉及了性事，但作者以"此处删去多少字"的写法避免了直接的性描写，并没有造成小说淫秽不堪的感觉。《废都》的性描写到底该怎么定性，我们且抛开，这里主要谈谈《废都》的虚妄性和写意性，也就是《废都》浓厚的狂欢式的民间想象色彩。《废都》中出现的"四大名人"、"四大恶少"及那个唱着民谣的拾垃圾老汉，还有那些对庄之蝶极端崇拜的女性（唐婉儿、柳月、阿灿等），都透着一种虚幻性和主观想象色彩。试以唐婉儿为例，她抛夫弃子与周敏私奔，可谓少见的不受传统观念约束的现代新派女性，或者说唐婉儿有着强烈的自我主体意识。但等见了庄之蝶，唐婉儿竟崇拜得五体投地，自我主体意识尽失，把周敏抛到九霄云外，很快与庄之蝶进入热恋状态。等柳月发现了她与庄之蝶的奸情，她竟然暗示庄之蝶用性占有去堵柳月的嘴，还与柳月称姐道妹，组成一个战壕里的"盟友"，真成了只知肉欲的"稀有动物"！但小说中又把她对庄之蝶的爱描写得似乎很纯洁高尚，不免有牵强之感。恐怕只有发挥"女性妄想症"的男作家才会写出这么符合男性口味的女性！贾平凹一贯的特长是写理想女性。早期写的女性美丽善良传统，多为男性的依附品，如小月、师娘、小水等，这些女性固然美好，但缺少尖锐的个性。到《废都》，贾平凹突转笔锋，一下子写出唐婉儿、柳月等那么多虚荣放浪的现代女性，真是从一个极端跳到另一个极端。如果说柳月身上还有那么一些真实生活的参照，那么唐婉儿身上则被赋予了太多的男性想象和人为的虚幻色彩。如果说唐婉儿是一个至情至性之人，她怎么能舍得不管不问自己的骨肉，又怎么那么快把周敏置之不理？如果说唐婉儿是一个水性杨花、不负责任的荡妇，作为知名作家、有着深厚学养的庄之蝶又怎么能把她深爱而没有丝毫忏悔？如果说好色贪欲是男人的本性，唐婉儿其实就是满足男人本性的尤物。另外，阿灿的存在某种程度上也是男性作家的虚妄想象。当然，这里所说的虚妄想象并不包含太多的贬义，主要是指一种狂欢式虚构。

　　《废都》的民间想象不光体现在对庄之蝶极端崇拜的那些女性身上，还体现在对庄之蝶本人的虚幻性塑造上。庄之蝶不是贾平凹，也不是现实中的任何一个作家。庄之蝶的名字本身就源于一个充满虚幻色彩的哲理典故，也许作者的寓意就是要制造一个进入幻境的人物。也许，庄之蝶只是无数男人的一个欲望之梦，一个关于名利女色的美梦。但美梦醒来是噩梦，庄之蝶的结局是死亡，也暗示了这种"美梦"的悲剧性和虚妄性。作家暂时放弃现实生活的逻辑，大胆进行想象和虚构，只要本质真实，细节失真或经不起推敲也在所不惜。试想，作为知名作家的庄之蝶，在女色面前一次次失去起码的理性自控能力，真不知道这样毅力薄弱的男人怎么能成为知名作家？也许，作者只是想通过塑造这样一个放纵自我、胆大妄为的庄之蝶，来表现失落文人的颓废，来喻指人心的欲望膨胀。王富仁教授曾说过，贾平凹"是一个会以心灵感受人生的人，他常常能够感受到人们尚感受不清或根本感受不到的东西。在前些年，我在小书摊上看到他的长篇小说《浮躁》，就曾使我心里一愣。在那时，我刚刚感到中国社会空气中似乎有一种不太对劲的东西，一种埋伏着悲剧的东西，而他却把一部几十万字的小说写成并出版了，小说的题名一下便照亮了我内心的那点模模糊糊的感受。这一次（指《废都》——笔者注），我也不敢太小觑了贾平凹。我觉得贾平凹并非随随便便地为他的小说起了这么一个名字"。① 贾平凹为他的小说起这个名字确实有深意存焉。文中多次出现的拾垃圾老头唱的那些讽刺社会现实的民谣，就是"废都"的形象标注。在这样一个世风日下，人心不古的"废都"里，只要人性的野马脱缰，出现庄之蝶这样颓废的文人也是顺理成章。陈晓明教授在评《废都》时说："这真是一个阅读的盛会，一个关于阅读的狂欢节。当然，它首先是书写的狂欢节，一种狂欢式的写作。"② 《废都》其实也是写人在形而上的追求失意时的形而下的放纵。

《废都》的叙事模式既是典型的"才子佳人"模式，也是"一男多女"模式，是中国传统叙事文学的套路，其中受《金瓶梅》、《红楼梦》的影响也很明显。小说中穿插出现的一些字画古董、测字算命、讲禅布道等也充满传统文化气息。

三 "见山还是山，见水还是水"——
虚实结合的"红楼笔法"

所谓"红楼笔法"，是对《红楼梦》在艺术上多种成熟技巧的总称和

---

① 王富仁：《〈废都〉漫议》，载《王富仁自选集》，广西师范大学出版社1997年版，第262页。

② 陈晓明：《废墟上的狂欢节——评〈废都〉及其他》，《天津社会科学》1994年第2期，第61页。

泛称，应该包括很多方面。比如它的叙写就像生活本身那样丰富、深厚、逼真、自然，人物形象复杂多面，结构多线并进、虚实结合，语言雅俗共赏，修辞手法多样等。具体地说，体现在人物形象的塑造上，就像鲁迅先生所言："至于说到《红楼梦》的价值，可是在中国小说底中实在是不可多得的。其要点在敢于如实描写，并无讳饰，和从前的小说叙好人完全是好，坏人完全是坏的，大不相同，所以其中所叙的人物，都是真的人物。总之自有《红楼梦》出来以后，传统的思想和写法都打破了。"① 这种由过去的"好人"、"坏人"一元思维模式向"不好不坏，亦好亦坏"二元思维模式的拓展，是"红楼笔法"在人物形象塑造上的一大主要标志。在语言上，"红楼笔法"主要体现在语言雅俗共赏，叙述语言书面化，人物语言口语化。在结构上，"红楼笔法"体现在多线并进和虚实结合等手法。

　　贾平凹随着小说创作经验的积累和技巧的丰富，"红楼笔法"的运用也日益娴熟。首先，在他笔下，出现了一大批性格丰满的人物形象，这些人物的复杂性很难用"好人"、"坏人"的一元思维模式去判断。比如夏天义，"文革"时也欺男霸女，但他刚硬的外表下也有一颗正直善良的心。又如夏天智，既传统正直，讲究礼仪，乐善好施，但也有虚荣的毛病。有人把夏风、引生与作者贾平凹联系起来分析，认为，"夏风和引生作为矛盾对立的双方，统一起来就是作家心灵世界的整体。这是一个经受着分裂之痛的心灵，理智的一面要脱离乡土投向城市，根性的情感却丝丝缕缕牵扯不断，理智明白这种情感是无望的，但无望中却本能地怀着希望，情不能断，也无法断，肉体的根断了，精神的根还在，于是只能扭曲异变。说白了，贾平凹是要活画出一幅身心分裂、情理对峙的自我精神图谱。这是他心灵的复调状态，一种纷乱如麻、痛苦不堪的复调状态。"② 如果根据精神分析的观点（"作家把自我劈成几份，分配到他的小说的一些角色中去"③），这种说法不无道理。其实，引生是一个可怜可悲又可爱

---

① 鲁迅：《中国小说的历史变迁》，载《鲁迅全集》（第9卷），人民文学出版社1981年版，第338页。

② 张晓玥：《转型期的惶惑——〈秦腔〉与中国乡土文学的精神》，载《中国雅俗文学研究（第二—三合辑）》，上海三联书店2008年版，第176页。

③ ［美］杰克·斯佩克特：《艺术与精神分析——论弗洛伊德的美学》，高建平等译，文化艺术出版社1990年版，第116页。

的疯子，夏风是一个矛盾率真又具有悲剧色彩的作家。

其次，贾平凹的一些作品本着生活的原貌来写，和生活一样的丰富、真实与深厚。《土门》展现了农村在城镇化过程中农民感情心理的一系列变化，农村成了城市的边缘，农民也成了半个城里人，但经历城市文化影响的农民就像成义的"阴阳手"一样有点不伦不类的病态。《高老庄》中的蔡老黑是一个与子路形成对照的农民，他的勇敢果断，反衬子路的优柔寡断；他对爱情的坚定，反衬子路对爱情的游移；他的莽撞与感情用事，反衬子路的冷静与理性。《秦腔》"法自然"的写实手法，简直就是对日常琐碎生活的照搬与挪用。夏天义"金玉满堂"的儿孙们（除去哑巴），是现代不肖子孙的真实写照；夏风与白雪的感情波折，是现代青年婚姻失败的折射；引生对白雪的迷恋，是现代人面对爱情无奈的悲剧性体现；秦腔的衰落，是民间艺术在现代社会的真实处境；农村只剩下老弱病残，更是现代农村的真实反映。

再次，贾平凹在小说中善于借鉴虚实结合的"红楼笔法"。从《太白山记》的离奇虚构，到《废都》的神秘文化及狂想式的写作风格，再到《白夜》中虚幻的"再生人"，《土门》中成义的"阴阳手"以及《高老庄》中石头神秘莫测的画……都构成了贾平凹写实文学中的虚幻成分。《秦腔》基本上是"法自然"的写实作品，但疯癫的引生不断出现的幻觉、狂想也构成了《秦腔》独具特色的虚写部分。贾平凹曾说："我的小说越来越无法用几句话回答到底写的是什么，我的初衷是要求我尽量原生态地写出生活的流动，越实越好，但整体上却极力去张扬我的意象。我相信小说不是故事，也不是纯形式的文字游戏。我的不足是我的灵魂能量还不大，感知世界的气度还不够，形而上与形而下结合部的工作还没有做好。"①

从以上对贾平凹小说创作三种境界的分析，可以看出贾平凹的小说创作基本上围绕一条主线呈螺旋状向上发展，而这条主线就是文化寻根意识。另外，文化寻根意识其实也是贾平凹的主动追求。他早在80年代就提出，要"以中国传统的美的方法，真实地表达现代中国人的生活和情绪"。②他还说自己在"70年代末80年代初非常热衷于很现代的东西"，

① 贾平凹：《我心目中的小说——贾平凹自述》，《小说评论》2003年第6期。
② 《平凹文论集》，青海人民出版社1985年版，第70页。

但是"后来就不那么写了",因为"我得溯寻一种新的思潮的根源和背景,属中西文化的同与异处,得确立我的根本和灵魂"①。而这个"根本和灵魂"也就是贾平凹后来又强调的"意识一定要现代,格调一定要中国做派"②。2003年,他再一次强调:"我主张在作品的境界、内涵上一定要借鉴西方现代意识,而形式上又坚持民族的。"③后来,贾平凹仍有类似观点的表达。这些写作原则从侧面也佐证了贾平凹的文化寻根创作倾向。

---

① 贾平凹、穆涛:《写作是我的宿命——关于贾平凹长篇小说新著〈高老庄〉访谈》,《文学报》1998年8月6日第4版。

② 廖增湖:《贾平凹访谈录——关于〈怀念狼〉》,《当代作家评论》2000年第4期。

③ 贾平凹:《我心目中的小说——贾平凹自述》,《小说评论》2003年第6期。

张大千及其"术"的影响

汪　毅[*]

内容摘要："说不完"，构成了对张大千文化现象（人性的、人格的、精神的、艺术的、情感的，等等）的生动写照，传达了"张大千学"的多元意义。本文通过对 20 世纪与张大千的"术"之讨论，传达了对张大千"说不完"的信息。

关键词：张大千　"术"

在 20 世纪的艺术家中，张大千具有"说不完"的意义和讨论。当把张大千置于中国 20 世纪的背景中考量时，尤其是对其"术"的讨论，我们将感慨他所具有的时代典型性，以及对"蜀学"的丰富性。

张大千（1899—1983），四川内江人。其生活经历虽跨越"两个世纪"（19、20 世纪）、"三个时代"（清代、民国、中华人民共和国），但却是不可多得的幸运者与成功者。

20 世纪的中国，风起云涌，波澜壮阔，天翻地覆，惊鬼泣神，是历史进程中承前启后、空前激荡的世纪。这个世纪的主流行为，可以概括为"战争"、"科学"、"民主"三种。六个字，可谓字字千钧，无论是战争的残忍，或是科学的进步给人类社会带来影响，还是民主精髓——人文关怀与包容的弘道之行，都演绎了若干悲欢离合，调和了无数酸甜苦辣，让人体验，令人感怀，特别是对于张大千这样的艺术家。

张大千作为 20 世纪的画家，与 20 世纪一路同行，个人际遇与时代命运相伴，时代必然性与个性交织凸现，在其人生跋涉所留下的那一串深深浅浅的足印中，莫不证明了这一点。张大千若干钤印的画外意义，亦有意

　＊　汪毅，重庆人，四川省地方志协会副会长、《四川省志》副总编、《巴蜀史志》副主编、内江张大千纪念馆原馆长。

无意证明了这一点。

在生活圈中，张大千堪称出神入化的高手，竟把出世与入世的极端演绎得轰轰烈烈："故国神游"（印）却又"长年湖海"（印）、"得心应手"（印）却又"人间乞食"（印）、豪情迈意却又离愁别绪、情场春风占据却又挈妇将雏萍踪、抛头露面却又栖隐离尘、喜形于色却又惆怅虬结……追溯一番，体味一番，感到张大千一生总是有意无意行走在光鲜与无奈的对立统一范畴的步道中。

在人物圈中，张大千广交天下，如鱼在水，成为 20 世纪中国历史舞台上被格外关注的角色。一方面，他逢源在国共两党政要之间：为毛泽东作《荷花图》，周恩来接见其夫人杨宛君，与蒋介石晤对青城山，与宋美龄晤对美国，与蒋经国分别晤对台湾溪口、摩耶精舍，与严家淦晤对摩耶精舍，并有"葆粹报国"、"亮节高风"、"一代宗师"等嘉奖。至于与张群、张学良、于右任等的交谊，犹如金兰。此外，他还与活跃在 20 世纪历史舞台的中外重量级艺术家多有联系与交往，如徐悲鸿、齐白石、叶浅予、黄君璧、溥心畬、叶恭绰、谢玉岑、吴湖帆、陈定山、王个簃、赵朴初、张伯驹、启功、梅兰芳、郎静山、秦孝仪、台静农、赵无极、毕加索等等。至于与学界、传媒、梨园、市井、商贾等，即所谓"工、农、兵、学、商"，他都能人脉亨通，从容应对，构成属于自我的社会关系网，以至于在台湾驾鹤西去时的"喜丧"中，享有挽额、挽联、悼念文章等计近 400 幅（篇）。其数量之多，规格之高，范围之宽，影响之大，可谓空前[1]，让人感慨他无愧中国现当代画家中颇有人气和十分具有亲和力、凝聚力的画家，堪称文人相亲的典范。至于他的慷慨尚义，人情练达，襟度高胜，以及和谐构建人际关系的方法与艺术，当属和合文化的范畴，不仅具有历史意义，而且对于今天我们所努力倡导的构建和谐社会不乏现实意义和讨论意义。

在艺术圈中，不难发现张大千与 20 世纪重要的艺术活动大都有关，并有其影响存在。他面壁敦煌临抚壁画及其展览，被誉为"唤起中国文艺的复兴"[2]，影响了一个时代，一定意义上奠定了他在中国美术史上

---

① 见《张大千先生纪念册》，台北故宫博物院 1983 年版。

② 刘开渠：《唤起中国的文艺复兴》，《张大千敦煌壁画展览特集》，西南印书局 1944 年版，第 8 页。

"一千五百年来一大千"①的地位；他的摄影作品《黄山云海》，获比利时万国博览会影展"摄影金质奖"，创下中国较早获得国际摄影金奖纪录；他的绘画作品《秋海棠》，获国际艺术学会颁发的金质奖章，被公选为世界伟大画家；他与毕加索的会晤，被誉为"东西方艺术史值得纪念的年代"；他在绘画上形成的泼墨泼彩时代风格，"开创中国山水画及花卉（荷花）的新纪元"；他在海外举办的数十次画展，为中国艺术在海外打下一片天地，堪称"中国文化交流的使者"；他的艺术贡献，赢得"中正勋章"；有关他的出版物（画册和书籍）与研究其出版物，海内外计达500余种，是中国任何一位艺术家无法相提并论的。故张大千堪称中国最具代表性的"球体艺术家"，即无论从哪一个角度看，他都闪烁着光辉，传达出"今之完美"者所具有的特质信息：画家、书法家、篆刻家、诗家、摄影家、收藏家、鉴定家、理论家、美食家、烹饪家、园艺家、建筑家、旅游家、经营家、玩家、敦煌学家……故他拥有"画坛李白"、"东方的毕加索"、"中国文化交流的使者"、"当代世界第一大画家"、"一千五百年一大千"、"宇宙难容一大千"等赞誉，具有广阔的研究前景与文化创意和文化产业推动意义。

总之，张大千传奇人生与艺术创作、艺术维新、艺术精神、艺术襟怀、艺术表现、艺术使命，以及他凭借一缕银髯、一袭长衫、一双布履、一支拄杖、一腔蜀语而走游五洲四海为中国艺术在海外打天下所构建的"张大千学"，让我们感慨其行为印证了所用印"三千大千世界"的深邃内涵。这亦诚如台湾学者傅申所言："20世纪的中国画坛，产生了不少大师级的人物……但是全方位的画家，兼善诗、书、印，而又融合中日和中西的大师，则舍张大千而莫属。大千先生是以巨星的风采、巨匠的实力，刻下在本世纪（20世纪）中国艺术史上的定位，不但是他同文同种的同辈艺术家所无法望其项背，即使在国际间，张大千的传奇人生与艺术，也是媲美西方的毕加索或达利一辈。"②

对于"说不完"的张大千之讨论，非常有必要从他的"术"去考量，因为它对于张大千"一生最识江湖（社会）大"有着重要影响，甚至具

---

① 汪毅：《初论张大千临摹敦煌壁画画展与成都系中国文艺复兴发祥地》，载《张大千的世界研究》，四川美术出版社 2009 年版，第 295 页。

② 傅申：《张大千的世界》，羲之堂文化出版事业有限公司 1998 年版，第 106 页。

有"规定性"或注定，并由此构成其人生价值体系乃至"张大千学"的重要部分。

张大千在特定的 20 世纪，一生纵横，万里投荒，去国飘零，半生漂泊，游历之广，经历之丰，成就之大，其他艺术家不可望其项背。他的巨大成功，除艺术上的天资聪颖，还得益于他的"很四海"、"一生最识江湖大"的"术"。这些"术"可圈可点，是张大千心灵的独白与密码。

张大千的"术"是他为人处世的态度和方法，或者说是属于他的智慧"游戏"，丰富了其艺术人生。张大千所用印章的印文，与画相得益彰，一定程度上可以诠释其"术"。这些印文，多出自古典名篇（诗词文）或佛教，总结了人生、艺术、社会，既可达其时境，表其用心，抒其情怀，传其智慧，又能很好地概括他对古人的理解与佛教的憬悟。

从张大千出生地考察，内江曾经是熙熙攘攘、光怪陆离的水码头——一个偌大的江湖场。"青山横北郭，白水绕东城"。蜿蜒的沱江绕城而过，滋润着浓郁的江湖文化。一方水土养一方人。张大千浸淫在这浓郁的江湖文化中，包括影响他一生的"仁义礼智信，忠孝廉耻勇"，以及四川人特有的种种行为方式。

从张大千当和尚做土匪出道艺术并驰骋艺坛所构筑的文化、社会、人际关系的过程来考察，可以梳理出其"术"运作的别出心裁与游刃有余，感到他所识的"四海"、"江湖"之宽阔深邃、之汹涌澎湃。无论是市居、山居、园居、归宿（梅丘）环境的选择，还是广结翰墨缘——"著了袈裟事更多"的纠结；无论是"不负古人告后人"的收藏，还是行遍欧西南北美的寻胜；无论是面壁三年的探索中古文明，还是泼墨泼彩的维新；无论是"无人无我，无古无今"的超越，还是"七分人事三分天"的宣言；无论是"南北东西只有相随无别离"的寄托，还是"别时容易见时难"的演绎；无论是情涛意浪的徜徉畅游，还是桃源天地的寻寻觅觅；无论是"独自成千古，悠然寄一丘"的苦心设计，还是艺术集大成的法古变今。这一切，张大千营造得似乎都漫不经心，但又让人觉得顺理成章，难以挑剔，具有"唯一"，甚至是一种必然与既定。

张大千"术"的铿锵运作，当然还包括他得体有度的作秀、夸张，如假石涛画、埋笔造冢、典衣买松、《长江万里图》"穷十日之力而成此"等，以及因好胜而"游戏神通"的诸般行为方式。

究其底里，张大千的"术"，既具时代的必然性，又不乏其个性张扬与意志、好恶的多重表现。包括他为稻粱谋为艺术而生和鞠躬尽瘁的行为，以及头戴苏东坡冠巾，效法先贤行艺行谊天下所表现出的四川人的精明与机灵。张大千对"蜀学"的重要代表之一的苏东坡不乏研究，甚至仿效，故被人尊为"当代苏东坡"，并与苏东坡相提并论"震今烁古两东坡"。这些行为表现，是"说不完的张大千"的支撑点和闪光点，因为它们构建了张大千的艺术、人生、情感世界的波澜壮阔与对立中的统一。台湾作家高阳为此感慨张大千"非有一套过人之术不可。其用心之深之苦，是为了要做到好胜而不树敌，争名而不见妒"，① 进而还在《摩耶精舍的喜丧》一文中指出："大千先生能有如此瑰丽璀璨的生活，最大的秘密是他有他的'术'。"傅申先生在言及张大千的深通处世之道和善于处理人际关系时亦感言："在古今中外的画家中，其生前享名之盛，处世之圆融精通，恐怕也只有17世纪法兰德斯的鲁本斯可以和他相提并论了!"② 张大千的朋友王壮为之感怀："世法是处世的方法。张大千可以说是一位深通世法的人。如果说这是一种艺术，似乎也未尝不可。"③ 可见，张大千的"术"是一个庞杂的体系，既集儒家之学、释家之典、道家之术，扬多学科之长，又不乏艺术性，亦属于"五百年来第一人"的范畴。

张大千的"术"，特别是他对"舍得"与"舍让"的参悟、阐释与具体的实践，竟让友人毛怀瓘五体投地，在挽联中感慨"承教廿载舍让两字永志心"! 徐悲鸿在《张大千画集》序言中曾感慨"大千之画美矣"，并畅想"大千有孙悟空之法，散其髯为三千大千，或无量数大千"。由此，似乎亦可以说张大千的"术"像孙悟空一样，拔须而吹便能神奇万千（孙悟空是拔毫毛而吹），不仅变化多端，而且具有艺术表现的多样性。故张大千的"术"规定了他作为"一代振奇人"（秦孝仪先生语）的丰富多彩与历史局限性，当然亦包括其艺术体系（诗、书、画、印、鉴定、摄影、烹饪、美食、园林、建筑、敦煌学等）与运筹学、心理学、伦理学、营销学、关系学、社会学等直接或间接编织的庞大网络所构成的"张大千学"，进而可以写下"中国社会各阶层分析"的新篇与半部中国美术史。

---

① 高阳：《摩耶精舍的喜丧》，《张大千纪念文集》，台北历史博物馆1988年版，第130页。

② 傅申：《张大千的世界》，羲之堂文化出版事业有限公司1998年版，第44页。

③ 王壮为：《一生最识江湖大——我对大千居士的印象与了解》，载《张大千纪念文集》，台北历史博物馆1988年版，第124页。

张大千在 20 世纪这个特殊的历史时期，通过其"术"的卓越运用，营造了一个独有的人生天地。这片天地是一个过程，时空跨度大，历程纷繁，内涵丰富，表现万千，整合了张大千"说不完"的体系，对于研究张大千，甚至"蜀学"均具有特殊意义和讨论价值。

朱熹新论

潘叔明[*]

内容摘要：本文意在阐明朱熹之研究新论《闽学述论》，对朱学进行本体论、认识论、方法论重构，论定闽学与德国古典哲学的逻辑性、思辨性相类；对朱学进行中学、西学、马学之阐释，论定闽学是中国封建社会后半期思想文化的核心价值体系。

关键词：朱熹　闽学

汪征鲁教授巨著《闽文化新论》中有《闽学述论》（下）专论朱熹。原道裁章，钩深致远，新论迭出。重在三论重构与三学阐释。

一　三论重构

在中国学术史上，朱学曾居主流，但一直有争议。正面肯定者，如其季子朱在编定的《晦庵集》，后不同刻本的正、续、别集卷数略异，而明嘉靖间胡岳刻本较完备，清李光地奉康熙命编纂《朱子全书》，曾以"御纂"名义颁行全国；《闽学述论》作者倚重的《朱子语类》系朱弟子所记，李道传、李性传、黄士毅各有所录并汇集，王佖又有所续，南宋咸淳六年（1270）黎靖德据各地刊本重新编定，较为完备。当然也有贬否者，如清初颜元的《朱子语类评》，逐条摘引批判。

近代以来，冯友兰《中国哲学史》之《经学时代》篇，独尊朱熹为朱子，余皆指名道姓，可见其肯定程度。然而辛亥革命以来，宋明理学遭到批判，朱熹首当其冲。1981 年 10 月我参加的杭州全国宋明理学讨论会开始重新评价朱熹，而后，屡有为宋明理学（包括朱子）正名之作面世。

* 潘叔明，福建省社科院哲学所前所长、研究员。

《闽学述论》有述有作，以述为作，以论为主。特别体现在对朱熹思想体系的重构上。即以本体论（天理论）、认识论（道德涵养与格物致知论）、方法论（理一分殊论）三论重构。

哲学从宗教里出来成为一门独立的学科，首先是本体论的形成，探究形上问题。在西方哲学史中，本体论指关于存在及其本质和规律的学说。最初为主要集中探究世界的本原和规律的学说。后衍发为"实体本体论"、"形而上学本体论"、"独立本体论"等等。在中国哲学史上，本体论主要探究形而下之形而上的本根（根本原因和根本依据）的学说。朱熹的形而上学系集道学家前贤之大成："以周濂溪《太极图说》为骨干，而以康节所讲之数，横渠所说之气，及程氏弟兄所说形上形下及理气分融合之。"① 冯友兰此说，在学术界有很大影响。《闽学述论》未违此共识，但指出朱熹天理论本体论"是经过自己的反复思辨而创立的"②。此论甚是。是说的第一条就是关于"无极而太极"的反复思辨，几乎引了朱熹《答陆子静》书5的全文。朱认为伏羲作易、文王演易没有讲太极，但是孔子赞易讲了太极，然而又没有讲无极，可是周敦颐讲了，因而朱可以接着讲"无极而太极"，不必拘泥于"无极而为太极"之说。以本体论之无穷追溯推上去说必有其逻辑起点以为打住，显然周的本体论逻辑起点为无极，但朱学实为儒学的哲学完成而言，朱熹实际上是取孔子的太极为逻辑起点，然后展开太极即理的论证和思辨，从而创立了天理论的本体论。

朱熹说："无极而太极，只是说无形而有理。"③ 形而下者有情有状的器的本根在于形而上者无形无影是此理。太极是无形的，太极是理的全体。"理也者，形而上之道也，生物之本也。气也者，形而下之器也，生物之具也。是以人物之生，必禀此理然后有性，必禀此气然后有形。"④ 在这里，朱已不仅改造了周，还改造了张（载）。因为无形而下则无所谓形而上，在时空上理与气本无先后之可言。但本体论讲究的是逻辑的起点、逻辑的先后，讲究的是本原的逻辑在先，所以理作为本原、作为逻辑

---

① 冯友兰：《中国哲学史》（下册），华东师范大学出版社2000年版，第254页。

② 汪征鲁：《闽文化新论》，中国社会科学出版社2011年版，第333页。

③ 《朱子语类》卷九十四第1页，卷九十五第2436页，卷一，卷六，卷九十八第2513页，卷十二第8页。

④ 同上。

起点，必然是理先气后。这是"然必欲推其从来"① 的逻辑结果、思辨结果。同样推及心性论，"性无形影可以摸索，只是有这理耳；惟情乃可得而见。"②"性者天之理也，情者心之用也，心者性情之主也。""性是体，情是用，性情皆出于心，故心能统之。"③ 这里的"主"与"统"当指心兼摄体用的机制。性是本体，心是主体，情是具体。心性情也本无所谓先后，性即理，在逻辑先后上，也当是性在先，亦即是理在先，以此完成性本善的本体论论证，阐明天命之性无不善，气质之性有善恶。上承孟子，下兼横渠、二程，交融陆陈。理若金岳霖先生之道，方可动我底心、怡我底情、养我底性。所以朱熹的天理论本体论在逻辑上是严密自洽的。《闽学述论》独到地阐明这逻辑自洽之所从来："既有思辨上的原因，也有论战上的原因。关于第一点，在中国传统文化、中国传统理论思维中，有'归与一'及'大一统'的思维定势。这种思维定势会促使朱子在思辨过程中演绎出世界本源的唯一性和纯一性。关于第二点，朱子一生的理论论战主要是：一与陆九渊的天理与人心之争，二与陈亮的天理与事功之争。论战的过程，无疑会形成一种推动力，即更进一步、更深入地强调、阐析天理的重要性、统摄性、根本性、唯一性，亦即天理是儒家思想、中国传统文化的核心价值体系。这也必然会导致，在本体论上将理归结为发生学上的初始性与渊源性。上述原因虽为两点，但在实际思辨与论证过程中每每彼此交融。"④

从本体论谈认识论，朱熹思想体系重构很自然地有其逻辑线索：自天理而知天理。《闽学述论》的精到在于涵盖了知天的两个部分（道德涵养与格物致知）。朱熹的认识论不是在主客体分立基础上研究人的认识的本质及其发展过程，而是在天人合一、理一分殊的基础上研究人的认识目的和认识方法。在这一点上，朱熹思想体系重构者也注意到本体论、认识论和方法论统一原则。且准确地依朱熹原道裁章，分成认识论（上）（下），即用敬与致知。朱熹的原道如下：

---

① 《朱子语类》卷九十四第1页，卷九十五第2436页，卷一，卷六，卷九十八第2513页，卷十二第8页。
② 同上。
③ 同上。
④ 汪征鲁：《闽文化新论》，中国社会科学出版社2011年版，第340页。

　　　　所谓致知在格物者，言欲致吾之知，在即物而穷其理也。盖人心之灵，莫不有知，而天下之物，莫不有理。惟于理有未穷，故其知有不尽也。是以大学始教，必使学者即凡天下之物，莫不因其已知之理而益穷之，以求至乎其极。至于用力之久，而一旦豁然贯通焉。则众物之表里精粗无不到，而吾心之全体大用，无不明矣。①

　　从本体论上说，朱熹认为人得于理而后有其性，此天命之理，无不善；人得于气而后有其形，而气质之性有善不善，于此，人因气禀之形而起之情，其"流而至于滥"者，就是人欲，而非"流于滥"者，朱没有否定。所以应区分气质之性的善不善，应区分情的至"流于滥"者与未至"流于滥"者，才能理解这里所说的人欲非泛指，系仅指不善，仅指"流于滥"者。朱熹认识论的认识目的就是去除人欲对天理的遮蔽以澄明天下，而认识的方法，就是"用敬"和"致知"。

　　关于用敬，《闽学述论》的新论是：敬是一种精神状态，一种道德状态，人存在的一种常态，以不间断地保持这种状态来致理，以达于人性与理的合一。② 同时对此展开了详尽的论述。

　　关于致知，中国学者无不从朱熹的《大学章句补格物传》为原道。《闽学述论》新论在于对格物与致知都以主客两方论之，强调了主客体的统一，因主客体都有天理，都具有天理之大本，因而在逻辑上以理为统一的基础，并认为朱熹把人的认识过程表述为格物、致知，把人的自我修养过程表述为诚意、正心、修身，把社会实践过程表述为修身、齐家、治国、平天下，完整地把认识论范畴和道德论范畴统一起来，从而引入了知行关系，以实证朱熹一以贯之的是儒家伦理道德之价值取向。③

　　关于穷理，朱熹认为天下之物，莫不有理，若理有未穷，则知有不尽，穷天下事物之理，即穷人的性中之理。若从实证知识而言，这几乎是不可能的，若从境界而言，须是不能放弃的。说一句"吾心便是宇宙"，当然简易得多，但朱熹绝不认同，若一物一穷理，一日一穷理，又确是支离。因此，在哲学上不得不求诸方法论。所以，《闽学述论》明此而指出

---

　　① 《朱子语类》卷九十四第 1 页，卷九十五第 2436 页，卷一，卷六，卷九十八第 2513 页，卷十二第 8 页。

　　② 汪征鲁：《闽文化新论》，中国社会科学出版社 2011 年版，第 376—393 页。

　　③ 同上书，第 393—405 页。

朱学的方法论是理一分殊论。认为朱子在本体论与认识论方面的许多认识，也都在不同程度上转化为其为学、处世的方法。但其最为重要且有特色的方法是理一分殊。理一分殊，既是本体论，又是认识论。作为本体论，其力图表现在发生学上之宇宙及世界万物形成的过程，以及在本体论上宇宙与世界万物结构的顺序。作为认识论，其又是认识的途径与方法。在哲学范畴上，理一分殊还反映了一般与个别，共性与个性这两组对立统一的哲学范畴。① 从而新论迭出，其最要紧处有数点：（1）理一是本体论一元论，无极、太极、理只是观照同一本体角度或所强调的方面有所不同；（2）理一借气得形式分殊生物，但有此气，则理便在其中，所以理便未尝是"割成片去"，依然是理一，这种说法完全是思辨的，不是实理，如实理论，那时还没有宇宙全息理论；（3）分殊，朱熹说得明白，太极（理）便是一，到得太极生两仪时，这太极便在两仪中，两仪生四象时，这太极便在四象中，四象生八卦时，这太极便在八卦中，如今之一般与个别、共性与个性，理是普遍的，而理具气禀之形而分殊，所以理的表现形式则是万殊。"而一旦豁然贯通"云云，又只在这方法论上说得通，功夫便在这分殊上，功夫便是这理一分殊的体知上，非主客对立的实理认知上。

藉本体思辨而达于逻辑自洽或藉语言分析而达于逻辑自洽，方可语哲学。《闽学述论》以三论重构朱熹思想体系，是一种哲学的完成。

二 三学阐释

中国学术界有"打通中西马，吹破古今牛"之说。打通中学、西学，新儒家三代都在努力做。而打通中学、西学、马学，非大家不能，即便是大家，在国外只有西马之学，在国内只有中国化的马克思主义之说。而就学术而言，只可见之于以马学治中国的史学，其次哲学，其次文学。打通中学、西学、马学，首先难在学术上是否有通约性。其次是比较研究，只是把两者联系起来，分其异同而已，把三者联系起来分其异同则鲜见。再次是问题论，针对当代世界问题分别于中学、西学、马学中寻找解决之道。今之中国主流学术，更多的是借鉴中、西之学以形成，丰富并发展中

---

① 汪征鲁：《闽文化新论》，中国社会科学出版社 2011 年版，第 442 页。

国特色的马学。打通之说亦难。

《闽学述论》以大家之宏志着朱学于中学、西学、马学的阐释里，以求新路。中国学术数千年来之层累最深厚者在于史学。《史记》实文史哲一体的中国学术传统典范。所以朱熹新论着眼于中学之史学的论析、西学之哲学的辨析、马学之文化的阐析。

（一）论析中国唐宋之变理学源流。先推演两宋学术之滥觞，后论析两宋政权的积弱积贫及异族侵凌而产生的知识分子民族意识与兴亡意识高涨之两宋学术的思想历史背景。阐明理学陶铸中国统治阶级新的精神支柱和中华传统文化新的价值取向的深刻历史动因。

论析北宋理学的产生及其对朱学（闽学）的影响。对北宋理学先驱的引论不限于胡瑗、孙复、石介，并及于陈襄等。于北宋五子之周、邵、张的宇宙论对闽学影响，尤钩深致远，与西学之宇宙生成论、进化论作科学史的比较，认为上哲与现代科学在起源论上有惊人的相似之处，可能与人的潜意识对自然的直觉有关，人的思维思辨性也与潜意识有关。文本考辨甚详，筑实了朱学学术前史。于二程尤为着力，特别强调了洛学在宇宙本体论、人性论、认识论上对朱学的直接影响，完全是据史而实的。

论析闽中移民社会的构成与儒学的兴起。于闽史，藉考古材料与文献材料互作考证，廓清闽越国与闽越的史缘及其地域界限。着重阐述了东汉末年至三国孙吴政权时的移民潮、西晋永嘉之乱以后一百年间的移民潮、唐宋五代之际移民潮及其对闽地社会经济发展的影响。着朱学移民社会之文化积愫、观中原儒学入闽之历史回澜，在移民潮流的儒学道南与程门立雪的理学道南之间，补进了五代之际闽中的儒学学者与闽中四先生，二次道南之后复有朱熹，足见闽学之地域文化蕴藉和行藏，实得于史。

论析朱熹隐于庙堂、隐于市野、隐于林泉的乾道淳绍、丙戌己丑、学术论争、政治纠结而始终为一理学家的一生。因而对闽学的界定视野广阔，能见学术流派不滞于学术流派，见地域范围而不滞于地域范围，见学院群体而不滞于书院群体，进而不拘泥于纪、传大全之网罗和学案条目的遍搜，于史在纪传体和学案体的结合上处理了闽学源流问题，显史家之墨，非书斋学者所能。从而乃置整个闽学于厚重开阔的历史风云中，复予闽学月映万川、积水空明、藻荇交错、竹柏摇影之形上形下境界。对闽学非取同情之了解不能如此。

（二）辨析朱熹哲学体系的逻辑性、思辨性及其与康德、黑格尔哲学之比较。朱熹生卒为 1130 年至 1200 年，康德生卒为 1724 年至 1804 年，黑格尔生卒为 1770 年至 1831 年。朱哲与两西哲的体系、范畴、命题各异，最可比较的实为逻辑性、思辨性。但在各自哲学的完成上，朱熹早了约 6 世纪。

辨析于本体论。本体论最能体现哲学的逻辑性与思辨性。康德认为建立抽象本体论的形而上学是不可能的，但又以与认识论相离的先验哲学体系来代替本体论。于此，《闽学述论》作者认为康德在本体论上没有完整的架构与述论。从而转向黑格尔哲学。征于《小逻辑》，作朱黑异同之辨。取其同，（1）对存在本质的思辨，均取理念自在（天理、绝对精神）；（2）存在之规律思辨为理念自为：对立统一；（3）存在之生发思辨为形上形下一体。取其异，作者认为主要是：（1）"绝对精神"之产生物质世界是其异化或客体化的结果，故其之物质世界产生的具体过程与情况语焉不详，其之物质世界有更多虚拟性的色彩；而"天理"之产生物质世界则是其自身发展的必然结果。在"太极"之后演化出作为物质形态的气，气又表现为阴阳、五行的辩证运动，并产生实在的物质世界。后者的这一描述度几乎和现实世界的状况更近。（2）"绝对精神"之内涵似未规定，仅云以艺术、宗教、哲学等为代表的绝对知识是绝对精神之成就；而"天理"之内涵则为儒家的伦理道德观念，集中表现为仁、义、礼、智、信，是自然秩序、社会秩序与天理内涵的统一。（3）朱熹以为太极即天理，其演化为宇宙万物与人类社会是以一种"理一分殊"的方式，天理将一个个小太极分化到宇宙万物与人类社会之中；而"绝对精神"外化为宇宙万物与人类社会则仅笼统地说是绝对精神一种总体的功能。[1]

辨析于认识论。作者认为朱熹认识论与康德认识论在结构与内容上相去甚远，但也有相通之处，代表了那个时代的认识和思辨水平。对于黑格尔，主要征于《精神现象学》，黑格尔认为作为意识的精神目的就是要使得它的这个现象和它的本质同一，思辨的特点在于力图克服本体论问题和认识论的对立。朱熹的哲学亦力图实现本体论问题与认识论的统一。其思辨水平均在认识主体的认识完成上。在朱熹为理、性、心、情在致知上的

---

[1] 汪征鲁：《闽文化新论》，中国社会科学出版社 2011 年版，第 485 页。

统一，在黑格尔为意识、自我意识、理性、精神、绝对精神在认知上的统一。

辨析于伦理学。作者采取西学新成果赋予朱学伦理观以一定程度的科学性和相当程度的社会历史合理性。征引生物学等新研究成果阐明道德选择倾向与基因之间的关系，据此指出：现代科学的发展，一方面在一定程度上否定了人类在文化发展史上的某些思辨，另一方面又在一定程度上肯定了以往的某些思辨，这个过程还会反复交叉、螺旋形向上发展开去。这就是认识的辩证法。在这时，我们深深感受到人类思辨的力量。这个力量，既力透纸背，又触及宇宙及宇宙外世界的精微与广大。①

（三）阐析朱学在中国思想文化史上的价值与地位。据马学意识形态理论，论定朱学（闽学）为中国封建社会后半期传统文化的核心价值体系。《闽学述论》在阐析宋代理学崛起的社会历史条件时，认为唐宋之际为中国封建社会的成熟期向后期的发展，社会经济形态从有限的封建国家土地所有制向封建土地私有制的演化，经营性地主成了当时最先进的生产力代表者，代表其意识形态的儒家学说，也必然会产生相应的变化和升华，这便是两宋理学的应运而生，闽学为其完成。

阐析朱熹地位之尊崇及其学说的封建主义意识形态化。认为程朱理学最能维护那个时代大一统的封建政治，于是政治选择了朱熹的理学体系。无论当时政治斗争如何致朱熹个人于浮沉，而其学说终演化成封建社会意识形态，历中世纪结束而不衰，南宋末年朱熹的地位已被比肩于孔子，降自元明清三朝均尊朱学为官学，即国家意识形态，这是国学的始义。

阐析朱注四书五经之为官学的主要教材与科举考试的内容。认为朱注四书五经的官学教材化、科考化是与朱学意识形态化和朱熹的神化同步或互为因果的。科举考试内容或价值取向必然成为学术的价值取向、文化的价值取向。府、州、县学的教学内容也与国学大致相似，以四书五经为主，尤重朱注四书，朱学成中国封建社会后半期的思想文化的核心价值体系。朱学对大部分知识分子的培养、塑造和掌握，这是中国封建社会后半期能够长期稳定并延续下去的原因之一。

阐析朱学的局限性与在中国封建社会后半期的历史命运。这是马克思主义史家和学者不能不道的。这是《闽学述论》不同于当前"国学"朱

① 汪征鲁：《闽文化新论》，中国社会科学出版社 2011 年版，第 514 页。

子之论的地方。治朱学者，关注其体系之逻辑自洽，无不对，若冯友兰《中国哲学史》朱子章亦有云：就朱子哲学系统言，朱固可持格物致知说，然用此修养方法，果否能达到此目的此境界，乃另一问题。并在注中说，若以此为朱子之科学精神，以为乃专求知识者，则诬朱子矣。这实际上既批陆王，也指明了朱学的局限性。其次，朱云情其"流而至于滥"者为人欲，滥与不滥也没有个说法，笼统说个天理人欲几微之间，便把天理与人欲对立起来，要人去尽人欲以存天理，这也可能误导禁欲主义，使道德的自律转成强制性的他律，于是有"以理杀人"之诟。《闽学述论》指出：中国中世纪的封建伦理道德表现为一种复性的伦理道德，其仅仅是同类或相关伦理道德的集合。而且这一类型的伦理道德架构，每每偏重于人们或人类的某一部分需求而排斥人们或人类的另一部分需求。在中国中世纪所表现的是，偏重于当时人们或人类的关于伦理、社会结构、政治意识形态方面的需求，而排斥了人们物质生活、肉体欲望方面的需求。这就是天理与人欲的对立，而且这种对立是绝对的，不可转化的。① 并认为其最根本的历史命运就是朱熹哲学后来成了中国封建社会后半期的官方哲学，从而日益意识形态化、政治化，成为禁锢国民的精神枷锁，从南宋以来尤剧。这里需要说明的是，朱子天理人欲、心性之学，原本是主要要求统治阶级及知识分子的，而统治阶级反过来却更严厉地钳制被统治阶级与弱势群体。这是朱熹所始料未及的。朱子只要一有机会，他就向皇帝上奏劄、封事，其上奏的重点就是天理人欲、心性之学。其先后所上的奏劄、封事有：《壬午应诏封事》、《癸未垂拱殿奏劄三》、《庚子应诏封事》、《辛丑延和殿奏劄七》、《戊申延和殿奏劄五》、《戊申拟上封事》、《甲寅拟上封事》、《甲寅行宫便殿奏劄》等。如淳熙十五年（1188）戊申，三月，受命入都奏事，六月七日宋孝宗赵昚于延和殿接见了朱熹，朱熹上《戊申延和殿奏劄》五札，其中最重要的是第五札专论"正心诚意"、"兴天理而灭人欲"。②

朱熹毕竟是那个时代的思想家，毕竟是那个社会体制内的思想家。思想的历史除了证明精神生产随着物质生产的改造而改造，还证明了什么呢？任何一个时代的统治思想始终都不过是统治阶级的思想。《闽学述

① 汪征鲁：《闽文化新论》，中国社会科学出版社2011年版，第535页。
② 同上书，第547页。

论》执此。

　　闽学，应该说在整合主流意识形态、国家意识形态和社会意识形态方面，是做得好的，而闽学研究的进一步发展，应有所涉，因为这对于中国当前的主流意识形态、国家意识形态和社会意识形态的整合有借鉴意义。

　　学术若出入中西马、文史哲者，则我所望。《闽文化新论》后记甚佳。

黄枬森与人学

孙福胜[*]

内容摘要：本文从"选择哲学，坚定信念"和"钻研人学，成果丰硕"两个方面考察了黄枬森对人学的探索历程，阐述了黄枬森关于人学的概念、人学与哲学、人学在中国特色社会主义实践中的作用、人学与创新人才培养等人学研究成果，概述了黄枬森对中国人学研究的贡献。

关键词：黄枬森　人学　探索　创新人才

20 世纪 80 年代，人学开始在中国学术界兴起。进入 21 世纪，人学已经成为中国学术界的显学。一大批专家学者教授为之孜孜探索，黄枬森就是其中的杰出代表。

一　黄枬森对人学的探索历程

黄枬森对人学的探索始于他对哲学专业的选择，经过不断地研究探索，取得了丰硕成果。

（一）选择哲学，坚定信念

黄枬森于 1942 年考入云南西南联合大学物理系学习，由于对物理学的兴趣不是很浓厚，1943 年转入哲学系学习。在学习哲学的过程中，他对"哲学可以作为科学"这一问题不断思索，但是依旧困惑，直到 1947 年进入北京大学，接触并阅读了大量马克思主义哲学的经典书籍后，这种困惑才渐渐消退，决定运用马克思主义哲学来论证"哲学可以是科学"这一问题。在后来的思考和探索中，他树立了马克思主义哲学是科学的信

---

* 孙福胜，汉族，山东微山人，国家教育行政学院远程培训部，从事人学研究。

念。在北京大学工作期间，他与同事共同编写了马克思主义哲学史材料，这为北京大学马克思主义哲学史课程的开设和研究提供了基础。黄枬森立志从事马克思主义哲学研究，取得了一系列的成果，如在 1983 年到 1996 年的马克思主义哲学史学科的系统建设和研究过程中，集体撰写了《马克思主义哲学史》（8 卷），在 1985 年到 1994 年的马克思主义哲学体系的建设和研究过程中，集体撰写了《马克思主义哲学原理》，在 2002 年到 2011 年的马克思主义哲学体系的创新和研究过程中，集体撰写了《马克思主义哲学创新研究》（4 部）等。这些研究成果，为构建当代马克思主义哲学学科的科学体系（主要包括一个主题和五个部门哲学）提供了准备，他指出，辩证唯物主义人学是该体系的一个部门哲学，在体系中占有重要的地位和作用。于是，人学也成了黄枬森关注和研究的一个重要领域。

（二）钻研人学，成果丰硕

黄枬森在 1983 年发表了《关于人的理论的若干问题》[①]，对人的概念、人的本质、人性、人道主义、人的本质的异化、科学共产主义与人道主义的关系、社会主义社会与异化劳动等问题进行了分析。通过对人学的深入研究，黄枬森认为在中国建立人学是大势所趋，于是，展开了对如何建构人学问题的研究。在 1989 年的《关于建构人学的几点设想》[②] 中，分析了建构人学的必要性、人学的研究对象及其性质、人学理论的基本构架、人学研究的方法论原则以及建构人学的其他需要进一步解决的问题。建构人学的几点设想，为中国的科学的人学的建立、形成和发展提供了理论准备。黄枬森已经将建立中国的科学的人学作为一项研究使命，并取得了丰硕成果，他先后主编了《人学词典》、《人学原理》等。由他任编委会主任出版的《人学理论与历史》，包括《人学原理卷》、《西方人学观念史卷》、《中国人学思想史卷》三卷，受到了国内外学术界的广泛关注。

黄枬森对人学的探索历程反映了他的马克思主义哲学研究轨迹，体现了他对人类命运的关怀，尤其是对人的问题的关切。综观黄枬森的人学历程，可以深刻发现哲学与人学的密切性，马克思主义哲学与科学的人学的

---

① 黄枬森：《关于人的理论的若干问题》，《哲学研究》1983 年第 4 期。
② 黄枬森、韩庆祥：《关于建构人学的几点设想》，《社会科学战线》1989 年第 3 期。

互通性，人的问题与社会问题的关联性，人的发展与社会发展的交融性。

二　黄枬森的人学思想

　　黄枬森对人学的探索历程是他的人学思想萌芽、形成和发展的过程。黄枬森的人学思想是他深研马克思主义哲学，深思社会现实问题的产物。他的人学思想内容丰富，主要包括人学的概念、人学与哲学、人学在中国特色社会主义实践中的作用、人学与创新人才培养等内容，这些主要内容涵盖了科学的人学的世界观和方法论。

（一）人学的概念
　　黄枬森先后对人学研究的重要意义（1990 年 3 月）、人学的对象和基本内容（1990 年 10 月）、人学与哲学（1996 年 2 月）等人学的基本问题进行了深入研究，通过研读马克思主义经典著作，比较分析国内外学术界的人学研究情况，黄枬森最终提出了关于人学概念的看法和观点。他认为，人学是"关于作为整体的人及其一般规律的科学"，人的整体或作为整体的人是具有丰富内容的抽象，即由人的许多基本因素构成的有机整体，人学的对象是"作为整体的人及其一般规律"，人学对象的内容包括人的整体图景和人的发展规律两大部分，研究人的整体图景需要研究人的基本因素，即研究人的基本因素的内容和人的基本因素内容之间的联系，以此进行综合和构建人的整体或作为整体的人，呈现出人的整体图景，研究人的发展史（作为类的人的起源和发展的历史），以此从中概括出作为个体的人和作为类的人的发展规律。

　　人学的概念为人学研究奠定了基础，但是人学研究并非终止。人学可以成为科学吗？人学科学体系如何建立？现时代与人学的关系是什么？马克思主义人学是什么？诸多人学方面的问题研究需要学术界继续探索。

（二）人学与哲学
　　黄枬森在《关于马克思主义人学的讨论》①（2009 年）中讨论了马克

---

　　①　黄枬森：《关于马克思主义人学的讨论》，中国人学学会《新中国人学理路——第十一届全国人学研讨会文集》，中国人学学会，2009：3—4—5.

思主义哲学与人学的关系问题、马克思的早期人学问题、人学与部门人学的关系问题。在《关于三个人学问题的思考》①（2010 年）中思考了价值观和历史观的关系问题、人学与部门人学的关系问题、人道主义教育问题，综观他的其他人学论著（尤其是《人学与哲学》②（1996 年）），可以发现，人学与哲学的关系问题是他始终关注的人学问题，这里涉及人学的定位问题。黄枬森对学术界关于人学与哲学的关系问题进行了思考总结，认为哲学不是人学，哲学可以包括人学，人学也不是哲学的现代形态，哲学的现代形态仍然是哲学，厘清明确人学与哲学的关系问题，是学术界科学开展人学研究的前提。此外，人学与部门人学的关系问题，也是人学研究的一大领域，人学与部门人学是整体与部分、一般与特殊的关系。部门人学对人学起基础作用，人学对部门人学起指导和整合作用。科学把握人学与部门人学的关系，可以发挥部门人学在现实社会中的作用，如人权理论就是部门人学，研究人权理论不仅具有理论价值，也具有实践意义。

（三）人学在中国特色社会主义实践中的作用

黄枬森结合中国特色社会主义实践，对中国特色社会主义理论体系的人学内涵进行了研究，这具有重要的现实意义。在 2007 年第九届全国人学研讨会上，黄枬森发表了《中国特色社会主义理论体系及其人学内涵》③，文中对中国特色社会主义理论体系中的人学内涵进行了分析，即深入分析了邓小平理论、"三个代表"重要思想和科学发展观中的人学思想。邓小平理论中的人学思想主要有三条：一是关于人道主义的评论；二是关于"四有"新人的提法；三是关于为人民服务和共同富裕的思想。"三个代表"重要思想中的人学思想主要有两条：一是始终代表最广大人民的根本利益；二是人的全面发展。科学发展观中的人学思想是以人为本。

中国特色社会主义理论体系涉及诸多人学问题，在经济领域里主要是

---

①　黄枬森：《关于三个人学问题的思考》，中国人学学会、上海市委党校《"以人为本与中国社会主义现代化建设"学术研讨会暨中国人学学会第 12 届学术年会论文集》，中国人学学会、上海市委党校，2010：117—118—119.

②　黄枬森：《人学与哲学》，《江海学刊》1996 年第 1 期。

③　黄枬森：《中国特色社会主义理论体系及其人学内涵》，中国人学学会《人学论丛：第九届全国人学研讨会论文集》（2007），中国人学学会，2007：9—10—11—12—13—14—15—16.

人学与自然的关系问题（可持续发展问题）、利益分配关系问题；在政治领域里主要是人权问题；在文化领域里主要是人性化和个性化问题；在社会领域里主要是构建和谐社会的问题。

掌握中国特色社会主义理论体系中的人学思想，分析现时代的人学问题，对中国特色社会主义建设具有重要的理论参考意义和实践指导价值。

（四）人学与创新人才培养

黄枬森认为人学与培养创新人才之间具有十分密切的关系[①]。由于创新人才是推动科学技术革新与发展的主体力量，因此，要大量培养创新人才。何为创新人才？黄枬森认为，创新人才必须具有自觉的创新意识、缜密的创新思维和较强的创新能力等最根本的品质，创新人才是现时代下的知识创新的主体。

怎样培养创新人才？如何使用创新人才？这些都是人学研究的问题。简言之，人才学与教育学的结合可以为培养创新人才提供思路，人事学与管理学的结合可以为使用创新人才提供参考，而归根到底，都要加强人学的研究。因为人学与教育学和人才学的关系最为直接，人学为这些问题的研究提供理论指导和启示。因此，加强创新人才培养，必须重视对人学的研究，必须将人学用于指导创新人才培养的全过程。

三 黄枬森对中国人学研究的贡献

黄枬森对中国人学研究的最大贡献就是开启了中国科学的人学研究道路，为培养人学研究人才创设了基础。黄枬森认为，新中国成立以后，中国没有科学的人学，人学在中国的兴起是有深刻动因的[②]。他认为，从国际背景来看，一是进入 20 世纪以来，科技革命的迅速发展造就了先进的机器工具，人类自以为可以掌控自然，但是新的矛盾却致使人类更加的焦虑。由于人类活动的盲目性，造成了人与自然的关系紧张的现实，人类不得不静下心来对这一现实进行深思。二是人与社会的关系也发生了变化，

---

① 黄枬森：《创新人才的培养与人学》，《南昌高专学报》2000 年第 1 期。
② 陈志尚、黄枬森：《我国人学兴起的深刻动因及意义》，中国人学学会《人学与现代化——全国第二届人学研讨会论文集》，中国人学学会，1998：3—4—5—6—7—8—9—10.

人与社会的矛盾冲突也开始突出、加剧，资本主义社会的新旧矛盾随着资本主义社会生产力的发展日益彰显出来，社会主义社会的矛盾也没有得到彻底解决，相继出现了一系列复杂的社会问题。如，人与社会如何和谐相处，人的幸福如何获得，人的发展如何实现等等，促使人们对人自身、人与自然、人与社会的关系问题不断反思。此外，资本主义与社会主义的思想意识形态的斗争，非科学的人本主义思潮对中国社会的消极影响也是需要考虑的特殊国际背景。从国内背景来看，一是国内对"文化大革命"的历史反思以及关于人道主义和异化问题的讨论，离不开科学的人学的指导，当时，国内的马克思主义学者没有系统地研究过人学，这就亟须国内学术界研究建立科学的人学。二是改革开放和社会主义市场经济体制改革需要人学的建立，人的创造性不仅是改革开放的一大动力，而且是完善发展社会主义市场经济体制的一大动力。正是在国际国内两大背景的合力促动下，人学在中国的兴起才成了必然。

在全面深入分析人学在中国兴起的深刻动因以后，黄枬森决定在中国建立科学的人学。在黄枬森和学术同仁的努力下，1991 年 4 月北京大学人学研究中心（Center for Humanity Studies, Peking University）成立，这是新中国成立后，国内第一所人学研究机构，对于推动国内人学研究具有重要的奠基性意义；2002 年 1 月中国人学学会的创建，标志着人学研究这门新的哲学分支学科的诞生。北京大学人学研究中心和中国人学学会作为中国人学研究的重要学术机构，融集了国内学术界人学研究的著名专家学者教授，这也为培养更多的人学研究人才创设了理论根基和物质基础。

黄枬森走在哲学的科学大道上，通过孜孜探索，开创了科学的人学学科，为培养人学研究人才奠定了基础。但是，中国科学的人学研究任重道远，仍需要学术同仁为之努力。

激情政治家　无奈文艺人

——文坛遗案"四条汉子"

孙宝灵[*]

内容摘要："左联",全名中国左翼作家联盟,一个左派激进的组织,共产党领导下的第二条战线,在国统区飞行集会、撒传单、搞颠覆;鲁迅,文艺界的大佬,左联的精神领袖,却是党外人士,主张"堑壕里的战斗",与左联的实际领导者之间并不愉快,于是有"四条汉子(阳翰笙、田汉、夏衍、周扬)围攻鲁迅"的传言,是耶?非耶?

关键词：左联　文坛遗案

中文系的人有一个常识,"元芳"们都知道,中国现代文学是从文学革命到革命文学。也就是说,现代文学史有两个阶段,前期叫文学革命阶段,或者叫五四新文学,后期叫革命文学阶段。新文学伴随着新文化运动发端,倡导白话文学,没几年(1928年)就转为无产阶级革命文学,后来叫左翼文学。这两种文学的性质是不同的,前者是高唱科学和民主的资产阶级启蒙文学,后者是鼓吹流血和斗争的无产阶级革命文学。后来有民主启蒙被打断一说,讲五四启蒙文学被抗日战争打断,所以"文革"以后很多专家讲,要第二次启蒙,完成中国文化与文学的现代化进程,"现代性"是近20年中国文学理论的热词。其实,这种说法忽视了一个事实,就是文学革命不是被抗战文学打断的,而是五四以后,文学革命、文化革命的浪潮很快退潮(所以才有鲁迅的"搁戟独彷徨")。不久兴起了革命文学运动,阶级文学的思想一直盛行到"文革",并达到顶峰。现代性论者故意忽略这个事实是不想跟阶级论正面交锋,给双方台阶的一个说辞。但无论怎么转向,有一个文学家的地位是不可撼动的,那就是俗称

---

* 孙宝灵,中国社会科学网编辑,文学博士后,教授。

"鲁郭茅、巴老曹"中坐第一把交椅的鲁迅。毛主席称赞他说，鲁迅走过了一条中国知识分子唯一正确的道路，这"唯一正确的"就表现在每一次历史转向时他准确的立场站位上。我们崇拜鲁迅，是因为鲁迅从进化论到阶级论，无论是启蒙文学，还是革命文学，他都是真心付出，成就卓著，同时留下了许多无奈和血泪。

一　"四条汉子"个个杠杠的

"四条汉子"何许人也？他们是阳翰笙、田汉、夏衍和周扬。

阳翰笙（1902—1993），原名欧阳本义，字继修，四川高县人，著名的剧作家。他还有一个有名的笔名叫华汉。解放前的进步作家有很多名，有长辈取的名与字，有创作作品发表社会意见时自己取的笔名，有从事进步文化活动时的化名。由于进步作家一般与反动政府不合作，所以，从本名到笔名到化名，一个比一个隐蔽。这就是欧阳本义、华汉与阳翰笙的区别。阳翰笙是较早的革命文艺活动家，1925 年加入中国共产党，后任上海闸北区委书记，参加筹备全国学联和工商学联合会，参与组织了"五卅"运动。1926 年初，被党委派到黄埔军校担任政治部秘书兼政治教官。1927 年参加"南昌起义"，任起义军总政治部秘书长。大革命失败后转入文艺界，应郭沫若请求，周恩来批准，到创造社做组织工作，陆续发表小说，并撰写宣传马克思主义和革命文艺理论的文章，参与发起革命文学运动。1930 年 3月，他参与组织成立"中国左翼作家联盟"，先后担任"左联"党团书记、文委书记和"文总"党团书记。1949 年以后曾任中国文化艺术界联合会秘书长、副主席等职。"文化大革命"中因参与"围攻鲁迅"，从事"汉奸文艺"历史问题被监禁，受折磨达 9 年之久。

据说阳翰笙是一个颇有"雅量"的小说家。1930 年初，阳翰笙的长篇小说《地泉》再版时，请茅盾为其作序。茅盾在序中不讲情面地批评道：

"这部小说从总体上看，是一部很不成功的，甚至是失败的作品，因为它描写人物运用的是脸谱主义手法，结构故事借助于'方程式'，语言上也是用标语口号的言词来表达感情的……"[①]

当时有不少作家参与了对《地泉》创作方式的批判，一时掀起了批判

---

①　转引自薛峰《直言与雅量》，《作文素材》2012 年第 16 期。

革命文学的公式化（"革命＋恋爱"），改进左翼文学创作的文艺思潮。茅盾当时觉得自己的批评如此尖刻，阳翰笙一定不会采用。不想时隔不久，《地泉》再版时，茅盾发现自己那篇批评文章竟然只字未动地印在里面，不禁叹道："雅量，真是雅量！"著名作家把自己心爱的代表作当做反面教材，供文艺界同仁集体批判的例子，之前几乎没有，以后也很难发生。这件小事被传为佳话。个人以为，阳翰笙是一个活动能力大于创作能力的作家，这"雅量"是他团结文人，从事党的第二条战线战斗的长处。

田汉（1898—1968），原名寿昌，湖南省长沙县人。中华人民共和国国歌《义勇军进行曲》的词作者。他 1921 年与郭沫若、成仿吾、郁达夫等组织创造社。1922 年回国后与妻子易漱瑜创办《南国半月刊》，继而组织南国社，是中国戏剧运动的奠基人。他的创作彻底摆脱了"文明戏"的影响，吸取了中国戏曲和欧美戏剧的精华，使中国话剧作品成为一种独立的文学形式，著名作品有《获虎之夜》、《名优之死》、《关汉卿》、《谢瑶环》等。1932 年加入中国共产党，任左翼戏剧家联盟党团书记。解放后曾任中国剧协主席和党组书记，全国文联副主席等职。"文革"中被迫害，死于狱中。

据很多文化人回忆，田汉是一个才思敏捷、风流倜傥的人。他是文化人聚会的热情召集者，也是舞林高手，关于他聪明才智的故事也很多。据说国歌《义勇军进行曲》出自田汉的抗日救亡剧《风云儿女》（原名《凤凰的再生》）的主题曲《万里长城》第一段，是他匆忙间写在一个香烟盒的锡箔衬纸上的。聂耳谱曲时在歌词中加了三个"起来"，并在结尾"冒着敌人的炮火前进！前进！"加了"前进！进！"使音韵更有力。

田汉之子田申回忆说，在抗日战争时期，《义勇军进行曲》不仅影响了中国，它还以其高昂激越的曲调、鼓舞人心的歌词，飞越国界，成为一支国际战歌。抗战期间，田汉曾收到过寄自美国的稿费。美国黑人歌王保罗·罗伯逊非常喜爱《义勇军进行曲》，不仅用英语四处演唱，还用汉语灌制了唱片，取名为《起来》。陶行知先生从欧洲回国经过埃及时，在金字塔下听到有人高唱《义勇军进行曲》。梁思成先生在美国讲学时，在街上听到有人吹口哨，吹的正是这支歌。在莫斯科举行的纪念普希金诞辰 150 周年大会上，保罗·罗伯逊再次用汉语演唱了《义勇军进行曲》。1949 年 9 月政协筹备会议上，画家徐悲鸿提出的建议是把《义勇军进行曲》定为国歌，此举得到毛泽东、周恩来、郭沫若、梁思成等人的赞同，决定以《义勇军进行曲》为中华人民共和国国歌。

　　《义勇军进行曲》的前身是田汉歌剧《扬子江暴风雨》的主题曲《前进歌》：

　　　　同胞们，大家一条心

　　　　挣扎我们的天明

　　　　我们不怕死

　　　　（白）不用拿死来吓唬我们

　　　　我们不做亡国奴

　　　　我们要做中国的主人

　　　　让我们结成一条铁的长城

　　　　把强盗们都赶尽

　　　　向着自由的路，前进！

　　这让我们又想起华国锋时代的国歌：

　　　　前进，各民族英雄的人民！

　　　　伟大的共产党领导我们新的长征。

　　　　万众一心奔向共产主义明天，

　　　　建设祖国保卫祖国英勇地斗争。

　　　　前进，前进，前进，

　　　　我们千秋万代

　　　　高举毛泽东旗帜，

　　　　前进！

　　　　高举毛泽东旗帜，

　　　　前进，前进，前进，进！

　　可见，我们中华人民共和国国歌的两个版本，都洋溢着这个浪漫戏剧家、诗人的气息。

　　夏衍（1900—1995），原名沈乃熙，字端先，浙江余杭人。中国著名电影、戏剧作家，文艺评论家、社会活动家，代表作品《赛金花》、《秋瑾传》、《包身工》、《上海屋檐下》等。留学日本期间参加日本工人运动和左翼文化运动。1927年被日本驱逐回国，同年加入中国共产党。1929年同鲁迅筹建中国左翼作家联盟任执行委员，后发起组织中国左翼戏剧家联盟。新中国成立后，任文化部副部长、中国文联副主席。"文革"时期，夏衍遭到批斗，被长期关押。1994年被国务院授予"国家有杰出贡献的电影艺术家"称号。

夏衍的作品，影响最大的是当时曾入选中学课文的报告文学《包身工》，"芦柴棒"的形象让人刻骨铭心。夏衍的自传《懒寻旧梦录》是我读过的第一本作家回忆录，他让我第一次了解到文人大家的私人生活，知道了进步文艺界内有那么多琐碎的恩怨纠葛。

周扬（1908—1989），原名周运宜，字起应，湖南益阳人；现代文艺理论家、文艺活动家。1927年参加中国共产党，1932年任左翼作家联盟党团书记、文化总同盟书记。1937年到延安，曾任鲁迅艺术文学院副院长。新中国成立后任中共中央宣传部副部长、文化部副部长。"文革"中受批判并被监禁。粉碎"四人帮"后复出，任中国文联主席、党组书记等。

周扬是中国马列文艺理论界的权威，是社会主义现实主义理论和"革命的现实主义与革命的浪漫主义"理论的忠实执行者，20世纪30—60年代中共文艺界的实际领导者。除他之外，党从理论和组织上对文艺界的领导还包括瞿秋白、冯雪峰、阳翰笙、胡乔木、王蒙等人的领导。

概括地说，他们四人代表了"左联"后期党对文艺的具体领导，他们的声音实际上代表了党的声音。但就是这四个人同鲁迅发生了对立，被称为围攻鲁迅的"四条汉子"在"文革"期间被打倒。后来他们在抗战到来之时提倡的"国防文学"，被称为"投降文艺"。

二　鲁迅躺着打倒四条汉子

事情起源于"两个口号"的论争中，鲁迅在《答徐懋庸并关于抗日统一战线问题》中说：

> ……去年的有一天，一位名人（即夏衍，作者注）约我谈话了，到达那里，却见驶来了一辆汽车，从中跳出四条汉子：田汉、周起应（即周扬，作者注），还有另外两个，一律洋服，态度轩昂，说是特

来通知我：胡风乃是内奸，官方派来的。我问凭据，则说是得自转向以后的穆木天口中。转向者的言谈，到左联就奉为圣旨，这真使我口呆目瞪。再经几度问答以后，我的回答是：证据薄弱之极，我不相信，当时自然不欢而散……

这段话里，鲁迅的讽刺态度十分明显，"汉子"、"名人"的称谓，"洋服"、"轩昂"的描述，一下子把四人推到鲁迅的对立面上，这便是"文革"期间使用频率极高的"四条汉子"的典出所在。

鲁迅和党的文艺领导人有这么深的敌意，着实令人吃惊，其语言语气都叫人"口呆目瞪"。鲁迅亮明了对四人的敌意和排斥，四人合起来也不敢和鲁迅作对。关于这件小事，事件的另一方中，发表记述最详细的是夏衍。他在《懒寻旧梦录》里回忆说，1934年深秋，夏衍受周扬、阳翰笙委托，和鲁迅约定在内山书店向鲁迅汇报工作，去的路上才发现同行者有田汉：

"当时我就有一点为难，一是在这之前，我已觉察到鲁迅对田汉有意见。加上田汉是个直性子人，口没遮拦，也许说出使鲁迅不高兴的话来。而我和鲁迅只说了周、阳二人向他报告工作，没有提到田汉。可是已经来了，又有什么办法叫他不去呢？"

"见到鲁迅之后，看到有几个日本人在看书，于是我说，这儿人多，到对面咖啡馆去坐坐吧。鲁迅不同意，说：'事先没有约好的地方，我不去'。这时内山万造就说：'就到后面会客室去坐吧，今天刚好还有一点日本带来的点心。'"

"开始，阳翰笙报告了一下'文总'这一段时期的工作情况，大意是说尽管白色恐怖严重，我们各方面的工作还是有了新的发展，他较详细地讲了戏剧、电影、音乐方面的情况，也谈了沪西、沪东工人通讯员运动的发展；接着周扬作了一些补充，如已有不少年轻作家参加了左联等等。鲁迅抽着烟，静静地听着，有时也点头微笑。可是就在周扬谈到年轻作家的时候，田汉忽然提出了胡风的问题，他直率地说胡风这个人靠不住，政治上有问题，要鲁迅不要太相信他。这一下，鲁迅就不高兴了，问：'政治上有问题？你是听谁说的？'田汉说：'听穆木天说的。'鲁迅很快地回答：'穆木天是转向者，转向者

438

的话你们相信，我不相信'。"①

这个较为详细的回忆试图证明事件出于偶然，而且是一件琐事，是和鲁迅工作交往中的小插曲。从故事中人们似乎可以读出鲁迅的多疑、夏衍等的无辜、田汉的直率，也可以想到事件闹大之后当事人的无奈。所以后来研究这件事的学者，大都归咎于田汉的莽撞。知名学者陈明远还在其博客中详尽分析了四条汉子的性格：田汉是活跃型（Popular），外倾、乐天、健谈、好动。阳翰笙属于平和型（Peaceful），内倾、随和、气质均衡，经常旁观。不主动，与人为善，遇事泰然自若，调和执中，不走极端，善于适应各种环境的变化。周扬属于魄力型（Powerful），外倾，重行动，意志力强，有支配欲，勇敢进取，不达到目标不轻易罢休。夏衍属于求全型（Perfect），内倾，多思考，追求完美，好静，喜欢独处。②

这种分析看似从自身找原因，其实把矛盾的根源推到鲁迅身上。人们会感慨鲁迅如此多疑，是怎样一个难打交道的怪癖老人。而且，这种描述认同一种旧观念——对待权威和盟主，应该像事君事父一样，小心谨慎、委曲求全，进而助长这种恶习，遗毒至于今日，我国还像没有迈入现代文明，停留在等级社会里。

况且，这段回忆说明矛盾冲突对夏衍来说是事发突然、出乎意料，但难以证明周扬、田汉等不是有意为之。在周扬、胡风为"两个口号"争论不休之际，周扬、阳翰笙、田汉等是否借汇报工作之名，找机会向鲁迅进言，并试探鲁迅的态度，夏衍的叙述难以排除这种可能。

进而，人们想到鲁迅和左联领导层的隔阂，以及他对周扬的反感。鲁迅对左联领导人周扬的不满，在当时就已经是公开的秘密。徐懋庸回忆说，鲁迅多次向他表露对周扬的不满，"我憎恶那些拿了鞭子，专门鞭扑别人的人"③。在那篇有名的《答徐懋庸并关于抗日统一战线问题》信中他说：

"因此，我倒明白了胡风鲠直，易于抱怨，是可接近的。而对于

① 夏衍：《懒寻旧梦录》，生活·读书·新知三联书店1985年版，第266页。
② 陈明远：《四条汉子的性格》，http：//blog. sina. com. cn/s/blog_ 4bbb74a5010007ys. html。
③ 转引自刘小清《鲁迅与"四条汉子"的恩怨：怒批田汉背后捅刀》，凤凰网—学者说史。

周起应之类，轻易诬人的青年，反而怀疑以至憎恶起来了。自然，周起应也许别有他的优点，也许后来不复如此，仍将成为一个真正的革命者。"

"抓到一面旗帜，就自以为出人头地，摆出奴隶总管的架子，以鸣鞭为唯一的业绩——是无药可医，于中国也不但毫无用处，而且还有害处的。"

"据我的经验，那种表面上扮着'革命'的面孔，而轻易诬陷别人为'内奸'，为'反革命'，为'托派'，以至为'汉奸'者，大半不是正路人；因为他们巧妙地格杀革命的民族的力量，不顾革命的大众的利益，而只借革命以营私，老实说，我甚至怀疑过他们是否系敌人所派遣。"

用语之严厉，完全不像是在批评同志，而是在攻击敌人。

其矛盾原因，说法不一，有说周扬等对鲁迅不恭敬，有说鲁迅性格太怪癖，有说周扬等曾诬陷、利用、攻击鲁迅[①]，有的说是胡风没起好作用。[②]

鲁迅对田汉也没有什么好印象，不但讨厌他的做派，而且据说还发生过笔墨官司。[③]

人们对一些话讳莫如深，对一些事闭口不言，在暴露出来的矛盾面前，像现如今有些部门的新闻发言人，文过饰非，打太极，绕圈子，隔靴搔痒，只能越描越黑，只能增加人们对左翼文学这个光明事物的阴暗理解。理解"四条汉子"事件，要从"两个口号"的论争谈起，要从文人意气用事的劣根性和党对文艺界的武断领导找原因，要从文艺和政治的恩恩爱爱里挖根源。

关于"两个口号"的论争，当前学术界的认识已经基本一致。随着日寇扩大对华侵略，中央于1935年制定了建立抗日民族统一战线的政策，号召全民团结抗日。当时与党中央失去联系的上海文艺界领导人（以周扬、夏衍等为主），收到"左联"驻国际革命作家联盟代表萧三写来的

---

① 转引自刘小清《鲁迅与"四条汉子"的恩怨：怒批田汉背后捅刀》，凤凰网—学者说史。

② 茅盾：《我走过的道路》，人民文学出版社1997年版，第54—55页。

③ 陈明远：《四条汉子的性格》，http://blog.sina.com.cn/s/blog_4bbb74a5010007ys.html。

信，在其影响下认识到"左联"工作中存在"左"的关门主义和宗派主义倾向，提出"国防文学"口号，并决定解散左联，组建新的范围更广的作家组织，也开展了国防文学运动和国防戏剧、国防诗歌活动。鲁迅本身对左联有很深的感情，就像很多红军战士对换装改编成八路军想不通一样，不想放弃凝聚进步文艺界的立场和旗帜，所以不满意"国防文艺"的笼统口号，和中央特派员冯雪峰商量后，由胡风撰文提出"民族革命战争的大众文学"的口号。"两个口号"的论争，有思想和形势判断的分歧，但主要是源于进步文艺界内部的宗派主义和文人的意气用事。

论争之初，周扬等国防文艺派以组织正统自居，认为自己代表的是党的新政策，看到一个新的主张与自己对立，就群起攻之，一心统一文艺界思想；胡风已经得到鲁、冯的授意，自觉"背靠大树好乘凉"，乐见周扬等难堪，并不交代自己口号的来源，纵容同好反唇相讥，顿时吵得一塌糊涂。其语言语气态度让当时和后来的进步文人摇头，也被右翼文人看笑话，确实是"亲者痛，仇者快"，误国误文。后来，徐懋庸不明就里，给鲁迅写信指责胡风搅事儿，并说其是托派，受到鲁迅超严厉斥责，冯雪峰也撰文提出"两个口号"可以"并存"，双方同时噤声。"两个口号"的论争留下一个不是结论的结论，和斗争双方更深的矛盾隔阂，直接影响到后来胡风被批判和周扬在"文革"后抬不起头来。

鲁迅和周扬等左联领导人之间的隔阂由来已久，可以回溯到革命文学兴起之初，跟新文学之初文学研究会和创造社的分歧也有渊源。

五四之后，新文学社团如雨后春笋，大都是同人社团。他们或者是交往密切，或者是意气相投，都是热情建设新文学的文艺青年，社团之间并没有明确的思想分野。文学研究会影响最大，其首脑人物是茅盾、郑振铎、周作人等，被称为现实主义的文学社团，其文学为了社会的主张得到鲁迅的赞同。创造社是由郭沫若、成仿吾、郁达夫、田汉等组织的，其中郁达夫与鲁迅私交不错，郭沫若与鲁迅不太融洽，成仿吾更是新文学内部首先攻击鲁迅的革命文学家。这些文艺青年张扬自我，对自己的文艺主张过分自信，又意气用事，所以，两大社团也没见多少争吵，但二者说不清楚的隔阂是存在的，进步文艺社团之间互不合作的气氛已经出现。

特别是大革命失败以后，一些革命活动家进入文艺界。后期创造社和新成立的太阳社发起革命文学运动，把批判的矛头首先指向刚形成不久的新文学。鲁迅被攻击为"醉眼朦胧"的绍兴师爷，"闲暇、闲暇，第三个还是闲暇"，鲁迅代表的是"死去了的阿 Q 时代"，茅盾等也受到批判。原北师大教授王富仁先生评价五四文学和革命文学为"青年文化"。年轻人的特点是太年轻，勇猛有余、稳重不足，思想简单，认为"立新"必须"破旧"，盲目自信、四面出击，造成进步文艺界的内讧。加上文人习气和当时"抱团取暖"的文人生存方式的现实因素，直接酿成了左翼作家内部的宗派主义和关门主义。影响所及，直到现在，人们对四条汉子事件的态度还截然不同。

党觉察到这种情况，敦促革命文学家停止对鲁迅的进攻，指派冯雪峰从中周旋，联络茅盾等成立了"左翼作家联盟"，整合了进步文艺界的力量，极大地推动了革命文学的进步，形成了 20 世纪 30 年代左翼文学的丰收期，也奠定了进步文人在民国文艺界的优势地位。鲁迅在受攻击时，也逐渐接受了阶级文艺理论，义无反顾投入到对"人性"派、"自由人"、"第三种人"、"战国策派"的斗争中，成为左联的旗帜。

左联虽然公开以鲁迅为旗帜和盟主，但实际领导权并不在鲁迅手里。在左联七大支委中，除鲁迅外，几乎都是原创造社、太阳社的人。左联实际上是我们党的外围组织，是我们党领导下的第二条战线，内部有党团书记，外部受中共中央宣传部文化工作委员会（简称"文委"）的领导。

鲁迅是党外人士，不能参加左联党团会议，所谓支委不过是个虚名。他时间繁忙，身体又不好，不久辞掉了这个职务。瞿秋白、冯雪峰领导文艺的时候，还能常到鲁迅家里沟通、相互配合，等他们离开，党的文艺领导人变成阳翰笙、夏衍、周扬以后，和鲁迅的沟通就成了问题。鲁迅常私下埋怨左联很多活动不告诉他。

> 左联一年工作的报告，却事先不同左联的"盟主"鲁迅商量，甚至连一个招呼也没有打（当然，也没有同我商量），这就太不尊重鲁迅了。即使是党内的工作总结，也应该向党外人士的鲁迅请教，听取他的意见，因为左联究竟还是个群众团体。①

加上原来就与创造社、太阳社有过论战，同左联领导层之间关系一直不怎么融洽，常常感到孤立，有被"拉大旗，作虎皮"被利用的感觉。

---

① 茅盾：《我走过的道路》，人民文学出版社 1997 年版，第 55 页。

　　鲁迅从事文艺多年，对文艺规律有深切的体认，他对左联的那一套关门主义、宗派主义做法，对地下党外围组织的政治活动方式（左联本来是文学家的组织，但在领导思想上却混同于政治组织。每逢纪念日，左联都搞游行示威，或飞行集会，散传单，写标语。作品公式化、概念化、口号标语化，违背文艺创作规律）都不认同，反复告诫他们要做"韧性"的战斗、"堑壕里的战斗"。等到进步文人不断被捕、失踪，特别是"左联五烈士"牺牲之后，鲁迅十分痛心，其不满就公开表现出来。

　　鲁迅是在被批判中接受阶级文艺理论的，中国马列文论的早期理论家（瞿秋白、冯雪峰）的观点他还能接受。随着共产国际和苏联文艺理论的极端化，特别是"拉普"和"唯物辩证法"的创作方法引入中国以来，中国马列文论的年青一代的理论家（阳翰笙、周扬等）的论点越来越政治化，鲁迅越来越难以接受这些理论，所以他比较相信一个新的马列文论专家胡风。胡风和周扬是中国马列文论的两派，路子明显不同。周扬是政治家搞理论，意义明确，表述明白，讲究理论来源的可靠性和逻辑架构；胡风是创作家搞理论，概念含糊，论述混乱（主张文学从生活出发却大讲"主观战斗精神"，强调作家"精神奴役的创伤"，又反对作家世界观的改造），你需要越过他的概念障碍，才能感觉到他的理论触及文艺的特质。周扬代表中央，影响较大，胡风熟谙文学规律，培养了一批小说家和诗人（七月派），但胡风的理论表述太过于绕，一直不是正统。

　　鲁迅和"四条汉子"的矛盾，从事件上看，是一个小误会，没必要做过多的考证。从深层讲，反映了鲁迅和左联领导层之间，或者说文艺与政治之间的深层纠葛。所以，很多人分析四人的性格，埋怨田汉过于鲁莽，鲁迅过于严厉，儒雅的夏衍还写回忆表白自己的冤屈，这都是多余的；瞩目胡风周扬的矛盾也岔开了话题，徒增更多的干扰。通过这一事件，总结革命文艺事业的经验教训，才是应有的思路。到现在很多人还局限于门户之见、个人纠葛，实在是太受恩怨影响了。

　　无论如何，在"两个口号"的论证中，徐懋庸撞到了枪口上；在"四条汉子"事件中，田汉撞到了枪口上。按现在的话，他们都是"躺着"中枪的人。鲁迅于重病期间，生命的尾声里，"躺着"打倒了徐懋庸和四条汉子，让他们有理难辩，到现在都难有人替徐懋庸等申冤（即使周扬在文艺界主政，胡风被批为反党集团的20世纪50、60年代，也不敢在这件事上对鲁迅说半个不字），也是文坛上的不正常现象，需要反思。

三　挺得住的有几人

　　有鲁迅那种威望的人不过是凤毛麟角，大多数文艺家都不得不接受政治的规约。有少数不听从教诲者都受到严厉的集体批判，比如张恨水、周瘦鹃的鸳鸯蝴蝶派，梁实秋的人性派，林语堂的闲适派，自由人胡秋原，第三种人苏汶（鲁迅本人也参与了这些批判）等。更多的文艺家愿意追随政治，但是如果追随的政治理念一时与话语支配者的理念不符，或者"过于"强调了文艺的特殊性，也会受到程度不同的集体攻击，比如革命文学前的鲁迅、茅盾，新中国成立初的胡风、丁玲，以及后来一次次运动中被批判的人物，这种现象一直持续到20世纪80年代。

　　文艺和政治的联姻，大致可以从梁启超算起。之前，小说不过是"小说"，即现在的八卦故事、微博吐槽，是独守闺房的大姑娘小媳妇排遣寂寞的玩物，诗歌也不过是文人骚客附庸风雅、自我标榜的装饰。总之，除了《关雎》被牵强为"歌后妃之德"外，绝大多数文艺作品进入不了经史，不过是开在荒原或后院的黄花野草，是待字闺中、自生自灭的寂寞红颜。

　　维新派梁启超在政治失败以后，搞"小说界革命"、"诗界革命"，提出了"欲新道德，必新小说，欲新宗教，必新小说，欲新政治，必新小说"的口号。后来五四文学家陈独秀、胡适、李大钊等人把文学当做文化革命、政治革命的主要手段。文学研究会正式发出"文学是一种工作"宣言，首次把文学放在人们社会生活、文化生活甚至政治生活的关注中心。此后，众多的文学社团成为政治社团的前身和外围组织，文学青年成为政治革命的重要发动力量，这才有20世纪文学的辉煌，才产生了那么多大家名作，在社会上产生那么大的影响。后来人们才说，文学是政治的晴雨表。可惜，上个世纪末正当文学热之时（当时几乎每个中学都有文学社团，每个大学都不止一本文学杂志，每个三流文学家都有一批崇拜者。那个时候，谁如果说不喜欢文学，就像前些年不喜欢足球，近些年不关心钓鱼岛一样，可耻得掉渣），中国文坛发生"二张"、"二王"的争论，文学"躲避崇高，消解价值，远离革命"，从"庙堂文学"转为"广场文学"，再到"书斋文学"、民间文学、"私密文学"，文学的社会参与意识被消解，主体意识大幅度上升。文学不再是谁的婢女，但谁也不再搭理文学，文学迅速陷入低谷，几十年难以翻身。现在随着数字媒体的普及，文学理论家恐惧地看到，社会进入"图像时代"，以文字为媒介的文学艺术面临死亡。

当然，文学嫁给政治以后，也生出了很多不自由。每一个政治行为都要求文学顺从，还要有创造性，这让很多文艺人感到迷茫和无助，因而从来没断过文艺人的疑虑和埋怨。所有的文学家（包括鲁迅）都有或多或少的伤痛。所以说，真理永远不是唯一的，只有两个对立的真理组合在一起，才能构成相对符合实际的主观真实。

碑学：含义的生成

周勋君*

内容摘要："碑学"是近代书法史上最重要的概念之一，但当事人从未对它的涵义做出令人信服的说明，现代研究者对其定义进行了讨论，迄今也没有得出令人满意的结果。其中有多种原因，最重要的，是清人自己对此从未有过明确的意识，从"碑学"的兴起到晚期的康有为均如此。本文致力通过对文献的细致解读，理清众多现象下隐藏的线索，阐明"碑学"含义积淀、形成的内在理路。

关键词：碑学　康有为　篆隶　杂沓笔端

一　概念的纠纷

"碑学"这个概念作为指称一个历史时期特殊而显著的书法现象来说是确定无疑的，但这一概念自身的含义却并非如此。故一百多年来人们不断对之作出追查和讨论，尤其是今天。纵观诸名家的有关著述，人们对"碑学"的阐释和定义不外从以下七个角度切入：

1. 字体角度（取法或创作的字体为篆、隶、楷、行、草中的一种、几种或全部）

2. 时间角度（取法对象是六朝书、唐以前书、秦汉书，或更早）

3. 材质角度（取法对象为金石、简牍或纸、帛墨书）

4. 功能角度（取法对象为碑版、法书或刻帖）

5. 风格角度（书迹精美或粗率）

6. 书者身份角度（取法对象的作者为名家或无名氏）

7. 地域角度（取法书迹是北方书或南方书）

---

* 周勋君，中国社会科学网编辑，助理研究员。文学博士，艺术学博士后。研究方向：书法史论。

诸学者或名家多从中撷取一个或几个角度来对各自的碑学概念予以限定。

例如，白蕉紧贴"碑"、"帖"的本意，从材质和功能两个角度对碑学、帖学的概念予以区分[①]。王学仲先生以为"帖学出于贵族，碑学多师乡土书家"，仅从书者身份角度对碑学予以定义。[②] 韩玉涛先生选取从字体和时间两个角度来定义他的碑学概念。他说"所谓碑学，简言之，即以北魏民间楷书为学习目标的楷书运动。"[③] 丛文俊先生定义碑学的出发点与韩氏雷同，[④] 但在字体上他做了延伸，以为只要是引入了方笔拙势的行、草书，习惯上也当归入碑学。至于"篆隶"，那是古体书法，当与碑学、帖学"鼎足而三"。[⑤] 白谦慎先生对碑学的定义没有涉及字体，但更见细致，他分别从时间、书者身份、材质和风格四个方面对碑学的含义进行了封锁——"指清代以后取法唐以前二王以外的金石文字，以求古朴

---

① "（一）碑：立石叫做碑；以文字勒石叫做碑。碑上的字，由书人直接书丹与石，然后刻的。包括纪功、神道、墓志、摩崖等等石刻。（二）帖：古人没有纸，书于帛上者叫做帖。帛难以保存久远，因之把古人的书迹摹刻到石或木上去的叫做帖。在此，书与刻是间接的。包括书牍、奏章、诗文等等的拓本。"白蕉《碑与帖》，《二十世纪书法研究丛书历史文脉篇》，上海书画出版社 2000 年版，第 148—154 页。

② 在《碑、帖、经书分三派论》一文中，王学仲本是为了在碑学、帖学之外为写经派建立一个合法的地位，客观上却为碑学、帖学这对概念提供了他认为唯一的、根本的区别。这个区别就在于，帖学的书写阶层是"贵族士大夫"，碑学的书写阶层是"乡土书家"。取法帖学就是取法"贵族士大夫"，取法碑学就是取法"乡土书家"。他说："碑学与帖学，是前人对书学发展的历史总结，惟经学书系为书史所疏漏，而早期帖学出于贵族，碑学多师乡土书家，经派出于书僧、信士，起端已明，三派的书手迥然不同，壁垒争盟，在书史上并驾齐驱。"王学仲《碑、帖、经书分三派论》，《二十世纪书法研究丛书历史文脉篇》，上海书画出版社 2000 年版，第 260—277 页。

③ 韩玉涛：《中国书学》，东方出版社 1991 年版，第 164 页。对字体的限定还能通过这句话得以确证："全书二十七篇，洋洋洒洒，俨然一部系统的碑学。……翻来覆去，欲以十几方南北碑，囊括整个书史，胆子可谓极大。然而明眼人一眼就能看出，他（康有为）的整个体系是为真书立命的。"（第 168 页）

④ "与帖学相对而言的碑学，指北朝碑版之学，亦即楷书。清代的碑学著作已论述清楚。"参见丛文俊《后期书法史》，载《书法史鉴》，上海书画出版社 2003 年版，第 180 页。

⑤ "风尚所及，草、行亦或援入方笔拙势，习惯上也列入碑学。篆隶书法贯穿清代始终，不待碑学而生，通常亦不取北碑文字形质，以其和碑派书法关系紧密，成就清代书法格局，遂有碑学及碑派书法扩大化，兼及三代秦汉篆隶古体之说，不确。康有为著《广艺舟双楫》，置《体变》、《分变》、《说分》、《本汉》四节于前，本包世臣《历下笔谭》而增广之，旨在明确北碑宗统源流，正其名分。如果倡碑导源于篆隶和金石学，因而泛言碑派书法，则易模糊碑学与篆隶复古之自身的学术意义。故而本文将循清人原意，于碑学仅取楷、行、草三体。"参见丛文俊《后期书法史》，载《书法史鉴》，上海书画出版社 2003 年版，第 180 页。

稚拙意趣的书法。"①

　　以上是比较明确的定义，但即使在这些定义中，已经显露出若干不能自圆其说的疑问。

　　以韩玉涛先生而言，他一再申明"碑学"是专指楷书（真书）的②，同时他又说碑学的不可饶恕之处在于"篆隶振兴，草法澌灭"③，韩氏这句话的本意旨在道出碑学与草书的势不两立。却不料暴露出另外一个问题：他对碑学的定义是学习"楷书"的"楷书运动"，为什么碑学振兴的却是"篆隶"？字体窜位的矛盾在其他地方也不时显露出来④。可以肯定韩氏的碑学概念里是不包括草书的，但篆隶与碑学究竟是一种什么关系？一边数度表明碑学是针对楷书而言，一边又处处混进"篆隶"，这是否可视为他认知上的含混之处？在同一问题上态度雷同的是以治书法史知名的刘涛先生。他一方面说"以书体论，指楷书"⑤，一方面以类似丛文俊先生的逻辑为参有"北碑笔法"的隶、行、草书打开碑学的方便之门⑥，奇怪的是，他独独落下了篆书，用北碑笔法写篆书，是不是也该纳入"碑学"的阵营？此外，究竟何为"北碑笔法"？后面我们将看到，这不是个别现象，对于"碑学"中的字体问题，许多学者都流露出类似的含混态度。

　　以白谦慎先生而言，他不能令自己满意的是风格的限定。上文中所引他对碑学的定义在时间上最迟不超过 2006 年，在 2007 年元旦完成的一篇

---

　　① 白谦慎同时给了碑学一个狭义的定义，这个定义从取法对象的材质与时间两个角度进行——"仅指晚清以后取法北魏碑版的书法"。均见白谦慎《傅山的世界》，导言页 2 注 2，生活·读书·新知三联书店 2006 年版。

　　② 韩玉涛：《中国书学》，东方出版社 1991 年版，第 164 页。

　　③ 同上书，第 168 页。

　　④ 例如，韩玉涛认为同是推进碑学，包世臣就比康有为"阔大"得多，因为包世臣既"提倡碑学，也提倡草书。"于是，他说"这是非常重要的，'草法''灭绝'，都写真书，或者篆隶，书坛将是什么模样？那就没有一点生命了。碑学造就的，正是这样一批奴才"——把篆隶混入"碑学"是无法避免的事。见韩玉涛，《中国书学》，东方出版社 1991 年版，第 169 页。

　　⑤ 刘涛《书法谈丛》，中华书局 1999 年版，第 256 页。原文为："南北碑所见书体，有篆书、隶书、楷书（真书），但以楷书为大宗。阮元、包世臣提倡北碑，康有为推崇魏碑，以书体论，指楷书。康有为在《广艺舟双楫原书第一》里明白无误地说：'今用真楷，吾言真楷。'书法家取范北碑者，自然也在楷书。"

　　⑥ "北碑楷书盛行之后，书家也用北碑笔法写隶、写行、作草书，求取新姿异态。……这些习北碑楷书而获成就，以北碑笔法开隶书、行、草书的书家，今人径称为'碑派'。这是清代书坛出现的新流派，为宋朝以来所未见，康有为名之曰'今学'、'新党'。"刘涛《书法谈丛》，中华书局 1999 年版，第 258 页。

序言中①，白氏修正了自己的观点。在这篇文章中，他采纳了华人德先生的意见，认为碑学、帖学的"本质区别"在于：帖学的取法对象是历代名家法书，碑学的取法对象是唐以前无名氏书迹。这让人联想起王学仲先生的观点，突出了从书者身份的角度出发来区分碑学和帖学。至于先头强调过的风格，白先生这次承认："'碑学'取法的无名氏书迹，既有粗糙的，也有极为精美的。"而"精美"一词，本是他对帖学风格的限定②。现在，他否认了风格说，弱化了材质说（不再突出"金石文字"，以"书迹"笼统代之），把目光集中到了书者身份和时间这两个节点上。

以上几家暴露的分别是从字体和风格上对碑学进行定义的困难。

其他更复杂的定义和阐释可从刘恒、华人德两位先生的著述中窥见一斑。

刘恒先生对碑学的直接定义读来非常简略："'碑学'则是指重视汉、魏、南北朝碑版石刻的书法史观、审美主张以及主要以碑刻为取法对象的创作风气。"③似乎他更关注的是对所谓"书法史观"、"审美主张"、"创作风气"三者的区分，就我们所拟七个具体要素来说，他仅涉及取法对象的时间和材质。但从同一著作中对"碑学"长篇累牍的阐释来看，他对基本问题的思考还分别涉及以下方面：以字体论，他认为碑学从写篆、隶开始，然后扩展到楷书④；以取法对象的时间论，当是"汉、魏、南北朝"时期的书迹⑤；以风格论，当是"俗"和"古厚朴拙"的⑥。这些论

① 白谦慎：《华人德书法史研究的理论价值代序》，载《华人德书学文集》，荣宝斋出版社2008年版，第7页。

② 参见白谦慎《傅山的世界》导言，生活·读书·新知三联书店2006年版，第2页。

③ 刘恒：《中国书法史·清代卷》，江苏教育出版社2002年版，第4页。

④ "清代碑学书法的兴起，实际上是以篆、隶书体的复兴为先导的。""清中期，碑派书法是以篆、隶书体的学古为滥觞的。""随着访碑、录著活动的日益广泛，古物出土越来越多，六朝墓志、造像开始受到重视，碑派书家的实践也开始从篆隶二体扩大到楷书。""道咸时期，碑派书家的努力已从篆、隶书体扩大到楷书领域。……对魏晋南北朝碑刻楷书的崇尚和临习，标志着碑派书法的真正确立和成熟。"刘恒：《中国书法史·清代卷》，江苏教育出版社1999年版，第6、7、9、6页。

⑤ 作者还有其他相关表述，如"碑派书家因其取法临摹的范本多为汉、魏、六朝的碑刻、墓志、造像之类，其笔法、结构均与唐代以后的书风大不相同"。刘恒：《中国书法史·清代卷》，江苏教育出版社2002年版，第6页。

⑥ "经过乾、嘉时期金石学在研究考证、资料整理方面的有力支持和一批敢于标新立异的书家的实践，碑派书法兴灭继绝、遗文返质的指导思想，以俗代雅、与古为新的审美追求，以及崇尚古厚朴拙的创作原则均已基本形成。"刘恒：《中国书法史·清代卷》，江苏教育出版社2002年版，第6页。

述看起来井然有序，但令人意外的是，作者对材质的慷慨接纳随即使这些从不同角度建立起来的边界被瓦解。

刘恒先生认为，就取法对象的材质、功能论，从"钟鼎彝器、碑版摩崖"，到"凡举钱币、镜铭、玺印、兵器、墓志、造像、陶文、瓦当、砖文等材料"，再到"安阳殷墟甲骨文和西域汉晋简牍残纸文书"，但凡现在已知的古代文字遗迹，无不在碑学的取法范围内。①

把简牍、残纸文书与最早的碑版摩崖等一同纳入"碑学"取法的范围，无疑彻底突破了"碑学"中"碑"字所能延伸到的极限，而直接达成了与"帖"的交汇、共融。同时，这些材质中所含字迹的字体是篆、隶、真、行、草无所不备，风格也是典雅精致与古朴厚拙并存——原先字体和风格的限定就此同时失效。在这一点上同样大度，但适可而止的是华人德先生。华氏说"从碑学者，言必汉碑。以后更从汉魏碑刻延展至钟鼎、甲骨、砖瓦、简牍等"②。他说到简牍就以指意不明的"等"字止住，没有顺势把"残纸文书"扯进来，因为他对碑学的一个定义是"崇尚碑刻的书派"，③"碑刻"是他严守的一个阵地。但他没有料到的是，把"简牍"纳入碑学的范围已使情况悄然生变：它是墨书，它不乏笔迹流美者。同时，简牍含行、草书，而华氏在不远处又曾说"碑学书派与草书……几乎是隔绝的"。④

两位先生一边定义，一边突破自己定义的边界，致使"碑学"、"帖学"在取法和创作的字体、风格或材质上不再存有区别，使"碑学"的"碑"字失去意义。于是，前者为其"碑学"概念留下的有效因素只有一个广泛的时间范围了：取法六朝以前（含六朝）的书迹⑤。后者为自己留

①　"碑学从金石学中孕育而生，其目的是通过对钟鼎彝器、碑版墓志、摩崖石刻、瓦当砖文及钱币玺印等各类文字资料的研究，辨析拓本优劣，品评书艺高下、阐释书风源流并指导创作取法。""此一时期，碑学所涉及的范围已大大扩展，除钟鼎彝器、碑版摩崖外，凡举钱币、镜铭、玺印、兵器、墓志、造像、陶文、瓦当、砖文等材料，无不成为金石学家搜集的内容和碑派书家取法借鉴的对象。……19 世纪末，安阳殷墟甲骨文和西域汉晋简牍残纸文书的发现及公之于世，成为学术界的重大事件。这些古代书迹同样引起书法家的关注，并立即被纳入碑学的研究范围内。"刘恒：《中国书法史清代卷》，江苏教育出版社 2002 年版，第 160、7 页。

②　华人德：《评碑学与帖学》，载《书学论集》，荣宝斋出版社 2008 年版，第 218 页。

③　华人德：《清代的碑学》、《评碑学与帖学》，载《书学论集》，荣宝斋出版社 2008 年版，第 168、214 页。

④　华人德：《评碑学与帖学》，载《书学论集》，荣宝斋出版社 2008 年版，第 221 页。

⑤　按照刘恒先生的逻辑，取法对象的时间往前当是可以无限推进的，往后当止于六朝。

下的有效因素只有"名家"与"非名家"之说。①

如此，尽管众人竭力从这许多不同的方向来对"碑学"的含义做围追堵截的游戏，却始终难免不得要领之感。那么，除了踟蹰于这些因素之外，事情究竟有无推进的可能？

二　回到《广艺舟双楫》：问题及其内在逻辑

要追究这个问题，不能不回到《广艺舟双楫》。

《广艺舟双楫》有着众所周知的问题：学识浅陋，自相矛盾，口出狂言。对于这几点，与康有为同年的进士商衍鎏②、后来的学者商承祚③、书法家白蕉④、沙孟海⑤以及学者兼鉴定家启功⑥等人均作了不留情面的批评。其中，对《广艺舟双楫》"夸大过甚、自相矛盾"、"比拟附会、模糊不确"、"浑泛不知所谓"的著文风格辨析得最为淋漓尽致的莫过于民国时期著名的蜀中学者刘咸炘及其小著《弄翰余沈》。⑦

对康有为类似的批评在书法之外也能寻找到若干应证。

---

① 华人德：《评帖学与碑学》，载《书学论集》，荣宝斋出版社 2008 年版，第 218—219 页。

② "夜阅《广艺舟双楫》，见其论汉瓦处，颇多错误。余学问简陋，其余谬误浅略者想尚不止此，无怪识者诏其书之陋也。"商衍鎏：《藻亭日记》，庚戌（1910）二月廿七日记。载谢光辉、刘春喜编《商衍鎏、商承祚藏朱次琦康有为信翰》，文物出版社 2008 年版。

③ "康有为自诩宗魏，遂有尊魏卑唐之论。今见此，知康书所自。从第三行酌酒二字可概其余。师魏之说夸诞大言，遂被揭破，可谓其愚不可及也。"商承祚（锡永）《千秋亭记》题跋，载谢光辉、刘春喜编《商衍鎏、商承祚藏朱次琦康有为信翰》，文物出版社 2008 年版。

④ "他们（包世臣和康有为）虽然都祖述于阮元，但是已经走了样。他们两人的学术，既颇粗疏，态度又很偏激，修辞不能立诚，好以己意，遂为臆说之处很多。"白蕉：《碑与帖》，载《20 世纪书法研究丛书·历史文脉篇》，上海书画出版社 2000 年版，第 152 页。

⑤ "他（康有为）有意提倡碑学，太侧重碑学了。经过多次翻刻的帖，固然已不是二王的真面目，但经过石工大刀阔斧锥凿过的碑，难道不失原书的分寸吗？我知道南海先生也无以解嘲了。……他在《述学篇》里只说一通冠冕堂皇的话儿，不曾道出真的历史来。"沙孟海：《近三百年的书学》，《沙孟海论艺》，上海书画出版社 2010 年版，第 21—22 页。

⑥ "（康有为）所述书法宗派，某出于某，更凭兴会所至，信手拈来。包慎伯已骋舌锋于前，此更变本加厉焉。最可笑者，今文家斥古文经为刘歆伪造，指其书籍而言也。康氏则云：'古文为刘歆伪造，杂采钟鼎为之。'又云：'若钟鼎所采，自是春秋战国时各国书体，故诡形奇制，与《仓颉篇》不同。'又云：'若论笔墨，则钟鼎虽伪，自不能废。'又云：'钟鼎虽为伪文，然刘歆所采甚古，考古则当辨之。'其所言，自相矛盾。……可见此老于何为古文似尚瞢瞢也。"启功：《启功书法丛论》，文物出版社 2003 年版，第 206 页。

⑦ 参见刘咸炘《弄翰余沈》，巴蜀书社 1991 年版，第 25—26、33—34、61、150、155 页等。

梁启超在《康有为先生传》中对康有为有过这样的描述："先生最富于自信力之人也，其所执主义，无论何人不能动摇之。于学术亦然，于治事亦然，不肯迁就主义，以徇事物，而每熔取事物以佐其主义。……故短先生者，谓其武断，谓其执拗，谓其专制。"① 又说："先生脑筋最敏，读一书，过目成诵，一事片言而决，凡事物之达于前者，立剖析之。"而这样的剖析常常是"不悉当者"②。糟糕的是，在治学时，这种情形依然照旧：

> 乃至谓《史记》、《楚辞》经刘歆入者数十条，出土之钟鼎彝器皆刘歆私铸埋藏后以欺后世，此实为事理之万不可通者，而有为必力持之……而有为以好博好异之故往往不惜抹杀证据，或曲解证据以犯科学家之大忌，此其所短也。有为之为人也，万事纯任主观，自信力极强而持之极毅。其对于客观的事物或竟蔑视，或必欲强之以我，其在事业上也有然，其在学问上也亦有然。③

据康有为的研究专家萧公权先生的有关著作来看，康的这种性格特征也反映在他的政治举动上。如，戊戌年（1898）当皇帝下诏变法时，大批保守的官僚士大夫加强抵制康有为的活动，他却在给友人的信件中说"举国欢欣"。又如庚子年（1900）时，他宣称筹有巨款和相当数目的军队来保护皇帝，其实根本没那回事④。为此梁启超专门致信给他说：

> 常作大言，与中山无异，徒使人见轻耳。⑤

这样看来，康有为及其《广艺舟双楫》似乎除了供人做反面的学术例子之外实在没有别的用处。

但问题在于，既然康有为和《广艺舟双楫》对"碑学"的描述如此

---

① 梁启超：《康南海先生传》，载《饮冰室合集·文集六》，中华书局 1989 年版，第 87—88 页。

② 同上书，第 88 页。

③ 梁启超：《清代学术概论》，上海古籍出版社 1998 年版，第 128—129 页。

④ 萧公权：《康有为思想研究》，新星出版社 2005 年版，第 13—14 页。

⑤ 丁文江：《梁任公先生年谱长编初稿》，第 105—106 页，转引自萧公权《康有为思想研究》，新星出版社 2005 年版，第 14 页。

混乱、不堪一击①，为什么这个概念却得以保留并沿用至今？使用这些概念的专家学者们并非也都是"浑泛不知所谓"之辈。那么，它以及《广艺舟双楫》的合理性在哪里？

细读《广艺舟双楫》，我们会察觉一种类似的东西在不同地方频繁闪现，若把这些断点贯穿起来，我们会发现，它们在底部连成一气，从深处左右着作者的神经兴奋点，影响着他对事物的选择和判断，这就是时刻对"杂沓笔端"（笔下兼具数种字体的笔意）和"体在××之间"（结体上兼具数种字体的体意）的认知与把握。

比如，在说到所推崇的时代及具体作品的时候（无论北碑、南碑还是汉碑，也无论篆书、隶书还是楷书），康有为的着眼点基本没有离开过这两点：②

> 汉人承之而加少变，体在篆隶间。
>
> 南北朝碑莫不有汉分意，《李仲璇》……用篆笔者无论；若《谷朗》……皆用隶体；《杨大眼》……犹是隶笔。
>
> 余谓隶中有篆、楷、行三体，如《褒斜》《裴岑》《郙阁》，隶中之篆也；《杨震》《孔彪》《张迁》，隶中之楷也；《冯府君》《沈府君》《杨孟文》《李孟初》，隶中之草也。
>
> ……《杨淮表纪》皆以篆笔作隶者。《北海相景君铭》，曳脚笔法犹然。若《三公山碑》《是吾碑》，皆由篆变隶，篆多隶少者。以汉钟鼎考之，……则体皆扁缪，在篆隶之间矣。
>
> 若吴之《谷朗碑》，……皆在隶楷之间，与汉碑之《是吾》《三公山》《尊楗阁》《永光阁道刻石》在篆隶之间者正同。

在《说分第六》③中列举三组心仪的碑刻后，康有为每一组后分别都加上这样的说明：

---

① 甚至有人因此主张取消"碑学"概念，参见叶培贵《碑学、帖学献疑》，《书法研究》2000年第6期。

② 引文依次见于康有为著、崔尔平注《广艺舟双楫注》，上海书画出版社2008年版，第62、86、88、62、67页。

③ 康有为著、崔尔平注《广艺舟双楫注》，上海书画出版社2008年版，第81—82页。

右以篆笔作隶之西汉分。

右以隶笔作缪篆。

右由篆变隶，隶多篆少之西汉分。

在对所推崇的书家（无论所谓帖学名家，还是碑学大家）进行辨析时，康有为这种"杂沓笔端"的意识显得尤为集中：①

后人推平原之书至矣，然平原得力处，世罕知之。吾尝爱《郙阁颂》体法茂密，汉末已渺，后世无知之者，惟平原章法结体独有遗意。又《裴将军诗》，雄强至矣，其实乃以汉分入草，故多殊形异态。

鲁公书举世称之，罕知其佳处。其章法、笔法全从《郙阁》出。若《裴将军诗》，健举沉迫，以隶笔作之，真可谓之"草隶"矣。

杨少师变右军之面目而神理自得，盖以分作草，故能奇宕也。

宋人书以山谷为最，变化无端，深得兰亭三昧。至其神韵绝俗，出于《瘗鹤铭》而加新理，则以篆笔为之。吾目之曰"行篆"，以配颜、杨焉。

汀洲精于八分，以其八分为真书，师仿《吊比干文》，瘦劲独绝。怀宁一老，实丁斯会，既以集篆隶之大成，其隶楷专法六朝之碑，古茂浑朴，实与汀洲分分隶之治，而启碑法之门。

完白山人之得处，在以隶笔为篆。

我们知道康有为在《广艺舟双楫》中的两个核心思想，一是求"古"，二是求"新（变）"。他的"古"和"新"究竟具备怎样的特征呢？

他的"古"是紧密地与"多参隶意（隶笔）"、"多用篆笔"、"杂用草隶（草情隶韵）"、"在篆隶之间"联系在一起的：②

---

① 引文依次见于康有为著、崔尔平注《广艺舟双楫注》，上海书画出版社 2008 年版，第 86、204、84、204、32、76 页。

② 引文依次见康有为著、崔尔平注《广艺舟双楫注》，上海书画出版社 2008 年版，第 55、82、124、179、90、41 页。

北周文体好古，其书亦古，多参隶意。

吾于汉人书酷爱八分，以其在篆隶之间，朴茂雄逸，古气未漓。

又有太康五年杨绍瓦，体势与《瘗鹤铭》同，杂用草隶，此皆正书之最古者也。

六朝大字，犹有数碑，……余多参隶笔，亦复高绝。

《景君铭》古气磅礴，曳脚多用籀笔，与《天发神谶》似。

今世所用号称真楷者，六朝人最工。盖承汉分之余，古意未变，质实厚重，宕逸神隽，又下开唐人法度，草情隶韵，无所不有。

同时，他对"新（变）"的标志性解释是：①

及悟秦分本圆，而汉人变之以方，汉分本方，而晋字变之以圆。凡书贵有新意妙理，以方作秦分，以圆作汉分，以章程作草。笔笔皆留，以飞动作楷，笔笔皆舞，未有不工者也。

右军欲引八分隶书入真书中，吾亦欲采钟鼎体意入小篆中，则新理独得矣。

逸少曰："夫书须先引八分、章草入隶字中，发人意气。若直取俗字则不能生发。"右军所得，其奇变可想。……杨少师变右军之面目而神理自得，盖以分作草，故能奇宕也。

其他散布各处的论及"新理"、"神理"、"变态"、"新理异态"、"新意异态"、"新体异态"、"殊形异态"、"奇态异变"等等的地方无不与这层意思相同：以此种字体的体意、笔法入彼种字体的体意、笔法。

至此，康有为的"古"和"新"在原理上原来是一回事，就是"笔意杂沓"、"体在××之间"。这种"古"与"新（变）"的同一性、并发性有时在同一句话中能得到更好的体现②：

故有魏碑可无齐、周、隋碑。然则三朝碑真无绝出新体者乎？

---

① 引文依次见康有为著、崔尔平注《广艺舟双楫注》，上海书画出版社 2008 年版，第 74—75、75、84 页。

② 同上书，第 108、110、164 页。

曰：齐碑之《鋋修罗》《朱君山》，隋之《龙藏寺碑》《曹子建》，四
者皆有古质奇趣，新体异态乘时独出，变化生新，承魏开唐，独标俊
异。四碑真可出魏碑之外，建标千古者也。

隋碑渐失古意，体多阔爽，绝少虚和高穆之风。一线之延，惟有
《龙藏》。《龙藏》统合分、隶。……观此碑真足当古今之变者矣。

新理异态，古人所贵。

而康有为毕生的挚友沈曾植的一句话堪当对康有为"古"、"今"概
念的绝佳阐释：

隶之生动多取于行，篆之生动多取于隶。隶者，篆之行也。篆参
隶势而姿生，隶参楷势而姿生，此通乎今以为变也；篆参籀势时而质
古，隶参篆势而质古，此通乎古以为变也。夫物相杂而文生，物相兼
而数赜。①

顺字体的演变而发展便是"姿生"，为"今变"；逆字体的演变而取
法便是"质古"，为"古变"。但无论古变还是今变，原理上都是一致的：
以此种字体的体势参入彼种字体的体势。一种已经高度发展、自成一家的
字体是谈不上变，也不古的，不在他们的眼目之中。这实在是以不能再恰
当的说法打通了康有为所谓"古气"、"新理"、"变态（异态）"的关系。
有了这一层理解，康有为缘何一面大谈求古一面又呼喊求变的矛盾也就顷
刻间化为乌有了。②

虽然《广艺舟双楫》的整个写作基调由于过分的激情和想象力而显
得不知所云，但话语所及之处，康有为会准确无误地传达出自己的书学理
想。比如，《说分第六》中在对邓石如、伊秉绶等人的书法做完评析之
后，他做出了这样的总结：

合篆、隶陶铸为之，奇态异变，杂沓笔端，操之极熟，当有境

---

① 沈曾植：《论行楷隶篆通变》，载《海日楼札丛》卷八，辽宁教育出版社 1998 年版，第
324 页。

② "康氏又谓：……，夫既主变矣，则何又以未变为是，而变为非耶？……既主变，而又
主存古，其矛盾甚矣。"刘咸炘：《弄翰余渖》，巴蜀书社 1991 年版，第 49 页。

界。亦不患无立锥地也。①

在《碑品第十七》中，他再次明确无误地传达了相关的理想境界——"古尚质厚，今重文华。文质彬斓，乃为粹美。孔从先进，今取古质。华薄之体，盖少后焉。若有新理异态，高情逸韵，孤立特峙，常音难纬，睹慈灵变，尤所崇慕。"即"古质"与"新理异态"的对接，而"古质"和"新理异态"的对接点在哪里，我们已经十分清楚，正是"杂沓笔端"、"合篆隶陶铸之"。

综上所述，如果说康有为的立场往往随着话题的改变不断处于变化中，并因此导致了全文"浑泛不知所谓"的局面，在"合篆、隶陶铸为之"、"杂沓笔端"这一点上他却是始终如一的。但凡他所论及的对象，无论刀书还是笔书，南书还是北书，穷乡儿女之书、野人之书还是名家之书，也无论正书还是篆、隶、行草，唐以前书迹还是唐以后书迹，峻厚的风格还是秀丽的风格，只要具备"杂沓笔端"、"体在××之间"的特征，就是符合其书学理想的，也就是他为之兴奋和高歌的对象。

因此，我们说，虽然在本文第一章中离析出来的七项内容康有为在《广艺舟双楫》中几乎无一不涉及，并且大有障人耳目之感，但真正在深处发生作用的却是作者对"杂沓笔端"、"体在××之间"的牢牢把握。我们以为，这才是所谓"碑学"概念的关捩所在。

三　17世纪末到19世纪的书法思潮：新说法及其根本取向

假如再回到17世纪以来的有关新说法，我们会发现这一关捩点与时代的契合之处——自17世纪末以来它以一种特殊的方式得以衍生并根植到人们的意识中。与此同时，围绕在它周围，一些相关说法应运而生。它们盘根错节，相互混杂，一时间让人主次难分。

首先说关捩点，"杂沓笔端"意识的最初表现及其明确形成。

17世纪时，最初的表述集中为两点：学"楷书"务必从篆、隶中来，否则是不求"原本"、不得"正宗"，终成"俗格"；由此而引发的结论

---

① 康有为著、崔尔平注：《广艺舟双楫注》，上海书画出版社2008年版，第77页。

是篆、隶、真、草在用笔上本来是一贯的，不能分为"四途"，不然"其人必不能书"。比如：

　　楷书不知篆隶之变，任写到妙处，终是俗格。……及其篆隶得意，真足吁骇，觉古籀、真、草、隶本无区别。①

　　欲学钟王之楷而不解分隶，是谓失其原本。……是并不知钟王发源处，未得为书家正宗。②

　　篆籀、八分、隶、正、行草，总是一法，一者何？执笔用意是也。六朝、初唐人去汉魏未远，皆从篆隶入手，所以人人知之。中唐以后，人分篆、隶、正、草为四途，以为学正、草者可废笔法，噫，何其愚也。③

　　分篆、隶、真、草为四者，其人必不能为书。④

　　余故谓悟得篆、籀、隶、楷一贯之道方可学书。⑤

到18世纪，不仅是"学楷书"务必通篆、隶了，只要是"学书"（无论真、草）就得作篆隶。并且，此说已成规模，理论性显得更强：

　　作书不可不通篆隶，……通篆法则字体无差，通隶法则用笔有则，此入门第一正步。⑥

　　不作篆隶，虽学书三万六千日，终不到是处，昧所从来也。⑦

　　古人用笔皆有意义，虽写真楷，而常出入于篆隶八分，时兼用飞白章草，故其书法能变化不测也。⑧

　　学书当先识篆隶。但真书近篆者少，近隶者多，而行草俗体，犹或出焉。于是有尊崇篆体、浅薄隶书者。岂知颜鲁公得孔和碑之雄劲

①　傅山丁宝铨刊本《双红龛集》，《清前期书论》，湖南美术出版社2002年版，第87页。
②　姜宸英：《湛园题跋》，载《清前期书论》，湖南美术出版社2005年版，第132页。
③　杨宾：《大瓢偶笔》，载《明清书法论文选》，上海书店出版社1993年版，第532页。
④　同上。
⑤　同上书，第531页。
⑥　王澍：《论书剩语》，载《明清书法论文选》，上海书店出版社1993年版，第599页。
⑦　陈玠：《书法偶集》，载《书学集成》（清），河北美术出版社2002年版，第53页。
⑧　王澍：《翰墨指南》，载《书学集成》（清），河北美术出版社2002年版，第216页。

古拙，褚河南得韩敕碑之纵横跌宕，隶书体笔法实开真书之秘钥乎。①

真行宜方，草宜圆。真参八分，草参篆籀。②

学者自幼正楷，其能者或喜涉隶以通于篆，此正路也。③

对篆、隶及其用笔的这种溯源性认识和强调，使人们开始从另外一个角度对名家之作进行解析：

《黄庭》出隶入楷，古篆八分无法不备。④

钟王虞永多用篆体，欧阳、褚、薛多用隶体。⑤

龙门三龛记，褚河南中年书，平整刚健，多参八分笔意。⑥

颜鲁公茅山李玄靖碑古雅清圆，带有篆意。⑦

郑簠谷口八分书学汉人，间参草法，为本朝第一。⑧

草参篆籀，如怀素是也。而右军之草书，转多折笔，间参八分，如欧阳询、褚遂良是也。而智永、虞世南、颜真卿楷，皆折作转笔，则又兼篆籀。以此见体格多变，宗尚难拘。⑨

楷"参八分笔意"、"用篆体"、"用隶体"，草参篆籀，楷兼篆籀，草间参八分，八分间参草法——体势和笔法的相参、相兼逐渐成为一种新的批评视角和价值标准。这实际上就是"杂沓笔端"的具体说法。而"篆法森严，隶书奇宕，运用篆法，参合隶书，可谓端庄杂流丽矣。乃于字势之长短大小又因其自然，则直与天地为消息，万物为情状，错综变

① 蒋和：《学书杂论》，载《书学集成》（清），河北美术出版社2002年版，第385页。

② 梁巘：《承晋斋积闻录》，载《书学集成》（清），河北美术出版社2002年版，第279页。

③ 翁方纲：《明清书法论文选》，上海书店出版社1994年版，第724页。

④ 陈玠：《书法偶集》，载《明清书法论文选》，河北美术出版社2002年版，第580页。

⑤ 王澍：《翰墨指南》，载《书学集成》（清），河北美术出版社2002年版，第216页。

⑥ 梁巘：《承晋斋积闻录》，载《书学集成》（清），河北美术出版社2002年版，第238页。

⑦ 同上书，第239页。

⑧ 同上书，第269页。

⑨ 同上书，第260页。

化，意趣无穷。"① 则可以视为"笔意杂沓"、"体在××之间"的美学表述，与沈曾植所说"夫物相杂而文生，物相兼而数赜"② 遥相呼应。

到康有为降临的 19 世纪，这种观点已成定论：

> 作真行书者，能写篆籀则高古今。③
>
> 论其通，则分、真、行、草，亦未尝无玉箸之意存焉?④
>
> 凡隶体中皆暗包篆体。⑤
>
> 隶行与篆反，隶意却要与篆相同。⑥
>
> 楷则至唐贤而极，其源必出八分。⑦

同时，它在批评中体现的更见广泛：

> 二王楷书，俱带八分体势。⑧
>
> 右军行草书，全是章草笔意，其写《兰亭》乃其得意笔，尤当深备八分气度。初唐诸公临本，皆窥此意，故茂逸超迈之神，如出一辙。⑨
>
> 尝论右军真行草法皆出汉分，深入中郎。大令真行草法导源秦篆，妙接丞相。⑩
>
> 兰亭善承家法，又沉浸隶古，厚劲坚凝，遂成本家极笔。⑪
>
> 有唐一代，书家林立，然意兼篆分，涵抱万有，则前惟渤海，后惟鲁国，非虞、褚诸公所能颉颃也。此论非深于篆分真草源流本末

---

① 蒋骥：《续书法论》，《书学集成》（清），河北美术出版社 2002 年版，第 355 页。

② 沈曾植：《论行楷隶篆通变》，载《海日楼札丛》卷八，辽宁教育出版社 1998 年版，第 324 页。

③ 梁章钜：《退庵随笔》，载《明清书法论文选》，上海书店出版社 1994 年版，第 807 页。

④ 刘熙载：《书概》，载《书学集成》（清），河北美术出版社 2002 年版，第 503 页。

⑤ 同上书，第 505 页。

⑥ 同上书，第 506 页。

⑦ 同上书，第 520 页。

⑧ 跋牛雪樵丈藏智永千文宋拓本。

⑨ 何绍基：《跋褚临兰亭拓本》，http://www.9610.com/lilun/hsj.htm。

⑩ 包世臣：《述书上》，载《书学集成》（清），河北美术出版社 2002 年版，第 406 页。

⑪ 何绍基：《跋道因碑拓本》，http://www.9610.com/lilum/hsj.htm。

者，固不能信。①

唐人颜柳从篆出，欧褚从隶出。即宋人米、蔡亦从隶出也。②

欧、褚两家并出分隶，于遒逸二字各得所近。③

虞永兴掠磔亦近勒努，褚河南勒努亦近掠磔，其关捩隐由篆隶分之。④

这种观察视角和批评风气推动了"草隶"、"草篆"、"草分"等新术语的出现：

唐人草法，推张长史、钱醉僧、杨少师三家。长史书源虞、陆，故醉僧以为洛下遇颜尚书，自言受笔於长史，闻斯八法，若有所得。世所传《肚痛》、《春草》、《东明》、《秋寒》诸帖，皆非真迹。惟《千文》残本二百余字，伏如虎卧，起如龙跳，顿如山峙，挫如泉流，上接永兴，下开鲁郡，是为草隶。醉僧所传大、小《千文》亦是伪物，惟《圣母》、《律公》，导源篆籀，浑雄鸷健，是为草篆。少师《韭花》、《起居法》，皆出仿写，至《大仙帖》，逆入平出，步步崛强，有猿腾蠖屈之势，周、隋分书之一变，是为草分。其余如《屏风》、《书谱》、《绝交》诸帖，虽俱托体山阴，止成藁行而已。⑤

在《广艺舟双楫》中，康有为以相同的逻辑继续创造了"隶楷"、"楷隶"、"行篆"等专门用来指称这种兼具数种字体体势、笔意的新概念。

如果说以上论述还不足以说明兴起于17—19世纪的书法思潮的真正方向，那么有一段话也许能堪当此论的点睛之笔：

六朝佳书，取其有篆隶笔法耳，非取貌奇，以怪样欺世。求楷之笔，其法莫多于隶。盖由篆入隶之初，隶中脱不尽篆法。古人笔法

---

① 何绍基：《跋道因碑拓本》，http：//www.9610.com/lilun/hsj.htm。

② 梁章钜：《退庵随笔》，《明清书法论文选》，上海书店出版社1994年版，第807页。

③ 何绍基：《跋僧六舟藏米老人星赋墨迹》，http：//www.9610.com/lilun/hsj.htm。

④ （清）刘熙载：《书概》，载《书学集成》，河北美术出版社2002年版，第520页。

⑤ 包世臣：《历下笔谭》，载《书学集成》（清），河北美术出版社2002年版，第417页。

多，今人笔法少，此余所以欲求楷中多得古人笔法而于篆隶用心，且欲以凡字所有之点画分类求其法之不同者。①

人们取法六朝佳书，关键之处非"貌奇"和欺世的"怪样"，乃在于"取其有篆隶笔法耳"，为什么？因为"古人笔法多，今人笔法少"。至此，一个时代书法思潮的指向、康有为所谓"碑学"在"笔意杂沓"这一点上的内在逻辑便打成一气，互为应证了。

围绕上述关掫点，在 17 世纪末至 19 世纪之间还有一些其他相关说法，诸如阁帖失真说、北碑说、书者身份说等等，它们不仅在当时，直至现在，都对人们把握那个时代的书法思潮构成相当大的干扰。

先看阁帖失真说。端倪亦始于 17 世纪，最初的表述尚不失客观，到 19 世纪则被放大为足以被某种心理利用的程度：

古人书法入神超妙，而石刻木刻千翻万变，遗意荡然。②

唐人碑版至今日不漫漶磨泐，则重摹洗剔，失却本来，如思古斋《黄庭经》、《庙堂碑》、《九成宫》之类是也。惟明清间出土者，笔画完好如新，往往精彩可爱，然亦须及时收拓，数十年后恐遂不可问矣。③

余尝说晋唐小楷，经宋元来千临百模，不惟笔妙消亡，并其形似都失。④

宋帖辗转摩勒，不可究诘。⑤

汇帖一出，合数十代千百人之书归于一时，钩摹出于一手。……《戏鸿》《停云》疵议百出，弊正坐此。……以余臆见揣之，共炉而冶，五金莫别，宋人书格之坏由《阁帖》坏之。⑥

北碑画势甚长，虽短如黍米，细如纤毫，……若求之汇帖，即北宋枣本，不能传此神解，境无所触，识且不及，况云实证耶。⑦

---

① 陈介祺：《习字诀》，载《中国书论辑要》，江苏美术出版社 2000 年版，第 171 页。
② 郑燮：《跋临〈兰亭序〉》，载《郑板桥集》"补遗"，上海古籍出版社 1962 年版。
③ 杨宾：《大瓢偶笔》，载《明清书法论文选》，上海书店出版社 1994 年版，第 558 页。
④ 陈玠：《书法偶集》，载《明清书法论文选》，上海书店出版社 1994 年版，第 583 页。
⑤ 阮元：《南北书派论》，载《历代书法论文选》，上海书画出版社 2000 年版，第 632 页。
⑥ 何绍基：《跋贾秋壑鲍刻阁帖初拓本》，http://www.9610.com/lilun/hsj.htm.
⑦ 包世臣：《历下笔谭》，载《书学集成》（清），河北美术出版社 2002 年版，第 416 页。

但即使在当时，已有人意识到这种说法的偏颇：

> 石刻精致，真迹苍茫，笔锋与刀痕异也。学石刻，即宋拓亦不能有苍茫之致。贵乎心领名制，留神古翰，再览旧镌，乃其至也。及能苍茫，几于妙矣。镌刻之家，各以本家笔掺入前人妙迹，遂移步换形，风致为之变矣。①

> 从镌板展模钩者，未必知书；镌者又未必精，而精蕴泯灭矣。据以为楷则尽此，或未得当也。②

就算康有为本人，虽然屡屡大谈阁帖失真③，以此作为"不得不尊碑"的一大理由，但在不经意时仍会透露底细。不妨看一段有趣的引文④：

> 论书不取唐碑，非独以其浅薄也。平心而论，欧、虞入唐，年已垂暮，此实六朝人也。褚、薛笔法，清虚高简，若《伊阙石龛铭》《石浣序》《大周封禅坛碑》，亦何所恶？良以世所盛行，欧、虞、颜、柳诸家碑，磨翻已坏，名虽尊唐，实则尊翻变之枣木耳。若欲得旧拓，动需露台数倍之金，此是藏家之珍玩，岂学子人人可得而临摹哉？况求宋拓，已若汉高之剑，孔子之履，希世罕有，况宋以上乎？然即得信本墨迹，不如古人。

在这段话里，康有为的论述层次分明，层层把我们带进从深处左右他判断的内在逻辑，也即我们要探究的他的底细。第一层意思：康有为说，"平心而论"，他不取唐碑并非因为唐碑不好，唐碑是有好的，问题是写出这些好的唐碑的作者"实六朝人也"，言下之意，这些唐碑实际上当归为隋碑；第二层意思：退一步说，就算它们是唐碑，确实很好，那也都被"磨翻已坏"，尊它们是名为尊唐，实为"尊翻变之枣木耳"；第三层意

---

① 陈奕禧：《隐绿轩题识》，载《明清书法论文选》上海书店出版社 1994 年版，第 492 页。
② 同上书，第 499 页。
③ 参见《广艺舟双楫》"尊碑第二"、"购碑第三"、"宝南第九"、"行草第二十五"中的有关段落。
④ 康有为著、崔尔平注：《广艺舟双楫注》，上海书画出版社 2008 年版，第 118—119 页。

思：话又说回来，好拓本并非没有，是有的，但这些好的"旧拓"太贵，就算购得也将成为藏家的珍玩，哪里是普通学子们能拿来日日临习的？就算有钱，宋拓已经难得一见，宋以前的就更别提了；第四层意思：话再说回来，即使得到唐人的墨迹真本，那也不如古人。

有趣之处在于，说到这里，康有为露出了狐狸尾巴。不是拓本失真、有没有好拓本的问题，甚至唐人墨书真迹也不稀罕，关键乃在于无论原拓还是墨书真迹，终究抵不过比它们更早的"古人"。"古人"二字暴露了真相：问题的根本在于谁更古。康有为以及他标榜的碑学家们追求的是更古老的、罕见的文字遗迹。而据第二章的分析，我们知道康有为意中的"古"究竟要落实到什么具体环节上。

可以说，无论在康有为所生活的时代，还是今天，"碑学"中真正具有迷惑性的说法是取法"北碑"。除了上文所引陈介琪的那句话外①，何绍基还说过："余既性嗜北碑，故摹仿甚勤，而购藏亦富。化篆分入楷，遂尔无种不妙，无妙不臻。"② ——致使他性嗜北碑的根本理由是北碑"化篆分入楷"；而被视为碑学理论奠基者的阮元自完成《南北书派论》、《北碑南帖论》后几乎毕生都陷入对北碑、南帖根本区别的排查中，地域、材质、书者身份，他都一一做过长时间的思考，③ 但这些最后都被淘汰，他最终的结论是："凡字中微带隶意者，皆是北派。"④ ——落脚点仍为笔意的交杂而非其他。把所有这些现象汇聚一处大概能说明"北碑说"

---

① 　陈介祺：《习字诀》，《中国书论辑要》，江苏美术出版社 2000 年版，第 171 页。
② 　何绍基：《跋魏张黑女墓志拓本》，http：//www.9610.com/lilun/hsj.htm.
③ 　阮元对地域及材质的思考基本可见于《南北书派论》、《北碑南帖论》二文，地域无疑是南北之分，而材质，虽名为对碑、帖的区分，随着所见出土旧物的增多，阮元论及的对象很快扩及摩崖、砖石、瓦当，故他后来多用北派、南派这对概念，不用北碑、南帖，实则很快就放弃了对材质的区分，放弃了"碑"的概念。他对书者身份的留意和考察从以下跋文、书信中可见一斑："此砖新出于湖州古冢中，近在《兰亭》前后数十年。此种字体，乃东晋时民间通用之体。墓人为圹，匠人写坯，尚皆如此，可见尔时民间尚有篆、隶遗意，何尝似羲、献之体。所以唐初人皆名世俗通行之字为隶书也。羲、献之体，乃世族风流，譬之麈尾、如意，惟王、谢子弟握之，非民间所有"《晋永和泰元砖字拓本跋》；"终唐之世，民间劣俗砖石，今存旧迹，无不与北齐、周、隋相似，无似《阁帖》者，无似羲、献者，盖民间实未能沿习南派也。"《复程竹盦编修邦宪书》；"考此镬乃彼时民间所造，民间所写，其写字之人亦惟是当时俗人，其字亦当时通行之体耳，非摹古隶者也，而笔法半出于隶，全是北周、北齐遗法。可知隋、唐之间字体通行皆肖乎此，而赵宋各法帖所称锺、王者，其时世远在此等字前，何以反与后世楷字无殊耶？二王书犹可云江左与中原所尚不同，若锺书则更在汉、魏之间，其伪也不爽然可想见乎。"转引自金丹《阮元与淳化阁帖》，《上海文博》2003 年第 3 期。
④ 　阮元：《唐魏栖梧书善才寺碑跋》，日本三井文库藏，二玄社出版。

背后的支点实当归为"笔意杂沓"，而非"北碑"自身。

结　论

17、18 世纪之交兴起的"碑学"，既受当时文化风潮的影响，又成为蔓延数百年之久的书法浪潮，但是在清理有关"碑学"的思想时，却发现晚至康有为才明确提出"碑学"一词，而"碑学"的内涵、观念却从无清晰的表述，同时文献中充斥矛盾、抵牾之处。这给后世的"碑学"研究带来困惑。

我们通过对文献的梳理，发现反映在观念上的与书法风潮有关的思想其实存在一条隐藏的线索，人们对书法创作的追求，有意无意都朝着一个方向奔趋，那就是"杂沓笔端"、"体在××之间"。从字面来看，它不那么新鲜，也不那么精彩，但是当它成为一个历史时期的理想、欲望的表达时，我们察觉到其中所汇聚的丰富的信息。

"碑学"作为历史已经远去，但作为距离我们最近的、影响深广的书法现象，对它的深入思考将有着长远的意义。

考镜源流　返本开新

——马克思主义文艺理论研究文献综述

孟育建[*]

内容摘要：我们应坚持以马克思主义经典文本为依据，"回到马克思"，以实事求是的理解、解释来透析和把握马克思主义的基本思想、精神实质、观点方法。在理解马克思主义文本上，我们需要先回到马克思所阅读的文学作品，还需要回到马克思的最初文本，才能更好地理解他的文艺理论。同时，通过"理论家共同体"的作用，即通过各种对马克思主义文论经典文本的不同理解、解释之间的交流、讨论去寻求马克思主义文论的统一的精神实质，重新拿起"批判的武器"，重视对现代以来中国马克思主义文论实践的研究，承担起"开新"——理论创新的使命。"回到马克思"，作为当代新的理论条件下重新廓清马克思主义的基础性研究，是中国新一代马克思主义文艺理论工作者义不容辞的历史任务。在纪念《在延安文艺座谈会上的讲话》发表70周年之际，本文对马克思主义文艺理论在中国的发展进行了文献综述。

关键词：马克思文艺理论　回到马克思　文艺理论　文本

"回到马克思"源于当代影响最大争议最多的马克思主义评论家和哲学家、匈牙利著名思想家捷尔吉·卢卡奇。卢卡奇提出："只有回到马克思那里去，建立起在他的意义上的历史世界观，才有可能保存隐藏在这种极端错误作法中的正确倾向。"[①] 列宁也说："在分析任何一个社会问题时，马克思主义理论的绝对要求，就是要把问题提到一定的历史范围之内"。[②]

---

　* 孟育建，男，中国社科院中国社会科学网综合编辑室主任，主任编辑，研究方向为新闻传播、公共政策、世博会。

　① 转引自李俊文《卢卡奇的思想生涯》，《俄罗斯中亚东欧研究》2007年第5期。

　② 《列宁选集》第2卷，人民出版社1995年第3版，第375页。

这段话就是要我们遵循对历史应该在历史语境中审视的基本研究方法。"回到马克思",作为当代新的理论条件下重新廓清马克思主义的基础性研究,是中国新一代马克思主义文艺理论工作者义不容辞的历史性任务①。"回到马克思"的现实学术价值在于否定前苏联文艺教科书教条主义学术体系及其变种的合法性,并为马克思文学理论创新奠定全新的思考起点。

一　"回到马克思"

当代马克思主义文艺理论正在随着学术研究的进步和文艺实践的发展而不断获得新的发展和丰富。马克思主义文艺理论是批判地继承了西方科学主义和人文主义的传统并在辩证唯物主义和历史唯物主义的哲学基础上发展起来的文艺理论,包括了文艺本质论、文艺创作论、文艺功能论、文艺生态论、文艺发展论、文艺批评论等丰富的内容②。

新中国成立之初,在文艺理论的指导思想上采用了苏联的"社会主义现实主义"的理念。"社会主义现实主义"的概念最早是 1932 年由苏联当时的最高领导人斯大林提出,后经苏共中央政治局最终确认的,于 1934 年 9 月 1 日第一次全苏作家代表大会通过的《苏联作家协会章程》中正式提出。在对马克思文艺理论的研究方面,中共早期领导人瞿秋白 1933 年 4 月发表了署名"静华"的文章《马克思、恩格斯和文学上的现实主义》,在我国第一次通过对巴尔扎克创作的分析,阐发了马克思主义的现实主义和典型的理论。他关于大众文艺的多篇论文,深刻地论述了大众文艺问题,并强烈呼吁和探索中国共产党人如何建立对文化、特别是大众文艺的领导权。他还对革命的大众文艺的内容与形式、语言等问题进行了富有成果的研究,对传播马克思主义文艺理论作出了巨大的贡献③。此外,冯雪峰、胡风和周扬等在 20 世纪 30 年代也为传播研究马克思主义文

---

① 张一兵:《回到马克思——经济学语境中的哲学话语》,江苏人民出版社 1999 年版,序言,第 8 页。
② 何志钧:《马克思主义文艺学:从经典到当代》,中国文联出版社 2007 年版。
③ 张炯:《马克思主义文艺理论及其面临的挑战》,《文艺报》2009 年 5 月 23 日。

艺观写了不少文章①。1940 年初，毛泽东在著名的《新民主主义论》中，明确提出建设"民族的、科学的、大众的"新民主主义文化的方针和目标。毛泽东《在延安文艺座谈会上的讲话》发表后，1944 年周扬曾编辑了一本《马克思主义与文艺》，收录了马克思、恩格斯、普列汉诺夫、列宁、斯大林、高尔基、鲁迅及毛泽东有关文艺问题的论述。这是我国第一本比较系统地介绍马克思主义文艺理论观点的著作。

从马克思一生的学术研究来看，自他 1842 年下半年开始第一次涉足经济学研究起，经济学内容就始终在他中后期的学术研究中占到了 70% 以上的主要地位，到晚年这一比例甚至高达 90%②。不容忽视的事实是，对于作为马克思主义创始人的马克思来说，纯粹的文学就像依附于鲜花的馨香，在独立的意义上甚至根本从来没有存在过。就马克思主义文艺理论的研究而言，许多人无视马克思、恩格斯并非是专业的文艺理论家，没有专门的著作来研究文学这样的事实，只是抄录了一些教科书上的条条框框，就武断地阐释乃至误读马克思的文艺理论，对马克思的文艺理论的学术研究横加指责。

对马克思主义文艺理论最常见的批评，是说马克思主义文艺理论是"断简残篇"，充满了庸俗化、政治化。这些针对马克思主义文艺理论的批评，并非毫无根据。从 1944 年周扬在延安编辑出版《马克思主义与文艺》，到解放后各种版本的《马克思恩格斯列宁斯大林论文艺》，经典作家有关文艺的论著，大都是以书简和语录或摘录的形式出现。尤其是别、车、杜、高尔基等苏联理论家的语录。胡风在《意见书》中认为这是"庸俗社会学"、机械唯物主义的观点③。

新中国成立后，人民文学出版社编选的《马克思恩格斯论艺术》、《列宁论文学与艺术》、《毛泽东论文艺》等书也陆续问世。毛泽东在 1956 年 4 月召开的中央政治局扩大会议上谈到"百花齐放，百家争鸣"，他说"这应该成为我们的方针，艺术问题上百花齐放，学术问题上百家

---

① 1938 年，在中共六届六中全会报告中，毛泽东提出了马克思主义和民族形式相结合的主张，提出要创造"为中国老百姓所喜闻乐见的中国作风与中国气派"。在毛泽东讲话之后，很快就发表了周扬的《我们的态度》，艾思奇的《抗战文艺的动向》、《旧形式运用的基本原则》、《旧形式，新问题》，萧三的《论诗歌的民族形式》等文章。

② 张一兵：《"回到马克思"的原初理论语境》，《哲学在线》2004 年 12 月 1 日。

③ 胡风：《意见书》，《新文学史料》1988 年第 4 期。

争鸣"。由于中国政治状况的特殊性，也由于中苏之间存在的芥蒂，中国在意识形态包括文艺政策方面一直致力于寻找适合自己实际情况的路径和方法，"革命现实主义和革命浪漫主义相结合"的创作方法就是在这一政治背景下提出的。1958年5月，在中共八大二次会议上周扬作了《新民歌开拓了诗歌的新道路》的发言①，首次公开了毛泽东关于"两结合"创作方法的讲话精神。"两结合"是民族化、本土化的东西，对于文学理论中国经验具有总结意义，同时也带有鲜明的政治色彩②。

1961年在中共中央宣传部和教育部的协调下，由周扬主持，集中全国大批专家编写以马克思主义为指导的100多种大学文科教材，其中包括由蔡仪③主编的《文学概论》④、由叶以群主编的《文学基本原理》、巴人的《文学论稿》。在《文学概论》的编写过程中，唯物论的反映论的理论立场和文艺为政治服务的理论立场，在逻辑上是被牵强地扭结在一起的⑤。这些从前苏联搬来的直到90年代仍在高校使用的有关马克思主义文艺理论的教科书，基本上是以马克思主义的哲学体系为框架，来构建马克思主义文艺理论的体系，这种移花接木的方法，必然助长庸俗化和政治化的泛滥，即拿马克思主义政治、经济、哲学等方面的基本原理去生硬地阐述有关文艺的各种具体问题，其弊端是显而易见的。

毛泽东在《改造我们的学习》一文中深刻地指出："近百年的经济史，近百年的政治史，近百年的军事史，近百年的文化史，简直还没有人认真动手去研究。有些人对于自己的东西既无知识，于是剩下了希腊和外国故事，也是可怜得很，从外国故纸堆中零星地捡来的。"⑥ 可谓一针见

---

① 后刊于1958年6月1日出版的《红旗》创刊号。

② 姚文放：《共和国60年文学理论的理想诉求》，《文学评论》（京）2010年第1期。

③ 蔡仪（1906—1992），中国美学家、文艺理论家。著有《新艺术论》、《新美学》、《中国新文学史讲话》、《唯心主义美学批判》、《论现实主义问题》等10多种专著，还主编高等学校教材《文学概论》和《美学原理》，主编《美学论丛》、《美学评林》等刊物。对马克思主义的美学理论和文艺理论多有阐述。1953年后任中国科学院哲学社会科学部研究员，1978年兼任中国社会科学院研究生院教授、硕士和博士生导师。

④ 1979年人民出版社出版。蔡仪说："1933年第一次出版日译的马克思、恩格斯关于文学艺术的文献，其中提倡的现实主义与典型的理论原则，使我在文艺理论的迷离摸索中看到了一线光明，也就是这一线光明指引我长期奔向前进的道路。"（《蔡仪文集》第10卷第2页）

⑤ 吴予敏：《铮铮风骨论美学——纪念恩师蔡仪先生诞辰一百周年》，《中国社会科学院院报》，2006年。

⑥ 《毛泽东选集》第3卷。人民出版社1991年第2版，第798页。

血。"左"倾教条主义和庸俗社会学对马克思主义文艺理论在我国的传播和实践产生了很大的危害。"文化大革命"达到了极致。林彪委托江青炮制的所谓《部队文艺座谈会纪要》可以说是这种极致的标本①。《文艺报》1960 年第 10 期上就有这样的话：否定者认为部分山水诗没有阶级性的论点"违反了马克思主义的认识论的客观真理，否定了人们的思维活动在认识与反映客观事物过程中的作用，把属于社会意识形态范畴的艺术美与客观存在的自然美等同起来"。回头来看，这种极左的教条主义可谓登峰造极。

对待马克思主义形而上学的态度违背了辩证唯物主义和历史唯物主义的基本原理，把马克思主义看成包医百病的绝对真理，是一经发现就要熟读死记的教条，陷入了对马克思主义经典作家的某些个别和具体论断而不能自拔。

以马克思来图解政治，或者说，对马克思思想和著作进行纯粹政治性的诠释，其后果显然是对马克思进行了一层又一层的意识形态涂抹，从而把他变成了一个可以随处标贴的意识形态符码，这样，其本身的思想精髓和学理意蕴却在无形中被不断翻新的政论言谈深深地遮蔽了②。

相对于阅读过大量文学作品、语言知识非常丰富、具有很强的批判意识的马克思和恩格斯这样令人敬佩的哲学家和思想家，马克思主义文艺理论被非历史地"原理化"了，这实际上是一种简单的"按图索骥"。可能正如马克思引用海涅骂他是应声虫时所嘲讽的那样："我播下的是龙种，而收获的却是跳蚤。"③ 更有甚者，不同时期文本的异质性也一再被忽略，成了完全同质的、可以任意援引的"语录堆砌体"。

但是，如果马克思主义不是巨大的思想宝库，那又遑论"回到马克思"？必须承认，马克思是人类历史上罕见的思想巨人，他看待问题的角

　　① 子舒：《〈部队文艺座谈会纪要〉产生的内幕》，《党史天地》2001 年第 9 期。1966 年 2 月 2 日至 20 日，江青在上海召集解放军的 4 个人，就部队文艺工作问题进行座谈。会后，由张春桥、陈伯达参加，写了一个《林彪同志委托江青同志召开的部队文艺座谈会纪要》。不久，中央批准了这个《纪要》。《纪要》是林彪、江青相互勾结、阴谋破坏文艺战线，进而夺权的开始。

　　② 郄戈：《未来不能没有马克思——〈读书〉杂志中的马克思形象》，《读书》专题研究，师力斌等著。

　　③ 《马克思恩格斯全集》第 37 卷，人民出版社 1971 年版，第 446—447 页。

度和方法超凡脱俗，迥异前人，很少有人企及①。直到现在，世界人民还是承认他在人类思想史上的重要地位，几年前英国广播公司在对前1000年最有影响的世界名人排队进行的民意测验中，还把马克思评为"千年最伟大的思想家"。巴枯宁在与马克思决裂并激烈攻击马克思时，也不得不承认："马克思是一个很有智慧的人，此外，他还是一个渊博的学者。他是一个有根底的国民经济学家。""马克思热情地忠实于无产阶级事业，——他把自己的一生完全献给了这个事业。"②

让我们看看1835年10月15日—1836年8月22日马克思在波恩大学和1836年10月22日—1841年3月30日马克思在柏林大学学习的课程及老师评语。上述两个时期，马克思学习了《法学全书》、《法学阶梯》、《希腊罗马神话》、《荷马问题》、《德意志法史》、《教会法》、《逻辑学》、《人类学》、《普鲁士邦法》等23门课程，各位老师的评语是"十分勤勉和用心"或"十分勤勉和经常用心"或"极为勤勉和用心"或"勤勉和用心"或"极其勤勉"或"勤勉"。③

仅以阅读引文为例，马克思一生博览群书，旁征博引数以万计。当人们在喝红葡萄酒和香槟的时候，恩格斯"抛弃社交活动和宴会"，拼命读书，"和普通的工人交往"，进行调查研究，于是他也成了与马克思并肩的伟大的无产阶级革命导师。两人分别于30岁和28岁时就合写出了《共产党宣言》这一国际工人运动的纲领性文件④。

我们要研究和理解马克思主义文艺理论，光是记住马克思主义基本原理或局限于片断式的论述是远远不够的，我们还需要知道马克思和恩格斯的知识背景以及他们的思想、感情形成的过程。马克思关注金钱的作用，关注高利贷，如巴尔扎克的小说《农民》。马克思从这部19世纪的法国小说里读出很多经济学的、民众心理的内容来。马克思熟读莎士比亚的作品，大段引用过《雅典的泰门》里面对于金钱的描写⑤。马克思对高利

---

①　张广照、李敬革：《"现实本身应当力求趋向思想"——坚持和发展马克思主义的方法论思考》，2009年1月13日，人民网。

②　巴枯宁：《我和马克思的私人关系（巴枯宁言论）》，生活·读书·新知三联书店1978年版。

③　李慎明：《自信人生幸福来》，《光明日报》2011年9月15日。

④　同上。

⑤　陆建德：《回到马克思时代才能更好理解马克思文论》，2011年8月10日中国社会科学网。

贷、对金钱的扭曲人性的作用的批判，部分来自他对犹太问题的分析。马克思作为犹太人的后裔，善于反思，如莎士比亚的《威尼斯商人》主人翁就是高利贷者。所以马克思对高利贷有非常深切的感受，由此引发出来他对资本主义的批判。

过去我们在研究马克思原著时始终处于被"喂养"状态①，中国读者并没有对第一手文献经过自己认真深入的解读，形成我们自己独立的、具有原创性的见解，并在此基础上与马克思达到历史语境上的特定交融。即使如此，以不同的话语、不同的阅读方式面对相同的文本，其解读结果都可能会是千差万别的。还原到我们这里的文学理论研究语境，即以不同的解读方式面对马克思的文本，也会产生截然不同的理论图景。通过翻译阅读马克思的著作，会有一定距离。如果用外文，如英文、德文阅读，距离就会相对小一点②。

人们愈来愈认识到，流行了几十年的对马克思主义的既有叙述，包括写进教科书的那些原理，许多已落后于时代了，有些甚至不符合马克思主义的本意和马克思的原意③，而是斯大林版本的马克思主义。这一问题长期萦绕在邓小平的脑海里。1984 年在会见日本客人时，他指出："什么是社会主义，什么是马克思主义？我们过去对这个问题的认识不是完全清醒的。"④ 第二年，在会见津巴布韦政府总理穆加贝时，邓小平又表达了同样的思想，谈到："社会主义是什么，马克思主义是什么，过去我们并没有完全搞清楚。"⑤ 1989 年，在会见苏共中央总书记戈尔巴乔夫时，他再一次提到："多年来，存在一个对马克思主义、社会主义的理解问题……在变化的条件下，如何认识和发展马克思主义，没有搞清楚。"⑥

反观我们的理论研究，有的很熟悉马克思主义经典，但由于过去的历

---

① 我们国家的马克思主义经典文献的翻译完全依赖前苏东马列编译局的前期工作，从早期的马列主义文选到后来的《马克思恩格斯全集》、《列宁全集》（第 1—2 版）和《斯大林全集》，无一例外。这项工作倒没有受到意识形态冲突的影响。在原著研究方面的情况就更是如此。一句话，前苏东的传统教科书解释构架是我们原著研究唯一的制约性前设。

② 接受美学、文艺阐释学、现象学、读者反应理论、传播学、媒介学、心理学、活动论以及有关自然科学信息论对文艺学的渗透，使读者论研究得以改进。

③ 何伟：《我学的不是马克思主义》，《炎黄春秋》2012 年第 1 期。

④ 《邓小平文选》第 3 卷，人民出版社 1993 年版，第 63 页。

⑤ 同上书，第 137 页。

⑥ 同上书，第 291 页。

史条件对于马恩的某些前瞻性论述缺乏了解和研究，对苏联和我们自己理论工作中的不足及其教训也缺少深刻反省；有的则人云亦云，不是照抄前人教科书的论断，就是照搬西方的见解，恰恰对马恩的文本不作深入的研究。至于有的年轻学人只读过几本马恩著作，未能把握其全貌的情况更是十分突出①。这种做法在马克思主义文艺理论研究方面也司空见惯。

要"回到马克思"，就不能不回到一个真实的马克思本人。马克思主义是马克思和他的"第二个我"恩格斯，特别是马克思本人的思想、观点、理论、情感、意志的体现②。因此，人们在评论马克思主义时，不管赞成、反对，都要对马克思本人做出评价。今天，在这样一个全球资本主义体系吞噬民族认同的时代，一个经济利益、消费体系淹没思想、激情和理想的时代，一个迫切需要社会改革和文化创新的时代，在资本主义金融危机和欧债危机的时代，在对马克思思想精髓的理解上，马克思的形象不断被"人道主义化"，而且越来越被赋予了"批判精神"和"理想主义"。其次，在对马克思思想本身的定位上，马克思的形象被不断地"脱意识形态化"、"学术化"以至"知识分子化"，马克思由"意识形态的学理化身"逐步地被改写为一种"公共知识分子的理想原型"。最后，从马克思哲学研究与其他哲学门类的关系来看，马克思哲学也由一支独秀，逐渐被边缘化。但近期内，它又逐步在各种话语并存、多元竞争、互相融合的潮流中重获生机③。2011 年 4 月，耶鲁大学出版社出版了特里·伊格尔顿的新著《马克思为什么是对的》，令人关注，发人深思。

二 "回到马克思阅读过的作品"

马克思主义创始人马克思和恩格斯对待文艺问题的态度是艺术本位主义，即始终结合文艺本身的本质、特征和规律来谈论文艺问题，即使要求文艺配合革命运动和政治斗争，也要保持文艺自身所固有的独立自主性，也就是文艺之所以成为文艺的东西，而不是抹煞或改变这些东西。但是到

① 李君如：《为什么要重新讨论马克思"是对的"？》，《人民日报》2011 年 12 月 13 日。
② 孙凤武：《"回到马克思"新论——对马克思主义理论的历史定位和框架调整》，《爱思想网》2008 年 2 月 19 日。
③ 郗戈：《未来不能没有马克思——〈读书〉杂志中的马克思形象》，《读书》专题研究，师力斌等著。

了后来，政治功利主义代替了这种艺术本位主义。

在当代哲学史上，胡塞尔曾以"回到事情本身"作为现象学的重要理论入口。而后来这一阐释学意义上的"回到"，又成为海德格尔通过回到苏格拉底以前所谓"思之本真性"重写当代思想史的开端①。其实，任何"回到"都只能是一种历史视域的整合。同样，"回到马克思"中的这种"返本"也不是出于"崇尚经典"、"退回到马克思的原典上"，而是要摆脱对教条体制合法性的预设，通过解读文本，以造就新的阅读体验和感受。这也是中国人过去所说的"考镜源流"、"返本开新"。陈寅恪先生说："凡著中国哲学史者，其对于古人之说，应具了解之同情，方可下笔。""今日之谈中国古代哲学者，大抵即谈今日自身之哲学者也；所著之中国哲学史者，即其今日自身之哲学史者也。其言论愈有条理统系，则去古人学说之真相愈远"。② 陈先生虽然谈的是治古代哲学史的一个重要原则，但就方法论来讲与"回到马克思文本"是相通的。

那么什么是马克思主义文本？"马克思'文本'的'所指'是有它的当时当地语境的专属和特指，因今日时空的变化，其得出的具体结论会过时，但马克思'文本'的'所指'是开放的，其世界观和方法论的基本精神是永存的。"③ 那么马克思主义文本包括哪些方面呢？一是他们阅读过的大量文稿和著作；二是读书摘录笔记与记事笔记；三是未完成的手稿和书信；四是已经完成的论著和公开发表的文献④。事实上，恰恰是第一、二类文本，才更加真实地展现了马克思思想发展和变革的心路历程和源起性语境。

"回到马克思"，卢卡奇寻找马克思哲学中最基础、最重要的东西，并以此为出发点来研究社会存在⑤；他对马克思主义文化与文艺理论问题进行了多重维度的研究，提出了一些重要的文艺理论与美学命题，具有开创性。卢卡奇无疑是 20 世纪最有影响的思想家之一，他在马克思主义理

---

① 张一兵：《"回到马克思"的原初理论语境》，《哲学在线》2004 年 12 月 1 日。

② 陈寅恪：《冯友兰〈中国哲学史〉上册审查报告》，冯友兰《中国哲学史》上册，1930年版。

③ 章仁彪：《"全球—本土化"：马克思主义中国化与时代性——"全球化"语境下的马克思主义理论学科建设》，《思想理论教育》2010 年第 5 期。

④ 张一兵：《回到马克思"的原初理论语境》，《哲学在线》2004 年 12 月 1 日。

⑤ 杨建梓：《"回到马克思"与"发展马克思"——卢卡奇回归马克思的历程》，《中共山西省委党校学报》2002 年 12 月 21 日。

论研究方面做出了不可磨灭的贡献。

从马克思对哲学、政治、历史、经济文采飞扬的表述中，我们可以这样认为，文学知识在很多方面来讲与哲学的知识一样重要。另外一点，更因为文学的知识是具体的，可能无形中对读者的影响力、感染力会更强烈，正如我们大家耳熟能详的《共产党宣言》引言"一个幽灵，共产主义的幽灵，在欧洲大陆徘徊。为了对这个幽灵进行神圣的围剿，旧欧洲的一切势力，教皇和沙皇、梅特涅和基佐、法国的激进派和德国的警察，都联合起来了"，产生了"国际悲歌歌一曲，狂飙为我从天落"般席卷全球的影响。这同《宣言》的深刻思想、活泼文风、优美语言密切相关。170 年来，《宣言》被翻译成 200 多种语言，出版了数千个版本，成为全世界发行量最大、传播最广的经典著作，它不仅是革命理论经典，也是世界文学经典。

中国的马克思主义者毛泽东也一样，他的许多哲学文章、讲话稿和电文，例如，《矛盾论》、《实践论》等，同时也是读者喜闻乐见、广为流传的文学作品。尤其是 1942 年毛泽东所作的《在延安文艺座谈会上的讲话》，其对马克思主义文艺理论发展的伟大意义，是大家所公认的。它是马克思主义文艺理论与中国革命文艺实践相结合的最重要的成果，也是马克思主义文艺理论发展划时代的经典文献，更是我党在新中国成立后文艺政策的理论基础和思想指导，这正是我们理解马克思主义文艺理论的典范和榜样。几十年来，歌剧《白毛女》、《黄河大合唱》、民歌《东方红》、《十绣金匾》、小说《太阳照在桑干河上》等延安时期创作的许多文艺经典在今天依然有着强大的生命力。

然而，就是在这篇光芒四射的马克思主义文献《讲话》中也存在着对马列原著的误解之处。胡乔木在 1981 年 8 月 8 日中共中央召开的思想战线问题座谈上的发言中提到："对毛泽东的文艺思想也要采取科学的分析态度。我们不能用'句句是真理'或者'够用一辈子'那样的态度来对待。"[①] 在 1982 年 6 月召开的中国文联四届二次全会上，与会人员都收到了列宁著作《党的组织和党的出版物》的新译文和由中共中央编译局列宁斯大林著作编译室写的一篇《〈党的组织和党的出版物〉的中译文为什么需要修改？》。胡乔木再次强调过去把列宁的这篇著作翻译成《党的组织和党的文学》是翻译错了，而 Literrature 这个词并不是在任何时候都

---

① 丁晓平：《中共中央第一支笔》，中国青年出版社 2011 年版，第 462 页。

应该翻译成"文学"，在这篇著作中应该翻译为"出版物"。为什么中共中央和胡乔木如此强调这个误译？胡乔木在《回忆毛泽东》中专门就"文艺与政治"指出："关于文艺从属于政治的问题，讲话有它的局限性。这个问题不仅仅是属于讲话本身的问题。列宁的《党的组织和党的文学》讲了一个齿轮和螺丝钉的比喻。当时《解放日报》登的这篇文章，是博古翻译的。Literrature，很容易译成文学，但 Literrature 的意义很多，我反复看原文，认为不能译成文学。齿轮和螺丝钉不是指文学，是很明显的。"①《讲话》的这一瑕疵，也提醒我们，即使是革命导师对马列原著的理解，也要正确理解。马克思是德国人，列宁是俄国人，中国人必须经过翻译来学习他们的理论，而翻译本身则有一个是否可靠准确的问题。

马克思、恩格斯、列宁和毛泽东都读过许多文艺作品，并撰写过评论。如马恩对拉萨尔的历史剧《济金根》的评论，对欧仁·苏的《巴黎的秘密》的评论，对敏娜·考茨基和玛·哈克纳斯的小说创作的评论等②。列宁也有对列夫·托尔斯泰等作家作品的评论。毛泽东对唐诗宋词，对《水浒传》、《金瓶梅》和《红楼梦》都有精辟的评论。他对鲁迅的评论更具经典性。他们的评论，既谈自己对作品的鉴赏感受，也分析作品的思想内容与艺术形式。恩格斯所提出的美学的和历史的批评标准，毛泽东所提出的政治标准与艺术标准，实际上都包含了真善美的因素。

马克思、恩格斯不仅肯定和赞扬欧洲许多伟大作家作品中的政治倾向性，而且高度赞扬英国工人运动中的诗歌和德国的社会主义诗人，并要求作家描写"叱咤风云的无产阶级革命者"。列宁也热情称赞过鲍狄埃的《国际歌》等对鼓舞革命起重大作用的作品。

真正的马克思主义提倡对鲜活的历史现象、对当前的社会文本作深入的调查和了解。马克思当年在做经济基础决定上层建筑这样的推论时，对他所面临的历史和生活的复杂性做了深入和透彻的掌握就是一例。在阅读巴尔扎克的作品时，恩格斯称赞巴尔扎克的作品"汇集了法国社会的全部历史"，并说，他从"甚至在经济细节方面，（如革命以后动产和不动产的重新分配）所学到的东西，也要比从当时所有职业的历史学家、经济学家和统计学家那里学到的全部东西还要多"。这就不是一般地谈论作

---

① 丁晓平：《中共中央第一支笔》，中国青年出版社 2011 年第 1 版，第 464 页。
② 张炯：《马克思主义文艺理论及其面临的挑战》，《文艺报》2009 年 5 月 23 日。

品的认识意义，而且认为，文艺作品还具有历史学、经济学和统计学等方面的认识价值。毛泽东说文艺作品可以起伟大作用于政治，这也超出了一般所说的真善美的意义。

曾有人对文艺是否属于上层建筑意识形态提出质疑，马克思在《路易·波拿巴的雾月十八日》中所说的一段话很说明问题①。他说："在不同的所有制形式上，在生存的社会条件上，耸立着由各种不同情感、幻想、思想方式和世界观构成的整个上层建筑。"文学艺术正是借助想象和幻想以表现情感和思想的，包括世界观的意识形态的形式。

可惜这一方法论被一些作家和学者忽视了，这也可以说是我们这个伟大时代没有产生伟大的作家和文论家的原因之一。当前一些人的学风文风存在比较严重的问题，特别是不读马克思主义经典原著，企图走捷径，想仅靠读别人的讲话、文章或辅导材料来学习马克思主义等。这样不仅不可靠，还有可能在重大理论问题上出现迷惑和动摇。

研读经典文本需要我们做到"走进来"和"走出去"。"走进来"即读懂经典文本本身，知道经典作家写这篇文献的历史背景、写作目的和现实意义等；"走出去"即学会提炼和概括，掌握经典作家的世界观和方法论及其基本立场，并且学会用正确的立场、世界观和方法论来看待现代的问题，理论联系实际，用掌握的马克思主义立场、观点和方法来解决现实问题。

近来，中央反复强调要认真阅读马克思主义经典著作，意义深远。"要弄清楚什么是马克思主义，仅仅阅读教材或二三手资料显然是不行的，唯一有效的办法就是原原本本地精心研读马克思主义经典作家的原著，从原著圣殿里去探寻大师本人的思想。"② 正如毛泽东指出的那样："马克思列宁主义是科学，科学是老老实实的学问，任何一点调皮都是不行的。我们还是老实一点吧！"③

三　"回到马克思的最初文本"

加强对马克思主义经典著作文本的学习，是搞清楚什么是马克思主义

---

① 张炯：《马克思主义文艺理论及其面临的挑战》，《文艺报》2009年5月23日。
② 秦宣：《认真钻研原著提升学习研究马克思主义的能力》，《光明日报》2010年1月13日。
③ 《毛泽东选集》第3卷，人民出版社1991年版，第798页。

的起点。在理解马克思主义文论上，我们需要先回到马克思所阅读的文学作品，再需要回到马克思的最初文本，才能更好理解他的文艺理论。如何在解读时把即兴语言、具体论断和基本原理区分开来，是在"回到马克思"的过程中，必然要碰到的一个问题。只有其中的基本原理，才是马克思主义的真谛。

马克思主义的立场、观点和方法蕴含在经典文本之中，认真学习马克思主义，就是要回到原著中，读经典文献，这是领会马克思主义精神实质、世界观和方法论的重要途径，是马克思主义中国化的主体自觉。我们应坚持以马克思主义经典文本为依据，"回到马克思"，以实事求是的理解、解释来透析和把握马克思主义的基本思想、精神实质、观点方法。同时，通过"理论家共同体"的作用，即通过各种对马克思主义文论经典文本的不同理解、解释之间的交流、讨论去寻求马克思主义文论的统一的精神实质，重新拿起"批判的武器"，重视对现代以来中国马克思主义文论实践的研究，承担起"开新"——理论创新的使命。正如毛泽东指出："马克思这些老祖宗的书，必须读，他们的基本原理必须遵守，这是第一。但是，任何国家的共产党，任何国家的思想界，都要创造新的理论，写出新的著作，产生自己的理论家，来为当前的政治服务，单靠老祖宗是不行的。"[①] 毛泽东思想和中国特色社会主义理论体系既是对马克思主义的继承，也是对马克思主义的发展与创新。

正如马克思所说："光是思想竭力体现为现实是不够的，现实本身应当力求趋向思想。"[②] "哲学家们只是用不同的方式解释世界，而问题在于改变世界。""回到马克思"的根本目的，在于正确地面对现实，即科学地解释现实和合理地改变现实。因而，这里的"回到"，就应当是"超越"。这就要认真研究和把握现时代的特征，并在此基础上进行理论创新[③]。

恩格斯在《在马克思墓前的讲话》中说："正像达尔文发现有机界的发展规律一样，马克思发现了人类历史的发展规律，即历来为纷繁芜杂的

---

① 毛泽东：《毛泽东文集》第8卷，人民出版社1999年版，第109页。

② 《马克思恩格斯选集》第1卷，人民出版社1995年版，第10页。

③ 张广照：《"改变世界"哲学与"解释世界"哲学的根本对立——马克思"问题在于改变世界"论断新解》，《中国社会科学（内部文稿）》2011年第4期，中国社会科学网2011年9月21日。

意识形态所掩盖着的一个简单事实：人们首先必须吃、喝、住、穿，然后才能从事政治、科学、艺术、宗教等等；所以，直接的物质的生活资料的生产，从而一个民族或一个时代的一定的经济发展阶段，便构成基础，人们的国家设施、法的观点、艺术以至宗教观念，就是从这个基础上发展起来的。因而，也必须由这个基础来解释，而不是像过去那样做得相反。不仅如此，马克思还发现了现代资本主义生产方式和它所产生的资产阶级社会的特殊的运动规律。由于剩余价值的发现，这里就豁然开朗了，而先前无论资产阶级经济学家或社会主义批评家所做的一切都只是在黑暗中摸索。"恩格斯对马克思贡献的总结同样让我们深刻理解马克思对马克思主义文艺理论的重要贡献，这也是我们新时期马克思主义文艺工作者所要努力的方向，否则，"我们所做的一切都只是在黑暗中摸索"。

例如，对于唯物主义历史观的基本原理，人们公认马克思在1859年发表的《政治经济学批判》序言的那段表述是经典的，但它只是突出了"物质生活的生产方式制约着整个社会生活、政治生活的过程"，即经济基础决定上层建筑这一个方面，而没有讲到上层建筑对经济基础的反作用这另一个方面。恩格斯晚年注意到了这一点，多次论及这种"反作用"，以及经济、政治、文化等诸多因素之间的交互作用，并且坦率地承认："青年们有时过分看重经济方面，这有一部分是马克思和我应当负责的。"后来的马克思主义者对这种"交互作用"也做过许多发挥。

由于马克思晚年的两部笔记即《人类学笔记》和《历史学笔记》越来越为人们所重视，引起人们对晚年马克思的重新探讨。他的《人类学笔记》和《历史学笔记》所体现出来的革命反思精神、视角的转换和方法的开拓，显然是要拓宽唯物主义的现实基础，为唯物史观寻求更为坚实有力的证据。所以，回到马克思，并不是向后看，而是还马克思主义以本来面目，进一步发展马克思主义。

马克思的《人类学笔记》和《历史学笔记》不但不是他"困惑"的表现，反而是证明他作为伟大革命家和学者，具有清醒的现实主义的可贵品格，其中起码有两点给我们深深的启迪，一是他的革命反思精神，一是他的研究方法的开拓[①]。至于《人类学笔记》和《历史学笔记》中所包含的有关美和文艺的内容，诸如关于文艺的起源、关于想象力的产生和作

---

① 李思孝：《回到马克思——马列文论学习札记》，《文艺研究》1997年第1期。

用、关于典型性格、关于符号的功能、关于人的异化等等，也是很丰富的，可惜迄今为止几乎还是一块尚未开垦的处女地，需要我们认真地去加以发掘和探研。

例如，文艺对人有什么用，以及为什么人所用。马克思主义经典作家是从更全面的视角去看文艺的功能与价值的。他们都肯定文艺的真、善、美的价值和作用。马克思、恩格斯在评论拉萨尔的历史剧《济金根》时就既论到历史的真实性和形象塑造、情节设计、语言运用等方面的审美性，还谈到思想内容方面的问题。

"回到马克思"之后就会看到，马克思主义在诸多社会思想理论中，属于变革型，并具有很高程度的真理性。但它同任何其他科学理论一样，都不可避免地具有局限性，而这又是与真理本身的特性直接相关的。对于当代中国的马克思主义者来说，在调整马克思主义的叙述框架中，以开放的心态，敢于并善于兼容并包，从非马克思主义乃至反马克思主义的社会思想理论中，汲取营养，是符合马克思主义开放包容的科学理论体系这一本性的。如著名历史学家黄宗智教授所言："历史探究要求在经验与概念之间不断地循环往复，这个过程中，理论的用处就在于帮助一个人在证据与观点之间形成他自己的联系。理论也许是我们的刺激、陪衬或指南，它从来都不应当成为现成的答案。"

也就是说，研读马克思主义经典著作、西方马克思主义著作、西方的文艺理论并不意味着将其简单套用于对中国文艺的分析和评论，往往需要根据中国的文艺实践和具体国情来作出解释和创新。忽视对文本的系统解读必然导致理论的偏差乃至实践的失败，进而也不能有效地解决时代课题。"如果不学原著，我们的理论研究和思想宣传工作，就会成为'无源之水'、'无本之木'，从而失去深厚的根基，偏离正确的轨道。"① 经典文献的价值不仅能在特定的历史条件下提出新的理论观点或者纠正错误的思想，更能在新的时代条件下给当代马克思主义者以重要的启示。

四　返本开新

新中国 60 多年的文艺理论经历了两个不同时期，既有联系，又各不

---

① 秦宣：《认真钻研原著提升学习研究马克思主义的能力》，《光明日报》2010 年 1 月 13日。

相同。前 30 年的文学理论又可分为两个阶段，新中国成立后 17 年和"文革" 10 年及以后的几年。新中国成立后，全国形势发生了很大的变化，但政治思想路线未能适当调整，反而形成了愈来愈激烈的以阶级斗争为纲的政治思想路线，致使在文艺方针上不断贯彻愈来愈"左"的政策，使得各种文艺理论问题都变成了政治问题，也使文艺等同于政治。在意识到了文艺政策思想的偏颇，提出各种措施、方针企图进行调整，文艺理论问题的讨论有所进展之后，又立刻为更"左"的文艺口号和政治运动所替代，把文艺理论中的各种问题当成反党、反社会主义问题进行挞伐，最后把诸多文艺理论问题陷构为"向无产阶级专了政的资产阶级文艺黑线"，而进入后 10 多年的"文革"大批判。美国学者默尔·戈德曼曾专门写过《共产主义中国的异己文学》① 一书，对胡风、冯雪峰、丁玲等遭遇批判的个人作专门论述。总体看来，"十七年文学"中几乎所有重要的文学思潮或运动，如关于俞平伯、冯雪峰、胡风的批判运动，"百花"运动，"反右派"运动，人道主义批判运动，"三家村"现象等，都受到美英知识分子的关注和评说②。1949—1966 年，美英论者站在西方政治意识形态话语立场上，将中国"十七年文学"视为政治文学，政治因素的主导致使他们的解读在相当的程度上变为一种政治化误读。

后 30 年第一阶段以 1970 年代末思想解放运动为起点，国家的重心转向经济建设，文艺政策得到自上而下的相应调整，不再提"文艺从属于政治"，从而使文艺生产力大体上获得解放。第二阶段内文艺理论经历了拨乱反正、重新学习的阶段，同时结合文学创作实践，在现代文论的基础上，不断借鉴中外文论思想，提出新问题，探讨新问题。在第三个阶段内，在马克思主义文论、基础理论研究方面，在新的文艺理论学科形成方面，都取得了前所未有的重大成绩，开始形成有中国特色的文艺理论话语，逐步走向世界③。总的说来，17 年以及 10 年"文革"文艺理论为政治诉求所主导，新时期文艺理论为审美诉求所主导，90 年代初到新世纪

---

① D. W. Fokkema, *Literary Doctrine in China and Soviet Influence*, 1956—60, Hague: Mouton, 1965.

② 方长安、纪海龙：《1949—1966 年美英解读中国"十七年文学"的思想逻辑》，《河北学刊》2010 年第 3 期。

③ 钱中文、吴子林：《新中国文学理论六十年》（上），《社会科学战线》（长春）2010 年第 3 期。

文艺理论为文化诉求所主导。这三个理想诉求的嬗变，勾勒出共和国 60 年文艺理论清晰的发展轨迹。

　　改革开放以来，广大文艺理论工作者在努力研究、阐释和传播马克思主义经典作家的著作方面，做了大量的工作。新出版了陆梅林编选的《马克思恩格斯论文学与艺术》，李准、丁振海主编的《毛泽东文艺思想全书》，还有文化部文学艺术研究院、中国作家协会先后编选的《周恩来论文艺》、《邓小平论文学艺术》等。还出版了《马克思主义文艺学大辞典》和陈辽著《马克思主义文艺思想史稿》、吕德申主编《马克思主义文艺理论发展史》和王善忠主编《马克思主义美学思想史》、李衍柱等著的《毛泽东文艺思想概论》、董学文等著的《论邓小平的文艺思想》、何志钧著的《马克思主义文艺学：从经典到当代》等著作。许多学者如陆贵山、钱中文、童庆炳等在坚持马克思主义基本原理的同时，比较充分地借鉴、吸取和参照了 20 世纪以来西方新的文学理论著作，使文学基本理论的研究出现新的建构与观点。例如钱中文的《现实主义和现代主义》①，董学文的《论马克思主义文艺观与庸俗社会学的区别》②。党的十六大以来，以胡锦涛为总书记的党中央，从推进中国特色社会主义伟大事业全局的高度，作出了实施马克思主义理论研究和建设工程的重大战略决策。2004年 1 月，中央下发了关于实施马克思主义理论研究和建设工程的意见，由中宣部、教育部等主管单位精心组织实施。2010 年，高等教育出版社与人民出版社联合推出了马克思主义理论研究和建设工程重点教材《文学理论》③，集中地体现了马克思主义文艺理论中国化的新成果。该教材是党中央推进马克思主义中国化的重大举措，课题组历时 5 年精心打磨，经马克思主义理论研究和建设工程咨询委员会多次审议，中央政治局常委会审批通过。与当年的《文学概论》相比，具有空前强大的编写阵容，课题组首席专家有北京师范大学童庆炳、中国文联原副主席李准、中国作家协会副主席陈建功、中国社会科学院文学所所长杨义，课题组成员有中国文联副主席仲呈祥、中宣部文艺局局长杨志今、人民日报文艺部主任郭运德、中国社科院文学所原所长张炯、中国人民大学陆贵山、北京大学董学

----

① 钱中文：《现实主义和现代主义》，人民文学出版社 1987 年版，第 74 页。

② 董学文：《论马克思主义文艺观与庸俗社会学的区别》，《文艺报》1987 年 3 月 7 日。

③ 《文学理论》，高等教育出版社 2010 年版。

文、复旦大学朱立元、华中师范大学王先霈、北京师范大学王一川、四川大学冯宪光、中国社科院文学所钱中文。这部教材坚持以马克思主义为指导，充分吸收了马克思主义中国化以及文学研究的最新成果，对马克思主义文艺理论进行了新的拓展与深化，是一部集思想性、学术性和艺术性为一体，适应时代要求，符合中国国情的文学理论教材①。

粉碎"四人帮"以后，文艺创作开始复苏，文学理论也开始摆脱以往的精神桎梏，寻求拨乱反正的取向和路径。人们对将文学创作仅仅当成政治传声筒和阶级斗争工具的做法持鲜明的否定态度，力求以审美取向为核心来重新建构和整合文学理论，他们充分施展学术创造力和理论建构力，将"审美"概念的涵盖性、黏结性发挥得淋漓尽致。

作为视美学为文艺理论的美学家，朱光潜 1979 年在《文艺研究》发表的《关于人性、人道主义、人情味和共同美问题》，引发后来关于人性、人道主义、人情味、共同美、性格组合的讨论；同年在发表修改后的《西方美学史·序言》中，他摘引了马、恩的有关原话和毛泽东《新民主主义论》中的著名论断，批评了斯大林《马克思主义与语言学问题》把上层建筑与意识形态混为一谈的观点，强调重视文艺的独立性，把文艺从与政治、法律并列的上层建筑中解救出来，解除套在文艺上面的种种上层建筑的束缚。

尽管时间已经过去了 20 多年，80 年代却常常并不是作为"历史"而是作为"现实"，存在于当下的文学视野和历史意识之中。80 年代在现当代文学史上具有不可替代的地位：它不仅是当代"前 30 年"和"后 30 年"的联结点、转折点，也是 20 世纪中国文学各种问题、各种文学观念和写作"传统"形成紧张对话、转换的时期，是把握、思考 20 世纪中国文学进程、经验的节点②。当然，我们也不能过分夸大夏志清（《中国现代小说史》）和司马长风（《中国新文学史》）对 80 年代现代文学的启蒙主义论述确立所起的作用。

20 世纪 80 年代，西方现代文艺及其理论鱼贯而入，主体精神大为高

---

① 胡疆锋：《对马克思主义文学理论的生动诠释——谈马克思主义理论研究和建设工程重点教材〈文学理论〉的教学体会》，《光明日报》2012 年 5 月 21 日第 2 版。

② 洪子诚：《"作为方法"的"八十年代"》，《文艺研究》（京）2010 年第 2 期。

涨，现代派与现代化、主体性等问题成为人们的热门话题①。朱光潜发表
《文艺心理学》，李泽厚相继发表了《康德哲学与建立主体性论纲》、《关
于主体性的补充说明》、《第三个论纲》，提出了主体论的哲学思想。受其
影响并反响更大的是刘再复的《论文学的主体性》、《性格组合论》②、
《文学的反思》③。李泽厚的《形象思维续谈》、《再续谈》，尤其是第二
篇，提出了艺术不只是认识、情感逻辑、创作的非自觉性的思想等。李泽
厚出版《美学论集》④、刘纲纪出版《艺术哲学》⑤、金开诚发表《文艺心
理学论稿》，对自觉表象、情感活动、敏感、构思、通感、意识、潜意识
进行了研究；鲁枢元的《创作心理研究》结合当代创作实际，对创作的
感情积累、情绪记忆、心理定势、创作心境、创作冲动、心理控制、兴
味、体验进行了探索；滕守尧的《审美心理描述》对西方当代审美和文
艺心理学的了解是比较全面而又突出的，对审美心理的要素、过程、审美
经验、符号性体验、多义性与模糊体验、快乐机制、审美教育与心理成
熟、无意识等进行了有系统的评介和研究；杜书瀛的《文艺创作美学纲
要》把李泽厚构架美学的方法活用到文艺创作美学中，从审美哲学、社
会学、心理学三方面开拓了广泛的领域。更多的青年理论家已经开始从其
他方面找寻文艺的理论归宿，如文化学、哲学人类学、心理学、结构主义
和符号学、审美学等。文艺思想、历史思想、文化思想、美学思想、价值
观念、生命意识、哲学思想等纳入了文艺学的视野之中。主题学、类型
学、文化学、神话学的推行，产生了新的主题研究。无主题、无人物、无
情节，"三无"观念的提出，使人们又打开了文艺世界的另一扇窗门，促
进了人们对文艺复杂性的研讨。关于艺术规律、现代文学技巧的讨论，把
人们引向了对文艺的艺术性、工艺性的考察追踪的思理之中。形式主义、
新批评、结构主义、符号学、分解主义等西方文论带来了一些新的研究方
法，加速了文体、语言、形式的解析。创作中的文体嬗变、语言倾斜、形
式更替，更是加强了理论批评这种研究的现实基础。

---

① 张首映：《十七年文艺学格局及其在新近十年转换鸟瞰》，2011 年 3 月 17 日，人民网—
人民日报新闻研究网。

② 刘再复：《性格组合论》，上海文艺出版社 1986 年版，第 509 页。

③ 刘再复：《文学的反思》，人民文学出版社 1986 年版，第 119 页。

④ 李泽厚：《美学论集》，上海文艺出版社 1980 年版，第 577 页。

⑤ 刘纲纪：《艺术哲学》，湖北人民出版社 1986 年版，第 51、40 页。

今天，马克思主义文艺理论面临全球化条件下世界文艺多样化的挑战，包括文艺理论的多样化和文艺实践的多样化，特别是现代主义与后现代主义文艺实践及其理论的挑战。"回到马克思"，"回到马克思阅读过的作品"，"回到马克思的最初文本"，这几乎是当今所有致力于研究和探讨马克思主义哲学的人们的共同意向，同时也是我们研究马克思主义文艺理论的共同意向。邓小平说过：对于理论研究"需要根据新的丰富的事实作出新的有充分说服力的论证"，只有这样，"才能够说服那些向今天的中国寻求真理的人们"。要完成这一重大任务，"决不是改头换面地抄袭旧书本所能完成的工作，而是要费尽革命思想家心血的崇高的创造性的科学工作"①。回到马克思，在某种意义上是考镜源流、返本开新的一种手段，其最终目的是要消除教条主义的影响，还马克思主义文艺以本来面目，进行革新和创造，与时俱进，永葆青春，发展马克思主义，促进社会主义文艺和文化的大繁荣、大发展。

考镜源流，梳理和审视马克思文艺理论的研究，至少带给我们四点启迪。这就是：一要重视对马克思主义的学习，特别是对马克思、恩格斯原著的学习；二要重视对当代文艺理论的研究，在借鉴中深化对马克思主义文艺的认识；三要在新的历史条件下坚持和发展马克思主义文艺理论，进一步推进马克思主义文艺理论中国化；四要努力把马克思主义文艺理论中国化的成果，包括毛泽东文艺思想和中国特色社会主义文艺理论体系介绍给世界各国的读者。这是我们中国文艺理论工作者和社会科学传播工作者的责任。

---

① 邓小平：《坚持四项基本原则》，载《邓小平文选》第 2 卷，人民出版社 1994 年版。此文是邓小平于 1979 年 3 月 30 日在中共中央理论工作务虚会上的讲话。

读 书

我国"西方马克思主义"研究

徐崇温[*]

"西方马克思主义"研究，属于我国国外马克思主义研究的一个组成部分。然而，由于种种原因，这个方面的研究却直到 20 世纪 70 年代以后，在我国实行改革开放政策时才有所开展。在此之前，我国对国外马克思主义的研究，主要限于苏联模式的马克思主义，而且把它误认为就是马克思主义。那么，"西方马克思主义"研究在我国为什么会开展起来，这个开展的进程又是怎样的呢？这里，仅就我所参与的部分，作一些回顾性的阐述。

一 从临时性的政治任务到较长时期的研究专业

在 1977—1978 年间，胡乔木来中国社会科学院主持工作不久，就找学术情报和哲学两个研究所的领导前去领受任务，说中央某领导在出访欧洲期间，接触到一种叫"西方马克思主义"的思潮，要让中国社会科学院提供一份这方面的材料来供参考。但这两位所领导都说没有听说过这种思潮，任务没法下达。这时，正在现场的哲学所现代外国哲学研究室杜任之主任，就向乔木反映了他在我的文稿中看到过这方面信息的情况，乔木当即要我整理出一份系统反映"西方马克思主义"情况的材料。几个月后，这样的一份材料，在得到乔木的首肯后上报中央。哲学所科研处的同志为让更多的同志了解这方面的情况，就让我在哲学所小范围内作一些介绍，谁知这个信息很快传到了院外，中央联络部西欧局邀我去讲葛兰西，高教部邀我去上海、哈尔滨等地举办的高校暑期政治教师讲习班讲"西方马克思主义"，接着是全国许多高校、党校、部队院校和一些讲习班、

---

[*] 徐崇温，中国社会科学院哲学所研究员、博士生导师，中国社会科学院荣誉学部委员。

研讨班纷纷邀我去讲"西方马克思主义",这种强烈的社会需要促使我把对"西方马克思主义"的研究由临时性的政治任务转变成为我在尔后十多年内的研究专业。

从表面上看来,"西方马克思主义"研究在我国的开展具有偶然性,但在实际上,这里也有必然性。这个必然性就是把我们党的对外开放政策贯穿到精神文明建设中去,贯穿到对马克思主义的研究中去。马克思主义是一个开放的体系。在过去,马克思主义之所以赢得世界历史性意义,就是因为它在吸取和改造两千多年来人类思想和文化发展中一切有价值的东西中形成起来的。在今天,在世界发生着巨大变化,人类对自然、社会和人的思维本身的认识日益深化,并且在新的探索中,提出种种新的学说、新的思想、新的理论、新的观念的时候,研究当代各种思潮,吸取和改造其中一切有价值的东西,显然是坚持和发展马克思主义所必需。而在对当代各种思潮的研究中,对于那些研究马克思主义和社会主义思潮的考察,对于我们发展马克思主义、发展中国特色社会主义的宏伟事业来说,尤其具有特殊的意义。因为这直接有助于我们在与当代各种思潮的比较、交流和撞击中,全面准确地把握马克思主义的基本精神,破除对马克思主义的教条式理解和附加到马克思主义名义下的各种错误观点,并结合我国亿万人民在党的领导下建设社会主义现代化的伟大实践,把马克思主义、把中国特色社会主义的伟大事业推向前进。

二　《西方马克思主义》一书的出版及其社会影响

我对"西方马克思主义"的研究,在一个时期里是和讲课交叉进行的。在经过研究—讲课—再研究—再讲课的多次循环以后,我应邀于1982年在天津人民出版社出版了题为《西方马克思主义》的著作。

我对"西方马克思主义"性质的认识,也经历了一个发展过程:开始时,我曾习惯性地按照苏联模式马克思主义的观点去看这种思潮;但随着研究的逐步深入,我渐渐感到苏联模式关于它的观点,有一些是无限上纲、站不住脚的;而它批评苏联模式的观点,有一些却是事出有因、并有一定道理的。这使我认识到必须重新确立观察和评价"西方马克思主义"思潮的理论坐标:不能以苏联模式的观点为标准,而必须以马克思的新唯物主义世界观为评价指针。

在马克思的新唯物主义世界观的指引下，我觉得"西方马克思主义"是西方社会的一种左翼激进主义思潮，一方面，它的许多代表在主观上希望发展马克思主义，并确实提出了一些在马克思主义发展中有见地的见解。但由于从一开始它就用西方形形色色的唯心主义流派的精神去解释、发挥、补充和"结合"马克思主义，把不同哲学世界观的折中混合奉为指导思想，同马列主义相抗衡，这就使它同马克思主义区别开来，不能把它和马克思主义画等号，不能认为它就是马克思主义；而在另一方面，它又提出了在马克思主义的发展过程中遭到忽视乃至偏离的问题，又冲破了苏联模式教条主义的束缚，考察了当代资本主义的一些新情况和新问题，揭露和批评了苏联模式社会主义的一些缺陷和弊端。这就决定了要把它看成是在我们重新认识资本主义和社会主义、坚持和发展马克思主义时所必须认真研究和参考的思想资料。根据这样的认识，我在 1982 年发表了《西方马克思主义》这一专著。

我对"西方马克思主义"的这种看法，既区别于苏联东欧一些学者把它说成是"打着红旗反红旗的反马克思主义"的看法，又区别于西方一些新左派学者把它说成就是"马克思主义的现代化"、"当代发达资本主义社会的马克思主义"的看法。

《西方马克思主义》一书出版以后，产生了较大的社会反响：

继一些报刊发表书评积极评价本书之后，1983 年第 1 期《新华文摘》长篇摘载了该书第 1 章；

1985 年 10 月，国家教委高校文科教材办公室把它确定为高校文科教材；

1987 年第 51 期《瞭望》杂志发表中共中央党校校长高扬的《读〈西方马克思主义〉前后》一文，希望对马克思主义经典较为熟悉和鄙薄的人都来读这本书，以便进行比较和鉴别；

香港《广角镜》杂志第 126 期发表鲁凡之的文章，说本书"可以说是我所见过的最系统而完整的一本讨论西方马克思主义问题的中文著作"；

1988 年第 9 期《求是》杂志发表该刊记者的采访文章《发展马克思主义的一个重要方面——徐崇温谈我国对西方马克思主义的研究》，报道了本书对"西方马克思主义"的看法；

1988 年 12 月 5 日，英文版《中国日报》以四分之一版的篇幅，发表题为《对西方马克思主义的中国看法》的文章，把《求是》杂志的上述文章摘译成英文对外报道；

在台湾，本书被谷风出版社排成繁体字版本出版以后，又被其他一些书商多版翻印。台湾《中国论坛》杂志第 359 期发表的潘光哲的文章就此指出："在台湾，大陆的优秀作品颇能引起共鸣。当然也就造成一书数版的现象。如徐崇温的《西方马克思主义》一书曾在台北知识界带来一阵风潮，各种地下版群雄并起。"

1992 年 10 月，上海辞书出版社出版冯契主编的《哲学大辞典》，书中除设《西方马克思主义》辞条介绍这一思潮的内容外，还专设辞条介绍本书的内容，并评价本书"着重于原著的引证与重要概念的分析，既有综合性的论证，也有分析性的阐明，并以马克思主义原理为指导，该书是中共十一届三中全会以后开始研究西方马克思主义的第一批著作之一"。

1993 年 1 月 26 日，《中国青年报》发表该报记者的采访文章，说本书作者"堪称中国研究西马第一人"。

1993 年 12 月，本书获中国社会科学院 1977—1991 年首届优秀科研成果奖。

三　围绕着应该怎样认识西方马克思主义的性质所展开的讨论和论战

随着改革开放的深入发展，究竟应该怎样认识"西方马克思主义"的性质的问题，被日益频繁和迫切地提上了议事日程。

"西方马克思主义"是在第一次世界大战以后，无产阶级革命在俄国取胜而在西方却相继失败的情况下，在一些西方国家出现的一股在理论上同列宁主义相对立而又自称是马克思主义的思潮。它从理论和实践两个方面批评共产国际和苏联共产党的内外政策。在政治方面，在对现代资本主义的分析和对社会主义的展望上、在无产阶级革命的战略上，它提出了不同于列宁主义的见解；在哲学方面，它提出了不同于苏联模式对马克思主义的解释，而主张借助现代西方的一些唯心主义流派的思想去重新发现马克思原来的设计。

我国学术界开始研究"西方马克思主义"以来的历史说明，在我们党强调反对精神污染和资产阶级自由化的时候，我国学术界有一些同志就倾向于接受前苏联、东欧一些学者把"西方马克思主义"说成是"打着新马克思主义旗号的反马克思主义"的看法，从性质到作用把它说得一无是处，予以全盘否定；而当我们党强调改革开放的时候，我国学术界有一些同志就倾向于接受西方新左派学者把它说成就是"马克思主义的现代化"的看法，把它等同于马克思主义，或者鼓吹指导思想多元论，而这样那样地反对用马克思主义去评析它的思想内容。

倾向于全盘否定"西方马克思主义"的意见认为，它"在马克思主义外衣的掩盖下，贩卖资产阶级私货"，"在本质上和马克思主义相对立"，而且"从它诞生之时起，就在无产阶级革命实践中起着消极作用"，"极大地损害着进步的革命运动"。这种说法显然是不符合事实的。因为尽管"西方马克思主义"有许多错误和失误，它毕竟提出了或者重申了在马克思主义发展过程中曾经遭到忽略或者偏离的问题，考察了发达资本主义社会中出现的许多新情况、新问题，试图引进20世纪西方的理论发展作为研究日常生活微观领域的思想工具，并揭露和批评了苏联模式社会主义的一些弊端和缺陷。他们在长期的探索和研究中推出的大量理论著作，为我们从历史的比较和国际的观察中，深入研究社会主义运动中一些重大问题，并依据马克思主义的基本理论和基本方法探索解决我们面临的种种新问题，提供了极其重要的思想资料。所以，无论在性质上还是作用上，对于"西方马克思主义"都是不能全盘否定的。

然而，全盘否定"西方马克思主义"的意见，在我国学术界毕竟只占极少数，更加大量得多的意见，则是对"西方马克思主义"用西方唯心主义去"结合"马克思主义这一本质属性视而不见或者估计不足，因而竭力主张把它等同于马克思主义，或者鼓吹指导思想多元论的观点。这种意见和观点，从1988年开始，在我国引发了一场历时多年、扩展到海峡对岸的有关"西方马克思主义"的讨论和论战。

在这场讨论和论战中，有一种意见把"西方马克思主义"实行的现代西方哲学同马克思主义的"结合"，等同于马克思主义基本理论同本国实际的结合。这种意见显然是把两种不同类型的"结合"混淆起来：马克思主义基本理论同各国具体实际的结合，导致的是世界观的统一和切合各国不同具体情况的多样化发展，而现代西方哲学同马克思主义的"结合"，则并不是理论和实际的结合，而是两种不同哲学世界观的折中混合，它导致"公说公有理，婆说婆有理"的真理多元化，在我国则导致指导思想的多元化。

在这场讨论和论战中，有一种意见把"西方马克思主义"实行的这种折中混合，说成是"不把马克思主义从人类文化发展的整个氛围中孤立出来"。这显然是把马克思主义主张广泛吸取人类文化发展的一切有价值的成果同马克思主义坚持哲学的党性原则而反对折中主义这样两个相辅相成的命题割裂开来，用前者否定后者。"西方马克思主义"发展的历史说明，实行现代西方哲学同马克思主义的"结合"，并不能真正有效克服教条主义，恢复和发展马克思主义，而只能导致对马克思主义做出和教条主义方向相反的歪曲，导致指导思想的多元化。

在这场讨论和论战中，有一种意见借口在"西方马克思主义"思潮中各派观点迥异，其代表人物在不同历史时期的理论倾向也不尽相同，因而反对给"西方马克思主义"笼统定性。然而，在事实上，"西方马克思主义"各派之间的差异性，同一个代表人物前后不同的倾向性等具体情节，并没有改变"西方马克思主义"各派、各种不同倾向都用西方的唯心主义流派的精神去解释、发挥、补充和"结合"马克思主义的这个共性，而正是这个共性在决定着我们不能在"西方马克思主义"和马克思主义之间画上等号。

在这场讨论和论战中，有一种意见把葛兰西和卢卡奇的实践哲学同马克思的实践唯物主义等同起来，以此作为在"西方马克思主义"和马克思主义之间画上等号的根据。这种说法是不符合事实的。事实是：由于葛兰西、卢卡奇都用黑格尔—新黑格尔主义去解释、发挥、补充、"结合"马克思的实践观，这就使他们的实践哲学不能不成为一种不同于马克思的实践唯物主义的东西。

在《狱中札记》中，葛兰西认为，在马克思逝世以后，以普列汉诺夫为代表的正统派企图把马克思主义和传统唯物主义结合起来，第二国际的修正主义者则回到了康德主义。这样，马克思在关于费尔巴哈的第一条提纲中批判的唯物主义和唯心主义彼此片面的立场就又重现了，因而在马克思主义发展的更高水平上进行综合仍然是必要的。葛兰西提出了高扬实践、恢复马克思强调实践作用的哲学世界观的方案，这无疑是值得肯定的一件很有意义的重大事情。然而，在实际上，葛兰西高扬实践的动机却表现为主张把自然包括在人类历史之下，把它归结为被人所支配和利用的对象，把客观事物融解于人的实践中，强调要从人同自然的关系上去认识客观实在和物质，并把马克思主义解释成一种认为外部自然界依存于人、依存于人的实践，是实践内部的对立统一性中的一方的唯实践主义。据此他说"实践哲学是绝对的历史主义，绝对的世俗化和思想的世俗性，一种历史的绝对的人道主义。人们必须沿着这条路线追踪新世界观的线索"。

卢卡奇则在《历史和阶级意识》一书中，提出"自然是一个社会范畴"，意识即实践，"意识的行为就推翻着它的对象的客观形式"，以及把实验和工业排除在外的观点。卢卡奇提出和重申自然是一个社会范畴，无疑有一定的积极意义。但由于卢卡奇的这个命题在集中注意力于考察作为物化劳动的"第二自然"的时候，忘记了去考察"第一自然"在人类生活中的作用，在力求解决自然和历史的两分法的时候，干脆忘却了自然，在要求废除主观和客观的两分法时，完全否认了客观性的要求，这就使卢卡奇陷入和实证主义唯物主义方向相反的、浪漫主义反自然主义的泥潭中去了。而把意识本身说成就是能改变对象的实践，那就更加唯心了。

正因为这样，葛兰西和卢卡奇就没有能够像他们在主观上所希望的那样，纠正机械唯物主义和新康德主义对于马克思哲学世界观所作的歪曲，恢复和发展马克思的实践观，而是对马克思的实践观作了一个和机械唯物主义、新康德主义方向相反的歪曲。事情正如卢卡奇在 1971 年会见英国《新左派评论》记者时所说的那样："在 20 世纪 20 年代，柯尔施、葛兰西和我曾经企图以不同的方式解决第二国际遗留下来的社会必然性和对它的机械解释的问题。我们继承了这个问题，但是我们谁也没有解决掉它，葛兰西也许是我们三个人中最好的一个，但是他也未能解决它。我们都错了，今天如果搬出那个时期的著作，说它们在今天正确，那会是完全错误的。"对于我国的那些竭力把"西方马克思主义"等同于马克思主义，特别对于那些鼓吹"要想研究 20 世纪的马克思主义，要想发展今天的马克思主义，就不能不去深入研究卢卡奇的思想"，认为卢卡奇所"开辟的道路就是我们理论工作者今天正在进行的改革之路"的同志来说，重温卢卡奇的这些经验之谈，重温"西方马克思主义"发展历史上的这一段经验教训，无疑能帮助我们清醒头脑、辨明方向，因而是有重大意义的。

在这场讨论和论战中，为了把"西方马克思主义"等同于马克思主义，有一种意见认为，在其创始阶段，"西方马克思主义"只是在回答西欧革命道路的战略、策略，乃至理论的侧重点上不同于列宁，而这是由东、西方具体条件不同、文化背景不同所造成的，所以，不应把它同马列主义对立起来，而应把它看作是对列宁主义的必要补充。这种说法是不符合客观事实的。以柯尔施的《马克思主义和哲学》一书为例，他在其中把列宁主义同考茨基的新老正统派当作一方，以卢卡奇和柯尔施自己为代表的"今天的无产阶级运动中一切批判的和进步的理论趋向"作为另一方，在"一切主要的和决定性的问题上"明确划分开来和对立起来；他宣称列宁还是一个黑格尔派，而否认唯物主义和唯心主义是两条根本不同的哲学路线；他指责列宁坚持马克思主义的唯物主义路线，就是回到关于思维和存在、精神和物质的绝对两极性，使唯物和唯心的整个辩论倒退到康德、黑格尔的德国唯心主义哲学已经超越的历史舞台上去；他指责列宁坚持反映论就是摧毁了存在和意识、理论和实践的辨证的相互关系，用倒退的方式修正马克思、恩格斯，而赞赏康德主义的二元论；他还指责列宁把其唯物主义哲学变成评价各学科发现的"最高司法权威"，造成了"特种的意识形态专政"。这就说明，"西方马克思主义"和马克思列宁主义这两者的不同，是在哲学的基本原理和路线上的根本对立，因而是两种理论思潮的不同。

　　在这场讨论和论战中，为了把"西方马克思主义"等同于马克思主义，有一种意见根本否认其创始人用西方的唯心主义哲学去折中融合马克思主义的问题。这显然是在抹煞无可否认的客观事实。先以卢卡奇为例，他在《历史和阶级意识》一书中提出的意识即实践的命题，就是一个用黑格尔唯心主义去解释、发挥、补充、结合马克思主义的典型实例。在那里，他在论证无产阶级是历史同一的主体和客体的观点时，说"既然意识在这里并不是对于对立的对象的认识，而是对象的自我认识，那么意识的行为就推翻着它的对象的客观形式"，当然，"只有无产阶级的实际的阶级意识，才具有改变事物的这种能力"，"那就是说，当无产阶级的阶级意识开始表述其要求的时刻，当它是潜在的和理论的时候，必须也是它创造着一个将能动地干预整个过程的相应现实的时刻"，卢卡奇据此把无产阶级革命归结为意识的一种活动，并认为意识形态斗争在推翻资本主义的斗争中具有首要的地位。十分明显，卢卡奇的这种意识即实践的实践观，来源于青年黑格尔派的黑格尔唯心主义思想，来源于用这种黑格尔主义去解释和结合马克思主义，而且在实际生活中只能带来有害的后果，因为它根本忽略了无产阶级为了夺取政权，还必须进行激烈的政治斗争，而不仅是意识形态的斗争。所以,卢卡奇在《历史和阶级意识》1971 年的再版序言中,明确指出该书中提出的实践观是一种"抽象的唯心主义的实践观",它"滑到唯心主义的思辨之中",如果它能"变成革命的实践的话,那才真是一个奇迹了"。再以葛兰西为例,他用"实践哲学"作为马克思主义的代名词,但他赋予实践哲学的含义,却并不是马克思主义的,而是企图超越唯心主义和唯物主义的实践一元论。这种实践一元论一是把自然包摄在人类历史之下,把它归结为被人所支配和利用的对象;二是把客观事物溶解在人的实践之中;三是认为物质本身不是我们的主题,成为主题的,是如何为了生产而把它们组织起来。所以,这种实践哲学是一种只讲实践而不讲唯物主义的哲学。葛兰西本来企图把马克思主义从克鲁齐的黑格尔唯心主义对它所作的工具性使用中救赎出来,但结果却把突出性给了马克思主义中那些被克鲁齐唯心主义挑选出来和孤立起来的特征,而当葛兰西一旦接受了唯心主义者认为唯物主义和宗教一样是"先验的"和"形而上学的"诡辩,他在某种程度上成为他原打算反对的、在唯心主义内吸收马克思主义的一方,就成为不可避免的事情了。

在这场讨论和论战中,为了把"西方马克思主义"说成也是马克思主义,有一种意见提出了"原本意义的马克思主义"和"引申意义的马克思主义"的关系说,认为只要引申意义的马克思主义,同原本意义的马克思主义"有某种继承关系",又"提出了与原本意义的马克思主义不同的新理论",那就都是马克思主义,不存在辨析它是否马克思主义的问题,"西方马克思主义"就是这样。这种说法显然是不符合马克思主义的发展历史,也同马克思本人对待马克思主义这个概念所持严肃态度相悖的。因为在马克思主义的发展历史上,只有那些坚持和发展了马克思主义的基本理论和由此构成的科学体系的理论,在思潮的性质上才是马克思主义的;反之,要是只搬用了马克思主义的个别论断、词句和术语,那是不能保证这种思潮的马克思主义性质的;同样,提出与原本意义的马克思主义不同的新理论,其是不是具有马克思主义的性质,还得依它是否以马克思主义基本理论和基本方法为指导线索、是否符合时代特征和客观实际为转移。历史的事实是:自从马克思主义形成、在工人运动中发生影响以来,就出现了对马克思主义的多种多样的,有时甚至是跟马克思的本意截然相反的解释和阐述,以马克思主义自诩的思潮多如牛毛,对于这众多思潮,是否都要不加辨析地说成是引申意义上的马克思主义?马克思本人的答复是否定的：1890 年 8 月 27 日，恩格斯在致保·拉法格的信中，针对当时许多年轻的资产者纷纷拥入党内"都在搞马克思主义"的情况指出："关于这种马克思主义者，马克思曾经说过'我只知道我自己不是马克思主义者'。"所以，用西方的唯心主义思潮去解释、发挥、补充、"结合"马克思主义的"西方马克思主义"思潮这种引申意义上的马克思主义，是和马克思主义有着原则的区别的，不能说它就是马克思主义。

四 系统地翻译出版"西方马克思主义"原著

为了使我国学术界的同志，能够不是凭想象、凭主观上的好恶，而是根据客观事实，根据原著，对"西方马克思主义"的性质和作用做出正确的判断，从 1988 年起，我在重庆出版社的大力支持下，主编出版了《国外马克思主义和社会主义研究丛书》，1989 年出版 11 本，1990 年出版 9 本，1993 年出版 13 本，1997 年出版 9 本，累计共出版了 42 本。

在这套丛书中，属于"西方马克思主义"各派代表人物的基本著作之列的，有：

卢卡奇的《历史和阶级意识》，《关于社会存在的本体论》上、下卷；

柯尔施的《马克思主义和哲学》，《卡尔·马克思》；

葛兰西的《实践哲学》；

赖希的《法西斯主义的群众心理学》；

霍克海默的《批判理论》；

霍克海默和阿多尔诺的《启蒙的辩证法》；

阿多尔诺的《否定的辩证法》；

马尔库塞的《理性和革命》，《单向度的人》；

哈贝马斯的《交往与社会进化》，《交往行动理论》第一、二卷；

施密特的《历史和结构》；

列斐伏尔的《论国家》；

德拉—沃尔佩的《卢梭和马克思》；

莱斯的《自然的控制》；

科亨的《卡尔·马克思的历史理论》；

威廉·肖的《马克思的历史理论》；

罗默的《社会主义的未来》；

还有一本为帮助大家了解"西方马克思主义"各派代表基本情况而选译的罗伯特·戈尔曼编《"新马克思主义"传记辞典》。

属于我国学者阐述和评析"西方马克思主义"原著和思想之列的，有：《"西方马克思主义"论丛》；《用马克思主义去评析西方思潮》；《"西方马克思主义"的当代资本主义理论》；《法兰克福学派研究》；《哈贝马斯的"晚期资本主义"论述评》；《哈贝马斯的"批判理论"》；《西方马克思主义"的美学研究》；《"西方马克思主义"的文化哲学思想研究》；《分析学派的马克思主义》等等。

五　从重点分析"西方马克思主义"的哲学基础到全面揭示它的基本理论

由于"西方马克思主义"是以现代西方唯心主义流派的精神去解释、发挥、补充、结合马克思主义的一种思潮，因此，彻底弄清楚它的性质，就必须分析它的哲学基础，厘清它同现代西方某个唯心主义哲学流派的联系。在这方面，我在"西方马克思主义"的两种思想倾向中，各选一种作为重点来分析其哲学基础：在人本主义思潮倾向中，选择萨特的"存在主义的马克思主义"，我在《存在主义哲学》等著作中，分析了它的哲学基础；在科学主义思想倾向中，则选择阿尔都塞的"结构主义的马克思主义"。我在《结构主义与后结构主义》、《阿图色》（即阿尔都塞）等著作中分析了它的哲学基础。

现代西方的存在主义哲学，是资产阶级文明遭到严重冲击的一种哲学表现，它反映和表达了人们被捆绑在资本主义制度的机器上，认为自己处在一个异己的世界里，完全没有安全感的心理状态，它企图从资本主义社会中人被抛入到非理性的、无法控制的事件洪流中以及他所经历的种种苦难历程和严峻考验上去研究人。这种哲学在一战以后的德国肇始，而在二战以后的法国特别流行，它的著名代表之一便是法国哲学家萨特，其代表作则是《存在与虚无》。萨特对马克思主义在 20 世纪 30 年代时持盲目抨击的态度，在 40 年代中参加反法西斯抵抗运动和在 40 年代末和 50 年代初参加反对帝国主义和殖民主义的斗争以后，态度有所改变。在 1956 年发生匈牙利事件以后，萨特一方面同苏联、法共断绝来往，另一方面又在其存在主义伙伴梅劳—庞蒂又是建议又是批评的帮助下，致力于把马克思主义同存在主义结合起来，用存在主义去补充马克思主义，在 1960 年发表的《辩证理性批判》（第一卷以及在其生前未曾发表的第二卷）便是这种"存在主义马克思主义"的代表作。由于在 1968 年的法国"五月风暴"中，萨特积极参加和支持学生和工人的造反运动，《辩证理性批判》一书又被认为惊人地预示了"五月风暴"中发生的许多事情，因而，萨特就被推崇为造反青年的精神导师，他的"存在主义的马克思主义"则被奉为指导青年造反活动的思想理论基础。

　　萨特之所以要用存在主义去补充马克思主义，是因为它一方面"把马克思主义看作我们时代的不可超越的哲学"，另一方面，又把苏联的所作所为混同于马克思主义，从而认为马克思主义排斥人、把人吞没在概念里，"如果不把人本身作为它的基础而重新纳入自身之中，那么，它将变质为一种非人的人学"，解决的办法就是把"在凡是有人所在的地方到处去寻找人"的存在主义，补充到马克思主义中去，搞"存在主义的马克思主义"。但由于存在主义的主观的、个人主义的方向，同马克思主义的客观的、社会的方向，是相互冲突而不可调和的，所以，所谓用存在主义去补充马克思主义的"存在主义的马克思主义"实际上只是用存在主义去攻击和取代马克思主义。如用"'个人的'存在先于'个人的'本质"的纯粹内在主观性，去抨击和取代唯物主义；用"意识'自己规定自己'的"内省体验论去抨击和取代能动的反映论；用"作为人学普遍适用的方法和普遍适用的规律的"人学辩证法去抨击自然辩证法、取代唯物辩证法；用"异化—造反—再异化—再造反以及个人实践—群集—集团的"历史人学去取代历史唯物主义。

　　关于我对"存在主义马克思主义"的上述评析，台湾《东海哲学研究集刊》第一辑发表蒋年丰的《沙特，在大陆》一文评论说，它"对沙（萨）特从《存在与虚无》到《辩证理性批判》的思想转变以及这个转变与梅劳—庞蒂之间的纠结有着极其宝贵的誉理，尤其可贵的是徐先生还介绍了尚未出版的《辩证理性批判》第二卷的内容，其步伐已赶上欧美，这些学术成就绝非台湾学界所能望其项背的"。

　　在 20 世纪 50—60 年代，法国思想界就发生了结构主义取代存在主义的情况，特别在 1962 年列维—斯特劳斯在《野蛮人的心灵》中猛烈抨击萨特的《辩证理性批判》时，结构主义就轰动地登上了法国的思想舞台，但却只是随着"五月风暴"的失败，法国政治哲学气氛的转变，结构主义才确立了它在法国思想界的统治地位。在哲学原理上，如果说存在主义顽强地把人的主观性作为哲学思维的出发点，认为世界上的一切存在物都因人而取得意义，只有主体才是能动的，从而引出其人本主义的话，那么，结构主义则与此相反，认为人只是构成结构的复杂的关系网络中的一个关系项，它本身没有独立性，只是由结构所决定的，所以，不是人赋予世界以意义，而是结构赋予人以意义。1965年，当法国共产党党员阿尔都塞对国际共产主义运动中人道主义广泛泛滥的政治形势进行理论干预，发表《保卫马克思》、《读解"资本论"》的时候，他所依据的就是这种结构主义，所以，被人们称作创立了"结构主义的马克思主义"。尽管由于种种原因，阿尔都塞矢口否认人们给他贴的这个标签，但他的理论建构却充分说明这是一种"结构主义的马克思主义"：他一是主张在阅读马克思著作时，要用"他经过法国的结构主义精神分析学家拉康而从弗洛伊德那里借用来的""对症解读"法，从深处拖出其理论框架；二是认为在马克思的思想发展史上存在着一个从"以主体为唯一构成要素的"意识形态时期到"主体只发挥由过程的机械装置指派给它的作用的"科学时期的"认识论上的断裂"；三是认为马克思主张"与黑格尔的表现因果观以及笛卡尔的线状因果观相反的"结构因果观和多元决定论；四是认为马克思主张反经验主义认识论，进而提出"理论也是一种实践"、"理论实践就是它自己的标准"的"理论实践论"，以及存在着"实在客体"和"认识客体"的"两个客体论"；五是和结构主义否认思维主体能够在认识论上居于哲学思考的中心的"主体移心论"相呼应，认为马克思主义是一种"从历史是一个无主体过程的观点出发，否认人在历史发展中的作用的""理论上的反人道主义"；六是认为马克思主义是一种反历史主义；七是主张在强制性国家机器之外，意识形态也是一种国家机器。

考虑到自从20世纪70—80年代"西方马克思主义"思潮被介绍到我国以后，我们对它的评价，大都以流派和代表人物为主，虽然这在当时是必要的和有益的，但也有一些负面影响。比如，使我们的一些同志在不了解"西方马克思主义"理论全局的情况下，不是从这种思潮的基本理论的高度，而只是从它的一些代表人物的思想渊源、党派归属、思想动机上去判断这种思潮的性质，由此不仅引发出对于"西方马克思主义"思潮本身的种种不符合客观实际的理解，而且影响到对于马克思主义同"西方马克思主义"的关系的辨识，乃至把一些同马克思主义基本理论明显不符甚至相悖的思想观点也奉为马克思主义,从而形成指导思想上的多元论,影响马克思主义在意识形态领域的指导地位。为此,我在重点分析"西方马克思主义"一些流派的哲学基础之后,又主持了国家社会科学基金"九五"重点项目《西方马克思主义理论研究》,打算借此系统展示和用马克思主义去评析"西方马克思主义"基本理论的方方面面。

在《西方马克思主义理论研究》一书的第一章《西方马克思主义的基本状况》中,首先从国际共产主义运动的六个关键时机上去考察"西方马克思主义"的形成和发展;接着阐述"西方马克思主义"的人本主义和科学主义两种思想倾向所包含的各个流派及其基本特征;随后详细论证了为什么必须以是否根据和运用马克思主义的基本理论和基本方法,研究新情况、解决新问题为衡量标准,去判断"西方马克思主义"的性质,并指出根据"西方马克思主义"既提出了在马克思主义发展过程中遭到忽略、在社会主义实践过程中遭到偏离的一些问题,又搞不同哲学世界观的折中混合,以致把正确的观点和错误的观点、积极的作用和消极的作用交织在一起的复杂情况,我们必须对其理论观点进行细致的分析研究,做出实事求是、恰如其分的评价,既吸取其在探索中获得的一切有价值的积极成果,又摒弃其错误的倾向和观点,并从中吸取经验教训。

该书第二章《西方马克思主义的资本主义理论》,从异化、合理性批判、科学技术与意识形态、阶级、国家、危机等六个问题上展示了"西方马克思主义"对于当代资本主义的既不同于资产阶级自由主义和社会民主主义又不同于马列主义的独特的新左派观点。

该书第三章《西方马克思主义的社会主义理论》,从对苏联模式的批评、社会主义在当代要由科学到乌托邦论、强调社会主义的生物学基础、日常生活批判应该成为社会变革的中心、争取社会主义的新战略、社会主义革命的新主体、未来社会主义的设想等七个方面加以展开,并重点评析了"西方马克思主义"的乌托邦社会主义观和日常生活批判理论。

该书第四章《西方马克思主义的本体论和认识论理论》,从八个方面具体展开,而又重点评析其中易于使人模糊认识、混淆视听的两种理论:在本体论方面,以作为实践本体论的典型的葛兰西的实践哲学为代表;而在认识论方面,则以作过较系统论证的阿尔都塞的反经验主义认识论为代表。

该书第五章《西方马克思主义的辩证法理论》,展示了"西方马克思主义"人本主义和科学主义各派提出的形形色色的辩证法观：有的把焦点放在辩证法是主体和客体的相互作用而否定自然辩证法的客观存在上，有的把焦点放在马克思辩证法同黑格尔辩证法的关系，到底是继承还是彻底决裂上，有的认为马克思主义辩证法主张多元决定论，有的认为马克思主义辩证法的本质是绝对的否定等等，而把重点放在剖析多元决定论上。

该书第六章《西方马克思主义的社会历史理论》，展示和评析了"西方马克思主义"以马克思主义是人道主义还是理论上的反人道主义，是人的无限自由还是历史决定论，各个自由的个人如何创造出人类历史等问题为轴心的种种社会历史理论，而重点评析了认为理论反人道主义的底蕴就是历史决定论的观点。

这本书，值得每个中国人一读

——《历史的轨迹：中国共产党为什么能?》评介

萧致治*

当前，一场学雷锋、读好书、做好人的读书运动，正在全国各地展开。中共中央宣传部、中央文明办、新闻出版总署组织专家评审，联合推介出 100 种优秀思想道德读物①。其中第一种就是谢春涛主编、新世界出版社 2011 年出版的《历史的轨迹：中国共产党为什么能?》。最近，我系统详读了这本书，觉得编写得很好，内容很丰富，文笔很流畅，书里叙说的问题，都是关系中国近百年来兴衰荣辱的重大事件，也是与每个中国人息息相关的重大问题。我生于 1929 年，现已 83 岁，而且长期从事中国近代史的教学与研究，这些重大事件都是亲身经历，但读起来仍然感到十分亲切，很受启发。特别是在加深对中国共产党的认识、坚定跟共产党走的信念方面，感触很深。因此，我觉得这本书，值得每个中国人一读。

这本书不是一般的理论著作，也不同于一般的历史教科书，而是围绕中国近百年来发生在中国历史发展过程中的一些特别重大的问题，以讲故事的方式，来说明事物的发展变化；用事实说话，让别人来评论中国共产党在这些事件中的表现和是非得失，力求通过回顾近百年来中国共产党为了复兴中国，历经千辛万苦，使中国走上独立富强之路的艰难曲折历程，让读者由衷感受到中国共产党的正确与伟大。

这是一本以重大问题为中心来展开叙说的书。全书所要解决的中心问题是：中国共产党为什么能以弱胜强，打败国民党，建立新中国？新中国建立后，又是如何领导全国人民、依靠全国人民，克服重重困难，终于取得令全世界瞩目的辉煌成就，由一个备受欺凌的弱国，一跃成为世界上举

---

* 萧致治，武汉大学历史学院教授。

① 《光明日报》2012 年 5 月 28 日第 9 版。

足轻重的大国？围绕这个中心，全书分十三章叙说了 13 个重大问题。（1）为什么能建立新中国？（2）为什么能收拾好国民党留下的烂摊子？（3）为什么犯过严重错误还能得到人民支持？（4）为什么没有像苏联、东欧各国的共产党那样丧失执政地位？（5）为什么能解决 13 亿人的吃饭问题？（6）为什么能把中国发展成世界第二大经济体？（7）为什么能实现社会主义同市场经济的结合？（8）为什么能实行一党领导、多党合作的政党制度？（9）为什么能保持香港、澳门的繁荣与稳定？（10）为什么能使台湾海峡两岸关系不断发展？（11）为什么能赢得众多发展中国家的支持？（12）为什么能高效抗震救灾和成功举办奥运会？（13）为什么能管理好有近 8000 万党员的大党？以上 13 个问题均选择得十分精当，可说是通过 13 个侧面，剖析了中国共产党是一个毫无自私自利之心、一心为国为民、中央领导坚强英明、广大党员团结进取，终于能团结全国人民共同奋斗，形成一支无所不能、无坚不摧、无攻不克的强大无比的力量，把贫弱的中国变成一个富强的中国。

问题提出以后，能不能令人信服地圆满解答这些问题，是衡量一本书是否有质量、是否值得一读的重要标准。本书对提出的 13 个问题，一一进行了分析。作者们以简明扼要的叙说方式，言简意赅地说明了事件的本末。尽量以千真万确的事实来说明问题，具有很强的说服力。比如第一部分，中国共产党在力量明显弱于国民党的形势下，仅仅用了 3 年零 3 个月的时间，就打败了国民党，建立起新中国。这可以说是从未有过的世界奇迹。为什么出现这个奇迹？作者并没有长篇大论，讲很多大道理，而是引用许多当事人的观感来说明问题，显得比长篇大论更有说服力。又如第二部分，"为什么能收拾好国民党留下的烂摊子？"新中国成立后，国家面临的局面真是百孔千疮，形势十分严峻，不少人认为共产党在经济管理上会吃大败仗，甚至说：共产党在军事上可打 100 分，政治上 80 分，经济上恐怕要得 0 分。可是仅经过三年时间，中间还发生了抗美援朝战争，国民经济就实现了恢复，许多工农业产品的产量恢复甚至超过了历史上的最高水平。这是共产党创造的又一个奇迹。作者同样是通过摆事实，叙述怎样统一财政、平抑物价、实行土地改革、大力发展生产、实行妇女解放政策等措施，使国民经济很快得到恢复，人民生活得到大大改善。铁的事实证明：中国共产党不仅能够领导人民砸烂旧中国，而且有能力领导人民建立一个崭新的新中国。

　　最值得称道的是，作者在广泛搜集资料的基础上，经过去粗取精、去伪存真等考辨功夫，精选了那些最典型的、具有重要教育意义和现实意义的事例来充实内容，使本书更增强了权威性和教育意义。比如第三部分，讲述"为什么犯过严重错误还能得到人民支持？"其中谈到 1959 年到 1961 年的三年经济困难时期，为了克服经济困难，"领袖与群众同甘共苦"。毛泽东不但中断了爱吃的红烧肉，而且在这三年中，就连过生日都十分节俭，不喝酒，不吃寿糕。即使到 1962 年 12 月 26 日，经济已有好转，特请身边工作人员一起共度华诞，菜谱上记载的也只有以下几道菜：干烧冬笋、油爆虾、白汁鲤鱼、鸡油冬瓜球、炒生菜。与历代帝王甚至达官贵人相比，主席的节俭，令人感动。还要特别指出的是，毛泽东在节衣缩食的同时，还自降工资，由一级 600 元降为每月 404.80 元，而且直到 1976 年去世从未改变。这样的低工资，试问现今有哪一个国家元首可与之相比？在中共中央和毛泽东的带动下，从 1960 年 9 月起，国家机关 17 级以上党员负责干部现行工资均相应降低：三级以上降低 12%，四级降低 10%，五级降低 8%，六级降低 6%，七级降低 4%，八级降低 2%，九级至 17 级降低 1%。企业、事业单位和军队中党员负责干部的工资，也相应作了降低，而"非党干部的工资标准，一律不予降低"的规定，则充分显示了共产党人严于律己，宽以待人的博大胸怀，很有助于团结各界人士。中国共产党及其领导干部这种以实际行动与群众同甘共苦的表现，赢得了广大群众的拥护与支持，大大有利于密切党和群众的关系，也为今天进行廉政教育树立了榜样。

　　改革开放前的 1978 年，中国的国民生产总值只占世界的 1%，而到 2010 年，即改革开放 32 年后，中国经济总量首次超过日本，一跃成为世界第二大经济体。这又是经济发展中的一大奇迹。为什么中国经济发展能如此神速？实行改革开放，抓住经济建设不放松，实行社会主义市场经济是最重大的举措。其中特别是实行社会主义市场经济，国内的阻力很大，国外许多人也不理解，以邓小平和江泽民为首的两代领导人，经过反复推敲和深思熟虑，最后毅然决定实行社会主义市场经济，展现中央领导核心的巨大政治勇气，使我们国家迅速发展成为世界第二大经济体。本书细述了实行社会主义市场经济的全过程。对于解开这个奇迹之谜大有裨益。

　　在政治体制上，西方国家政要大肆吹嘘欧美各国盛行的"两党制"，恶毒攻击我们国家实行的一党领导、多党合作的政党制度是"一党专政"。本书在第八部分"为什么能实行一党领导、多党合作的政党制度？"系统叙述了中国自 1911 年辛亥革命以来实行政党制度的演化过程，以及一党领导、多党合作的政党制度的形成和不断发展。指出"近代历史告诉我们：在中国，两党制、多党制运行昙花一现，乱象丛生，国民党一党专制导致众叛亲离，败走台湾；共产党领导的多党合作制度最终瓜熟蒂落，水到渠成，并还在不断发展完善"，是一个适合中国国情的优越政治制度。

如果说，中国共产党在领导中国革命和建设中，显示了惊人的领导能力，已得到大众公认，那么，在应对抗震救灾和成功举办奥运会中显现的组织管理才能，同样令人啧啧称奇。在中国，2008 年是个极不平凡的年头。年初南方发生 50 年不遇的低温雨雪冰冻灾害，受灾人口 1 亿多，直接经济损失 1516.5 亿元。5 月 12 日，中国西南发生 8 级特大地震，遇难和失踪人口共计 87150 人，直接经济损失 8451 亿元。8 月 8 日至 24 日，又在北京成功举办了规模空前的第 29 届奥林匹克运动会。面对这样巨大的灾难和空前规模的奥运会，中国共产党精心筹划，沉着应对，不但及时地完成抗震救灾的各项工作，而且把奥运会办得十分圆满成功，赢得了广泛称赞。中国共产党领导人和广大群众在抗震救灾中的表现，尤其值得大书特书。四川汶川地震发生后不到一小时，胡锦涛总书记就作出指示：尽快抢救伤员，保证灾区人民生命安全。中共中央召开紧急会议后，国务院总理温家宝在两小时内就启程赶赴灾区。地震发生五小时后，温家宝已到达灾区现场，为灾民送去了温暖。面对巨大灾难，中国共产党特事特办，采取的许多举措，都出乎人们的意料。从中央到地方，各种新闻媒体都是一天 24 小时滚动报道灾情。胡锦涛一再强调：要全力以赴救人，只要有一线希望，就要做百分之百的努力。有不少党员干部，累倒在救灾现场，甚至献出了自己的宝贵生命。执政党的决策速度和组织效率，特别令人敬佩。中央下令后，全国各地即刻行动，浩浩荡荡的救灾队伍，第一时间就从四面八方赶到灾区，开展救人救灾活动。汶川地震后未及一个月，中央政府就作出决定：全国的多数省份要连续三年拿出 1% 的财政收入援助灾区；中央机关要挤出 5% 的经费援助灾区。共产党员纷纷缴纳特别党费，救助灾区，全国共有 4556 万党员自发向党组织缴纳特别党费达 97.3 亿元。在共产党的领导下，全国人民的救灾热情空前高涨，各地群众都积极投身救灾潮流，有钱出钱，有力出力，有技术出技术。私营企业老板陈光标，第一时间飞往四川，带去20万元现金和200万元的支票，还派遣企业的120人和60台工程机械，日夜兼程，赶赴四川，全心全意投入抗震救灾。严重的自然灾害不但没有压垮中国共产党和中国人民，反而激发了全国人民抗震救灾的空前积极性。在全国人民团结一心和海外侨胞与世界人民的大力援助下，无论是汶川地震还是玉树地震所造成的严重灾难，仅仅经过两三年的时间，就得到了恢复，灾区面貌焕然一新。

　　以上所述，都只是这本书中的一鳞半爪，书中包含的内容还有很多生动感人的事例，限于篇幅，难以一一枚举。要想了解全书的内容，就请读者快去通读全书，相信必有满意的收获！

危机与骗局

——评宾融著《华尔街局中局》

白仲尧[*]

宾融同志新著《华尔街局中局》一书[①]是一部全面研究 2008 年金融危机的力作。2008 年金融危机虽历时四载，但余波未平，议论纷纭，难得其要。而《华尔街局中局》一书，直击要害，精心描绘出华尔街从设计赌局、欺骗消费者与投资者到"搬起石头砸自己的脚"的全过程。读后让人云开雾散、浮想联翩。

怎样看待金融业？金融业是为货币流通和资金融通服务的产业。它的服务，一要体现对消费者的人文关怀，二要具有诚实守信、负责到底的从业精神。但同时，金融业又是一个通过金融服务来牟取利润的行业，逐利是本性。如果金融业以服务为目的、获利为手段，它的产品就是财富，对经济社会的发展就是积极的、有益的。如果金融业以逐利为目的、以服务为手段，它的产品就会低劣，甚至演化为毒品，对经济社会的发展就是消极的、有害的。华尔街的投资银行和信评机构联手设局——赌局、骗局，制造毒品，欺哄国内外消费者和投资者，诈骗大量钱财，尽管最后也砸到了自己的脚，但受骗者的损失远远大于始作俑者。这场波及全世界的金融危机，却始于华尔街的金融诈骗，这难道不值得人们对当代金融业的两面性进行深入的思考吗？

在市场经济中，金融服务无处不在、无时不在。它是天使还是魔鬼，还是天使的面庞和魔鬼的心肠？善良的人们，一定要擦亮眼睛。在强势的金融机构面前，信息不对称，实力不对称，消费者以至投资者非常弱小。人们只有呼喊，呼喊真正的具有中国特色的社会主义金融业，呼喊真正保

---

* 白仲尧，中国社会科学院财经研究院。

① 中国发展出版社 2011 年 4 月第 1 版。

护弱势群体的金融监管者。

世界经济一体化，说到底，是市场的全球化或一体化。金融业作为市场经济的核心，其市场竞争最为惨烈，金融危机实质上是一场没有硝烟的金融战争。在美元霸权时代，美国政府通过大量发行纸币让美元贬值、华尔街制造金融衍生毒品，可以使许多国家储备的美元财富瞬间蒸发，成为美国人的盘中餐。我国现在是美元储备大国，如果发生成百上千亿美元资产的无端消失，真是不堪设想。所以，我们必须发展强大的、保护人民、保护国家金融财产安全的金融业，这样才能在国际金融战争中成为强者，立于不败之地。

一本书，让人们读后心明眼亮，并激发起爱国、爱民的热忱，善莫大焉。

2011 年 6 月 6 日

重温毛泽东八篇著作有感

    胡锦涛同志在庆祝中国共产党成立 90 周年大会上的讲话中指出："我们党坚持把马克思主义基本原理同中国具体实际结合起来，在推进马克思主义中国化的历史进程中产生了两大理论成果。一大理论成果是毛泽东思想。毛泽东思想是马克思列宁主义在中国的运用和发展，系统回答了在一个半殖民地半封建的东方大国，如何实现新民主主义革命和社会主义革命的问题，并对建设什么样的社会主义、怎样建设社会主义进行了艰辛探索，以创造性的内容为马克思主义宝库增添了新的财富……"。结合讲话精神，重温毛泽东著作、特别是重温毛泽东的《矛盾论》、《实践论》、《共产党人发刊词》、《新民主主义论》、《关于领导方法的若干问题》、《论十大关系》、《关于正确处理人民内部矛盾的问题》、《在扩大的中央工作会议上的讲话》这八篇著作，进一步加深了对"七一"讲话精神的认识和理解。

    这八篇著作从时间顺序上看，新民主主义革命时期有五篇，社会主义建设时期有三篇。从内容上看，哲学著作三篇，总结历史经验、指导当时工作的五篇。八篇著作既讲到了马克思主义的世界观、方法论，又讲到了在这种世界观方法论指导下所产生的我党的政治路线、群众路线等纲领性文献。既有对中国革命的特点和规律深刻观察与体会，又有社会主义建设道路的开拓与探索。著作尽管只有八篇，但它作为毛泽东思想的一个缩影，从一个侧面深刻阐明了毛泽东思想是马克思列宁主义在中国的运用和发展，是被实践证明了的关于中国革命的正确的理论原则和经验总结。是马克思主义与中国实际相结合的第一次历史性飞跃，是以创造性的内容为马克思主义宝库增添了新的财富。

---

  * 刘济华，中共中央党校部队分部教授。

一　把握马克思主义的认识论和辩证法的基本理论，坚持一切从实际出发、把握矛盾精髓、研究矛盾的特殊性

在这八篇著作中，《矛盾论》《实践论》是针对主观和客观相分裂、认识和实践相脱离的主观主义、特别是以王明为代表的左倾教条主义的错误，阐明了为什么一切从实际出发以及怎样从实际出发这个马克思主义的思想路线。所以，这两篇著作作为世界观、方法论自然在八篇之首，在毛泽东思想理论体系中居于最高层次。

思想路线、思想方法问题是毛泽东八篇著作中内容最丰富、最精彩、最有普遍意义的一部分，为什么毛泽东特别注重思想方法问题，为什么思想方法问题的论述在八篇乃至《毛泽东选集》中占有那么大的分量，这是由中国革命的历史进程所决定的。我们党在领导新民主主义革命的过程中犯过多次错误，从陈独秀到王明。为什么纠正了一个错误，接着又犯一个错误，甚至有时是同样性质的错误？这个问题不能不使毛泽东去思考、去研究。为了从世界观和方法论的高度总结党的经验和教训，用马克思主义的认识论和唯物辩证法武装全党，毛泽东同志于 1937 年 7 月、8 月，先后写了《实践论》、《矛盾论》两篇光辉的哲学著作。

《实践论》以认识和实践即知和行的辩证关系为中心，全面地系统地阐述和发挥了马克思主义认识论的基本原理。它阐明了实践在认识中的地位和作用，指明实践的形式、实践是认识的来源、是推动认识发展的动力、是检验认识真理性的标准等马克思主义的科学实践观；它阐明了认识的发展过程，即"实践、认识、再实践、再认识，这种形式，循环往复以至无穷，而实践和认识之每一循环的内容，都比较地进到了高一级的程度。"它阐明了无产阶级认识世界的目的是为了改造世界，改造客观世界，同时也改造自己的主观世界，以达到主客观的统一。该文用马克思主义的认识论武装了全党，提高了全党马克思主义的理论水平。

如果说《实践论》阐明了一切从实际出发、实事求是这个马克思主义的认识论，那么，《矛盾论》则告诉人们怎样从实际出发。《矛盾论》以对立统一规律为核心，阐明和发挥了马克思主义的唯物辩证法。它揭示了对立统一的法则是唯物辩证法的最根本的法则，事物发展的根本原因在于事物内部的矛盾性；它揭示了矛盾的普遍性和特殊性。认识矛盾的普遍

性，就能发现事物运动发展的普遍原因或普遍根据；研究矛盾的特殊性，就能确定这一事物不同于其他事物的特殊本质，从而正确辨别事物。对矛盾特殊性的研究要从以下方面着手：关于各个事物运动形式的矛盾；各个运动形式在各个发展过程中的矛盾；各个发展过程的矛盾的各方面；各个发展过程在其各个发展阶段上的矛盾以及各个发展阶段上的矛盾的各方面。研究矛盾的特性，不能带主观随意性，必须对它们进行具体分析。对于不同质的矛盾要用不同的方法去解决。矛盾普遍性和特殊性的关系，即共性和个性的关系，是关于事物矛盾的问题的精髓，不懂得它，就等于抛弃了辩证法；它揭示了主要矛盾和主要矛盾方面是研究矛盾特殊性的两种情形，使我们能认清事物的本质，找出解决矛盾的方法；它揭示了有条件的相对的同一性和无条件的绝对的斗争性相结合，构成了一切事物的矛盾运动。矛盾的斗争性包含着对抗和非对抗两种形式，对抗只是矛盾斗争的一种形式。

今天我们学习这两篇著作，不禁为毛泽东同志深厚扎实的哲学功底所折服，也不禁为毛泽东同志巨大的理论勇气和理论创新精神所震撼。他在继承了马克思主义基本理论的基础上，吸取了新的实践经验、新的思想，向前推进了马克思主义哲学。《实践论》系统地阐述了辩证唯物主义认识论的基本原理，深刻地阐明了毛泽东思想活的灵魂中实事求是的基本观点，科学地解决了几千年来中国哲学史上争论不休的知和行的关系问题，为中国哲学发展史增添了极其光辉的一页。它科学地总结了中国革命和国际共产主义运动的经验教训，批判了旧唯物主义和唯心主义、教条主义和经验主义的错误观点，揭露了左右倾错误反辩证唯物主义的思想实质，揭示了人类认识运动的客观规律，是无产阶级和人民群众认识世界、改造世界的锐利武器。《矛盾论》系统地阐述了唯物辩证法的根本规律，体现了列宁关于"可以把辩证法简要地确定为关于对立面的统一的学说"但"需要说明和发挥"的思想，这是毛泽东同志对马克思主义哲学又一重要贡献。该文应用唯物辩证法的观点，总结党的历史经验。从世界观方法论的高度对王明的左倾教条主义进行了批判和清算，指出其错误的思想根源，有效地帮助全党划清唯物辩证法和形而上学的界线，确立了具体问题具体分析的观点和方法，从思想上清除王明教条主义的流毒，使全党在马克思主义的基础上团结起来。学习这两篇著作，就是要自觉坚持马列主义普遍原理同中国革命具体实践相结合的原则。一切从实际出发，从本地区、本部门、本单位的实际出发，把握矛盾普遍性和特殊性的关系，着力分析矛盾的特殊性，决不可照搬照抄、搞一刀切。而要善于根据实际情况，把中央的方针、政策具体化。这一点正如胡锦涛同志在庆祝中国共产党成立90周年大会上的讲话中所指出的："90年来党的发展历程告诉我们，理论上的成熟是政治上坚定的基础，理论上的与时俱进是行动上锐意进取的前提，思想上的统一是全党步调一致的重要保证。中国共产党人坚信马克思主义基本原理是颠扑不破的科学真理，坚信马克思主义必须随着实践发展而不断丰富和发展，从来不把马克思主义看成是空洞、僵硬、刻板的教条。马克思主义，理论源泉是实践，发展依据是实践，检验标准也是实践。任何固守本本、漠视实践、超越或落后于实际生活的做法都不会得到成功。在历史上的一些时期，我们曾经犯过错误甚至遇到严重挫折，根本原因就在于当时的指导思想脱离了中国实际。我们党能够依靠自己和人民的力量纠正错误，在挫折中奋起，继续胜利前进，根本原因就在于重新恢复和坚持贯彻了实事求是。"

二　运用马克思主义的认识论和辩证法，坚持一切从中国革命的实际出发，分析中国革命的特殊性，总结中国革命的历史经验，指明中国革命的特点和规律

胡锦涛同志在庆祝中国共产党成立90周年大会上的讲话中指出："实践发展永无止境，认识真理永无止境，理论创新永无止境。党和人民的实践是不断前进的，指导这种实践的理论也要不断前进。……关键是要及时回答实践提出的新课题，为实践提供科学指导。……作出新的理论概括，永葆科学理论的旺盛生命力。"

关键是要及时回答时代与实践提出的新课题，为实践提供科学指导，毛泽东思想正是肩负着这样的历史使命。在中国这样一个半殖民地半封建的东方大国进行革命，必然遇到许多特殊的复杂问题，靠背诵马克思列宁主义一般原理和照搬外国经验是不可能解决这些问题的。毛泽东同志以马克思列宁主义为指导，从中国特殊的国情出发，深刻研究中国革命的特点和规律，创造性地提出了新民主主义革命的理论。

新民主主义革命时期的三篇著作，其基本脉络即坚持一切从实际出发，分析矛盾的特殊性。首先要科学地总结中国革命的历史经验，并在此

基础上制定纲领和路线方针政策，党的各级领导和广大干部要运用科学的领导方法指导党的一切实际工作，使党领导全国人民夺取革命的胜利。所以，无论从时间顺序；还是从基本内容，这三篇都应属于毛泽东思想理论体系的第二层次。

历史是一面镜子，善于从历史中汲取和总结经验的政党是成熟的政党，而中国共产党经过了十八年的革命斗争已经成熟了起来。《共产党人发刊词》总结了我们党十八年的革命斗争的历史经验，全面深刻地阐述了统一战线、武装斗争、党的建设是战胜敌人的三个主要法宝。

它指明了中国的资产阶级分为依附于帝国主义的大资产阶级和既有革命要求又有动摇性的民族资产阶级两个部分。无产阶级领导的统一战线要争取民族资产阶级参加，并且在特殊情况下把一部分大资产阶级也包括在内，以求最大限度地孤立最主要的敌人。在被迫同资产阶级、主要是大资产阶级分裂时，要敢于并善于同它进行坚决的武装斗争，同时要继续争取民族资产阶级的同情或中立。这种无产阶级同资产阶级和其他阶级建立的统一战线，是中国民主革命过程中的一个基本特点。

它指明了由于中国没有资产阶级民主，反动统治阶级凭借武装力量对人民实行残酷的统治，革命只能以长期的武装斗争为主要形式，这是中国革命的另一个基本特点。

它指明了党的建设过程中的发展与巩固，同党对于统一战线、武装斗争的正确处理与否密切相联系。当党的政治路线正确处理了这两个问题，我们党就巩固、发展，反之就要受到挫折和损失。"三大法宝"是对我们党的革命斗争经验的科学总结，是马列主义的创造性的运用和发展，不仅有力地批判了当时右倾投降主义的错误，而且在政治思想上理论上武装了我们的干部。

总结历史经验是为了指导现实，《新民主主义论》这篇著作全面分析了中国近百年来革命斗争的经验教训，特别是"五四"运动以来的革命斗争的经验教训，对中国革命的基本问题和发展前途作了全面深刻的论述。指出了中国革命是世界无产阶级革命的一部分；论证了中国革命的历史进程必须分为两步，第一步是民主主义革命，第二步是社会主义革命。两个革命过程又互相联系，民主革命是社会主义革命的必要准备，社会主义革命是民主革命的必然趋势；明确提出新民主主义革命的三大纲领，政治纲领是建立在无产阶级领导下的，以工农联盟为基础的几个革命阶级联合专政的人民民主共和国。经济纲领是没收帝国主义和官僚资本的大银行、大工业，归这个共和国所有，没收地主的土地分配给无地和少地的农民，允许有利于国计民生的私人资本主义的存在和发展，实行节制资本的政策。文化纲领是发展无产阶级领导的人民大众的反帝反封建的文化，即民族的科学的大众的文化。文章阐明了中国革命的特点和发展规律，发展了新民主主义革命的理论。文章一发表，就极大地鼓舞了全国抗日军民的革命热情，坚定了胜利的信心。

历史经验的总结，革命理论和革命纲领的制订，要靠党的各级领导干部带领广大人民群众贯彻执行。毛泽东同志总结了我党领导革命工作的长时期的经验，写下了指导全党改进领导方法、工作方法的重要历史文件——《关于领导方法的若干问题》。这是毛泽东同志对党的领导方法的科学总结。他把领导方法提到哲学高度加以论述，把辩证唯物主义的认识论和党的群众路线结合起来，是对马克思主义思想方法和工作方法的丰富和发展。它告诉我们要实行一般和个别相结合，领导和群众相结合。执行任何工作任务，不仅要有普遍的号召，而且要深入下去，突破一点，取得经验，然后利用这种经验去指导其他单位，并充实、丰富一般号召的内容。它告诉我们要坚持群众路线。在我们党的一切实际工作中，凡属正确的领导，必须是从群众中来，到群众中去。这就是说，将群众的意见集中起来，又到群众中去作宣传解释，化为群众的意见，使群众坚持下去，见之于行动，并在群众中验证这些意见是否正确。然后再从群众中集中起来，再到群众中坚持下去。如此无限循环，一次比一次地更正确、更生动、更丰富。这就是马克思主义的认识论。它告诉我们要实行"一元化"领导；统筹全局、抓住中心；全党要广泛深入地提倡马克思主义的科学的领导方法，同主观主义、官僚主义作不懈的斗争。

以上三篇著作都有一个共同的特点，即面对抗日战争存在的实际问题，提出应对的办法，因此具有很强的针对性。《共产党人发刊词》是根据时局的特点，加强全党马列主义的思想教育，巩固党的组织，巩固党的武装力量，克服投降、分裂、倒退的危险，准备对付可能的突然事变而言。《新民主主义论》是针对抗日战争处于战略相持阶段，国民党亲日派公开投降日本，亲英美派消极抗日积极反共，在军事上发动第一次反共高潮的同时，在思想战线上也向我党发动了猖狂进攻。妄图取消共产党，取消中国革命。"中国向何处去？"成为当时必须要回答的最中心的问题。

该文非常及时地向全国人民指出了中国革命应走的光明大道。在中国抗日战争极端困难的 1941 年至 1942 年，日本帝国主义向我解放区频繁"扫荡"并实行野蛮的"三光政策"。国民党反动派连续发动三次反共高潮。我根据地缩小，人口下降，部队减员，斗争十分艰苦。党要领导人民进行战争、生产、整风，任务异常繁重。另一方面，教条主义在党内仍有影响，长期存在于干部中的领导作风问题严重影响党的路线、方针和政策的贯彻执行，相当一部分新干部不懂得科学的领导方法。为此，毛泽东同志总结了我党领导革命工作的长时期的经验，写下了《关于领导方法的若干问题》这篇重要历史文献。可见，毛泽东思想确实是马列主义在中国的运用和发展，它时刻体现出在马列主义的指导下立足研究、回答和解决中国紧迫的现实问题。

三 运用马克思主义认识论和辩证法，坚持一切从中国实际出发，研究中国建设的特殊性，初步总结了我国社会主义建设的经验，提出了探索适合我国国情的社会主义建设道路的任务

胡锦涛同志在庆祝中国共产党成立 90 周年大会上的讲话中指出："90 年来，我们取得的一切成就，是一代一代中国共产党人同人民一道顽强拼搏、接续奋斗的结果。以毛泽东同志为核心的党的第一代中央领导集体团结带领全党全国各族人民，夺取了新民主主义革命的伟大胜利，确立了社会主义基本制度，为当代中国一切发展进步奠定了根本政治前提和制度基础。"毛泽东社会主义建设时期的三篇著作正是为当代中国的一切发展进步奠定了根本政治前提和制度基础。这三篇著作基本脉络可作这样理解：即一切从实际出发，分析矛盾的特殊性。怎样进行中国社会主义建设？简单地照搬苏联的经验不行。实践表明，必须以苏联的经验为借鉴，独立自主地探索适合我国国情的社会主义建设道路；国内主要矛盾已经转化，剥削制度已经基本消灭，阶级斗争虽然还存在，但大量表现的是人民内部矛盾，进行社会主义建设必须正确区分和处理各种矛盾；进行社会主义建设，靠少数人不行，必须把广大人民群众的智慧集中起来，制定正确的路线方针政策，把我们党建设成为具有健全的民主集中制的党。所以，从时间顺序和基本内容上看，这三篇亦属于第二层次：即及时回答时代和

实践提出的新课题。

　　社会主义制度建立起来后，如何领导社会主义建设的任务摆在了党的面前，而当时苏共二十大揭露的苏联过去社会主义建设中存在的问题，也给了中国共产党人以有益的警示，即：要独立思考，按照中国的情况办事，努力找到中国建设社会主义的具体道路。这一点正如胡锦涛同志在庆祝中国共产党成立 90 周年大会上的讲话中所指出的："理论创新每前进一步，理论武装就跟进一步，这是我们党加强自身建设的一条重要经验。"1956 年 2—4 月间，毛泽东连续听取 34 个部门的工作汇报，在作了大量调查研究的基础上，于 1956 年 4 月下旬召开的中央政治局扩大会议上作了《论十大关系》的报告。这是我国进行社会主义建设的纲领性文献，通篇闪耀着唯物辩证法的光辉。它科学地分析了我国社会主义建设过程中出现的各种矛盾，提出了解决这些矛盾的正确方针，开始找到一条适合中国的路线，对丰富马列主义的理论宝库作出了重要贡献。其基本内容：（1）要正确处理重工业同农业、轻工业的关系。重工业是我国建设的重点，但不能片面地注重重工业，要用多发展农业、轻工业的办法来发展重工业。（2）内地工业必须大力发展，为此必须同时充分利用和更好地发展沿海工业。（3）在经济建设发展的基础上加强国防建设。（4）必须兼顾国家、生产单位和生产者个人三者的利益。（5）在处理中央和地方的关系上，一方面必须加强中央的统一领导，同时又必须充分发挥地方的积极性。（6）必须搞好汉族和少数民族的关系。（7）在处理党与非党的关系上，要实行"长期共存，互相监督"的方针。（8）必须分清敌我，要化消极因素为积极因素。（9）在人民内部要分清是非，对犯错误的同志要实行"惩前毖后，治病救人"的方针。（10）要向外国学习，但不要照搬外国的经验。正确处理这十大关系，目的就是一个，即把国内外、党内外的一切积极因素全部调动起来，把我国建设成为强大的社会主义国家。

　　1956 年 2 月召开的苏联二十大，暴露出苏联社会主义中存在一系列矛盾和缺欠，促使人们对于社会主义社会的基本矛盾、两类不同性质的矛盾和主要矛盾等一系列重大问题进行深入思考。在此背景下，毛泽东系统地提出了关于社会主义社会矛盾问题的学说。

　　《关于正确处理人民内部矛盾的问题》这篇著作告诉我们：社会主义社会的基本矛盾，仍然是生产关系和生产力之间、上层建筑和经济基础之间的矛盾，其表现是两者之间基本是相适应的，但又有不相适应的一面；指出在社会主义社会里存在着敌我矛盾和人民内部矛盾这样两类不同性质的矛盾；敌我之间的矛盾是对抗性矛盾，人民内部矛盾是非对抗性矛盾；两类矛盾的性质不同，解决的方针和方法也不同；在人民内部实行"团结——批评——团结"，与民主党派的关系上实行"长期共存、互相监督"，在科学文化工作中实行"百花齐放、百家争鸣"，在经济工作中实行统筹安排和兼顾国家、集体、个人三者利益等一系列正确方针，要团结知识分子、搞好汉族和少数民族的关系；提出辨别香花和毒草的六条标准中，最重要的是社会主义道路和党的领导两条，批判了那种主张实行西方两党制的资产阶级自由化倾向。毛泽东关于社会主义社会基本矛盾的论断，既突破了长期以来国际共产主义运动中流行的否认社会主义社会存在矛盾的形而上学的观点，又把社会主义社会的矛盾同旧社会的矛盾、特别是资本主义社会的矛盾严格地加以区别，从而第一次比较科学地揭开了社会主义社会发展的动力，实际上为后来的社会主义改革打开了一条宽广的道路。

为了总结建国以来12年的工作经验教训，特别是总结1958年"大跃进"的经验教训，以便克服摆在全党和全国人民面前的困难，促进国民经济的顺利恢复和发展，1962年1月11日至2月7日，党中央召开了扩大的中央工作会议，即我们平常所说的"七千人大会"。会上毛泽东同志就党和国家政治生活的根本问题以及认识社会主义建设客观规律的问题作了重要讲话，并作了自我批评。《在扩大的中央工作会议上的讲话》是我们在社会主义时期加强党的建设，健全民主集中制，逐步建设一个高度民主的社会主义政治制度的重要文献。讲话指出没有民主集中制，无产阶级专政就不可能巩固。不充分实行无产阶级的民主制，就不可能有真正的无产阶级的集中制；党委的领导是集体领导，不是第一书记个人独断；第一书记同其他书记和委员的关系不是上下级的关系，而是少数服从多数的关系；正确认识客观世界，从必然王国到自由王国的飞跃，要有一个过程。社会主义建设还有许多未被认识的必然王国，为了少干蠢事，唯有努力学习，加强调查研究，加快由必然到自由的转化。

通过这三篇著作我们可以看出：社会主义制度建立后，以毛泽东为代表的中国共产党人，以苏联的经验为借鉴，积极探索有中国特色社会主义建设道路，提出了许多关于中国社会主义建设的重要观点，涉及经济、政治、文化、国防、外交、党建等各个方面。尽管在探索中有曲折甚至有严重失误，但是在党和毛泽东的领导下，我国还是建立起了独立的、比较完整的工业体系和国民经济体系，为以后的发展打下了坚实的基础。

毛泽东思想是我们党和国家巨大的精神支柱和宝贵财富，我们从毛泽东同志以上八篇著作可以深深地感到：毛泽东是怎样运用马列主义基本原理解决中国的实际问题的，又是怎样在马列主义基本原理指导下，独立地研究和总结中国的实践经验而形成理论，用以指导实践的。我们感到：毛泽东理论创造的显著特点，就是从来不离开中国国情的分析，从不离开对群众实践经验的研究。他通过实践开辟了一条独特的中国革命道路，创立了一个崭新的理论——新民主主义革命理论。他又通过实践探索开拓了一条适合中国国情的社会主义建设道路。

通过重温毛泽东八篇著作，深深感到：毛泽东思想是马克思列宁主义在中国的运用和发展，毛泽东思想系统回答了在一个半殖民地半封建的东方大国，如何实现新民主主义革命和社会主义革命的问题，并对建设什么样的社会主义、怎样建设社会主义进行了艰辛探索。毫无疑问，毛泽东思想以创造性的内容为马克思主义宝库增添了新的财富。

温故而知新，鉴往而知来。任何一种理论都是一定时代的产物，但是理论的作用和意义又往往超越产生它的那个年代。今天，重温毛泽东八篇著作的时候，更加深切地体会到这一点。

后　记

中国社会科学网是中国社会科学院主管主办的大型学术网站，服务于中国社会科学院"马克思主义的坚强阵地"、"中国哲学社会科学研究的最高学术殿堂"、"党中央和国务院重要的思想库、智囊团"的三个定位，秉承"以正确的舆论引导人，以科学的理论武装人，以先进的理念启迪人，以有益的信息帮助人；为网民提供健康、优质的学术信息，为现代化建设提供思想指导、理论支撑、精神动力、智力帮助"的办网理念，利用现代信息技术，宣传先进文化，传播中华学术，积极推动中华文明走向世界。

中国社会科学网特别重视网站信息的原创性，设置了"本网首发"栏目，编发广大网民投来的各类原创首发稿件。原创稿件最能体现一个网站的特色，也最能反映网站的定位，原创率高的网站一般都是某一学术领域中的引领者。"本网首发"栏目注重所发文章的原创性、真实性与学术性，在选编稿件时，注重文章的学术价值与理论价值，把观点鲜明，有独特学术视角的文章选编出来；注重选文的广度与深度，关注整个人文社会科学领域，把不同学科、不同风格、不同题材的文章及时发布出来；通过严格的审稿流程，确保文章的学术质量。我们期望与广大网民一起，办好"本网首发"栏目，打造人文社科领域中的网上"学术核心期刊"。经过近三年的不懈努力，我们编发了2000余篇有一定学术水平的原创文章，传播了社科研究的最新成果，得到了广大网民的好评。在近三年繁忙的日日夜夜中，本网编辑同广大社科工作者、社科爱好者及广大网民一起，分享了知识，分享了快乐。

我们从"本网首发"栏目中选编出46篇文章，结集成册，出版《社科文萃——中国社会科学网首发栏目论文选集》一书。希望通过纸质版把优秀的学术成果再次传播，充分发挥其社会价值。文集的选编工作由中国社会科学网总编辑周溯源策划指导，综合编辑室主任孟育建、副主任孔建会具体执行。从 2000 余篇已发布的原创首发论文中，分学科初选出 80 篇较好的论文，分别交由杨思斌教授、孙宝灵教授、李凯飞博士后、周勋君博士后、王海廷博士等进行二审，对每篇文章进行编辑与评分，选出 46 篇论文，提交本网编务会进行三审。由编务会成员孟育建、陈智愚、周杏坤、刘济华、张广照、丁志德及孙宝灵、杨思斌、李凯飞、王海廷和孔建会组成编辑小组，对这 46 篇文章进行再次编辑加工，确保论文质量，最后由总编辑周溯源定稿出版。在本书的选编过程中，焦艳、翟金懿、胡子轩、邢泓琳等编辑也做了许多具体工作，在此，对同事们付出的努力与辛劳，表示感谢。

　　文章天下事，得失寸心知。本书是作者与编者共同劳动的结晶，我们愿与广大作者和读者一起，把"本网首发"栏目办得越来越好！

编　者

2013 年 6 月 10 日